Bretagne Nord

Sentier sur la Côte de Granit rose.
CaptureLight/iStock

Les microrégions du guide :
(voir la carte à l'intérieur de la couverture ci-contre)

SOMMAIRE

R. Mattes/hemis.fr

NOS INCONTOURNABLES

NOS COUPS DE CŒUR

NOS ITINÉRAIRES

DÉCOUVRIR LA BRETAGNE NORD

POUR CHAQUE SITE, RETROUVEZ NOS ADRESSES

COMPRENDRE LA BRETAGNE

LA BRETAGNE NORD

LA BRETAGNE AUJOURD'HUI

TRADITIONS ET ART DE VIVRE

ARTS ET CULTURE

HISTOIRE

NATURE ET PAYSAGES

ORGANISER SON VOYAGE

VENIR EN BRETAGNE

AVANT DE PARTIR

SUR PLACE DE A À Z

EN FAMILLE

MÉMO

NOS INCONTOURNABLES

★★★ Vaut le voyage ★★ Mérite un détour ★ Intéressant

★★

Fougères

Aux Marches de la Bretagne, elle a gardé toute la superbe de son architecture militaire médiévale, incarnée par une formidable forteresse. **Voir p. 52.**

J.A. Moreno/age fotostock

B. Stichelbaut/hemis.fr

★★

Les abers

Les estuaires en langue celte découpent la côte nord du Finistère, offrant de sublimes paysages, où les lumières et les couleurs séduisent par leur douceur et la subtilité de leurs nuances. **Voir p. 280.**

bluejayphoto/iStock

★★★

Le cap Fréhel

Ses falaises de schistes et de grès roses, où abondent ajoncs et bruyère, plongent dans la mer et livrent un splendide panorama. **Voir p. 120.**

★★

Dinan

Au cœur de la vallée de la Rance, la cité médiévale révèle ses remparts, son château, ses ruelles pavées et ses maisons à pans de bois superbement préservés. **Voir p. 123.**

L. McKie/easyFotostock/age fotostock

SGM/age fotostock

★★

L'île de Bréhat

Elle mérite bien son surnom d'« île aux fleurs ». Mimosas, géraniums, palmiers, figuiers, eucalyptus, agapanthes, hortensias jouissent en effet de la douceur du climat qui règne ici. **Voir p. 202.**

★★★

Les enclos paroissiaux

Ces somptueux ensembles religieux taillés dans les plus beaux granits sont une particularité bretonne et n'en finissent pas de fasciner. **Voir p. 341.**

G. Thouvenin/age fotostock

★★★

Océanopolis

Merveilleuse vitrine sur le riche monde marin breton, sa faune et sa flore, mais aussi sur tous les océans du monde. Une visite à faire en famille. **Voir p. 266.**

C. Philippe/ArTerra Picture Library/age fotostock

:avolrab/iStock

kalps SRLs/age fotostock

★★★

Saint-Malo

La cité corsaire pointe fièrement ses remparts vers la Manche dont les marées sont parmi les plus spectaculaires de Bretagne. **Voir p. 84.**

★★★

L'île d'Ouessant

La plus occidentale des îles bretonnes est livrée aux vents et aux vagues. Elle séduit autant par sa puissance et sa rudesse que par sa beauté magnétique et sauvage. **Voir p. 300.**

R. Mattes/hemis.fr

★★

La baie de Morlaix

Parsemée d'îles et l'îlots et d'anses de sable fin à l'abri de pointes fleuries, c'est l'une des plus belles de France. Sans oublier la ville de Morlaix. **Voir p. 322.**

« La Recouvrance » à Brest.

TOP 5 Ports de caractère

1. Cancale (p. 142)
2. Paimpol (p. 193)
3. Dahouët (p. 183)
4. Roscoff (p. 308)
5. Le Conquet (p. 290)

Le port de Roscoff.
ANP PHOTO/age fotostock

❤ **Croquer dans une galette-saucisse** un samedi matin au marché des Lices de Rennes et ravir ses papilles de cette spécialité hissée au rang de merveille culinaire bretonne. **Voir p. 33**.

❤ **Caboter sur un vieux gréement.** Bisquine, cotre, chaloupe, frégate… Chaque port breton, ou presque, à son vieux gréement étendard, telle « La Recouvrance » à Brest, le plus connu d'entre eux. Embarquer à son bord, pour 1 journée ou 1 semaine, et voguer en mer d'Iroise et plus loin encore en participant aux manœuvres et à la vie à bord est une expérience inédite. **Voir p. 279**.

❤ **S'émerveiller du spectacle d'une grande marée au Mont-Saint-Michel** en mars ou en septembre. Perché sur les remparts du Mont ou depuis la terre ferme, on assiste à un somptueux spectacle naturel. **Voir p. 156**.

❤ **Humer les parfums suaves des fleurs tropicales** qui poussent dans les jardins exotiques de Roscoff et de Batz, l'île voisine. Admirer palmiers, cactus, yuka, fleurs de la passion et comprendre le microclimat breton qui permet à cette végétation de l'hémisphère Sud de s'épanouir. **Voir p. 311**.

H.Lenain/hemis.fr

Kavakistes près de l'île de Bréhat

Découvrir l'archipel de Bréhat en kayak et en saisir toutes les beautés cachées qu'on ne distingue pas depuis la plage. Aborder la côte à fleur d'eau, passer là où ni les baigneurs ni les navigateurs ne peuvent aller est une sensation unique. **Voir p. 202**.

Guetter le retour de pêche des chalutiers, caseyeurs et autres fileyeurs au port de Roscoff, une escorte de mouettes dans leur sillage. Voir le ballet des coques colorées accoster aux quais, les hommes décharger les cales pleines du fruit de leur labeur. **Voir p. 308**.

Roc Trévezel et les monts d'Arrée.

TOP 5 **Plages**

1. Lourtuais et Portuais au cap d'Erquy (p. 184)
2. Île Renote à Trégastel (p. 237)
3. Sainte-Anne, île de Batz (p. 312)
4. Le Dossen à Santec (p. 319)
5. L'île Vierge à St -Hernot (p. 361)

Plage de Saint-Hernot.
P. Michel/age fotostock

❤ **Filer le long de la Rance.** Les terres bretonnes se sont façonnées au fil de l'eau et les paysages nés de cette hydrographie n'ont souvent rien à envier au bord de mer. C'est notamment le cas sur la Rance. Une belle façon de visiter la région. **Voir p. 133**.

❤ **Se régaler d'huîtres à Cancale** confortablement installé sur le port de la Houle, face à la mer. Plates et sauvages ou creuses et élevées, c'est un régal ! **Voir p. 142**.

❤ **Prendre de l'altitude** à quelque 384 m de haut là où culmine le deuxième sommet des monts d'Arrée, le roc Trévezel. Depuis cet étrange amas de lames rocheuses, on contemple un panorama exceptionnel, notamment à l'aube ou crépuscule, quand les rayons du soleil jouent avec le relief, la lande et les roches. **Voir p. 349**.

❤ **Flâner sur Callot** surprenante petite île de la baie de Morlaix amarrée face à Carantec, que l'on aborde par une courte route submersible. Réserve naturelle protégée, terre agricole, Callot abrite aussi une chapelle. Au loin, on aperçoit le château du Taureau et la pointe de Primel. **Voir p. 330**.

Huîtres de Cancale.
dvoevnore/iStock

Phare du Créac'h sur l'île d'Ouessant.

❤ Aborder Ouessant

ancrée au large du Finistère. Cette île offre au visiteur côtes sauvages et déchiquetées, lande fleurie de bruyères et d'ajoncs, et plages de sable blanc. Le temps s'y suspend et l'aventure n'est jamais loin. **Voir p. 300**.

Château de la Bourbansais.
M. Canela/age fotostock

❤ Voyager dans le temps en battant le pavé des ruelles médiévales de Rennes

et contempler ses maisons à pans de bois, passer les portes Mordelaises face au parvis de la cathédrale, sentir les vieilles pierres et toute l'histoire de la capitale bretonne. **Voir p. 28**.

❤ Se faire du bien en s'offrant une journée de thalassothérapie à Dinard.

Profiter des bienfaits de la mer pour se ressourcer, avant d'aller arpenter les sentiers côtiers de la côte d'Émeraude… ou tenter sa chance au casino. **Voir p. 107**.

TOP 5 Sites naturels

1. Ploumanach (p. 225)
2. Vallée de la Rance (p. 133)
3. Les Sept-Îles (p. 227)
4. Landévennec (p. 362)
5. Cap de la Chèvre (p. 361)

Vallée de la Rance, Saint-Suliac.
J.-D. Sudres/hemis.fr

❤ **Atteindre le dernier méandre de l'Aulne** qui s'enroule autour de l'île de Térénez, au fond de la rade de Brest, pour découvrir, en contrebas, le cimetière marin de Landévennec. **Voir p. 362**.

❤ **Mettre le cap vers La Bourbansais** en famille pour voir le château du 16e s., se balader dans les jardins et le potager, assister aux spectacles imaginés avec des meutes de chiens et des rapaces, et découvrir les 400 animaux du zoo. **Voir p. 131**.

❤ **Fêter la coquille** à Erquy ou St-Quay-Portrieux, deux des principaux ports de pêche de la St-Jacques dans la baie de St-Brieuc. Fin avril, des animations offrent l'occasion de déguster ou d'acheter le coquillage, et de découvrir la pêche à la drague en montant à bord d'un coquillier. **Voir p. 189 et 192**.

Façades à colombages, Rennes.
J. N. Sánchez/age fotostock

Côte de Granit rose à Ploumanach.

❤ **Contempler le soleil se coucher sur les rochers roses de Ploumanach**, quand le ciel se fait brasier, mêlant ses tons bleus aux rayons mauves, rouges et orange de l'astre déclinant, depuis la plage ou la dune, le spectacle est magnifique. Les lève-tôt apprécieront tout autant l'aube qui dévoile de sublimes lumières. **Voir p. 225**.

❤ **Explorer la joyeuse Landerneau,** la ville-pont où les maisons à façade d'ardoise se reflètent dans l'Élorn, le fleuve côtier sur les rives duquel la ville s'est assise, à quelques encablures de son estuaire. Là, entre Léon et Cornouaille, on admire le pont de Rohan, l'un des rares encore habité en Europe, avant de filer voir l'exposition du Fonds Hélène et Édouard Leclerc pour la culture. **Voir p. 346**.

❤ **Braver le vertige en prenant le téléphérique à Brest.** En à peine 3mn, il permet de traverser la Penfeld et de rejoindre le nouveau quartier des Capucins. Avec au passage une vue magnifique sur la rade. **Voir p. 268 et 272**.

❤ **Arpentez les venelles et ruelles de Morlaix.** La belle cité finistérienne, nichée en fond d'estuaire, se découvre aussi au gré de ses collines, entre jardins secrets et maisons anciennes.
Voir p. 322.

TOP 5 **Patrimoine**

1. Fort La Latte (p. 121)
2. Château de la Roche-Jagu (p. 211)
3. Abbaye de Beauport (p. 197)
4. Château du Taureau (p. 329)
5. Palais du Parlement de Bretagne (p. 34)

Château de La Roche-Jagu.
S. Lemaire/hemis.fr

Morlaix : le viaduc et les maisons anciennes.
G. Thouvenin/age fotostock

NOS ITINÉRAIRES

Des marches de Bretagne à Brocéliande en 5 jours

En bref : 225 km au gré des petites cités d'Ille-et-Vilaine.

J-1 Vitré

Son superbe château fort et ses rues anciennes bordées de belles maisons à pans de bois (**p. 61**). Non loin, La Guerche-de-Bretagne et le château-musée des Rochers-Sévigné (**p. 66**).

J-2 Fougères

Ralliez l'impressionnante forteresse de Fougères. Très bien préservée, elle est l'une des plus grandes d'Europe. Explorez le quartier médiéval du Marchix (**p. 52**).

Bécherel.
E. Berthier/hemis.fr

J-3 Combourg

Sur la route, faites une halte au parc floral de Haute-Bretagne (**p. 57**) ou au jardin du château de la Ballue à Bazouges-la-Pérouse (**p. 80**). Le château de Combourg abrite des souvenirs de François René de Chateaubriand (**p. 78**).

J-4 Bécherel

Pour poursuivre dans une ambiance littéraire, rendez-vous à Bécherel, première « Cité du livre » en France. C'est aussi une « Petite Cité de Caractère » aux anciennes maisons en surplomb de la Rance (**p. 75**).

J-5 Forêt de Paimpont - Brocéliande

Terre de célèbres légendes bretonnes, c'est aussi l'une des plus belles forêts de la région : une occasion de faire des randonnées en pleine nature (**p. 69**).

Conseils : si vous avez plus de temps, prévoyez une balade sur les bords du canal d'Ille-et-Rance à Hédé-Bazouges et découvrez les 11 écluses.

Corsaires et merveilles médiévales
en 5 jours

En bref : 245 km en Ille-et-Vilaine, entre mer et campagne.

• J-1 Rennes

Flânez dans le centre historique avec ses maisons à pans de bois et ses immeubles 18e s. (**p. 28**).

• J-2 Dinan

Filant vers le nord, visitez le château de Combourg, où vécut le jeune Chateaubriand (**p. 78**), puis imprégnez-vous de l'atmosphère unique de Dinan, jolie ville médiévale (**p. 123**).

• J-3 St-Malo

Remontez la rive gauche de la Rance jusqu'à l'élégante station balnéaire de Dinard (**p. 107**), avant de rejoindre St-Malo, la cité corsaire (**p. 84**).

• J-4 Mont-St-Michel

Longez la côte jusqu'à Cancale et son authentique port de pêche préservé de l'urbanisation massive (**p. 142**), puis gagnez l'incontournable Mont-St-Michel (**p. 156**). En retrait de la mer, Dol-de-Bretagne mérite également le détour pour sa cathédrale et son Cathédraloscope, mais aussi pour le mont Dol (**p. 150**).

• J-5 Fougères

Fougères et son château féodal clôtureront le parcours (**p. 52**).

Conseils : évitez les foules de la haute saison, prenez les chemins de traverse (pourquoi pas à vélo ?) et goûtez aux huîtres de Cancale.

La tour Solidor de St-Servan à St-Malo.
Bertl123/iStock

La côte du Mont-Saint-Michel à Brest
en 7 jours

En bref : 525 km d'Ille-et-Vilaine au Finistère.

• J-1 Mont-St-Michel

Entamez cet itinéraire littoral par un site inoubliable : le Mont-St-Michel (**p. 156**). Suivez la côte jusqu'à Cancale (**p. 142**).

• J-2 St-Malo

Découvrez la cité corsaire, des remparts aux plages (**p. 84**).

• J-3 Vallée de la Rance

Arrêtez-vous à Dinan, cité médiévale (**p. 123**), puis rejoignez la très chic Dinard (**p. 107**).

Le téléphérique urbain de Brest, dû à BMF Remontées Mécaniques France SAS.
F. Guiziou/hemis.fr

• J-4 Côte d'Émeraude

Longez la côte jusqu'au port de Paimpol (**p. 193**) en passant par le cap Fréhel, Fort La Latte (**p. 121**) et Le Val-André (**p. 182**).

• J-5 Côte de Granit rose

Tréguier (**p. 207**), Ploumanach, la côte de Granit rose (**p. 231**), puis étape à Morlaix (**p. 322**).

• J-6 Roscoff

Roscoff, autre cité corsaire (**p. 308**), avant d'embarquer le temps d'une excursion pour l'île de Batz (**p. 311**).

• J-7 Vers Brest

Basilique du Folgoët (**p. 281**) et Brest (**p. 266**).

*Conseils : si vous disposez d'un ou deux jours supplémentaires, suivez la côte des **Abers**, de Brignogan au Conquet, ou explorez la **presqu'île de Crozon** et ses paysages sauvages bien préservés.*

Émeraude et Granit rose
en 5 jours

bru_greg/iStock

En bref : 200 km à la découverte des plus beaux paysages côtiers.

• J-1 St-Malo

La cité intra-muros, le chemin de ronde, les villas en granit et les malouinières, les grandes plages et les ports (**p. 84**).

• J-2 Dinard et la Côte d'Émeraude

Changement d'ambiance à Dinard, une station chic qui recèle de belles villas et des parcs généreux ouvrant sur la Côte d'Émeraude et ses plages (**p. 107**). Poussez jusqu'au cap Fréhel, superbement sauvage ! (**p. 120**)

• J-3 & 4 Du cap Fréhel à Paimpol

Suivez la côte vers l'ouest en direction du Val-André, de son port de Dahouët, et d'Erquy, où s'étendent des plages de sable fin (**p. 182**), puis de Paimpol, où plane encore le souvenir des « Islandais » (**p. 193**). Embarquez le lendemain pour l'île de Bréhat (**p. 202**).

• J-5 Côte de Granit rose

Rejoignez Tréguier, une cité hors du temps (**p. 207**), puis Perros- (**p. 223**), la corniche bretonne et ses amoncellements de rochers de granit rose dont Ploumanach et au large les Sept-Îles (**p. 227**). Terminez par Lannion (**p. 217**).

Conseils : profitez des plaisirs de la mer – baignades, balades en bateau sur de vieux gréements et dégustations de fruits de mer.

La plage du Sillon, Saint-Malo.
StevanZZ/iStock

Un voyage intérieur
en 4 jours

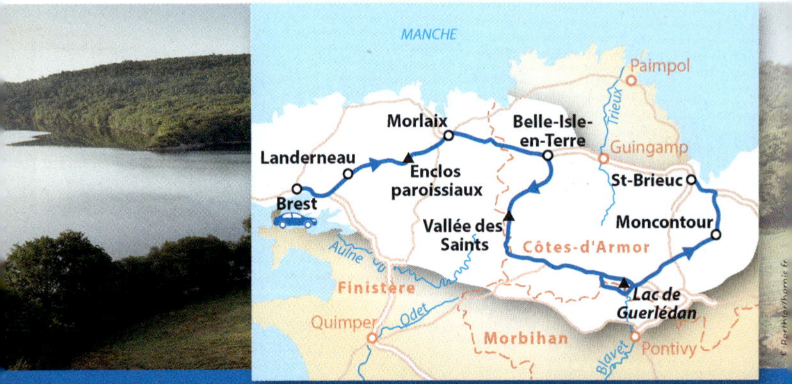

En bref : 240 km dans les terres, du Finistère aux Côtes-d'Armor.

• J-1 Enclos paroissiaux

De Brest, gagnez Landerneau, l'étonnante ville-pont (**p. 346**), avant d'entrer en « pays » des enclos paroissiaux, symbolisant la piété des Bretons et la fortune acquise sur les mers aux 15e-17e s., en vous arrêtant à Guimiliau, Lampaul-Guimiliau et St-Thégonnec (**p. 341**).

• J-2 Morlaix

Gagnez Morlaix pour découvrir son beau viaduc, son port et ses superbes maisons « à pondalez » (**p. 322**).

Enclos paroissial et calvaire de St-Thégonnec.
S. Lemaire/hemis.fr

• J-3 Belle-Isle-en-Terre

Continuez à vous enfoncer dans les terres : de Belle-Isle-en-Terre (**p. 240**), faites un crochet vers Carnoët afin de découvrir la surprenante « vallée des Saints » (**p. 242**), puis rejoignez le lac.

• J-4 Du lac de Guerlédan à la côte

Après le tour du lac de Guerlédan (**p. 251**), partez à la découverte du village médiéval perché de Moncontour, une visite hors du temps (**p. 260**). Retrouvez la mer du côté de St-Brieuc (**p. 174**).

Conseils : une journée de plus vous permettra de faire une excursion au château du Taureau (dans la baie de Morlaix) ou, si vous aimez le vélo, de parcourir la campagne finistérienne en suivant la voie verte Morlaix-Carhaix, aménagée sur une ancienne voie ferrée.

Au bout du monde
en 3 jours

Razvan/iStock

En bref : 550 km de paysages maritimes dans le Finistère.

● J-1 Morlaix

Partant de Lannion, suivez la côte des Bruyères (**p. 335**) avant de rejoindre Morlaix. Parcourez les venelles de cette cité au relief spectaculaire, dominée par son viaduc (**p. 322**)

● J-2 Baie de Morlaix

En longeant la superbe baie (une pause à Carantec s'impose), gagnez St-Pol-de-Léon (**p. 317**), puis Roscoff, un port du bout du monde au charme prenant (**p. 308**). Faites un petit tour sur la captivante île de Batz située à quelques encablures (**p. 311**).

● J-3 La côte des Abers

Découvrez la magnifique côte sauvage des Abers, de Brignogan à la pointe St-Mathieu (**p. 280**), puis rejoignez Brest où vous pourrez visiter le formidable Océanopolis (**p. 266**).

Conseils : si vous disposez d'un peu plus de temps, prévoyez une excursion (avec une nuit sur place) sur l'île d'Ouessant : vous serez alors vraiment « au bout du monde ».

Roscoff.
J. A. Moreno/age fotostock

Pointe Saint-Mathieu.
P. Michel/age fotostock

DÉCOUVRIR LA BRETAGNE NORD

L'île de Louët et le château du Taureau dans la baie de Morlaix.
CSP_jopelka/fotosearch LBRF/age fotostock

Rennes et les marches bretonnes 1

Carte Michelin Départements 309 – Ille-et-Vilaine (35)

Fougères et son château.
J. A. Moreno/age fotostock

RENNES ET LES MARCHES BRETONNES

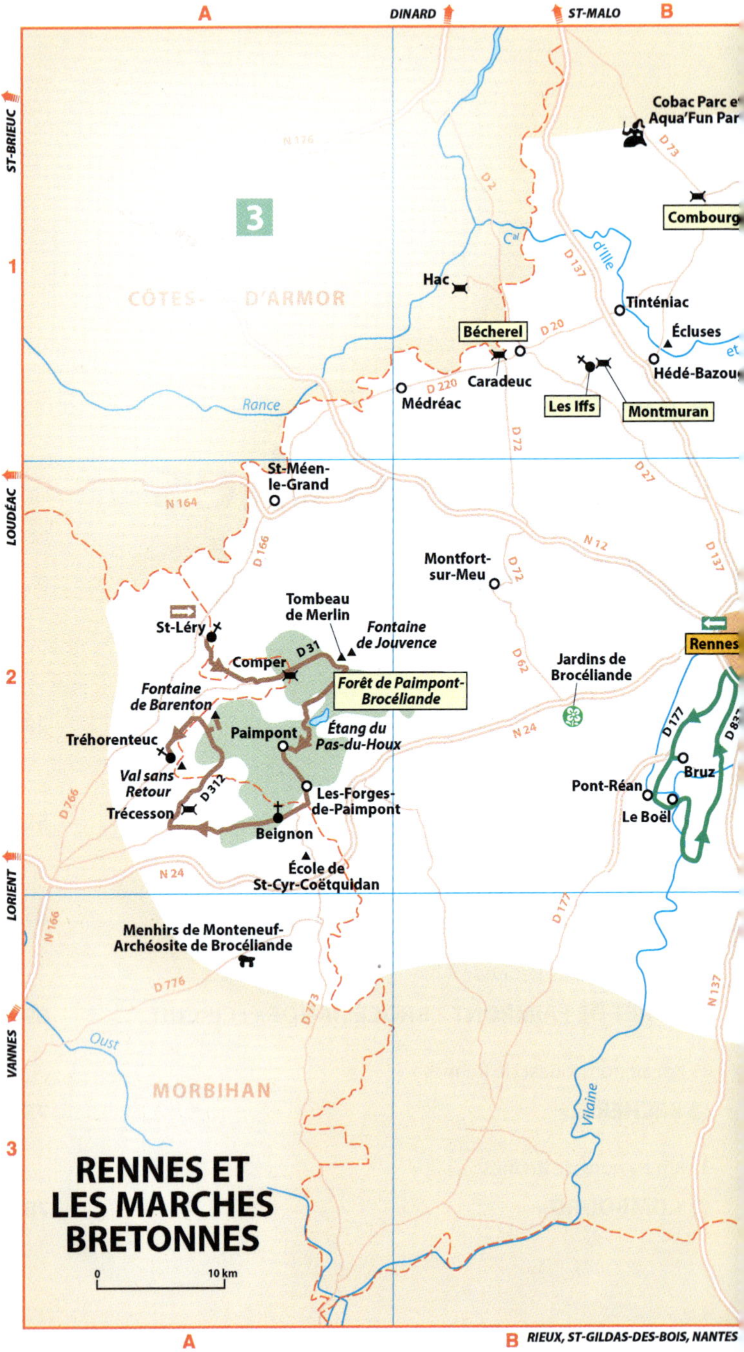

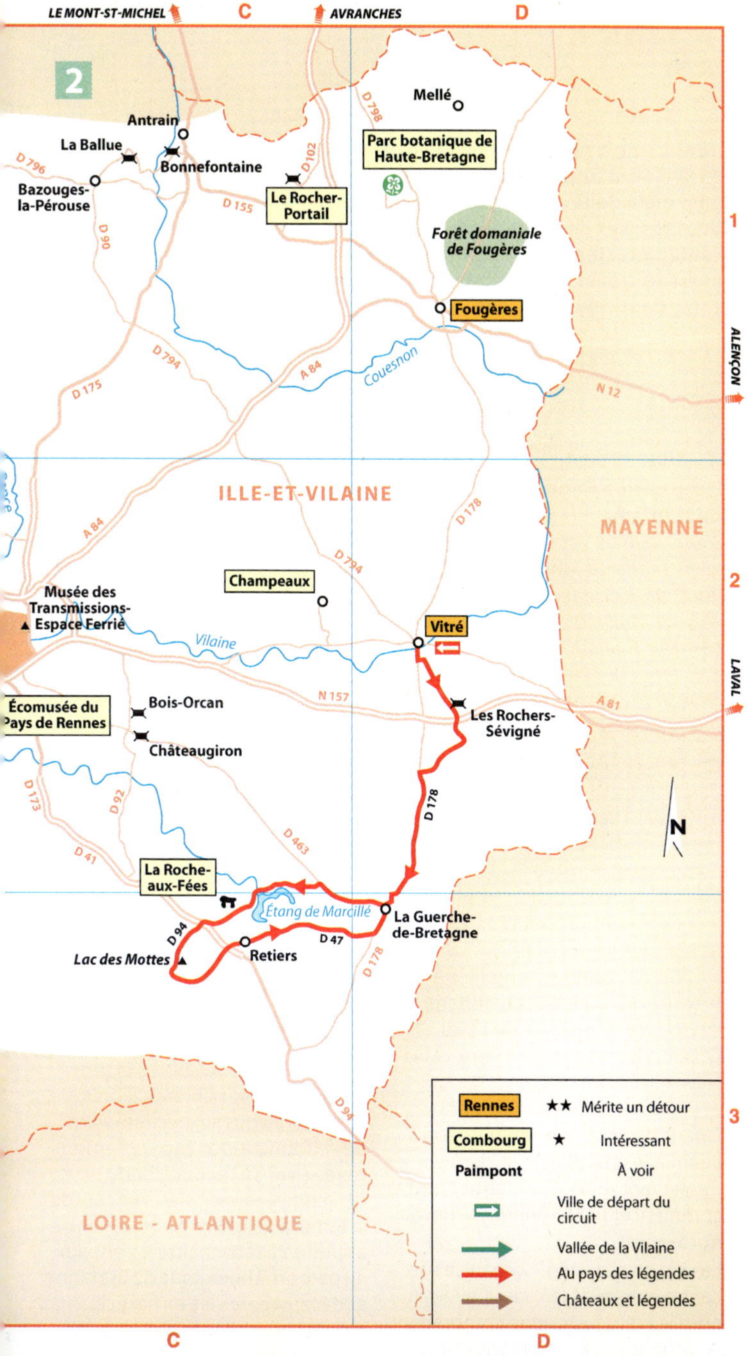
LE MONT-ST-MICHEL
C
AVRANCHES
D
2
Mellé
Antrain
La Ballue
Bonnefontaine
Bazouges-la-Pérouse
Parc botanique de Haute-Bretagne
Le Rocher-Portail
Forêt domaniale de Fougères
Fougères
D 796
D 798
D 102
D 155
D 90
D 794
D 175
A 84
Couesnon
N 12
ALENÇON
1
ILLE-ET-VILAINE
MAYENNE
D 178
D 794
A 84
Champeaux
Musée des Transmissions-Espace Ferrié
Vitré
Vilaine
2
LAVAL
N 157
A 81
Écomusée du Pays de Rennes
Bois-Orcan
Châteaugiron
Les Rochers-Sévigné
D 173
D 92
D 463
D 41
D 178
N
La Roche-aux-Fées
Étang de Marcillé
La Guerche-de-Bretagne
D 94
D 47
Lac des Mottes
Retiers
D 178
D 94
3
LOIRE - ATLANTIQUE
Rennes
★★ Mérite un détour
Combourg
★ Intéressant
Paimpont
À voir
Ville de départ du circuit
Vallée de la Vilaine
Au pays des légendes
Châteaux et légendes
C
D

Rennes

★★

213 454 Rennais (agglomération : 444 723 habitants) – Ille-et-Vilaine (35)

Rennes doit sa fraîcheur d'esprit et sa vitalité à la présence de ses 65 500 étudiants et à sa diversité culturelle toujours à l'avant-garde. La ville mêle dans un audacieux équilibre son passé médiéval aux ruelles intactes, ses deux élégantes places royales du 18e s., à l'architecture contemporaine d'une métropole ancrée dans son temps. Elle se découvre aussi au travers de ses cafés et boutiques, et de ses magnifiques marchés, dont celui des Lices.

NOS ADRESSES PAGE 43
Hébergement, restauration, achats, activités, etc.

S'INFORMER

Destination Rennes - Office de tourisme – *11 r. St-Yves - 35000 Rennes - ✆ 02 99 67 11 11 - www.tourisme-rennes.com - juil.-août : 9h-19h, dim. et j. fériés 10h-13h, 14h-17h ; reste de l'année : 10h-18h, lun. 13h-18h, dim. et j. fériés 10h-13h, 14h-17h - fermé 1er janv., 1er Mai, 25 déc. - 2e bureau 6 r. d'Échange - ✆ 02 99 86 64 95.*

SE REPÉRER

Carte de microrégion BC2 (p. 26-27) – Rennes est l'un des nœuds routiers les plus importants de Bretagne. Ainsi, la N 137, qui vient de Nantes (113 km au sud), la traverse pour continuer vers St-Malo (74 km au nord). De sa rocade, souvent embouteillée à la sortie des bureaux, rayonnent aussi la N 157, qui part sur Laval (75 km à l'est) en frôlant Vitré, et la N 24, qui file vers Vannes (115 km) et Lorient (153 km) au sud-ouest. Quant à la N 12, elle continue son chemin jusqu'à Brest (242 km) en desservant toute la Bretagne Nord, à commencer par St-Brieuc (99 km au nord-ouest).

La ville en elle-même organise son centre autour de la Vilaine, avec au nord le cœur historique comprenant la cathédrale, le parlement, l'hôtel de ville, et toutes les demeures à pans de bois, tandis qu'au sud se trouvent le quartier des Halles, la gare et le complexe des Champs Libres.

SE GARER

Les parkings sont nombreux aux abords du centre, notamment vers la place des Lices et vers les Champs Libres. En périphérie, 4 Parcs-Relais gratuits situés près du métro.

À NE PAS MANQUER

Le patrimoine architectural du vieux Rennes avec en particulier le palais du parlement, les collections du musée des Beaux-Arts et du musée de Bretagne et… un pique-nique dans le parc du Thabor.

ORGANISER SON TEMPS

Pensez à réserver la visite du parlement de Bretagne.

AVEC LES ENFANTS

Faites des expériences à l'Espace des sciences des Champs Libres, intéressez-vous aux technologies de l'information à l'Espace Ferrié, rendez-vous à l'écomusée du Pays de Rennes, caressez les animaux de la ferme aux jardins de Brocéliande, apprenez à reconnaître les oiseaux au parc ornithologique de Bretagne et découvrez la ville en participant aux ateliers ludiques proposés par l'office de tourisme.

Les hôtels particuliers de la place des Lices.
J. N. Sánchez/age fotostock

Se promener Plan de ville p. 32

★★ LE CENTRE HISTORIQUE AB1

Circuit de 1h30 environ. Suivez le tracé du plan p. 32, mais n'hésitez pas à prendre les ruelles dont il est fait mention ci-après sous le titre « Maisons anciennes ».
La capitale régionale bretonne tire son nom des Riedones, une tribu gauloise qui peuplait la région au 2e s. av. J.-C. Les vestiges encore visibles de ses remparts médiévaux portent toujours la trace de murs défensifs gallo-romains. Son histoire est donc ancienne, mais ce qu'on appelle aujourd'hui le centre historique désigne surtout la partie de la ville médiévale au nord de la Vilaine qui a échappé au grand incendie de 1720. Elle a conservé de nombreuses maisons des 15e et 16e s. aux étages en encorbellement, des hôtels aristocratiques aux façades sculptées ainsi que des rues aux pavés irréguliers.

Basilique Saint-Sauveur A1

Cet édifice a été élevé aux 17e et 18e s. À l'intérieur, beau **baldaquin** en bois doré et **buffet d'orgue** du 17e s. À droite en entrant, chapelle dédiée à N.-D.-des-Miracles qui sauva Rennes lors du siège de la ville par les Anglais, en 1357. On peut y admirer de nombreux ex-voto.

Maisons anciennes A1

Rue St-Sauveur, au n° 6, se trouve une maison canoniale – maison affectée à une communauté de chanoines – du 16e s. **Rue St-Guillaume★**, au n° 3, la maison Ti Koz (« vieille maison » en breton), est l'une des plus emblématiques du centre historique, puisque la plus ancienne et la plus belle de style médiéval. Fondée en 1505 par les chanoines, elle arbore, fièrement sculptés, un saint Michel et un saint Sébastien. Seule sa façade rouge est d'origine, l'intérieur ayant été complètement rénové suite à un incendie en 1994. La maison sert aujourd'hui de cadre au bar de nuit *El Teatro*. La **rue de la Psalette★**, qui

SAVOIR LIRE LES MAISONS À PANS DE BOIS

La présence alentour de nombreuses forêts a favorisé le développement d'une tradition architecturale qui a perduré jusqu'au 19e s.
Rennes compte 280 maisons à pans de bois, dont les plus anciennes, qui se distinguent par un encorbellement prononcé, remontent au 15e s. Celles du 16e s. se reconnaissent à leurs façades, plus alignées, et à leur décoration inspirée des motifs de la Renaissance (rinceaux, oves, putti...). Les façades du 17e s. sont quant à elles totalement plates et rigoureusement symétriques, avec des baies verticales, par opposition à l'éclairage horizontal des siècles précédents. Enfin, celles du 18e s. se caractérisent par l'abandon progressif des pans de bois apparents au bénéfice de l'enduit. La préservation de ce bâti ancien, parfois très dégradé, a conduit la ville à mettre en place un vaste projet de réhabilitation pour tout le centre ancien.

longe les contours arrondis de l'abside de la cathédrale St-Pierre, est bordée de maisons à pans de bois. On peut y observer notamment, au n° 1, l'ancien hôtel Le Gonidec (ou « maison du coin »), bâti en 1609. La **rue du Chapitre★**, porte les marques du grand incendie du 22 décembre 1720 – lequel ravagea les deux tiers de la ville – qui s'est arrêté là, aux abords de la rue. Vous le constaterez aux différences de pavements et aux architectures distinctes des immeubles. Ainsi, dans la partie de la rue reconstruite au 18e s., se trouve au n° 6 l'**hôtel de Blossac** (1728), qui possède un très bel escalier monumental en granit à décor de marbre et rampe en fer forgé. Sa façade en tuffeau, son porche et son entrée façonnée par des colonnes de marbre rouge soulignent la richesse du parlementaire Blossac. Cet hôtel abrite aujourd'hui la Direction régionale des affaires culturelles (Drac), tout comme son voisin l'**hôtel de Brie** (1624), au n° 8. Au n° 22, vous pourrez apprécier une maison de style Renaissance au ton bordeaux.
La **rue St-Yves**, aux nos 6 et 8, accueille des maisons du 16e s. Au n° 11, la **chapelle St-Yves** (15e s.), accolée à l'office de tourisme, abrite une exposition sur l'histoire et le patrimoine de la ville. **Rue des Dames**, au n° 10, se remarque l'hôtel Freslon de La Freslonnière.

★ Cathédrale Saint-Pierre A1

Typique du style néoclassique des 18e et 19e s., la cathédrale St-Pierre fut achevée en 1844 après 57 ans de travaux. À l'origine (5e s.) se trouvaient là un sanctuaire, puis une cathédrale gothique, construite au 12e s. C'est une chute de pierre en plein chœur qui donne le signal de sa reconstruction au 18e s., que l'on doit à l'architecte nantais Mathurin Crucy. La cathédrale a fait l'objet d'une importante restauration entre 2009 et 2014.
L'**intérieur★** néoclassique s'inspire des basiliques romaines. Ainsi, les imposantes colonnes sont revêtues de stucs imitant le marbre. La nef du 19e s. s'est également parée de stucs et de dorures, dont l'exubérance peut parfois surprendre le visiteur. Dans l'une des chapelles (celle précédant le croisillon droit), on peut admirer un **retable★★** gothique du 16e s. *(en restauration au moment de la rédaction de ce guide)*. En bois sculpté et doré, il retrace la vie du Christ et de la Vierge. Par ses dimensions et son exécution, cette œuvre flamande est l'une des plus importantes du genre.

Portes Mordelaises A1

Vestiges de l'enceinte du 15e s., elles servaient d'entrée principale à la ville. Les ducs de Bretagne y passaient pour se faire couronner à la cathédrale. En 1598,

De Condate à Rennes

DU DUCHÉ À LA PROVINCE

Les origines de la cité

Condate, l'ancienne cité de la tribu gauloise des Riedones (ou Redones), est établie à la confluence de l'Ille et de la Vilaine. Elle est conquise par les Romains en 57 av. J.-C. et s'entoure au 3e s. d'une large muraille, qui marquera les limites de la ville jusqu'au 15e s.

Le rattachement à la France (1532)

En 1488, quand le duc de Bretagne François II (1435-1488) meurt, son héritière **Anne de Bretagne** n'a que 12 ans. Très vite, elle choisit d'épouser Maximilien d'Autriche, futur empereur, et le mariage religieux a lieu en 1490, par procuration. Mais le roi **Charles VIII**, qu'un mariage blanc lie à Marguerite d'Autriche, fille de Maximilien, sollicite pour lui-même la main de la duchesse. Éconduit, il vient l'assiéger dans Rennes, en 1491. La population, qui souffre de la disette, presse la souveraine de consentir à l'épouser. Les fiançailles sont célébrées à Rennes, et les noces, au château royal de Langeais, dans le Val de Loire, le 6 décembre 1491. Cette liaison marque un premier rapprochement de la Bretagne avec la France, mais le rattachement définitif ne sera ratifié que sous François Ier, en 1532.

L'émergence d'une capitale provinciale

Idéalement située au carrefour des voies terrestres et fluviales, la ville est choisie en 1561 pour accueillir le parlement de Bretagne et se voit ainsi propulsée au rang de capitale provinciale. Au 17e s., la construction de couvents, d'édifices publics et d'hôtels particuliers confirme la place de Rennes dans le royaume.

CATASTROPHE ET RENOUVEAU

Le grand incendie de 1720

Au 18e s., la ville a encore son aspect médiéval : ruelles étroites, maisons en torchis et en bois. Le 23 décembre 1720, un menuisier ivre enflamme, avec sa lampe à huile, un tas de copeaux. Le feu se propage : 900 maisons à pans de bois disparaissent. La ville est reconstruite sur les plans de l'**architecte du roi Jacques Gabriel (1667-1742)** : elle reçoit de belles rues rectilignes, bordées de maisons de granit à l'élégance sévère. Pour reloger au plus vite la population, les constructions neuves sont divisées en appartements, vendus séparément.

Un nouveau visage se dessine

Le remodelage de la ville se poursuit au 19e s. avec la canalisation de la Vilaine, la construction de la gare (1857), l'apparition de quartiers résidentiels et du tramway en 1897 ! En 1899, toute la France a les yeux rivés sur Rennes où se déroule le second procès du capitaine Alfred Dreyfus.

Une ville universitaire

Dans la seconde moitié du 20e s., Rennes confirme son rôle de ville universitaire et connaît l'un des taux de croissance démographique les plus élevés de France grâce à la présence d'importantes infrastructures industrielles comme les usines Citroën. Elle s'affirme par ailleurs comme un pôle technologique et de recherche majeur, avec près de 3 500 chercheurs dans l'électronique, les télécommunications et les bio-industries.

RENNES ET LES MARCHES BRETONNES

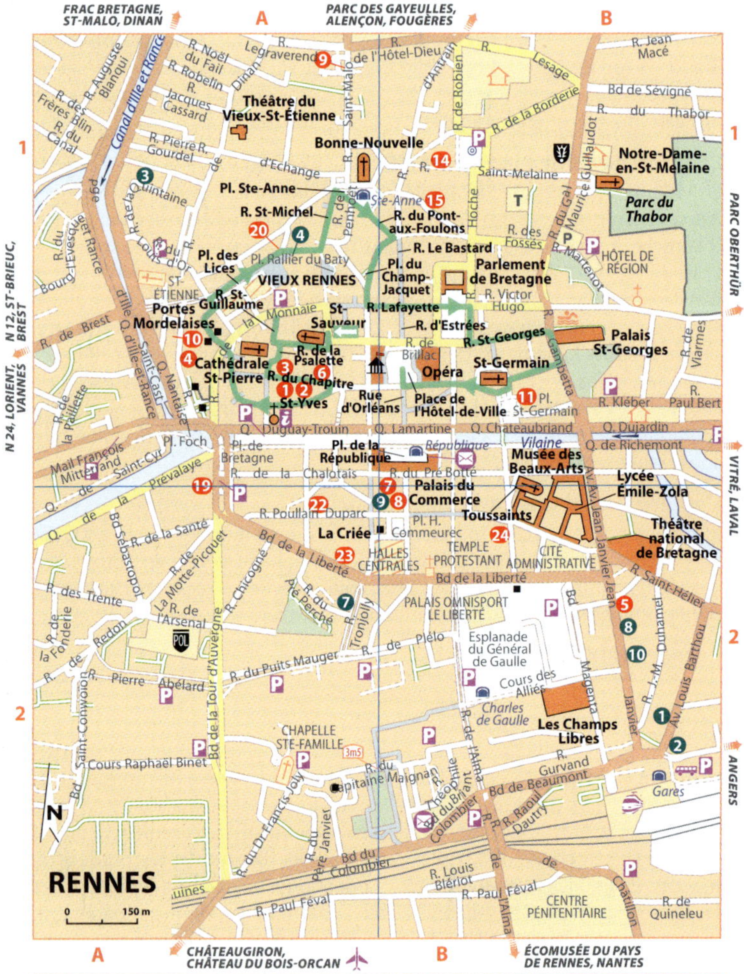

SE LOGER

- Hôtel Anne de Bretagne 7
- Hôtel Astrid 1
- Hôtel de Nemours 9
- Hôtel des Lices 4
- Hôtel Le Victoria 10
- Ibis Styles Rennes Centre Gare Nord 2
- Le Magic Hall (Hôtel) 3
- Le Saint-Antoine (Hôtel) 8

SE RESTAURER

- Baron Rouge 1
- Café Breton 4
- Les Carmes 24
- Chez Kub 3
- Chez Paul 22
- Le Cours des Lices 20
- Crêperie La Saint-Georges 2
- Crêperie Saint-Melaine 14
- Le Galopin 5
- Le Globe 23
- Le Guehennec 10
- La Kitchenette 8
- Léon le Cochon 7
- Pleine Mer 9
- Le Quatre B 19
- La Réserve 15
- Le Seven 11
- Le Tire-Bouchon 6

on y présenta à Henri IV les clés de la ville, en argent doré. Pour ce genre de cérémonie, le Béarnais avait une formule rituelle dont l'effet était sûr : « Ces clés sont belles, mais j'aime encore mieux les clés des cœurs des habitants. » Depuis juillet 1997, un pont-levis, construit sur le modèle de celui du château de Montmuran, a été remis en place. Un vaste projet d'aménagement autour du site doit s'achever en 2020.

★ Place des Lices A1

Sur cette place, située hors des murs de la ville médiévale, se déroulaient jadis joutes et tournois. Avant l'incendie de 1720, de riches parlementaires s'y font construire demeures et hôtels particuliers en pierre et bois. Ainsi, au n° 34, l'**hôtel du Molant** (17e s.) est coiffé d'un toit à la Mansart et abrite un bel escalier en chêne, dont la cage est décorée au plafond d'un ciel et de boiseries en trompe l'œil. Aux nos 26 et 28, l'**hôtel de La Noue** et l'**hôtel Racapé de la Feuillée** sont tout aussi admirables.
Au centre de la place, Jean-Baptiste Martenot, architecte de la ville de 1858 à 1895, bâtit **deux halles** en briques, verre et fer – qui ne sont pas sans rappeler celles de Baltard. Restaurées et classées au titre des Monuments historiques, elles sont le samedi matin le cœur du **marché des Lices**, l'un des plus beaux et des plus importants de France *(voir encadré ci-dessous)*. Le soir, en particulier le jeudi, les étudiants font de cette place l'un de leurs lieux de prédilection, se regroupant aux terrasses des bars alentour.

Rue Saint-Michel A1

Elle est bordée de vieilles maisons à pans de bois *(voir encadré p. 30)*. Jadis partie intégrante des faubourgs de Rennes, elle a conservé de cette époque ses auberges et ses tavernes.

Place Sainte-Anne A1

Cette bouillante et vaste place vit au rythme de la vie estudiantine… et des travaux de la ligne B du métro, qui doivent durer jusqu'en 2020. Les maisons colorées à pans de bois sont de tradition gothique et Renaissance : celle du maire Jean Leperdit (1752-1823) est au n° 19. Elles entourent une église néogothique du 19e s., la basilique Saint-Aubin, et jouxtent le couvent des Jacobins *(rue d'Échange)* où eurent lieu les fiançailles d'Anne de Bretagne avec le roi de France, Charles VIII. Son abbatiale, son cloître et ses bâtiments monacaux

ÉTAPE GOURMANDE

Si la capitale bretonne est bien pourvue en marchés où l'on découvre tous les produits issus des terroirs brétilien et armoricain, le plus emblématique de tous reste le **marché des Lices** du samedi matin. Plus de 10000 visiteurs s'y pressent chaque samedi de 7h30 à 13h30. Depuis au moins quatre siècles – les premières traces datent de 1622 –, il accueille sur la place des Lices quelque 300 producteurs et marchands. Car l'on vient de toute la Bretagne vendre fruits et légumes, poissons et crustacés. Ici, la proximité de la mer est une bénédiction pour les amateurs d'huîtres, qui trouveront de nombreux ostréiculteurs de Cancale et du Morbihan, ainsi que des coquilles St-Jacques, de novembre à mars, arrivées directement de la baie de St-Brieuc. Volailles, légumes, fruits ou encore cidres méritent aussi le détour. Et bien sûr, on ne quitte pas le marché sans avoir croqué dans une **galette-saucisse**, cette tradition du pays de Rennes faite d'une galette de sarrasin (blé noir) froide ou juste tiédie qui entoure une saucisse de porc grillée et que l'on déguste sans ajouter quoi que ce soit.

appartiennent aujourd'hui à Rennes Métropole et sont en train d'être aménagés en Centre des congrès. À partir de 2018, cet ambitieux projet architectural mêlant ancien et moderne doit accueillir un vaste ensemble d'auditoriums, mais aussi des commerces et des lieux d'exposition.
De nombreux cafés et restaurants dotés de grandes terrasses occupent aujourd'hui la place, très animée en fin d'après-midi et en soirée.

Rue du Pont-aux-Foulons AB1

Rue commerçante aux maisons à pans de bois du 17e s.

★ Place du Champ-Jacquet A1

La rue du Champ-Jacquet mène à cette place en forme de triangle un peu étranglé. Côté nord s'élèvent de hautes maisons à pans de bois (17e s.). Au n° 5, on découvre l'**hôtel de Tizé**. Typique du 17e s., il associe pierre blanche, pans de bois et granit. Au pied de cet ensemble unique trône la statue en bronze de **Jean Leperdit** (1752-1823), mythique maire de Rennes qui, lors de la Terreur (années 1790), sauva des condamnés à mort.
Le circuit qui se poursuit par les rues La Fayette et Nationale permet de découvrir une partie de la ville classique où s'élèvent de majestueux édifices, dont le palais du parlement de Bretagne. On pénètre dans la partie construite après l'incendie de 1720.

★ Place du parlement de Bretagne B1

Premier architecte du roi, **Jacques Gabriel** (1667-1742) – auquel on doit également la place de la Bourse à Bordeaux, l'hôtel de ville de Blois et le château de Compiègne – a imaginé cette place royale, dite « Louis-le-Grand », afin qu'elle soit l'écrin parfait à la statue équestre du roi Louis XIV qui y trôna jusqu'à la Révolution. Du plan initial dessiné par l'ingénieur militaire Isaac Robelin, rejeté car trop cher, on a seulement retenu l'**hôtel de Mucé**, au n° 4. Tout le reste est donc signé Jacques Gabriel. Celui-ci y applique un plan déjà éprouvé. Ainsi, les deux immeubles qui encadrent le palais du Parlement de Bretagne sont bâtis sur le modèle suivant : arcades de granit au rez-de-chaussée sur lesquelles reposent deux étages en tuffeau et un toit à la Mansart. L'harmonie qui règne ici tient pour beaucoup à la grâce délicate et rigoureuse de l'architecture. Mais une asymétrie volontaire est à noter, si vous prenez le temps de compter les mansardes des bâtiments perpendiculaires au Parlement.

★★ Palais du parlement de Bretagne B1

Réserv. auprès de l'office de tourisme - 11 r. St-Yves - ✆ 02 99 67 11 11 - www.tourisme-rennes.com - visite guidée sur demande préalable (2h) horaires, se rens. - fermé 1er janv., 1er Mai, 25 déc. - 7,20 € (-19 ans 4,60 €).
Œuvre essentielle du patrimoine rennais, parmi les joyaux de l'architecture française du 17e s., le monument le plus visité de l'agglomération abrite aujourd'hui la **cour d'appel de Rennes** et la cour d'assises d'Ille-et-Vilaine.

LA RENAISSANCE DU PARLEMENT

Le 4 février 1994, un dramatique incendie endommagea gravement le palais du parlement de Bretagne, actuel siège de la cour d'appel de Rennes. La remise en état de l'édifice, achevée en 1999, a représenté 400 000 heures de travail et un coût de 38 millions d'euros pour la reconstruction, sans compter les 22 millions attribués à la restauration des décors et des œuvres d'art. La récompense ? Un magnifique bâtiment reconstitué à l'identique (galerie du rez-de-chaussée et salle des Assises du premier étage).

Le parlement de Bretagne, l'un des dix-sept parlements provinciaux que comptait le royaume, siégea d'abord tantôt à Rennes, tantôt à Nantes, avant de se fixer définitivement à Rennes en 1561. Cour suprême des 2 300 justices bretonnes, il jouait aussi un rôle législatif et politique. Son installation hissa Rennes au rang de capitale régionale et de cité aristocratique.
Germain Gaultier, un architecte local, dessina le palais, d'inspiration italienne. Ses plans furent repris, pour la façade, par l'architecte de la cour de Marie de Médicis, Salomon de Brosse (1571-1626). La construction dura près d'un siècle : de 1618 à 1655 pour l'architecture, et jusqu'à 1706 pour le décor. Ce fut, en pays breton, l'arrivée d'un art royal et parisien, marqué par l'alternance de matériaux – granit au rez-de-chaussée et tuffeau à l'étage – et par la belle unité de la toiture d'ardoise en façade.
L'intérieur, très richement orné, contraste avec la sobriété du décor extérieur. La **Grand'Chambre** est le joyau du palais, avec son imposant plafond en bois doré, dessiné par Charles Errard et son disciple Noël Coypel, servant d'écrin à des toiles allégoriques sur le thème de la Justice. Avec les autres salles d'audience, réalisées dans le même style, ce superbe ensemble décoratif affirme la puissance des parlementaires bretons aux 17e et 18e s., mais aussi l'influence artistique – et politique – des rois de France.

Rue Saint-Georges B1

Les flammes du grand incendie de décembre 1720 n'ont fait que lécher les abords de cette rue. Elle figure donc aujourd'hui parmi les plus anciennes de Rennes. Au n° 3, l'hôtel de Moussaye (16e s.) possède une splendide façade Renaissance. Les nos 8, 10 et 12 forment un ensemble remarquable de maisons à pans de bois du 17e s., qui abrite la grande librairie Le Failler.
Tourner à droite dans la rue Gambetta ; au n° 2 se trouve la piscine St-Georges.

Piscine St-Georges B1

Inaugurée en 1926, toute en mosaïque et en faïence bleues et blanches signées Odorico (une famille de mosaïstes qui a travaillé à Rennes de 1882 à 1978), cette piscine arbore une façade et un intérieur Art déco au charme désuet.

Palais et jardin Saint-Georges B1

Le **palais** a été édifié en 1670 comme nouvelle aile de l'abbaye bénédictine St-Georges, elle-même fondée au 11e s. Transformé en caserne depuis la Révolution, il conserve sur sa longue façade, au-dessus de ses 18 arcades, le nom de l'abbesse à l'origine de sa construction, Magdelaine de La Fayette.
Il est précédé d'un beau jardin à la française *(ouvert au public).*

★ Église Saint-Germain B1

R. du Vau-St-Germain - ✆ 02 99 38 87 29 - saint-germain-rennes.fr - tlj 8h-12h, 14h-18h30, dim. 8h-12h.
Érigée au 12e s., l'ancienne église des marchands et des merciers de la ville a été reconstruite à la fin du 15e s. Achevée en 1620, elle doit son faste à l'industrie de la toile, alors florissante. Admirez son porche gothique flamboyant, sa voûte en bois et ses poutres à embouts sculptés ainsi que ses superbes vitraux.

★ Place de l'Hôtel-de-Ville A1

Cette place royale constitue le noyau central du quartier classique. Elle est bordée à l'ouest par l'hôtel de ville et à l'est par le théâtre. Au sud, au-delà de la rue d'Orléans, la perspective est fermée par le **palais du Commerce,** imposant bâtiment décoré de sculptures monumentales.
Hôtel de ville – *✆ 02 23 62 10 10 - www.rennes.fr - ♿ - 8h30-17h, sam. 9h30-12h - fermé dim. et j. fériés - gratuit - possibilité de visite guidée sur demande préalable*

à l'office de tourisme. Il a été bâti en 1734 par Jacques-Jules Gabriel, père de l'architecte qui édifia la place de la Bourse à Bordeaux. Une tour centrale en retrait portant l'horloge – le « Gros » pour les Rennais – se raccorde à deux imposants pavillons par deux bâtiments incurvés. L'aile droite renferme le « Panthéon rennais », salle consacrée au souvenir des morts pour la France.

Opéra – *✆ 02 23 62 28 00 - www.opera-rennes.fr - expositions : mar.-vend. 13h-19h, sam. 13-18h ; gratuit - visites guidées lors des J. européennes du patrimoine (sept.) et dans le cadre de l'opération « À la découverte de l'Opéra » (1 sam. en mars et en déc., 4 € - se rens.) - fermé de mi-juil. à fin août.*

L'ancien théâtre de la Ville, dessiné par Charles Millardet et inauguré en 1836, répond aux lignes de l'hôtel de ville. Sa **rotonde** semble en effet vouloir se glisser au creux du bâtiment voisin, conçu un siècle plus tôt. Dans un style néo-classique, il se pare de colonnes et se coiffe d'une **Ronde de muses** sculptées par le Rennais François Lanno. Figurant parmi les plus petits opéras de France, le bâtiment abrite une salle à l'italienne de 642 places dont le **plafond** (1914) est l'œuvre de Jean-Julien Lemordant. Le parterre se trouve, non pas au rez-de-chaussée, mais au 1er étage. Le lieu accueille des troupes internationales et sert depuis 1989 de résidence à l'Orchestre symphonique de Bretagne *(voir « Nos adresses », p. 50).*

Rues d'Orléans, D'Estrées et Le Bastard B1

Perpendiculaires à la place de l'Hôtel-de-Ville au sud (Orléans) et au nord (d'Estrées et Le Bastard), ces trois rues piétonnes fourmillent de boutiques et commerces en tout genre. Le samedi, des milliers de Rennais y font leur shopping. Si vous souhaitez faire une pause au vert, rendez-vous au parc du Thabor *(à 15mn à pied de la place de l'Hôtel-de-Ville ou à 9mn de la piscine St-Georges).*

★★ Parc du Thabor B1

Pl. St-Melaine (entrée principale), r. de Paris (entrée sud), bd. de la Duchesse-Anne (entrée est), r. de la Palestine (entrée nord) - R. du Gén.-Guillaudot - ✆ 02 23 62 19 40 - ♿ - mai-août : 7h30-20h30 ; mars et sept. : 7h30-20h ; reste de l'année : 7h30-18h30.

Comptant parmi les plus beaux jardins publics de France, ce parc s'étend sur 10 ha à l'emplacement des vergers de l'ancienne abbaye St-Melaine. Placé sur un promontoire, le lieu fut nommé par les moines en référence au mont Thabor, en Galilée. La ville fit l'acquisition des terrains en 1793. D'abord transformés en promenade, ceux-ci devinrent un vrai jardin après son aménagement entre 1866 et 1868 par les paysagistes Denis et Eugène Bühler – à qui l'on doit aussi le parc de la Tête-d'Or, à Lyon. D'une grande diversité, le parc comprend pas moins de 2 000 espèces florales et un millier d'arbres, parmi lesquels des marronniers, des séquoias géants, des cèdres de l'Atlas et des chênes. Il se révèle très agréable avec ses généreuses pelouses où reposent des **sculptures contemporaines** et néoclassiques, un boulingrin (carré Duguesclin), des allées aux parterres fleuris qui desservent un **jardin à la française**, un **jardin à l'anglaise**, un **jardin botanique**, une mare aux canards et une cascade. Le parc est ponctué de différents équipements : une aire de jeux et un manège pour enfants, un bassin à bateaux, un café-restaurant, une roseraie, une volière ainsi qu'un kiosque à musique, des serres et une **orangerie** conçus par l'architecte de la ville Jean-Baptiste Martenot entre 1862 et 1875. Encadrant deux serres en verre et en acier, l'orangerie porte les noms gravés de grands botanistes (Jussieu, Linné…) et accueille des expositions.

Tout au long de l'année, le Thabor accueille différentes manifestations culturelles.

« Transat en ville » sur la place de la l'Hôtel-de-Ville, devant l'opéra.
E. Berthier/hemis.fr

RIVE SUD DE LA VILAINE Plan de la ville p. 32

Longtemps la rive sud de la Vilaine, ou « basse ville », fut insalubre. D'où une mauvaise image persistante, à tort. Elle est aujourd'hui très prisée et ne cesse de se développer. Très active culturellement, elle abrite en outre, à quelques exceptions près, les meilleurs commerces de bouche de la ville et de bons restaurants.

Place de la République B1

Lieu de passage entre le nord et le sud-Vilaine, place où l'on se donne rendez-vous, esplanade sous laquelle coule le fleuve emprisonné : la place de la République est en passe de devenir l'épicentre de Rennes. Se pourrait-il alors que l'existence du **palais du Commerce** (dessiné par Jean-Baptiste Martenot et construit entre 1888 et 1929) soit remise en cause ? En effet, le bâtiment fut érigé là au début du siècle dernier pour cacher la misère du sud de la ville.
Les bords de la Vilaine constituent désormais « le » grand boulevard de Rennes, bordé de majestueuses façades et de nombreux commerces et grands magasins.

★★ Musée des Beaux-Arts B1

20 quai Émile-Zola - ✆ 02 23 62 17 45 - https://mba.rennes.fr - ♿ - 10h-12h, 14h-18h, mar. 10h-18h - fermé lun. et j. fériés - possibilité de visite guidée (1h) - 5 € (-18 ans gratuit) - gratuit 1er dim. du mois.
Le cabinet de curiosités constitué par Christophe Paul de Robien, président du parlement de Bretagne au 18e s., est à l'origine de ce musée très éclectique, de l'archéologie aux primitifs italiens puis à l'art contemporain.
La pièce maîtresse de la collection archéologique est la **Dame d'Antinoé★** (3e-4e s. apr. J.-C.), une momie peinte exhumée en Égypte en 1909. Des salles sur la Grèce, l'Étrurie et le monde romain complètent la présentation des civilisations antiques.

Le **cabinet de curiosités★** du président de Robien a été reconstitué au rez-de-chaussée et plonge le visiteur dans une joyeuse accumulation d'objets antiques en tout genre, mêlée avec des toiles et du mobilier 18e s.
Le département peinture possède un beau *Saint Luc peignant la Vierge*, de Martin Van Heemskerk (16e s.) et une riche série d'œuvres du 17e s. dont une émouvante et magistrale Crucifixion de Jacob Jordaens.
Voyez surtout l'exubérante *Chasse au tigre* de Rubens et le célèbre **Nouveau-Né★★** de Georges de La Tour. Le *Panier de prunes* de Chardin illustre avec bonheur le 18e s. Le *Massacre des Innocents*, chef-d'œuvre de Cogniet, voisine pour le 19e s. avec des toiles de l'école de Pont-Aven, comme *Solitude* de Paul Sérusier, *L'Arbre jaune* d'Émile Bernard ou **Effet de vagues★** de Georges Lacombe : un superbe paysage onirique, proche de l'estampe japonaise, qu'il réalisa vers 1893 à Camaret. À voir aussi : des Corot, Jongkind, Sisley, Denis et Caillebotte. Le 20e s. est illustré par Magnelli, Kupka, Tanguy, De Staël, Poliakoff, Sam Francis, Aurélie Nemours et Geneviève Asse, sans oublier Picasso. **La Baigneuse**, l'une des figures féminines disloquées que ce dernier peignit en 1928 à Dinard, compte parmi les plus surréalistes de ses toiles. On y retrouve l'anatomie recomposée chère à son cœur, associant les vues de face et de profil.
À noter : le musée organise régulièrement des événements artistiques (défilés de mode, performances…). Rénové en 2009, il accueille depuis 2016 une vitrine dédiée aux créateurs locaux.

Lycée Émile-Zola

2 av. Jean-Janvier.
Le plus prestigieux établissement scolaire de la ville est un lieu chargé d'histoire. Sa création en 1802 en fait un des plus anciens lycées de France. Rénové par Jean-Baptiste Martenot à partir de 1859, il prend alors la physionomie qu'on lui connaît aujourd'hui : un vaste ensemble de bâtiments de brique et de tuffeau. C'est dans ce cadre que se déroule, en 1899, le second procès du capitaine **Alfred Dreyfus** *(voir encadré ci-contre)*. En souvenir de ce procès qui divisa la France, le lycée prendra en 1971 le nom du premier défenseur du capitaine.

Halles centrales

Pl. Honoré-Commeureuc (autres accès par bd de la Liberté, r. Jules-Simon et r. de Nemours) - lun.-sam. 8h-19h30, dim. 8h-12h30.
Ce bâtiment, qui abrite 28 commerces de bouche et stands de petite restauration, a été construit entre 1912 et 1926 à l'emplacement d'une ancienne halle aux grains. Il s'agit d'un des tout premiers édifices de la ville influencés par le mouvement Art déco, aussi bien dans l'ornementation extérieure (éléments polychromes brique rouge, tuffeau, faïence, grès) qu'à l'intérieur, entièrement couvert de carrelage et de céramique pour faciliter le nettoyage à grandes eaux. Aujourd'hui labellisées « patrimoine du 20e s. », les Halles centrales ont failli être détruites dans les années 1970 pour être remplacées par un parking.
La Criée – *✆ 02 23 62 25 10 - www.criee.org - ♿ - 12h-19h, w.-end 14h-19h - fermé lun., 1er janv., 1er Mai, 25 déc. - possibilité de visite guidée - gratuit.* Le centre d'art contemporain de la ville a pris place au sein de l'ancienne criée. On peut y voir une dizaine d'expositions temporaires par an.

★★ Les Champs Libres B2

10 cours des Alliés - ✆ 02 23 40 66 00 - www.leschampslibres.fr - ♿ - de fin juin à fin août : 13h-19h, w.-end 14h-19h ; reste de l'année : 12h-19h, w.-end 14h-19h - fermé lun. et j. fériés - possibilité de visite guidée (1h) - 5 € (-26 ans 3 €) - gratuit 1er dim. du

UN PROCÈS HISTORIQUE

Alfred Dreyfus, ramené du bagne de Cayenne pour l'occasion, est jugé en révision en août 1899. Malgré un dossier d'accusation presque vide et la présence active d'Émile Zola, le tribunal militaire confirme la condamnation pour trahison, mais « avec circonstances atténuantes ». Cette nuance fait naître le doute au sein du gouvernement, qui décide quelques jours plus tard, le 19 septembre, de gracier Dreyfus (sans toutefois l'innocenter).

mois (hors Espace des sciences) - Planétarium vac. scol. (6 €) - animations (Espace des sciences) - Cantine numérique au rez-de-chaussée.

Ce **pôle culturel** rassemble en un même lieu trois institutions : le musée de Bretagne, l'Espace des sciences et la bibliothèque. Expositions, conférences, cafés scientifiques ou festivals : il s'y passe toujours quelque chose, même le dimanche.

Le **bâtiment** ultracontemporain est l'œuvre de l'architecte Christian de Portzamparc, qui a imaginé un édifice composé de trois « corps » imbriqués : un parallélépipède horizontal monté sur pilotis (le musée) traversé par une pyramide inversée (la bibliothèque) et par un cône coiffé d'un dôme (l'Espace des sciences). Au dernier étage, jolie vue sur la ville.

Musée de Bretagne – Le cœur du musée est constitué par l'exposition permanente « **Bretagne est univers** » : ce parcours rappelle l'histoire de la région en mettant en scène 2 300 objets (du galet taillé datant du paléolithique au minitel en passant par le gilet bigouden) en alternance avec des séquences vidéo. À la fois une introduction très pédagogique à la riche histoire de la Bretagne et une mise en avant de ses particularités.

Une section indépendante retrace le **procès de Dreyfus** *(voir encadré ci-dessus)* à travers une muséographie interactive.

Espace des sciences – Situé au rez-de-chaussée, ce lieu de vulgarisation scientifique propose une programmation variée de haute qualité, interactive et adaptée aux enfants. Il comprend 3 parties (sujettes à des tarifications différentes) qui nécessitent chacune d'y consacrer une petite heure. Pour découvrir les galaxies, le **Planétarium** *(3e étage)* dispose d'un écran hémisphérique de 14 m de diamètre où sont projetés de 3 à 5 films différents par jour, commentés en direct par un médiateur. On en profite vraiment à partir de 10 ans. Dans le **Laboratoire de Merlin** *(rdc)*, les enfants (à partir de 6 ans) sont invités à réaliser 30 expériences interactives leur permettant de mieux comprendre les phénomènes scientifiques. La programmation est très variée et la pédagogie ludique. On peut enfin visiter deux **expositions** : l'une permanente *(1er étage, salle de la Terre)*, consacrée à la biodiversité (à partir de 6 ans) ; l'autre temporaire *(rdc, salle Eurêka)*. Les expositions temporaires sont renouvelées tous les six mois et sont accessibles aux moins de 10 ans.

À proximité Carte de microrégion p. 26-27

★ FRAC Bretagne Hors plan

Ligne A du métro, station Villejean-Université, puis bus C4 en dir. de Beauregard, arrêt Cucillé. 19 av. André-Mussat, - ✆ 02 99 37 37 93 - www.fracbretagne.fr - ♿ - 12h-19h - fermé lun., 1er janv., 1er Mai, 25 déc. - 3 € (-26 ans gratuit) - gratuit 1er dim. du mois. Possibilité de visite guidée (1h) : w.-end 16h, vac. scol. 16h (gratuit).

C'est dans le nouveau quartier de Beauregard, au nord-ouest de la ville, que s'est installé en 2012 le Fonds régional d'art contemporain, dont la collection

compte aujourd'hui 4800 œuvres (500 artistes), régulièrement exposées en Bretagne, ailleurs en France et à l'étranger. Le **bâtiment**, imposant monolithe noir dessiné par l'architecte et urbaniste Odile Decq, s'accorde admirablement avec l'œuvre monumentale d'Aurélie Nemours *(voir ci-après)*. Béton architectonique anthracite, inox noir, verre fumé et transparent, l'aspect massif de la structure est adouci par une faille surmontée d'une verrière. L'intérieur est plus étonnant encore : autour d'un atrium central d'un rouge éclatant et d'un puits de lumière se déploient quatre niveaux de circulation. La grande galerie d'exposition de 500 m² est entièrement bâtie en porte-à-faux. Une expérience de visite, couplée à un intéressant programme d'expositions temporaires.
Alignement du 21ᵉ siècle – *Av. André-Mussat (à côté du Frac Bretagne) - accès libre.* Provenant de Louvigné-du-Désert, en Ille-et-Vilaine, cet ensemble unique composé de 72 colonnes en granit gris (hautes de 4,50 m et larges de 90 cm) placées à intervalles réguliers constitue la dernière œuvre de l'artiste **Aurélie Nemours** (1910-2005). Il rend hommage aux alignements mégalithiques de Carnac et Stonehenge tout en étant fidèle à l'abstraction qui a nourri tout son travail. Le soleil et les ombres animent l'installation, dans laquelle il est possible de circuler. Cette œuvre est la plus grosse commande publique de ces quarante dernières années.

Musée des Transmissions – Espace Ferrié C2

À Cesson-Sévigné, 8,5 km à l'est de Rennes par la rocade nord, sortie n° 15. Suivez le bd des Alliés et tournez à droite au 3ᵉ rond-point. 6 av. de la Boulais - 02 99 84 32 87 - www.espaceferrie.fr - ♿ - 9h30-11h30, 13h30-16h45, mar. 14h-18h, vend. 9h30-11h30 - fermé w.-end et j. fériés - possibilité de visite guidée sur demande (1h30) - 4 € (enfant 3 €) - audioguide disponible.
Ce musée est une mine de renseignements sur les systèmes d'information et de communication… mais aussi pour les techniques d'espionnage ! On y découvre l'histoire des transmissions civiles et militaires, des premiers signaux de fumée jusqu'aux satellites et, grâce à des maquettes interactives, on pénètre dans l'univers de la télématique, du GPS ou de la télévision terrestre numérique.

★ Écomusée du Pays de Rennes C2

8 km au sud par l'av. Henri-Fréville en direction de Noyal-Châtillon-sur-Seiche, puis suivez la signalisation ; en transports en commun : métro direction La Poterie, arrêt Triangle puis bus 61 direction Saint-Erblon, arrêt Le Hil-Bintinais. Rte de Châtillon-sur-Seiche - ferme de la Bintinais - 02 99 51 38 15 - www.ecomusee-rennes-metropole.fr - avr.-sept. : 9h-18h, sam. 14h-18h, dim. 14h-19h ; reste de l'année : 9h-12h, 14h-18h, sam. 14h-18h, dim. 14h-19h - fermé lun. et j. fériés - possibilité de visite guidée sur demande (1h) - 6 € (-26 ans 4 €) - gratuit 1ᵉʳ dim. du mois.
Située aux confins de la ville et de la campagne, la **ferme de la Bintinais** fut longtemps l'une des exploitations les plus grandes et les plus modernes du pays de Rennes. À travers son histoire richement documentée, on découvre l'évolution du monde rural depuis le 16ᵉ s. Les techniques anciennes de construction sont également abordées. Un parcours à travers le domaine de 19 ha permet de s'intéresser au jardin, au rucher et aux vergers, ainsi qu'aux parcelles cultivées montrant l'évolution des pratiques agricoles.
Au conservatoire végétal s'est ajouté un cheptel de races de ferme rustiques en voie de disparition. Chevaux (trait-postier breton), vaches (pie noir, froment du Léon, nantaise et armoricaine), cochons (porc blanc de l'Ouest et porc de Bayeux), chèvres (des fossés), moutons (d'Ouessant, des landes de Bretagne et de l'Avranchin) et volailles (poules de La Flèche, coucou de Rennes et gauloise dorée) : toutes les anciennes races de la Bretagne se trouvent ici rassemblées.

Le moulin du Boël sur la Vilaine.
P. Josselin/age fotostock

Bon à savoir – L'écomusée du Pays de Rennes propose régulièrement des journées thématiques (cheval, bois...), des expositions (dans le pavillon d'accueil) fêtes et démonstrations (Fête du pommé, tonte des moutons, vannerie, mycologie, récolte du miel).

Châteaugiron C2

16 km au sud-est par la D 463.

Cette petite cité de caractère, déjà réputée au 17e s. pour ses toiles de voiles en chanvre utilisées par les vaisseaux de haut bord, a conservé de pittoresques maisons à pans de bois et un imposant **château**. De cette forteresse, plusieurs fois assiégée, il subsiste les douves, le donjon du 13e s. coiffé en poivrière au siècle suivant, la tour de l'Horloge du 15e s., lui faisant face, et la chapelle. Cette dernière, entièrement restaurée, abrite désormais un centre d'art proposant expositions et rencontres *(www.les3cha.fr)*.

Pour découvrir le site du château, empruntez le boulevard du Château.

Château du Bois-Orcan C2

À Noyal-sur-Vilaine, 19 km au sud-est par la D 463 puis par la D 92. 02 99 37 74 74 - www.bois-orcan.com - ♿ - de mi-juil. au 1er w.-end de sept. : 11h-17h30 - fermé lun. et j. fériés - possibilité de visite guidée (2h) - 8 € (-18 ans 5 €) - 6 € parc et jardin seul.

Construit par l'argentier d'Anne de Bretagne, ce manoir en pierre du 15e s. abrite une importante collection d'objets et de meubles médiévaux. Contigu au château, le jardin de la Fontaine de Vie a retrouvé sa facture médiévale et le parc de sculptures présente l'**Athanor★**, ensemble d'œuvres d'Étienne Martin (1913-1995), artiste majeur du 20e s. Ces deux espaces ont reçu en 2009 le label « Jardin remarquable ».

Jardins de Brocéliande B2

20 km à l'ouest par la D 62. Les Mesnils - 35310 Bréal-sous-Montfort - 02 99 60 08 04 - www.jardinsdebroceliande.fr - ♿ - juil.-août : 11h-19h ; du w.-end de Pâques

à la Toussaint : tlj sf lun. 13h30-18h, dim. et j. fériés 13h30-19h - fermé certains j. fériés - 8,50 € (-18 ans 4,80 €) - 19 € billet famille - possibilité de visite guidée et balade en train sur demande préalable (20 pers. mini). Boutique et jardinerie.
Deux circuits balisés (45mn ou 1h30). Ces jardins inspirent tous les sens : les massifs colorés attirent le regard, les anciennes variétés fruitières cultivées dans les vergers titillent le goût, les cascades charment l'ouïe et la vingtaine de collections florales, dont la première collection de lilas en France et 1 000 variétés d'iris, enivre l'odorat. Quant au toucher, pour le plus grand ravissement des enfants, il est également comblé puisqu'il est permis de caresser les animaux de la ferme, dont le célèbre coucou de Rennes ! Les **parcours sensoriels**, notamment ceux baptisés « Réveille tes pieds » et « Joue de l'eau », amusent beaucoup les enfants. De fin mai à fin août *(dim. et j. fériés à 16h)*, vous pourrez assister aux « Estivales », des spectacles d'art de rue.

Circuit conseillé Carte de microrégion p. 26-27

VALLÉE DE LA VILAINE B2

Circuit de 40 km tracé en vert sur la carte p. 26-27 - environ 1h. Quittez Rennes par la D 177 vers Redon. Allez vers Bruz.

Bruz

Le 8 Mai 1944, un bombardement allié aussi violent qu'inexplicable raya la commune de la carte, occasionnant de terribles pertes : 183 morts dont 51 enfants, des centaines de blessés… Complètement reconstruit après la Seconde Guerre mondiale, le bourg de Bruz apparaît comme une réussite de l'urbanisme rural. En croissance continue, la commune compte aujourd'hui plus de 16 000 habitants et fait partie de Rennes Métropole. Elle abrite le parc des Expositions de l'agglomération.
★ **Église** – *Pl. du Chan.-Roullin - ✆ 02 99 05 56 56 - 15h-17h.* Elle fut construite en 1950 en schiste veiné de rose. Une flèche pointue coiffe le clocher carré qui forme le porche. L'éclairage intérieur est très harmonieux. Dans la nef, des dalles de verre sont décorées de trois poissons dans un cercle. Dans l'abside, des vitraux représentent les sept sacrements. Au transept, deux verrières figurent à droite le Christ, à gauche la Vierge.
Parc ornithologique de Bretagne – *53 bd Pasteur - ✆ 02 99 52 68 57 - www.parc-ornithologique.com - ♿ - juil.-août : 10h-12h30, 14h-19h ; de mi-avr. à fin juin et de déb. à mi-sept. : 14h-19h ; vac. de fév. et vac. de la Toussaint : 14h-18h - possibilité de visite guidée (1h30) - 7,90 € (-12 ans 4,95 €).* Ce parc présente une collection intéressante de plus de 1 000 oiseaux, venus de tous les continents. Les enfants *(6-8 ans)* reçoivent un petit questionnaire dès l'entrée.
Poursuivez votre circuit vers le sud par la D 577. La route franchit le fleuve à Pont-Réan.

Pont-Réan

Ce joli village doit son nom au pont en schiste pourpre (1767) dont les neuf arches en plein cintre enjambent la Vilaine. À noter aussi l'église de l'Immaculée-Conception (1865) et le château de la Massaye (17e-19e s.).

Le Boël

On peut faire une agréable promenade au bord de la Vilaine qui coule entre des collines rocheuses, dans un site verdoyant. Une petite écluse et un barrage semblent relier la rive droite au vieux moulin situé sur l'autre rive.
Revenez à Rennes.

NOS ADRESSES À RENNES

TRANSPORTS

Bus, métro – La ville de Rennes est desservie par une ligne de métro, le Val, qui la traverse du nord-ouest *(terminus J.-F. Kennedy)* au sud-est *(terminus La Poterie, Parc-Relais pour voitures)*. Nombre de lignes de bus sillonnent la ville. Ces transports en commun sont gérés par le STAR qui propose plusieurs titres de transport, dont le ticket Unité *(1,50 €, 1h)* et les pass valables de 1 à 7 jours *(3,80 €/j)*. Informations et vente dans les trois agences STAR – *12 r. du Pré-Botté (centre-ville) - ☏ 09 70 821 800 - www.star.fr.*

Vélo STAR – Service de vélos en libre-service 24/24h et 7/7 j. dans 85 stations proches des arrêts de métro, de bus et de la gare ; premières 30mn gratuites, puis 1 € pour la demi-heure suivante, 2 € de 1h à 2h, etc. Les utilisateurs occasionnels peuvent obtenir avec leur carte de paiement, dans 10 stations du centre-ville, un code d'accès au service. *Infos sur www.levelostar.fr*

VISITES

Visites guidées – *Rens. à la billetterie de l'office de tourisme - ☏ 02 99 67 11 66 - 7,20 € (-18 ans 4,60 €). Visites-découvertes (1h30-2h) et circuits-découvertes.*

Ateliers ludiques du patrimoine – *☏ 02 99 67 11 66 - pour les 6-12 ans (2h, sur réserv.), animés par des guides conférenciers agréés par le ministère de la Culture et de la Communication - 5 €.*

Visite audioguidée – *Téléchargeable au format MP3 sur www.tourisme-rennes.com ou location d'un audioguide à la boutique de l'office de tourisme (4,50 €, disponible en 5 langues).*

Applications pour mobiles – *Gratuites à l'office de tourisme (adresses, parcours thématiques et autres fonctionnalités).*
Visites en vélo taxi (1h : 30 €) ou en gyropode (sedgway).

Visite avec un greeter – *☏ 02 99 67 11 15 - www.rennes-greeters.com - ♿ - sur demande au moins une sem. av. - pour découvrir la ville autrement, au travers d'échanges avec l'un de ses habitants. Durée 2h.*

HÉBERGEMENT

Centre historique

BUDGET MOYEN

Hôtel des Lices – *7 pl. des Lices - ☏ 02 99 79 14 81 - www.hotel-des-lices.com - wifi - ♿ - 48 ch. 77/105 € - ☕ 10,80 €.* La célèbre place des Lices, avec ses maisons à colombages et son marché, est à vos pieds. Cet hôtel, qui se rénove petit à petit, propose des chambres modernes avec petits balcons, parfois un peu bruyantes à cause de l'animation du quartier. Sur l'arrière, vue sur les vieux remparts.

Hôtel Le Magic Hall – *17 r. de la Quintaine - ☏ 02 99 66 21 83 - www.lemagichall.com - 19 ch. 60/210 € - ☕ 12 € (brunch 19 €).* Ouvert en 2016 dans une ancienne caserne, cet hôtel joue la carte de l'originalité. L'accent est mis sur les arts, avec des chambres tout confort et décorées sur le thème de la musique, du théâtre, de la danse ou du cinéma. La convialité est de mise : expositions, concerts, rencontres d'artistes, ainsi qu'une belle cuisine en libre-service. À cela s'ajoute une démarche écoresponsable. La qualité de l'accueil vient parachever ce tableau des bonnes notes.

Rive sud de la Vilaine

PREMIER PRIX

Hôtel Le Victoria – *35 av. Jean-Janvier - ✆ 02 99 31 69 11 - www.hotel-levictoria.com - wifi - ♿ - P 7 € - 37 ch. 72/87 € - ☕ 9,50 € - ✕ formules 11,80/17,90 €.* Hôtel situé à proximité de la gare, dont les petites chambres, sobres et fraîches, en font une étape convenable. Côté restaurant, ambiance bistrot. Sur un des murs de la salle, une fresque évoque un voyage de la reine Victoria.

BUDGET MOYEN

Hôtel Astrid – *32 av. Louis-Barthou - ✆ 02 99 30 82 38 - www.hotel-astrid-rennes.eu - fermé Noël et 1er janv. - wifi - ♿ - 30 ch. à partir de 82 € - ☕ 9 €.* Dans une rue proche de la gare, cet hôtel ne manque pas de cachet avec sa décoration tendance dans les tons noir, gris et rose. Chambres presque toutes rénovées ; certaines peuvent accueillir les familles. La salle du petit déjeuner donne sur un minuscule patio.

Ibis Styles Rennes Centre Gare Nord – *15 pl. de la Gare - ✆ 02 99 67 31 12 - www.ibis.com - wifi - ♿ - P 13 € - 99 ch. 82 € (w.-end)/119 € ☕.* Outre sa localisation à deux pas de la gare, cet hôtel aux chambres modernes est idéal pour les familles. Tarifs avantageux sur Internet, notamment pour le week-end.

Hôtel de Nemours – *5 r. de Nemours - ✆ 02 99 78 26 26 - www.hotelnemours.com - wifi - ♿ - 41 ch. 111/145 € + 4 appart. - ☕ 10,50 €.* À proximité du métro République, cet hôtel central est heureusement bien insonorisé. Chambres rafraîchies desservies par un petit ascenseur. Jolie salle de petit déjeuner au cadre épuré.

Hôtel Anne de Bretagne – *12 r. Tronjolly - ✆ 02 99 31 49 49 - www.hotel-rennes.com - fermé Noël et Jour de l'An - wifi - ♿ - P 8,50 € - 44 ch. 68/119 € - ☕ 12 €.* Près du centre historique, un hôtel moderne et fonctionnel, qui dispose d'un parking (non négligeable !). Vastes chambre, de bon confort et bien tenues ; celles donnant sur l'arrière sont plus calmes. Une adresse sans prétention, mais bien utile.

Hôtel Le Saint-Antoine – *27 av. Jean-Janvier - ✆ 02 23 44 33 33 - saint-antoine-hotel.fr - P 🏊 - 61 ch. 110/260 € - ☕ 17 € (mais souvent inclus dans le prix de la chambre).* À deux pas de la gare, cet établissement propose de spacieuses chambres au décor épuré ultramoderne, dont les grandes baies vitrées offrent une surprenante vue sur la ville. Outre la piscine intérieure en accès libre, de nombreux services payants sont disponibles : spa, hammam, Jacuzzi, salle de fitness, massages, lounge-bar, parking privé, etc.

Aux alentours

UNE FOLIE

Hôtel Ar Milin' – *30 r. de Paris - 35220 Châteaubourg - 24 km à l'est de Rennes par N 136 puis N 157 - ✆ 02 99 00 30 91 - www.armilin.com - fermé entre noël et jour de l'an, 25 fév.-3 mars - wifi - P ♿ - 32 ch. 100/220 € - ☕ 13 € - ✕ fermé le midi (sf dim.) en juil.-août - formule 18 €, menus 29/39 €.* Situé dans un parc paisible, agrémenté d'œuvres contemporaines monumentales, ce moulin de pierre du 19e s. abrite de chaleureuses chambres (plus petites dans l'annexe). Salle à manger claire avec vue sur la rivière ; cuisine traditionnelle.

RESTAURATION

Centre historique

PREMIER PRIX

Chez Kub – *20 r. du Chapitre - ✆ 02 99 31 19 31 - www.chezkub.*

fr - fermé 1re sem. de janv., 15 j. en août-sept., dim. midi et lun. - formules déj. 12/15 € - menus 19/25,50 €. Spécialités de grillades préparées au four à bois (entrecôte, bavette, gambas), dans une ambiance conviviale près de la cheminée. Aux beaux jours, la terrasse s'ouvre sur la rue médiévale.

Crêperie La Saint-Georges – *11 r. du Chapitre - ✆ 02 99 38 87 04 - www.creperie-saintgeorges.fr - mar.-sam. 12h-14h, 19h-23h - 15/20 €.* Avec son décor très contemporain et design, cette adresse révolutionne l'univers volontiers rustique des crêperies. Autre originalité : les patrons ont baptisé leurs plats « Georges », célèbres comme Clooney, Pompidou et Brassens. Côté salé, les bonnes galettes peuvent être accompagnées d'une boule de glace aux parfums inattendus (thym, sarrasin…). Côté sucré, c'est la régression assurée : Kinder, Tagada, Smarties, sans oublier l'incontournable caramel au beurre salé. Autre adresse : *17 r. Jules-Simon (quartier République) - ✆ 02 99 78 20 07 - mêmes horaires.*

BUDGET MOYEN

Le Tire-Bouchon – *2 r. du Chapitre - ✆ 02 99 79 43 43 - www.tirebouchon.bzh - lun.-vend. 12h-14h, 19h-23h - fermé 3 sem. en août - env. 25 €, plat du jour 12 € (déj.).* L'un des temples de la bistrologie rennaise. Fondé en 1993, ce bel établissement à la patine bienveillante doit sa longévité à ses fameux vins sous influence bio-nature. Servis par un personnel enjoué, ils se marient à merveille à la cuisine de bistrot très correcte (charcuteries, tartines montagnarde ou fromagère, plats du marché), relevée par des pâtisseries soignées.

Pleine Mer – *19 r. de St-Malo - ✆ 02 99 87 56 62 - merc.-sam. 10h-14h, 19-21h ; dim. 10h-13h - sur place : huîtres creuses 5/11,20 € la douz., huîtres plates 12/18 € la douz.* Après Paris, Éric Mayer et Sylvain Bertheau, ostréiculteurs à Cancale, ont ouvert leur bar à huîtres à Rennes en 2015. Ils ont pris la suite d'une vieille institution locale, *La Moule Rieuse*. Une adresse toute simple, où sont aussi servis tarama d'oursin et de cabillaud, saumon fumé et, en dessert, *kouign-amann* ou far aux pommes caramélisées au beurre salé.

Café breton – *14 r. Nantaise - ✆ 02 99 30 74 95 - www.cafe-breton.fr - fermé dim. et lun. soir - formules midi 13/16,50 - ardoise 16,50/21 €.* Cette ancienne épicerie a trouvé la recette du succès : suggestions du marché à l'ardoise, vieux mobilier de bistrot, terrasse, service sans chichis et atmosphère conviviale.

Baron Rouge – *15 r. du Chapitre - ✆ 02 99 79 08 09 - www.lebaronrouge.fr - fermé dim.-lun. et j. fériés - formule déj. 14,60/19,40 € - 26/31 € - carte 35/62 €.* Un plaisant cadre contemporain. Ambiance chic et décontractée, et cuisine du marché variant au grè des saisons.

La Réserve – *36 r. de la Visitation - ✆ 02 99 84 02 02 - restaurant-lareserve-rennes.fr - fermé dim. et lun. - menus midi 17 €, soir 26/34 € - plats 14/25 €.* Des expositions de peintures sont régulièrement organisées dans ce restaurant à étages, très lumineux. Cuisine de marché traditionnelle et goûteuse : ne manquez pas le pot de foie gras chutney mangue et ananas, ou la crème brulée aux pistaches et à la griotte !

Le Seven – *7 pl. St-Germain – ✆ 09 80 74 75 84 - lun.-merc. 12h-14h, jeu.-vend. 12h-14h, 19h-23h, sam. 19h-23h ; merc. et sam. soir sur réserv. seult - plat du jour 10 € (déj.), menus 13/17 €, carte env. 20 €.* Ce sympathique bistrot prolongé d'une petite terrasse s'inscrit parmi les valeurs très sûres du centre-ville. On vient ici pour les produits choisis chez les bons producteurs locaux, la cuisine qui file droit au goût, l'ambiance sans manières et le patron discret et bienveillant. Très bon esprit.

Un Midi dans les Vignes – *115 r. de Paris - ✆ 02 99 36 95 45 - lun.-vend. 12h-14h - formules 16,40/20 € - cave à vins : lun. 10h30-16h30, mar. et jeu. 10h-19h, merc. 12h-19h30, vend. 10h-20h, sam. 10h30-16h.* Cette cave-bistrot est un brin éloignée de l'hypercentre-ville. Pourtant, en quelques années seulement, elle a su se bâtir une enviable réputation. Il faut dire que la maison a de quoi captiver son monde, entre la cuisine très fraîche et généreuse d'Isabelle Ligeron et les vins naturels, biologiques ou issus de la biodynamie sélectionnés par son mari, Christophe.

Crêperie Saint-Melaine – *13 r. St-Melaine - ✆ 02 99 38 72 06 - lun. 11h45-14h15, mar.-sam. 11h45-14h15, 19h-22h30 - menu 15 € midi et soir.* Derrière une devanture colorée, une crêperie de valeur sûre. Si les saveurs classiques l'emportent sur les ingrédients originaux, un bel effort est fait sur la qualité des produits : entre autres, farines biologiques pour des galettes et des crêpes de bon niveau. Mieux vaut réserver.

POUR SE FAIRE PLAISIR

Le Cours des Lices – *18 pl. des Lices - ✆ 02 99 30 25 25 - www.lecoursdeslices.fr - 12h-14h30, 19h30-22h - fermé dim.-lun. - formule déj. 21 €, menus 32/45 €, carte 42/58 €.* Patronné par Anne et Jacques Faby, voici un classique de l'univers bistrotier rennais. Une volée de marches, et l'on pousse la porte de cette maison renommée qui fait face à la place des Lices. Produits frais et bien choisis, cuissons justes : le chef respecte les fondamentaux pour élaborer des assiettes de très bonne tenue. Belle sélection de vins issus de châteaux prestigieux ou de domaines plus confidentiels.

Le Guehennec – *33 r. Nantaise - ✆ 02 99 65 51 30 - fermé 2 sem. en août, sam. midi, dim. et lun. soir - ♿ - menu déj. 25 € - 36/58 €.* Pres de la place des Lices, ce petit restaurant intime propose une cuisine soignée, rythmée par les saisons et les produits du marché. Décor contemporain.

Rive sud de la Vilaine

PREMIER PRIX

La Kitchenette – *2 r. Jules-Simon - ✆ 09 81 72 76 60 - www.lakitchenette.fr - tlj sf lun. 9h-18h30, dim. 10h-14h30 - fermé 3 sem. en août - formules 9,10/12 €, brunch le dim. 18/23 € - sur place ou à emporter.* « Local, convivial et fait maison » : c'est ainsi que Léna et Lucie, les deux maîtresses des lieux, conçoivent leur *fast good.* Sens aigu de l'accueil et volonté farouche de servir du frais et de l'original, le tout dans un décor soigné (en grande partie réalisé par des créatrices rennaises) avec charmante terrasse. Les assiettes sont gourmandes et généreuses : soupes en hiver, tartes salées fondantes et goûteuses, salades aux saveurs recherchées. Et les desserts sont un pur délice. Réservation conseillée pour le brunch du dimanche.

BUDGET MOYEN

Léon le Cochon – *6 r. du Pré-Botté - ✆ 02 99 79 37 54 - www.leonlecochon.fr - fermé Noël et Jour de l'An, dim. (juil.-août) - ♿ - formules déj. 12,40/16,50 € - 20,50/26,50 €.* Le bistrot canaille et branché du centre-ville. Décor plutôt chic – sans être guindé –, et cuisine visant juste : poisson à la plancha, cochonnailles et abats, menu du marché…

Le Quatre B – *4 pl. de Bretagne - ✆ 02 99 30 42 01 - www.quatreb.fr - fermé sam. midi et dim. soir - formules déj. 12,60/16,60 € - 26/33 €.* Tout le monde à Rennes connaît Le Quatre B ! Il faut dire que son concept est une réussite, alliance d'un décor tendance (objets design, éclairage étudié, etc.) et d'une cuisine a la fois soignée et gourmande. Beaucoup d'invention, beaucoup de succès.

Le Galopin – *21 av. Janvier - ✆ 02 99 31 55 96 - www.legalopin.fr - fermé 2 sem. en août, sam. midi, dim. et j. fériés - ♿ - formule 19,50 € - menus 19,50/41 € - carte 36/70 €.* Une jolie brasserie à la façade rétro, avec banquettes, vivier, tables serrées… et une ambiance très animée. La carte, entre terre et mer - dont un menu homard -, manifeste un vrai souci de qualité. En prime, un service voiturier.

Chez Paul – *30 r. Poullain-Duparc - ✆ 02 99 78 22 49 - mar.-sam. 12h-14h, 19h15-22h30 - fermé 3 sem. en août - formules déj. 14/17 €, carte 25/35 €.* Passé chez Yves Camdeborde, à Paris, et au *Tire-Bouchon*, à Rennes, Paul Béranger revisite l'esprit bistrot, autant dans le décor, simple, que dans l'assiette. Au coude à coude, à table ou au comptoir, des petites foules assouvissent leurs appétits grâce à une savoureuse cuisine de marché et de saison, arrosée de vins nature chinés auprès d'excellents vignerons.

Le Globe – *32 bd. de la Liberté - ✆ 02 99 79 44 44 - 12h-14h30, 19h-23h - fermé dim., lun., mar. soir - formule 12,50/16,50 € le midi, 25-30 € le soir à la carte.* Depuis qu'Aymeric Kräml a ouvert son bistrot (soyez attentifs aux mosaïques Odorico du sol !), le bouche-à-oreille lui a taillé une belle réputation, bien méritée ! Derrière sa verrière, il concocte, en solo, une cuisine de marché, simple et futée. Pensez à réserver.

POUR SE FAIRE PLAISIR

Les Carmes – *2 r. des Carmes - ✆ 02 99 79 28 95 - mar.-vend. et sam. midi 12h-14h, 19h-23h - formule 17-20 € le midi, 32 € le soir - menus 33/49 €.* La réouverture de la table d'Étienne Mangerel, après des travaux réussis, fut en 2017 une bonne nouvelle pour les gastronomes rennais. Dans ce bistrot chic et sobre, intelligemment repensé, le chef est très à cheval sur la technique et la fraîcheur des produits, mais reste inventif côté saveurs, toujours justes. En outre, il soigne l'esthétisme de ses assiettes, ajoutant aux plaisirs des papilles celui des yeux. À ne pas manquer.

Aux alentours

UNE FOLIE

Auberge du Pont d'Acigné – *8 r. Le-Pont-d'Acigné - 35530 Noyal-sur-Vilaine - À Noyal-sur-Vilaine, 3 km au nord via la rte d'Acigné par la dép. 392 - ✆ 02 99 62 52 55 - www.auberge-du-pont-dacigne.com - fermé 1 sem. en avr., 1re quinz. d'août, 1 sem. en oct., dim. soir et lun.-mar. - P ♿ - menu déj. 35 € - 63/115 €.* Voilà ce qu'on appelle une cuisine du terroir maîtrisée et créative ! Les assiettes se révèlent subtiles, soignées et parfumées… Le cadre, élégant et lumineux, la terrasse en bord de la Vilaine et le service très agréable viennent parfaire cette parenthèse gastronomique. Excellent choix de vins.

BOIRE UN VERRE

Bon à savoir – Les bars des rues St-Michel et St-Georges, ou de la rue St-Malo dans un style

plus alternatif, proposent souvent des concerts de rock.
Les rues Vasselot et St-Melaine sont moins bruyantes, mais aussi populaires aux beaux jours.

Centre historique

Le Grand Sommeil – *8 r. St-Sauveur - ✆ 06 84 16 65 87 - 18h-1h.* Hommage au Rennais Étienne Daho ? Sans doute. Quoi qu'il en soit, ce bar rock plutôt branché – mais pas trop, juste ce qu'il faut – est rempli de trentenaires qui viennent boire un verre dans une ambiance détendue. Terrasse fumeurs et délicieux mojitos.
Café Babylone – *12 r. des Dames - ✆ 02 99 85 82 99 - 8h30-21h.* L'été, à l'ombre de la cathédrale et des arbres, la terrasse est très agréable. Entre dîneurs, amateurs de foot qui s'y pressent pour assister à des matchs sur les écrans du bar, et jeunes gens à l'apéro, l'ambiance est bon enfant.
Le Vieux Saint-Étienne – *43 r. de Dinan - ✆ 02 99 65 35 47 - dim.-lun. 16h-1h, mar.-sam. 12h-1h.* Une jolie terrasse au pied du théâtre du Vieux St-Étienne, où l'on peut apprécier une belle carte des vins, grignoter des tartines, ou voir des matchs sur écran (le patron est fan de sport). L'agréable devanture cache un intérieur cosy (marbre, cheminée et vitraux). Un lieu convivial où le petit noir est l'un des moins chers de la ville *(1,10 €).*
Le Dejazey – *54 r. de St-Malo - ✆ 09 67 24 51 62 - ledejazeyrennes.wixsite.com/dejazey - tlj sf dim. 18h-3h.* Depuis 1996, il enchante les nuits rennaises. Pour danser, s'amuser, boire un verre entre amis, il n'y a pas mieux que ce « club-concert » tout en longueur. Concerts et DJ vend. et sam.
Les Petits Papiers – *2 pl. St-Germain - ✆ 02 99 79 71 03 - tlj sf dim. 11h-1h.* Un vrai coup de cœur pour ce bistrot où l'accueil est chaleureux, les vins bien choisis, et les planches de charcuterie et fromages gourmandes *(plat du jour 8,50 €).* Les fidèles aiment y venir surtout en fin de journée pour profiter du calme de la terrasse. Les expos et concerts proposés certains jours ajoutent au plaisir de ce lieu très sympathique, ouvert le lundi soir.
La Terrasse – *2 r. de la Palestine - parc du Thabor - ✆ 09 53 14 40 96 - www.thabor.fr - 10h-19h, w.-end 12h-19h.* À l'ombre des grands arbres du Thabor, cet endroit offre un décor idyllique pour boire un verre, déjeuner *(tlj sf dim. 12h-14h - plat du jour 11 €)* ou bruncher *(dim. 12h-15h - 25 € - sur réserv. seult)* face au kiosque à musique et aux parterres fleuris.
Thé au fourneau – *11 r. des Portes-Mordelaises - ✆ 02 99 78 25 36 - www.facebook.com/pages/Thé-au-Fourneau - 10h-18h30 - fermé 3 sem. en août et dim.-lun. - 6,50/15 €.* Salé ou sucré ? Tartes, salades, thés, tartines, scones… Faites une escale gourmande l'après-midi dans cette maison proche de la place des Lices. Vente de thé en vrac.

Rive nord de la Vilaine

La Piste – *68 mail F.-Mitterrand - ✆ 02 57 21 53 99 - 11h-23h.* Le mail sort de sa léthargie avec l'arrivée de sympathiques cafés, dont *La Piste*, petite sœur du *Hibou* et du *St-Germain*, née en mai 2017. On vient y boire un verre autour de jolies planches tout en assistant à des tournois de palets ou de mölkky. Ambiance garantie !

Rive sud de la Vilaine

Le Progrès – *7 r. de la Chalotais - ✆ 02 99 79 00 04 - ♿ - 8h30-21h - fermé dim.* Juste à côté du théâtre de la Parcheminerie et tout près de la place de la République, ce troquet offre une terrasse très prisée pour l'apéritif aux beaux jours.

O'Rétroviseur – *19 r. Poullain-Duparc - ✆ 02 99 79 99 01 - lun. 10h-19h, mar.-vend. 12h-1h, sam. 17h30-1h.* Artistes et étudiants, mais aussi voisins, habitués du coin et visiteurs de passage, s'accoudent au zinc de ce bar de quartier au look rétro, ou bien s'installent en terrasse. La patronne soigne la déco en chinant dans les brocantes des objets hétéroclites, et concocte des cocktails inédits servis dans de grands pots à confiture. Ambiance animée et joyeuse.

Le Balthazar – *19 r. Mar.-Joffre et 28 r. Vasselot - ✆ 02 99 32 32 32 - www.hotel-balthazar.com - bar : tlj 8h-minuit (dim. 23h).* Siroter un drink dans un cinq-étoiles, il n'y a rien de plus hype ! À Rennes, il faut aller prendre le thé ou commander un cocktail au bar de l'hôtel Balthazar dans son décor à la fois cosy et contemporain. En terrasse, si le temps le permet, ou bien à l'abri du salon feutré, l'escapade hors du temps et loin des clameurs de la ville vaut absolument le détour.

ACHATS

Le marché – *Pl. des Lices - sam. mat.* Un des plus beaux marchés de France ; le jeudi matin à Châteaugiron.

Halles centrales – *Pl. Honoré-Commeurec - www.les-halles-liberte.fr - 8h-19h30, dim. et j. fériés 8h-12h30.* Marché alimentaire quotidien, sous une halle couverte datant des années 1920. Fromagerie Jean-Yves Bordier et produits Roellinger chez « Olives et saveurs ».

Mint – *12 r. du Champ-Jacquet - ✆ 02 99 02 10 31 - www.facebook.com/mintrennesboutique - mar.-vend. 11h-13h30, 14h30-19h, sam. 11h-19h.* Réunies dans un petit lieu cosy, quatre créatrices – Armêl s'en mêle, La Bohême, Guapa Factory et Stereo Fields Forever – exposent leurs créations et leurs trouvailles : bijoux, carnets, vases, vaisselle chinée, bougeoirs… De bien jolies choses dans l'air du temps. Un vrai coup de cœur !

Ti Breizh – *2 r. Hoche - ✆ 02 99 79 17 83 - www.ti-breiz.com - lun. 14h-19h, mar.-sam. 10h30-12h30, 14h-19h.* Tous les symboles bretons sont là, du bol à prénom de la célèbre faïencerie Henriot-Quimper aux caramels au beurre salé en passant par les pulls marins, marinières et autres cirés jaunes, ou bien encore, le Gwenn ha Du (drapeau breton), les croix celtiques, l'hermine et le triskell.

La Supérette – *7 r. Hoche - ✆ 02 30 02 34 68 - lasuperetteboutique.tumblr.com - mar.-sam. 10h30-19h.* Dans l'esprit des échoppes dédiées à la création artisanale et locale, La Supérette est une référence. Son atmosphère subtilement feutrée invite à prendre son temps pour découvrir les créations made in Rennes, parfaitement mises en valeur. Il n'est pas simple de résister aux pochettes Mina Lou, aux sautoirs et colliers plastrons Marcel Bonnet, aux bijoux rouges Anna Elleouet, aux bracelets Loulataï… Essayez pour voir !

Le Daniel – *19 r. Jules-Simon - ✆ 02 99 78 85 82 - www.patisserieledaniel.fr - lun. 14h-19h, mar.-sam. 9h-19h, dim. 9h-13h. Et aussi 13 r. de la Monnaie.* Meilleur ouvrier de France, Laurent Le Daniel réjouit les Rennais avec ses créations pâtissières, chocolats, macarons, glaces et confiseries, depuis 1998. En attendant de faire votre choix, contemplez, au sol de la boutique, la mosaïque d'Isidore

Odorico. Et testez le « Cœur de Bretagne » (mousse de chocolat au lait, crème brûlée au chocolat noir, caramel au beurre salé et biscuit noisette). Sinon, la glace à la pistache n'est pas mal non plus.

Les Boutiques de Joseph – *www.boutiquesdejoseph.com - épicerie fine : 32 av. Jean-Janvier (☏ 02 23 50 55 61), 8h-20h30, sam. 10h-20h30, dim. 10h-22h ; salon de thé : 30b av. Jean-Janvier (☏ 02 99 30 19 90), lun.-vend. 7h30-19h30 ; cave à vins : 49 av. Jean-Janvier (☏ 02 23 44 18 24), mar.-vend. 9h30-13h, 15h-20h, sam. 10h-13h, 15h-20h ; boulangerie : 30a av. Jean-Janvier (☏ 02 23 50 55 47), tlj sf sam. 6h30-14h, 16h30-20h30, dim. 6h30-13h.* Ce quatuor de bonnes adresses au design soigné est concentré près de la gare : une aubaine dans ce quartier, toujours en cours d'aménagement. Plein de bonnes choses, comme de délicieuses chips au sarrasin à la boulangerie.

EN SOIRÉE

Bon à savoir – Plusieurs gratuits se révèlent bien utiles pour connaître les événements culturels de Rennes et alentour. Parmi eux, le mensuel municipal, *Les Rennais*, et *Wik*, disponibles à l'OT qui propose aussi un agenda sur son site Internet. En outre, signalons le « webzine » culturel *Unidivers (www.unidivers.fr).*

Théâtre national de Bretagne (TNB) – *1 r. St-Hélier - ☏ 02 99 31 12 31 - www.t-n-b.fr - ♿ - réserv. : mar. 11h-19h, merc.-sam. 13h-19h - fermé de mi-juil. à fin août, dim. et lun.* Ce lieu créé en 1990 est centré surtout sur le théâtre et la danse.

Opéra de Rennes – *Pl. de la Mairie - ☏ 02 23 62 28 28 - www.opera-rennes.com - ♿ - réserv. : 13h-19h - fermé dim.-lun. et de mi-juil. à déb. sept.* L'opéra propose tous les ans 8 ou 9 ouvrages lyriques et concerts (de Monteverdi à la création contemporaine), et autant de concerts : opéra, opérette, récital, musiques de chambre et baroque. Il dispose d'un chœur semi-professionnel d'une trentaine de chanteurs, recourt à l'orchestre symphonique de Bretagne et collabore avec la Maîtrise de Bretagne et le TNB.

Conservatoire à Rayonnement régional de Rennes – *26 r. Hoche - ☏ 02 23 62 22 50 - www.conservatoire-rennes.fr - ♿ - période scol. : lun. et jeu.-vend. 8h15-20h30, mar.-jeu. 8h15-22h, sam. 9h-18h ; vac. scol. : lun.-vend. 9h-16h30 - fermé de mi-juil. à mi-août, dim. et j. fériés - gratuit (certains concerts 11 €).* L'établissement d'enseignement artistique est aussi un centre culturel à part entière, avec près de 150 manifestations par saison.

Le Triangle (Cité de la Danse) – *Bd de Yougoslavie - ☏ 02 99 22 27 27 - www.letriangle.org - ♿ - lun.-mar. et jeu.-vend. 14h-19h, merc. 10h-19h, sam. 10h-17h - fermé de mi-juil. à mi-août, dim., Noël et Jour de l'An - tarifs variables (5/19 €) selon les spectacles, se rens.* Ce centre culturel ouvre ses portes à la danse contemporaine et aux arts plastiques, mais aussi à la poésie et aux musiques actuelles (studio de création musicale). Plusieurs salles (15 à 250 places) et un auditorium (633 places).

Péniche-Spectacles - Théâtre du Pré Perché – *30 quai St-Cyr - ☏ 02 99 59 35 38 - www.penichespectacle.com - fermé juil.-août - tarifs variables (6/14 €) selon les spectacles, se rens.* Deux péniches sont amarrées Quai St-Cyr : *L'Arbre d'eau* reçoit les artistes, *La Dame Blanche* organise des stages, des ateliers, des expositions… En été, la péniche-spectacle part en balade sur les canaux bretons.

ADEC - Maison du Théâtre Amateur – *45 r. Papu - ✆ 02 99 33 20 01 - adec-theatre-amateur.fr - ♿ - bibliothèque : lun.-vend. 14h30-18h ; théâtre : 9h-17h - fermé 15 juil.-25 août - 4/6 €.* Cette salle propose des spectacles présentés par des troupes amateurs. Au n° 16 rue Papu, une bibliothèque théâtrale – l'une des plus importantes de France – abrite un fonds d'œuvres considérable (nombreux auteurs contemporains).

Le Liberté, L'Étage et le MusikHall – *✆ 02 99 85 84 84 - www.leliberte.fr - ♿ - mar.-sam. 12h-19h - fermé sam. en juin, mi-juil.-mi-août.* Ces trois salles accueillent toute l'année concerts nationaux et festivals. L'Étage (950 places) et Le Liberté (5 300 places) se trouvent dans le centre, esplanade du Gén.-de-Gaulle, Le MusikHall (7 000 places) en périphérie, à Bruz, dans le parc des Expositions. Accueil-billetterie des trois salles au Liberté.

ACTIVITÉS

Parc des Gayeulles – *Au nord-est du centre, accès par la ligne de bus n° 3, dir. St-Laurent - 2 j. fin juil.* Piscine, patinoire, parcours accrobranche, ainsi que le festival Quartiers d'été pour jeune public.

Étang d'Apigné - Base de loisirs – *35550 Le Rheu - ✆ 02 99 60 71 31 - centre nautique ou 02 23 62 10 10 (mairie de Rennes) - tte l'année, baignade surveillée en juil.-août seult.* Ancienne sablière devenue aujourd'hui poumon vert des Rennais, cette base de loisirs en périphérie (direction Vannes) offre une plage surveillée, un espace réservé au modélisme et un lieu de pratique pour le club nautique de Rennes. De mai à septembre, une navette permet de rejoindre le site au départ de la place de la République *(15mn, se rens. pour les h. sur www.star.fr).*

AGENDA

Quartiers en scène – *www.quartiers-en-scene.fr - 2e quinz. de mars - 5/10 € (-18 ans 5 €).* Festival de spectacle vivant (théâtre, cabaret, contes, etc.) dans les divers Cercles Paul-Bert de la ville. Certains spectacles sont gratuits.

Tombées de la Nuit – *mai-juil. - ✆ 02 99 32 56 56 - www.lestombeesdelanuit.com.* Plus de 80 spectacles de rue, théâtre, concerts, opéras, reprises ou créations contemporaines sont programmés dans le centre-ville et deux quartiers.

Transat en ville – *Juil.-août.* Spectacles dans les quartiers et détente dans des transats sur la place de l'Hôtel-de-Ville.

Rendez-vous place du Parlement – *Pl. du Parlement - www.rendez-vous-parlement.com - de mi-juil. à fin août, 22h30.* Spectacle gratuit avec musique et projections d'images sur la façade du parlement.

« Trans Musicales » de Rennes – *1re sem. de déc. - ✆ 02 99 31 11 88 - www.lestrans.com* Depuis près de 40 ans, trois jours de musique et de fête. Une institution !

Biennale d'art contemporain – *www.lesateliersderennes.fr - en automne, les années paires.* Expositions au couvent des Jacobins et ailleurs dans la ville.

Festival Yaouank – *www.yaouank.com - 3 sem. en nov.* Ce festival de musiques bretonnes investit plusieurs lieux culturels de Rennes. Concerts, théâtre, cinéma et aussi le plus grand *fest-noz* de Bretagne au MusikHall, parc des Expositions.

Fougères

★★

20 189 Fougerais – Ille-et-Vilaine (35)

« Sur un mamelon de granit qui domine trois vallons [...] surgissent les vieux créneaux et les tours féodales du château de Fougères. » La cité qui a ému les poètes - ici H. de Balzac – enchante aujourd'hui le visiteur. Sa forteresse, parmi les plus grandes d'Europe, sa rivière (le Nançon), ses vieilles ruelles en pente du haut desquelles la vue est splendide, ses belles demeures de granit... Fougères est une invitation au voyage.

NOS ADRESSES PAGE 59
Hébergement, restauration, achats, activités, etc.

S'INFORMER

Office du tourisme du pays de Fougères – *2 r. Nationale - 35300 Fougères - ✆ 02 99 94 12 20 - www.ot-fougeres.fr - juil.-août : 9h-19h, dim. et j. fériés 10h-12h, 14h-18h ; du w.-end de Pâques à fin juin et sept. : 9h30-12h30, 14h-18h, dim. 14h-18h ; oct. : tlj sf dim. 9h30-12h30, 14h-18h ; reste de l'année : tlj sf dim. 10h-12h30, 14h-18h, lun. 14h-18h - fermé 1er janv., 1er et 11 Nov., 25 déc.*

SE REPÉRER

Carte de microrégion D1 (p. 26-27) – Ancienne forteresse médiévale, Fougères marque la frontière orientale de la Bretagne, non loin de l'A 84 qui relie Avranches (44 km au nord) à Rennes (55 km au sud-ouest). Rejoignez St-Malo (100 km à l'ouest) via Dol-de-Bretagne par la D 155.

SE GARER

En centre-ville, les zones de stationnement bleues sont gratuites pendant 1h30. L'été, parkings non gardés en périphérie. Évitez le centre le samedi matin, jour de marché.

ORGANISER SON TEMPS

Offrez-vous une visite guidée du château et du quartier médiéval pour profiter du patrimoine de cette ville labellisée « d'art et d'histoire ».

À NE PAS MANQUER

Le site impressionnant du château dont l'enceinte est miraculeusement préservée et les maisons du 16e s. du quartier médiéval du Marchix.

AVEC LES ENFANTS

Après une visite du château, visitez le musée de l'Horlogerie ou la Maison Pierres et Nature à Mellé, puis louez des VTT au centre de loisirs de la ferme de Chênedet.

Découvrir Plan de ville p. 57

★★ LE CHÂTEAU ET SES ABORDS A1

Son site en contrebas de la ville haute est inhabituel. Un méandre de la rivière, le Nançon, qui baignait une éminence rocheuse en forme de presqu'île très étroite, fournissait un excellent site défensif. L'architecture militaire a tiré parti de cet emplacement en y élevant des remparts et des tours, et en transformant la presqu'île en île, par une courte dérivation des eaux. Reliée à la ville haute par des remparts, la garnison pouvait participer à sa défense et même s'y replier en cas de chute de la cité, pour jouer son rôle de garde-frontière du duché de Bretagne. Au fil des batailles, les assaillants ont pu néanmoins se rendre maîtres de ces hautes murailles, soit par surprise, soit par de longs sièges.

La forteresse a beaucoup souffert au fil des siècles. L'enceinte est complète avec ses courtines et ses treize tours. Mais on ne voit plus l'imposant donjon qui, du point le plus élevé du rocher, commandait toutes les défenses : il fut rasé en 1166 par le roi d'Angleterre. Le grand logis, qui occupait une partie de la cour intérieure, a été également ruiné au début du 19e s.

★★ Parcours-visite intérieur

Pl. Pierre-Symon - ✆ 02 99 99 79 59 - www.chateau-fougeres.com - juin-sept. : 10h-19h ; mai : tlj sf lun. (sf j. fériés) 10h-19h ; reste de l'année : tlj sf lun. 10h-12h30, 14h-17h30 - fermé janv., 25 déc. - possibilité de visite guidée (1h) - 8,50 € (-25 ans 5 €) - 8,50 € billet combiné avec le clocher Saint-Léonard et le musée Emmanuel de la Villéon (et visite guidée de la ville en saison) - audioguide disponible.

Une scénographie, à la fois sobre et design, ponctue la visite du château. Dans cette impressionnante enceinte, entre tours et courtines, le parcours invite à comparer l'architecture d'hier et d'aujourd'hui en se glissant dans la visière de personnages historiques. À l'intérieur des tours Mélusine, Surienne et Raoul, le contexte historique des Marches de Bretagne – la frontière historique du duché de Bretagne – se dévoile au fil d'illustrations et de films projetés à même les pierres.

L'entrée, précédée d'un fossé alimenté par une dérivation du Nançon, se fait par la **tour carrée de La Haye-St-Hilaire**. Remarquez en contrebas le moulin à eau à quatre roues.

Le château comprend **trois enceintes** successives. Percée d'archères, l'avancée (fortification en saillie - 13e s.) constituait le premier obstacle. Cette ligne franchie, les assaillants pénétraient une petite cour où ils étaient soumis aux tirs convergents des défenseurs postés sur les quatre côtés. Ainsi exposés, ils devaient traverser un second fossé pour atteindre l'enceinte principale défendue par quatre tours (12e et 15e s.). S'ils y arrivaient, ils se ruaient dans la grande cour où s'élevaient le **logis seigneurial** et la **chapelle**. Il est difficile d'imaginer aujourd'hui la richesse de ce logis ; un alignement de colonnes marque l'emplacement de la grande galerie.

Mais la défense pouvait se ressaisir... Une troisième enceinte, le réduit, située au point le plus élevé, permettait – avec le donjon, encore présent au

1

UNE IMPORTANTE PLACE FORTE

À la frontière de la Bretagne et de la France, Fougères a toujours eu une grande importance militaire. Le plus célèbre de ses barons, **Raoul II**, a vécu au milieu du 12e s. sous la suzeraineté du duc de Bretagne Conan IV, soumis à Henri II Plantagenêt, roi d'Angleterre et duc de Normandie. Le fier Raoul, révolté, forma une ligue avec une partie de la noblesse bretonne et entra en lutte contre Plantagenêt. En 1166, Henri II investit Fougères et démolit le château. Raoul le reconstruit aussitôt. Une partie de son œuvre est aujourd'hui encore debout.

Au 13e s., le fief passe par mariage à des seigneurs poitevins, les **Lusignan**. Ils se disent descendants de la fée Mélusine (mère Lusigne) et donnent son nom à la plus belle des tours qu'ils ajoutent à l'enceinte.

Fougères offre l'exemple, assez rare, d'une forteresse formidable très souvent prise. Y sont entrés : Saint Louis, Du Guesclin, Surienne, capitaine aragonais au service des Anglais, La Trémoille, le duc de Mercœur, les Vendéens... Après la réunion de la Bretagne à la France, des gouverneurs se succèdent à Fougères : dix des tours portent leurs noms. Au 18e s., le château devient propriété privée. La ville l'achète en 1892.

12e s. – une longue résistance. Délogée de ces positions, la garnison trouvait le salut en fuyant par la poterne.
La visite révèle la puissance d'une telle forteresse. Par la courtine la plus élevée de l'édifice, atteignez la tour Mélusine *(75 marches jusqu'au sommet)* et plongez dans l'histoire du lieu au fil des projections.

★ Le tour extérieur du château

De la place Raoul-II, longez les fortifications (dans le sens inverse des aiguilles d'une montre), puis suivez, à gauche, la rue Le Bouteiller.
Au centre du rempart nord, la **tourelle de Guibé** (14e s.) formait un poste de guet élevé, en encorbellement sur la courtine. En contournant l'éperon que forment à l'ouest les remparts, on remarque la puissance des défenses réunies en ce point. La poterne du 15e s. s'ouvre aujourd'hui sur le vide, mais se prolongeait autrefois par une double arcade qui franchissait le fossé, pour communiquer avec un ouvrage avancé.
La **tour du Gobelin** (13e et 14e s.), à gauche, et la **tour Mélusine** (14e s.), à droite, sont rondes. Jadis munies de mâchicoulis et probablement remaniées dans leurs parties hautes, elles ont perdu de leur fière allure. La seconde est un chef-d'œuvre de l'architecture militaire de l'époque : 13 m de diamètre extérieur, 3,50 m d'épaisseur de mur et 31 m de hauteur au-dessus du rocher.
Deux tours en fer à cheval et trapues, les **tours Surienne et Raoul** (15e s.), marquent la dernière étape de la reconstruction du château. Elles témoignent des méthodes de la guerre de siège qui, à la fin du 15e s., prenait la forme d'un duel d'artillerie à courte portée. Leurs murs sont épais de 7 m, pour résister aux tirs, et elles-mêmes ont été conçues pour servir de plate-forme d'artillerie. Elles conservent d'ailleurs des canonnières très puissantes et bien préservées. En outre, le dessin des mâchicoulis montre qu'à cette époque l'art militaire n'excluait pas la décoration.
Face aux deux tours s'élèvent l'église St-Sulpice et le quartier médiéval du Marchix (voir ci-dessous).
En continuant, on voit la tour du Cadran (13e s.). Carrée et de dimension réduite, elle est très endommagée. Plus loin, la **porte Notre-Dame** est la seule qui subsiste des quatre portes des boulevards précédant les quatre portes de l'enceinte fortifiée qui entourait la ville. La tour de gauche percée d'archères, date du 14e s., celle de droite et ses mâchicoulis très décorés, du 15e s.

★ LE QUARTIER MÉDIÉVAL DU MARCHIX ET LE JARDIN PUBLIC A1-2

★ Église Saint-Sulpice

R. Lebouteiller - ✆ 02 99 94 12 20 - horaires, se rens. - fermé 1er janv., 25 déc. - entrée libre.
De style gothique flamboyant (15e -18e s.), elle est d'une belle homogénéité. Sa flèche d'ardoise très élancée (15e s.) est d'une facture originale. Le chœur est riche des **boiseries** du 18e s. et les chapelles latérales abritent de grands **retables★** de granit du 15e s. Dans la chapelle de gauche, au centre du retable dédié à Anne de Bretagne, sa donatrice, la statue de N.-D.-des-Marais est très vénérée. Elle aurait été découverte à proximité du château vers 1300, dans les marais alentour.
De la rue Foskéraly, le long du Nançon, belle vue sur les remparts et le jardin public. La rue du Nançon est bordée de maisons du 16e s. À l'angle des rues de la Providence et de Lusignan s'élèvent d'autres demeures intéressantes.
La place du Marchix occupe le site de l'ancien marché au cœur de la vieille ville ; aux nos 13 et 15 s'élèvent deux belles maisons du 16e s.

Ville et château de Fougères.
G. Gräfenhain/Sime/Photononstop

Prenez la rue des Tanneurs et passez le pont sur le Nançon pour rejoindre la jardin public qui permet de rejoindre la ville haute.

★ Jardin public

Chéri par Honoré de Balzac, qui l'évoque dans *Les Chouans*, et Victor Hugo qui y vint avec Juliette Drouet, il s'étend en terrasses, sur l'emplacement des anciens remparts de la ville, et sur les pentes qui plongent dans la vallée du Nançon. La **vue★** sur le château et le quartier du Marchix est intéressante.

Se promener Plan de ville p. 57

LA VILLE HAUTE AB1

Circuit tracé en vert sur le plan p. 57. Il est possible de rejoindre la ville haute soit par le jardin public, soit par la rue de la Pinterie.

En sortant du château, empruntez la promenade aménagée le long du Val Nançon. Face aux jardins collectifs s'élève **L'Œuvre à la Vie** : demi-sphère en acier ornée de huit compositions picturales signée de l'artiste Louis-Marie Catta (2000).

Gagnez la rue de la Pinterie par la ruelle des Vaux. 50 m plus haut, traversez à droite les jardins aménagés en bordure du chemin de ronde reconstitué : belle vue sur la vallée du Nançon et l'ensemble du château.

Montez jusqu'à la place Aristide-Briand.

Place Aristide-Briand B1

L'**hôtel de la Bélinaye** (tribunal d'instance) est la maison natale d'**Armand Taffin de La Rouërie**, l'un des chefs de la chouannerie bretonne *(voir p. 414)*.

Descendez la rue Nationale.

★ Rue Nationale AB1

Cette jolie rue abrite des façades de granit (18e s.) aux balcons en fer forgé.

Beffroi – *Sur la droite en descendant la rue.* Cette tour octogonale (14e et 15e s.)

se dresse fièrement au-dessus des remparts. Elle est décorée de gargouilles et surmontée d'une flèche recouverte d'ardoise.

L'Artisan du Temps – Musée de l'Horlogerie – *37 r. Nationale - ✆ 02 99 99 40 98 - ♿ - juil.-août : 9h-12h, 14h-19h, lun.-dim. 14h-18h ; reste de l'année : tlj sf dim.-lun. et j. fériés 9h-12h, 14h-19h - fermé Vend. saint, 26 déc. - possibilité de visite guidée (1h) - 5 € (-10 ans 4 €).* Exposition sur la quête de la mesure du temps. Plus de 200 pièces de collection.

Musée Emmanuel-de-La Villéon – *51 r. Nationale - ✆ 02 99 99 79 59 - juin-sept. : 14h-19h ; vac. scol. (zone B) et certains w.-end de mai : 14h-18h - fermé 1er janv., 25 déc. - 2 € (-18 ans gratuit).* Niché dans une maison du 16e s., rénové en 2012, il présente des toiles d'Emmanuel de La Villéon (1858-1944), peintre impressionniste né à Fougères. Huiles, fusains, carnets de voyage et les fameux « fonds de boîte » offrent une belle évocation de l'œuvre de l'artiste.

Depuis la rue Nationale, vous apercevez à droite la place de Lariboisière.

Place de Lariboisière B1

La statue équestre, de Louis Derbre, célèbre le **comte de Lariboisière** (1759-1812). Né à Fougères, ce brillant officier s'est illustré dans les armées napoléoniennes avant de mourir lors de la terrible retraite de Russie.

Poursuivez sur la rue Nationale.

Église Saint-Léonard A1

Bâtie aux 15e et 16e s., sa façade richement ornée sur le bas-côté nord-est dominée par une tour du 17e s. Des vitraux modernes de Lorin l'éclairent, mais on note des éléments anciens : dans la chapelle de la Croix, à gauche en entrant, des scènes de la vie de saint Benoît (12e s.), dans la chapelle des fonts baptismaux, deux parcelles de **vitraux★** (16e s.) sont insérées dans un vitrail plus récent.

Hôtel de ville A1

Édifice Renaissance. Remarquez la porte en partie murée.

À voir aussi Plan de ville ci-contre

Le couvent des Urbanistes B1

25 r. de la Caserne - ✆ 02 99 94 12 20 - fermé 1er janv., 25 déc. - rens. à l'office de tourisme.

Cette galerie d'art occupe un ancien couvent du 17e s. *(expositions toute l'année).*

DE LA CHAUSSURE À L'AGROALIMENTAIRE

Non seulement Fougères a vu naître l'un des précurseurs de la chouannerie, le marquis de La Rouërie (1756-1793), dont la vie fut un véritable roman d'aventures, mais elle a aussi occupé une place prépondérante dans la production de chaussures. En 1832 commence la fabrication des chaussons de laine. En 1852, on y ajoute la chaussure, cousue à la main. L'année 1870 voit arriver la machine qui coud mécaniquement et, en 1890, une trentaine d'usines produisent en série des chaussures bon marché. Mais cette prospérité nouvelle connaîtra la parenthèse du bombardement de juin 1944. Une diversification amorcée dans les années 1970 oriente les entreprises locales vers les métiers du verre, de l'électronique, de l'informatique et de la robotique, sans oublier l'important secteur agroalimentaire.

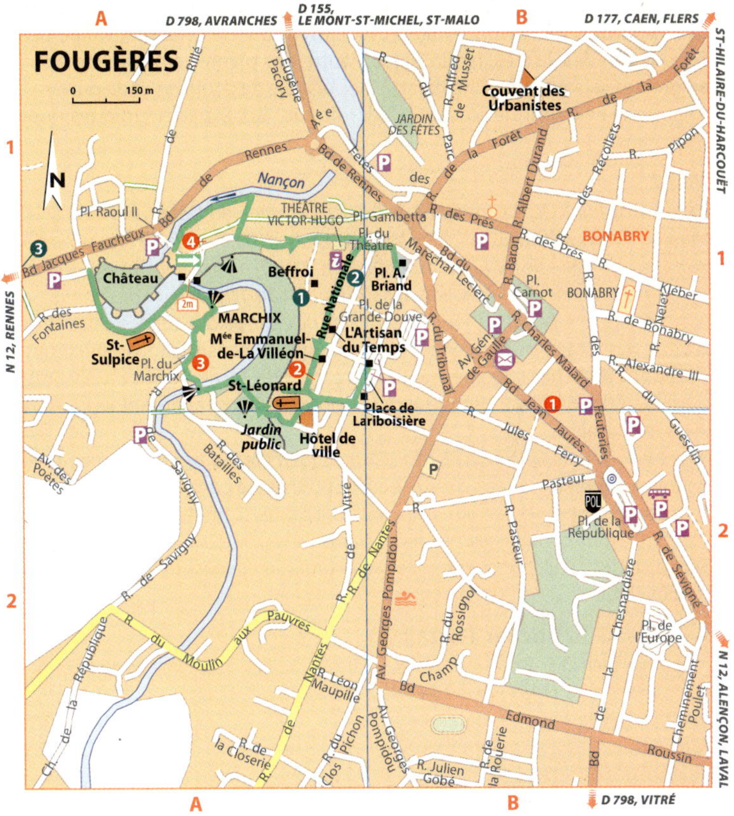

SE LOGER		SE RESTAURER
Balzac Hôtel 2	Chambre d'hôte Le Mercier de Montigny ... 1	Court-Circuit 2
Chambre d'hôte Le Champ du Lion 3		Crêperie des Remparts...... 4
		La Haute Sève 1
		Ti Vabro 3

À proximité Carte de microrégion p. 26-27

Forêt domaniale de Fougères D1

3 km au nord-est. Quittez Fougères par la D 177, route de Flers.

La promenade permet de parcourir de belles futaies de hêtres. Près du carrefour de Chênedet, on voit deux dolmens ruinés et un alignement mégalithique appelé Cordon des Druides. En direction de Landéan, à l'orée de la forêt, près du carrefour de la Recouvrance, se trouvent des celliers du 12ᵉ s. Aujourd'hui fermés, ils constituaient la cachette des seigneurs de Fougères.

★ Parc floral de Haute-Bretagne D1

Le Châtellier, 10 km au nord-ouest. Quittez Fougères au nord en dir. de St-James (D 798) jusqu'à la D 19 qu'il faut prendre à gauche. Suivez le fléchage. Château de La Foltière - ✆ 02 99 95 48 32 - www.parcfloralbretagne.com - juil.-août : 10h30-18h30 ; avr.-juin et sept. : 11h-18h ; reste de l'année : 14h-17h30 - fermé de mi-nov. à fin fév. - possibilité de visite guidée sur demande (2h) - 10,90 € (-13 ans 7,90 €).

Le **château de la Foltière** a été aménagé en parc floral (25 ha) de vingt-quatre jardins aux noms évocateurs (Labyrinthe de Cnossos, vallée des Rois, vallon des Poètes, jardin perse, l'antre des plantes carnivores…) qui, au gré des saisons, sont une palette inépuisable de couleurs et de parfums. Chambres et boutique au château, jardinerie. Espaces ludiques pour les enfants.

Mellé D1

21 km au nord. Quittez la ville par la D 177. À Louvigné-du-Désert, prenez la D 14.
Maison Pierres et Nature – *1 Enclos paroissial - 02 99 17 14 24 - www.melle-durable.com - - de mi-juil. à mi-août : 14h-17h30 ; de déb. avr. à mi-juil. et de mi-août à fin sept. : tlj sf sam. 14h-17h30, dim. 14h30-17h30 ; reste de l'année : se rens. - fermé lun., certains j. fériés - possibilité de visite guidée sur demande (1h) - gratuit.* Grâce à une scénographie ludique et sensorielle, on découvre comment protéger la planète avec des exemples locaux concrets. Photos, bornes pédagogiques, témoignages sonores et films racontent le « mieux vivre ensemble ».
9 km. Dép. de la Maison Pierres et Nature (derrière l'Église). Plan disponible à la Maison Pierres et Nature. La visite peut se poursuivre par le **Circuit Pierres et Nature**, un sentier accessible à tous, donnant par les panneaux qui le jalonnent des clefs pour comprendre et reconnaître le patrimoine bâti et paysager. Sur ce circuit, vous découvrirez de façon ludique et sensorielle les énergies renouvelables.

★ Château du Rocher-Portail C1

R. Lebouteiller - à St-Brice-en-Coglès, 15,6 km au nord-ouest de Fougères ; quittez la ville par la D 155 - 02 99 94 12 20 - www.lerocherportail.fr - horaires, se rens. - fermé 1er janv., 25 déc. - entrée libre - 15 juin-15 sept. : tlj sf sam. 10h-18h - fermé 1er janv., 25 déc. - 9 € (-12 ans 6 €, -4 ans gratuit, famille 30 €) ; visites guidées (1h) à 10h30, 14h, 16h30 : 12 € (-12 ans 9 €, -4 ans gratuit, famille 41 €) - salon de thé 12h-18h.
Visible au-delà d'un étang, l'imposant édifice en granit est en forme de U. Il a fière allure avec ses hautes cheminées de pierre et ses toits d'ardoises pentus. La cour carrée est agrémentée d'une belle galerie aux arcades cintrées.
Après une belle rénovation en 2016-2017, le château a été ouvert au public. On peut donc aujourd'hui découvrir l'intérieur de l'un des plus beaux châteaux de Bretagne érigé à partir de 1596 par Gilles Ruellan. Ce dernier, d'origine modeste, devint conseiller et ami du roi Henri IV, de Marie de Médicis et du cardinal de Richelieu. La salle de garde, la salle à manger, la chambre seigneuriale, entre autres, sont richement agrémentées d'objets et de meubles d'époque. Dans chaque pièce une ambiance sonore a été imaginée. La famille de Boutray, propriétaire du lieu de 1666 à 2016, a également marqué les murs de son empreinte. Ainsi, le cabinet de curiosités recèle des merveilles (un crocodile du Nil !) retrouvées là après la vente du château. La salle des jeux, ou fumoir, déjà existante à l'époque de Gilles Ruellan, a été restaurée au 19e s. Quant aux combles, ils mettent en scène la vie des domestiques au 19e s., au travers d'animations sonores qui rappellent, notamment, les trois règles à respecter alors : « travail, rigueur, discrétion ». Sous les arcades, ornées d'anciennes photos de la famille de Boutray, la petite chapelle s'offre aux yeux du visiteur dans toute la splendeur de ses murs fraîchement restaurés. À l'extérieur, le jardin, le pigeonnier et le potager sont un joli prétexte à une promenade bucolique.

NOS ADRESSES À FOUGÈRES

VISITES

Ville d'art et d'histoire – *Rens. au château ✆ 02 99 99 79 59 ou à l'office de tourisme - www.fougeres.fr.* Fougères, Ville d'art et d'histoire, propose des visites découvertes *(1h30, 8,50 €, -6 ans gratuit)* de son patrimoine millénaire, animées par des guides-conférenciers agréés par le ministère de la Culture et de la Communication. Il est aussi possible de découvrir la ville en empruntant le **petit train touristique**.

HÉBERGEMENT

BUDGET MOYEN

Balzac Hôtel – *15 r. Nationale - ✆ 02 99 99 42 46 - www.balzac-hotel.fr - fermé 2 sem. à Noël et 1 sem. fin août-déb. sept. - wifi - 18 ch. 58/70 € - ☕ 8 €.* Aménagé dans un hôtel particulier du 18e s., en plein centre historique de Fougères, un établissement qui abrite des chambres desservies par un ascenseur. Accueil charmant.

Chambre d'hôte Le Mercier de Montigny – *9 r. du Beffroi - ✆ 06 63 61 41 67 - laetitiabl.wixsite.com/lemercierdemontigny - 2 suites (4 et 3 pers.) 88/95 € - ☕.* Ce bel hôtel particulier du 18e s. est idéalement situé au pied du beffroi et sur les remparts. Son jardin privé et fleuri, loin du tumulte touristique invite au repos. Belle vue sur le château.

Chambre d'hôte Le Champ du Lion – *76 bd Jacques-Faucheux - ✆ 06 14 48 87 71 - 2 ch. 65 € ☕.* À deux pas du château, cette demeure du 19e s. offre deux très jolies chambres à louer en famille.

À proximité

BUDGET MOYEN

Chambre d'hôte Ferme de Mésauboin – *35133 Billé - Le Grand Mésauboin - 8 km au sud de Fougères - ✆ 02 99 97 61 57 - mesauboin.fr - fermé 10 j. en fév. - P - 5 ch. 60/65 € ☕ - gîtes à partir de 470 €/sem. - repas 21,50 € - réserv. obligatoire.* Le calme et la simplicité de cette ferme-manoir du 17e s. combleront tous ceux qui rêvent d'effectuer un petit séjour « de tout repos » à la campagne. Produits du terroir à l'auberge, chambres d'hôte et gîtes.

SE FAIRE PLAISIR

Le Lion d'Or – *6-8 r. Chateaubriand - 35460 Saint-Brice-en-Coglès - ✆ 02 99 98 61 44 - www.hotel-leliondor.fr - fermé dim. soir de sept. à juin - 42 ch. 79/115 € - ☕ 10 € - ✕.* Dans la rue principale du village, cet ancien relais de diligence en granit abrite des chambres confortables et régulièrement rénovées. Restaurant traditionnel et, au déjeuner, espace brasserie.

RESTAURATION

PREMIER PRIX

Ti Vabro – *13 pl. du Marchix - ✆ 02 99 17 20 90 - ♿ - fermé lun., dim. soir et merc. soir, vac. scol. de Pâques et de la Toussaint (juil.-août, fermé seult lun.) - 7,50/15 €.* Dans une belle maison à pans de bois du quartier médiéval, cette crêperie affiche 15 cidres à la carte pour accompagner crêpes et galettes préparées avec soin.

Crêperie des Remparts – *102 r. de la Pinterie - ✆ 02 99 94 53 53 - fermé vac. de fév., 1 sem. en nov. et merc. hors sais. - 9,90/15 €.* Près du château, l'une des plus vieilles maisons de Fougères abrite cette crêperie aux poutres massives, et aux murs décorés d'objets anciens et régionaux. Aux beaux jours, la terrasse est dressée devant le jardin public bordant les remparts.

Court-Circuit – *59 r. Nationale - ✆ 02 56 47 14 77 - 12h-15h - fermé merc. soir, dim. et lun. - 9,80/14 €.* Sur la « route touristique », il change un peu des crêperies et autres snacks. Certes, on y mange des burgers (et aussi des plats du jour), mais originaux et concoctés avec des produits locaux, frais et de saison ! Accueil chaleureux.

POUR SE FAIRE PLAISIR

Le Haute Sève – *37 bd J.-Jaurès - ✆ 02 99 94 23 39 - www.lehauteseve.fr - ♿ - fermé 23 juil.-23 août, 1er-20 janv., dim. soir et lun. - 22/45 €.* L'avenante façade à colombages abrite une salle a manger relookée dans un esprit contemporain. Cuisine régionale au goût du jour.

BOIRE UN VERRE

Le Coquelicot – *18 r. de Vitré - ✆ 02 99 99 84 52 - www.le-coquelicot.fr - mer. 15h-23h, jeu. 15h-1h, vend.-sam. 15h-3h - fermé dim.-lun., 1 sem. en janv. et de mi-juil. à mi-août.* Ouvert en 1979, ce petit bar musical accueille chanteurs, groupes de rock, de jazz ou de blues chaque semaine.

ACHATS

Marché – *Pl. du Beffroi - sam. mat.*

ACTIVITÉS

La Granjagoul - Maison du patrimoine oral en Haute-Bretagne – *2 ter r. de la Bascule - 35120 Parcé - 12 km au sud de Fougères - ✆ 02 99 95 37 99 - www.lagranjagoul.fr - ♿ - merc. 10h-13h, 14h-18h, jeu.-vend. 14h-18h - spectacles, se rens. - fermé j. fériés - possibilité de visite guidée lun.-vend. sur demande (30mn) - expositions, spectacles, veillées…* Ce centre de ressources invite à découvrir le patrimoine culturel immatériel de Haute-Bretagne à travers de nombreuses animations autour des contes, des chansons et des musiques du pays gallo. Des activités sont aussi proposées.

Ferme de Chênedet – *35133 Landéan - à Landéan, 7 km au nord-ouest de Fougères - ✆ 02 99 97 35 46 - 8h30-12h, 13h-17h30, j. fériés et w.-end sur demande - gratuit.* Situé au cœur de la forêt domaniale de Fougères, ce centre de loisirs propose des activités équestres (cours d'équitation, promenade) et nautiques (location de kayaks et de barques en été) sur le plan d'eau situé juste à côté. Location de VTT toute l'année. Hébergement sur place en 4 gîtes collectifs.

Vitré, le château et l'église St-Martin.
F. Guiziou/hemis.fr

Vitré

★★

17 571 Vitréens – Ille-et-Vilaine (35)

Aux marches de la Bretagne, Vitré a longtemps défendu la région du haut de son éperon rocheux où s'élève le château. Aujourd'hui, riche de son histoire, elle accueille, souriante et vivante, ceux qui veulent explorer ses remparts, ses ruelles, ses maisons à porche et toits d'ardoises et son château, bien sûr ! Vitré, la médiévale bien dans son temps, est à découvrir.

NOS ADRESSES PAGE 67
Hébergement, restauration, achats, activités, etc.

S'INFORMER

Office du tourisme du pays de Vitré – *Pl. du Gén.-de-Gaulle - 35500 Vitré - ✆ 02 99 75 04 46 - http://bretagne-vitre.com - juil.-août : 9h30-12h30, 14h-18h30, dim. et j. fériés 10h-12h30, 15h-18h (se rens.) ; avr.-juin et sept. : tlj sf dim. et j. fériés 9h30-12h30, 14h30-18h, sam. 10h-12h30, 15h-17h, lun. 14h-18h30 ; reste de l'année : tlj sf dim. 9h30-12h30, 14h30-18h, sam. 10h-12h30, 15h-17h, lun.-mar. 14h30-18h - fermé 1er janv., 1er et 11 Nov., 25 déc.*

Visites-découvertes – Avr.-sept. : horaires et dates, se rens. - 6 € (-18 ans 4 €). Sept visites thématiques à travers la ville.

Office de tourisme – *Centre Culturel Patrick-Lasourd - 35130 La Guerche-de-Bretagne - ✆ 02 99 96 30 78 - www.vivre-au-pays-guerchais.com - en sais. : 9h45-12h30, 14h-17h45, sam. 8h45-12h30, jeu. 9h45-12h30 ; reste de l'année : tlj sf lun. 9h45-12h30, 14h-17h45, sam. 8h45-12h30, jeu. 9h45-12h30 - fermé dim., 1er janv., 1er et 8 Mai, 1er et 11 Nov., 25 déc.*

SE REPÉRER

Carte de microrégion D2 (p. 26-27) – Vitré se situe à l'intersection des D 857 et D 178. La première mène à Rennes (40 km à l'ouest) et la seconde relie Nantes à Fougères (30 km au nord).

ORGANISER SON TEMPS

Comptez une bonne demi-journée pour la cité, à prolonger par de petites excursions aux alentours.

À NE PAS MANQUER

La visite du château et des ruelles en contrebas, le panorama sur la ville depuis les Tertres-Noirs, l'ensemble de mégalithes de la Roche-aux-Fées, de taille impressionnante.

Découvrir Plan du château ci-dessous

★★ Le château

Pl. du Château - 02 99 75 04 54 - www.mairie-vitre.com - juil.-août : 10h-18h ; avr.-juin et sept. : 10h-12h30, 14h-18h, dim. 14h-18h ; mars et oct. : 10h-12h30, 14h-18h ; reste de l'année : 10h30-12h30, 14h-17h, w.-end 14h-17h - fermé mar., 1er janv., dim. de Pâques, 1er nov., 25 déc. - possibilité de visite guidée (45mn) - 6 € (-18 ans gratuit).

Depuis le 11e s. son château veille sur ses remparts, ses ruelles et la campagne environnante. Transformé aux 13e, 14e, 15e et 16e s, il a conservé tout son lustre que l'on observe dès l'entrée, laquelle est défendue par un pont-levis et un puissant châtelet flanqué de deux grosses tours à mâchicoulis. À l'angle sud se dresse le donjon, ou tour St-Laurent, du haut duquel la vue sur l'enchevêtrement des toits d'ardoises de la ville permet de saisir l'étroitesse des rues ; à l'angle nord-est, la tour de la Madeleine ; à l'angle nord-ouest, la tour de Montafilant. Une enceinte court tout le long. Dans la cour, à droite, un porche roman **(1)** et ses claveaux de couleurs alternées (granit roux et schiste noir) ; l'hôtel de ville (1913) est adossé au front nord. Sur la tour de l'Oratoire, un joli oratoire, plus ancien, témoin de l'architecture Renaissance en Bretagne **(2)**.

La tour St-Laurent abrite, entre autres, des sculptures des 15e et 16e s. provenant de maisons de Vitré : une belle cheminée (1583) d'une maison de la rue de la Poterie a été remontée, le tombeau de Gui X, seigneur de Laval et de

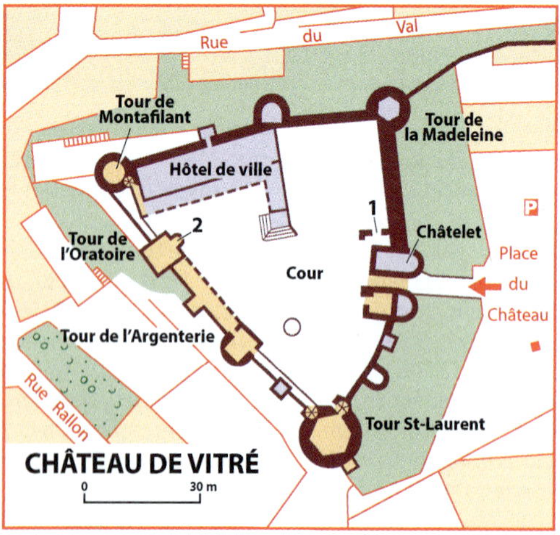

Vitré (15e s.), des tapisseries des Flandres (16e s.) et d'Aubusson (17e s.) ainsi que des blasons de marchands d'outre-mer *(voir encadré p. 64)*. Un étage est consacré à Aimée des Nétumières (19e s.). La tour de l'Argenterie abrite un cabinet de curiosités dont la collection d'histoire naturelle remonte à la fin du 19e s.
Les 82 marches de la tour de Montafilant *(fermée à la visite au moment de la rédaction de ce guide)*, mènent à une plate-forme d'où l'on a une superbe **vue★** sur la ville, les quartiers des Tertres-Noirs et du Bourg-aux-Moines, la Vilaine et une ancienne tannerie.
Gagnez, par la courtine, la tour de l'Oratoire, où un beau **triptyque★** (16e s.) est orné de trente-deux plaques d'émaux de Limoges.

Se promener Plan de ville p. 64

★ CIRCUIT URBAIN AB

Partez de la place du Château, prenez la rue Notre-Dame, puis tournez à droite.

★★ Rue de la Baudrairie A2

Cette rue, qui tire son nom de la confrérie des baudroyeurs, artisans du cuir, est la plus curieuse de Vitré. Chaque maison mérite d'être détaillée : au n° 5, escalier extérieur, décor peint de la fin du 15e s. (restauré) et étal. Au n° 25, maison à pans de bois ornée de quatre têtes sculptées ; au n° 27, les ornements sont des têtes de lion. En face, au n° 30, belle porte en pierre sculptée.

1

Rue d'En-Bas A2

Admirez ses maisons à pans de bois. Au n° 10 se dresse l'ancien **hôtel du Bol d'Or** (fin 15e s.), tout en pierre et dont la tourelle d'escalier au pavillon carré est coiffée d'une étrange façon. La bâtisse du n° 20 a été construite en 1513 pour le marchand Thibault Le Coq. Longez-la sur la gauche pour apprécier la fenêtre à meneaux et sa frise sculptée ; la maison se prolonge autour d'une cour intérieure. Au n° 30, une belle demeure en pierre et pans de bois au décor sculpté.
À l'extrémité de la rue, au niveau de la tour (vestige d'une des portes de la ville), prenez la promenade St-Yves. Place du Gén.-de-Gaulle, tournez à gauche rue Garangeot. Vous croiserez la rue Sévigné : au n° 9, l'hôtel de Sévigné-Nétumières (début du 18e s.) a remplacé la « Maison de la tour de Sévigné » où habita la célèbre marquise.
Tournez à droite.

Rue de la Poterie AB2

Vitré est l'une des villes de France qui a conservé le plus de maisons à porche, datant de l'époque où le commerce du chanvre fit la fortune des marchands d'outre-mer. Vous pourrez en admirer dans cette rue. La **maison de l'Isle** (carrefour rue de la Poterie-rue Sévigné) a la particularité d'être non mitoyenne et à double encorbellement.
Ralliez à gauche la place du Marchix, prenez à droite la rue Notre-Dame vers la place de la République.

★ Remparts A1/B1-2

Place de la République, la tour de la Bridolle (13e-15e s.) est coiffée de mâchicoulis. Au sud, les remparts suivaient l'actuelle rue de la Borderie (vestiges de la tour des Claviers au n° 16, intégrés dans un immeuble moderne), la place St-Yves, et rattrapaient le château. Si nombre de fragments sont enclavés dans les propriétés, au nord et à l'est, l'enceinte est toujours debout. Le front

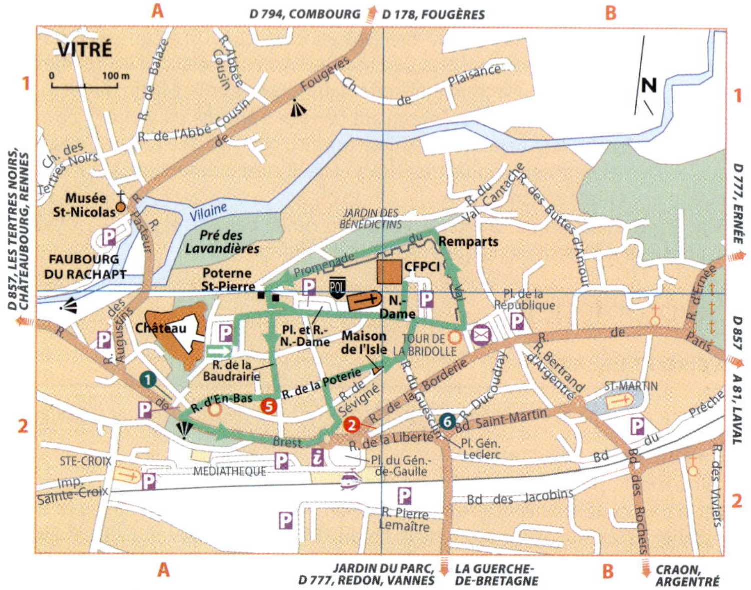

SE LOGER
Hôtel du Château.......... 1
Hôtel Le Petit Billot......... 6

SE RESTAURER
Au Vieux Vitré 5
Copains comme Cochons... 2

est (13e s.) a connu une première restauration en 1590 ; le front nord se raccroche au château. La rue de Paris conserve encore des maisons anciennes. *Place de la République, franchissez une belle grille (à gauche) ; elle ouvre sur la promenade du Val qui fait le tour de l'enceinte. Vers le bas de l'allée, après avoir dépassé une ancienne barrière, prenez à gauche la rampe qui passe sous la poterne St-Pierre ; suivez la rue du Bas-Val, en montée, et tournez à droite en arrivant sur la place, puis à gauche dans la rue Notre-Dame.*

★ Église Notre-Dame B

R. Notre-Dame - ✆ 02 99 75 02 78 - ♿ - 9h-17h - fermé j. fériés.
Édifiée aux 15e et 16e s. sur une église plus ancienne (11e s.), grâce au concours de riches marchands vitréens, sa façade sud – avec ses sept pignons ornés de pinacles, ses deux portes finement sculptées et leurs vantaux, et sa chaire extérieure – est la partie la plus curieuse. À l'intérieur, dans le bas-côté droit *(3e travée)*, un beau vitrail Renaissance figure l'entrée du Christ à Jérusalem.

TOILES DE CHANVRE ET BAS DE FIL

Du 15e au 17e s., Vitré fut une des plus actives cités bretonnes. Ses draps de laine, ses toiles de chanvre et ses bas de fil se vendaient en France, en Angleterre, en Allemagne, en Espagne et jusqu'en Amérique et aux Indes. Groupés à partir de 1472 au sein de la confrérie des Marchands d'outre-mer, les commerçants vitréens – pour partie protestants – construisent à cette époque les riches demeures à pans de bois que vous pouvez voir encore aujourd'hui.

Centre français du Patrimoine culturel immatériel de l'Unesco - Maison des Cultures du monde (CFPCI)

2 r. des Bénédictins - ✆ 02 99 75 82 90 - www.maisondesculturesdumonde.org - ♿ - visite guidée sur demande préalable (1h) mar.-vend. 14h-18h - mar.-dim. pdt les expositions - fermé 1er janv., 25 déc.

Logé dans l'ancien **prieuré des Bénédictins** (17e s.), il propose une exposition d'instruments de musique du monde ainsi que des expositions temporaires.

Dans la rue Notre-Dame, admirez, au no 27, l'hôtel Ringues de la Troussanais (16e s.), aux porches et lucarnes délicatement ouvragés.

Faites demi-tour et gagnez la place du Château.

QUARTIERS PÉRIPHÉRIQUES

Faubourg du Rachapt A

Lors de la guerre de Cent Ans, il fut occupé par les Anglais, alors que la ville et le château résistaient à toutes les attaques. Les Vitréens achetèrent le départ des envahisseurs, d'où le nom donné à ce quartier. Au pied du château, il traverse la vallée de la Vilaine et escalade le flanc nord.

En suivant la rue Pasteur, on a une vue panoramique sur la rivière et le **pré des Lavandières**. Ce site naturel permet de pique-niquer face aux anciens lavoirs.

1

Musée Saint-Nicolas A1

R. Pasteur - ✆ 02 99 74 54 98 - fermé au moment de la rédaction de ce guide; se rens. auprès de l'office de tourisme.

L'ancienne chapelle des hôpitaux Saint-Yves et Saint-Nicolas (15e s.), aux peintures murales des 15e et 16e s., abrite ce musée d'art sacré. Le maître-autel en bois doré est du 18e s.

★★ Tertres-Noirs Hors plan par A2

Accès par la rue de Brest et le chemin des Tertres-Noirs, à droite après le pont sur la Vilaine.

De ce terre-plein ombragé par les sapins et les marronniers, on jouit d'une belle **vue★★** sur Vitré, son site et son château.

★ Jardin du Parc Hors plan par B2

Prenez la direction de Redon.

Le jardin du Parc de style anglais, agrémenté d'un plan d'eau et d'un kiosque à musique, s'étend sur 7 ha – un lieu de pique-nique très appréciable !

À proximité Carte de microrégion p. 26-27

★ Champeaux C2

9 km à l'ouest. Quittez Vitré en direction de Rennes. À 2 km de la ville, tournez à droite (D 29).

La **place★** du village constitue un joli tableau : son église collégiale, sa mairie coiffée d'un grand toit à quatre pans et ses vieilles demeures des chanoines, groupées autour du puits du Chapitre.

La **collégiale** (14e et 15e s.), à nef unique, présente des **stalles★** à baldaquin de la Renaissance et une belle porte donnant accès à la sacristie, ancienne salle capitulaire. Deux beaux **vitraux★** Renaissance, créés à Rennes, attirent l'œil : dans l'abside « la Passion du Christ », dans la sacristie « le sacrifice d'Abraham ». Quant à la nef, elle renferme deux chapelles : celle de droite abrite un

beau retable du 17e s. et ses scènes de la Passion ; celle de gauche, une Vierge datant du 14e s. L'ensemble vient de bénéficier d'une restauration complète.
Parc du Bois-Cornillé – *5 km au nord de Champeaux par Val-d'Izé - R. du Château - ✆ 06 07 79 11 32 - ♿ - juil.-août : 10h-19h ; mai-juin et sept. : w.-end 10h-19h ; reste de l'année : sur demande préalable - possibilité de visite guidée sur demande (1h30) - 4 € (-18 ans gratuit).* L'été, il fait bon y flâner. De grands paysagistes – les frères Bülher en 1872, puis Édouard André – ont donné rigueur et fantaisie à ce domaine – labellisé « Jardin remarquable » – où se cache un étang muré, avec ses chênes d'Amérique et ses petits ponts de bois.

Circuit conseillé Carte de microrégion p. 26-27

AU PAYS DES LÉGENDES CD2-3

Circuit de 80 km, tracé en rouge sur la carte p. 26-27 - une demi-journée. Quittez Vitré par la D 88 en direction d'Argentré-du-Plessis.

Château des Rochers-Sévigné D2

À la sortie de la forêt du Pertre, prenez à gauche l'allée du château. Rte d'Argentré-du-Plessis - ✆ 02 99 75 04 54 - visite guidée (45mn) mars-oct. : 10h-12h30, 14h-18h - fermé mar. (mars. et oct.), déc.-fév., dim. de Pâques, 1er nov., 25 déc. - 6 € (-18 ans gratuit).
Joliment rénovée, l'**orangerie** abrite un musée dédié à l'incroyable vie de de Marie de Rabutin-Chantal, marquise de Sévigné (1626-1696). Devenue bretonne par mariage, elle fit de longs séjours ici, pour se « mettre au vert » et se faire oublier du roi. La visite, qui tourne autour de cette belle aristocrate, intellectuelle, féministe avant l'heure, spirituelle et parfois frivole, est passionnante. Le **château**, édifié au 15e s. et remanié au 17e s., est habité. Outre la chapelle bâtie en 1671 pour le « bien bon » abbé de Coulanges, oncle maternel de la marquise, on ne visite que deux pièces dans la grosse tour nord. Dans le Cabinet vert, on voit encore quelques objets personnels de la marquise : des tableaux de famille, son portrait et, dans une vitrine, des autographes et divers documents qui rappellent les talents épistolairesé.
Le **jardin à la française**, ses broderies de gazon et ses 5 000 fleurs, a été réalisé d'après les dessins de Le Nôtre. Au-dessus, Mme de Sévigné a fait construire la place Coulanges, dont les murs en hémicycle produisent un surprenant double écho (placez-vous sur les carrés de pierre), où elle venait déclamer quelques vers. Elle l'appelait « ce petit rediseur de mots jusque dans l'oreille ». Au-delà se déploie le grand **parc** boisé, son labyrinthe, ses allées dont les noms évoquent la marquise et son milieu littéraire : le Mail, la Solitaire, l'Infini…
Empruntez la D 88 en direction de Craon, puis à Cuillé prenez à droite la D 32.

La Guerche-de-Bretagne D3

Aux confins de la Bretagne et de la Mayenne, cette ancienne baronnie, dont Du Guesclin fut le seigneur, abrite une forêt aux nombreux sentiers.
Collégiale – De sa création (1206) ne subsistent que le chœur, son abside et la tour romane. La nef et le collatéral sud ont été reconstruits au 16e s. Le bas-côté nord et le clocher à galeries hautes datent de la fin du 19e s. On note les sablières ornant la voûte en bois de la nef, un vitrail représentant l'Assomption, les **stalles** du début du 16e s., ornées d'amusantes miséricordes gothiques. Les boiseries sont plus récentes, avec leur décoration de style Henri II.
Maisons anciennes – Une quinzaine de maisons à porches et à pans de bois (16e-17e s.) se dressent place du Gén.-de-Gaulle et près de l'église, rue du Cheval-Blanc et rue de Nantes.

Quittez La Guerche-de-Bretagne par la D 463 en direction de Rennes, puis à Visseiche prenez à gauche la D 48 en direction de Marcillé-Robert. On atteint une branche de l'étang de Marcillé, formé au confluent des vallées de la Seiche et de l'Ardenne (ce qui explique sa forme en accolade).
À la sortie de Marcillé-Robert, prenez à gauche vers Retiers ; longez la seconde branche du lac. Tournez à droite 800 m plus loin en direction du Theil, puis encore à droite, à 3 km. À 800 m à droite de la route se trouve la Roche-aux-Fées.

★ La Roche-aux-Fées C3

L'un des beaux monuments mégalithiques de Bretagne, possiblement construit au néolithique moyen (4e millénaire) à partir de schiste rouge. Des études ont montré que ses pierres ont été déplacées sur près de 4 km, mais la légende raconte que des fées les auraient en fait portées dans leur tablier ! Cette tombe à couloir compte 42 pierres, dont une demi- douzaine de 40 à 45 t chacune. L'entrée monumentale en portique est suivie d'un couloir bas menant à une vaste chambre cloisonnée (14 m de long, 4 de large et 2 de hauteur).
Maison de la Roche-aux-Fées – *La Roche - 35150 Essé - ✆ 0 820 20 52 35 - www.cc-rocheauxfees.fr - ♿ - juil.-août : 11h-18h ; du dim. de Pâques à fin juin et sept. : w.-end, j. fériés et vac. scol. 11h-18h - fermé 1er et 11 Nov., 25-26 déc. - possibilité de visite guidée (1h) - gratuit.* Près du site, le point d'information propose animations, expositions et projection d'un court-métrage sur le mégalithisme. L'espace d'interprétation invite à imaginer ce qui inspirait ces hommes du néolithique.
Faites demi-tour, gagnez Le Theil et prenez à gauche vers Ste-Colombe.
De la route, vue sur le **lac des Mottes**, charmant plan d'eau artificiel entouré d'arbres superbes.
Rejoignez Retiers par la D 47.

Retiers C3

L'église de cette coquette localité abrite cinq tableaux et trois retables des 17e et 18e s. en bois sculpté.
Vous pouvez regagner La Guerche par Arbrissel et Rannée en continuant sur la D 47, puis la D 178.

NOS ADRESSES À VITRÉ

HÉBERGEMENT

BUDGET MOYEN

Le Petit Billot – *5 bis pl. du Gén.-Leclerc - ✆ 02 99 75 02 10 - www.hotel-vitre.com - P - wifi - 21 ch. 65/68 € - ☕ 9 € - ½ P 85 €.* Près de la gare, ce petit hôtel abrite des chambres toutes différentes, certaines familiales. Le service aux petits soins compense la déco désuète (en rénovation).

Hôtel du Château – *5 r. Rallon - ✆ 02 99 74 58 59 - www.hotelduchateauvitre.fr - fermé Noël et Jour de l'An - P public gratuit ou privé 4,50 € - ♿ - wifi - 23 ch. 77 € - ☕ 9 €.* Cet hôtel familial est posté au pied du château de Vitré ; quelques chambres bénéficient d'une jolie vue sur l'édifice. Patio pour les petits déjeuners. L'accueil est chaleureux.

Hôtel Ibis – *1 bd Chateaubriant - ✆ 02 99 75 51 70 - www.ibishotel.com - P 6 € - ♿ - wifi - 62 ch. 63/89 € - ☕ 9,90 €.* Cet hôtel récent, situé à proximité du centre médiéval, dispose de chambres au mobilier fonctionnel (mini-dressing). Celles donnant sur le parc à l'arrière sont plus calmes.

RESTAURATION

PREMIER PRIX

Au Vieux Vitré – *1 r. d'En-Bas - ✆ 02 99 75 02 52 - ♿ - fermé dim.-lun. et 2 sem. en août - formule déj. en sem. 12,20 €.* C'est la seule maison privée de Vitré classée Monument historique ; la façade et la cheminée datent du 16e s. C'est aujourd'hui une pizzeria-grill au feu de bois, tenue par un couple chaleureux et dynamique.

La Clé des Champs – *1 bd de Laval - ✆ 02 23 55 24 40 - www.creperie-vitre.fr - du mar. midi au dim. midi et du jeu. soir au sam. soir - fermé 5-26 août - menus 13,20/15,35 €.* Un peu excentrée, cette crêperie sans prétention mérite le détour pour la qualité de ses produits 100 % bio. Aussi salades et tartes aux légumes.

Copains comme cochons – *26 r. Neuve - 35500 Vitré - ✆ 09 84 42 52 04 - du lun. au vend. midi et le vend. soir. - 12,50/15,50 €.* Ouvert ces dernières années, ce bistrot à la déco amusante anime la petite rue Neuve et sa terrasse. Sa salle et son comptoir ne désemplissent pas (mieux vaut réserver). Cuisine bistrotière, élaborée à partir de produits frais et de saison, qui revisite avec brio des plats classiques. La carte est courte – un bon signe. Service efficace.

À proximité

BUDGET MOYEN

La Calèche – *16 av. du Gén.-Leclerc - 35130 La Guerche-de-Bretagne - 22 km au sud - ✆ 02 99 96 21 63 - www.hotel-restaurant-la-guerche-de-bretagne.catchop.fr - fermé sam. soir, dim. soir, 2-25 août, 25-31 déc. - 16/40 € - 12 ch. 70 € - ☕ 11 €.* Une cuisine du terroir, servie dans une salle à manger familiale, doublée d'une véranda et d'un coin bistrot.

BOIRE UN VERRE

Bon à savoir – La rue d'En-Bas est la rue des bars et des restaurants. On y trouve plusieurs bars de nuit, comme l'Aston Bar, le Machin Truk ou le Triskell, qui sont prisés de la jeunesse vitréenne.

Bar du Golf des Rochers-Sévigné – *Les Rochers - ✆ 02 99 96 52 52 - www.vitre-golf.com - ♿ - 9h-18h - fermé lun. (déc.-fév.), 25 déc.-3 janv.* Charmant bar du golf logé dans les anciennes écuries du château où séjourna Mme de Sévigné. La terrasse permet d'admirer ce superbe édifice tout en prenant un verre.

ACHATS

Marché – *Lun. et sam. mat. à Vitré, pl. de la République ; mar. mat. à La Guerche-de-Bretagne.*

Les Fermettes – *15 r. Garengeot - ✆ 02 99 74 58 14 - www.facebook.com/Les-Fermettes-448925508534025 - 8h-12h45, 15h-19h30, sam. 8h-19h30, dim. 9h-12h30 - fermé lun. et 3 sem. en sept.* Épicerie proposant une sélection de spécialités bretonnes, mais aussi de quoi confectionner un pique-nique avec des produits frais.

ACTIVITÉS

ANCPV – *Base nautique, bassin de Hte-Vilaine - 35500 St-M'Hervé - ✆ 02 99 76 74 46 - www.ancpv.com - 9h-12h, 14h-17h30, sam. 14h-17h30 - fermé dim.* Catamaran, dériveur, planche à voile, aviron et canoë. Location et stages (initiation ou perfectionnement).

AGENDA

Les jeudis de l'été « terroir et traditions » – *Espl. de la Gare - jeu. en juil.-août.* Produits du terroir, artisanat et animations.

Forêt de Paimpont – Brocéliande

★

Ille-et-Vilaine (35)

Le village de Paimpont, aux belles maisons en pierre, étreint les rives de l'étang de l'Abbaye et se dévoile comme par enchantement au cœur de la mythique Brocéliande. Planent encore dans cette forêt, à la grâce mystérieuse, les sortilèges de l'enchanteur Merlin et de la fée Viviane… Futaies, landes, ruisseaux et étangs invitent aujourd'hui à de belles randonnées sur les traces des légendes bretonnes.

NOS ADRESSES PAGE 74
Hébergement, restauration, achats, activités, etc.

S'INFORMER

Office du tourisme du pays de Mauron en Brocéliande – *Pl. de l'Abbé-Gillard - 56430 Tréhorenteuc - 02 97 93 05 12 - www.valsansretour.com - juil.-août : 9h30-18h ; avr.-juin et sept.-oct. : 9h30-12h30, 14h-17h30 ; reste de l'année : tlj sf dim.-lun. 9h30-12h30, 14h-17h30 - fermé de fin déc. à déb. janv. - balades contées (de mi-mars à mi-nov. et vac. scol.), se rens.*

Office du tourisme de Brocéliande – *1 pl. du Roi-St-Judicaël - 35380 Paimpont - 02 99 07 84 23 - www.tourisme-broceliande.com - ♿ - juil.-août : 9h30-19h ; avr.-juin : 9h30-12h30, 14h-18h ; reste de l'année : tlj sf lun.-mar. 9h30-12h30, 14h-17h - fermé 1er janv., 25 déc. - parcours scénographique et balades contées (de mi-mars à mi-nov. et vac. scol.), se rens.*

SE REPÉRER

Carte de microrégion A2 (p. 26-27) – À 30 km à l'ouest de Rennes, la forêt s'étend entre la N 24 et la D 766. Elle est traversée d'est en ouest par la D 40, et du nord au sud par la D 71.

À NE PAS MANQUER

Les balades dans le Val sans Retour pour plonger dans la mythologie bretonne ; le musée du Souvenir de St-Cyr-Coëtquidan.

ORGANISER SON TEMPS

Entre les randonnées du matin et de l'après-midi, prévoyez un déjeuner sur les rives du lac des Forges-de-Paimpont, le long de la D 724.

AVEC LES ENFANTS

Immergez-vous dans les légendes arthuriennes en tentant un jeu légendaire sur le Moyen Âge au château de Comper ou en assistant à la scénovision « La Porte des Secrets » à Paimpont ; découvrez la vie des hommes du néolithique sur le site mégalithique de Monteneuf ; rendez-vous au domaine de Tremelin pour le loisir et la détente.

Circuit conseillé Carte de microrégion p. 26-27

CHÂTEAUX ET LÉGENDES A2

Circuit d'une journée environ, en comptant les visites, le déjeuner et la promenade du Val sans Retour. Voir le tracé en marron sur la carte p. 26-27.

Depuis St-Léry, l'itinéraire permet de faire un circuit complet à travers la forêt de Paimpont, en passant par les sites les plus connus. Après l'immense incendie de septembre 1990, la nature a repris le dessus. Si des arbres centenaires ont à jamais disparu, les ajoncs, les bruyères, les genêts et les fougères ont recomposé un paysage nouveau, dont le charme est indéniable.

Église de Saint-Léry A2

L'**église** (14e s.) présente sur le flanc droit un porche Renaissance, où deux belles portes en anse de panier sont surmontées d'accolades finement sculptées. Des personnages encadrent celle de droite : la Vierge, l'ange de l'Annonciation, saint Michel terrassant le dragon et un damné.
Près de l'église, on remarque une maison du 17e s. ornée de trois belles lucarnes.

Château de Comper - Centre de l'imaginaire arthurien A2

℘ 02 97 22 79 96 - www.centre-arthurien-broceliande.com - juil.-août : 10h-19h ; vac. scol. (hors juil.-août) : 10h-17h30 ; reste de l'année : tlj sf mar.-merc. 10h-17h30 - fermé de déb. nov. à mi-mars - possibilité de visite guidée (45mn) - 7 € (-9 ans 5 €) - 27 € billet famille (2 adultes + 2 enf.).
Montfort, Charette, Rieux, Laval, Coligny, La Trémoille, Rosmadec : ces grands noms furent, un temps, les propriétaires du lieu. Du château deux fois ruiné, au 16e et au 18e s., il ne reste que deux courtines, la poterne et une grosse tour. Le corps de logis a été reconstruit au 19e s. Le site accueille le Centre arthurien, qui organise des expositions, des animations et des « jeux légendaires » sur le Moyen Âge, l'univers celtique et les légendes arthuriennes. Ne dit-on pas que la fée Viviane serait née à Comper ? Elle y aurait élevé Lancelot, le preux compagnon d'Arthur, en son château de cristal caché au fond des eaux du lac.

Tombeau de Merlin A2

Deux dalles de schiste et un pied de houx signalent le tombeau de l'Enchanteur. Ce vestige d'une allée couverte marquerait l'emplacement où Viviane enferma Merlin, en traçant autour de lui neuf cercles magiques. Voilà qui devrait suffire à faire le bonheur des amateurs de légendes.
Toute proche, la **« fontaine de Jouvence »** est en réalité un simple trou d'eau.

Étang du Pas-du-Houx A2

Dans un site très agréable, c'est le plus vaste plan d'eau de la forêt (86 ha). En 1912, deux châteaux ont été construits sur ses berges : Brocéliande et Pas-du-Houx.

Paimpont A2

itué en pleine forêt, ce bourg, né à la fin du 18e s., doit son origine à la fondation d'un monastère au 7e s. Devenu une abbaye à la fin du 12e s., il subsista jusqu'à la Révolution.
L'**église abbatiale** du 13e s. a été décorée au 17e s. de **boiseries** d'une riche ornementation. Des bustes, des médaillons sculptés, des guirlandes de fleurs et de fruits ont été réalisés avec un talent remarquable. Le **trésor,** dans la

BROCÉLIANDE, TERRE DE LÉGENDES

Les lieux de la forêt mythique sont hantés par quelques grandes figures du cycle arthurien. La plus célèbre de ces figures est sûrement l'enchanteur Merlin, dont le tombeau, non loin de la fontaine de Jouvence, recèlerait tous les secrets. La légende ne dit pas où se trouve le rocher d'où Arthur arracha Excalibur, ni où se situe la Table ronde qui accueillait ses 365 chevaliers, mais la seule évocation des noms de Lancelot, d'Uterpendragon ou encore de la fée Viviane suffit à réveiller les légendes.

Le château de Comper abrite les expositions du Centre de l'imaginaire arthurien.
B. Rieger/hemis.fr

sacristie, présente une statue de sainte Anne portant la Vierge et l'Enfant Jésus (15e s.), un curieux bras reliquaire du 15e s. de saint Judicaël qui a fondé le monastère de Paimpont et, surtout, un magnifique **Christ** en ivoire du 18e s.

La Porte des Secrets – *Office du tourisme de Brocéliande - 35380 Paimpont - ♿ - avr.-oct. et vac. scol. : 9h40-11h40, 14h-17h, dép. ttes les 20mn ; nov.-mars (hors vac. scol.) : tlj sf lun.-mar. 9h40-11h40, 14h-17h, dép. ttes les 20mn - fermé 1er janv., 25 déc. - 7,50 € (-18 ans 4 €) - 18 € billet combiné avec Balade contée en Brocéliande.* Avec force effets spéciaux, cette scénovision présente l'essentiel de ce qu'il faut savoir sur la légendaire forêt. Un narrateur vous accompagne sur les lieux emblématiques du site (le « chêne à Guillotin », le Val sans Retour…), vous fait découvrir sa faune (cerfs, chevreuils, sangliers) et ses arbres, mais aussi son passé industriel lié au fer, activité qui faisait vivre nombre de familles de Paimpont. Une excellente initiation en prélude aux balades sur les différents points d'intérêt de la forêt.

Étang de l'Abbaye (ou de Paimpont) – Ce vaste étang (75 ha) aux rives ombragées est bordé d'un sentier d'interprétation de 4 km *(compter 2h30)*. Traversant la tourbière, il est ponctué d'œuvres d'art et de supports pédagogiques. Un site classé Natura 2000, où évoluent canards, foulques, échassiers…

Site historique des Forges-de-Paimpont A2

✆ 02 99 61 85 48 - www.forges-de-paimpont.fr - ♿ - de mi-juil. à fin août : 10h-19h ; de fin mars à mi-juil. et de fin août à fin oct. : tlj sf lun. 14h-18h - fermé 14 Juil., autre fermeture pour événements (se rens. sur le site Internet) - possibilité de visite guidée sur demande (45mn) - 10 € (-13 ans 5 €). Ce hameau auprès d'un étang tire son nom des forges, qui y furent en activité de 1653 à la fin du 19e s. On y transformait le minerai extrait de la forêt.

Église Saint-Pierre à Beignon A2

L'église renferme de beaux vitraux du 16e s. ; dans le chœur, on reconnaît le Crucifiement de saint Pierre et, dans le transept gauche, l'Arbre de Jessé.

Château de Trécesson A2

Visible uniquement de l'extérieur.

Entouré des eaux de son étang, ce château construit en schiste rougeâtre à la fin du 14e s. a conservé son aspect médiéval. Un imposant châtelet flanqué de tourelles en encorbellement en commande l'entrée.

Fontaine de Barenton A2

Boucle de 4 km à partir du parking, sur la D 141.

La légende raconte qu'elle aurait des pouvoirs merveilleux, comme celui de déchaîner des orages lorsque de l'eau de sa source est versée sur le Perron de Merlin, une pierre toute proche…

Église du Graal de Tréhorenteuc A2

02 97 93 05 12 - ♿ - juil.-août : 9h15-17h30 ; avr.-juin et sept.-oct. : 9h15-17h ; reste de l'année : tlj sf dim.-lun. 9h15-17h - fermé 1er janv., 25 déc. - possibilité de visite guidée (1h) - visite symbolique (3 €) vac. scol. : merc. 11h et visite contée vend. 11h.
Dans l'**église** (17e s.) et la sacristie, des mosaïques et des tableaux évoquent la légende de la Table ronde. La visite guidée permet de comprendre les références aux légendes arthuriennes, au monde celte et à la chrétienté.

Val sans Retour A2

Accès depuis Tréhorenteuc.

La fée Morgane, jalouse d'un chevalier, aurait jeté un sort dans le Val pour empêcher ceux qui auraient quelque faute à se reprocher d'en sortir. Seul Lancelot, fidèle à Guenièvre, put mettre un terme au sortilège.

Jolie promenade de 3,5 km. Suivez le chemin après le deuxième parking. Vous atteindrez le **Miroir aux fées** et le **Rocher des faux amants** puis *L'Arbre d'or* de Fr. Davin (1991). Rappel de l'incendie de 1990, ce châtaignier calciné recouvert de feuille d'or symbolise la beauté des landes et de la forêt.

À proximité Carte de microrégion p. 26-27

Canton de Guer-Coëtquidan A2

12 km au sud de Paimpont par la D 773.

École de Saint-Cyr-Coëtquidan – Elle abrite l'École spéciale militaire, créée en 1802 par Napoléon Bonaparte, communément appelée Saint-Cyr, l'École militaire interarmes, établie en 1961 par le général de Gaulle, et l'École militaire du corps technique et administratif, instituée en 1977.

★ **Musée du Souvenir** – *02 97 70 77 49 - www.st-cyr.terre.defense.gouv.fr - 10h-12h, 13h30-17h30, w.-end 10h-12h, 14h-18 - fermé lun., 20 déc.-1er fév., 1er Mai, lun. de Pentecôte - possibilité de visite guidée sur demande (1h30) - 5 € (-18 ans gratuit) - gratuit 8 Mai et 11 Nov. ; 8 € billet famille.* Il retrace l'histoire des écoles et de la formation des officiers de l'Ancien Régime à nos jours grâce à des documents, uniformes, décorations, objets personnels et armes. Son mémorial conserve le souvenir des 17 000 officiers morts au champ d'honneur.

Saint-Méen-le-Grand A2

20 km au nord de Paimpont par la D 773 jusqu'à Gaël, puis la D 166.

Au 6e s., saint Méen, moine venu de Grande-Bretagne, y fonda une abbaye.

Abbatiale de St-Méen – Elle arbore une belle **tour** carrée du 12e s. À l'intérieur du transept droit se trouvent la statue et le monument funéraire de saint Méen. Dans la chapelle du Paradis, admirez les fresques (début du 14e s.) représentant des épisodes de la vie du saint, mises au jour dans les années 1990.

Espace scénographique « Tous à vélo avec Louison-Bobet » – *5 r. de Gaël (bâtiment de l'office de tourisme) - ☏ 02 99 09 58 04 - http://louison.bobet-tousavelo.fr - ♿ - juil.-août : 9h30-12h, 14h-17h30, dim. 14h-17h ; avr.-juin et sept.-oct. : tlj sf lun. 9h30-12h, 14h-17h, dim. 14h-17h ; reste de l'année : tlj sf lun. 9h30-12h, 14h-17h, jeu. et dim. 14h-17h - fermé j. fériés - possibilité de visite guidée sur demande (45mn) - 5 € (-18 ans 2 €).* Fils du boulanger de St-Méen, **Louison Bobet** (1925-1983) fut un champion cycliste de légende, le premier à remporter trois fois consécutivement le Tour de France entre 1953 et 1955. Après avoir raccroché le vélo, il se reconvertit en chef d'entreprise, créant la thalassothérapie moderne. Le musée retrace la brillante carrière du champion à travers des vidéos, des documents et des souvenirs (collection de maillots), avant d'insister sur le cyclisme de loisir notamment sur les voies vertes de Bretagne.

Montfort-sur-Meu B2

19 km au sud-est de St-Méen par la D 125.

Située au confluent du Meu et du Garun, cette petite ville bâtie en pierre rouge du pays possède un certain cachet.

Maison natale de saint Louis-Marie Grignion de Montfort – *15 r. de la Saulnerie - ☏ 02 99 09 15 35 - ♿ - horaires, se rens. - possibilité de visite guidée - gratuit.* Ce missionnaire, qui naquit dans cette maison le 31 janvier 1673, fit élever le calvaire de Pontchâteau.

La maison natale du saint est le point de départ du **sentier des Trois Abbayes** reliant Montfort, St-Méen et Paimpont. Ce sentier constitue une boucle de 95 km conçue comme un pèlerinage sur les pas des saints fondateurs. On peut se procurer le « pas à pas » de ce sentier en adhérant à l'association des Trois abbayes sur le site www.sentier3abbayes.com *(cotisation 10 €).* Beaucoup plus profane, mais d'un certain intérêt architectural, la **médiathèque La Girafe**, installée dans l'ancien tribunal d'instance, se signale par la sculpture en bois de tilleul de 6 m de haut, due à Thierry Laudren… et représentant bien sûr une girafe fort intéressée par ce qui se passe à l'intérieur du bâtiment.

Menhirs de Monteneuf – Archéosite de Brocéliande A3

25 km au sud de Paimpont, le long de la D 776 entre Guer et Monteneuf. Site des Pierres-Droites - ☏ 02 97 93 26 74 - www.menhirs-monteneuf.com - entrée libre - possibilité de visite guidée (1h) - 6 € (-18 ans 3 €) activité, organisation d'ateliers et visite guidée, se rens.

Le site mégalithique des **« Pierres droites »** est implanté dans la réserve naturelle régionale des Landes de Monteneuf. Des zones de taille ont été mises au jour lors des fouilles archéologiques réalisées depuis 1989. Aujourd'hui, une quarantaine de blocs de schiste pourpre sont redressés sur le site : en particulier un monolithe de 36 t. Deux espaces de reconstitution sont proposés : un « espace chantier mégalithique », qui présente toutes les étapes de l'extraction à l'érection d'un menhir, et un « espace vie quotidienne au néolithique » (maison, foyer…).

Nombreuses animations proposées tout au long de l'année.

Deux circuits piétons de 7 km permettent de découvrir la Loge Morinais (allée couverte en schiste), les menhirs de Chomet, de Coëplan, des Pierres droites, la Pièce couverte, le Rocher Maheux et les Bordoués (autres allées couvertes). Le long de la D 776, 420 monolithes, abattus vers la fin du 1er millénaire, probablement sur décision de l'autorité religieuse, sont actuellement recensés.

1

NOS ADRESSES AUTOUR DE LA FORÊT DE PAIMPONT – BROCÉLIANDE

HÉBERGEMENT/RESTAURATION

PREMIER PRIX

Hôtel Au Relais du Porhoët – *11 pl. de l'Église - 56490 Guilliers - 13 km au nord de Ploërmel par D 766 et D 13 - ✆ 02 97 74 40 17 - www.aurelaisduporhoet.com - fermé 2 sem. en janv. - wifi - P - 12 ch. 53/68 € - ☕ 8,50 € - ✕ fermé lun. midi en juil.-sept., dim. soir et lun. hors sais. - formule 10,50 € (sem.), menus 15/45 €.* Façade fleurie, chambres insonorisées et cheminée monumentale dans l'une des trois salles de restaurant où l'on sert une savoureuse cuisine régionale.

BUDGET MOYEN

Chambre d'hôte La Corne du Cerf – *35380 Paimpont - Le Cannée - ✆ 02 99 07 84 19 - www.corneducerf.bcld.net - 15 déc.-1er mars - wifi - ⊭ - 3 ch. 63 € ☕.* Cette demeure, décorée de peintures, de tapisseries et de meubles peints, respire l'élégance. Ses chambres printanières s'ouvrent sur un jardin.

Auberge des VoyaJoueurs – *R. du Chaperon-Rouge - 56380 Monteneuf - ✆ 02 97 93 22 18 - www.auberge-des-voyajoueurs.com - fermé 3 premières sem. de janv. - wifi - P - 10 ch. + 1 appart. 83 € - ☕ 9 €.* Ce bâtiment épuré, est dédié aux jeux de société (plus de 700 !), qui inspirent aussi la décoration des chambres. Déjeuner ou dîner ludique *(sur réserv., 8 €, enfant 6 €)*, location de vélos et veillées contées.

RESTAURATION

PREMIER PRIX

Crêperie La Fée Gourmande – *16 av. du Chevalier-Ponthus - 35380 Paimpont - ✆ 02 99 07 89 63 - www.creperie-la-fee-gourmande-paimpont.fr - juil.-août : tlj ; 13-30 juin, 5-25 sept. et vac. scol. : merc.-dim. ; hors sais. : vend. soir au dim. soir et j. fériés.* Sympathique crêperie donnant sur l'étang de Paimpont. Terrasse agréable.

POUR SE FAIRE PLAISIR

Auberge Tiegezh – *7 pl. de la Gare - 56380 Guer - ✆ 02 97 22 00 26 - www.aubergetiegezh.fr - ♿ - fermé 1re sem. de janv., de mars, dern. sem. de juin et 1re sem. de sept. et août, sam. midi, dim. soir et lun.-mar. - formule déj. 26 € - menus 25 € (sem.), 50/80 €.* Un jeune chef au parcours prometteur est au piano de ce lieu contemporain et chic. Annexe de ce restaurant gastronomique, le bistrot **Tiegezh fait sa Béa** concocte une cuisine simple et goûteuse *(formule déj. sem. 12,50 €)*.

ACTIVITÉS

Domaine de Trémelin – *35750 Iffendic - 3,5 km au sud d'Iffendic - ✆ 02 99 09 73 79 - www.tremelin.bzh - juil.-août : 14h-19h ; avr.-sept. : 14h-18h.* Détente et loisirs au bord d'un lac de 50 ha. Parcours « Escalad'arbres » dès 3 ans, baignade et pédalo, voitures électriques, promenades à poney, etc.

Randonnée – Plus de 300 km de sentiers sont balisés dans la forêt et ses alentours. Plans disponibles dans les offices de tourisme.

Vélo – *Broceliande Bike Tour, à Paimpont - ✆ 06 45 41 59 88 - www.broceliande-bike-tour.com* Location de vélos à assistance électrique. VTC *(17 € la ½ j.)* et VTT *(17 € les 2h)*.

AGENDA

La Fête du fer – *Autour du 14 juil., Paimpont.* Rencontre de forgerons avec démonstrations.

Bécherel

★

700 Bécherelais – Ille-et-Vilaine (35)

Bâtie sur une colline au-dessus de la Rance, Bécherel a longtemps été une place forte. Elle fut aussi une cité prospère grâce au lin et au chanvre. De cette époque elle a gardé de vieilles maisons en granit. Première « Cité du livre » de France et troisième d'Europe, elle abrite nombre de librairies, bouquinistes, café-librairies, calligraphes, illustrateurs et autres artistes.

NOS ADRESSES PAGE 77
Hébergement, restauration, achats, activités, etc.

S'INFORMER

La Maison du Livre et du Tourisme du pays de Bécherel – *Rte de Montfort - 35190 Bécherel - ✆ 02 99 66 65 65 - www.becherel.com - juil.-août : 10h-13h, 14h-18h30, w.-end 14h-18h30 ; reste de l'année : 10h-13h, 14h-18h, 1er w.-end du mois et vac. scol. 14h-18h. Auditorium et salle d'expositions temporaires. Se rens. pour le programme des ateliers et des animations.*

SE REPÉRER

Carte de microrégion B1 (p. 26-27) – On y accède par la D 137 puis la D 27 ou la D 20 à partir de Rennes nord (environ 35 km), ou bien par la D 68 depuis Dinan (23 km).

À NE PAS MANQUER

Les grandes manifestations autour du livre.

ORGANISER SON TEMPS

Suivez donc une visite guidée le matin puis flânez parmi les nombreuses librairies de la ville.

AVEC LES ENFANTS

Une escapade en vélorail à Médréac avant une pause pique-nique.

Se promener

Après avoir contemplé le panorama depuis la hauteur près de l'église, vous explorerez les ruelles sinueuses aux noms évocateurs de la Beurrerie, de la Filanderie, de la Chanvrerie… bordées de maisons du 16e, 17e et 18e s. dont une quinzaine hébergent des librairies. N'oubliez pas de descendre jusqu'à l'ancien lavoir, car, outre son titre de « Cité du Livre », Bécherel est également une « Petite Cité de Caractère » aux trésors architecturaux notables qu'elle doit à son passé de place forte et à son ancienne activité textile. Il faut aussi voir la place des Halles et le jardin du Thabor.

À proximité Carte de microrégion p. 26-27

Château de Caradeuc B1

1 km à l'ouest. ✆ 02 99 66 81 10 - www.caradeuc.com - juil.-août : 12h-18h ; RV au jardin et J. du patrimoine : 14h-18h - 7 € (-15 ans gratuit).

L'ancienne demeure du célèbre procureur général rennais, Louis René, marquis de Caradeuc de La Chalotais (1701-1785), est entourée d'un beau **parc★** aménagé au 19e s.– labellisé « Jardin remarquable » – peuplé de monuments et de statues inspirés de l'histoire et de la mythologie.

★ Église des Iffs B1

7 km au sud-est par la D 27 - ✆ 02 99 45 83 69 - visite guidée sur demande préalable auprès de Mme Arbey avr.-oct. : 9h-18h - fermé j. fériés.

Elle garde neuf belles **verrières★** inspirées des écoles hollandaise et italienne (16e s.) : scènes de la Passion *(chœur)*, enfance du Christ *(chapelle à gauche)* et histoire de Suzanne *(chapelle à droite)*.

★ Château de Montmuran B1

800 m au nord des Iffs - ✆ 02 99 45 88 88 - www.chateau-montmuran.com - visite guidée (40mn) juin-sept. : 14h-19h - fermé sam. - 5 € (-10 ans 3 €).

L'architecture de la façade du corps de logis, remaniée au 18e s., est médiévale : deux grosses tours rondes à mâchicoulis (12e s.), dont les 84 marches mènent à une vaste vue tournée vers Hédé-Bazouges et Dinan, et un châtelet du 14e s. Un pont-levis précède l'entrée défendue par une herse. Au revers du châtelet, un escalier conduit à la chapelle où Du Guesclin aurait été armé chevalier en 1354, après un combat livré aux Anglais. Il y épousa Jeanne de Laval en secondes noces.

Château de Hac B1

8 km au nord par la D 68, puis à gauche par la D 26, et encore à gauche par la D 39 avant de longer Le Quiou. ✆ 02 96 83 43 06 - visite guidée août-sept. : 13h-19h - fermé vend.-sam. - 7,50 € (-6 ans gratuit).

Bâtie en pierre calcaire de Faluns, cette seigneurie du 14e s., bien préservée, abrite un beau mobilier gothique et Renaissance et une intéressante collection de coffres, pour la plupart bretons.

Musée de l'Outil et des Métiers à Tinténiac B1

8 km au nord-est de Bécherel, par la D 20. 5 quai de la Donac - ✆ 02 99 23 09 30 - ♿ - juil.-sept. : 10h-12h, 15h-18h, dim. 15h-18h - fermé lun. - possibilité de visite guidée sur demande (1h30) - 2 € (-17 ans 1 €).

Sur les bords du canal, dans un bâtiment en bois, il fait revivre le travail du forgeron, du tonnelier, du charron et du sabotier, parmi bien d'autres.

Hédé-Bazouges B1

14 km à l'ouest de Bécherel par la D 20 puis la D 137. Au lieu-dit la Magdeleine. Passez le pont sur le canal et tournez immédiatement à gauche.

À Hédé-Bazouges, **onze écluses**, trois en amont du pont et huit en aval, ont été installées sur le canal d'Ille-et-Rance, appelé aussi Manche-Océan. Elles permettent de franchir une dénivellation de 27 m.

L'ancien chemin de halage est aujourd'hui un lieu de promenade très agréable.

Maison du canal d'Ille-et-Rance – *La Madeleine - ✆ 02 99 45 48 90 - http://maisonducanal.free.fr - ♿ - juil.-août : 10h30-12h30, 13h30-18h ; mai-juin et sept.-oct. : tlj sf mar. 14h-18h ; vac. scol. : se rens. ; reste de l'année : dim. et merc. 14h-17h - fermé 1er janv., 1er Mai, 25 déc. - 2,50 € (-12 ans 1,70 €).* La visite de cette maison, aménagée sur le site dans une ancienne maison éclusière, s'impose pour en savoir plus sur l'histoire de ce canal commencé en 1804. La Maison propose aussi des expositions temporaires et des activités pédagogiques lors de journées à thème.

Maison de la Pêche et de la Nature d'Ille-et-Vilaine – *Écluse de la Pêcherie - ✆ 02 99 22 81 80 - dates et tarifs des animations : se rens, réserv. indispensable -* Elle accueille des expositions temporaires, vend des cartes de pêche, permet la location de matériel et propose des initiations au travers d'animations de pêche en eau douce.

NOS ADRESSES À BÉCHEREL

RESTAURATION

À proximité

POUR SE FAIRE PLAISIR

La Vieille Auberge – *Rte de Tinténiac - 35630 Tinténiac - Le Perray - ✆ 02 99 45 46 25 - www.lavieilleauberge.net - fermé de mi-août à déb. sept., 2 sem. en fév., dim. soir et lun. - formules 18/22 € - 28/90 €.* Moulin du 17ᵉ s. au charme bucolique et au décor rustique. Sa verdoyante terrasse borde un étang et un jardinet fleuri. Ambiance familiale et cuisine alléchante. Testez l'agneau, élevé par le père du maître des lieux.

ACHATS

Marché – *Pl. de la Mairie - sam. mat.*

ACTIVITÉS

Vélorail – *6 r. de la Gare - 35360 Médréac - ✆ 02 99 07 30 48 - lagaredemedreac.fr - juil.-août : 10h-17h - 2 avr.-30 juin et sept.-oct. : sur demande préalable (tlj pdt les vac. scol., les w.-ends et j. fériés) - deux parcours au choix : détente (pédalo-rail disponible, 24 €/équipage) 6 km AR (1h) 10h-17h, dép. ttes les h - 6 € (-8 ans 3 €) ou sportif 14 km AR (2h) dép. 10h, 14h et 16h - 8 € (-8 ans 4 €).* Sur l'ancienne ligne de chemin de fer La Brohinière-Dinan-Dinard, la gare de Médréac propose des balades en vélorail pour découvrir la campagne environnante.

Voie verte du canal d'Ille-et-Rance – La voie aménagée pour les marcheurs et cyclistes longe les berges du canal d'Ille-et-Rance entre Rennes et Trévérien. Rejoignez-la au niveau de Tinténiac, à 9 km de Bécherel, pour une balade au milieu de paysages verdoyants parsemés d'écluses habitées et fleuries.

AGENDA

Marché aux livres – *Mars-déc. : 1ᵉʳ dim. du mois.*

Fête du Livre – *W.-end de Pâques.* Rencontres, spectacles et expositions.

La « Nuit du livre » – *Nuit du 1ᵉ sam. d'août.* Animations lors desquelles les librairies de la localité restent ouvertes. Rens. auprès de l'office de tourisme *✆ 02 99 66 65 65.*

La Troménie de Haute-Bretagne – *✆ 02 99 66 75 23 - www.becherel.com - 15 août.* Pèlerinage annuel qui part à 15h de l'église de Bécherel. La procession avec bannières est suivie d'une messe. À 21h30, marche lente aux flambeaux. Tous les ans, le pardon est placé sous le signe de Marie ou d'un saint protecteur.

1

Combourg

★

5 813 Combourgeois – Ille-et-Vilaine (35)

Combourg reste intimement liée au plus grand des écrivains romantiques français. À la fin du 18e s., le château d'allure féodale qui domine le vieux bourg abrita en effet les premiers élans poétiques de François René de Chateaubriand. À deux pas de la forteresse, un vaste étang contribue à la vue charmante que vous découvrez en arrivant par la route de Rennes.

NOS ADRESSES PAGE 81
Hébergement, restauration, achats, activités, etc.

S'INFORMER

Office de tourisme – *23 pl. Albert-Parent - 35270 Combourg - ✆ 02 99 73 13 93 - https://tourisme.bretagneromantique.fr - juil.-août : 10h-13h, 14h30-18h30 ; sept. : tlj sf dim.-lun. 10h-13h, 14h30-18h30 ; mai-juin : tlj sf dim.-lun. 10h-13h, 14h30-18h ; avr. et oct. : tlj sf dim.-lun. 10h-13h, 14h30-17h30 ; reste de l'année : se rens.*

Circuit Chateaubriand – *Onze panneaux rythment cette promenade à pied évoquant le séjour à Combourg du célèbre écrivain. Également une chasse au trésor en géocoaching.*

SE REPÉRER

Carte de microrégion B1 (p. 26-27) – En venant de Rennes en direction de St-Malo par la D 137 (42 km), prenez à droite la D 795, après Hédé-Bazouges : elle mène directement à Combourg.

À NE PAS MANQUER

Le château de Combourg, et celui de la Ballue pour son jardin.

ORGANISER SON TEMPS

La visite de la ville et du château se fait en une matinée, vous avez donc l'après-midi pour rayonner dans les environs.

AVEC LES ENFANTS

Ils apprécieront sûrement les jeux du Cobac Parc et de l'Aqua'Fun Park, ainsi que les bateaux de Récrénature, port miniature de Villecartier.

Se promener

★ Château

23 r. des Princes - ✆ 02 99 73 22 95 - www.chateau-combourg.com - visite guidée (1h) juil.-août : 10h-12h30, 14h-18h ; avr.-juin et sept.-oct. : tlj sf sam. (hors sf fériés) 10h-12h30, 14h-18h, dim. 14h-18h ; reste de l'année : se rens. - fermé certains j. fériés - 8,30 € (-12 ans 4,20 €).

« Des cachots et des donjons, un labyrinthe de galeries, des souterrains murés […] partout, silence et obscurité et visage de pierre : voilà le château de Combourg. » (Chateaubriand).

Puissante forteresse aux épaisses murailles flanquée de quatre tours massives coiffées en poivrière, le château a été restauré grâce aux conseils de Viollet-le-Duc. L'intérieur, largement réaménagé en 1876, recèle notamment des souvenirs de l'illustre écrivain. Dans la tour du Chat se trouve l'austère chambre de son enfance. Très belle vue sur la localité, le lac et le **parc** depuis le chemin de ronde crénelé.

Le château de Combourg où vécut Chateaubriand.
A. Chicurel/hemis.fr

À proximité Carte de microrégion p. 26-27

Cobac Parc et Aqua'Fun Park à Lanhélin B1

8 km au nord-ouest par la D 73. À Lanhélin, suivez la signalisation « Parc de loisirs ». 02 99 73 80 16 - www.cobac-parc.com - - Cobac Parc de mi-avr. à fin sept. - Aqua Fun Park juin-sept. ; horaires se rens. - 17 € (-11 ans 13,50 €) - 23 € billet combiné avec l'Aqua'Fun Park.

Ce parc (15 ha de verdure) réunit toutes les attractions auxquelles ne résistent pas les enfants : jeux couverts, carrousel 1900, petit train, manèges, parc d'oiseaux, île aux champignons géants, poneys et ânes… Tandis que l'espace aquatique, chauffé, se décline en toboggans géants, rivière rapide, plaine de jeux d'eau… Un musée expose plus de 200 animaux naturalisés de la région. Aire de pique-nique, relais bébé et restaurant.

CHATEAUBRIAND À COMBOURG

Construit au 11e s., agrandi aux 14e et 15e s., restauré au 19e s., le château appartint à la famille Du Guesclin, puis au comte de Chateaubriand, père de François René. Dans ses *Mémoires d'outre-tombe*, l'écrivain évoque les souvenirs des deux années de jeunesse passées à Combourg. D'humeur taciturne, le comte de Chateaubriand vivait très retiré, se promenant des heures durant sans que personne n'ose ouvrir la bouche. Malade, la comtesse ne s'occupait de ses enfants que de très loin. François René et sa sœur Lucile étaient livrés à eux-mêmes, dans l'ennui comme dans le rêve. Autour d'un château désert au point d'en être lugubre, bois et lande portaient à la tristesse. La tour du Chat, où François René avait sa chambre, était hantée : un ancien seigneur des lieux y revenait la nuit sous la forme d'un chat noir que l'enfant guettait anxieusement. Le vol des chouettes ainsi que le vent ébranlant portes et couloirs faisaient frissonner l'enfant. Là s'est nourrie l'âme de celui qui allait ouvrir la voie au romantisme français.

Bazouges-la-Pérouse C1

14 km à l'est par la D 796.

Peintres, sculpteurs, photographes, céramistes… nombreux sont les artistes qui fréquentent cet agréable village. Expositions dans différentes galeries, surtout en saison.

Château de la Ballue – *02 99 97 47 86 - www.laballuejardin.com - visite guidée sur demande préalable (1h30) vac. de Pâques, de déb. juin à déb. oct. et vac. de la Toussaint : 10h-18h30 ; de mi-mars à fin mai et de déb. oct. à mi-nov. : tlj sf lun.-merc. 10h-18h30 - 9,50 € (-10 ans gratuit).* Aux yeux de certains écrivains romantiques, ce beau bâtiment de schiste et de granit symbolisait la chouannerie, d'où les visites de Musset, Balzac et Hugo. Il est célèbre pour son **jardin★** d'inspiration maniériste : « **bosquet-attrape** » élaboré sur le principe du jeu d'eau, « **bosquet de musique** » formé de cyprès très serrés, temple de Diane, labyrinthe… Il s'est vu décerner le label « Jardin remarquable ». Chambres d'hôte *(voir « Nos adresses »)*. Manifestations en lien avec le jardin et concerts de musique classique et baroque l'été.

Château de Bonnefontaine C1

1,5 km au sud d'Antrain. Quittez Antrain par les r. du Gén.-Lavigne et de Bonne-Fontaine - R. de Bonnefontaine - 02 99 98 31 13 - www.bonnefontaine.com - ♿ - parc uniquement du w.-end de Pâques à la Toussaint : 10h-12h, 14h-18h - possibilité de visite guidée sur demande (45mn) - 5 € (-16 ans gratuit).

Le château *(ne se visite pas)*, élevé en 1547 sous forme de manoir fortifié, a été remanié au 19e s. L'élégance des tourelles qui ornent son grand corps de logis, ses hautes fenêtres et ses lucarnes sculptées, corrige la sévérité de ses tours trapues à mâchicoulis coiffées de toits en poivrière.

Il s'inscrit dans un vaste parc à l'anglaise, dessiné et réalisé dans la seconde moitié du 19e s. par les paysagistes Édouard André et Denis Bühler. Ce dernier est également à l'origine de la conception et réalisation du parc du Thabor à Rennes *(voir p. 36)*.

Antrain C1

21 km à l'est par les D 796 et D 313.

Perchée sur un promontoire, Antrain est une ville-marché dont les petites rues en pente conservent des demeures des 16e et 17e s. L'**église St-André** (en grande partie du 12e s.) est repérable à son imposant clocher du 17e s. coiffé d'un dôme avec lanternon. Sur le portail en plein cintre, les chapiteaux et tailloirs sont décorés d'oves et de dents-de-scie.

NOS ADRESSES À COMBOURG

HÉBERGEMENT/RESTAURATION

POUR SE FAIRE PLAISIR

Hôtel du Château – *1 pl. Chateaubriand - ☏ 02 99 73 00 38 - www.hotelduchateau.com - fermé 3 sem. en déc.-janv. - wifi - P - 32 ch. 83/140 € - ☕ 11 € - ✂ fermé 21 déc.- 5 janv., oct.-avr. : vend. et dim. - formules 12,50 € (déj. sem.) et 18 € - 18/36 €.* Au pied du château et du lac célébrés par Chateaubriand, cette belle maison ancienne avec annexes abrite des chambres de bonne tenue, fraîches et douillettes, de style bucolique ou plus contemporain. Alléchante cuisine mâtinée de notes régionales. L'été, terrasse donnant sur le jardin.

À proximité

UNE FOLIE

Chambre d'hôte Le Château de la Ballue – *35560 Bazouges-la-Pérouse - 14 km à l'est de Combourg par D 796 et 4 km au nord-est de Bazouges-la-Pérouse - ☏ 02 99 97 47 86 - www.la-ballue.com - P - wifi - 5 ch. 210/305 € - ☕ 20 € - ✂ 35 €.* De superbes jardins d'esprit baroque et à la française entourent ce château du 17e s. Les grandes chambres, raffinées, arborent une très respectable hauteur sous plafond, des boiseries d'époque et un mobilier ancien. Table d'hôte sur demande.

ACHATS

Marché – *Lun. mat.*

ACTIVITÉS

Récrénature – *35560 Bazouges-la-Pérouse - dans la forêt de Villecartier, accès fléché à partir de la D 155 - ☏ 06 85 32 55 15 - www.tourisme-paysdantrain.com - juil.-août : 11h-18h ; avr.-juin et sept. : w.-end et j. fériés 14h-18h - 5 € (-9 ans 3 € et -3 ans 1 €).* Devenez capitaine d'un jour et embarquez sur un ferry, un vapeur du Mississippi ou un chalutier de la petite flotte de bateaux miniatures.

DE SAINT-MALO AU MONT-SAINT-MICHEL

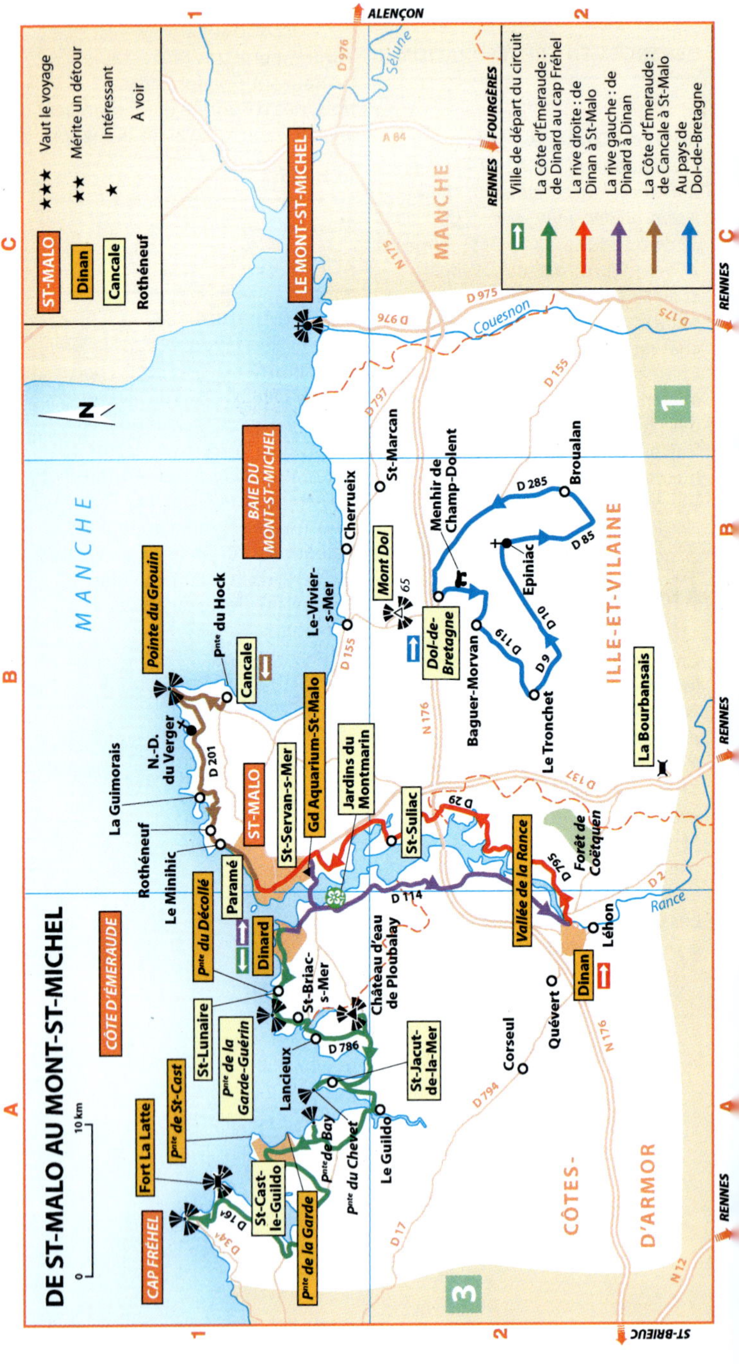

De Saint-Malo au Mont-Saint-Michel 2

Cartes Michelin Départements 309 et 303 – Ille-et-Vilaine (35), Côtes-d'Armor (22) et Manche (50)

Saint-Malo

★★★

45 980 Malouins – Ille-et-Vilaine (35)

Ses toits d'ardoises jaillissent par-delà ses remparts granitiques sur lesquels trône son chemin de ronde. À l'abordage ! La plus mythique des cités corsaires ne s'en laisse pas conter. Ayez le pied marin et ouvrez grand vos sens, tout ici se hume, se vit et se ressent. Aventurez-vous aussi hors les murs, vers le Sillon, les bassins où s'amarre la flottille malouine, ou le long du Môle des Noires dont l'arrondi évoque la queue d'un dragon légendaire.

NOS ADRESSES PAGE 99
Hébergement, restauration, achats, activités, etc.

S'INFORMER

Office de tourisme – *Espl. St-Vincent - 35400 St-Malo - ✆ 0 825 13 52 00 - www.saint-malo-tourisme.com - juil.-août : 9h-19h30, dim. et j. fériés 10h-18h ; avr.-juin et sept. : 9h-13h, 14h-18h30, dim. et j. fériés 10h-13h, 14h-18h ; reste de l'année : 9h-13h, 14h-18h, dim. et j. fériés (vac. scol.) 10h-13h, 14h-18h - fermé 1er janv., 25 déc.*

Office du tourisme de Saint-Coulomb – *Pl. de l'Église - 35350 St-Coulomb - ✆ 02 99 56 12 19 - www.saintcoulomb-tourisme.fr - juin-août : tlj sf merc. 9h45-13h, 14h-18h30, dim. 10h-13h30 ; avr.-juin et sept. : tlj sf dim.-lun. 9h30-12h30, 14h-18h.*

SE REPÉRER

Carte de microrégion AB1 (p. 82) – Au nord de Dinan (35 km) et de Rennes (75 km), St-Malo contrôle l'embouchure de la Rance. Sa partie historique fortifiée, appelée l'Intra-Muros, se cantonne à une presqu'île, entourée d'anciennes communes progressivement intégrées, comme St-Servan, au sud, ou Paramé et Rothéneuf, à l'est.

SE GARER

Dans l'Intra-Muros, le piéton règne en maître. En été, les parkings du vieux centre et de ses abords immédiats (remparts et port) sont vite saturés. Mieux vaut laisser sa voiture dans l'un des parkings en périphérie *(voir « Nos adresses »)*, puis emprunter les navettes mises en place par la municipalité.

À NE PAS MANQUER

Le tour des remparts pour la double vue sur les toits de St-Malo et la mer,

La cité corsaire protégée par ses remparts.
ANP PHOTO/ANP Photo/age fotostock

et la visite d'une malouinière comme la Ville Bague pour mieux connaître la vie des riches armateurs malouins au 18e s.

ORGANISER SON TEMPS

Visiter l'Intra-Muros le matin, se détendre sur la plage l'après-midi et savourer une galette aux abords de la cathédrale en soirée : le pouls de St-Malo peut se prendre en une journée. Renseignez-vous sur les horaires de marée, car certains sites (Grand-Bé, Fort national) ne sont accessibles à pied sec qu'à marée basse.

AVEC LES ENFANTS

Allez caresser les poissons dans le bassin tactile du Grand Aquarium de St-Malo, visitez l'Hôtel Magon de la Lande, véritable demeure de corsaire, embarquez sur le navire l'*Étoile du Roy* pour découvrir ce qu'était la vie des corsaires en mer, et choisissez une plage pour finir la journée. *Voir aussi « Week-end en famille » p. 97.*

2

Se promener Plans de ville I (p. 86-87) et II (p. 90)

Couronnée de ses emblématiques remparts, la ville **intra-muros** bouillonne d'une riche vie boutiquière. Restaurants et crêperies, cafés et bistrots, commerces de bouche et échoppes de mode, de déco et de souvenirs se succèdent le long des façades de granit. Pour saisir toute la dimension maritime et portuaire de la ville, il faut grimper sur son chemin de ronde et en faire le tour. De là-haut, les vues et les ambiances sont enchanteresses. La mer à perte de vue, les îles et autres éperons rocheux, les remparts, la ville, les ports, les longues plages, le môle, les bateaux…

St-Malo, ce sont aussi trois autres quartiers typiques. Au sud, la douce et très jolie **St-Servan-sur-Mer** coule des jours paisibles entre l'estuaire de la Rance et la Manche. On trouve ici les vestiges de la cité gallo-romaine d'Aleth et la tour Solidor, vieille prison devenue musée du Long Cours cap-hornier. De l'autre côté, à l'est, une succession d'hôtels et de villas aux architectures originales bordent une digue qui surplombe la **Grande Plage** (ou Sillon) longue de 3 km : voici **Paramé**. Plus à l'est encore, au-delà de la pointe de Rochebonne, des plages du Minihic et du Pont, se profile la **pointe de la Varde**, extrémité de la baie. Le point de vue sur la ville et ses remparts vaut la balade à pied (GR 34). On peut ensuite explorer les criques de **Rothéneuf** avant d'aller visiter les fameux Rochers sculptés et le musée-manoir de Jacques Cartier *(voir p. 98)*.

SE LOGER

Hôtel Aubade 1
Hôtel Beaufort............... 3
Hôtel Mercure Balmoral 4
Hôtel L'Ascott............... 2

SAINT-MALO

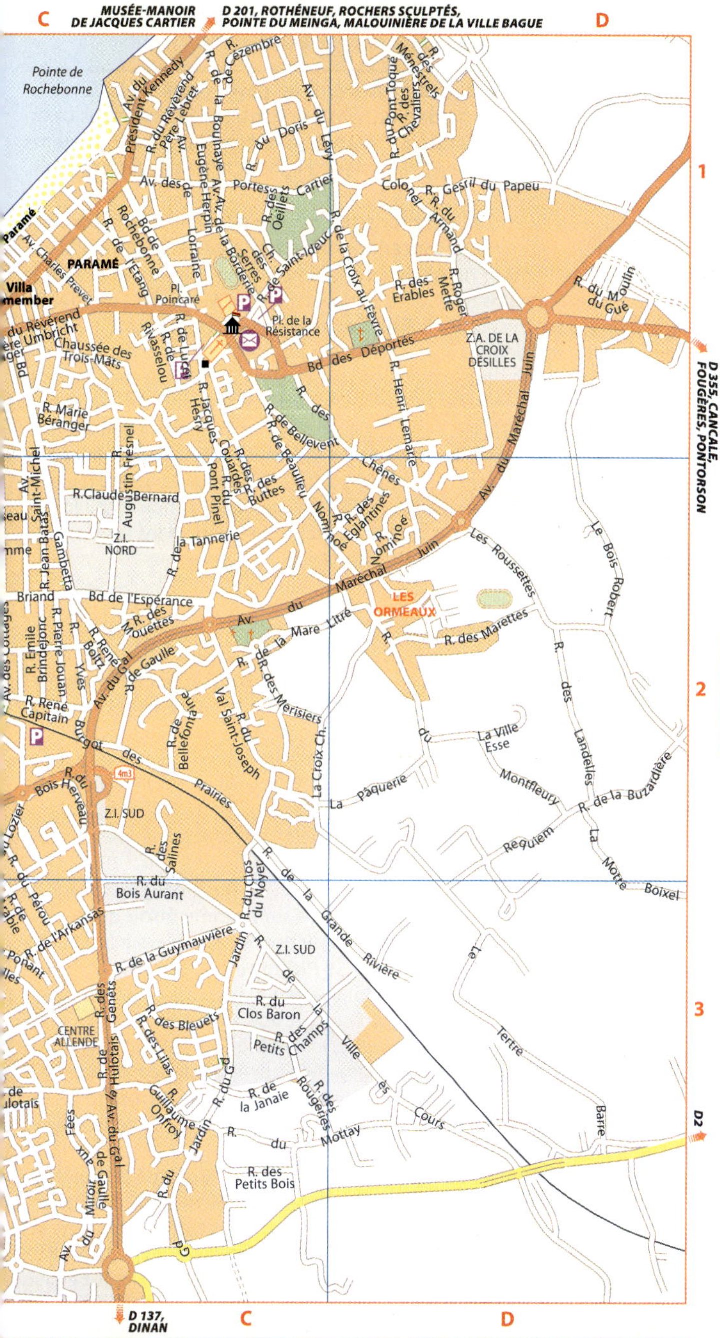

SE RESTAURER

Bistrot Solidor 8
La Corderie 2
La Gourmandise 4

★★ LA CITÉ INTRA-MUROS Plan de ville II p. 90

À l'abri des vieux **remparts** se blottissent ruelles pavées et façades de pierre parfaitement alignées. La plupart ont été reconstruites à la suite des bombardements de 1944. La différence entre immeubles intacts et bâtiments modernes est notable (observez la couleur du granit et le style architectural, notamment les fenêtres).

En saison et le week-end, la cité bruisse d'une joyeuse animation grâce à ses boutiques et ses restaurants, concentrés entre le château et la cathédrale.

St-Malo jouit également de plages de sable fin, pelotonnées au pied des remparts. Si les Malouins fréquentent plutôt celle du **Môle**, près de l'avant-port, la plus étendue est celle du **Bon Secours**, dont la célèbre piscine d'eau de mer dotée d'un plongeoir se dévoile sur nombre de cartes postales. On y trouve le centre nautique, et la baignade est surveillée. De cette plage, on rallie à pied sec à marée basse les îles de Petit-Bé et de Grand-Bé *(voir p. 92)*.

Le tour des remparts (2h) est essentiel pour deviner St-Malo, sa géographie, entre façade maritime et ville portuaire, et son atmosphère née de la connivence entre la pierre et la mer. Les lumières du ciel jouent avec les couleurs de l'eau et du granit, et l'on peut faire et refaire le chemin de ronde un millier de fois, elles ne sont jamais tout à fait les mêmes. Une balade dans la ville close permet de découvrir les monuments malouins.

★★★ Les remparts

Visite : 2h. Partez de l'esplanade St-Vincent.

Étonnamment, les remparts n'ont pas été touchés par les destructions de 1944 : ils ont gardé leur architecture du 12ᵉ s., époque du début de leur édification, et offrent de magnifiques **vues★**, quels que soient la saison, le temps et la marée.

Pour apprécier pleinement le site, si vous avez le temps, faites deux fois la balade, l'une à marée basse, l'autre à marée haute : vous serez bluffé par la dissemblance du paysage qui se dévoile alors sous vos yeux, l'effet du marnage étant assez spectaculaire.

Passez sous la porte St-Vincent et prenez, à droite, l'escalier qui donne accès au chemin de ronde.

De la porte St-Vincent F1 **au bastion St-Louis** F2 – Aussitôt après la Grande Porte, coiffée de mâchicoulis, la vue s'ouvre sur l'isthme étroit qui relie la vieille ville à ses faubourgs, sur les bassins du port et, au-delà, sur St-Servan.

★ **Du bastion St-Louis** F2 **au bastion St-Philippe** E2 – Le rempart borde les maisons des riches armateurs malouins. Deux d'entre elles sont restées intactes, près du bastion St-Louis, précédant une suite de murailles et de façades remontées pierre à pierre. Ce bel ensemble de hautes toitures chapeautées de cheminées monumentales a été entièrement reconstitué.

La vue se dégage sur l'avant-port, le rocher d'Aleth auréolé du fort de la Cité, et, plus loin, elle se pose sur l'estuaire de la Rance puis sur Dinard, avec la plage du Prieuré et la pointe de la Vicomté.

Du bastion St-Philippe E2 **à la tour Bidouane** E1– À droite de la pointe du Moulinet, vous apercevez une partie de la grande plage de Dinard. Vous distinguez aussi la pointe des Étêtés séparant Dinard de St-Lunaire, la pointe du Décollé, l'île des Ebihens, la pointe de St-Cast et le cap Fréhel ; plus proche, l'île Harbour et, toujours vers la droite, les îles du Grand-Bé et du Petit-Bé, puis à l'arrière-plan, l'île de Cézembre et le fort de la Conchée.

De la tour Bidouane E1 **à la porte St-Vincent** F1 – Après avoir longé les bâtiments de l'École nationale de la marine marchande, découvrez le Fort national et la grande courbe qui unit St-Malo à la pointe de la Varde : ici se déploient les plages du Sillon, de Rochebonne et du Minihic.

L'identité malouine

DE ST-SERVAN À ST-MALO

Saint-Servan à l'origine de Saint-Malo

Au 6e s., le moine gallois Malo (aussi connu sous le nom de Maclow, ou Maclou, l'un des sept saints fondateurs de la Bretagne) évangélise la cité d'Aleth et devient son évêque. En 1144, l'île voisine est suffisamment peuplée pour que l'évêché y soit transféré et qu'elle prenne le nom de « St-Malo-de-l'Isle », tandis qu'Aleth se place sous la protection d'un autre saint local : Servan. Au 12e s. commencent les travaux de construction de la cathédrale St-Vincent.

Une cité à l'identité forte

La ville, qui s'étend autour de son port, devient rapidement une place stratégique, convoitée par le duc de Bretagne et la couronne française ; en 1308, les habitants constituent une commune jurée d'une durée éphémère. Après la défaite du duc François II à St-Aubin-du-Cormier en 1488, la ville est définitivement rattachée à la France.

Mais, au moment de la Ligue, au 17e s., la cité se proclame république et maintient son indépendance durant quatre ans. Naît la devise : « Ni Français ni Breton : Malouin suis. »

À la même époque, St-Malo abrite bon nombre de corsaires. Ces hardis marins recevaient du roi des « lettres de course » *(voir p. 416)* qui leur permettaient d'attaquer les navires de guerre ou marchands ennemis, sans être traités en pirates, c'est-à-dire pendus. Aux 17e et 18e s., ils infligèrent aux Anglais, aux Hollandais et aux Espagnols des pertes inouïes.

Cette activité profite aussi aux armateurs malouins, déjà prospères grâce aux routes commerciales ouvertes vers l'Europe et l'Amérique depuis la fin du 15e s. Entre 1660 et 1720, la ville connaît un véritable âge d'or, le nombre d'habitants intra-muros atteint 20000 au milieu du 18e s., contre 2000 aujourd'hui.

UNE VILLE DE GRANIT

À partir de la fin du 16e s., le granit de Chausey est utilisé dans toutes les constructions de la ville intra-muros, ce qui lui donne une grande unité mais également un aspect un peu sévère. De rares maisons en bois subsistent de l'époque antérieure, la plupart ayant été détruites par des incendies.

Tandis que l'ingénieur Siméon Garangeau (1647-1741), nommé par Vauban, dirige à partir de 1691 les travaux d'agrandissement et de fortifications de la cité (Fort national, fort du Petit-Bé), les armateurs investissent dans des appartements locatifs ou se font construire de véritables hôtels particuliers, comme François Auguste Magon de la Lande, rue d'Asfeld (*voir p. 92*).

LES MALOUINIÈRES

Voulant échapper à la surpopulation de la ville et afficher leur richesse, de nombreux négociants se dotent de résidences secondaires à distance raisonnable (2h de cheval). Entre 1650 et 1730, plusieurs dizaines de gentilhommières fleurissent dans cette campagne que l'on nomme le « **Clos-Poulet** », au sud-est de la ville. Bien qu'elles ne soient pas toutes de mêmes dimensions, ces demeures présentent une architecture homogène : cheminées élancées, toits à pente raide percés de lucarnes, façades crépies de blanc, parements de granit. Sur les 112 inventoriées, certaines se visitent (*voir notre sélection p. 98 et p. 137*).

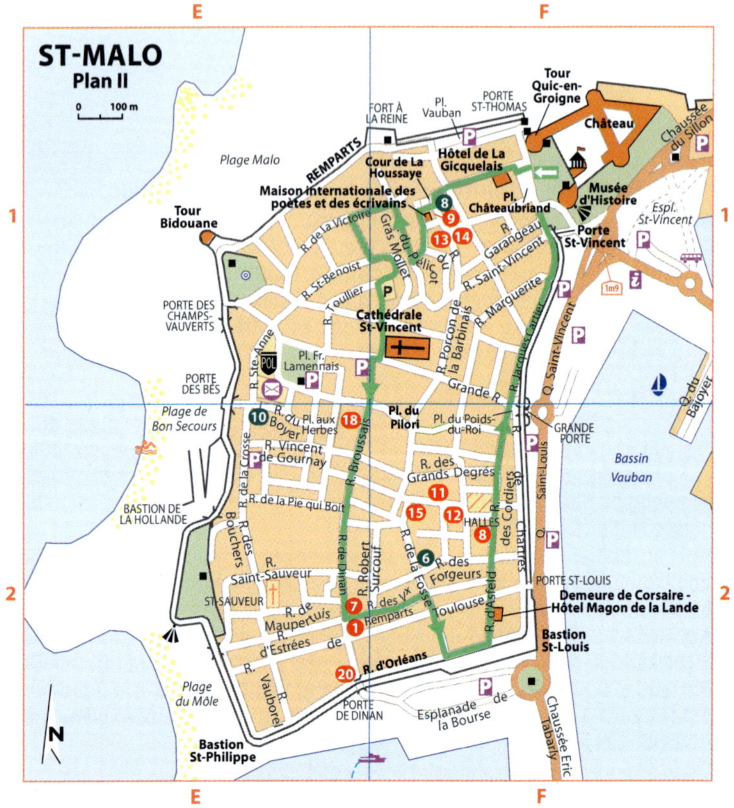

SE LOGER		SE RESTAURER			
Hôtel Le Nautilus	8	Autour du Beurre	11	Le Cambusier	8
Hôtel Les Ajoncs d'Or	6	Le Bistro de Jean	13	Le Chalut	9
Hôtel San Pedro	10	Le Bistrot du Rocher	1	Le Comptoir Breizh Café	12
		Le Boujaron	20	Crêperie Margaux	15
		La Brigantine	7	Crêperie Ti Nevez	18
				Le Petit Crêpier	14

★ LA VILLE CLOSE EF1-2

Circuit 1 tracé en vert sur le plan au départ de la place Chateaubriand où se trouve le château - 1h30.

★★ Château et ★ musée d'Histoire F1

Pl. Chateaubriand - ✆ 02 99 40 71 57 - www.saint-malo.fr - avr.-sept. : 10h-12h30, 14h-18h ; reste de l'année : tlj sf lun. 10h-12h, 14h-18h - fermé 1er janv., 1er Mai, 1er et 11 Nov., 25 déc. - 6 € (-8 ans 3 €) - billet donnant accès au musée cap-hornier, au mémorial 39/45 et au manoir de Jacques Cartier, gratuit 1er vend. du mois. En visitant l'un des deux musées municipaux, la gratuité est accordée à l'autre musée.

Symbole du pouvoir ducal puis royal, le château est accolé à la tour Quic-en-Groigne. On y découvre les façades des casernes des 17e et 18e s. qui abritent aujourd'hui l'**hôtel de ville**, la citerne, le grand donjon et le castelet. Édifié en 1395, le petit donjon flanque l'ancien mur d'enceinte.

Élevé en 1424, le grand donjon domine le château : des tourelles de guet, on apprécie un beau **panorama★★** sur la ville, le port, la côte et la mer. Les tours d'angle datent des 15e et 16e s., la chapelle et « la galère » du 17e s.

Installé dans le grand donjon et le castelet, le **musée d'Histoire de la ville et d'Ethnographie du pays malouin★** raconte l'histoire de St-Malo et de ses hommes célèbres : documents, maquettes de navires, peintures et armes. De l'ancienne chapelle, un passage conduit à la Tour générale où sont présentés l'économie, les modes de vie et les événements marquants du pays malouin.

La tour **Quic-en-Groigne★** est située dans l'aile gauche du château. Son nom, étonnant, évoque la réplique d'Anne de Bretagne aux Malouins : « Qui qu'en groigne, ainsi sera, car tel est mon bon plaisir. »

Place Chateaubriand F1

Enfant, Chateaubriand vécu ici, au n° 2 *(hôtel White)*. La façade du 18e s. a été refaite à l'identique. Au n° 3 rue Chateaubriand, l'**hôtel de La Gicquelais** (17e s.) le vit naître.

Prenez la rue Chateaubriand.

Cour de La Houssaye F1

Cette petite cour, où se dressent la tour de la maison dite de la **Duchesse-Anne**, du 15e s. *(n° 2)*, ainsi qu'un hôtel malouin *(n° 10)*, donne une idée de la ville à la fin du Moyen Âge.

Prenez à gauche la rue du Pélicot.

De la cour de La Houssaye à la cathédrale F-E1

Rue du Pélicot, vous longez les **façades de bois** et de verre, dont celle de la Maison internationale des poètes et écrivains, pour rejoindre l'intersection avec la rue du Collège, là, tournez à droite dans la rue du Gras-Mollet.

Dans son prolongement commence la rue Mahé-de-la-Bourdonnais. Elle a été baptisée ainsi car le gouverneur des îles Maurice et de La Réunion (1699-1753) y aurait vu le jour, au n° 2 précisément. Appréciez la beauté du **portail** en bois sculpté Renaissance (1652).

Du bout de la rue, belle **vue** sur le Fort national.

Prenez à droite la rue de la Victoire.

Dans la rue de la Victoire, à côté de la façade du n° 8 (17e s.), se dressent l'ancienne chapelle des Bénédictines (1622) et, plus loin, l'École nationale de la Marine marchande.

Par la rue Maclow, rejoignez la place Jean-de-Châtillon sur laquelle donne la cathédrale.

Cathédrale Saint-Vincent F1

Commencée au 12e s., achevée au 18e s., elle fut coiffée au 19e s. d'une flèche ajourée. Couverte de voûtes d'ogives très bombées, de type angevin, la nef contraste avec le chœur (13e s.) qu'éclairent de magnifiques **vitraux★** de Jean Le Moal : éclatante rose aux flammes orangées, rouges et jaunes, qu'encadrent des verrières grenat, indigo, rose ardent, bleu ciel. Dans le transept, les vitraux ont des tonalités plus assourdies que dans les bas-côtés où les verrières de Max Ingrand offrent des couleurs froides. Une Vierge du 16e s., N.-D.-de-la-Croix-du-Fief, provenant d'une maison médiévale, est conservée dans la deuxième chapelle, côté gauche du déambulatoire où se trouvent aussi les restes de Duguay-Trouin. La chapelle voisine abrite le chef de Jacques Cartier.

De la cathédrale à l'hôtel Magon de la Lande F1-E2/F2

En sortant de la cathédrale, prenez à gauche la petite rue Pourpris.

La **place du Pilori** constitue le cœur de l'Intra-Muros.

Continuez par la rue Broussais et la rue des Vieux-Remparts à gauche, puis tournez à droite dans la rue Feydeau, pour rejoindre la rue d'Orléans.

Face aux remparts, la **rue d'Orléans** présente les plus belles façades de **demeures d'armateurs** du 18e s.

Prenez-la à gauche et tournez encore à gauche dans la rue d'Asfeld.

Demeure de Corsaire – Hôtel Magon de la Lande F2

5 r. d'Asfeld - 02 99 56 09 40 - www.demeure-de-corsaire.com - visite guidée (1h15) vac. scol. : 10h30-11h30, 14h30-17h30, dim. 14h30-17h30 ; reste de l'année : tlj sf lun. 15h - fermé déc.-janv. - 5,50 € (-12 ans 4 €).

Épargnée en 1944, cette demeure du 18e s. est aujourd'hui classée Monument historique. Elle appartenait à François Auguste Magon de la Lande, corsaire du roi, directeur de la Compagnie des Indes orientales et l'un des plus puissants armateurs malouins. Visite des salons conçus selon les codes de discrétion nécessaires aux échanges commerciaux, ou encore des caves qui abritaient les marchandises rapportées des Indes. Anecdotes corsaires et malouines pimentent la visite.

Suivez les rues d'Asfeld, des Cordiers et Jacques-Cartier, puis revenez place Chateaubriand.

LE SYSTÈME DÉFENSIF Plan de ville I p. 86-87

★ Fort national A1

Accès par la plage de l'Éventail à marée basse, 15mn à pied AR. 06 72 46 66 26 - www.fortnational.com - de mi-juil. à mi-août : tlj ; de déb. juin à mi-juil. et de mi-août à fin sept. : tlj sf mar. - horaires en fonction des marées - possibilité de visite guidée (45mn) - 5 € (-16 ans 3 €) - rens. auprès de Véronique Véron.

« Carnets aventures » gratuit : aidés de Tom et Lola, deux enfants débarqués au fort avec le dernier bateau pirate, les petits visiteurs découvrent l'histoire du fort, de la ville et les personnages marquants de St-Malo, le tout en répondant à des énigmes, en jouant, en observant le bâtiment dans les moindres détails.

Construit par Vauban en 1689, le « Fort royal » est devenu « Fort national » après 1789, puis propriété privée. Au cours de sa visite, on évoque le duel mémorable de Robert Surcouf qui défendit l'honneur de la France contre 12 adversaires. Il épargna le dernier… comme témoin de ses exploits !

Des remparts, la **vue**★★ est exceptionnelle : de l'estuaire de la Rance aux îles Chausey. Et la visite du cachot, impressionnante !

Île du Grand-Bé A2

À marée basse, 45mn à pied AR. Quittez St-Malo par la porte des Champs-Vauverts et traversez la plage obliquement, pour gagner la chaussée qui conduit à l'île. Suivez le chemin accroché au flanc droit de l'île.

Le **tombeau de Chateaubriand** se trouve du côté du large : une simple dalle sans nom, surmontée d'une lourde croix de granit. Du sommet de l'île, superbe **panorama**★★ sur toute la Côte d'Émeraude.

Traversez le terre-plein, descendez quelques marches et tournez à gauche dans un chemin qui ramène à la chaussée empruntée à l'aller.

Le Petit-Bé Hors plan par A2

Plage de Bon-Secours - 06 08 27 51 20 - www.petit-be.com - tte l'année en fonction des marées et de la météo - 6 € (-7 ans gratuit) - accès à pied ou en bateau à partir du Grand-Bé. Accès possible en bateau passeur gratuit à certaines heures.

Située après le Grand-Bé, l'île possède un remarquable fort bâti à partir de 1693 par Vauban et restauré par un passionné. La visite présente les fortifications de la baie de St-Malo et le phénomène des marées. Très belle vue sur la baie.

Port A2

Aménagé au cœur de la vaste rade qui séparait jadis la cité corsaire du continent, le port de St-Malo possède quatre bassins à flot, protégés par une écluse.

Le Fort national.
Bob Steiner/iStock

Son avant-port est équipé de deux gares maritimes pour le trafic des **car-ferries** et des **vedettes** rapides. Des liaisons quotidiennes *(en haute saison)* desservent l'Angleterre (Portsmouth) et les îles Anglo-Normandes de Jersey et Guernesey *(voir « Nos adresses » p. 99)*.

2

Pour la navigation de plaisance, de nombreux pontons ont été aménagés sous les remparts.

Étoile du Roy – *41 quai Duguay-Trouin - ✆ 02 99 40 48 72 - www.etoile-marine.com - juil.-août : 10h-13h, 14h-18h30 ; avr.-juin et sept. : 14h-18h30 ; reste de l'année : se rens. - 6 € (enfant 3 €).*

Réplique d'une frégate malouine du 18e s., ce trois-mâts de 47 m, propriété d'Étoile Marine Croisières *(voir « Nos adresses » p. 106)*, est ouvert à la visite. La reconstitution du mobilier d'époque donne une bonne vision de la vie à bord au temps des corsaires malouins.

★ ST-SERVAN-SUR-MER Plan de ville I p. 86-87

Circuit 2 tracé en vert sur le plan autour de la corniche d'Aleth.

L'ancienne cité d'Aleth bénéficie de beaux espaces verts, dont le parc de la Briantais au sud. L'**anse des Sablons**, tournée vers l'Intra-Muros, abrite sa plage principale, un port de plaisance et un centre nautique. St-Servan dispose également de trois autres ports : le bassin du Bouvet, dédié au commerce et à la pêche, qu'elle partage avec St-Malo, port St-Père et l'ancien port militaire **Solidor**, orienté vers la Rance et Dinard. Ses principales artères, les rues Ville-Pépin et Georges-Clemenceau, concentrent l'essentiel de ses commerces.

Partez du bout de l'anse des Sablons.

★ La corniche d'Aleth A3

Elle dévoile de très belles **vues★★** : d'abord sur la cité malouine, les îles du Petit-Bé et du Grand-Bé, ainsi que sur l'île de Cézembre ; puis sur l'ensemble de la rade, où se détachent l'île fortifiée de la Grande Conchée, le phare du Grand-Jardin *(à gauche)*, l'île Harbour et son fort, avec, dans le lointain, le cap Fréhel. En soirée, le regard est immédiatement attiré par les lumières de Dinard.

Le **fort de la Cité** abrite le mémorial 39/45.

Mémorial 39/45 – *Cité d'Aleth - ✆ 02 99 82 41 74 - www.ville-saint-malo.fr - visite guidée (1h) juil.-août : 10h15, 11h, 14h, 15h, 16h et 17h ; juin et sept. : tlj sf lun. 14h30, 15h15 et 16h30, jeu.-dim. 10h, 14h30, 15h15 et 16h30 ; avr.-mai : tlj sf lun. 14h30, 15h15 et 16h30 ; reste de l'année : tlj sf lun. 15h15 et 16h - fermé de la fin des vac. de la Toussaint à fin mars, 1er Mai, 1er nov. - 6 € (-8 ans 3 €).* Dans un authentique blockhaus de la Seconde Guerre mondiale, qui totalise 500 m², la visite du mémorial est répartie sur trois niveaux. Elle retrace cette période douloureuse au travers de nombreux documents et objets d'époque.

Anse Saint-Père A3

Cette petite anse bien abritée jouxte le marégraphe (appareil enregistrant la hauteur des marées).

★ Tour Solidor A3

Bâtie en 1382, restaurée au 17e s., cette ancienne prison (27 m de haut) commande l'estuaire de la Rance. Elle abrite le musée du Long Cours cap-hornier.

★ **Musée du Long Cours cap-hornier** – *Quai Sébastopol - ✆ 02 99 40 71 58 - www.ville-saint-malo.fr - avr.-sept. : 10h-12h30, 14h-18h ; reste de l'année : tlj sf lun. 10h-12h, 14h-18h - fermé 1er janv., 1er Mai, 1er et 11 Nov., 25 déc. - 6 € (-8 ans 3 €) - billet donnant accès au musée d'histoire, au mémorial 39/45 et au manoir Jacques Cartier de St-Malo - gratuit 1er vend. du mois.*

Ce musée est consacré à l'histoire des navigations commerciales par la route du cap Horn. La visite, par paliers, permet d'atteindre sans fatigue le chemin de ronde d'où le visiteur profite d'une belle **vue★** sur l'estuaire, St-Servan-sur-Mer, St-Malo, Dinard et la Rance.

Revenez à votre voiture et poursuivez vers le sud jusqu'au belvédère du Rosais puis jusqu'au parc de la Briantais.

Port Solidor

Face à Dinard et accolé à la tour Solidor, ce petit port dispose de quelques bouées de mouillage.

★ Belvédère du Rosais B3

Situé près du petit cimetière marin (tombe des parents de Chateaubriand *après l'entrée, à droite*), il offre une jolie **vue★** sur le barrage de la Rance, le rocher Bizeux surmonté d'une statue de la Vierge, la pointe de la Vicomté et Dinard.

Continuez jusqu'au parc de la Briantais.

★ Parc de la Briantais Hors plan par B3

Direction Quelmer, barrage de la Rance. Stationnement payant - R. Maurice-Noguès - ✆ 02 99 81 83 42 - http://briantais.free.fr - ♿ - juil.-août : 9h-19h ; mars-juin et sept.-oct. : 14h-18h, w.-end 9h-19h ; reste de l'année : 14h-17h, w.-end 9h-17h - gratuit.

Pendant près d'un siècle, la Briantais a appartenu à la famille La Chambre, dont le dernier représentant fut **Guy La Chambre**, maire de St-Malo de 1947 à 1965, grand artisan de la reconstruction de la ville.

Ce grand domaine de 27 ha bénéficie d'une situation panoramique exceptionnelle à l'ouest de St-Servan. Le château (1850) a remplacé un ancien manoir du 17e s. et accueille des expositions temporaires. Mais l'intérêt principal des lieux est ce vaste et agréable parc qui dévoile d'intéressantes **vues★** sur St-Servan et la tour Solidor, Dinard et la vallée de la Rance.

Quelques Malouins célèbres

MARINS ET CORSAIRES

Jacques Cartier (1494-1557) – En 1534, il part chercher de l'or dans la région de Terre-Neuve et du Labrador. Il découvre l'estuaire du St-Laurent, qu'il prend pour l'embouchure d'un grand fleuve d'Asie. Comme le mot *Canada*, qui signifie « village » en huron, revient souvent dans les propos des Indiens du même nom, il appelle ainsi le pays. Cartier en prend possession au nom du roi de France, mais c'est Champlain qui le colonise et qui fonde Québec en 1608.

René Duguay-Trouin (1673-1736) – Fils d'un riche armateur, Duguay-Trouin est embarqué à 16 ans sur un navire corsaire pour mettre fin à une jeunesse orageuse. Ses talents sont tels qu'il entre à 24 ans dans le « Grand Corps » de la Marine royale, comme capitaine de frégate. Il meurt anobli, lieutenant général et commandeur de St-Louis.

Robert Surcouf (1773-1827) – Robert Surcouf embarque comme mousse dès l'âge de 13 ans. À 20 ans, il est déjà capitaine marchand. Épris d'aventure, il se lance dans la course dès 1796 et gagne rapidement ses premiers combats contre les navires anglais. Hardi marin et capitaine loyal, Surcouf fait très vite fortune et revient s'établir à St-Malo, où il prend à 36 ans une retraite de la mer précoce. À terre, il poursuit une carrière d'armateur et arme des corsaires, ainsi que des navires marchands.

ÉCRIVAINS ET SAVANT

François René de Chateaubriand (1768-1848) – Il est le dixième et dernier enfant d'une famille bretonne désargentée de très ancienne noblesse. Son père, parti chercher fortune aux Amériques, put au retour s'établir armateur à St-Malo. C'est dans cette ville que François René vit le jour, dans un immeuble près de la tour Quic-en-Groigne. L'enfant passe ses premières années à vagabonder sur le port, puis étudie successivement aux collèges de Dinan, Dol, Rennes, Brest, rêvant d'être marin ou prêtre. Il reste deux années dans la solitude de Combourg *(voir p. 79)* avec ses parents et sa sœur Lucile : un épisode que le grand écrivain romantique évoquera dans ses *Mémoires d'outre-tombe*. C'est par le métier des armes qu'il commencera, en 1786, une carrière mouvementée qui se terminera en 1848 dans l'isolement grandiose du Grand-Bé.

Lamennais (1782-1854) – Ce fils d'armateur tient une place importante dans le mouvement romantique. Orphelin, il est élevé par un oncle au château de la Chesnaye, près de Dinan ; à 22 ans, il devient professeur de mathématiques au collège de St-Malo. Ordonné prêtre en 1816, il entretient des relations difficiles avec Rome en raison de ses polémiques passionnées. Ayant rompu avec l'Église, il se retire à la Chesnaye. Apologiste de l'ultramontanisme (ensemble des doctrines théologiques considérant la primauté spirituelle et juridictionnelle du pape sur le pouvoir politique), ses idées politiques le font condamner à un an de prison en 1840, mais lui valent un siège à l'Assemblée nationale de 1848.

Maupertuis (1698-1759) – Fils d'un corsaire anobli, Pierre Louis Moreau de Maupertuis est un grand savant trop méconnu. Membre de l'Académie des sciences, il s'illustre en organisant une expédition en Laponie pour mesurer un degré du méridien terrestre. Il publie d'intéressants ouvrages de biologie et se voit confier la présidence de l'Académie royale de Berlin par le roi de Prusse Frédéric II.

★ PARAMÉ ET SES VILLAS Plan de ville I p. 86-87

Ce quartier accolé à l'Intra-Muros prolonge St-Malo à l'est. Son principal atout réside dans la longue étendue de sable fin qui s'étire des remparts malouins à la pointe de Rochebonne : la **Grande Plage★**. Une belle digue-promenade, exclusivement réservée aux piétons, borde ses 3 km.

Bon à savoir – La Grande Plage porte différents noms en fonction des secteurs. Le plus connu, hérissé de brise-lames, est celui du **Sillon**. Il commence au niveau du château. Lui succèdent la Hoguette, avec son centre de voile, installé au niveau des Thermes marins et du Grand Hôtel, puis la plage de Rochebonne, qui s'achève à la pointe du même nom. Ne manquez pas de pousser jusqu'à elle, car ce site offre l'un des meilleurs **points de vue** sur la cité malouine, tout spécialement le soir.

★ Le patrimoine balnéaire de Paramé BC1

Il se concentre particulièrement le long des plages du Sillon et de Rochebonne ainsi que dans les rues adjacentes. Suivez la digue et n'hésitez pas à pousser vos pas dans l'une ou l'autre artère pour découvrir de nouvelles façades.

La **digue de Paramé**, construite de 1883 à 1913 pour protéger les anciennes dunes de sable et permettre leur lotissement, s'étend sur toute la longueur de la plage.

Le **Grand Hôtel** fut édifié en 1881-1882 par la société immobilière du banquier parisien Hébert. Sa situation en bord de plage, sa vue à 180° et ses **thermes** réputés *(voir « Nos adresses »)* le classent parmi les établissements les mieux lotis du front de mer.

Plus loin, la **villa Duguay-Trouin** se reconnaît à son plan semi-circulaire, imaginé pour offrir moins de prise au vent. Elle a été construite en 1888 pour Antoine Périvier, journaliste au *Figaro*. Sur le boulevard Hébert, parallèle à la digue, au n° 65, admirez la **villa Remember**, de type néoflamand, élevée en 1903, puis faites un crochet par le boulevard Chateaubriand, parallèle, pour admirer, au n° 42, la façade émaillée et la tour octogonale de la **villa l'Argonne**.

À voir aussi

★★ Grand Aquarium – Saint-Malo Hors plan I par B3

La Madeleine - dir. Dinard - Suivez le fléchage - Av. du Gén.-Patton - 02 99 21 19 00 - www.aquarium-st-malo.com - ♿ - de mi-juil. à mi-août : 9h30-21h ; 1re quinz. de juil. et 2e quinz. d'août : 9h30-20h ; avr.-juin et sept. : 10h-19h ; reste de l'année : se rens. - 17 € (-12 ans 12 €).

Des eaux glacées du pôle Nord jusqu'au Sud de l'Australie, on y découvre quelque 500 espèces, accompagné par le robot-pieuvre *Octobot*. Un bassin présente des animaux venus du froid, tel le poisson-loup, croqueur d'oursins. Dans le bac des Couleurs de l'Atlantique reposent un homard de 5 kg âgé de plus de 30 ans, des coraux jaunes, des grondins… À voir aussi : la salle Méditerranée, les coraux, les mangroves.

Le **bassin tactile** permet de caresser les poissons des côtes bretonnes : raie bouclée, turbot, roussette… L'**Anneau des Requins** offre, lui, un panorama de 360° sur les requins gris, le requin-taureau, le requin-nourrice, les squales, les tortues marines… Le **Vaisseau englouti** reconstitue une épave de galion avec un sol de cale en légère pente, de l'eau suintante, des morceaux de gréement sur le plancher et des bruits de vagues. Enfin, le **Nautibus**, sous-marin à quatre places, plonge dans un bassin géant (1,5 million de litres d'eau) : à travers le hublot, on distingue des poissons tropicaux, des statues celtes, une cité engloutie. Puis on s'enfonce dans les abysses…

Week-end en famille à St-Malo

PREMIER JOUR

Il est un élément essentiel à savoir en débarquant en Bretagne : quel que soit l'emploi du temps établi, celui-ci peut, à tout instant, être chamboulé par la couleur du ciel. Une éclaircie ? On file se baigner, ajournant la visite au musée. Une nuée de nuages gris menace ? On trotte à l'Aquarium. C'est ainsi par ici, et ce sont aussi ces petits imprévus qui feront le piment de votre week-end ! Autre indicateur temporel : les marées. Votre agenda variera selon qu'elles soient hautes ou basses. D'ailleurs, l'attrait de la mer est souvent irrésistible chez les enfants dès qu'ils posent le pied ici. Suivez-les, leur plaisir et la joie qui en découle sont communicatifs.

Pour harponner St-Malo et prendre son pouls, mettez le cap sur le chemin de ronde et les remparts. La balade est à la fois enrichissante, contemplative et vivifiante. Soyez sur vos gardes, tout de même, vous n'êtes pas seuls ! Vous croiserez la route de l'officier Duguay-Trouin, celles de l'explorateur Jacques Cartier et du corsaire Surcouf. Depuis le haut de la tour Bidouane vous apercevez le drapeau français hissé en haut du **Fort national** ? C'est qu'il est ouvert, courez-y ! enfin, si la marée (basse) le permet. Pour cela, descendez sur la Grande Plage (le Sillon) pour rejoindre le fort. Comptez environ 35mn de visite avec les« *Carnets aventures* » pour les enfants *(voir p. 92)*. Si la mer est haute ou le temps incertain, prenez la direction de la porte de Dinan pour aller découvrir la **demeure de Corsaire – Hôtel Magon de la Lande** *(voir p. 92)*. Les estomacs affamés par cette bouffée d'air marin iront se rassasier d'une crêpe ou d'une glace, les plus sportifs poursuivront leur exploration par une marche le long du sable du Sillon, admirant au passage les exploits des kite-surfeurs. De là, ralliez la rue Moka vers le **musée des Terre-Neuvas** où cinq siècles de l'histoire incroyable de ses pêcheurs de morue sont contés *(voir p. 98)*. Après le dîner, une promenade vespérale le long des quais du port est idéale. Au port de plaisance Vauban, au bassin Duguay-Trouin pour, peut-être, y admirer, si elle est amarrée, la frégate corsaire *L'Étoile du Roy*. Pour voir les bateaux de pêche, rendez-vous au bassin Bouvet, au sud.

DEUXIÈME JOUR

À marée basse, votre journée pourra commencer par la visite des îles de **Petit-Bé** et **Grand-Bé** (*voir p. 92*) que l'on rejoint depuis la plage du Bon Secours. Si la mer est haute, le tour de la **corniche d'Aleth** *(voir p. 94)* s'impose ! Les vues sur l'estuaire de la Rance, Dinard, le large et ses îles, ainsi que les remparts vous réjouiront. Une fois la boucle bouclée, faites une halte à la tour Solidor pour voir le **musée du Long Cours cap-hornier** *(voir p. 94)* et flâner un peu dans ce joli quartier de St-Servan-sur-Mer. Pour le déjeuner, un pique-nique sur la plage semble une chouette idée, et pourquoi pas du côté de Paramé, à l'abri de sa digue, en contrebas des villas fin 19e-début 20e s. Les plus téméraires iront jusqu'à Rothéneuf et ses célèbres **Rochers sculptés** *(voir p. 98)* qui conteraient l'histoire de cette terrible famille de corsaires-naufrageurs. Vous pouvez aussi opter pour un repas de galettes et de crêpes dans la ville close, le choix ne manque pas ! Repu, vous serez sans doute tenté de monter à bord de *L'Étoile du Roy*, ce fameux trois-mâts de 47 m, réplique d'une frégate malouine. Pour rester dans le milieu marin, l'après-midi se poursuivra par une escapade au **Grand Aquarium** *(voir p. 96)* : ses univers et ses attractions raviront les petits, c'est certain, mais ne laisseront pas les grands indifférents !

Musée des Terre-Neuvas Plan I B2

67 av. de Moka - ✆ 02 99 58 78 77 - www.mpterreneuvas.fr - merc. et sam. 14h-17h - 5 € (6-18 ans 1 €).

Ce petit musée privé est le fruit du travail de l'association « Mémoire et patrimoine des terre-neuvas » qui a reconstitué la vie à bord des terre-neuviers. On peut y découvrir divers objets et une collection de peintures et d'aquarelles.

Rothéneuf Hors plan par C1

★ **Musée-manoir de Jacques Cartier** – *R. David-Macdonald-Stewart - ✆ 02 99 40 97 73 - www.musee-jacques-cartier.fr - visite guidée (1h) juil.-août : 10h-12h, 14h30-18h30 ; juin et sept. : tlj sf dim. et j. fériés 10h-11h30, 14h30-18h ; reste de l'année : tlj sf dim. et j. fériés 10h et 15h - 6 € (enfant 3 €) - 11 € billet combiné avec le mémorial 39/45, le musée d'Histoire et la tour Solidor.* Après tous ses voyages d'exploration au Canada, Jacques Cartier acheta une ferme qu'il agrandit et appela Limoëlou (« tertre chauve »). Cette maison des 15e et 16e s., avec sa partie ajoutée au 19e s., a été restaurée et meublée selon le style de l'époque. Présentation audiovisuelle sur les voyages de l'explorateur et la « Nouvelle-France, colonie vulgairement appelée Canada ».

Rochers sculptés – *Chemin des Rochers-Sculptés - Rothéneuf - ✆ 06 68 98 23 95 - juin-sept. : 9h-19h ; vac. scol. : 10h-12h, 14h-18h ; reste de l'année : tlj sf merc. 10h-12h, 14h-18h - fermé 1er janv. - 2,50 € (-10 ans gratuit).* Après avoir été victime d'un accident vasculaire cérébral, l'abbé Fouré consacra vingt-cinq années de sa vie (après 1870) à sculpter sur les rochers près de 300 petits personnages dont on a longtemps pensé qu'il s'agissait de la terrible famille de Rothéneuf comptant parmi les siens corsaires, contrebandiers et naufrageurs ; cette interprétation a depuis été remise en cause. Dans tous les cas, c'est un étonnant exemple d'« art brut » en Bretagne que l'on observera en se gardant bien de s'écarter du sentier, vu le côté escarpé du site.

À proximité Plan de ville I p. 86-87

LES MALOUINIÈRES

L'arrière-pays malouin – « le Clos-Poulet » – s'est couvert au 18e s. de belles résidences de campagne, qui témoignent de la fortune des armateurs de la ville *(voir p. 89)*. La plupart d'entre elles sont encore aujourd'hui privées et ne se visitent pas.

Malouinière du Puits Sauvage Hors plan par B3

Au sud de St-Malo, dir. Château-Malo/La Grassinais - 4 r. du Puits-Sauvage - hameau de St-Étienne - ✆ 02 99 82 22 48 - http://lepuitssauvage.blogspot.com - juil.-août : tlj sf merc. 14h-18h ; mai-juin et sept. : w.-end, j. fériés et ponts 14h-18h - visite guidée (35mn) possible à 15h et 16h30 - 7 € (-10 ans gratuit) - avec exposition. Demeure champêtre, cette malouinière a conservé tout l'esprit du 18e s. que l'on retrouve dans le grand salon, la bibliothèque et le bureau de l'armateur. Beau verger, fournil, charmant oratoire, piscine à chevaux, et surprenante terrasse en forme de bateau corsaire, garnie de canons miniatures, dans le jardin à la française. Contemplez aussi la collection ancienne de cactées dans la grande verrière (19e s.).

Malouinière de la Ville Bague Hors plan par C1

À 12 km de St-Malo, à St-Coulomb, dir. plage des Chevrets - La Ville Bague - ✆ 02 99 89 02 17 - www.la-ville-bague.com - visite guidée (1h30) juil.-août : 14h30 et 16h ; avr.-juin et sept. : tlj sf merc. 14h30 et 16h - 8,50 € (-18 ans et étudiants 4 €). La passionnante visite guidée de cette malouinière vous entraîne en 1715, à l'époque où l'armateur Guillaume Éon la fit construire. Il venait s'y reposer à l'écart de l'animation du port. Parmi les trésors que comptent les collections de la Ville Bague, remarquez le fameux papier peint du salon (1820), représentant Pizarro chez les Incas. Les propriétaires, grands collectionneurs, font aussi découvrir de merveilleuses collections de maquettes de bateaux, de marines, de *scrimshaws* (dents de cachalot et défenses de morse en ivoire gravées et sculptées) et d'armes. Une belle perspective s'offre au visiteur depuis le parc et la chapelle joliment restaurée.

Voir aussi les malouinières des bords de Rance, Bos (p. 134) et Montmarin (p. 137).

NOS ADRESSES À SAINT-MALO

TRANSPORTS

En voiture

Parking – *02 99 40 71 11 - www.saint-malo.fr - laissez la voiture au parking relais Paul-Féval, près de l'hippodrome de Marville* Plan I B2 *(forfait journalier 3,50 €) et prenez les navettes gratuites (ttes les 15mn en saison et longs w.-ends).*

En bus de mer

Compagnie Corsaire – *0 825 138 100 (0,15 €/mn) - www.compagniecorsaire.com - juil.-août : 9h-19h10, dép. ttes les 20mn ; avr.-juin et sept.-oct. : 9h-19h50, 1 à 2 dép./h - durée de la traversée : 10mn - 8,40 € (-12 ans 5,50 €), avec vélo (14,40 €, 11,50 €) en haute saison (de fin avr. à mi-mai et de déb. juil. à fin août) ; 7,80 € (enf. 5,10 €) le reste de l'année.* Service de navettes entre St-Malo (dép. cale de Dinan) et Dinard (dép. promenade du Clair de Lune, près du Yacht-club ou cale du Bec de la Vallée).

À vélo

Cycles Nicole – *11 r. Robert-Schuman - 02 99 56 11 06 - www.cyclesnicole.com - mar.-sam. 9h-12h, 14h-18h45 - vélo : 12 €/j., 63 €/sem. ; scooter : 22/52 €.* Location de vélos traditionnels ou électriques et scooters.

Îles Anglo-Normandes

Condor Ferries – *Terminal Ferry-du-Naye - 0 825 13 51 35 - www.condorferries.fr.* Condor Ferries assure des liaisons quotidiennes en haute saison avec Jersey *(1h15)*, Guernesey *(2h)* et la Grande-Bretagne (Weymouth et Poole) au dép. de St-Malo par car-ferry à grande vitesse *(les horaires peuvent varier en fonction des marées)*. Traversées piétons et véhicules. Tarifs et réserv. sur le site Internet ou par téléphone. *Voir le descriptif des îles Anglo-Normandes dans Le Guide Vert Week-end Îles Anglo-Normandes.*

VISITES

Visites guidées de l'Intra-Muros – *0 825 13 52 00 - www.saint-malo-tourisme.com - de déb. avr. à la Toussaint : horaires, se rens. - dép. de l'office de tourisme (1h30-1h45) - possibilité de visite libre avec audioguide - 7 € (-12 ans gratuit). Également applications pour iPhone et smartphones (St-Malo Tour et St-Malo Ze Visit). Infos sur le site Internet.*

Carnet de bord du p'tit corsaire – *En vente (1,50 €) à l'office de tourisme.* Jeux d'observations, énigmes, kit de coloriage… Une façon ludique de découvrir la cité corsaire pour les enfants (6-12 ans). Récompense à la clef !

2

Pass Malo – *En vente (1 €) à l'office de tourisme.* Ce chéquier loisir comprend des bons de réduction valables dans plus de 80 sites sur St-Malo et sa région (musées, parcs d'attractions, restaurants, compagnies maritimes, etc.).

HÉBERGEMENT

Intra-Muros

PREMIER PRIX

Le Nautilus – *9 r. de la Corne-de-Cerf - ✆ 02 99 40 42 27 - www.hotel-lenautilus-saint-malo.com - fermé de mi-nov. à Noël - wifi - 15 ch. 69/88 € - ☕ 8,90 €.* Une demeure de 1692 nichée dans les ruelles du vieux St-Malo abrite des chambres confortables et dispense un accueil charmant.

Hôtel San Pedro – *1 r. Ste-Anne - ✆ 02 99 40 88 57 - www.sanpedro-hotel.com - fermé de déc. à mi-fév. - wifi - P 10 €- 12 ch. 61/83 € - ☕ 8,50 €.* À deux pas de la plage de Bon Secours, un hôtel de poche dont l'accueil chaleureux est incomparable. Petites chambres parfaitement tenues et petits déjeuners très soignés.

Hôtel Les Ajoncs d'Or – *10 r. des Forgeurs - ✆ 02 99 40 85 03 - www.tourisme-hotel-saint-malo.fr - fermé en janv. - wifi - ♿ - P 12/16 €- 23 ch. 60/120 € - ☕ 12 €.* Dans une rue tranquille de la vieille ville, chambres personnalisées (marines aux murs). Salle des petits déjeuners agrémentée de gravures et de boiseries.

Gare

BUDGET MOYEN

Hôtel Mercure Balmoral – *24 r. Théodore-Monod - ✆ 02 99 56 16 73 - www.balmoral-saintmalo.fr - ♿ - P 10 € - wifi - 77 ch. 80/145 € - ☕ 14 €.* Face à la médiathèque et la gare TGV, cet hôtel propose des chambres tout confort dans un cadre contemporain. Service sans faille.

Paramé

BUDGET MOYEN

Hôtel Aubade – *8 pl. Du-Guesclin - ✆ 02 99 40 47 11 - www.aubade-hotel.com - fermé 2e quinz. de nov. et 3 dern. sem. de janv. - ♿ - 20 ch. 69/139 € - ☕ 12,50 €.* Un hôtel pensé selon le concept du « décor comme à la maison » : accueil-bibliothèque, bar orange et chocolat, mobilier design… Bonne literie.

UNE FOLIE

Hôtel Beaufort – *25 chaussée du Sillon - ✆ 02 99 40 99 99 - www.hotel-beaufort.com - P 12 € - wifi - 22 ch. 279 € - ☕ 14 €.* Chambres de style colonial pour cette fière demeure malouine datant de 1860. Si vous recherchez le calme, évitez les chambres situées côté rue du Sillon.

Saint-Servan

BUDGET MOYEN

Hôtel L'Ascott – *35 r. du Chapitre - ✆ 02 99 81 89 93 - www.ascotthotel.com - P - 10 ch. 85/155 € - ☕ 13 €.* Chambres agréables dans cette demeure bourgeoise d'un quartier résidentiel.

À proximité

PREMIER PRIX

Chambre d'hôte Les Croix Gibouins – *Les Croix-Gibouins - 8 km à l'est - ✆ 02 99 81 12 41 - www.les-croix-gibouins.com - fermé du 15 nov. au dim. des Rameaux - 🚭 P - 3 ch. 62/68 € ☕.* Oubliez la route qui passe à proximité de cette séduisante gentilhommière du 16e s., car l'épaisseur de ses murs garantit à elle seule le calme de ses intérieurs. Les chambres, dont une familiale, douillettes et superbement restaurées, ouvrent leurs fenêtres sur un verger.

Chambre d'hôte La Goëletterie – *20 r. de la Goëletterie - ✆ 02 99 81 92 64 - www.la-goeletterie.fr - 🚭 P - avr.-oct. - 5 ch. 60/65 € ☕.* St-Malo côté campagne. Dominant la Rance, cette jolie ferme aux chambres rajeunies jouit d'une tranquillité très appréciée. Accueil charmant.

Camping de Tannée – *35350 St-Coulomb - Au lieu-dit La Tannée - ✆ 02 99 89 41 20 - www.campingdetannee.fr - avr.-sept. - 30 empl. 23,50 € - locatif 60/140 €.* Petit terrain où règne une ambiance familiale. Peu d'animations et de loisirs sur place, mais une petite piscine couverte, découverte aux beaux jours, et un hammam. Environ quinze mobile homes de bon confort, dotés de terrasses à ciel ouvert pour la plupart. Cadre très agréable, soigné et fleuri.

Camping Domaine de la Ville Huchet – *Rte de la Passagère - au lieu-dit Quelmer (5 km au sud par D 301 rte de Dinard) - ✆ 02 99 81 11 83 - www.lavillehuchet.com - de mi-avr. à fin sept. - 198 empl. 28 € - locatif 50/207 €.* Les emplacements agréablement ombragés entourent le petit château qui n'est malheureusement aujourd'hui plus habitable. Autre attrait plus ludique, le parc aquatique, en partie couvert, avec plusieurs toboggans pour la joie des petits et des grands. Les « non équipés » pourront choisir leur hébergement parmi une centaine de locatifs, du mobile home au chalet en passant par 3 studios. Crêperie, bar et club enfant complètent les services.

BUDGET MOYEN

Villa L'Esprit de Famille – *19 pl. du Canada - 35400 Rothéneuf - à l'église - ✆ 02 99 20 12 30 - www.villaespritdefamille.com - fermé en janv. et en sem. du 15 nov. au 17 déc. - P - wifi - 5 ch. et 4 appart. 95/129 € ☕.* Une grande villa qui abritait jadis un magasin d'articles de plage. Tout a été repensé, décoré de façon contemporaine mais en respectant l'existant. Véranda fleurie pour le petit déjeuner et accueil adorable.

POUR SE FAIRE PLAISIR

Hôtel-Spa La Malouinière des Longchamps – *35430 St-Jouan-des-Guérêts - 11 km au sud de St-Malo par D 137 puis D 117 - ✆ 02 99 82 74 00 - www.hotel-spa-saintmalo.com - fermé 5 janv.-12 fév. - wifi - P ♿ - 9 ch. à partir de 110 € - ☕ 14 € - 🍴 sur réserv. 29,50 €.* Pour un séjour au calme, cette ferme à la campagne est parfaite. Jardin fleuri, piscine, espace bien-être, spa. Chambres actuelles ; duplex plus classique dans l'annexe.

RESTAURATION

2

Intra-Muros

PREMIER PRIX

Crêperie Ti Nevez – *12 r. Broussais - ✆ 02 99 40 82 50 - fermé mar.-merc. sf vac. scol., janv. et oct. (se rens.) - galettes 3,50/7,50 €, crêpes 2,40/7,40 €.* Cette minuscule crêperie fondée en 1959 joue la carte de la tradition, tant dans son décor de meubles bretons et photos anciennes que dans ses recettes : les crêpes sont retournées comme autrefois, en salle devant les convives. Essayez aussi le fameux gâteau breton.

La Brigantine – *13 r. de Dinan - ✆ 02 99 56 82 82 - www.la-brigantine.fr - fermé mar.-merc. hors sais. sf vac. scol. - 9,90/19 €.* Cette crêperie doit son nom à une voile trapézoïdale située à l'arrière des vieux gréements. Galettes et crêpes, élaborées avec des farines biologiques et des produits de la région, sont servies dans une salle claire remise au goût du jour.

Le Petit Crêpier – *6 r. Ste-Barbe - ✆ 06 07 53 65 18 - fermé le soir hors vac. scol., janv. et 2 sem. mi-nov. - 15/17 €.* Tentures rouges, bibelots et tableaux marins, maquettes de bateaux et cartes des côtes bretonnes sur les tables créent une atmosphère plaisante. Quelques galettes et crêpes originales s'ajoutent aux grands classiques du genre.

Le Boujaron – *1 r. St-Philippe - ✆ 02 99 56 87 73 - www.leboujaron.com - fermé merc. soir, dim. soir et lun. soir hors sais. - menus 15,50/18,50 €.* Il faut gagner la porte de Dinan pour trouver ce restaurant. Cadre simple et soigné, ponctué de quelques évocations marines, et bonne cuisine traditionnelle avec produits locaux. Spécialité de rôtisserie.

Crêperie Margaux – *3 pl. du Marché-aux-Légumes - ✆ 02 99 20 26 02 - www.creperie-margaux.com - fermé mar.-merc. (sf vac. scol.) - 18 €.* En terrasse ou dans la salle intérieure au décor contemporain, on se régale de galettes et de crêpes agrémentées de produits frais. Salon de thé-glacier l'après-midi.

BUDGET MOYEN

Le Bistrot du Rocher – *19 r. de Toulouse - ✆ 02 99 40 82 05 - fermé mar. soir et merc., 1 sem. à Pâques, 1 sem. en janv. - formule 16 €, menu 20 € (déj. sem.), carte 29/44 €.* En retrait de l'animation malouine, ce bistrot gourmand est tenu par un jeune couple sérieux et passionné. Les saveurs sont sublimées, les cuissons et les assaisonnements sans faille : de la bonne cuisine bistrotière comme on l'aime !

Le Comptoir Breizh Café – *6 r. de l'Orme - ✆ 02 99 56 96 08 - breizhcafe.com - ♿ - fermé lun., mar. hors sais. - formule midi 15,80 € - 30 € - réserv. conseillée.* Dans le dédale de l'Intra-Muros, une crêperie qui bat au rythme de la Bretagne. Les produits locaux (lard, andouilles, légumes) sont utilisés dans le respect de la tradition bretonne, avec un zeste d'originalité et quelques touches nippones… Pour redécouvrir l'éternelle galette au sarrasin !

Le Cambusier – *6 r. des Cordiers - ✆ 02 99 20 18 42 - www.cambusier.fr - fermé dim. soir et merc. hors sais. - formule 16 € - menu 38 €.* Bienvenue dans ce bar à vins lumineux et convivial situé au cœur de la cité historique. La patronne, charmante, se dit « Bretonne 100 % pur beurre » ! En cuisine, son mari concocte des plats créatifs à base de produits de la côte : Saint-Jacques aux betteraves et pistaches, pavé de bar aux topinambours… Un régal !

POUR SE FAIRE PLAISIR

Autour du Beurre – *7 r. de l'Orme - ✆ 02 23 18 25 81 - www.lebeurrebordier.com - juil.-août : mar.-sam. midi et soir ; avr.-juin et sept.-oct. : mar.-merc. à midi, jeu.-sam. midi et soir ; nov.-mars : mar.-jeu. à midi, vend.-sam. midi et soir - fermé 2 sem. en juin, janv., dim.-lun. - formule 17 € - menus 20 € (déj. en sem.), 41/47 €.* Le restaurant est attenant à la maison Bordier *(voir « Achats »)*, célèbre pour son beurre qui se retrouve sur les plus grandes tables. La courte carte, largement inspirée par la tradition, affiche des plats tout en fraîcheur et une belle sélection de beurres. Côté décor, des bouteilles de lait font des luminaires et une baratte fait office de table…

Le Chalut – *8 r. de la Corne-de-Cerf - ✆ 02 99 56 71 58 - fermé mar. soir sf juil.-août et lun. - 29/59 €.* Belle façade évoquant la vie des marins, intérieur convivial et cuisine raffinée axée sur les produits de la mer : trois bonnes raisons de ne pas prendre le large

Le Bistro de Jean – *6 r. de la Corne-de-Cerf - ✆ 02 99 40 98 68 - ouv. en été les dim. soir et j. fériés - fermé merc. midi, sam. midi et dim., 1 sem. fin juin, sem. des Bretons et 1 sem. avt les fêtes - formule déj. 14,50 €, menus 19,80/35 €.* Mis en valeur par une décoration sobre et élégante, ce bistrot propose une cuisine savoureuse à base de produits du marché. Belle sélection de vins au verre. Accueil chaleureux, service irréprochable.

À Saint-Servan

BUDGET MOYEN

La Corderie – *9 chemin de la Corderie - ✆ 02 99 81 62 38 - www.lacorderie-restaurant.com - fermé de mi-nov. à déb. déc., lun. sf j. fériés et dim. soir - P - formules déj. 18/22 € - 31 €.* Juchée au-dessus de la tour Solidor, la villa domine la Rance et son barrage. Aux beaux jours, la terrasse est prise d'assaut ; en hiver, ses deux salles à manger ne manquent pas de charme : grandes baies vitrées et mobilier ancien.

La Gourmandise – *2 r. des Bas-Sablons - 35400 St-Malo - ✆ 02 99 21 93 53 - la-gourmandise-saint-malo.fr - fermé mar. soir et merc. - formule déj. 18 € - 28,50 €.* Située derrière l'anse des Sablons (quartier St-Servan), cette table simple mais soignée propose une cuisine de saison aux accents méditerranéens. Accueil souriant.

POUR SE FAIRE PLAISIR

Bistrot Solidor – *1 pl. St-Pierre - 35400 St-Malo - ✆ 02 99 21 04 87 - www.lebistrotdesolidor.com - fermé 3 sem. en janv., dim. soir et lun. de sept. à avr. - formule 19/38 € - 36/42 €.* Un jeune couple fait souffler un vent de nouveauté sur ce restaurant ! Au gré d'un menu du marché qui change tous les jours, le chef revisite des plats, agrémentés d'une pincée de safran par ici, d'une pointe de combava par là… Pour une cuisine originale et voyageuse.

À Rothéneuf

POUR SE FAIRE PLAISIR

Le Bénétin – *4 chemin des Rochers-Sculptés - 35400 Rothéneuf - ✆ 02 99 56 97 64 - www.restaurant-lebenetin.com - ♿ - tlj midi et soir - fermé 3 sem. janv.-fév. - réserv. conseillée - menus déj. 22/27 €, dîner 44/85 €.* Dominant les flots, ce restaurant au décor épuré, tout de bois et de verre, se distingue par sa cuisine moderne et raffinée, entre terre et mer. Vue splendide depuis sa vaste terrasse.

BOIRE UN VERRE

Le Java (Le Café du coin d'en bas de la rue du bout de la ville d'en face le port) – *3 r. Ste-Barbe - ✆ 02 99 56 41 90 - www.lajavacafe.com - 8h16-20h45.* Tout est dit dans le nom et les horaires de ce café de quartier aimablement fantaisiste.

Le Dock – *41 quai Duguay-Trouin - ✆ 02 23 18 39 47 - www.ledock-stmalo.fr - merc.-dim. 11h-1h.* Entre loft et cabine de bateau, le Dock s'ouvre sur une grande façade de verre. Au-delà du décor tendance (grosses ampoules suspendues, chaises dépareillées et colorées, charpente d'acier), l'ambiance est sympathique. Les Malouins y viennent pour l'*after-work*, siroter un cocktail.

Le Tam's Kaffé – *5 pl. des Frères-Lamennais - ✆ 02 23 18 24 14 - 9h-2h.* Sa jolie terrasse ensoleillée est certes intra-muros, mais un brin en retrait de l'agitation commerçante. Agréable pour boire un café le matin, un rafraîchissement après la plage (toute proche) ou un cocktail le soir. L'accueil y est affable !

La Réserve de La Maison Générale – *6 r. St- Thomas - ✆ 02 99 20 11 00 - www. lamaisongenerale.com - 10h-19h.* Un lieu a découvrir pour son décor et son ambiance uniques, sa boutique, son épicerie (jus de fruits Patrick Font, thé, huile d'olive), son salon de thé (pâtisseries de la maison Roellinger) et son brunch (*dim. 11h-15h sur réserv.*).

ACHATS

Marché – *mar. et vend. mat. à St-Servan ; lun., jeu. et sam. mat. à Rocabey ; merc. et sam. mat. pl. Georges-Coudray à Paramé.*

Épices-Roellinger – *12 r. St-Vincent - ✆ 06 18 80 44 10 - www.epices-roellinger.com - ♿ - mar.-sam. 10h-19h.* Laissez-vous guider par les conseils de Daniel dans la découverte des merveilles épicées que recèle ce comptoir de l'Intra-Muros, reflet de l'esprit voyageur de la cité corsaire et du célèbre cuisinier cancalais.

Maison du Beurre Bordier – *9 r. de l'Orme - ✆ 02 99 40 88 79 - www.lebeurrebordier.com - juil.-août : 9h-13h, 15h30-19h30, dim.-lun. 9h-13h ; sept.-juin : tlj sf lun. 9h-12h30, 15h30-19h15, dim. 9h-12h30.* Fromager réputé, Jean-Yves Bordier est connu pour son beurre d'exception. Sa boutique (fondée en 1927) abrite un espace-découverte dédié à l'histoire du beurre.

La Maison Guella – *8 r. Porcon-de-la-Barbinais - ✆ 02 99 40 83 43 - www.lamaisonguella.com - tlj 10h-12h30, 14h-19h - fermé en janv.* La maison cancalaise à son étal au cœur de l'Intra-Muros. Les gourmands pourront déguster ici, entre autres douceurs, des « œufs de mouette » ou des « patates de St-Malo », bonbons en pâte d'amande enrobée de cacao.

Philippe Bouvier – *5 r. de la Vieille-Boucherie - ✆ 02 99 21 31 47 - www.chocolats-bouvier. fr - ♿ - tlj sf lun. 10h-13h30, 14h30-19h.* Encore une halte pour les gourmands ! Nougats maison, chocolats et délicieux macarons.

La Maison du Sarrasin – *10 r. de l'Orme - ✆ 02 99 20 05 02.* Le sarrasin a la cote, et cette boutique imaginée par le créateur des Breizh Café *(voir p. 102)* célèbre cette graine avec saveur et subtilité. Miels, biscuits, tuiles, bonbons… la déclinaison des produits est aussi généreuse que délicieuse.

Vent de Voyage – *3 r. St-Thomas - ✆ 02 99 20 17 91 - www. ventdevoyage.com.* Sacs, transats, fauteuils sont faits ici, à la main, à partir de vraies toiles de voile.

Ker Olam – *8 r. St-Vincent - ✆ 02 23 17 63 66 - tlj sf lun. 10h-12h30, 14h-19h.* Une boutique de souvenirs malouins pas comme les autres, qui met en valeur le talent de jeunes illustrateurs et créateurs. Saint-Malo revisité avec peps et humour.

Galerie Perretti – *10 r. Boyer. ✆ 02 99 80 62 59 -www. jacquesperretti.fr.* Un peintre à découvrir pour ses toiles révélant un St-Malo à la fois graphique et poétique, coloré et figuratif.

EN SOIRÉE

Le Théâtre de St-Malo – *6 pl. Bouvet - ✆ 02 99 81 62 61 - www. theatresaintmalo.com - ♿ - 9h-12h30, 14h-18h30, sam. 10h-12h, 14h-18h - fermé w.-end (sf j. de spectacle), 3 premières sem. d'août.* Théâtre regroupant les principaux spectacles de St-Malo : théâtre, variétés, musique classique, ballet, cabaret…

Casino Barrière de St-Malo – *2 chaussée du Sillon - ✆ 02 99 40 64 00 - www.lucienbarriere.com - ♿ - à partir de 10h.* 125 machines à sous, jeu de boule, black-jack et roulette anglaise pour cet établissement qui comprend aussi un restaurant, un bar et une piste de danse pour des thés ou des soirées à thème. Design confortable et ambiance feutrée garantis.

ACTIVITÉS

Activités nautiques

Société nautique de la Baie de St-Malo – *Quai du Bajoyer - ✆ 02 23 18 20 30 - www.snbsm.com - fermé de mi-déc. à fin avr.* D'un stage à la simple location de matériel, découvrez toutes les activités nautiques possibles en baie de St-Malo : voile légère sur les sites de Bon Secours et de Rothéneuf, habitable au port des Bas-Sablons, aviron de mer à la cale du Naye et à Rothéneuf.

Corsaires Malouins - Kayak de mer – *7 r. de la Clouterie - ✆ 02 99 40 92 04 - www.kayakdemer35.fr - hte sais. : tlj sf dim. 9h-17h, sam. 14h-17h30 ; basse sais. : lun., merc., sam. 14h-17h30 - 25/30 €.* Le kayak de mer est idéal pour découvrir de près la côte. Initiations, randonnées et stages avec des moniteurs diplômés de la FFCK.

Longe Côte – *Association Sports Mer Santé - ✆ 06 30 49 31 23 - www.sportsmersante.fr - rv à la surf school de St-Malo, 2 av. de la Hoguette - baptême 1h : 12 € (location combi. 3 €), inscription obligatoire.* Marcher en mer, le long de la côte, muni d'une pagaie, tel est le principe de cette activité à la fois tonique, vivifiante, conviviale. À pratiquer encadré par un professionnel.

Surf School – *2 av. de la Hoguette - ✆ 02 99 40 07 47 - www.surfschool.org - 9h-12h, 13h30-17h30, dim. sur demande - stages planche-char à voile 160 €, stage catamaran 200 € (enf. à partir de 9 ans 160 €), stage mousse-moussaillon (à partir de 6 ans) 160 €.* Ce club organise des cours de planche, funboard, char à voile et catamaran, ainsi que des sorties sur un vieux gréement. Possibilité de louer du matériel.

Bien-être

Thermes Marins – *Grande plage du Sillon - ✆ 02 99 40 75 35 - www.thalassotherapie.com - ♿ - 9h-19h, dim. 9h-13h - fermé 15 j. en janv.* Algues, douches, bains à jets, sauna, piscine, parcours Aquatonic, restaurants : voilà le programme rêvé pour un week-end ou une journée dans cet établissement cossu, idéalement situé. Bâtiments contemporains ou Belle Époque dotés d'un cadre moderne. Club enfant.

Croisières

Étoile Marine Croisières – *Hangar à Tabac, chaussée des Corsaires - Pôle technique Duguay-Trouin - ✆ 02 99 40 48 72 - www.etoile-marine.com - 9h-12h30, 14h-18h - fermé w.-end hors sais. et j. fériés - à partir de 35 € la demi-journée et de 95 € pour une sortie journée repas compris ; devis sur demande pour croisière w.-end.* Embarquez à bord de vieux gréements (comme *Le Renard* de Robert Surcouf) et de bateaux modernes d'exception en direction de Chausey, des îles Anglo-Normandes, du golfe du Morbihan ou du Havre.

Compagnie corsaire – *✆ 0 825 13 81 00 - www.compagniecorsaire.com.* Promenades commentées dans la baie de St-Malo mais aussi vers les îles Chausey, le cap Fréhel ou encore dans la vallée de la Rance.

Vélo

Cinq circuits sur route vous permettent de découvrir l'intérieur des terres : La Petite Boucle (4 km), un aperçu du patrimoine architectural de la commune ; Les Primeurs (9 km) étang Ste-Suzanne et Malouinières ; St-Coulomb Côté Terre (13 km) étang Ste-Suzanne, plaines et lieux-dits pittoresques ; Les Armateurs (12 km) Malouinières, étang Ste-Suzanne et la Ville Bague ; Entre Terre et Mer (30 km) découverte du littoral, campagne, sites classés, espaces protégés, malouinières et armateurs *(voir « S'informer » p. 84)*.

AGENDA

St-Malo accueille un grand nombre **d'événements**, certains jouissant d'une renommée nationale.

Festival des Étonnants Voyageurs – *www.etonnants-voyageurs.com - w.-end de Pentecôte.* Animé de main de maître par l'écrivain Michel Le Bris, son fondateur, il réunit les écrivains voyageurs et questionne sur l'actualité et les enjeux de notre monde.

Festival de Musique sacrée – *De mi-juil. à mi-août.*

Branlebas de régates – *www.branlebas.fr - en août.* Rassemblement de bateaux toutes catégories.

Route du Rock – *www.laroutedurock.com - en août.* Le festival se décline aussi en collection hiver au mois de février.

Quai des Bulles – *www.quaidesbulles.com - en oct.* Festival de bande dessinée.

Dinard

★★

9 846 Dinardais – Ille-et-Vilaine (35)

Bien agrippée à ses pointes dentelées, Dinard surplombe l'estuaire de la Rance et la Côte d'Émeraude avec tout le chic et l'apprêt qui la distinguent. Majestueuse bourgeoise, Dinard n'a rien perdu de sa superbe quand au 19e s. elle était l'une des stations balnéaires les plus prisées du littoral. Ses villas, ses hôtels de luxe, son festival, son casino, sa corniche à fleur d'eau et ses plages de sable blond sur lesquelles se déploient ses fameuses tentes rayées continuent de cultiver sa légende.

NOS ADRESSES PAGE 115
Hébergement, restauration, achats, activités, etc.

S'INFORMER

Office de tourisme – *2 bd Féart - 35800 Dinard - ☏ 0 821 23 55 00 - www.dinardemeraudetourisme.com - juil.-août : 10h-12h45, 14h-18h45, dim. et j. fériés 10h-12h30, 15h-18h30 ; avr.-juin et sept. : tlj sf dim. (hors vac. scol. et w.-end fériés) 10h-12h30, 14h-18h ; reste de l'année : tlj sf dim.-lun. (hors vac. scol. et w.-end fériés) 10h-12h30, 14h30-18h - fermé 1er janv., 1er Mai, 1er et 11 Nov., 26 déc.*

SE REPÉRER

Carte de microrégion A1 (p. 82) – Sur la rive gauche de l'estuaire de la Rance, Dinard fait face à St-Malo (14 km). Rennes n'est qu'à 76 km au sud par la D 137, en passant par Dinan.

SE GARER

Parkings des Tennis et des Halles (gratuit l'après-midi), en plein centre-ville, et parking Veil (gratuit) à côté du marché.

À NE PAS MANQUER

Les pointes du Moulinet, de la Malouine et de la Vicomté, la promenade du Clair-de-Lune, les 14 km de sentier côtier, les nombreuses galeries d'art et la Côte d'Émeraude.

ORGANISER SON TEMPS

Le tour de la ville demande 2h. Pour parfaire la journée, après un pique-nique, baladez-vous sur la côte, vers St-Lunaire et la pointe du Décollé.

AVEC LES ENFANTS

Découvrez les bords de Rance à vélo en suivant la voie verte.

2

Se promener Plan de ville p. 108

Dinard offre une physionomie étonnante et variée qui fait son charme. L'élégante station dévoile des villas luxueuses, des jardins fleuris et de splendides parcs.

★★ Pointe du Moulinet B1

Partez de la Grande Plage.

Ici l'horizon offre de magnifiques **vues** sur la côte jusqu'au du cap Fréhel à gauche, sur St-Malo et l'estuaire de la Rance à droite. On envie les propriétaires des villas qui se dressent sur cet îlot baigné d'eaux turquoise sur lesquelles naviguent voiliers et autres ferries.

SE LOGER

- Comfort Hôtel Balmoral 15
- Hôtel de la Plage 9
- Hôtel de la Vallée 17
- Hôtel Printania 11

SE RESTAURER

- L'Appel du Large 1
- Au Bouchon Breton 2
- Le Bistro d'Oliver 3
- Le Café Rouge 18
- Le Citrus 14
- Crêperie du Roy 10
- Didier Méril 4

★ Grande Plage ou plage de l'Écluse B1

Cette belle plage, bordée par le casino et de luxueux hôtels, abrite la statue d'Alfred Hitchcock, clin d'œil au Festival du film britannique qui se déroule ici chaque automne (*voir « Nos adresses »*). Ses cabines en toile rayée et sa piscine d'eau de mer sont très prisées des familles. La promenade le long de la plage à gauche mène à une terrasse d'où l'on voit St-Malo. Au-delà, on aperçoit la **pointe des Étêtés**, ainsi que les quartiers de la Malouine et de St-Énogat.

Plage de l'Écluse et villas de la pointe de la Malouine.
J. Larrea/age fotostock

★ Pointe de la Malouine et quartier de Saint-Énogat B1-A1

2

Au départ de la plage de l'Écluse.
Jusqu'à la plage de St-Énogat, le sentier longe la mer en contrebas de **somptueuses villas**, précieuses spectatrices du glorieux passé de Dinard. Bâti à partir de 1880, le village de la Malouine, comme suspendu à sa pointe rocheuse, est une véritable prouesse architecturale. À l'extrémité de la pointe, la villa **Les Roches brunes** est l'une des empreintes les plus mythiques du Dinard de la Belle Époque. Son architecture néo-Louis XIII s'illustre avec son parement de briques rouge foncé. Propriété de la ville, elle ouvres ses portes pour des expositions saisonnières, permettant aux visiteurs de découvrir ses salons de réception et sa terrasse offrant une superbe vue.
La promenade passe par le beau **jardin** en terrasse du **Port-Riou** (vue jusqu'au cap Fréhel) qui annonce la **plage de St-Énogat**, située au bas de rochers escarpés.
Le quartier du même nom est le « berceau de Dinard », lieu prisé dès le milieu du 19e s. par de nombreux poètes et écrivains (Leconte de Lisle, Lautréamont…).

★ Promenade du Clair-de-Lune B1-2

De la plage du Prieuré – laquelle doit son nom au prieuré fondé ici en 1324 – jusqu'à l'anse du Bec-de-la-Vallée, cette promenade piétonnière à l'abri du vent est parsemée d'une épatante végétation méditerranéenne : palmiers, cèdres de l'Atlas, eucalyptus, pins se succèdent au fil de l'eau. En levant le nez, on s'amuse des empilements de villas coiffées de belvédères et de terrasses, et l'on peut admirer au loin St-Malo, St-Servan et la Rance.
Côté « ville », engagez-vous dans la rue des Français-Libres, depuis la place du Général-de-Gaulle. Au nº 12, en face de l'église, s'ouvre le jardin de la villa Eugénie.

La villa Eugénie B2

Visible de l'extérieur uniquement.
Créée en 1868 pour l'épouse de Napoléon III qui devait inaugurer la saison balnéaire, mais, suite à une dispute, le couple n'y vint jamais.

UNE STATION MONDAINE

Ancien village de pêcheurs, Dinard est « lancée » vers 1850 par un Britannique, Robert Monteith. L'installation d'un établissement de bains de mer en 1856 est particulièrement appréciée des Anglais.

En 1866, Dinard se prépare pour l'arrivée de Napoléon III. La villa Eugénie est construite pour recevoir l'impératrice. Les souverains ne viennent pas, mais la station bénéficie d'une certaine médiatisation et, en 1870, un promoteur d'origine libanaise, Rochaïd Dahdah, lance des projets audacieux d'urbanisme et obtient que Dinard soit reliée par le train à Dinan. Il est suivi par Albert Lacroix et ses luxueux lotissements, dont celui de la Malouine. Entre les deux guerres, la ville compte quatre casinos et des hôtels de luxe. Des digues, promenades et piscines d'eau de mer sont aménagées. Après la Seconde Guerre mondiale, Dinard devient une destination plus familiale et reste très appréciée pour ses belles plages et celles de ses voisines, St-Lunaire et St-Briac.

Fière de son patrimoine architectural balnéaire exceptionnel (plus de 400 villas et immeubles sont classés), Dinard compte le partager avec les visiteurs et les estivants grâce à un **Centre d'Interprétation de l'Architecture et du Patrimoine (CIAP)** qui devrait à terme être implanté dans les locaux occupés par l'office de tourisme.

★★ Pointe de la Vicomté Hors plan par B2

Ce beau domaine loti est l'un des quartiers les plus agréables. Depuis l'avenue Bruzzo, le chemin de ronde *(à faire à pied)* offre de splendides **échappées** sur la rade et l'estuaire de la Rance, la tour Solidor et le rocher de Bizeux surmonté d'une statue de la Vierge.

À voir aussi Plan de ville p. 108

★ Parc de Port-Breton B2

Boulevard de la Libération, en face de la plage du Prieuré.

Ce parc de 23 ha est surprenant par la richesse de ses essences, sa roseraie, ses étangs et ses pelouses dévalant jusqu'à la mer. Ses aires de jeux, son parc animalier et son parcours sportif offrent un idéal moment en famille. En son cœur trône une villa, un brin austère, construite dans les années 1920 par René Aillerie pour le compte d'une aristocrate anglaise, madame Meyer Sassoon.

St Bartholomew's Church B1

6 av. G.-Clemenceau.

Au 19e s., les Anglais ont été les premiers séduits par Dinard et en ont fait la célèbre station balnéaire qu'elle est devenue. Dans une ruelle en pente, on découvre ainsi cette petite église anglicane, construite à la fin des années 1860. Discrète, elle est ceinte d'un joli petit jardin fleuri. Elle abrite de beaux vitraux et un orgue décoré. On remarque sa charpente et son mobilier en bois et ses coussins brodés des blasons des familles anglo-saxonnes installées à Dinard.

Château Coppinger B1

9 r. Coppinger - r. Faber. Visible de l'extérieur uniquement.

Cette villa, qui porte le nom de son premier propriétaire, est sans doute l'une des premières de Dinard, construite vers 1858, puis rachetée en 1927 par lord

Robert Mond et son épouse bretonne. Elle domine la cale du Bec-de-la-Vallée de toute sa splendeur.

Randonnée

À VÉLO SUR LA VOIE VERTE ENTRE DINARD ET DINAN

Aménagée sur l'ancienne voie ferrée qui courait autrefois sur les hauteurs du Val de Rance, la voie verte mène à Dinan en 17 km tout juste. L'aller-retour est à la portée de tous.
Point de départ : la vaste aire de repos de Pleurtuit, à 2 km au sud de Dinard, avec parking, tables de pique-nique, point d'eau et commodités. La voie verte, balisée tout du long, vous mènera jusqu'au bout de l'estuaire de la Rance, avec pour seul dénivelé une plongée finale sur le bourg de Taden *(voir p. 137)* et le port de Dinan *(voir p. 129)*, juste au-dessous de la ville haute. Vous y monterez à pied, laissant votre vélo en bas des rues du Petit Fort et du Jerzual. Pas d'orgueil mal placé au retour : mettez pied à terre à Taden quand il s'agira de grimper la côte menant à la voie verte de Dinard !

Circuit conseillé Carte de microrégion p. 82

★★★ LA CÔTE D'ÉMERAUDE : DE DINARD AU CAP FRÉHEL

Circuit de 73 km tracé en vert sur la carte p. 82 – environ 4h. Quittez Dinard à l'ouest par la D 786 qui longe la côte.
Entre St-Malo et le cap Fréhel, stations et plages se succèdent.

★ Saint-Lunaire A1

Élégant site balnéaire aux deux belles plages : à l'est, St-Lunaire, la plus animée, regarde St-Malo ; à l'ouest, Longchamp, la plus vaste, est tournée vers le cap Fréhel.
★★ **Pointe du Décollé** – Elle est reliée à la terre par un pont naturel qui franchit la profonde crevasse du saut du Chat ; au-delà s'étendent les promenades. *Prenez, à gauche de l'entrée du pavillon du Décollé, le chemin conduisant à la pointe où est érigée une croix en granit.*
La **vue**★★ sur la Côte d'Émeraude, depuis le cap Fréhel jusqu'à la pointe de la Varde, est splendide.
★ **Grotte des Sirènes** – *Ne se visite pas.* Le pont franchit la faille par laquelle cette grotte s'ouvre vers la mer, et dont on voit le fond ; à marée haute, les vagues l'assaillent avec puissance.
Vieille église St-Lunaire – Élevée parmi les arbres dans un ancien cimetière, elle a conservé sa nef du 11e s. qui abrite le tombeau de saint Lunaire (ou Léonor), moine gallois du 6e s., dont le gisant (14e s.) repose sur un sarcophage gallo-romain. Dans le transept, sept autres tombeaux, dont celui richement sculpté d'une dame de Pontual (13e et 14e s.) et celui d'un chevalier (15e s.).

★ Pointe de la Garde-Guérin A1

15mn à pied AR.
Après la pointe, prenez à droite. Au fil de la descente, un chemin truffé de bunkers conduit à la base de la colline. En haut du promontoire, appréciez le beau **panorama**★★ du cap Fréhel à la pointe de la Varde.

2

« PAYSAGES BRETONS »

Une côte dentelée, des lumières subtiles et versatiles, des scènes du quotidien typiques… St-Briac et ses environs ont inspiré une génération d'artistes à la fin du 19e s. En 1886, **Auguste Renoir** (1841-1919), fuyant les polémiques académiques, s'y installa. Le jeune peintre **Henri Rivière** (1864-1951) eut l'occasion de le saluer : il était là sur le conseil de son ami **Paul Signac** (1863-1935), qui y avait séjourné en 1884. Il réalisa une série de gravures sur bois, *Paysages bretons*, s'inspirant des estampes japonaises. **Émile Bernard** (1868-1941) vécut sporadiquement à St-Briac dès 1886, y développant la technique déterminante pour l'école de Pont-Aven : le synthétisme *(voir p. 398)*.

La route traverse le Golf de Dinard, magnifique terrain de 60 ha qui s'étend le long du rivage. Implanté en 1887 par la colonie anglaise de Dinard, il abrite un élégant club-house de style Art déco (1927).

Saint-Briac-sur-Mer A1

Office de tourisme – *49 Grande-Rue - 35800 St-Briac-sur-Mer - ✆ 0 821 23 55 00 - www.dinardemeraudetourisme.com - 10 juin-26 août : 9h30-18h45, dim. 10h-12h30, 15h-18h30 ; reste de l'année : se rens. - connexion Internet et visites guidées proposées.*

Cette station détient un port de pêche et de plaisance, de belles plages et d'élégantes villas du 19e s. Admirez le château du Nessay, en brique polychrome.

Du « Balcon d'Émeraude », route tracée en corniche, et de la croix des Marins, jolies vues sur la côte *(accès : à partir du Balcon d'Émeraude, par un sentier à gauche avant un pont)*.

Traversez le Frémur sur le pont de 300 m. Belle vue à droite sur la station et sur un îlot au centre duquel se dresse un château.

La route longe plusieurs baies propices à la culture des moules et des huîtres.

Lancieux A1

Ce bourg abrite une longue plage de sable fin, d'où l'on a une belle vue sur l'île Ebihens et les avancées de la côte, St-Jacut-de-la-Mer, St-Cast et le cap Fréhel. À la sortie du village, à gauche, remarquez le moulin restauré du 16e s.

Gagnez Saint-Jacut-de-la-Mer par la D 786 et la D 26.

★ Saint-Jacut-de-la-Mer A1

Ce petit port de pêche possède 11 plages. Un séjour familial est idéal à la Pissote et le Rougeret. Après avoir longé celle-ci, on atteint la falaise de la **pointe du Chevet**, appelée « Chef de l'île ». Belle **vue★** en face sur l'île **Ebihens** et sa tour du 17e s. ; à gauche, sur la baie de l'Arguenon et St-Cast ; à droite, sur la baie de Lancieux.

Le Guildo A2

Du pont, on aperçoit, sur la rive droite de l'Arguenon, les ruines du château, résidence de Gilles de Bretagne au 15e s. Ce poète galant et insouciant menait joyeuse vie, d'où l'expression « courir le guilledou ». Soupçonné de machinations par son frère, il fut emprisonné. Comme il ne mourait pas assez vite, on l'étouffa. Avant d'expirer, Gilles soumit son frère au jugement de Dieu, et le duc, bourrelé de remords, passa de vie à trépas.

Les Pierres Sonnantes – À hauteur des ruines du château *(à droite, sur l'autre rive, juste après le pont)*, on rencontre un amoncellement de rocs d'amphibolite surnommé « les Pierres Sonnantes ». Connues depuis la plus haute Antiquité,

Pointe de la Garde.
G. Labriet/Photononstop

ces phonolithes se présentent sous forme de laves compactes. Lorsqu'on les frappe avec des cailloux de même nature, elles rendent un son quasi métallique dû au grain parfaitement homogène des roches.
Prenez la direction de St-Cast par la côte.

2

Pointe de Bay A1

Une belle route, à droite, mène à une vaste aire de stationnement. La **vue★** s'étend sur l'estuaire de l'Arguenon, planté de rangées de bouchots à moules, la presqu'île de St-Jacut et l'île Ebihens.
La route longe l'élégante plage de sable fin de **Pen-Guen**.

★★ Pointe de la Garde A1

Un balcon surplombant les plages de St-Cast et de Pen-Guen offre de magnifiques **vues★★**. Un sentier touristique contourne la pointe : il emprunte la corniche de la Plage près de l'hôtel Ar Vro, passe non loin de l'oratoire, suit la falaise à la pointe et se raccorde, sur le versant sud, au chemin d'accès à la cale près de l'oratoire.

★ Saint-Cast-le-Guildo A1

Office de tourisme – *Pl. Charles-de-Gaulle - 22380 St-Cast-le Guildo - 02 96 41 81 52 - www.saintcastleguildo.com - juil.-août : 9h30-13h, 14h-19h, dim. et j. fériés 10h-12h30, 15h-18h30 ; reste de l'année : se rens. - fermé 1er janv., 25 déc.*
Cette station familiale a un long passé de tourisme balnéaire révélé par ses belles villas du quartier des Mielles. La flottille de son charmant port de pêche est dédiée aux coquilles Saint-Jacques et aux praires : vous l'apercevrez peut-être à l'œuvre du haut des pointes de St-Cast et de la Garde.
Église – *Au Bourg.* À l'intérieur de cette église (fin 19e s.), notez un curieux bénitier (12e s.) orné de grotesques (peintures et décorations murales), et les statues de saint Clément et saint Cado, du 17e s. Ce dernier, très populaire au pays de Galles, a donné Cast en breton. On trouve sa trace ailleurs en Bretagne, notamment à St-Cado et à Pleucadec dans le Morbihan.

Chapelle Ste-Blanche – *À l'Isle.* Au-dessus du maître-autel, une antique statue de sainte Blanche, mère de triplés, est traditionnellement l'objet de vénération.

★★ Pointe de Saint-Cast A1

À l'extrême pointe, un monument est dédié à la mémoire des : « Évadés de France qui préfèrent mourir debout que vivre à genoux. » On l'atteint par un sentier le long de la falaise. Il relie le chemin de St-Cast à la plage de la Mare. De superbes **vues**★★ s'étendent depuis la table d'orientation.

Depuis St-Cast, la route décrit un long crochet, pour contourner la baie de la Frênaye, dont elle longe le fond.

Après Trécelin, prenez la D 16A menant à l'entrée du fort où se trouve un parc de stationnement.

★★ Fort La Latte A1 *(voir p. 121)*

★★★ Cap Fréhel A1 *(voir p. 120)*

Fort La Latte.
Eurasia Press/Photononstop

NOS ADRESSES À DINARD

VISITE

Ville d'art et d'histoire – *www. dinardtourisme.com - mars-nov. : horaires, se rens. (dép. de l'office de tourisme) - 6 € (-15 ans 4 €).* Dinard, qui porte le label Ville d'art et d'histoire, propose différentes visites découvertes *(1h30, sur réserv.)* animées par des guides conférenciers agréés par le ministère de la Culture et de la Communication. Circuits-découvertes : brochures pour visite libre disponibles gratuitement à l'office de tourisme.

HÉBERGEMENT

BUDGET MOYEN

Hôtel de la Plage – *3 bd Féart - ☎ 02 99 46 14 87 - www. hoteldelaplage-dinard.com - ♿ - wifi - 18 ch. 99/142 € - ☕ 11 €.* Une nuit sereine dans une chambre joliment rénovée, voici la belle promesse tenue par ce sympathique hôtel fort bien situé.

Comfort Hôtel Balmoral – *26 r. du Mar.-Leclerc - ☎ 02 99 46 16 97 - www.hotel-dinard-balmoral. com - ♿ - wifi - 29 ch. 103/143 € - ☕ 10,50 €.* Hôtel tout confort à deux pas du centre. Accueil très aimable.

POUR SE FAIRE PLAISIR

Hôtel de la Vallée – *6 av. George-V - ☎ 02 99 46 94 00 - www. hoteldelavallee.com - ♿ - wifi - fermé en janv. - 23 ch. 135/235 € - ☕ 14,50 € - ✕ 22/55 €.* Près de la plage de l'Écluse, une bâtisse de 1892 au charme typique des stations balnéaires... Les chambres, contemporaines, arborent une couleur différente selon l'étage (rouille, turquoise, vert anis) et ouvrent pour la plupart sur la mer. Si la salle du restaurant est agréable avec ses grandes baies vitrées, on ne résiste pas à la terrasse, orientée plein sud juste au-dessus de la pittoresque cale du Bec de la Vallée. Idéal pour déguster de beaux produits de la mer, cuisinés avec tout le respect qui leur est dû.

Hôtel Printania – *5 av. George-V - ☎ 02 99 46 13 07 - www. printaniahotel.com - fermé mi-nov. à mi-mars - P 12 € - wifi - 55 ch. 85/182 € - ☕ 12 € - ✕ 26/40 €.* Ceux qui aiment le folklore vont être servis ! Sa salle à manger et son salon avec vue sur la mer sont bretons à souhait : meubles « à gâteau » et tableaux anciens en décorent les moindres recoins… Même les serveuses du restaurant arborent un costume régional !

Côte d'Émeraude

PREMIER PRIX

Camping Les Castels - Le château de Galinée – *R. de Galinée - 22380 St-Cast-le-Guildo - 16 km au sud de Dinard, accès par D 786, près du carrefour avec la rte de St-Castle-Guildo - ☎ 02 96 41 10 56 - www.chateaudegalinee. com - de mi-mai à mi-sept. - 273 empl. 23,40/46,80 € - locatif : 2 roulottes 41/79 € - 46 bungalows - nuitée 45/91 €.* Une adresse idéale pour les familles. Emplacements pour camper spacieux et bien ombragés, au calme. Beau parc locatif. Installations sanitaires particulièrement adaptées aux familles avec jeunes enfants.

Camping Émeraude – *7 chemin de la Souris - 35800 St-Briac-sur-Mer - ☎ 02 99 90 44 55 - www. campingemeraude.com - avr.-oct. - 50 empl. 41 € - 127 locatifs 35/75 €.* Un ensemble bien entretenu proposant des emplacements verdoyants. Locatif varié avec de nombreux mobile homes,

2

quelques chalets, mais aussi des tentes et des bungalows meublés. Nouveau bar-restaurant à la décoration cosy. Piscine paysagère avec pataugeoire et un « petit » toboggan aquatique 3 pistes.

BUDGET MOYEN

Chambre d'hôte Le Clos du Pont Martin – *35800 St-Briac-sur-Mer - Le Pont Martin - ✆ 06 68 37 62 65 - www.briac.com - ⊠ P - 3 ch. 79/85 €* ☕. Cette demeure contemporaine nichée dans un parc, à 5 minutes des plages de St-Briac-sur-Mer, vous réserve un accueil douillet. Chambres alliant avec bonheur mobilier de style et confort moderne. En hiver, le petit déjeuner est servi au coin du feu.

POUR SE FAIRE PLAISIR

Chambre d'hôte La Belle Noé – *22130 Créhen - 1,5 km au nord-est de Créhen par D 768 - ✆ 02 96 84 08 47 - www.crehen.com - fermé de nov. à mi-mars - ⊠ P - 5 ch. 85/115 €* ☕. Une ancienne ferme brillamment rénovée, au cœur d'un écrin d'arbustes et de roses rares, avec des champs pour unique horizon. Meubles chinés et bibelots en tous genres trouvent leur place dans un intérieur pittoresque.

RESTAURATION

PREMIER PRIX

Au Bouchon Breton – *20 r. du Mar.-Leclerc - ✆ 02 99 46 85 95 - fermé merc. et jeu., 1 sem. en juin et en nov., en janv. - formule 16 €, menu 30 €, carte 32/46 €*. Charline et Jérôme ont métamorphosé cette ancienne crêperie du centre-ville, et le résultat est ce Bouchon Breton où ils célèbrent la tradition bistrotière de belle manière. De savoureux plats, mitonnés avec soin, côtoient d'excellents desserts… Un vrai bon plan.

Crêperie du Roy – *9 bd Féart - ✆ 02 99 46 10 57 - galettes 2,50/9,80 €, crêpes 2,40/7,40 €*. Une vaste salle rustique, décorée de maquettes de bateaux, où déguster un grand choix de crêpes et de galettes maison.

BUDGET MOYEN

Le Bistro d'Oliver – *25 bd Féart - ✆ 02 99 16 07 95 - du merc. au dim. soir uniquement, mar. soir pdt les vac. scol. - 20/40 €*. Ce chouette bistro, avec cuisine ouverte sur la salle, propose une carte courte mais toujours de bon augure. On y sert de bons produits cuisinés avec audace et inventivité.

Le Café Rouge – *3 bd Féart - ✆ 02 99 46 70 52 - https://www.facebook.com/LeCafeRougeDinard - fermé lun., 15 j. en fév., 1 sem. en juin et 1 sem. en sept - ♿ - formule 16,50/19,50 € - 27/54 €*. Toute la famille Leroux – père et mère, fils et belle-fille – s'active avec professionnalisme pour le plaisir des clients. Le banc d'écailler posé à l'entrée, annonce l'esprit de la carte : fruits de mer et poissons d'une belle fraîcheur ; la qualité est au rendez-vous.

L'Appel du Large – *4 bd Wilson - ✆ 02 99 16 30 30 - www.casino-barriere-dinard.com - fermé lun.-mar. sf juil.-août, 2e sem. janv. et 1re sem. fév. - ♿ - 21/33 €*. La vaste salle de restaurant, attenante à celle des machines à sous du casino, offre une vue panoramique sur la grande plage de Dinard. Décor dans l'esprit « croisière », banc d'écailler. Carte de brasserie (viandes, poissons et plateaux de fruits de mer).

Le Citrus – *14 r. Yves-Verney - ✆ 02 90 04 03 54 - fermé lun., hors sais. fermé mar. et merc. midi - 25/35 €*. Un jeune et prometteur chef malouin s'est lancé en 2013 dans l'aventure de créer son propre restaurant en lieu et place de l'emblématique *Atypic*. Dans un décor sobre, il propose une cuisine raffinée et inventive. La promesse est tenue.

POUR SE FAIRE PLAISIR

Didier Méril – *1 pl. du Gén.-de-Gaulle - ✆ 02 99 46 95 74 - www.restaurant-didier-meril.com - formules 27/31 € - menu du marché 31/37 € - 52/90 € - 9 ch. 100/320 € - ☕ 15 €.* Tons orange et gris, cave vitrée, mobilier design, et – clou du spectacle – une vue splendide sur la baie du Prieuré : la rencontre d'un cadre moderne et d'une cuisine traditionnelle. Chambres cosy à l'étage.

Côte d'Émeraude

PREMIER PRIX

Café des Sports – *1 r. du Col.-Pleven - 22650 Ploubalay - ✆ 02 96 27 20 07 - ♿ - en sais. : tlj midi et soir ; hors sais. : tlj midi et sam. soir - menu déj. 15,90 €.* Une bonne adresse qui ne paie pas de mine : derrière la salle du café, une autre salle, simple, où l'on vous servira de délicieuses et gargantuesques choucroutes de la mer, à prix doux *(17 €)*. Les gens du coin s'y retrouvent pour des repas de famille. Réservation conseillée.

L'Amirauté – *1 pointe du Décollé - 35800 St-Lunaire - ✆ 02 99 46 33 38 - ♿ - tlj midi et soir - galettes 7,50/10 €, crêpes 5/8,50 €, salades 11/13,50 €.* Sur la pointe du Décollé, ce bar-crêperie jouit d'une vue panoramique sur la baie de St-Malo, la mer et les rochers qui émergent de l'écume… Grande terrasse.

BUDGET MOYEN

Sucré-salé – *41 Grande-Rue - 35800 St-Briac-sur-Mer - ✆ 02 99 88 32 45 - www.restaurant-sucre-sale.com - avr.-nov. - fermé jeu., vend., sam. midi - formules déj. 14,90/18,90 €.* Étape gourmande sympathique dans ce restaurant situé entre les plages et le centre du bourg. Savoureuse cuisine aux accents exotiques proposée dans un décor sobre et élégant.

POUR SE FAIRE PLAISIR

Restaurant de la Gare – *4 r. des Ormelets - 22650 Ploubalay - ✆ 02 96 27 25 16 - www.restaurant-la-gare-ploubalay.com - fermé mar. (sf midi sept.-juin), merc. (sf juil.-août) et lun., 15 fév.-9 mars, 2-12 juil. - formule 15 €, menu 30/65 €, carte 38/62 €.* Si vous parcourez les stations de la Côte d'Émeraude, faites halte dans cette Gare gourmande ! À travers une cuisine personnelle et savoureuse, Thomas Mureau joue sans excès avec la tradition régionale, entre mer et terre. Les menus s'adaptent aux produits du marché local… qualité oblige.

Le Décollé – *1 Pointe-du-Décollé - 35800 St-Lunaire - ✆ 02 99 46 01 70 - www.restaurantdudecolle.com - ♿ - fermé mi-nov.-1er fév., lun.-mar. et lun. en juil.-août (sf j. fériés) - formule 22 € - 32/45 €.* La carte fait la part belle aux produits de la mer, tandis que le sobre décor s'efface devant la superbe vue sur la Côte d'Émeraude… L'établissement jouit d'une situation privilégiée sur la pointe du Décollé ! En terrasse, le spectacle est total.

Les Deux Sardines –*2 bd de la Houle - 35800 St-Briac-sur-Mer - ✆ 09 80 83 44 04 - fermé de sept. à mai, merc., jeu. et vend. midi, merc. et jeu. midi en juil.-août - 35/50 €, menu dégustation mar. 38 €.* Des deux sardines, n'en reste qu'une, Adelaïde Perissel. Malgré son jeune âge (elle n'a que 28 ans), cette ancienne de chez Roellinger sublime à merveille produits de la mer et du terroir, arrosés de bons vins. Un régal ! Le tout dans un décor tendance.

BOIRE UN VERRE

À Dinard

L'Aquarium du Castelbrac – *17 av. George-V - ☎ 02 99 80 30 00 - tte l'année - café 4 €, soda 6 €.* Ouvert en juin 2015, dans une villa du 19e s. devenue station marine-aquarium dans les années 1930, ce cinq-étoiles offre une vue splendide sur la côte et la corniche. Sa terrasse, comme suspendue au-dessus de la mer, invite au voyage.

Le 333 Café - Grand Hôtel Barrière – *46 av. George-V - ☎ 02 99 88 26 26 - 31 mars-4 nov. : tlj 12h-0h.* Envie d'un thé ou d'un cocktail en fin de journée face à la mer dans un décor unique ? Ne cherchez plus, c'est ici qu'il faut se rendre. Essayez le fameux 333…

ACHATS

À Dinard

Marché – *Pl. Crolard - mar., jeu. et sam. mat. et esplanade des Halles tous les mat.* Un très grand et beau marché qui attire une clientèle fidèle, spécialement le samedi.

Vent de voyage – *12. r. Levavasseur - ☎ 02 99 20 17 91 - en saison : tlj 10h-13h, 15h-19h ; hors saison : 15h-19h - fermé dim.* Voici la boutique-atelier de la célèbre marque qui, depuis l'an 2000, crée sacs et objets à partir de vraies toiles de voile.

À Saint-Cast-le-Guildo

Marché – *mar. mat., pl. de l'église Notre-Dame-du-Guildo et vend. mat. pl. Anatole le Braz.*

ACTIVITÉS

Équitation

Dinard Émeraude Équitation – *20 r. du Val-Porée - ☎ 02 99 46 23 57 - www.dinardequitation.com - accueil 10h-12h, 15h-18h - fermé sept.* Ce centre équestre donne des cours, et organise des stages et des randonnées. En août, compétition internationale de jumping

Écuries de St-Lunaire – *Le pont aux Dieux - 35800 St-Lunaire - La Broussette - ☎ 02 99 46 06 20 - www.equitation-saint-lunaire.fr - tlj sf dim.* Ce centre un peu en retrait de St-Lunaire dispense cours et stages d'équitation, et organise des promenades.

Golf

Dinard Golf à St-Briac-sur-Mer – *53 bd Houle - 35800 St-Briac-sur-Mer - ☎ 02 99 88 32 07 - www.dinardgolf.com - été : 8h30-20h ; reste de l'année : 9h-19h - fermé 25 déc. - 60/100 €.* Ouvert toute l'année, ce superbe parcours de 18 trous est l'un des plus anciens du continent.

Activités nautiques

Wishbone Club Dinard – *Plage de l'Écluse - ☎ 02 99 88 15 20 - www.wishbone-club-dinard.com - fermé déc.-fév.* Ce club nautique propose plusieurs formules : stages avec encadrement (voile et windsurf), cours particuliers à la carte ou simple location de matériel (planche à voile, catamaran, kayak, bateau à moteur sans permis).

Yacht Club de St-Lunaire – *Bd de la Plage - 35800 St-Lunaire - ☎ 02 99 46 30 04 - www.ycsl.net - avr.-oct. : tlj sf lun. ; nov.-mars : mar.-sam. - fermé déc.-janv. - stages de 5 j. (optimist, catamaran, planche à voile) : 127/235 € - kayak de mer, paddle 15 €.* Doté d'un parking à bateaux à l'extrémité de la plage, ce centre nautique propose des stages de planche, kayak de mer et voile, sur tout support : optimist, topaz et catamaran (15 pieds, Hobie cat 16 avec ou sans spi). Club des Moussaillons pour les enfants de 5 à 8 ans (127/137 € sem.)

Promenades en bateau

St-Malo *(traversée : 10mn, voir « Nos adresses » p. 99)* ; **Dinan, par la Rance** *(voir p. 131)* ; **Croisières au cap Fréhel** *(voir « Nos adresses » p. 122).*

Croisières sur la Rance et vers l'île de Cézembre – Elles permettent de découvrir des petites criques et des malouinières accrochées à flanc de coteau, ou de se rendre à l'île de Cézembre et sa vaste plage de sable fin exposée plein sud. Excursions en mer et sur la Rance. Nombreuses croisières au cœur de la Côte d'Émeraude et vers les îles… *Rens. à l'office de tourisme.*

Escapades en avion

Aéroclub de la Côte d'Émeraude – *35730 Pleurtuit - ✆ 02 99 88 23 42 - aeroclubdinard.pagesperso-orange.fr - baptêmes de l'air (30mn) - 120/150 € (3 pers. par avion).*

Bien-être

Thalassa Dinard – *1 av. du Château-Hébert - ✆ 02 99 16 78 10 - www.novoteldinard.com - 8h15-20h - fermé 3 sem. en déc.* Créée en 1990, cette structure moderne et lumineuse jouit d'un superbe point de vue sur la mer jusqu'aux remparts de St-Malo. Outre les cures traditionnelles, vous pourrez y tester les soins-découvertes pour un week-end ou une demi-journée.

AGENDA

La promenade du Clair-de-Lune – *Juil.-sept.* Elle est le cadre d'animations musicales (son et lumière).

Palais des Arts et du Festival – *✆ 02 99 46 50 63 - de mi-juin à mi-sept.* Chaque été, le palais accueille une grande exposition d'art.

Festival Un air de Jazz – *www.unairdejazz.com/- fin juil.-déb. août. À St-Cast-le-Guildo.* Certains concerts sont gratuits.

Festival du film britannique – *www.festivaldufilm-dinard.com - 1er w.-end d'oct.* Ce festival programme tous les ans le meilleur de la production d'outre-Manche.

Cap Fréhel

★★★

Côtes-d'Armor (22)

Il s'avance fièrement dans la mer et couronne la Côte d'Émeraude de toute la splendeur de ses hautes falaises de grès rose. Là, à 70 m au-dessus de l'eau, la vue est saisissante : à l'ouest Bréhat, à l'est la pointe du Grouin, et par temps clair, les îles Anglo-Normandes ; en contrebas, la côte escarpée aux failles taillées par les flux et reflux de la mer turquoise. Dès le printemps, sa lande battue par les embruns se couvre d'ajoncs et de bruyère sauvages. Elle abrite une réserve ornithologique naturelle réputée.

NOS ADRESSES PAGE 122
Hébergement, restauration, achats, activités, etc.

S'INFORMER

Office de tourisme du pays de Fréhel – *Pl. Chambly - 22240 Fréhel - 02 96 41 57 23 - www.paysdefrehel.com - juil.-août : 10h-13h, 14h-18h ; reste de l'année : se rens. - fermé 1er janv., 1er nov., 25 déc.*

Antenne de Plurien-Sables-d'Or-les-Pins – *Manoir Montangué - 22240 Plurien - 02 96 72 18 52 - www.plurien-tourisme.com - sais. : 9h30-12h30, 14h-18h30, dim. 10h-12h ; vac. de Pâques et vac. de la Toussaint : tlj sf w.-end 9h30-12h, 14h-17h30, mar. et j. fériés 9h30-12h ; reste de l'année : tlj sf w.-end 9h30-12h, 14h30-17h30, mar.-merc. et j. fériés 9h30-12h - fermé 1er janv., lun. de Pâques, 1er Mai, lun. de Pentecôte, 1er nov., 25 déc.*

SE REPÉRER

Carte de microrégion A1 (p. 82) – Entre St-Brieuc (43 km à l'ouest par la D 786) et Dinard (40 km à l'est par les D 786 et D 168), le cap pointe en plein cœur de la Côte d'Émeraude, au nord-ouest de St-Cast-le-Guildo.

SE GARER

Parkings payants en haute saison. uniquement (3 €/voiture), à partir du 1er avr.

À NE PAS MANQUER

La vue sur le site spectaculaire du fort La Latte et les randonnées côtières qui dévoilent au plus près toutes les beautés naturelles du cap.

ORGANISER SON TEMPS

Préférez la marée montante pour emprunter le chemin qui mène au cap : la houle se fracasse alors sur les falaises. C'est le moment le plus spectaculaire de cette promenade.

AVEC LES ENFANTS

Le château féodal du fort La Latte et son site impressionnant, la visite du phare et les sorties nature du cap.

UNE TÊTE DE PONT ROCHEUSE

Empiétant sur les eaux de la Manche, les falaises du cap Fréhel, hautes par endroits de presque 100 m, subissent de plein fouet le vent du large et une houle parfois furieuse. Pourtant, une légende raconte que, dans les temps anciens, il était possible de gagner les îles Anglo-Normandes à pied. Les scientifiques ont prouvé l'absurdité du récit ; néanmoins, dans la baie de la Frênaye, certains assurent avoir aperçu sous les eaux les plus basses une allée dallée !

LA GESTION D'UN SITE D'EXCEPTION
Le cap dépend de la commune de Fréhel, créée en 1973 après fusion des villages de Pléhérel et de Plévenon, eux-mêmes fondés au 5e s. par des Bretons d'outre-Manche nommés Hérel et Venon. Son classement en zone de protection spéciale (1993) l'a inscrit d'office dans le réseau Natura 2000 ; il fait également partie du réseau « **Grands sites de France** ». Acteurs locaux et régionaux surveillent ce site protégé pour ses 400 ha de landes et sa réserve ornithologique. Lichens, ajoncs, bruyères et œillets marins couvrent le sud-sud-est du cap, tandis que ses falaises servent de lieux de nidification à quantité d'espèces, dont les mouettes tridactyles.

Découvrir Carte de microrégion p. 82

★★★ Panorama A1
Le cap Fréhel, point de convergence des côtes de Penthièvre et d'Émeraude, offre un panorama exceptionnel (on admire ici les départs de courses au large telle la Route du Rhum). Son horizon s'ouvre de la pointe du Grouin à la pointe de l'Arcouest et l'île de Bréhat en passant par le cap d'Erquy et, tout près, l'incroyable château fort La Latte *(voir ci-dessous)*.

Phare A1
02 96 41 43 06 - avr.-oct. : horaires, se rens. - 3 € (-12 ans 1,50 €).
Construit en 1950, il est l'un des cinq phares les plus puissants en France. La portée de sa lampe à arc au xénon varie de 200 m (brouillard très dense) à 120 km (beau temps). Du haut de ses 145 marches, la vue est à couper le souffle.

★★ Fort La Latte A1
02 96 41 57 11 - www.castlelalatte.com - 7 juil.-26 août : 10h30-19h ; 1er avr.-6 juil. et 27 août-30 sept. : 10h30-18h ; reste de l'année : w.-end, j. fériés et vac. scol. apr.-midi - fermé 1er janv., 25 déc. - possibilité de visite guidée (45mn) - 5,70 € (-12 ans 3,70 €) - animations en sais.
Ce château, construit au 14e s. par les seigneurs de Gouyon-Matignon (dont un descendant, Jacques de Matignon, prendra en 1715 le nom de Grimaldi en épousant la fille du prince de Monaco), a été remanié au 17e s. pour devenir un fort de défense côtière, puis restauré au début du 20e s. Il a gardé son aspect féodal et occupe un **site★★** spectaculaire. Dans l'allée qui mène au fort, on croise un menhir appelé « doigt de Gargantua ». Dominant la mer de plus de 60 m, le fort est séparé de la terre ferme par deux crevasses que l'on franchit sur des ponts-levis.
Visite du fort – Il comprend deux enceintes. Le corps de garde, le logis du gouverneur, la citerne et la chapelle s'ordonnent autour d'une **cour intérieure**. Passé l'épais mur pare-boulets, on atteint la tour de l'Échauguette et le curieux four à rougir les boulets (1793), et, par un poste de guetteur, on accède au donjon. Du chemin de ronde, le **panorama★★** sur toute la Côte d'Émeraude est étonnant : anse des Sévignés, cap Fréhel, baie de la Frênaye, pointe de St-Cast, île Ebihens, St-Briac et St-Lunaire, pointe du Décollé, St-Malo, Paramé et Rothéneuf, île de Cézembre et pointe du Meinga. À découvrir absolument !

Randonnées Carte de microrégion p. 82

Tour du cap A1
Circuit de 30mn. À la pointe extrême surgit l'ancien phare. Cette **tour à feu** en granit – bâtie en 1702 sur les plans de l'ingénieur architecte Siméon

Garangeau (1647-1741), disciple de Vauban – a initialement fonctionné au charbon, puis à l'huile de poisson et à l'huile végétale avec la mise en place en 1774 de réverbères sphériques. Poursuivez le sentier qui domine les **rochers de la Fauconnière**, peuplés de goélands, cormorans, pétrels et guillemots. Près du restaurant, le sentier en forte pente sur la droite aboutit, à mi-hauteur, à une plate-forme d'où la vue est saisissante sur les rochers ruiniformes.

★★ Des landes au fort La Latte A1

2h AR sans la visite du fort. Certains passages peuvent être délicats pour les jeunes enfants. Après la **Fauconnière**, le GR 34 longe la côte jusqu'au château. Restez sur ce sentier balisé en rouge et blanc afin de préserver la flore et la faune de cette végétation fragile et trop souvent malmenée à force de piétinements. Après la pointe de Château-Renard, se dévoilent l'**anse des Sévignés** et son rocher solitaire. Elle est délimitée à l'est par la pointe de la Pie. Tout au long de la balade au milieu des bruyères, appréciez le ballet des mouettes et des goélands, et tentez d'apercevoir le fulmar boréal ou le pingouin torda qui comptent parmi les espèces de cette généreuse faune.

NOS ADRESSES AU CAP FRÉHEL

HÉBERGEMENT

BUDGET MOYEN

Chambre d'hôte Le Relais de Fréhel – *3 allée de Besnard - 22240 Plévenon - Ville Besnard à 1,5 km de Plévenon - ☏ 02 96 41 43 02 - www.relaiscapfrehel.fr - fermé de la Toussaint aux vac. de Pâques - P - wifi - 5 ch. 70 € et 2 gîtes.* Dans un parc boisé, une ancienne ferme de granit rose. La rhumerie fera le bonheur des amateurs. Chambres et gîtes, coquets et confortables.

RESTAURATION

BUDGET MOYEN

La Potinière – *24 r. des Evettes - 22430 Erquy - ☏ 02 96 72 39 73 - fermé mar. hors sais. - 14,50/16,50 €.* Une crêperie sans prétention, près du cap.

POUR SE FAIRE PLAISIR

Le Victorine – *Pl. de Chambly - ☏ 02 96 41 55 55 - www.levictorine.net - fermé vac. de fév., dim. soir et lun. - formules déj. 15/17 € - 24/39 €.* Ce restaurant familial sert une cuisine de marché en terrasse, ou dans une salle à manger sobre et néorustique.

ACTIVITÉS

Sorties-découvertes – *16 r. Notre-Dame - 22240 Plévenon - ☏ 02 96 41 50 83 - www.grandsite-capserquyfrehel.com.* Le Grand site cap d'Erquy - cap Fréhel propose différentes balades et des randonnées guidées pour découvrir les falaises et la lande, observer les oiseaux, essayer la pêche à pied, arpenter les dunes et le marais des Sables-d'Or.

Promenades en mer

Compagnie corsaire – *35400 St-Malo - ☏ 0 825 13 81 00 - www.compagniecorsaire.com.* De St-Malo, St-Cast et Dinard, des vedettes permettent de contempler le cap Fréhel de la mer. Unique !

AGENDA

Médiévales du fort La Latte – *www.castlelalatte.com - 3 j. déb. août - 14 € (enf. 9/11 €).* Nombreuses animations sur le site (tournois, vols de rapaces, etc.).

Dinan

★★

10 919 Dinannais – Côtes-d'Armor (22)

Gracieuse et discrète, Dinan s'est établie sur les flancs escarpés d'un plateau au-dessus de la Rance, sur les bords de laquelle s'est ancré son joli petit port de plaisance. De loin, son château fort, ceint de remparts, domine et protège la vieille ville où maisons à pans de bois et demeures de granit se côtoient avec harmonie dans un lacis de ruelles.

NOS ADRESSES PAGE 138
Hébergement, restauration, achats, activités, etc.

S'INFORMER

Office du tourisme Dinan-Vallée de la Rance – *9 r. du Château - 22100 Dinan - ☏ 02 96 87 69 76 - www.dinan-tourisme.com - juil.-août : 9h30-19h, dim. et j. fériés 10h-12h30, 14h30-18h ; de déb. à mi-sept. : 9h30-18h30, dim. 10h-12h30, 14h30-18h ; avr.-juin et de mi-sept. à fin oct. : tlj sf dim. (sf j. fériés) 9h30-12h30, 14h-18h ; reste de l'année : 9h30-12h30, 14h-18h, lun. 14h-18h - fermé 1er janv., 1er Mai, 25 déc.*

SE REPÉRER

Carte de microrégion A2 (p. 82) – À 30 km environ au sud de St-Malo, Dinan marque la naissance de l'estuaire de la Rance. On y accède par la N 176 (sortie Dinan-Quévert) ou par les D 137 et D 794 en venant de Rennes (50 km).

SE GARER

Nombreux parkings, gratuits le premier quart d'heure.

À NE PAS MANQUER

La vieille ville, avec ses remparts et son château. La croisière Dinan-St-Malo pour découvrir les paysages cachés de la Rance.

ORGANISER SON TEMPS

Prévoyez au minimum une journée pour sillonner les ruelles pentues de la vieille ville (n'oubliez pas de mettre de bonnes chaussures). Réservez un après-midi pour la croisière sur la Rance, et le jeudi matin pour le marché de la place Du-Guesclin.

AVEC LES ENFANTS

La découverte ludique de la ville avec le parcours « Raconte-moi Dinan… », le musée du Rail, les croisières sur la Rance et la visite de la Maison de la Rance, le parc zoologique du château de la Bourbansais, le musée de la Pomme et du Cidre à Pleudihen-sur-Rance et le moulin à marée du Prat.

2

Se promener Plan de ville p. 125

★★ LA VIEILLE VILLE

Une promenade dans les rues du vieux Dinan permet d'admirer de nombreuses maisons à pans de bois du Moyen Âge remarquablement restaurées.

Centre d'Interprétation de l'Architecture et du Patrimoine (CIAP) A2

9 r. du Château - ☏ 02 96 87 69 76 - www.dinan-tourisme.com - lun.-sam. 9h30-12h, 14h-17h20 - gratuit (environ 45mn).

Au sein de l'office de tourisme, cet espace dédié permet une visite interactive retraçant l'histoire de Dinan. On déambule au fil des panneaux didactiques, mis en scène intelligemment, pour une découverte chronologique et inédite de la ville : ses maisons à pans de bois et son patrimoine, sa vie politique et son essor marchand, son château et ses personnages illustres, entre autres.

Place Du-Guesclin B2

Cet ancien champ de foire est bordé d'hôtels des 18e et 19e s. La statue équestre du connétable est l'œuvre de Frémiet.

Prenez la rue Ste-Claire jusqu'à la rue de l'Horloge, à gauche.

Maison de la harpe B2

6 r. de l'Horloge - ✆ 02 96 87 36 69 - www.harpe-celtique.fr - juil.-août : tlj sf w.-end 10h30-12h, 14h-18h ; vac. scol. (sauf vac. de Noël) ; juin et sept. : tlj sf w.-end 14h-17h30 ; reste de l'année : se rens. - 2 € (-18 ans gratuit).

L'**hôtel Kératry**, superbe bâtisse du 16e s. (1559) aux trois colonnes ioniques (chapiteau à volutes) et aux 14 personnages sculptés, abrite la Maison de la harpe, lieu d'expositions, centre de documentation et d'animations sur la harpe celtique et les harpes traditionnelles du monde.

Maison du Gisant B2

Une restauration de cette maison à porche du 17e s. a permis de découvrir le gisant (14e s.) exposé à l'extérieur.

Tour de l'Horloge B2

R. de l'Horloge - ✆ 02 96 87 02 26 - juin-sept. : 10h-18h30 ; de mi-avr. à fin mai : 14h-18h - 4 € (-18 ans 2,50 €) - 10 € billet combiné avec le château de Dinan et le musée Yvonne Jean-Haffen.

Pour admirer la tour avec le recul nécessaire, empruntez le passage de l'Horloge qui la ceint. Dans ce beffroi, le dernier de Bretagne avec celui de Fougères, se trouve l'horloge achetée par la riche bourgeoisie de la ville en 1498. Du sommet *(158 marches - 47 m)* se révèle un **panorama★★** sur la cité et sa campagne environnante. Exposition sur Anne de Bretagne et sur Dinan depuis 1750.

★ Place des Merciers B2

Bordée de belles maisons à pignons triangulaires elle forme, avec la rue de l'Apport et la place des Cordeliers qui la prolongent, un bel ensemble de maisons à pans de bois typiquement dinannaises des 15e, 16e et 17e s. : à étages en encorbellement, à porches reposant sur des piliers de bois, à vitrines avec leurs hautes fenêtres en avancée.

Jetez un coup d'œil dans les rues avoisinantes de la Cordonnerie et du Petit-Pain, avec leurs maisons à encorbellement. Dans la rue de la Mittrie naquit au no 10 le chansonnier **Théodore Botrel** (1868-1925).

Passez devant l'ancien couvent des Cordeliers (voir ci-contre) et continuez dans la Grande-Rue.

Église Saint-Malo A1

Commencée en 1490 et achevée au 19e s., elle est de style gothique flamboyant. Si son chœur, son chevet et son transept datent de la fin du 15e s., ses **vitraux** sont du début du 20e s. et racontent la vie des quartiers du Jerzual, du Vieux-Pont et des Cordeliers. À ses pieds trône un majestueux *magnolia soulangeana* offert par le maire de Rennes en 1850, arbre emblématique de la ville dont la floraison est, chaque printemps, très attendue.

Reprenez en sens inverse la Grande-Rue prolongée par la rue Lainerie.

SE LOGER
Hôtel Le Challonge 1
Hôtel Ibis 7
Maison d'hôte La Maison Pavie 2
Pub-Hôtel St-Sauveur....... 10

SE RESTAURER
Le Cantorbery 2
Chez la Mère Pourcel 17
La Courtine................ 7
Crêperie Beaumanoir 4

Ancien couvent des Cordeliers AB1

Pl. des Cordeliers - ✆ 02 96 85 89 00 - ouvert à la visite uniquement en juil.-août : 11h-18h.

Ce couvent franciscain du 13e s. a conservé son cloître gothique (15e s.) et sa cour d'honneur, avec des tourelles en poivrière.

★ Rue du Jerzual B1

Jadis voie d'accès au port (15e et 16e s.), rue des bourgeois, des artisans et des marchands, pavée et en pente raide, elle était bordée de boutiques qui abritent aujourd'hui tisserands, fileurs de verre, sculpteurs et graveurs. Notez les étals garnis de jardinières, au Moyen Âge on y exposait les marchandises : on n'entrait pas alors dans les échoppes.

Maison du Gouverneur B1

24 r. du Petit-Fort.

Cette belle demeure du 15e s. héberge des expositions estivales. De là on peut gagner le port *(voir p. 129)*. Au retour, grimpez sur les remparts par l'escalier

2

L'épopée de Du Guesclin

UN HÉROS FRANÇAIS

Bertrand Du Guesclin, né vers 1320 près de Dinan, est l'incarnation du héros français. Entré au service du roi en 1356, il est armé chevalier au château de Montmuran, le lendemain de la prise de Rennes. Ses victoires lui valent titres et honneurs : gouverneur de Pontorson, comte de Longueville, duc de Molina, duc de Transtamarre, roi de Grenade et, enfin, connétable de France. À sa mort, les possessions de la Couronne s'étaient considérablement agrandies aux dépens des Anglais *(voir carte ci-contre)*.

1	1356	Prise de Rennes.
2	1359	Délivrance de Dinan.
3	1363	Prise de plusieurs villes bretonnes.
4	1364	Prise de Mantes et de Meulan.
5	–	Victoire de Cocherel (16 mai).
6	–	Défaite d'Auray. Du Guesclin est fait prisonnier.
7	1366	Les « Grandes Compagnies » pénètrent en Espagne. Succession de victoires sur Pierre le Cruel et les Anglais.
	1367	Défaite de Nájera (3 avril) : Du Guesclin est fait prisonnier par les Anglais à Bordeaux.
	1369	Du Guesclin est libéré contre une rançon (17 janvier).
8	1370	Prise de Moissac. Libération du Périgord.
9	–	Libération du Mans. Victoire de Pontvallain. Le Maine et l'Anjou sont libérés.
10	–	Prise de Bressuire.
11	–	Défaite du Pont-de-Juigné. Du Guesclin est fait prisonnier.
12	1371	Prise de Briouze.
13	1372	Victoire de Mortain. Le bocage normand est libéré.
14	1372-1373	Prise de nombreuses villes en Poitou-Saintonge- Angoumois.
15	1373	La Bretagne est conquise, sauf Brest et Derval.
16	1374	Prise de St-Sauveur-le-Vicomte.
17	1378	La Normandie est soumise, sauf Cherbourg.
18	1380	Prise de Chaliers (27 juin).
19	–	Prise de Châteauneuf-de-Randon (13-14 juillet). Mort de Du Guesclin.

CANTORBÉRY, L'ANGLAIS FÉLON

En 1357, le duc de Lancastre vient assiéger Dinan, que défendent Bertrand Du Guesclin et son frère Olivier. Devant la supériorité des Anglais, Bertrand demande une trêve de quarante jours, au bout de laquelle la ville se rendra si elle n'est pas secourue. Olivier, sorti sans armes dans la campagne, est fait prisonnier, en violation de la trêve, par le chevalier Cantorbéry qui exige une rançon de 1 000 florins. Bertrand lance un défi en champ clos à l'Anglais. Présidée par Lancastre, la rencontre a lieu à Dinan, sur l'actuelle place du Champ. Cantorbéry est vaincu. Il donne ses armes à Du Guesclin et est banni de l'armée anglaise.

Ce succès vaut au héros l'admiration d'une jolie Dinannaise, Tiphaine Raguenel, qui deviendra son épouse en 1363.

LES TOMBEAUX DE DU GUESCLIN

Après avoir guerroyé durant plus de vingt ans pour le roi de France, Bertrand Du Guesclin meurt en Auvergne, le 13 juillet 1380, durant le siège de Châteauneuf-de-Randon.

Le connétable avait demandé à être inhumé à Dinan. Le cortège funèbre s'achemine donc vers cette ville… Mais, au Puy, le corps est embaumé, les entrailles enterrées dans l'église des Jacobins (actuelle église St-Laurent). L'embaumement étant insuffisant, à Montferrand on fait bouillir les chairs pour les détacher du squelette et les ensevelir dans l'église des Cordeliers (détruite en 1793). Au Mans, un officier royal apporte l'ordre de conduire le corps à la basilique de St-Denis : le squelette lui est alors remis. Seul le cœur arrive à Dinan, où il est déposé dans l'église des Jacobins – aujourd'hui, il se trouve dans l'église St-Sauveur. Alors que les rois de France n'avaient que trois tombeaux (cœur, entrailles, corps), Du Guesclin eut donc quatre monuments funéraires !

de la porte de Jerzual. La tour du Gouverneur offre une belle **vue★★** sur la vallée de la Rance.
Remontez la rue Michel, puis la rue du Rempart pour gagner le Jardin anglais.

Jardin anglais B1

Ce jardin public est doté, depuis la tour Ste-Catherine en particulier, d'une belle vue étendue sur la Rance, les remparts, le port et le viaduc (250 m de long, 40 m de haut).

★ Basilique Saint-Sauveur B1

La façade s'ouvre par un **porche roman**, surmonté d'un haut pignon gothique flamboyant. La construction de l'édifice s'est déroulée du 12e s. *(mur de droite)* au 16e s. Le dôme de la tour a été remplacé par une flèche au 18e s.
À l'intérieur, la dissymétrie est frappante : la partie droite est romane et très harmonieuse, la partie gauche, le chœur et le transept de style gothique sont flamboyants. Le baldaquin au dessus de l'autel dans le chœur date du 18e s.
Dans l'aile gauche du transept, derrière la pierre tombale du 14e s. contenue dans un tombeau du 19e s., est conservé le **cœur de Du Guesclin** *(voir « Les tombeaux de Du Guesclin », p. 127)*. Les vitraux modernes ont été créés par l'atelier Barillet.
Sur la place St-Sauveur, observez à gauche la maison à piliers où naquit, en 1847, Auguste Pavie, diplomate et explorateur en Indochine. Restaurée, elle abrite des chambres d'hôte *(voir « Nos adresses »)*.

Ancien hôtel Beaumanoir B1

Le portail Renaissance, dit du Pélican, commande l'entrée. Dans la cour, contemplez la décoration des fenêtres, la tourelle du 16e s. et son bel escalier.

AUTOUR DES REMPARTS

Érigés entre le 13e et le 15e s., les remparts entourent la ville sur près de 3 km, ponctués d'une dizaine de tours et de quatre portes monumentales. Autrefois, cette enceinte urbaine était, après celles de Rennes et de Nantes, la plus importante de Bretagne.

Promenade de la Duchesse-Anne B2

Tracée sur les remparts, elle offre une belle **vue★** sur la Rance, le viaduc et le port.

Promenade des Petits-Fossés A2

Elle longe extérieurement les remparts (13e-15e s.). À droite, elle est dominée par la masse du château, ainsi que les tours du Connétable et de Beaufort.

★Château A2

R. du Château - ✆ 02 96 87 58 72 - juil.-août : 10h-19h ; reste de l'année : se rens. - fermé de janv. au w.-end de Pâques - possibilité de visite guidée - 4,70 € (-18 ans 2,50 €) - 10 € billet combiné avec la tour de l'Horloge et le musée Yvonne Jean-Haffen - 12 € billet famille (2 adultes + 2 enf.).
Il surgit dans toute sa majestueuse sobriété au sud-ouest de la cité. De ses trois éléments architecturaux principaux, c'est son donjon ducal que l'on découvre aussitôt. Bâti dans les années 1380, il offre, sur cinq niveaux, une belle perception du quotidien de l'époque des ducs de Bretagne. Ainsi, au rez-de-chaussée se trouvent les cuisines et leurs imposantes cheminées ou, au détour de l'escalier de pierre, une alcôve abritant des latrines. À son sommet, le chemin de ronde et sa terrasse, auxquels on accède par d'étroits

Le port de Dinan-Lanvallay.
R. Mattes/hemis.fr

et irréguliers escaliers, offrent un **panorama★** unique à 360 °, sur plusieurs kilomètres à la ronde (la prudence est de mise avec des enfants). Aux pieds du fort, la porte du Guichet lui est antérieure et c'est sa situation qui a décidé la construction du donjon. Elle menait à l'époque à la grande route de Rennes. Tout au sud, on trouve la tour de Coëtquen, ouvrage défensif de la fin du Moyen-Âge. Donjon, porte et tour ont été réunis à la fin du 16e s.

2

Promenade des Grands-Fossés AB1

Magnifique mail rythmé par les tours St-Julien, de Vaucouleurs, Beaumanoir et la porte St-Malo.

LE PORT

★ Rue du Petit-Fort

Elle mène au **pont gothique** ou vieux pont (B1) du 10e s. Seul point d'accès à Dinan sur la Rance jusqu'à la construction du viaduc au 19e s., il a été dynamité en 1944, puis reconstruit.

Port de Dinan-Lanvallay B1

Le quartier du port est l'un des plus animés de la cité. Ainsi, aux beaux jours, on s'y installe aux terrasses ensoleillées sur les quais bordés de maisons anciennes en pierre ou à colombages, près des bateaux de plaisance. De là on peut partir à la découverte de la Rance à pied ou en bateau (*voir p. 132*).

Maison de la Rance Hors plan par B1

Quai Talard - port de Dinan - ✆ 02 96 87 00 40 - www.dinan-agglomeration.fr - juil.-août : 10h-13h, 14h-19h ; vac. scol. (zones B et C) : 14h-18h ; avr.-juin et sept.-nov. : tlj sf lun.-mar. 14h-18h - fermé 24-25 et 31 déc. - 2,50 € (-18 ans gratuit).

La Rance n'est pas un fleuve ordinaire ! Son histoire est riche et tumultueuse, et ses écosystèmes rares et variés. Pour bien saisir ses paysages, sa faune et sa flore, pour tout apprendre des activités humaines passées et présentes, qui font de la vallée de la Rance un patrimoine naturel exceptionnel (*voir p. 135*), les 300 m² d'exposition interactive de la Maison de la Rance sont parfaits. Enrichissez la visite d'une sortie à pied ou en bateau, proposée toute l'année.

Musée Yvonne Jean-Haffen - Maison d'artiste de la Grande Vigne Hors plan par B1

103 r. du Quai - 02 96 87 90 80 - www.dinan.fr - de mi-juin à fin sept. : 14h-18h30 - fermé lun.-mar. - possibilité de visite guidée (1h) - 4,50 € (-8 ans 2,50 €).
Élève et amie de Mathurin Méheut *(voir p. 258)*, **Yvonne Jean-Haffen** (1895-1993) vécut dans cette maison. Elle recèle peintures et dessins illustrant la Bretagne d'autrefois. Un livret-parcours est distribué gratuitement aux enfants.

Bords de la Rance B2

Prenez à droite l'ancien chemin de halage qui passe sous le viaduc. Il longe la rivière dans un **site** verdoyant et encaissé où il est agréable de flâner.

À voir aussi Plan de ville p. 125

Musée du Rail Hors plan par A1

Pl. du 11-Novembre-1918 - gare SNCF - 02 96 39 81 33 - http://museedurail-dinan.com - - juil.-août : 10h-12h, 14h-18h, w.-end 14h-18h ; juin et de déb. à mi-sept. : 14h-18h ; avr. : 14h30-17h ; vac. de la Toussaint et vac. de Noël : 15h-17h ; reste de l'année : se rens. - 5,50 € (-12 ans 4 €).
Deux réseaux de trains et un poste d'aiguillage Vignier de 1889 y sont reconstitués en miniature. On y trouve aussi : affiches, pendules, lanternes, plaques de locomotives et de gares, outils…

À proximité Carte de microrégion p. 82

Léhon A2

2 km au sud.
Ce bourg, niché dans la vallée de la Rance, abrite le **prieuré de St-Magloire**, construit au 12e s. *Visite 45mn.*
Abbatiale – *02 96 87 40 40 - juil.-août : tlj sf dim. 10h30-12h30, 14h30-18h30 - possibilité de visite guidée (1h30) - 3 € (-18 ans 2 €).* Reconstruite au 13e s. et restaurée à la fin du 19e s. La nef, aux voûtes bombées et nervurées à la façon angevine, abrite les pierres tombales des Beaumanoir et un bénitier (13e s.) sur le rebord duquel les moissonneurs, soucieux d'une bonne récolte, venaient aiguiser leurs faucilles.
Bâtiments conventuels – Un petit **musée lapidaire** expose des chapiteaux de l'ancien cloître roman. Le **réfectoire**, la plus ancienne salle de l'abbaye (13e s.), a été joliment restauré. On y remarque la chaire du lecteur avec son escalier et sa tribune, et la façade gothique ajourée. Le **dortoir** abrite quelques éléments du trésor, dont un reliquaire contenant des ossements de saint Magloire.
Jardins – Les fouilles ont mis au jour un canal couvert reliant l'abbaye à la Rance qui coule plus bas.

Quévert A2

3,5 km au nord-ouest. Accès par la D 68.
Ce village est connu pour être le paradis des fleurs, et surtout des roses.
★ **Courtil des senteurs** – *R. du Val - 02 96 85 81 80 - - accès libre tte l'année.*
Ce jardin public compte plus de 700 variétés de roses, de plantes vivaces et

de bulbes parfumés. Sa visite procure un rare plaisir des yeux et du nez, en particulier à la fin du printemps ou au début de l'été.

Forêt de Coëtquen B2

10 km à l'est. Accès par la D 68 au sud ou la VC 3 à partir de St-Hélen.
Cette forêt de 557 ha, où s'épanouissent essentiellement les feuillus, est un lieu de promenade très agréable. Plusieurs sentiers ont été balisés et des sorties sont organisées par la Maison de la Rance à Dinan *(voir p. 129)*.

Corseul A2

11 km à l'ouest. Quittez Dinan en direction de St-Brieuc, puis prenez à droite la route de Plancoët (D 794).
La capitale des Coriosolites (peuple gaulois vivant vers 50 av. J.-C. sur un territoire correspondant aujourd'hui aux Côtes-d'Armor et à l'Ille-et-Vilaine) fut romanisée, comme l'ensemble de l'Armorique. Elle a gardé de nombreux vestiges, notamment dans le jardin des Antiques (colonnes, chapiteaux).
Centre d'Interprétation du Patrimoine Coriosolis – *R. César-Mulon - 02 96 83 35 10 - www.coriosolis.com - juil.-août : 11h-13h, 14h-18h30 ; reste de l'année : se rens. - possibilité de visite guidée sur demande (1h) - 5 € (-18 ans 3 €).* La richesse archéologique du territoire de Plancoët Plélan s'apprend et s'admire au fil d'un parcours ludique et interactif autour de collections, dont les étonnants vestiges gallo-romains de Corseul.
À voir également, le **temple du Haut-Bécherel**, dit temple de Mars *(1,5 km en direction de Dinan et une route à droite en montée)*. Cette tour polygonale gallo-romaine, construite en petit appareil, daterait de l'époque de l'empereur Auguste (63 av. J.-C.-14 apr. J.-C.).

2

★ Château et parc zoologique de la Bourbansais B2

14 km au sud-est.
Au cœur d'un vaste et agréable domaine, cet édifice (fin du 16e s., agrandi au 18e s.) fut embelli par les Huart, conseillers au parlement de Bretagne. La propriété est surtout connue pour son zoo, qui fait le bonheur des enfants.
Bon à savoir – Prêtez bien attention aux conditions de visite ci-dessous.
Parc zoologique et jardin – *02 99 69 40 07 - www.labourbansais.com - ♿ - avr.-sept. : 10h-19h ; vac. de fév. (zone B) et vac. de la Toussaint (zone B) : 10h30-17h30 ; reste de l'année : 13h30-17h30 - fermé 1er janv., 25 déc. - 21 € (-12 ans 14,50 €) - 25 € billet combiné avec le château.* Ce parc animalier est le refuge d'espèces des cinq continents (girafes, autruches, dromadaires, cervidés, kangourous, fauves, singes...). Des panneaux pédagogiques et amusants dévoilent leurs habitudes et secrets. On assiste aux spectacles de vénerie *(20mn)* et de fauconnerie en vol libre *(30mn)*, au goûter des animaux... On peut même devenir le temps d'une demi-journée soigneur animalier *(sur réserv., forfait famille 195 € 1 adulte + 1 enf. 8-15 ans)*. En traversant les jardins à la française, on gagne le château, dont le corps de logis est flanqué de tourelles et de pavillons aux toits à double pente caractéristiques du 18e s.
Intérieur du château – *02 99 69 40 07 - www.labourbansais.com - ♿ - visite guidée (45mn) avr.-août : 11h15, 14h, 15h, 16h et 17h ; sept. : 11h15, 14h, 16h30 ; vac. de fév. et vac. de la Toussaint : 16h ; reste de l'année : dim. 16h - 21 € (-12 ans 14,50 €) - 25 € billet combiné avec le parc zoologique.* Au rez-de-chaussée, la décoration et le mobilier du 18e s. côtoient des tapisseries d'Aubusson du 17e s. et des porcelaines de la Compagnie des Indes. Dans le péristyle (19e s.), documents et objets évoquent le passé de la demeure dans la même famille depuis le 16e s.

Excursions

★★ Croisières sur la Rance

✆ 0 825 13 81 00 - www.compagniecorsaire.com - avr.-nov. - Compagnie Corsaire - balade sur la Rance AR de St-Malo à Dinan ; se rens. aux bureaux des vedettes ou aux offices du tourisme de ces villes : vedettes à St-Malo et à Dinard.

- ✆ 02 96 39 28 41 - www.vedettejamaniv.com - avr.-oct. - bateau Le Jaman V, promenade commentée (1h05) avr.-oct. : tlj sf lun. et dim. mat., dép. de Dinan vers Léhon - 13,50 € (-15 ans 4,50 €).

- ✆ 02 96 39 28 41 - www.lemaltess.com - bateau Le Maltess, croisière déjeuner (2h30) avr.-oct. : dép. port du Lyvet (La Hisse) à St-Samson-sur-Rance - à partir de 47 € (-12 ans 21 €) - sur réserv. 5 j. av.

- Croisières Chateaubriand - croisière gourmande (3h) et croisière commentée (1h30) vers le barrage de la Rance, entre St-Malo et Dinard - fermé j. fériés. Embarquement à la gare maritime du barrage de la Rance - ✆ 02 99 46 44 40 - www.chateaubriand.com

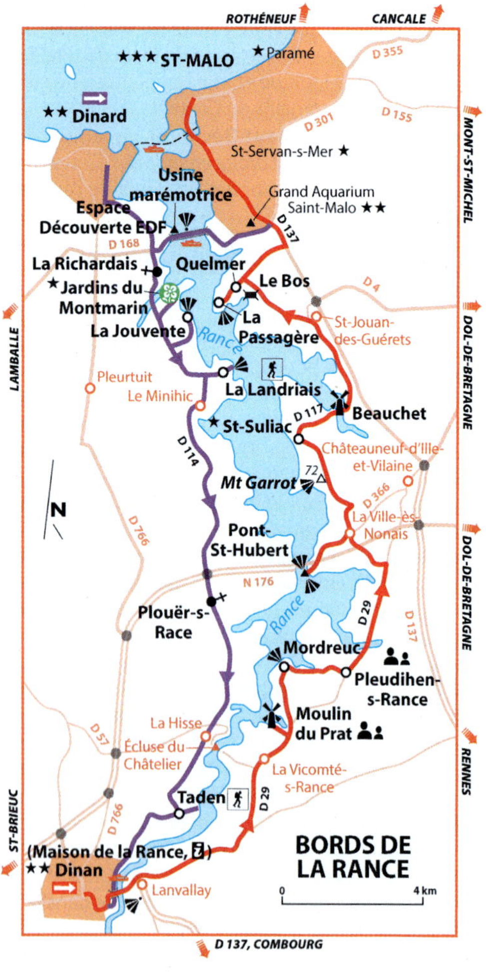

Bon à savoir – Quittez Dinan avant 17h si vous souhaitez visiter St-Malo.
Quittant Dinan, la Rance s'élargit de plus en plus jusqu'à l'écluse du Châtelier. Par une suite de plans d'eau, le bateau descend le fleuve, encaissé entre des versants verdoyants. Il passe l'écluse du barrage de la Rance, puis à hauteur du rocher Bizeux, de la pointe de la Vicomté et de la corniche d'Aleth (St-Servan-sur-Mer). St-Malo et Dinard se dévoilent à l'horizon.

La Rance, au fil de l'eau

Pour découvrir la Rance à votre rythme, et apprécier la richesse de sa faune et de sa flore, vous pouvez opter pour des formules libres en bateau motorisé ou des visites accompagnées en kayak *(voir « Nos adresses » à Dinan)*.

Circuits conseillés Carte Bords de la Rance ci-contre

★★ VALLÉE DE LA RANCE

Circuit de 87 km tracé en rouge et violet sur la carte ci-contre – une journée pour découvrir les deux rives.

Ce fleuve côtier, de source obscure, coule une fin de traversée prestigieuse entre Dinan, Dinard et St-Malo. Il a connu la force redoutable des grandes marées, vu s'élancer les élégantes goélettes des terre-neuvas, avant d'être canalisé et fermé par une usine marémotrice en 1966 *(voir p. 136)*. Son estuaire est aujourd'hui un superbe plan d'eau dont les rives offrent un patrimoine varié, riche d'histoires et de légendes, qu'il faut prendre le temps de découvrir.

2

LA RIVE DROITE : DE DINAN À SAINT-MALO

Circuit tracé en rouge sur la carte ci-contre. Empruntez la route qui passe sous le viaduc de Dinan et redescendez sur le quai. À Lanvallay, prenez la D 795 sur 6 km, puis à gauche la D 29 en direction de Pleudihen-sur-Rance. 300 m après La Vicomté-sur-Rance, vous trouverez une aire de stationnement. 500 m à pied.

Moulin du Prat

D 29 - ✆ 02 96 83 21 41 - http://lavicomtesurrance.free.fr - ♿ - juil.-août : 10h-12h, 15h-19h ; reste de l'année : se rens. - fermé 25-26 déc. - possibilité de visite guidée (1h30) - 3 € (-12 ans gratuit).

Restauré par la commune de La Vicomté-sur-Rance, ce moulin à marée du 15e s. est le seul de la vallée en état de marche sur les quinze qui existaient autrefois et, depuis 2004, le seul à se visiter. Exposition sur le rôle et l'évolution technique des moulins. Aux alentours, on observe toute une faune aquatique (hérons, aigrettes…).

Reprenez la D 29 sur 1 km, puis tournez à gauche en direction de Mordreuc.

Cale de Mordreuc

De ce très joli site, belles vues sur le pont St-Hubert en aval, le promontoire du Chêne-Vert que couronnent les vestiges d'un château et la vallée encaissée en amont. Avec de la chance, vous apercevrez « L9 », le phoque qui a élu domicile dans cette anse de la Rance !

De Mordreuc, suivez la D 48 sur 1 km.

Musée de la Pomme et du Cidre à Pleudihen-sur-Rance

La Ville-Hervy - ✆ 02 96 83 20 78 - www.museeducidre.fr - ♿ - juil.-août : 10h-12h30, 14h-19h, lun. 14h-19h ; avr.-juin et sept. : 14h-18h30 - fermé dim. et oct.-mars - 4,50 € (-15 ans 3 €).

Il est abrité dans les dépendances d'une ferme. Le verger est planté de différentes espèces de pommiers aux noms savoureux (doux évêque, chevalier, bénédiction de Ste-Anne). La visite évoque l'origine du fruit, ses différentes espèces, ses maladies, sa récolte et la fabrication du cidre (dégustation).
Empruntez la D 29 sur 7 km et prenez à gauche la D 366 en direction de la Ville-ès-Nonais ; traversez la ville puis continuez jusqu'au pont St-Hubert.

Pont Saint-Hubert

De ce pont suspendu, très belle vue sur la Rance, la cale de Port-St-Jean et, sur l'autre rive rocheuse, la cale de Port-St-Hubert.
De la Ville-ès-Nonais, prenez la D 407 et la D 7 en direction de St-Suliac, puis tournez à gauche sur la route du Mont-Garrot. Laissez la voiture près d'une tour de guet crénelée, environ 1 km avant St-Suliac.

Mont Garrot

15mn à pied AR.
Un chemin à droite se dirige vers la pointe et passe derrière une ferme. Belles vues sur la Rance. Du pied de la tour, vaste **panorama**★ sur l'anse de St-Suliac et St-Malo, le pays de Dol, la Rance et le pont St-Hubert.
Continuez sur la route du Mont-Garrot durant 1 km.

★ Saint-Suliac

Saint Suliac, fils aîné d'un souverain du pays de Galles au 6e s., renonça au trône et vint fonder vers 560 un monastère sur les bords de la Rance. La légende lui attribue l'apparition de la mer en lieu et place de la « plaine de St-Suliac », pour empêcher les ânes de l'autre rive de venir manger le raisin. On lui doit aussi la destruction d'un serpent maléfique qu'il lança du haut du mont Garrot. Aujourd'hui, ce charmant **village de pêcheurs**, qui détient le label « des plus beaux villages de France », porte son nom. Le long de ses ruelles sinueuses s'égrènent des maisons anciennes en granit ; au-dessus se détache la massive silhouette de la tour de l'église (13e-17e s.), accompagnée d'un bel **enclos paroissial**. En descendant, on atteint les bords de la Rance, animés en saison par l'école de voile.
1h30 à pied au départ de St-Suliac. Prévoyez de bonnes chaussures, certains passages sont escarpés. Depuis le parking du port, longez la Rance jusqu'au centre nautique jusqu'au sentier qui s'enfonce dans une zone boisée. Il mène au pied du **mont Garrot**, grimpez par le chemin au milieu des genêts. Un sentier redescend vers l'anse au centre de laquelle émergent les vestiges d'un ancien **camp viking** établi au 10e s. Remontez par le chemin situé au niveau de la grève pour rejoindre la route. Prenez à gauche pour trouver tout de suite sur votre droite le chemin qui redescend vers St-Suliac.
Quittez St-Suliac par la D 117.
Vous remarquerez sur votre gauche le **moulin du Beauchet**, ancien moulin à marée, ancré sur sa digue.
À St-Jouan-des-Guérets, prenez la C 2 vers la plage du Vallion, puis Le Fougeray. Poursuivez sur 1 km avant de remarquer sur votre gauche le château du Bos.

Château du Bos

Fermé à la visite.
C'est l'exemple même d'une malouinière *(voir p. 89)* du 18e s., une maison de campagne de riches armateurs, corsaires ou négociants. Doté d'un jardin à la française, le domaine s'étend sur 10 ha et offre une vue sur la Rance.
Continuez jusqu'au croisement. Tournez à gauche au niveau de la chapelle du Bos.

La Rance : un site d'exception

UN ÉCOSYSTÈME FLUVIO-MARITIME UNIQUE

Un site Natura 2000

Comptant parmi les sites du réseau Natura 2000 qui vise à la protection des espèces naturelles, cette zone humide se décline en eaux salées, douces ou saumâtres, ponctuées de vasières ou d'anciens marais salants. Un site constituant un capital écologique précieux pour la biodiversité.

Un refuge pour la faune

L'avifaune aquatique se dénombre ainsi en quelque 20000 oiseaux dont des mouettes et goélands, mais aussi bécasses et bécassines, hérons cendrés, cormorans et canards, colvert, bernache cravant, ou encore tadorne de Belon, l'une des espèces emblématiques de la Rance. Côté mammifères, la loutre, espèce protégée, fait actuellement l'objet d'une recolonisation. De même, deux marsouins semblent avoir élu domicile en Rance, tout comme le phoque veau marin de la cale de Mordreuc *(voir p. 133)*. La présence de ces espèces est un bon indicateur quant à la qualité des eaux et de la ressource trophique.

Une flore riche et variée

La spécificité de la flore dépend de la salinité des secteurs. Ainsi, l'armérie maritime laisse place par endroits aux orchidées sauvages tandis que du côté de la Rance fluviale, davantage soumise aux apports d'eau douce, s'épanouissent des plantes telles que jonc de Gérard, scirpe maritime, céleri sauvage ou encore œnanthe de Lachenal. Quant aux zones boisées, elles sont peuplées de hêtres, frênes, érables, ormes et tilleuls.

Le projet du parc naturel régional Rance-Côte d'Émeraude

Son périmètre s'étend du cap Fréhel à Cancale, d'ouest en est, et de St-Malo aux portes de Rennes, du nord au sud (66 communes, 120000 habitants). La charte qui définira son action et sa stratégie a été confiée à l'association Cœur Émeraude (Comité opérationnel des Élus et Usagers de la Rance). La création du parc par décret est attendue pour la fin 2018.

LES CHANTIERS NAVALS, ENTRE HIER ET AUJOURD'HUI

Ils virent le jour sur les bords de la Rance au cours la seconde moitié du 18e s., en particulier sur les territoires de La Richardais *(voir p. 136)* et du Minihic-sur-Rance. Au départ voués à la marine de guerre, les chantiers évoluèrent rapidement vers la réparation et la construction de bateaux de pêche, dont les terre-neuvas, bateaux conçus pour la pêche à la morue pratiquée sur les Grands Bancs de Terre-Neuve au Canada ; la cale sèche de La Landriais *(voir p. 137)* en témoigne. Créé par le capitaine au long cours François Lemarchand, l'ouvrage, tout de bois assemblés, était dédié au doublage en cuivre des parties immergées des coques de terre-neuvas. À l'abandon depuis 1959, la cale sèche de La Landriais a été restaurée dès 1996, et s'offre aujourd'hui une seconde jeunesse. L'histoire raconte que le commandant Charcot (1867-1936), insatiable explorateur de l'Antarctique, fit réparer son navire le *Pourquoi pas ?* en 1930 dans les chantiers navals de la Rance. De nos jours encore, dans les cales de l'estuaire – de La Richardais au Minihic en passant par Quelmer ou Pleudihen – s'entretient, se restaure et se construit une partie du patrimoine maritime breton.

Voir la Maison de la Rance à Dinan (p. 129) et les croisières en bateau sur la Rance (p. 132).

CAPTER L'ÉNERGIE DES MARÉES

L'utilisation des marées à des fins énergétiques est ancienne dans la vallée de la Rance. Déjà, au 12e s., des riverains avaient imaginé de construire des bassins de retenue qui, en se vidant, au reflux, actionnaient des moulins à aubes appelés **moulins à marée**. Entre 1960 et 1966, innovant dans la technique de production d'électricité, EDF a construit dans la basse vallée de la Rance une usine hydroélectrique actionnée par la marée et utilisant des « groupes bulbes » qui travaillent alternativement dans un sens et dans l'autre, suivant le mouvement des flots. Une digue de 750 m ferme l'estuaire de la Rance, constituant un bassin de retenue de 22 km². La route qui relie St-Malo et Dinard la surmonte; au moyen de ponts-levants, elle traverse l'écluse, longue de 65 m. Inaugurée par le général de Gaulle en novembre 1966, l'usine alimente plus de 300 000 habitants.

Quelmer

Le circuit continue devant l'ancienne villa du commandant Charcot *(privé)* et conduit à la cale de **la Passagère** avec sa belle vue sur la Rance. Attention : la baignade y est dangereuse du fait de la proximité du barrage. Non loin de là, le cimetière de bateaux compose un tableau empreint de nostalgie.
Rejoignez St-Malo par la D 137.

★★★ Saint-Malo *(voir p. 84)*

Regagnez l'autre rive en direction de Dinard par le circuit direct qui emprunte la crête du barrage.

LA RIVE GAUCHE : DE DINARD À DINAN

Circuit tracé en violet sur la carte des bords de la Rance p. 132.

Usine marémotrice de la Rance

✆ 02 99 16 37 14 - http://la-rance.edf.com - pas de visite de l'usine, espace Découverte EDF uniquement.
Dans le vaste tunnel de 390 m de long, au cœur même de la digue, se trouve la **centrale** du type « bulbe », qui produit 550 millions de kWh par an. Ce groupe « bulbe » est un ensemble turbine-alternateur monobloc. L'ouvrage en compte 24, soit une puissance totale de 240 000 kW *(voir encadré ci-dessus)*.
Espace Découverte EDF – *Sur la rive gauche de la Rance, au bout du barrage - ✆ 02 99 16 37 14 - http://la-rance.edf.com - ♿ - avr.-sept. et vac. scol. : 9h-12h30, 14h-17h30; reste de l'année : sam. 9h-12h30, 14h-17h30 - fermé vac. de Noël - possibilité de visite guidée (1h) - gratuit.* Cet espace souterrain peut se diviser en trois parties : une présentation du milieu naturel et de l'écosystème de l'embouchure de la Rance (géologie, flore et faune) où l'on fera connaissance avec un phoque baptisé « L9 », devenu la mascotte de l'endroit; une approche de l'histoire de l'électricité et des différentes sources de production (nucléaire, hydraulique, éolien, photovoltaïque) déployées par EDF; et une présentation de l'usine marémotrice, à la fois défi technique et chantier titanesque, qui se termine par une vision digne de Jules Verne : la salle des machines, longue de 332,50 m et large (à hauteur de la chaussée) de 38,50 m.
Continuez sur 3 km.

La Richardais

À l'entrée du village, vue sur l'usine marémotrice et l'estuaire de la Rance.
Église St-Clément – Les murs de la nef portent une fresque de Xavier de Langlais (1955) figurant le **Chemin de croix**; dans le transept, la fresque

représente l'arrivée sur les côtes bretonnes de Saint-Lunaire et de Saint-Malo. Belle voûte de bois en carène renversée ; cinq vitraux sont de Max Ingrand.

Manoli, musée et jardin de sculptures – *9 r. du Suet - ✆ 02 99 88 55 53 - www.manoli.org - ♿ - de déb. mai à mi-sept. : 11h-19h ; reste de l'année : tlj. sf mar. 14h-19h - fermé janv., 25 déc. - possibilité de visite guidée sur demande (1h) - 6 € (-6 ans gratuit) - livret-jeu enf. (+ 6 ans) et atelier pédagogique (6-12 ans, sur réserv.) vac. scol. : merc. et vend. 14h30-16h.* Du sculpteur **Pierre Manoli** (1927-2001) on connaît surtout la *Grande Voile* de la gare Montparnasse ou le mobilier liturgique de la cathédrale de Quimper. Mais ici, c'est toute une œuvre et toute une vie que le département, propriétaire des lieux, propose de découvrir au travers des quelque 300 créations qui parsèment l'atelier et le jardin. Les principaux thèmes sont la figure humaine, les assemblages et un riche bestiaire, avec une recherche perpétuelle de mouvement.

Suivez la D 114 sur 500 m et tournez à gauche.

★ Jardins du Montmarin

✆ 02 99 88 58 79 - www.domaine-du-montmarin.com - avr.-oct. : 14h-18h - fermé sam. - 6,80 € (-18 ans 5,70 €).

Décor de rêve pour cette élégante malouinière du 18e s., la seule de cette rive, dont les jardins descendent en terrasses jusqu'à la Rance. Les parterres à la française, mais aussi le dédale de chemins du parc offrent de séduisantes **perspectives★**. Pépinière.

Continuez sur la D 114 puis prenez la prochaine à gauche.

Cale de la Jouvente

Face à la Passagère. Belle vue sur la Rance et l'île Chevret.

Reprenez la D 114 sur 1 km et tournez à gauche.

2

La Landriais

La cale sèche de La Landriais *(voir p. 137)*, encore visible dans le chantier naval, est un ouvrage unique en Europe (45 m de long, 10 m de large, 5 m de hauteur). Elle a été entièrement restaurée grâce à la passion d'une association locale.

Du parking part la promenade des Hures *(chemin de ronde des douaniers)* qui longe sur 2 km la rive de la Rance et offre de beaux points de vue.

L'église de **Plouër-sur-Rance** *(à 7 km par les D 114 et D 12)* date du 18e s. et présente, à l'intérieur, deux pierres tumulaires sculptées.

Reprenez la D 12 jusqu'à Taden.

Taden

Par ce bourg (donjon flanqué d'une tourelle du 14e s.), on atteint le chemin de halage qui reliait Dinan à l'écluse du Châtelier *(7 km)*. Très apprécié des pêcheurs, il suit le cours sinueux de la Rance et constitue la promenade favorite des Dinannais. De nombreux oiseaux aquatiques (foulques, mouettes rieuses, goélands argentés…) y sont visibles. De Taden, on peut gagner Dinard à vélo par la voie verte *(voir p. 111)*.

NOS ADRESSES À DINAN

VISITE

Ville d'art et d'histoire – Dinan, qui porte le label « Ville d'art et d'histoire », propose différentes visites-découvertes *(1h30)* animées par des guides-conférenciers agréés par le ministère de la Culture et de la Communication. *Juil.-août : 15h ; reste de l'année : sur demande - 5 € (12-18 ans 3 €).* L'office de tourisme propose aussi des visites contées « Laissez-vous conter Dinan au Moyen Âge », « Les Remparts de Dinan » et les « Visites nocturnes du château », *calendrier sur www.dinan-tourisme.com - 7 € (-18 ans 5 €) - ☏ 02 96 87 69 76.*

☏ *02 96 87 69 76* - Un fascicule *(3 €)* intitulé « Raconte-moi Dinan… » est disponible à l'office de tourisme. À l'aide de ce livret, les enfants remontent le temps et découvrent la ville de Dinan. En 2h, ils traversent près de 1 000 ans d'histoire en s'amusant.

HÉBERGEMENT

PREMIER PRIX

Pub-Hôtel St-Sauveur – *19 pl. St-Sauveur - ☏ 02 96 85 30 20 - www.hotelpubsaintsauveur.com - 6 ch. 43/55 €.* Si la demeure à colombages, en plein quartier historique, date du 15e s., son intérieur a bénéficié d'un sacré coup de jeune. La salle de pub accueille les fêtards jusqu'à 2h en été dans une ambiance chaleureuse. Chambres simples et mignonnes aux étages.

Hôtel de France – *7 pl. du 11-Novembre - ☏ 02 96 39 22 56 - www.hoteldefrancedinan.fr - fermé de mi-déc. à mi-janv. - ✕ P - 14 ch. 50/55 € - ☕ 6,50 €.* Cet établissement ancien dispose de chambres bien insonorisées, qui ont toutes été rénovées. Salle à manger redécorée et agrémentée d'une véranda. La cuisine ne connaît que les produits frais.

BUDGET MOYEN

Hôtel Le Challonge – *29 pl. Du-Guesclin - ☏ 02 96 87 16 30 - www.hotel-dinan.fr - ♿ - wifi - 18 ch. 74/109 € - ☕ 10 €.* Un accueil chaleureux vous attend derrière cette longue façade classique. Les chambres bien insonorisées, ont un petit air british.

Hôtel Ibis – *1 pl. Duclos - ☏ 02 96 39 46 15 - www.ibishotel.com - ♿ - 62 ch. 69/119 € ☕ 9,50 €.* Fonctionnel et rénové, un hôtel bien placé, près des remparts et du château. Chambres spacieuses et climatisées.

POUR SE FAIRE PLAISIR

Chambre d'hôte La Villa côté cour – *10 r. Lord-Kitchener - ☏ 02 96 39 30 07 - www.villa-cote-cour-dinan.com - fermé 3 sem. av. les vac. de printemps -5 ch. 89/239 € ☕.* Charmante villa en granit située dans le quartier de la gare. Cadre contemporain et soigné. Baignoires, balnéo, espace sauna et agréable petit jardin.

Maison d'hôte La Maison Pavie – *10 pl. St-Sauveur - ☏ 02 96 84 45 37 - www.lamaisonpavie.com - P - 5 ch. 75/155 € ☕ - table d'hôte sur réserv. 35 €.* Classée Monument historique, cette demeure du 15e s. a été entièrement restaurée avec goût et raffinement. La décoration rend hommage à l'un de ses anciens occupants, l'explorateur Auguste Pavie qui a parcouru le Siam et l'Indochine. Excellentes prestations et accueil convivial.

Vallée de la Rance

PREMIER PRIX

Camping Yelloh ! Village Le P'tit Bois – *35430 St-Jouan-des-Guérêts - au lieu-dit La Chalandouze (accès par RN 137) - ✆ 02 99 21 14 30 - www.ptitbois.com - mi-avr. à mi-sept. - 275 empl. 163 € sem. - locatif 371 € sem.* Ce bel espace paysager comprend de vrais emplacements bien délimités. Autour du complexe aquatique (en partie couvert) avec plusieurs toboggans, Jacuzzi et hammam, possibilité de louer un mobile home parmi plus de 160 modèles, du standard au plus grand confort regroupés en village VIP.

Chambre d'hôte Les Mouettes – *17 Grande-Rue - 35430 St-Suliac - ✆ 02 99 58 30 41 - www.les-mouettes-saint-suliac.com - - 5 ch. 55/65 €* . De bien jolies chambres, avec leur plancher massif et leurs tableaux choisis par la maîtresse de maison, vous attendent dans cette bâtisse du 19e s. Au cœur du village, un nid douillet agrémenté d'un jardin.

POUR SE FAIRE PLAISIR

Chambre d'hôte Spa Maison de la Vallée – *22690 Pleudihen-sur-Rance - Lieu-dit Le Val Hervelin 3 km au sud-est de Pleudihen-sur-Rance près de la D 795 - ✆ 02 96 83 35 61 - www.maisondelavallee.com - fermé 1re sem. de juil. - P - 5 ch. 89/99 €* . Construite en 1894 en granit bleu de Lanhélin, dans le style si particulier des bâtisses malouines, cette demeure offre, de sa véranda, une belle vue sur la vallée. Aux étages, 3 chambres et 2 suites abritent un mobilier en merisier et des poutres cérusées. L'établissement propose également 2 gîtes dans une maison indépendante et un espace bien-être (Jacuzzi et sauna). Petits déjeuners copieux.

Hôtel Manoir de Rigourdaine – *Rigourdaine - 22490 Plouër-sur-Rance - ✆ 02 96 86 89 96 - www.hotel-rigourdaine.fr - fermé de mi-nov. à fin mars - ♿ (2 ch.) P - 19 ch. 97/105 € - 9,50 €.* Située en pleine campagne, cette ancienne ferme domine l'estuaire de la Rance. Ses bâtiments rénovés ne manquent pas de charme, et si ses chambres modernes montrent moins de caractère, elles vous permettront néanmoins de profiter de la tranquillité.

RESTAURATION

PREMIER PRIX

Crêperie Beaumanoir – *4 pl. du Clos - ✆ 02 96 39 33 91 - fermé mar. soir hors sais. - formule 12 € - plats 9/15 €.* Vous dégusterez ici salades, crêpes, galettes et glaces artisanales dans un cadre rénové aux murs de granit. Galettes faites en salle devant les clients.

BUDGET MOYEN

Le Cantorbery – *6 r. Ste-Claire - ✆ 02 96 39 02 52 - fermé dim. hors sais. et merc., 2 sem. fin fév.-déb. mars, 2 sem. en nov. - formule 16 €, menu 34 € (déj.)/45 €, carte 37/62 €.* Mobilier rustique, chaises en bois et paille, et, au menu, terrines de foie gras et autres assiettes de fruits de mer… Cette maison de ville du 17e s. a le goût de la tradition ! Dans l'une des salles, on fait même rôtir les grillades dans une grande cheminée en pierre…

La Marmite – *91 r. de Brest - ✆ 02 96 39 04 42 - www.hotel-restaurant-lamarmite-dinan.com - fermé 3 sem. en juil., 1 sem. en déc., sam. soir et dim. - ♿ - formule déj. 11 € - 12,50/21 € - 5 ch. 68 € - 7 €.* Cette petite adresse a prodigué ces dernières années de nombreux efforts de rénovation. Le résultat : une salle de restaurant chaleureuse et gaie, où l'on peut déguster une choucroute de la mer et des spécialités de moules, entre autres. Murs patinés couleur mimosa, boiseries en frêne, poster fleuri et chambres personnalisées.

La Courtine – *6 r. de la Croix - ✆ 02 96 39 74 41 - www.facebook.com/Restaurant-La-Courtine-261498500546911 - fermé dim.-lun., 3 sem. en août - menus midi 14/16 €, soir 20/28 €.* Murs en granit et poutres composent le cadre chaleureux de ce restaurant installé dans une pittoresque maison de 1832. Service très efficace, cuisine traditionnelle et spécialités de poisson.

POUR SE FAIRE PLAISIR

Chez la Mère Pourcel – *3 pl. des Merciers - ✆ 02 96 39 03 80 - www.chezlamerepourcel.com - fermé mar.-merc. hors sais., 15 j. en fév. - formule bistrot 15/17 € - 26/40 €.* Cette demeure du 15e s., dont la façade à pans de bois en partie recouverte d'ardoise semble ne conserver son équilibre que par quelque intervention divine, sert d'écrin à l'auberge ouverte par la mère Pourcel en 1927. Dans les salles aux murs parés de boiseries et au sol dallé de ce « restaurant du terroir », vous dégusterez des recettes régionales.

Le Bistrot du Viaduc – *22 r. du Lion-d'Or - 22100 Lanvallay-Dinan - ✆ 02 96 85 95 00 - www.bistrot-du-viaduc.fr - fermé sam. midi, dim. soir et lun., 20 déc.-15 janv. - P ♿ - formules déj. 22 € - 28/45 €.* Ce bistrot à la sortie du viaduc surplombe Dinan, offrant une belle vue sur les remparts, la ville et le port. Le passage devant les fourneaux vous mettra dans les meilleures dispositions pour apprécier une généreuse cuisine traditionnelle servie dans un cadre rétro de bon ton.

Vallée de la Rance

POUR SE FAIRE PLAISIR

La Ferme du Boucanier – *10 r. du Pavé - 35430 Suliac - 25 km au nord-ouest de Dinan par D 795 puis D 137 et D 117 - ✆ 02 23 15 06 35 - www.boucanier-et-cie.fr - ♿ - fermé mar.-merc. hors sais., mar. l'été - formule 17 € - 33 €.* Deux restaurants en un : l'été, salle rétro et plats actuels relevés d'épices ; l'hiver, cadre régional avec cheminée où l'on rôtit les viandes. Cuisine rustique.

BOIRE UN VERRE

Bon à savoir – Dinan possède des atouts simples mais néanmoins séduisants. Sa petite « rue de la soif » **(r. de la Cordonnerie)** est flanquée d'une dizaine de bars accolés, aux styles très variés, ouverts tard le soir. « Au Vieux Port » est une vieille et belle maison, de même que « La Licorne » et le « Saut de la Puce », fréquentés par une clientèle plus jeune.

ACHATS

Marché – *jeu. mat. pl. Du-Guesclin et pl. du Champ-Clos.*

Les Puces Dinannaises – *Pl. St-Sauveur - ✆ 02 96 39 63 00 - du 1er merc. de juil. jusqu'au 2e merc. de sept.*

Art'Dinan – *✆ 02 96 87 59 88 - www.art-dinan.com.* Cette association regroupe les nombreux artistes et artisans d'art de Dinan, concentrés notamment autour de la rue du Jerzual.

Loc Maria – Les Gavottes – *Rte de Dinard - 22100 Taden - ✆ 02 96 87 42 55 - www.locmaria.fr - P ♿ - lun.-vend. 9h30-12h15, 14h-18h ; juil.-août : tlj sf dim. - fermé dim. et j. fériés.* Cette adresse est le point de vente de l'entreprise les Gavottes, célébrissime maison qui concocte les fameuses crêpes dentelle de Dinan. La recette de ce biscuit croustillant, roulé très fin, nature ou enrobé de chocolat, fut inventée en 1886 par Marie-Catherine Cornic qui, dit-on, avait oublié sa crêpe sur le feu. Autres spécialités : la galette punch et le palet de Pleyben.

EN SOIRÉE

Théâtre des Jacobins – *R. de l'Horloge - ✆ 02 96 87 03 11 - ♿ - accueil mar.-jeu. 10h-12h30, 14h30-18h30, vend.-sam. 14h30-18h30 - fermé lun. et j. fériés, août - prix moyen 20 € (-25 ans 14 €).* Valeurs sûres et jeunes talents se succèdent sur les planches de cette scène dont la programmation marie avec bonheur : théâtre, concert, danse, art du cirque nouveau, humour et spectacles pour jeune public.

ACTIVITÉS

Randonnée

Communauté de communes de Dinan – *34 r. Bertrand-Robidou - ✆ 02 96 87 14 14 - www.dinancommunaute.fr - randonnées avr.-août - se rens.* Chaque été, la communauté de communes de Dinan organise des randonnées pour découvrir la nature alentour : la Rance, le bocage, les forêts, les oiseaux de printemps, etc.

Activités nautiques

Danfleureen Nautic – *R. du Quai - ✆ 06 07 45 89 97 - www.danfl-eurennnautic.com - d'avr. à fin sept. : 10h-19h - 30/53 €/h, 130/160 €/j.* Location de bateaux sans permis de 4 à 8 pers.

Centre Nautique Rance Frémur – *Terrain de l'Enclos - 22490 Plouër-sur-Rance - ✆ 02 96 86 95 30 - www.rance-fremur.com - juil.-août : tlj sf w.-end ; reste de l'année : sam.* Balades accompagnées en kayak (2h30 à 3h) au départ de la cale du centre nautique de Plouër-sur-Rance *(11/25 € +* adhésion obligatoire*)*.

Croisières

Voir « Croisières sur la Rance » p. 131.

Équitation

St-Valay Équitation – *22100 Taden - St-Valay - ✆ 02 96 39 22 08 - www.saintvalay-equitation.fr - 8h30-19h - fermé lun.* Outre les stages et les cours d'équitation, les moniteurs encadrent des promenades à l'heure, à la journée ou à la demi-journée, le long de la Rance et vers Lancieux.

AGENDA

Rencontres internationales de la harpe celtique – *✆ 02 96 87 36 69 - www.harpe-celtique.com. En juil.* Cité-phare de la harpe celtique, Dinan accueille chaque année ce festival qui propose notamment des concerts aux quatre coins de la ville et des ateliers de découverte destinés aux enfants…

Fête des remparts – *✆ 02 96 87 94 94 - www.fete-remparts-dinan.com. En juil. les années paires.* Travail des artisans, défilés de gentes dames et de beaux damoiseaux, marchés et combats de chevaliers forment l'essentiel des animations assurées par plusieurs milliers de figurants costumés.

Cancale

★

5 200 Cancalais – Ille-et-Vilaine (35)

Les parcs à huîtres se dessinent au loin, longs rectangles noirs sur fond bleu. On les repère depuis la route qui mène au port de la Houle. Puis l'on aperçoit les barques à fond plat : Cancale est bien la capitale ostréicole bretonne. Le port livrait déjà la cour de François Ier ! La « ville haute » et « la ville basse » se sont bâties sur l'exploitation du noble mollusque. À l'extrême ouest de la baie du Mont-St-Michel, Cancale ce sont aussi des paysages enivrants, surtout quand la lumière se fait « laiteuse »…

NOS ADRESSES PAGE 146
Hébergement, restauration, achats, activités, etc.

S'INFORMER

Office de tourisme – *44 r. du Port - 35260 Cancale - ✆ 02 99 89 63 72 - www.cancale-tourisme.fr - juil.-août : 9h-19h (dim. et j. fériés : se rens.) - reste de l'année : 9h-13h, 14h-18h (dim. et j. fériés : se rens.).*

SE REPÉRER

Carte de microrégion B1 (p. 82) – Pour bien apprécier le **site★**, il faut arriver à Cancale par la route touristique à sens unique, qui s'embranche à droite sur la D 76 en venant de Rennes (82 km au sud), à 2,5 km après le carrefour des Portes-Rouges.

À NE PAS MANQUER

Le sentier des douaniers et le panorama de la pointe du Grouin.

ORGANISER SON TEMPS

Partager son temps entre la plage et le sentier qui serpente le long de la falaise jusqu'à Rothéneuf.

AVEC LES ENFANTS

Les huîtres de la Ferme marine de Cancale et/ou la visite guidée des parcs à huîtres.

Se promener Plan de ville ci-contre

★ Port de la Houle A2

Les allées et venues des tombereaux chargés d'huîtres, les marchands et le retour des bateaux de pêche à marée haute contribuent à l'animation particulière du port. Il fait bon flâner le long du quai et dans le quartier adossé à la falaise, dont les ruelles étroites étaient jadis peuplées de marins-pêcheurs, voire s'installer à l'une des nombreuses terrasses pour une halte gourmande devant une douzaine d'huîtres. Un chemin en forte pente, le Vau-Baudet, reliait le port au bourg de Cancale, le quartier haut où habitaient les « terriens » et les commerçants ; c'est aujourd'hui la rue du Port et les voitures y ont remplacé les ânes porteurs d'antan.

Musée des Arts et Traditions populaires A1

Pl. St-Méen - ✆ 02 99 89 79 32 - www.museedecancale.fr - ♿ - de mi-juin à déb. oct. : 10h-12h30, 14h30-19h ; reste de l'année : se rens. - fermé de mi-sept. à fin mai, jeu. de l'Ascension, dim. et lun. de Pentecôte - possibilité de visite guidée sur demande (1h30) - 3,50 € (-12 ans gratuit). Installé dans l'ancienne **église St-Méen** (1714 – œuvre de Garangeau, élève de Vauban), il est dédié aux arts

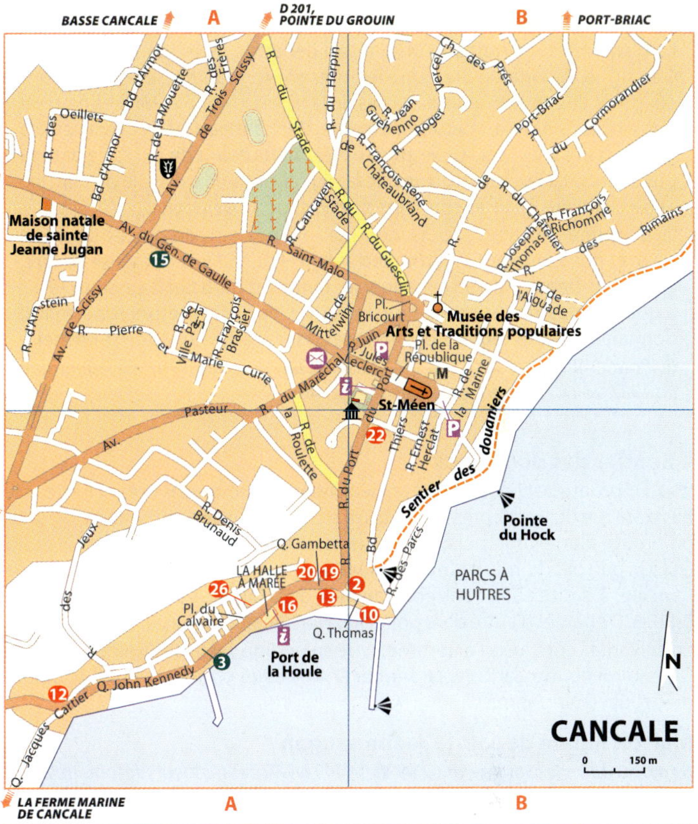

SE LOGER
Alghôtel 15
Duguay Trouin 3

SE RESTAURER
Au Pied d'Cheval 13
Breizh Café et La Table de Breizh Café 2
C comme à la maison 22
Côté Mer 12
Crêperie du Port 16
Le Marché aux Huîtres 10
Le Surcouf 19
Le Troquet 20
La Villa 26

et traditions du pays cancalais : pêche, ostréiculture, agriculture (pomme de terre), vie des Cancalaises, coiffes et costumes, mobilier. Il évoque aussi la vie de sainte Jeanne Jugan et présente l'École de navigation des Rimains, que la cité abrite depuis plus d'un siècle. Des expositions temporaires y sont organisées.

La Ferme marine de Cancale Hors plan par A2

L'Aurore, au bout du chemin de la corniche, à 1 km env. du port - en voiture, dir St-Méloir-des-Ondes - ☎ 02 99 89 69 99 - www.ferme-marine.com - visite guidée (1h) de déb. juil. à mi-sept. : 11h, 15h et 17h ; reste de l'année : tlj sf w.-end 15h - fermé de déb. nov. à mi-fév., 1er Mai - 7,70 € (-16 ans 4,40 €) - 22 € billet famille (2 adultes + 2 enf.).

Une ferme-musée ostréicole où découvrir l'évolution du métier d'ostréiculteur à travers le temps et les techniques de culture de l'huître. Dégustation et belle collection de coquillages à voir (plus de 1 500, issus du monde entier).

HISTOIRE DE BATEAU

La bisquine trouverait son origine, au début du 19e s., dans le golfe de Gascogne. Arrivée en Bretagne Nord et en Normandie, ses formes sont adaptées aux conditions maritimes de la baie du Mont-St-Michel, à savoir une extraordinaire amplitude de marée, donnant parfois des vents et des courants aussi violents qu'imprévisibles. Au tournant du 20e s., ce bateau puissant et rapide fait la fortune de la région, notamment celle de Cancale et de Granville, à la fois chantiers navals et ports de pêche.

La **bisquine cancalaise** se distingue de celle de Granville, grâce à sa coque noire et non blanche. Long d'environ 18 m et doté d'une immense voilure, ce type de bateau servait à draguer les huîtres et participait aussi, au 19e s., à quelques compétitions. La rivalité entre les ports breton et normand donnait lieu à des régates passionnées dans la baie du Mont-St-Michel.

Pour embarquer sur « La Cancalaise », bisquine reconstruite à l'identique en 1987, voir « Nos adresses/activités » p. 149

★ Sentier des douaniers B1-2

Emprunté par le GR 34, cet ancien chemin de ronde s'embranche dans le bas de la rue du Port, après quelques marches. Dès le **monument aux morts**, on profite d'une large perspective sur la baie du Mont-St-Michel et le mont Dol. Un peu plus loin, la **pointe du Hock** révèle une jolie **vue★** sur le rocher de Cancale ; à droite et en contrebas, au pied de la falaise, s'étendent les parcs à huîtres. De part et d'autre de la pointe du Hock, le sentier surplombe les grèves. En suivant la côte jusqu'à Port-Mer, vue splendide sur la pointe de la Chaîne, face au rocher de Cancale. Le sentier *(7 km depuis Cancale)* rejoint la pointe du Grouin *(voir ci-après)*.

Maison natale de sainte Jeanne Jugan A1

69 av. du Gén.-de-Gaulle - ☎ 02 99 45 14 14 - www.petitessoeursdespauvres.org - ♿ - de mi-juin à mi-sept. : 14h30-18h30 - fermé j. fériés - possibilité de visite guidée (30mn) - gratuit. La fondatrice de la congrégation des **Petites Sœurs des pauvres** est née dans cette maison. Domestique d'une vieille demoiselle à St-Servan, **Jeanne Jugan** (1792-1879), canonisée en 2009, acheta une masure pour accueillir des vieillards avec l'aide de trois amies. La modeste bâtisse a été démontée et reconstruite un peu en retrait. Son intérieur est resté à l'identique.

Circuit conseillé Carte de microrégion p. 82

★★★ LA CÔTE D'ÉMERAUDE : DE CANCALE À SAINT-MALO

Circuit de 23 km tracé en marron sur la carte p. 82 – environ 5h. Quittez Cancale par la rue du Stade puis par la D 201.

La route qui longe la Côte d'Émeraude est l'une des plus touristiques de France. Elle ne borde pas la mer de toutes parts, mais offre des excursions vers les sites côtiers, dont les points de vue révèlent la singularité de ce rivage très découpé.

★★ Pointe du Grouin B1

Laissez la voiture sur l'aire de stationnement et suivez, à droite du sémaphore, un sentier qui conduit directement à la pointe. La pointe est souvent très ventée. Le **panorama** s'étend du cap Fréhel à Granville, en passant par la baie du Mont-St-Michel. Au large, on distingue les îles Chausey. À marée basse, un sentier mène à une grotte creusée dans la falaise (hauteur 10 m, profondeur 30 m).

Randonneurs à la pointe du Grouin.
E. Berthier/hemis.fr

En face de la pointe du Grouin, l'île des Landes constitue une réserve ornithologique et botanique, où nichent de nombreux oiseaux : tadornes de Belon, cormorans huppés, grands cormorans, goélands…
La route, en corniche jusqu'au Verger, suit la côte, en offrant de belles vues.

2

Chapelle Notre-Dame-du-Verger B1

Prenez à droite vers la plage. Cette chapelle est vénérée par les marins de Cancale (pardon le 15 août). Reconstruite au 19e s., elle abrite de nombreuses maquettes de navires : bisquines, sloops, goélettes et trois-mâts.

La Guimorais B1

La plage des Chevrets s'étire entre la pointe du Meinga et la presqu'île Bénard. La route contourne le havre de Rothéneuf, fermé par une passe étroite. Cette étendue d'eau se vide presque entièrement à marée basse. À droite, remarquez l'élégant **château du Lupin**, bâti au 17e s. par un riche armateur de St-Malo.

Rothéneuf B1 *(voir St-Malo, p. 98)*

★ Paramé B1 *(voir St-Malo, p. 96)*

★★★ Saint-Malo B1 *(voir p. 84)*

UNE HUÎTRE RÉPUTÉE

On ne pratique plus à Cancale que l'« élevage » de jeunes huîtres venues d'Auray, une maladie mystérieuse ayant décimé, vers 1920, les bancs de la baie qui fournissaient le naissain. On s'efforce désormais de le recréer localement : il se développe dans des parcs de pleine mer, donnant une huître plate appelée belon. Son goût de noisette est dû à la richesse en plancton de la baie du Mont-St-Michel. La côte est quadrillée par les parcs ostréicoles, 400 ha de découpages géométriques, qui participent au paysage.

NOS ADRESSES À CANCALE

VISITES

Visite des parcs à huîtres – *Rens. à l'office de tourisme – ✆ 02 99 89 63 72 - www.cancale-tourisme.fr - sur réserv. uniquement - visites à dates fixes (selon les marées) animées par des guides - mai-oct. - durée 1h30 - 7 € (5-12 ans 3 €, -5 ans gratuit).* Pour tout savoir du métier d'ostréiculteur, de l'histoire des huîtres de Cancale, qu'elles soient plates ou creuses, de leur élevage, de leurs calibres, et voir les naissains de près lors d'une balade à pied (prévoir des bottes). Accessible et pédagogique.

HÉBERGEMENT

PREMIER PRIX

Camping Le Bois Pastel – *13 r. de la Corgnais - 7 km au nord-ouest par D 201 - ✆ 02 99 89 66 10 - www.campingboispastel.fr - avr. à sept. - 247 empl. 27,90 € - locatif 230/730 € sem.* Un terrain bien ombragé équipé d'une piscine couverte, découverte aux beaux jours, d'un tout nouveau terrain multisport et d'un bar pour les moments de détente. Hors saison, possibilité de louer à la semaine ou au week-end des mobile homes sans sanitaire ou plus classiques avec tout le confort.

BUDGET MOYEN

Chambre d'hôte La Pastourelle – *35350 St-Méloir-des-Ondes - Les Nielles - ✆ 02 99 89 10 09 - www.la-pastourelle-35.com - fermé 15 déc.-15 janv. - P - 5 ch. 80 € - table d'hôte sur réserv. 30 €.* Cette belle longère tapissée de vigne vierge borde la route côtière de la baie du Mont-St-Michel. Les chambres, spacieuses et insonorisées, offrent un pimpant décor immaculé et de jolies salles de bains. Au rez-de-chaussée, le salon et la salle à manger marient poutres anciennes et vieilles pierres. Bar et ravissant jardinet.

POUR SE FAIRE PLAISIR

Alghôtel – *59 bis av. du Gén.-de-Gaulle - ✆ 02 99 89 50 00 - www.alghotel.com - fermé de déb. janv. à déb. fév.- P 30 ch. 109 € - 11,50 €.* À l'entrée de Cancale, un hôtel entièrement dédié au bien-être. Chambres fonctionnelles, décorées dans un esprit zen. Espace Spa.

Hôtel Le Chatellier – *Route de St-Malo - Quatrevais - à 1 km par D 355 - ✆ 02 99 89 81 84 - www.hotellechatellier.com - fermé de mi-nov. à déb. mars - P - 13 ch. 73/112 € - 10 €.* Belle demeure bretonne au charme familial préservé, avec de coquettes chambres de style « campagnard chic », mansardées à l'étage ; certaines donnent sur le jardin.

Hôtel Auberge de la Motte Jean – *35350 St-Coulomb - 2 km par D 355 - ✆ 02 99 89 41 99 - www.hotel-mottejean.com - fermé déc.-janv. - P - 13 ch. 98/150 € - 11 €.* Ancien corps de ferme isolé dans la campagne cancalaise. Grand calme et jardin soigné avec étang. Chambres personnalisées décorées de meubles anciens. Accueil « sur mesure ».

Hôtel Le Manoir des Douets Fleuris – *Le Chemin de la Vallée - À 1,5 km par D 365 - ✆ 02 23 15 13 81 - www.manoirdesdouetsfleuris.com - fermé mi-nov.-fév. - P - 7 ch. 85/179 € - 13 €.* Ce manoir du 17e s., assorti d'un jardin et d'une mare où se rafraîchissent les oiseaux, cache des chambres personnalisées, dont une suite avec ciel de lit et cheminée en granit. Âtre monumental au salon.

Hôtel Duguay Trouin – *11 quai Duguay-Trouin - ✆ 02 23 15*

12 07 - www.hotelduguaytrouin.com - ♿ - 7 ch. 110/125 € (selon vue) - ☕ 10 €. On vous reçoit avec simplicité et gentillesse dans cet hôtel du port de pêche entièrement rénové. Les chambres sont sobrement marines (quelques malles-poste), côté baie ou rochers.

Hôtel La Pointe du Grouin – *✆ 02 99 89 60 55 - www.hotelpointedugrouin.com - 1er avr.-15 nov. - P - 15 ch. 97/131 € - ☕ 10 € - ✕ 27/90 €.* Il règne comme un délicieux air de bout du monde autour de cette demeure bretonne perchée sur une falaise, face aux îles et au Mont-St-Michel. Chambres agréables. Panorama exceptionnel depuis les tables proches des baies vitrées.

RESTAURATION

PREMIER PRIX

Crêperie du Port – *1 pl. du Calvaire - sur le port - ✆ 02 99 89 60 66 - ♿ - fermé 2e quinz. de janv. et 1re quinz. de déc. - 10/20 € - huîtres (no 3) 9/18 € selon nombre.* Ambiance marine dans cette crêperie décorée de tableaux, d'affiches, de maquettes et d'une fresque au plafond. On apprécie sa véranda face au port, ouverte en toutes saisons.

Le Marché aux Huîtres – *R. des Parcs - au bout du quai Thomas sur le port de Cancale - www.marcheauxhuitres-cancale.com - 10h-18h - prix selon cours du jour.* Du producteur au consommateur : face aux parcs et à la baie du Mont-St-Michel, assis sur le muret au bout du quai, en plein air, vous dégusterez les huîtres de première fraîcheur, que les ostréiculteurs du lieu proposent sur ce petit marché protégé des intempéries par des toiles de tente. Ils en assurent l'ouverture et la vente à emporter toute l'année.

C comme à la maison – *39 bis r. du Port - face à la mairie - ✆ 02 99 58 96 39 - www.c-commealamaison.fr - ouv. lun.-vend. le midi - 9/15 €.* Tartes salées ou sucrées et salades, le tout travaillé sur place par deux jeunes femmes souriantes. À déguster en salle ou sur l'agréable terrasse située à l'arrière.

BUDGET MOYEN

Crêperie-brasserie Au Pied d'Cheval (la Maison de l'Huître) – *10 quai Gambetta - ✆ 02 99 89 76 95 - fermé merc. sf juil.-août, de mi-nov. à fin mars - 20/27 €.* Tenue par un conchyliculteur du coin, cette adresse sert des huîtres *(de 8,50 à 23,50 € la douzaine)* et des fruits de mer élevés dans la baie du Mont-St-Michel. Petites salles à manger rustiques et simples ; celle de l'étage a vue sur la mer.

La Villa – *8 pl. du Calvaire - ✆ 02 99 58 35 66 - www.cancalegourmand.com - 15,90/35,90 €.* Un « bistrot de chef » où, dans un décor design épuré, vous dégusterez huîtres et crustacés, à moins que vous ne vous laissiez tenter par le menu « tout carpaccio ». Accueil et service particulièrement aimables.

Le Surcouf – *7 quai Gambetta - ✆ 02 99 89 61 75 - fermé 3e sem. de déc. et 15 j. en janv. - ♿ - 18/44 €.* Un joli petit bistrot marin qui sort du lot, parmi la kyrielle d'établissements bordant le port de Cancale : vue sur la jetée (plus large à l'étage) et goûteuse cuisine de la mer.

POUR SE FAIRE PLAISIR

Côté Mer – *4 r. E-Lamort, rte de la corniche - ✆ 02 99 89 66 08 - www.restaurant-cotemer.fr - fermé mar. soir, dim. soir hors sais. et merc., vac. de fév., 1 sem. fin juin et 3 sem. en nov. - formule 25 € - 30/78 €.*

Tranquillement attablé, on profite d'une bien agréable vue sur la baie et le port. Préparés avec finesse, les poissons, coquillages et crustacés ont ici le vent en poupe. Plateaux de fruits de mer sur commande (48h à l'avance).

Le Troquet – *19 quai Gambetta - ✆ 02 99 89 99 42 - www.restaurantletroquet-cancale.fr - fermé jeu.-vend. hors. sais., de mi-nov. à fin janv. (ouv. pour les fêtes) - formules déj. 20/28 € - 28/42 €.* Un sympathique bistrot à dénicher parmi les nombreuses enseignes qui bordent le quai. Poissons et crustacés de premier choix, dont les incontournables huîtres de Cancale.

UNE FOLIE

Breizh Café et La Table de Breizh Café – *7 quai Thomas - ✆ 02 99 89 61 76 - breizhcafe.com - ♿ - rest. gastronomique : fermé mar. (sf juil.-août), merc. et janv. - menus 38/48 € (en sem.) - 75/135 € - crêperie : fermée jeu.-vend. de déc. à mars - galettes 4,80/12,80 €, crêpes 4/10,50 € - 5 ch. 138 €* ☕. Sur le port, au rez-de-chaussée, une crêperie de qualité ; à l'étage, un restaurant gastronomique étoilé dirigé par un chef japonais. La cuisine est subtilement nipponisante, même si l'on y déguste – spécialité oblige –, les huîtres de Cancale. Le décor, lui, ne déparerait pas au pays du Soleil-Levant, à ceci près que le mont Fuji cède ici la place au Mont-St-Michel.

Le Coquillage – *Rte du Mont-St-Michel - Château Richeux, à 6,5 km par D 76, D 155 et voie secondaire - ✆ 02 99 89 25 25 - www.maisons-de-bricourt.com - fermé 7 janv.-7 fév., 25 fév.-13 mars - ♿ - menu déj. 35 € - 68/139 €.* Séduisant bistrot où la cuisine de la mer influencée par Olivier Roellinger (un menu reprend ses créations) est servie dans la salle panoramique ou en terrasse sous les pins.

BOIRE UN VERRE

Bar Le Tapecul – *10 pl. du Calvaire - ✆ 02 99 89 80 83 - 8h-1h (2h en été) - fermé 10 j. en fév., mar. et vend.-sam. hors sais.* Bienvenue à bord ! Ambiance marine pour ce café à matelots, dont le bar est en forme de coque de bateau. Concerts certains soirs.

Le Tangon – *2 quai Thomas - ✆ 02 99 89 60 71 - 10h-21h - moules 11,90/13,80 €, huîtres 8,20/14,50 €.* Placé sous l'égide d'Arthur Rimbaud et de son vers devenu fameux (les « flots abracadabrantesques »), une vaste terrasse, idéale pour se poser devant un verre et suivre l'animation du port. On peut aussi y satisfaire une petite faim, peut-être en dégustant quelques huîtres sur le pouce.

L'Arrière Cour – *18 quai Gambetta - ✆ 02 23 15 35 28 - 11h30-1h - 12,50/20 €.* L'ancien hôtel de la Houle a été repris à l'été 2016 par Fabienne Ribot et Grégory Gouin. Parquet et carrelage d'origine côtoient du mobilier chiné. L'ambiance est très conviviale, que l'on choisisse la terrasse sur le port ou celle du jardin. On vient y boire un verre tout en écoutant un concert, ou déguster une cuisine de saison aux accents antillais.

La Cale du Galion – *12 pl. du Calvaire - ✆ 02 99 89 65 71 - 10h30-22h - 1 bouteille et 1 planche apéro 20/25 €.* En reprenant Le Galion, bar de sa famille, Jean s'est associé à Lucas, fin connaisseur de vins formé dans de beaux vignobles, pour ouvrir une cave. Belle sélection de vins, rhums, bières et cidres (à emporter ou à savourer sur place), accompagnés de fromages, de charcuterie et…

d'huîtres, bien sûr ! Cours, soirées et dégustation à thèmes.
Grain de Vanille (Les Maisons de Bricourt) – *12 pl. de la Victoire - ✆ 02 23 15 12 70 - www.maisons-de-bricourt.com - ♿ - 9h-12h30, 14h30-18h30 - fermé mar.-merc.* Salon de thé, biscuiterie et confiserie, où l'on se plaît à se poser devant un chocolat aux épices ou une glace.

ACHATS

Les Petits Fruits de la Baie – *5 r. des Clossets - 35350 St-Méloir-des-Ondes - ✆ 02 99 89 10 06 - mai-sept. : tlj sf dim. 8h-12h, 15h30-18h30 ; janv.-avr. : lun., merc. et vend. 9h-12h, 13h30-16h30 - fermé oct.-déc. et j. fériés.* Exploitation de fruits rouges et de kiwis. Boutique de produits de la ferme : fruits récoltés sur place (qualité et fraîcheur garanties), miel et confitures maison. Possibilité de cueillette.
Le Panier des Saveurs – *19 r. du Port - ✆ 02 99 80 35 97 - juil.-août : tlj ; reste de l'année : tlj sf lun. 8h30-13h, 15h-19h, dim. 8h30-12h30.* Tout pour le pique-nique : primeurs, crêpes et épicerie fine… et même du sucre pétillant !
La Maison Guella – *1 r. du Brocanteur - par l'av. du Gén.-de-Gaulle, puis à droite au 3e rond-point - ✆ 02 99 40 83 43 - www.bretagne-caramel.com - ♿ - lun.-sam. 10h-18h30.* Découverte de l'atelier de fabrication d'une biscuiterie artisanale légendaire, spécialiste également de caramels au beurre salé et de bien d'autres friandises (boutiques à St-Malo, Dinan et Dinard).

ACTIVITÉS

Centre nautique de Cancale – *À droite de la plage de Port-Mer - ✆ 02 99 89 90 22 - centre-nautique-cancale.fr - mars-nov.* Optimist, catamaran KL 13.5, Hobie cat 16 max ou planche à voile : une équipe jeune et dynamique vous initiera à tous ces supports depuis la plage de Port-Mer. Location possible de ces matériels et de bateaux à moteur ; point passion plage. Promenades en mer d'une demi-journée sur un bateau traditionnel. Balade ornithologique en kayak.
Définautic – *✆ 06 46 48 76 35 - www.defi-nautic.fr - juil.-sept. - pour groupe de 12 pers., sur réserv. à reservations@defi-nautic.fr.* Sortie en mer sur le trimaran de la Route du Rhum skippé par Gilles Lamiré.
Bisquine La Cancalaise – *15 pl. du Calvaire - 35260 Cancale - La halle à Marée - ✆ 02 99 89 77 87 - lacancalaise.org - de mi-avr. à fin oct. : tlj sf j. fériés - navigation et escale commentée : 75 € (-13 ans 45 €)/j.* Sortie-découverte du milieu maritime à bord d'un voilier de pêche traditionnel.
Balade corsaire – *Plage de Port-Mer - ✆ 02 99 89 63 86 - www.cuisine-corsaire.fr - juin-août : vend. 17h-21h ; avr., mai et sept. : vend. 10h à 14h - 124/132 €/pers.* Une balade dégustation proposée par le chef Emmanuel Tessier, ancien second d'Olivier Roellinger.
Association Al Lark – *50 r. P.-et-M.-Curie - ✆ 06 78 71 41 09 - www.al-lark.org - 15 mars-15 nov. sur adhésion à l'association, sur réserv. seult - adhésion 55 € par an/pers. (-15 ans 20 €, famille 125 €).* Sorties en mer *(12 pers. maxi - durée 3h30 à 4h)* dans les baies de St-Malo et du Mont-St-Michel pour observer mammifères et oiseaux marins.

Dol-de-Bretagne

★

5 557 Dolois – Ille-et-Vilaine (35)

À mi-chemin de St-Malo et du Mont-St-Michel, l'ancienne cité épiscopale de Dol est perchée sur une falaise au pied de laquelle, dit-on, la mer s'échouait encore au 10e s. Son site offre une jolie vue sur la baie, de Cancale au Mont-St-Michel. Son patrimoine architectural mêle, quant à lui, édifices religieux, défensifs (remparts) et maisons à pans de bois.

NOS ADRESSES PAGE 154
Hébergement, restauration, achats, activités, etc.

S'INFORMER

Office de tourisme du pays de la baie du Mont-St-Michel – *5 pl. de la Cathédrale - 35120 Dol-de-Bretagne - ✆ 02 99 48 15 37 - www.pays-de-dol.com - juil.-août : 10h-18h, w.-end et j. fériés 10h-13h, 14h-18h ; juin et sept. : 10h-12h30, 14h-18h, dim. 14h-18h ; reste de l'année : tlj sf dim. 10h-12h30, 14h-18h, lun. 14h-18h - fermé 1er janv., 1er Mai, 1er et 11 Nov., 25 déc.*

SE REPÉRER

Carte de microrégion B2 (p. 82) – Traversée par la N 176, Dol se trouve à l'intérieur des terres, à mi-chemin du Mont-St-Michel et de St-Malo. Rennes est à 70 km plus au sud.

À NE PAS MANQUER

La cathédrale St-Samson et la vue du mont Dol.

ORGANISER SON TEMPS

Soyez sur le mont Dol au coucher du soleil pour admirer le panorama sous sa plus belle lumière.

AVEC LES ENFANTS

Visitez le Cathédraloscope et le musée de la Paysannerie à Baguer-Morvan.

Se promener Plan de ville ci-contre

★★ Cathédrale Saint-Samson A1

Pl. de la Cathédrale - ✆ 02 99 48 00 48 - 9h-18h - visite guidée sur demande (30mn).
Ce très vaste et bel édifice de style gothique, qui porte le nom du premier évêque de Dol, mort en 565, fut bâti aux 12e et 13e s. puis complété jusqu'au 16e s. Il donne une idée de l'importance qu'avait alors l'évêché de Dol.

À l'extérieur, côté sud, voyez le **grand porche★** (14e s.) et le petit porche (13e s.). Au nord, la cathédrale offre l'aspect d'une forteresse. La façade ouest inachevée, est dominée par une haute tour terminée au 17e s.

Intérieur – Par son harmonie et sa clarté, il contraste avec l'austérité de l'extérieur. Le vaisseau atteint presque 100 m de long. Il présente trois étages, que l'on retrouve dans le transept également. L'élégant triforium est décoré d'arcs en tiers-point soutenus par trois fines colonnes. Les voûtes culminent à plus 21 m de hauteur.

Dans le chœur, à chevet plat, on admire la grande **verrière★★** à médaillons (13e s.) qui a été rénovée (scènes de l'Ancien et du Nouveau Testament), les 80 stalles (14e s.) et le trône épiscopal (16e s.) en bois sculpté. Dans le croisillon gauche se trouve le tombeau de l'évêque Thomas James, gouverneur du château St-Ange à Rome, exécuté par les Florentins Antoine et Jean Juste (16e s.),

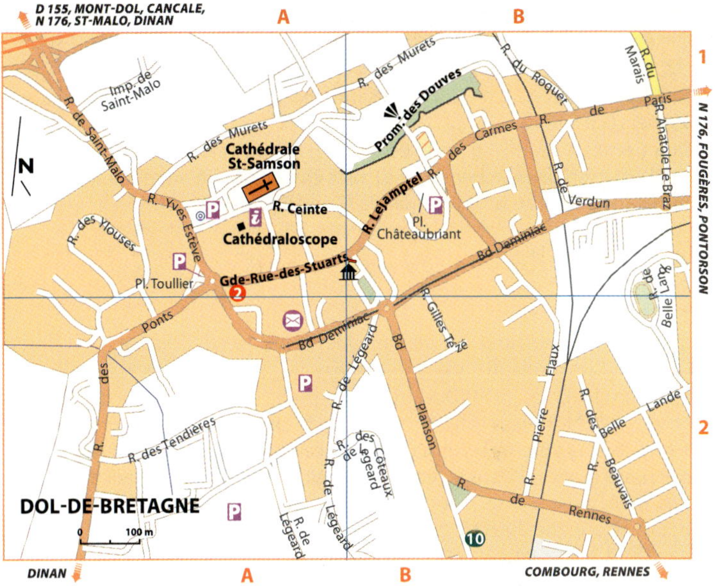

SE LOGER	SE RESTAURER
Hôtel de la Gare 10	Food Shop 2

rare témoignage du style de la Renaissance italienne en Bretagne. Dans le bas-côté nord, Christ aux outrages. Et une curiosité : le double puits, à la fois intérieur et extérieur dans une chapelle du bas-côté droit.

★ Cathédraloscope A1

4 pl. de la Cathédrale - ✆ 02 99 48 35 30 - www.cathedraloscope.com - ♿ - juil.-août : 10h-18h30 ; avr.-juin et sept. : 10h-13h et 14h-18h - fermé 1er janv., 25 déc. - possibilité de visite guidée (1h15) - 6,80 € (6-18 ans 5 €) - 20 € billet famille (2 adultes + 2 enf.), audioguide disponible (1,50 €). Animations enf. juil.-août et vac. de la Toussaint. Sous-titrée « les secrets des cathédrales », cette exposition nous plonge dans l'univers des compagnons bâtisseurs du Moyen Âge. Films en 3D, maquettes et reconstitutions d'atelier nous initient aux techniques et au vocabulaire de la construction, aux outils (la corde à 13 nœuds) et à la symbolique des cathédrales gothiques. Jeu-questionnaire pour les enfants.

Promenade des Douves B1

Appelé aussi promenade Jules-Revert, ce jardin public joliment réaménagé longe la douve des remparts nord. On y voit la grosse tour des Carmes, l'une des 12 tours de défense. De là, belle **vue**★ sur le mont Dol et le « marais ».

Maisons anciennes

Au cœur de la cité médiévale subsistent de belles maisons à colombages.

Grande-Rue-des-Stuarts – Son nom rappelle que la famille royale des Stuarts (Écosse et Angleterre) est originaire de Dol. Au n° 17, « les Petits Palets » (11e et 12e s.) présentent une belle arcature romane ; au n° 27, maison de la Guillotière

(13e s.) ; au n° 33, demeure de 1617 à belles lucarnes ; au n° 18, le logis de la Croix verte et du donjon est une ancienne auberge des Templiers avec cave voûtée (12e s.) ; au n° 32, charmante cour « es Chartier et Hostel es Pledran » (16e s.).
Rue Lejamptel – Au n° 31, « la Grisardière » (12e ou 13e s.) ; au n° 27, maison à piliers (15e s.).
Rue Ceinte – Au n° 1, dans la portion de rue autrefois de la Poissonnerie, vieille maison de marchand (15e s.) avec étal de granit, de même qu'au n° 4, « la Grabottais » ; au n° 16, manoir du Grand Chantre (1668).

À proximité Carte de microrégion p. 82

★ Mont Dol B2

2 km au nord. Quittez Dol-de-Bretagne en direction de Cancale.
La légende raconte que dans son combat avec Satan, **saint Michel** perça un trou dans le roc du mont Dol et y précipita son ennemi. Mais le diable réapparut sur le Mont-St-Michel. Le bond que fit alors l'archange pour l'atteindre nécessita une détente si vigoureuse que l'empreinte de son pied resta imprimée dans la roche ! Dans la réalité, cette éminence granitique (65 m) domine une vaste plaine, faisant figure de petite montagne. Enroulé à son pied, le bourg abrite une **église** dont la nef conserve un bel ensemble de fresques des 12e et 14e s. retraçant la vie du Christ.
Une route mène au sommet du mont, où sont dispersés un moulin (crêperie), un premier belvédère à gauche, qui regarde vers l'arrière-pays, et une tour en haut de laquelle vous aurez le **panorama★** le plus étendu sur : au nord, les îles Chausey, Cancale et la pointe du Grouin ; au nord-est, le Mont-St-Michel, Avranches, Granville ; du calvaire, au sud, à la lisière du marais, Dol et sa cathédrale et, à l'arrière-plan, les hauteurs d'Hédé ; enfin, à ses pieds, le bocage du marais de Dol.

Saint-Marcan B2 *(voir Le Mont-St-Michel, p. 165)*

Le Vivier-sur-Mer et Cherrueix B1 *(voir Le Mont-St-Michel, p. 165)*

Circuit conseillé Carte de microrégion p. 82

AU PAYS DE DOL-DE-BRETAGNE B2

Circuit de 30 km tracé en bleu sur la carte p. 82 – environ 2h30. Quittez Dol par la D 795. Laissez la route d'Epiniac à gauche ; 600 m après, tournez à gauche, puis prenez un chemin goudronné, à droite.

Menhir de Champ-Dolent

Ce menhir remarquable (9,50 m de haut, 8,70 m de circonférence) provient du filon granitique de Bonnemain situé 5 km au sud. L'appellation Champ-Dolent – champ de douleur – évoque un combat légendaire qui se serait livré ici.
Faites demi-tour et reprenez la D 795 vers Combourg.

LE MARAIS DE DOL
On appelle ainsi le terrain gagné sur les marais et la mer, dans la baie du Mont-St-Michel. Il s'étend sur 15 000 ha, de l'embouchure du Couesnon au voisinage de Cancale. Grâce à un travail d'assèchement séculaire, ce polder se présente aujourd'hui comme une plaine de polyculture.

Vue à travers champs jusqu'au Mont-Saint-Michel depuis le mont Dol.
R. Tomlinson/robert harding/age fotostock

Musée de la Paysannerie à Baguer-Morvan

Les Cours-Paris - ✆ 06 33 43 33 87 - www.museedelapaysannerie.com - ♿ - de mi-juin à mi-sept. : 10h-18h - fermé j. fériés - possibilité de visite guidée sur demande (1h30) - 6 € (-11 ans 4 €). Il retrace plus d'un siècle de vie paysanne : reconstitution d'intérieurs, présentation de matériel agricole, véhicules hippomobiles, outils d'autrefois, vieilles reproductions de scènes agricoles. Dégustation de cidre en fin de visite.

Prenez la D 119 jusqu'au Tronchet.

Le Tronchet

Dans le bourg, le cloître de l'abbaye N.-D.-du-Tronchet s'élève sur les ruines d'un couvent bénédictin (12e s.). Au milieu trône un houx géant vieux de 300 ans.

Suivez les panneaux « Forêt du Mesnil » pour sortir du village par la D 9, puis ceux indiquant « La Maison des fées ». Garez-vous sur le parking, puis faites 300 m à pied.

La Maison des fées – Cette allée mégalithique, aussi appelée « Dolmen de Tressé », est couverte de huit grandes dalles. Les sculptures de seins et de colliers sur les vestiges de la chambre funéraire symbolisent le culte de la déesse-mère et sont à l'origine de son nom actuel.

Revenez au Tronchet, et suivez la D 9 puis la D 10.

Église d'Epiniac

Dans le bas-côté gauche de l'**église**, l'autel présente une Dormition de la Vierge, haut-relief polychrome du 16e s.

Prenez la D 85 vers le sud et tournez à gauche dans la D 285.

Broualan

Au centre du village, près d'un remarquable petit calvaire, se dresse l'église du 15e s., agrandie au 16e s. Son chevet est orné de contreforts à pinacles et de belles fenêtres flamboyantes. À l'intérieur, de nombreux autels de granit, des crédences ouvragées, un tabernacle du maître-autel soutenu par des anges et une pietà polychrome du 16e s.

Château de Landal – *4 km jusqu'au hameau de la Chevillonais - fermé à la visite.* Ce château médiéval, l'un des plus beaux châteaux de l'histoire bretonne, est situé dans un domaine de 350 hectares (parc, chapelle, étang). Laissé à l'abandon et vandalisé, il est restauré et géré par la famille Guyot de 2013 à 2015, qui l'ouvre au public avec de nombreuses animations proposées en été. Depuis 2016, il est de nouveau fermé à la visite, mais peut encore se découvrir à l'occasion des Journées européennes du patrimoine.

Par La Boussac, regagnez Dol.

NOS ADRESSES À DOL-DE-BRETAGNE

HÉBERGEMENT

PREMIER PRIX

Hôtel de la Gare – *21 av. Aristide-Briand - 02 99 48 00 44 - www.hoteldelagare35.com - 13 ch. 55 € - 6,50 €.* Les chambres de cet hôtel-bar-PMU ne sont pas très grandes, mais colorées et bien insonorisées ; certaines permettent l'accueil de familles. Belle salle des petits déjeuners.

À proximité

PREMIER PRIX

Chambre d'hôte La Croix Galliot – *28 La Croix-Galliot - 35120 Cherrueix - 8 km rte de Cherrueix par D 82, puis dir. Baguer-Pican par D 85 - 02 99 48 90 44 - www.la-croix-galliot.fr - fermé janv. - - 5 ch. 50/55 €.* À 3 km de la plage de Cherrueix, une ancienne ferme céréalière disposant de chambres confortables, au calme, et d'un salon qui s'ouvre sur le jardin. Également deux gîtes et six emplacements de camping.

POUR SE FAIRE PLAISIR

L'Abbaye – *L'Abbatiale - 35540 Le Tronchet, à 10,5 km au sud-ouest de Dol - 02 99 16 94 41 - www.hotel-de-labbaye.com - fermé 1er janv.-mi-fév. - 44 ch. et 1 suite 99/239 € - 15 €.* En pleine campagne, au bord d'un étang, cette ravissante abbaye du 12e s. a été rénovée avec beaucoup de goût. Belle cour encadrée de bâtisses en pierre, chambres confortables et résolument modernes, qui ne manquent pas d'élégance, et dont certaines disposent d'une terrasse privative… Tout simplement charmant !

HÉBERGEMENT/RESTAURATION

POUR SE FAIRE PLAISIR

Le Domaine des Ormes – *7 km au sud par rte de Combourg - 02 99 73 53 23 - www.lesormes.com - - de déb. avr. à déb. nov. - 630 empl. 47/69 € - locatif (permanent) 52/256 € - hôtel 45 ch. 105/167 € 13,50 € - 26/35 € (le soir seult).* Autour d'un château du 16e s., ce « village vacances », implanté sur un domaine de 200 ha propose hôtel, chalets, mobile homes, cabanes flottantes dans les arbres et cottages-huttes. Côté loisirs : golf, parc aquatique, tyroliennes… Snack, restaurant, bar et discothèque.

Le Jardin des Simples – *1 r. de la Mairie - 35120 Mont-Dol - 02 99 80 74 24 - www.jardin-des-simples.com - fermé mi-nov.-mi-fév. - 5 ch 99/115 € - table d'hôte sur réserv. (tlj sf dim.-lun.) 43 € bc.* Les chambres de ce magnifique presbytère, datant de 1773, ont gardé leur charme : parquets en chêne, beaux tissus… À table, les produits de la mer et les légumes du potager sont à l'honneur, sous la houlette d'un chef talentueux.

Hôtel Golf & Country Club – *35540 Le Tronchet - Domaine St-Yvieux - 11 km au sud-ouest par D 119 puis D 75 - ✆ 02 99 58 98 99 - www.saintmalogolf.com - fermé 20 nov.-1er mars - P ♿ - 30 ch. 90/150 € - ☕ 14 € - ✕ 23/34 €.* Cet ancien prieuré du 19e s. abrite de grandes chambres dans des tons clairs, disposant d'une loggia ou d'une miniterrasse. Le restaurant donne sur l'étang et offre une vue panoramique sur les greens. Cuisine traditionnelle.

Château de Mont-Dol – *R. de la Mairie - 35120 Mont-Dol - ✆ 02 99 80 74 24 - www.chateaumontdol.com - 5 ch. 95/115 € - table d'hôte 43 € bc.* Vaste demeure de charme dotée d'un superbe jardin fleuri. À table, les produits de la région sont cuisinés avec brio.

RESTAURATION

BUDGET MOYEN

Food Shop – *43 Grande-Rue-des-Stuarts - ✆ 02 99 48 01 54 - www.foodshop.fr - ♿ - fermé lun.-jeu. le soir hors sais. et dim. - formule déj. 12/14,50 € - 21/27 €.* Dans ce bistrot contemporain orné de magnifiques photos culinaires, les recettes mettent en scène l'huile d'olive et les épices dans des plats ensoleillés et exotiques, en pays de beurre salé. L'endroit est convivial, l'accueil sympathique et le patron plein d'humour.

BOIRE UN VERRE

Bistrot Boris – *6 r. Lejamptel - ✆ 02 99 80 91 36 - ♿ - tlj en été - reste de l'année : fermé mar. soir et dim. soir.* Un café à l'ancienne au décor gentiment loufoque.

ACHATS

Marché – *Sam. mat. dans la Grande-Rue.*

Le Mont-Saint-Michel

★★★

36 Montois – Manche (50)

Pourquoi le Mont-St-Michel fascine-t-il autant ? Certainement parce que, au-delà de la beauté de son architecture et de la richesse de son histoire, un mystère s'en dégage, lié au rythme des marées, à la tombée du jour, au cri des mouettes rieuses, au sable mélangé à l'herbu… On ne peut aimer le Mont-St-Michel sans prendre la mesure de l'immensité sauvage qui l'entoure. Le rocher et la baie ne font qu'un. C'est pourquoi l'un comme l'autre est classé site du Patrimoine mondial de l'Unesco, et que des projets ont été mis en œuvre pour que le Mont redevienne une île.

NOS ADRESSES PAGE 166
Hébergement, restauration, achats, activités, etc.

S'INFORMER

Office du tourisme du Mont-St-Michel – *Bd Avancée - 50170 Le Mont-St-Michel - ✆ 02 33 60 14 30 - www.ot-montsaintmichel.com - juil.-août : 9h30-19h ; du w.-end de Pâques à fin juin et sept. : 9h30-18h30, dim. 9h30-12h30, 13h30-18h ; reste de l'année : 9h30-17h (17h30 vac. scol.), dim. 9h30-12h30,13h30-17h - fermé 1er janv., 25 déc.*

Centre d'information touristique – *Parc de stationnement du Mont-St-Michel - 50170 Beauvoir - ✆ 02 14 13 20 15 - http://bienvenueaumontsaintmichel.com - avr.-sept. : 9h-19h ; reste de l'année : 10h-18h - fermé 1er janv., 25 déc. - toute information pour une visite au Mont et un séjour en baie du Mont-St-Michel (lieux de visite et activités découverte).*

Visite de l'abbaye – *✆ 02 33 89 80 00 - www.abbaye-mont-saint-michel.fr - plusieurs types de visites sont proposées en fonction du temps que vous pouvez y consacrer. Visite libre possible avec les informations de ce guide, mais aussi visites guidées : avec audioguide (1h, location 3 €), commentées par un guide (1h15, sans supplément) ou visite-conférence détaillée (2h, 13 € droit d'entrée inclus - w.-end et vac. scol.).*

SE REPÉRER

Carte de microrégion C1 (p. 82) – Le Mont se trouve à l'extrême nord de la D 976, qui naît à Pontorson, 10 km au sud. De là, la N 175 file au nord-est vers Avranches (21 km). Dol-de-Bretagne se situe 20 km à l'ouest par la N 176.

SE GARER

Vaste parking public jouxtant le Centre d'information touristique et la place des Navettes d'où partent les transports vers le Mont (*voir « Nos adresses »*). Parking payant (*12,50 €/j*, en espèces ou en carte aux bornes placées contre le Centre d'information, ou aux bornes de sortie, en carte seult).

À NE PAS MANQUER

Le panorama sur la baie depuis les remparts et l'abbaye. Les randonnées et traversées de la baie à pied ou à cheval.

ORGANISER SON TEMPS

Renseignez-vous sur les horaires de marée, pour observer l'arrivée ou la fuite de la mer depuis les remparts.

AVEC LES ENFANTS

Découvrez la baie et les moules en Mytili-mobile au départ du Vivier-sur-Mer.

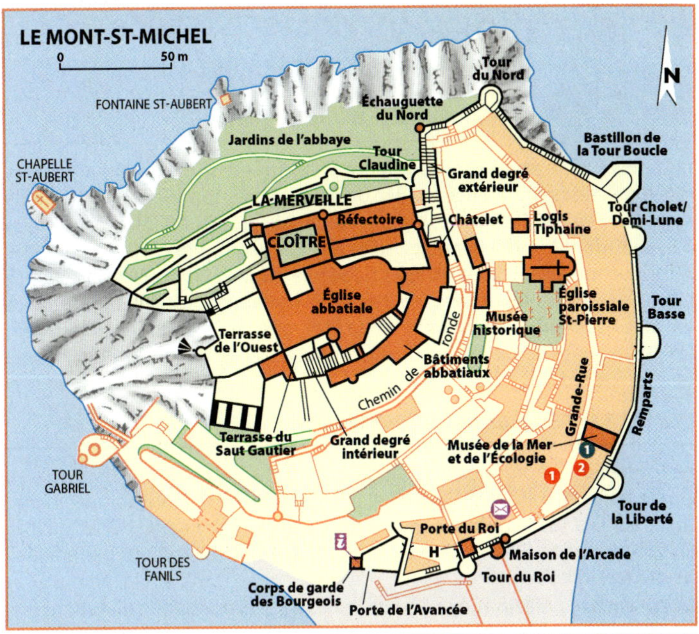

SE LOGER	SE RESTAURER	
Auberge St-Pierre 1	La Mère Poulard 1	La Sirène 2

Se promener

Mont-St-Michel (anciennement La Caserne)

Ce hameau d'hôtels et de boutiques est le point de passage obligé vers le Mont. Les parkings y sont installés, ainsi que le **Centre d'information touristique**. C'est également le point de départ des navettes gratuites.

Visite du barrage – *02 33 89 01 01 - www.projetmontsaintmichel.com - ♿ - ouvrage d'art public ouvert au public en visite libre 24h/24 et 7j/7 (sous réserve d'intervention de maintenance).* Ce barrage à l'architecture et au fonctionnement innovants a été dessiné par l'architecte Luc Weizmann. Il fait office de pont-promenade, avec vue sur le Mont et le Couesnon. Le dessin des vannes et des roues fait référence aux instruments de marine. Sur le bastingage en bronze, qui fait face à la baie, le *Pupitre des Lettres* (en alphabets hébreu, grec, arabe et latin) évoque les fondements de la civilisation européenne. La visite guidée est très éclairante sur les grands travaux et le fonctionnement du barrage.

LE BOURG Plan du Mont ci-dessus

Défenses avancées

La porte de l'Avancée donne accès à une première cour fortifiée. À gauche, le **corps de garde des Bourgeois** (16e s.) est actuellement le siège de l'office de tourisme ; à droite, les « michelettes », bombardes anglaises (machines de guerre lançant des boulets) prises au cours d'une attaque militaire pendant la

Naissance et renaissance du Mont-Saint-Michel

CAPRICIEUSE GÉOGRAPHIE

Autrefois appelé **mont Tombe**, le Mont-St-Michel est un îlot granitique d'environ 900 m de circonférence et 80 m de haut, relié au continent par une digue construite en 1877. Le site est le plus souvent cerné par d'immenses bancs de sable, dont les mouvements, suite aux marées, ont maintes fois déplacé l'embouchure des rivières côtières : la Sée, la Sélune et le Couesnon. Celui-ci, jadis orienté au nord-ouest à partir de Pontorson, constituait la frontière entre les duchés de Normandie et de Bretagne. Ses divagations menaçant les digues et les polders, il fut canalisé en 1863, fixant définitivement la ligne de partage entre les deux régions.

L'ABBAYE ENTRE PÈLERINS ET DÉTENUS

La fondation – Après que l'archange saint Michel lui fut apparu trois fois en songe, **Aubert**, évêque d'Avranches, fonda en 708 sur le mont Tombe un oratoire. Celui-ci fut remplacé par une abbaye carolingienne au début du 8e s. En 966, le duc de Normandie confia le sanctuaire à des moines bénédictins de St-Wandrille.

Les premiers pèlerinages – Peu de temps après la fondation du sanctuaire, les fidèles affluent au Mont, même pendant la guerre de Cent Ans. Les Anglais, alors maîtres de la région, accordent, moyennant finances, des sauf-conduits aux fidèles. On voit ainsi arriver pêle-mêle des nobles, des riches bourgeois et des gueux, qui vivent d'aumônes pendant leur voyage et sont hébergés gratuitement par les moines à l'aumônerie. L'hôtellerie comme le commerce des « souvenirs » sont déjà florissants au Moyen Âge. Les pèlerins, appelés « miquelots », achètent des insignes portant l'effigie de saint Michel et des ampoules de plomb qu'ils remplissent du sable de la grève. Ils prennent aussi des risques : la traversée de la baie n'allait pas sans enlisements ou noyades. C'est pourquoi le Mont fut également dénommé St-Michel-au-Péril-de-la-Mer.

De l'abbaye à la prison – Au 17e s., les mauristes, religieux de St-Maur, sont chargés de réformer le monastère. En matière architecturale, ils font œuvre décevante, se contentant de tailler et de rogner dans les bâtiments. La transformation de l'abbaye en prison ajoute encore aux déprédations. « Bastille » provinciale avant la Révolution, le Mont devient, en 1811, une prison pour les condamnés de droit commun et pour quelques détenus politiques, comme Barbès, Blanqui et Raspail.

Le retour des religieux – En 1874, l'abbaye et les remparts sont confiés au service des Monuments historiques. Ce n'est qu'en 1969 que le site retrouvera en partie sa vocation d'origine avec l'installation de quelques bénédictins. De nombreux religieux vont se succéder, dont le prieur Bruno de Senneville qui tente de développer une communauté. Les abbayes voisines ne parviennent pas à envoyer de renforts et les effectifs ne se renouvellent pas. En 2001 arrivent des moines et moniales formant les fraternités monastiques de Jérusalem au Mont-St-Michel. Ils assurent depuis cette date une présence spirituelle permanente, bulle de calme dans un site touristique hautement fréquenté. Avec 2,5 millions de visiteurs par an, le Mont-St-Michel est le 3e site le plus visité en France.

LES ÉTAPES DE LA CONSTRUCTION

Apporter des blocs de granit, parfois des îles Chausey ou de Bretagne, et les hisser à pied d'œuvre ne fut pas une mince affaire. L'arête du sommet étant fort étroite, on dut chercher appui sur les flancs du rocher.

11e-12e s. Une église est bâtie (1017-1144) au sommet du rocher. L'édifice carolingien antérieur est utilisé comme crypte (N.-D.-sous-Terre) pour soutenir la plate-forme où s'élèvent les trois dernières travées de la nef romane.

13e-16e s. Édification de l'abbaye gothique *(entrée à l'est)*. Les bâtiments conventuels sont élevés sur le flanc ouest du Mont et de part et d'autre de la nef. Sont également construits à cette époque :

– au nord, les magnifiques bâtiments de la Merveille (1211-1228) affectés aux moines, aux pèlerins et à la réception des hôtes de marque ;

– au sud, les bâtiments abbatiaux (13e-15e s.) consacrés à l'administration, au logement de l'abbé et à la garnison ;

– à l'est, le châtelet et les défenses avancées (14e s.) qui protègent l'entrée.

Le chœur roman de l'église, qui s'était écroulé, est rebâti (1446-1521) sur une nouvelle crypte. Plus magnifique encore, il est de style gothique flamboyant.

18e-19e s. En 1780, les trois dernières travées de la nef sont démolies, ainsi que la façade romane. En 1897, on édifie le clocher actuel : surmonté d'une belle flèche que termine le *Saint Michel* de Frémiet, il culmine à 157 m.

LES GRANDS TRAVAUX DU 21E S.

Après une longue phase d'études, les travaux de désensablement du Mont-St-Michel et du rétablissement de son caractère maritime ont été engagés en 2006, pour s'achever à l'automne 2015.

Dans un premier temps (2006-2009), le Couesnon a été doté d'un barrage dont l'action, conjuguée à celle des marées, doit chasser plus efficacement le sable et empêcher la prolifération des herbus autour du Mont *(horaires des lâchers d'eau sur le site http://barrage.projetmontsaintmichel.fr)*.

Le parking, autrefois aménagé au pied du Mont, a été déplacé sur la côte, et depuis 2012 des navettes silencieuses assurent gratuitement les liaisons jusqu'au Mont. Enfin, l'ancienne digue, qui gênait la circulation naturelle des courants, a été remplacée par un pont-passerelle mis en service en 2014. Démolie pendant l'hiver 2014-2015, elle libère ainsi 15 hectares de grève. Quant à la passerelle, elle vient mourir au pied du Mont, sur un gué aménagé en béton, afin de faciliter le passage des marées. Le Mont a bien récupéré son caractère maritime !

Pour plus d'informations, vous pouvez consulter le site www.projetmontsaintmichel.fr et visiter centre d'information touristique (au point de départ des navettes) ainsi que le barrage sur le Couesnon, mis en service en 2009.

SAINT-MICHEL-MONTJOIE !

C'est à l'un des moments les plus sombres de l'histoire de France, au 15e s., alors qu'Henri V d'Angleterre parvient à se faire couronner roi de France à Paris, que le rayonnement du Mont-St-Michel connaît son apogée. C'est en effet le seul point de la France de l'Ouest et du Nord à ne pas être tombé aux mains de l'envahisseur. Jeanne d'Arc choisira pour cri de ralliement « St-Michel-Montjoie », et Louis XI instituera l'ordre de chevalerie de St-Michel.

guerre de Cent Ans. Après une seconde porte et une seconde cour fortifiée, la **porte du Roi** (15e s.) possède encore ses mâchicoulis et sa herse. Elle accueillait le contingent symbolique que le roi entretenait au Mont, pour rappeler ses droits. On débouche enfin dans la Grande-Rue. La jolie maison de l'Arcade, à droite, servait de caserne aux soldats de l'abbé.

★ Grande-Rue

Étroite et en montée, elle est bordée de maisons anciennes (15e-16e s.) dont plusieurs ont gardé leur nom d'antan : le **Logis St-Étienne**, le **Vieux Logis**, la **Sirène** et la **Truie-qui-file**. Coupée de marches à son sommet, elle est extrêmement fréquentée en été. Les étalages de marchands de souvenirs l'envahissent, tout comme à l'époque des plus fervents pèlerinages, au Moyen Âge.

★★ Remparts

13e-15e s. La promenade sur le chemin de ronde offre de belles **vues** sur la baie, particulièrement depuis la tour nord : on distingue le rocher de Tombelaine, sur lequel Philippe Auguste avait fait bâtir des fortifications.

Musée de la Mer et de l'Écologie

R. Principale - ✆ 02 33 60 85 12 - www.lemontsaintmichel.info - juil.-août : 9h-18h ; reste de l'année : se rens. - fermé janv., 25 déc. - possibilité de visite guidée (30mn) - 9 € (-17 ans gratuit) - 18 € billet combiné avec le logis Tiphaine, le Musée historique et l'Archéoscope.

La visite audioguidée et des films présentent l'environnement naturel du Mont, les mécanismes des marées et les dangers de la baie, ainsi que le phénomène d'ensablement. Collection de 250 **maquettes** anciennes de bateaux.

Église paroissiale Saint-Pierre

Datant du 11e s., elle a été très remaniée. L'abside enjambe une ruelle menant au cimetière. L'église abrite du mobilier provenant de l'abbaye. Dans la chapelle du bas-côté droit, statue de saint Michel, et dans la chapelle à droite de l'autel, statues de la Vierge à l'Enfant (15e s.) et de sainte Anne.

Logis Tiphaine

R. Principale - ✆ 02 33 60 23 34 - www.normandie-tourisme.fr - juil.-août : 9h-19h ; reste de l'année : se rens. - 9 € (-17 ans gratuit) - 18 € billet combiné avec le musée de la Mer et de l'Écologie, le Musée historique et l'Archéoscope.

Du Guesclin, qui fut capitaine du Mont, aurait fait loger ici sa femme Tiphaine Raguenel, jolie Dinannaise cultivée et connue pour ses dons d'astrologue, pendant qu'il allait combattre en Espagne. Le logis, meublé du 15e au 19e s. et très restauré au 19e s., s'organise sur trois étages (une pièce et un jardinet par étage).

Musée historique

Grande-Rue - ✆ 02 33 60 07 01 - mai-sept. : 10h30-17h30 ; reste de l'année : se rens. - 9 € (-18 ans gratuit) - 18 € billet combiné avec le musée de la Mer et de l'Écologie, le logis Tiphaine et l'Archéoscope.

Il retrace les 1 000 ans d'histoire du Mont à travers un court son et lumière et des vitrines d'objets un peu hétéroclites.

Découvrir

Petite astuce pour accéder à l'abbaye en évitant d'emprunter la rue principale, très vite bondée : au lieu de franchir la porte de l'Avancée qui donne accès au Mont, suivez la muraille à gauche en direction de la tour des Fanils.

Passez sous le porche et suivez la voie qui serpente jusqu'au chemin de ronde. Ce dernier vous mènera au pied des marches de l'abbaye.

★★★ **ABBAYE** Plan de l'abbaye ci-dessous

02 33 89 80 00 - http://mont-saint-michel.monuments-nationaux.fr - mai-août : 9h-19h ; reste de l'année : 9h30-18h - fermé 1er janv., 1er Mai, 25 déc. - possibilité de visite guidée (2h) - 10 € (-18 ans gratuit) - accès à l'abbaye (gratuit) pour participer à l'office : messe chantée tlj sf lun., RV à 11h45, dim. 11h15 aux grilles d'entrée de l'abbaye.

La visite s'effectue à travers un dédale de couloirs et d'escaliers, par étage et non par bâtiment ou par époque.

Défenses avancées

On atteint le Grand Degré, escalier qui conduit à l'abbaye. Une porte pivotante pouvait l'obstruer. En haut et à droite s'ouvre l'entrée des jardins, puis s'amorce l'escalier des remparts.

On passe sous l'arche d'une ancienne porte pour pénétrer dans une cour fortifiée que domine le **châtelet**. Il se compose de deux hautes tours, en

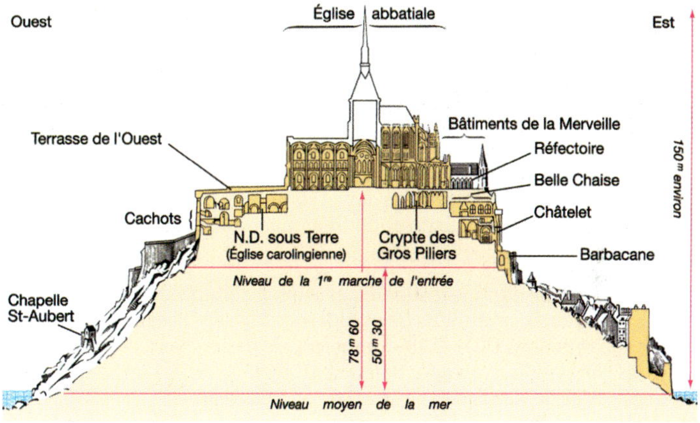

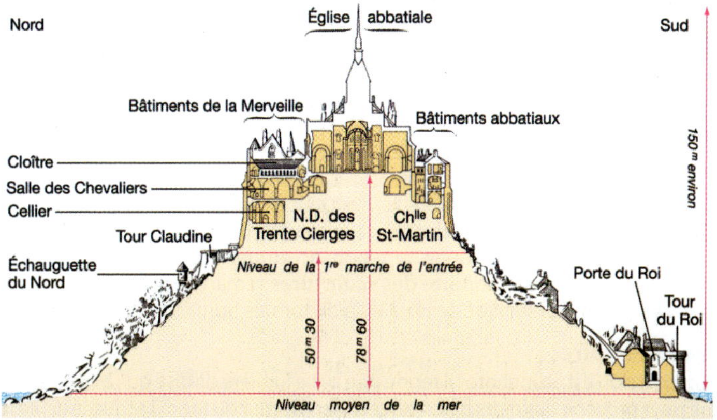

forme de bombardes dressées sur leur culasse et reliées par des mâchicoulis. Même dans cet ouvrage militaire, on retrouve le souci d'art du constructeur : la muraille est bâtie en assises alternées de granit rose et gris, d'un heureux effet. De là part un escalier couvert d'une voûte en berceau surbaissé, peu éclairé : ce passage abrupt est appelé l'**escalier du Gouffre**.

Salle des gardes ou Porterie

C'était la plaque tournante de l'abbaye. Les pèlerins indigents étaient dirigés, en passant par la cour de la Merveille, vers l'aumônerie. Les visiteurs de l'abbé et les fidèles se rendant à l'église empruntaient l'escalier abbatial.

Aumônerie

Cette salle gothique, partagée en deux par une rangée de colonnes, a conservé ses voûtes romanes.

Escalier abbatial (ou Grand Degré)

Cet imposant escalier se développe entre les bâtiments abbatiaux à gauche, et l'église à droite. Il était défendu par un pont fortifié (15e s.). L'escalier aboutit, devant le portail sud de l'église, à une terrasse appelée le **« Saut Gautier »**, nom d'un prisonnier qui, de là, se serait jeté dans le vide. C'est également de ce point que partent les visites. Une salle, où sont exposées des maquettes retraçant l'évolution architecturale de l'abbaye, donne accès à la grande terrasse.

Terrasse de l'ouest

Cette vaste plate-forme a été créée par l'arasement des trois premières travées de l'église, au 18e s. : la **vue★** s'étend sur la baie du Mont-St-Michel.

★★ Église

L'église abbatiale, construite au sommet du rocher dans les premières décennies du 11e s., a été dotée d'une nouvelle façade classique en 1780. À l'intérieur, le contraste entre la nef romane, sévère et sombre, et le chœur, reconstruit en gothique flamboyant après son effondrement en 1421, est saisissant.

★★★ Merveille

Ce nom générique désigne le superbe ensemble gothique qui occupe la face nord, et compte six salles principales réparties sur trois niveaux. La partie est de ces constructions (1211-1218) comprend, de bas en haut, l'aumônerie, la salle des Hôtes et le réfectoire; dans la partie ouest (1218-1228) leur correspondent : le cellier, la salle des Chevaliers et le cloître.

Extérieurement, la Merveille a l'aspect puissant d'une forteresse, tout en accusant, par la noblesse et la pureté de ses lignes, sa destination religieuse. À l'intérieur, on se rend compte de l'évolution accomplie par le style gothique. Depuis les salles basses qui expriment une simplicité presque romane jusqu'au cloître, chef-d'œuvre de finesse, de légèreté et de goût, en passant par l'élégance de la salle des Hôtes, la majesté de la salle des Chevaliers et la luminosité mystérieuse du réfectoire.

★★★ Cloître

Occupant le sommet de la Merveille, il est comme suspendu entre mer et ciel. Dans son espace clos, les arcades des galeries sont soutenues par de ravissantes colonnettes, disposées en quinconce pour accentuer l'impression de légèreté. Leur ornementation comporte des **sculptures** remarquablement fouillées, dans un décor de feuillage orné çà et là de formes humaines et d'animaux.

★★ Réfectoire

L'impression est étonnante : il règne une belle lumière diffuse qui, à l'évidence, ne peut provenir des deux baies percées dans le mur du fond; l'acoustique y est

Baie du Mont-Saint-Michel durant les grandes marées.
P. Escudero/hemis.fr

remarquable. En avançant, on découvre l'artifice de l'architecte : pour éclairer la salle sans affaiblir la muraille soumise à la forte pression de la charpente, il a ménagé des **ouvertures** très étroites et très hautes au fond d'embrasures. Une voûte lambrissée coiffe l'ensemble.

2

★ Salle des Hôtes

Au niveau inférieur, sous le réfectoire, cette élégante salle (35 m de longueur), aux voûtes gothiques, présente deux nefs séparées par de fines colonnes. L'abbé y accueillait les rois (Saint Louis, Louis XI, François Ier) et les visiteurs de marque. Lors des fastueuses réceptions, cette salle était divisée en deux par un rideau de tapisseries. Une partie servait de cuisine (deux cheminées) et l'autre de salle à manger (cheminée d'ambiance).

★ Crypte des Gros-Piliers

Après la petite chapelle Ste-Madeleine, cette crypte du 15e s. blottie sous le chœur de l'abbatiale est une merveille de force et de grâce, avec ses dix piliers de 5 m de tour, dont le granit provient des îles Chausey. Des trois cryptes qui supportent les croisillons et le chœur de l'église abbatiale, la plus émouvante est **Notre-Dame-sous-Terre** *(✆ 02 33 89 80 00 - à découvrir lors des visites-conférences).* L'édifice carolingien, qui s'élève à l'endroit même où saint Aubert avait officié, est un simple rectangle de 8 m sur 9, divisé en deux petites nefs par deux arcades retombant sur un pilier central. Le lieu est saisissant, tant par le silence absolu qui y règne que par le souvenir des événements survenus il y a plus d'un millénaire.

De la crypte des Gros-Piliers, on accède à l'austère **crypte St-Martin**, remarquable par sa voûte romane en berceau d'une portée de neuf mètres.

Grande roue

Elle rappelle l'époque où l'abbaye faisait office de prison. Mue par cinq ou six prisonniers qui marchaient à l'intérieur, cette roue servait à faire monter provisions et matériaux.

Ancienne abbaye romane

Après la petite **chapelle St-Étienne**, ou chapelle des Morts, le grand escalier nord-sud conduit au **promenoir des moines**, longue salle à double nef.

★ Salle des Chevaliers

Le nom de cette salle, située dans la Merveille, fait peut-être allusion à l'ordre militaire de Saint-Michel, qui fut fondé en 1469 par Louis XI, et dont l'abbaye était le siège. Majestueuse et très vaste (26 m sur 18), la pièce est divisée en quatre vaisseaux par trois rangs de colonnes dont la robustesse s'explique par la présence, à l'étage supérieur, du cloître. Elle était chauffée par deux grandes cheminées. C'était le *scriptorium* où travaillaient les moines : travaux d'enluminure, copie de manuscrits, étude des textes religieux ou profanes.

★ Jardins de l'abbaye

✆ 02 33 89 80 00 - www.abbaye-mont-saint-michel.fr - mai-août : 9h-19h - possibilité de visite-conférence sur l'abbaye (2h, 13 €, -18 ans gratuit). Dép. à heures fixes les w.-ends, ponts fériés et vac. scol. Fermés à la visite en hiver et les j. de trop mauvais temps. Entrée libre par la boutique de l'abbaye.

Ils permettent d'apercevoir la façade occidentale du Mont ainsi que la chapelle St-Aubert.

À proximité Carte de microrégion p. 82

★★★ BAIE DU MONT-SAINT-MICHEL

Environ 100 km de côte bordent cette baie, inscrite depuis 1979 par l'Unesco dans la liste du Patrimoine mondial naturel et culturel. Officiellement délimitée au nord par la **pointe du Roc** de Granville, et à l'ouest par la **pointe du Grouin** de Cancale, elle s'étend au fond du golfe normand-breton. Elle est alimentée par trois fleuves côtiers : la Sée, la Sélune et le Couesnon.

Les îles, les falaises, les plages et les dunes forment des zones riches d'une faune et d'une flore très variées. Le parcours du littoral réserve des **vues★** étonnantes sur le Mont et procure d'agréables promenades entre les polders et les herbus.

Le cloître de l'abbaye du Mont-Saint-Michel.
G. Chanson/Moment/Getty Images

UN MILIEU NATUREL EXCEPTIONNEL

C'est dans la baie du Mont-St-Michel que l'on observe le plus grand **marnage** d'Europe, c'est-à-dire la plus forte amplitude entre la marée haute et la marée basse : d'une amplitude moyenne de 10 m, il atteint 12 m lors des vives-eaux (marée haute) normales, et 15 m dans le cas de vives-eaux exceptionnelles (les célèbres et très recherchées grandes marées). L'**estran**, la partie découverte par la mer à marée basse, peut alors atteindre 250 km^2. Ce phénomène de fort marnage induit un **paysage** très spécifique autour de la baie, lié à la nature du sol et à la végétation qui s'y implante. Les « **herbus** » forment de grandes surfaces (4 000 ha au total, dans la baie), immergées uniquement lors des hautes marées à fort coefficient. Des plantes halophiles (supportant le sel) les recouvrent : salicorne, obione, puccinellie maritime. C'est sur ces terres que sont mis à paître les **moutons de pré-salé**, autrement appelés moutons « grévins ».

Saint-Marcan B2

21 km à l'ouest. À Pontorson, prenez la N 176, puis la sortie pour la D 89, direction St-Marcan.

Le télégraphe de Chappe – *La Masse - ✆ 02 99 80 37 31 - www.cc-baie-mont-st-michel.fr - visite guidée (1h30) avr.-sept. : 10h-13h, 14h-18h - fermé mar. - 4 € (-7 ans gratuit) - gratuit J. de la télégraphie (juin).* Ce télégraphe permettait de transmettre des messages de Paris à Brest en 20mn. Visite du musée et manipulation du mécanisme reconstitué.

Cherrueix B1

27 km à l'ouest sur la D 82.

Le vent est très apprécié à Cherrueix, même si les moulins alignés en bord de mer ont presque tous perdu leurs ailes. Le spectacle est désormais assuré par les amateurs de char à voile qui profitent des magnifiques étendues de sable. Une Fête de l'ail *(juillet)* et de nombreux points de vente témoignent de l'intérêt pour cette culture.

Maison des Produits du Terroir et de la Gastronomie – *11 La Saline - ✆ 02 99 80 84 79 - www.lamaisonduterroir.fr - ♿ - vac. de fév., avr.-sept. et vac. de la Toussaint : 10h-13h, 14h-18h - fermé 1er janv., 1er nov., 25 déc. - 4 €.* La maison et le moulin attenant présentent, de façon attrayante et interactive, les produits de la terre et de la mer illustrés par des recettes de Y. Goulvestre, du château de Mont-Dol *(voir p. 154)*. Vidéo sur la fabrication traditionnelle du cidre et boutique de produits locaux.

Le Vivier-sur-Mer B1

35 km à l'ouest sur la D 155.

Les kilomètres de piquets que l'on aperçoit dans la baie, ainsi que les curieux bateaux à roues en aluminium, ne laissent aucun doute sur l'activité locale : la mytiliculture sur bouchots.

Maison de la baie – *Port Le Vivier - Cherrueix - ✆ 02 99 48 84 38 - www.maison-baie.com - juil.-août : 10h-13h30, 15h-18h15 ; reste de l'année : tlj sf dim. 9h-12h30, 14h-17h30 - tarif, se rens. - promenades guidées et sorties en Mytilimobile (9,50/14 €).* Elle propose une exposition permanente pour en savoir plus sur la moule ou sur les richesses naturelles de la baie. La Maison de la baie organise aussi des balades *(voir « Nos adresses »)*.

Pour visiter le reste de la baie, reportez-vous au Guide Vert Normandie-Cotentin.

2

NOS ADRESSES AU MONT-SAINT-MICHEL

ARRIVER/PARTIR

En train – La gare de Pontorson (Manche) est la plus proche du Mont. De là, une navette directe, le « midibus », rejoint la station d'arrivée au Mont *(3,20 € le trajet)*.

En voiture – Du parking, rejoignez la place des Navettes. De là, trois manières de gagner le mont : à pied, par un sentier conduisant au pont-passerelle *(env. 30mn de marche au total)* ; en empruntant le « Passeur », navette gratuite (trajet 5 à 10mn) ou bien la « Maringote », navette hippomobile *(5,30 € le trajet, -4 ans gratuit)*. Navettes et maringotes vous déposent à 450 m environ des remparts.

Les chiens ne sont pas admis à bord des navettes. Si vous ne voulez pas gagner le Mont à pied, une seule solution : le chenil du Centre d'Information *(8,10 € par jour et par chien)*.

VISITE

Balade nocturne – *Rens. au service des visites au ✆ 02 33 89 80 00*. En été, des éclairages subtils illuminent le Mont et il est possible de parcourir l'abbaye en nocturne.

Balades-découvertes – *✆ 02 99 48 84 38 - www.maison-baie.com - juil.-août : 10h-13h30, 14h-18h15 ; fév.-nov. : 9h-12h30, 14h-17h30 - réserv. obligatoire - balade de 4-7h - 14 €, 6-14 ans 9,50 €, -6 ans gratuit ; 42,50 € billet famille.* La Maison de la baie organise différentes sorties, dont des balades guidées et commentées de 8-12 km. Prévoir coupe-vent, coupe-faim, eau, bottes et vêtements chauds en hiver.

Visite en mytili-mobile – *✆ 02 99 48 84 38 - www.maison-baie.com - visite guidée sur demande préalable (prix et durée variable selon la visite) juil.-août : 10h-13h30, 15h-18h15 ; fév.-juin et sept.-nov. : 9h-12h30, 14h-17h30.* De la Maison de la baie, il est possible de découvrir la baie en petit train : élevage des bouchots, parc à huîtres, technique de pêche et phénomène des marées.

HÉBERGEMENT/RESTAURATION

PREMIER PRIX

La Sirène – *Grande-Rue - ✆ 02 33 60 08 60 - de fév. à mi-nov. et vac. de noël - fermé vend. hors vac. scol., 5 janv.-2 fév. - 15/30 €.* Cette maison du 14e s. au long passé d'auberge abrite désormais une crêperie à laquelle on accède par un escalier en colimaçon. L'aspect des fenêtres, aux carreaux de verre dépoli sertis d'étain, confirme l'authenticité des lieux.

UNE FOLIE

La Mère Poulard – *Grande-Rue - ✆ 02 33 89 68 68 - www.mere-poulard.com - P - wifi - 45/65 € - 27 ch. 240/690 € - ☕ 19 €.* La Mère Poulard ne met pas tous ses œufs dans le même panier : sur la carte, d'appétissantes recettes régionales côtoient la célébrissime omelette. Chaleureuses chambres bénéficiant, pour certaines, d'une vue panoramique.

Auberge St-Pierre – *Grande-Rue - ✆ 02 33 60 14 03 - www.auberge-saint-pierre.fr - fermé 23, 24 et 25 déc. - wifi - 23 ch. 222/252 € - ☕ 17 € - ½ P 152/162 € - ✕ 19/72 €.* La demeure à pans de bois du 15e s. abrite le restaurant et de petites chambres correctement tenues. À l'annexe, elles sont plus grandes et offrent des échappées sur la mer. Brasserie côté rue, salle à manger à l'étage ou terrasse adossée aux remparts.

À proximité

PREMIER PRIX

Hôtel La Tour Brette – *8 r. du Couesnon - 50170 Pontorson - ☏ 02 33 60 10 69 - www.latourbrette.fr - fermé 4-26 janv. - P ♿ - wifi - 9 ch. 55 € - ☕ 7 € - ✕ 13/28,90 €.* Ce petit hôtel central doit son nom à la tour qui protégeait autrefois la Normandie des assauts du duché de Bretagne. Les chambres ne sont pas très grandes, mais ont été rénovées. Au restaurant, cadre simple et longue carte traditionnelle.

La Gourmandise – *21 rte du Mont-St-Michel - 4 km au sud du Mont-St-Michel - ☏ 02 33 58 42 83 - www.lagourmandisebeauvoir.fr - fermé de nov. à Noël - P ♿ - wifi - 13/26 € - 4 ch. 55 € - ☕ 6 €.* Maison bretonne transformée en crêperie dont la présence anime cette toute petite localité. Décor simple, éclairé par de larges baies vitrées.

Auberge de la Baie – *50170 Ardevon - La Rive, 3 km au sud-est du Mont-St-Michel dir. Avranches par D 275 - ☏ 02 33 68 26 70 - www.aubergedelabaie.fr - P ♿ - wifi - 18,50/32 € - 33 ch. 65/80 € - ☕ 9 €.* Placé en bordure de départementale, cet hôtel-restaurant est une étape bienvenue pour qui veut échapper, le temps d'un week-end ou d'un repas, à l'effervescence touristique du Mont-St-Michel. À la carte, plats traditionnels et régionaux (viande de prés-salés, fruits de mer) associés à un petit choix de galettes.

BUDGET MOYEN

Chambre d'hôte Les Vieilles Digues – *Rte du Mont-St-Michel - 3 km au sud du Mont-St-Michel dir. Pontorson - ☏ 02 33 58 55 30 - http://bbnormandy.pagesperso-orange.fr/Bienvenue_auxx.htm - fermé de mi-nov. à mi-fév. - P - wifi - 6 ch. 80/85 € ☕.* Cette ravissante maison en pierre abrite de grandes chambres aménagées avec soin et joliment meublées ; celle avec vue sur le Mont-St-Michel est bien sûr très demandée. Plaisante salle des petits déjeuners agrémentée de colombages. Joli jardin paysager.

ACHATS

Brasserie de la Baie – *6 rte de Roche-Torin - 50220 Courtils - 6 km à l'est du Mont-St-Michel - ☏ 02 33 60 37 65 - www.brasseriedelabaie.com - de mai à fin sept. : tlj sf dim.-mar., 15h-18h - fermé janv. et 25 déc. - ♿.* Six sortes de bières sortent des cuves de cette petite brasserie artisanale implantée à deux pas de l'ancienne Maison de la baie : une blonde bien plaisante, une ambrée de caractère, une brune hivernale aromatisée à l'hydromel, une blanche estivale, ainsi qu'une cervoise médiévale et une bière biologique. Dégustation et vente sur place.

Les Craquelins de la Baie – *La Hativelais - 35430 St-Père-Marc-en-Poulet - Hirel (à 5 km du village, suivre la signalisation) - ☏ 02 99 48 19 21 - lescraquelinsdelabaie.com - 10h-17h30 - fermé w.-end.* Fabrication et vente de craquelins, ou « échaudés ». Un délice lorsqu'ils sont accompagnés de confiture.

ACTIVITÉS

Randonnées

Échappées Baie – *☏ 02 99 80 37 31 - www.cc-baie-mont-st-michel.fr.* Programme de visites *(avr.-sept.)* pour découvrir à pied ou à vélo les sites naturels et le patrimoine de la baie. Animations pour les enfants (chasse au trésor, jeu de piste).

La Tanière (centre équestre) – *25 rte de la Grève - 50170 Moidrey - La Grève - ☏ 06 82 29 49 63 - www.*

club-taniere.fr. Posté sur la route du Mont-St-Michel après l'hippodrome, ce centre équestre s'est fait une spécialité des randonnées à cheval dans la baie. À raison de 2h de promenade, d'une journée entière, d'un week-end ou même d'une semaine, vous aurez l'occasion de voir ses paysages et l'abbaye d'un autre œil.

Chemins de la Baie du Mont-St-Michel – *34 r. de l'Ortillon - 50530 Genêts - ✆ 02 33 89 80 88 - www.cheminsdelabaie.com - avr.-oct. : tlj lun.-vend. 9h-18h, w.-end 10h-17h - nov.-mars : 9h-12h, 13h30-17h30 - fermé w.-end et j. fériés de nov. à mars - tarifs variables selon les formules.* Cette société propose des traversées de la baie du Mont-St-Michel, traditionnelles ou commentées, ainsi que des randonnées à thème autour du littoral, de la faune et du patrimoine. Circuits de 3 à 16 km

Didier Lavadoux – *36 Grande-Rue - 50530 Genêts - A 84 au niveau d'Avranches sortie Jullouville-Cherbourg - ✆ 02 33 70 84 19 - www.traversee-baie.com - réserv. conseillée - 8/15 € (-12 ans 6/10 €).* Ce guide, naturaliste aussi chevronné (diplômé d'État) que passionné, connaît la baie comme personne et vous invite à partager son attachement en organisant des traversées – commentées – du site. Durée des promenades variable (2 ou 5h), à choisir selon votre endurance.

À vélo – *Voir « voies vertes » p. 449.*

Vu du ciel

Sensations inoubliables garanties !

En ULM – *50300 Avranches - aérodrome du Val St-Père - ✆ 02 33 48 67 48 - www.ulm-mont-saint-michel.com - 50 € (100 €, survol du mont).*

En autogire – *50300 Avranches - Normandie ULM Mont-St-Michel - aérodrome du Val-St-Père - ✆ 06 81 99 24 79 - www.normandie-ulm.com - 90/130 €.* Survol de la baie et du Mont dans une sorte de petit hélicoptère.

Au pied du Mont-Saint-Michel.
ruivalesousa/iStock

Pays de Saint-Brieuc et Trégor 3

Carte Michelin Départements 309 – Côtes-d'Armor (22) et Morbihan (56)

Côte de Granit rose, pointe de Squéouel.

B. Stichelbaut/hemis.fr

PAYS DE SAINT-BRIEUC ET TRÉGOR

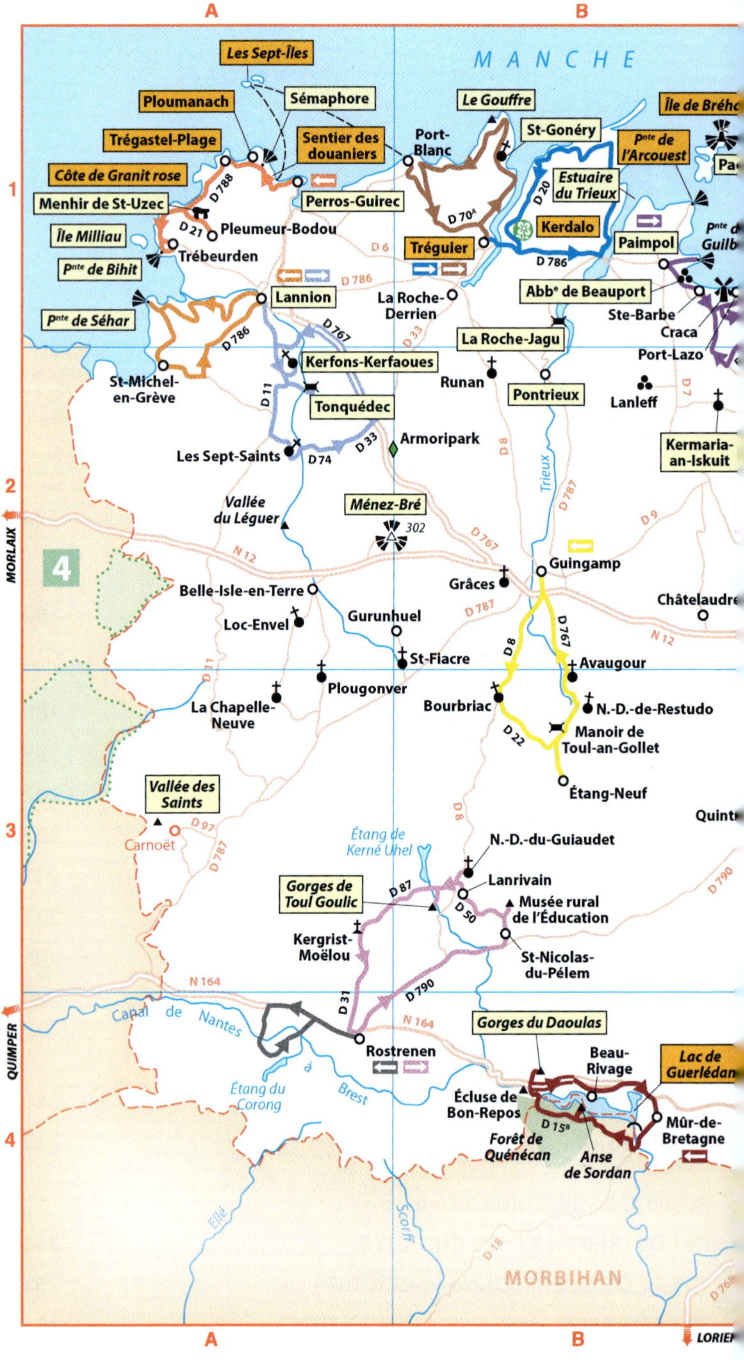

PAYS DE ST-BRIEUC
ET TRÉGOR
0
10 km
CAP FRÉHEL ★★★ Vaut le voyage
Tréguier ★★ Mérite un détour
Lannion ★ Intéressant
Guingamp À voir
Ville de départ du circuit
C
D
1
2
3
4
N
Pnte de Bilfot
Pnte de Minard
Plage Bonaparte
Falaises de Plouha
St-Quay-Portrieux
Étables-s-Mer
Binic
Martin-Plage
Zooparc de Trégomeur
Les Rosaires
Baie de St-Brieuc
Pnte de Pléneuf
Promenade de la Guette
Dahouët
Pnte du Roselier
Cap d'Erquy
Pléhérel-Plage
CAP FRÉHEL
D 34A
Sables-d'Or-les-Pins
Erquy
D 786
Bienassis
Le Val-André
Morieux
D 24
St-Brieuc
Hillion
D 80
Maison de la baie
Gouessant
N 12
La Briqueterie de Langueux
D 791
D 768
N12
Lamballe
Château de la Hunaudaye
St-Esprit-des-Bois-en-Plédéliac
D 16
DINAN
N 176
Jugon-les-Lacs
D 700
CÔTES-D'ARMOR
Moncontour
N 12
RENNES
D 768
D 700
Langast
St-Thélo
D 7
N.-D. de Querrien
RENNES
Loudéac
N 164
D 778
La Chèze
L'anse d'Yffiniac
Des plages à l'ancienne
La Côte d'Émeraude : du Val-André au cap Fréhel
La côte du Goëlo
Presqu'île de Plougrescant
Presqu'île Sauvage
Chapelles et châteaux
Paysages maritimes
De Perros-Guirec à la pointe de Bihit
Vallée du Trieux
Pays Fisel
Canal de Nantes-à-Brest
Tour du lac

Saint-Brieuc

★

45 207 Briochins – Côtes-d'Armor (22)

Blottie au fond de sa baie, St-Brieuc se transforme. Le réaménagement de son port, Le Légué, en quartier animé, son petit centre historique et la mer, à seulement 3 km, rendent la ville attractive. La proximité de stations balnéaires prisées des amateurs de voile et de glisse, ainsi que les plages dominées par les falaises, offrent joies de la baignade et promenades iodées. Et tous les ans, lors du festival Art'Rock - Rock'n Toques, les Briochins savent faire résonner le cœur de la ville d'une ferveur musicale communicative et partager leur amour de la bonne chère.

NOS ADRESSES PAGE 179
Hébergement, restauration, achats, activités, etc.

S'INFORMER

Office de tourisme et des congrès de la baie de St-Brieuc – *7 r. St-Gouéno - 22000 St-Brieuc - ✆ 02 96 33 32 50 - www.baiedesaintbrieuc.com - juil.-août : 9h30-19h, dim. et j. fériés 10h-13h ; reste de l'année : tlj sf dim. 9h30-12h30, 13h30-18h - fermé 1er janv., 1er Mai, 25 déc.*

SE REPÉRER

Carte de microrégion C2-3 (p. 172-173) – St-Brieuc occupe un site bien abrité au fond de la baie qui porte son nom. Elle est traversée par la N 12, qui relie Dinan (60 km à l'est) à Brest (145 km à l'ouest) en passant par Guingamp (35 km) et Morlaix (90 km). La D 786 longe la côte de part et d'autre de la ville, desservant les plages, ainsi que les stations balnéaires de la Côte d'Émeraude et celle du Goëlo.

À NE PAS MANQUER

La cathédrale St-Étienne au cœur du quartier historique, et l'exceptionnel panorama sur la baie de St-Brieuc depuis la pointe du Roselier.

ORGANISER SON TEMPS

Entre ses plages à « l'ancienne » et son patrimoine urbain, St-Brieuc peut vous retenir une journée.

AVEC LES ENFANTS

Promenez-vous au milieu de la « Galerie des oiseaux » à la Maison de la baie d'Hillion, marchez sur les pas de Jean Fêdébric à la Briqueterie de Langueux et, surtout, visitez le zoo à Trégomeur, qui vous transportera, le temps d'une promenade, en Asie du Sud-Est.

Se promener Plan de ville ci-contre

★ Maisons anciennes A1

Le quartier situé au nord de la cathédrale a conservé de belles demeures des 15e et 16e s. à pans de bois et encorbellement. Il faut contempler la place du Martray, la rue Fardel *(à l'angle de la place au Lin, maison du Ribeault ; au n° 15, maison dite « hôtel des Ducs de Bretagne » ; puis nos 17, 19, 27, 29, 31, 32 et 34)*, la rue Quinquaine *(n° 9)* et la rue de Gouët *(nos 6, 16 et 22)*.

★ Cathédrale Saint-Étienne A1

Pl. du Gén.-de-Gaulle - ✆ 02 96 33 24 54 - possibilité de visite guidée sur demande préalable à l'office de tourisme.

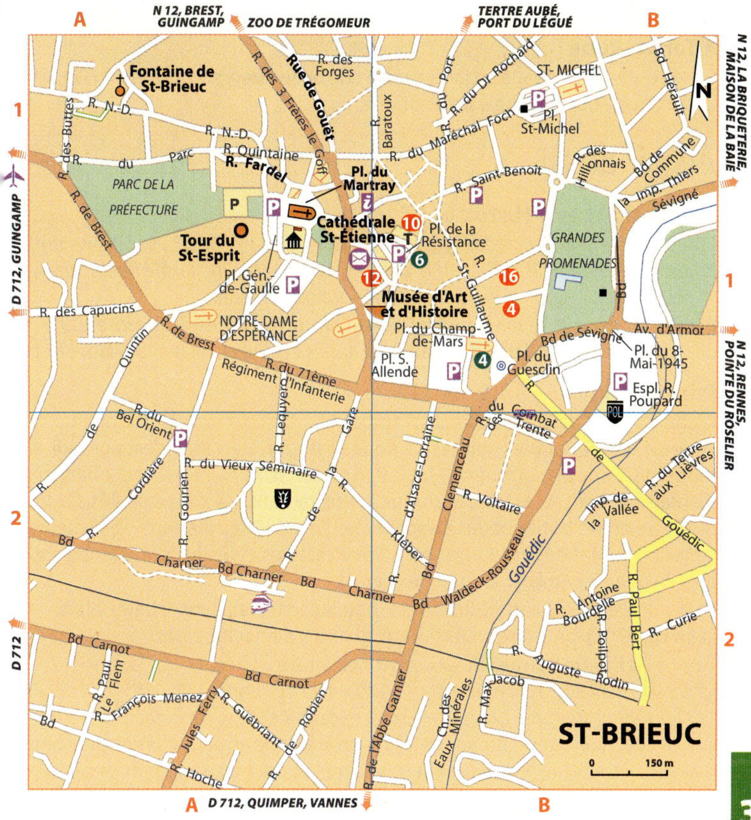

SE LOGER		SE RESTAURER			
Best Western Hôtel Le Duguesclin	4	L'Arbalaise	12	Le Koadenn	4
Hôtel Edgar	6	Crêperie des Promenades	16	Salon de thé Sucré Salé	10

Cet édifice du 13e s., rebâti au 14e s., malmené par les Ligueurs au 16e s., fut restauré aux 18e et 19e s. Son allure d'église-forteresse arbore une façade austère, cernée par deux grosses tours à mâchicoulis qu'épaulent de massifs contreforts. Les bras du transept, très saillants, sont protégés par des tours à poivrière. La nef a été remaniée au 18e s. Remarquez la finesse du triforium, au-dessus des grandes arcades, avec ses balustrades à quadrilobes et à arcs trilobés. Dans le bas-côté droit, l'**autel baroque** de la chapelle du Saint-Sacrement, en bois sculpté, fut exécuté par Yves Corlay vers 1745. Le bras droit du transept présente une belle verrière du 15e s. et, dans la petite chapelle, repose le tombeau de saint Guillaume, mort en 1234. Notez le *Chemin de croix* de Saupique, œuvre rennaise de 1958, en granit.

Tour du Saint-Esprit A1

Cette belle construction Renaissance (15e s.) rehausse un manoir du 16e s.

Fontaine de Saint-Brieuc A1

Protégée par un joli porche du 15e s., cette fontaine est adossée au chevet de la chapelle N.-D.-de-la-Fontaine. En ce lieu se serait installé le moine gallois Brieuc, au 5e s., lors de l'évangélisation de la région.

★ Tertre Aubé Hors plan par B1
Ce terre-plein, aménagé en jardin, offre une belle **vue★** sur la vallée du Gouët, le port du Légué et la baie de St-Brieuc.

À voir aussi Plan de ville p. 175

Musée d'Art et d'Histoire B1
Cour Francis-Renaud - r. des Lycéens-Martyrs - ✆ 02 96 62 55 20 - www.saint-brieuc.fr - ♿ - 10h-12h, 13h30-18h, dim. et j. fériés 14h-18h - fermé lun., 1er janv., 1er Mai, 25 déc. - gratuit - expositions temporaires 10h-18h.
Il conte l'histoire et l'évolution des Côtes-d'Armor (ex. Côtes-du-Nord) au 19e s. : baie de St-Brieuc, tradition de la lande, drapiers et toiliers, relations villageoises.

Port du Légué Hors plan par B1
Niché au fond de son estuaire, à l'embouchure du Gouet et du Gouédic, le Légué a vécu quelques années de douce torpeur. Depuis, il s'est agrandi et modernisé. Une plateforme de réparation navale et un avant-port pour bateaux de plaisance ont vu le jour, boutiques et restaurants se sont installés sur les quais, au grand bonheur des Briochins. Les façades des maisons d'armateurs se sont colorées de rose, jaune, bleu. Balades, fêtes et festivals finissent d'animer ce quartier emblématique de la ville.
Le *Grand-Léjon*, réplique d'un lougre (bateau de travail dans la baie datant de la fin du 19e s.), prend ses quartiers ici quand il ne navigue pas.
Parc et Villa Rohannec'h – *Quai Armez (autre entrée 9 r. de Rohannec'h) - ✆ 02 96 77 32 96 - parc avr.-oct. : 9h-19h ; reste de l'année : 9h-17h - villa été et pdt les manifestations : horaires, se rens. - possibilité de visite guidée.* Des quais rive droite, quelques marches puis une promenade en sous-bois permettent d'accéder à la **Villa Rohannec'h** et à son parc de 7 ha. Cette ancienne villa d'armateur accueille des animations « culturelles et citoyennes ».

À proximité Carte de microrégion p. 172-173

★ Zooparc de Trégomeur C2
16 km à l'ouest de St-Brieuc. Prenez la voie express N 12 vers Morlaix. Sortez pour prendre la D 6 vers Paimpol puis suivez les panneaux jusqu'à Trégomeur. ✆ 02 96 79 01 07 - www.zoo-tregomeur.com - ♿ - avr.-sept. : 10h-19h ; vac. de fév. et vac. de la Toussaint : 10h30-17h30 ; reste de l'année : w.-end, j. fériés, merc. et vac. de Noël 13h30-17h30 - fermé 1er janv., 25 déc. - 16,90 € (-12 ans 11,90 €).
Au cœur d'un vallon, parcouru de ruisseaux serpentant autour de petites îles, ce parc zoologique et végétal propose une promenade au son des chants d'oiseaux.
Tout ici a été conçu autour du thème de l'Asie du Sud-Est. Les bâtiments en bois rappellent la Thaïlande, l'Indonésie ou le Vietnam (ferme pédagogique), tandis que la végétation donne la préférence aux bambous et autres plantes exotiques. Le visiteur suit un circuit qui mène de la cage du tigre à des animaux moins connus, comme quelques espèces de lémuriens, des binturongs, des chameaux de Bactriane, des chevaux de Przewalski, des gibbons, une grue de Mandchourie… La plupart de ces animaux originaires d'Asie sont peu représentés dans d'autres zoos. Un parc de jeux pour les enfants achèvera la visite.

Quintin BC3
20 km au sud-ouest de St-Brieuc, au carrefour de la D 7 et de la D 790.

Lions du Zoo Parc de Trégomeur.
Thomas Naud/Zoo de Trégomeur

Quintin Tourisme – *6 pl. 1830 - 22800 Quintin - 02 96 74 01 51 - www.tourismequintin.com - juil.-août : 9h30-12h30, 14h-18h, dim. et j. fériés 10h-13h ; reste de l'année : tlj sf lun., jeu., dim. et j. fériés 9h30-12h, 14h-17h - fermé 1er janv., 1er et 8 Mai, 1er et 11 Nov., 25 déc. Visites multisensorielles « Quintin au doigt et à l'oreille » (de mi-juil. à mi-août : merc. apr.-midi), et visites-nocturnes originales en été (labellisées « Tourisme et Handicap ») où, muni d'une lampe, vous vous laissez guider à travers les ruelles et les venelles (juil.-août : mar. soir).*

Cette « petite cité de caractère », connue jadis pour ses toiles de lin, conserve une atmosphère typique des villes de Bretagne intérieure.

De **belles demeures** des 16e et 17e s. bordent la place 1830, la rue au Lait *(nos 12 et 13)* et la Grande-Rue *(nos 37 et 43)*. La place du Martray, l'hôtel du Martray, l'hôtel de ville et la maison sise au no 1 sont du 18e s.

La **basilique**, rebâtie sur le site de l'ancienne collégiale en 1887, garde, avec les reliques de saint Thurian, un morceau de la ceinture de la Vierge, rapporté de Jérusalem au 13e s. par un seigneur de Quintin, Geoffroy Botrel ou Botherel. On peut également y voir une statue couronnée de N.-D.-de-Délivrance, vénérée plus particulièrement par les femmes qui attendent un enfant. Remarquez les bénitiers faits de coquilles provenant de Java. Au chevet de la basilique se dresse la Porte-Neuve, du 15e s., vestige des remparts qui ceinturaient la ville.

Château – *Imp. de la Pompe - 02 96 74 94 79 - www.chateaudequintin.fr - ♿ - visite guidée (45mn) juil.-août : 10h-12h30, 14h-18h ; avr.-juin et sept. : 14h-17h (fermé 1 mar./mois) se rens. au 06 11 70 96 64 ; reste de l'année : sur demande préalable. Visite libre des expositions - fermé 25 déc. - 6 € (-14 ans 3 €) - 1,50 € visite libre du parc. Exposition temporaire « Arts de la table ». En juil.-août : sam. 20h dîner à la lueur des chandelles suivi d'une visite nocturne - 25 €.* Cet édifice se compose d'un château élevé au 17e s. et d'un autre du 18e s., flanqué d'une aile basse que l'on découvre sitôt la porte d'entrée franchie. Il appartient depuis l'origine à la même famille. Les propriétaires font visiter leurs appartements privés. Les cuisines renferment un objet rare : un fourneau en granit du 18e s., utilisé pour faire mijoter les plats en sauce et les potages, d'où son nom de « potager ». Une exposition insolite est présentée dans le château : un fonds de **pots de chambre** comptant plus de 630 pièces de toutes provenances : vases de nuit, chaises percées en porcelaine, en métal, en pierre…

3

LE COMMERCE DES TOILES
Bien que son nom dérive de *kistinn*, « pays des châtaignes », Quintin doit sa renommée aux toiles. Les tisserands firent en effet la fortune de la ville avec leurs fines toiles de lin, qui servaient à la confection de bonnets et de cols. Aux 17e et 18e s., ils étendirent leur savoir-faire aux toiles dites « de Bretagne » (chanvre et lin), exportées alors jusqu'en Amérique. Cette période de prospérité explique l'intéressant patrimoine architectural de la cité *(voir aussi St-Thélo et encadré p. 255)*. Le déclin de cette activité vint avec la Révolution.

La Fabrique - Atelier du Lin – *1 r. des Degrés - ✆ 02 96 32 78 08 - www.maisondutisserandquintin.com - ♿ - visite guidée (1h) juin-sept. : 14h30, 15h30 et 16h30, mat. se rens. ; reste de l'année : se rens. - fermé dim.-lun. - 4,50 € - 3,50 €/enf. atelier.* Déjà tissées au Moyen Âge, les toiles de lin, ou « Quintin », ont connu un grand essor de 1650 à 1830. Cette maison reconstituée conte leur histoire avec démonstrations et animations.

Menhir de Roche-Longue – *800 m. Empruntez la route qui s'embranche après le calvaire, puis longe l'étang.* En haut de la montée, dans un champ à gauche, se dresse le menhir, mesurant 7,40 m.

Circuits conseillés Carte de microrégion p. 172-173

L'ANSE D'YFFINIAC C2-3

Circuit de 22 km tracé en vert sur la carte p. 172-173 – environ 2h.
Quittez St-Brieuc par la N 12 à l'est. Prenez « Langueux centre », puis dir. « Parc de Boutdeville ».
Entre la pointe de Cesson et la pointe des Guettes, la profonde entaille de l'anse d'Yffiniac est une véritable « usine à plancton ».

Briqueterie de Langueux C3

3 r. de la Briqueterie - parc de Boutdeville - ✆ 02 96 63 36 66 - www.saintbrieuc-agglo.fr - ♿ - juil.-août : 10h30-18h30, w.-end et j. fériés 13h30-18h30 ; juin et sept. : merc., vend. et w.-end 14h-18h ; oct.-déc. : merc., vend. et dim. 14h-18h ; vac. de la Toussaint : tlj sf lun. 14h-18h - fermé 1er et 11 Nov., vac. de Noël - possibilité de visite guidée sur demande (1h30) - 4 € (-6 ans gratuit) - 6 € billet combiné avec la Maison de la baie. Un livret découverte et un livret-jeu destiné aux 6-12 ans, « Sur la piste de Jean Fêdébric », sont offerts avec le billet d'entrée au musée.
Cette ancienne briqueterie présente les activités économiques de la baie au 19e s. Elle évoque aussi l'épopée du petit train des Côtes-d'Armor avec la reconstitution grandeur nature d'un quai de gare et une grande maquette de train animée. Exposition sur l'histoire du bâtiment avec son four Hoffmann (1870) restauré, expositions temporaires d'art contemporain et ateliers « poterie ».
Rejoignez Yffiniac, gagnez Hillion par la D 80 et suivez le fléchage.

Maison de la baie, à Hillion C3

Site de l'Étoile - ✆ 02 96 32 27 98 - www.saintbrieuc-armor-agglo.fr - ♿ - fermé certains j. fériés - 4 € (-18 ans 2,50 €) - 6 € billet combiné avec la Briqueterie - nombreuses sorties nature tte l'année, se rens.
Ce parcours muséographique vise à promouvoir le patrimoine naturel des lieux. De nombreuses animations nature (calendrier sur le site) permettent d'intéressantes découvertes, de la mytiliculture aux mille secrets de la vase…

DES PLAGES À L'ANCIENNE C2

Circuit de 25 km tracé en bleu sur la carte p. 172-173 – environ 2h. Quittez St-Brieuc au nord par le port du Légué, puis prenez à droite en longeant le quai rive gauche et gagnez la D 24.

Sur la droite se profile la tour ruinée de Cesson ; au cours de la montée, belle vue sur la pointe des Guettes et sur la côte jusqu'au cap d'Erquy à l'est.

★ Pointe du Roselier

En empruntant le sentier à droite de la longue-vue, on peut faire le tour de la pointe. Belles **vues★** sur St-Quay-Portrieux et la côte à l'ouest ; le chemin passe près d'un ancien four à rougir les boulets, puis longe une villa. La vue se porte sur la pointe de Cesson et, derrière, sur le fond de la baie de St-Brieuc, puis les bouchots à moules de la pointe des Guettes et la côte vers le Val-André. Des sentiers à flanc de falaise ramènent au point de départ.

Faites demi-tour et, à 2 km, tournez à droite.

Martin-Plage

Cette jolie plage s'étire entre la pointe du Roselier et le rocher des Tablettes.

La route s'élève ensuite rapidement et, à Ville-Fontaine, prenez à droite une agréable route qui descend entre des talus boisés.

Plage des Rosaires

La plage est encadrée de falaises boisées, hautes de près de 100 m. La **vue** embrasse toute la baie de St-Brieuc.

NOS ADRESSES À SAINT-BRIEUC

HÉBERGEMENT

POUR SE FAIRE PLAISIR

Best Western Hôtel Le Duguesclin – *2 pl. Du-Guesclin - ✆ 02 96 33 11 58 - www.hotel-duguesclin.fr - ♿ - wifi - 33 ch. 77/130 € - ☕ 12 € - ✕ 24,50 €.* Cette hôtel vaut par sa situation à l'entrée du quartier piéton, près de deux parkings publics. Préférez les chambres côté place. Brasserie alsacienne au rez-de-chaussée.

Hôtel Edgar – *15 r. Jouallan - ✆ 02 96 60 27 27 - www.saint-brieuc-hotel.fr - P 10 € - ♿ - 28 ch. 80/110 € - ☕ 11 € - ✕ 25/60 €.* Au cœur de la ville, une adresse confortable dans un bel hôtel particulier.

À proximité

POUR SE FAIRE PLAISIR

Hôtel du Commerce – *2 r. Rochonen - 22800 Quintin - ✆ 02 96 74 94 67 - www.hotelducommerce-quintin.com - 11 ch. 77/87 € ☕ - ✕ fermé w.-end (sf sam. soir en juil.) - 18/24 €.* Cette maison de granit, ancien relais de diligence du village, daterait du 18e s. Elle a gardé le charme et la simplicité des vieilles pierres. Chambres très bien tenues et restaurant aux tons boisés.

Chambre d'hôte Château de Bonabry – *22120 Hillion - ✆ 02 96 32 21 06 - www.bonabry.fr - mai-oct. - 🚭 P - 5 ch. 80/150 € ☕.* Le temps semble s'être arrêté dans ce noble château maritime. Ses suites, avec lits à baldaquin, tableaux de famille et cheminée, ouvrent sur le parc dont les allées mènent à la plage.

RESTAURATION

PREMIER PRIX

Salon de thé Sucré Salé – *6 r. Jouallan - ✆ 02 96 68 34 22 - tlj sf*

3

dim.-lun. - fermé 1 sem. en fév. et 3 sem. en août - ♿ - 11,90/14,70 €. Poussez la porte de ce salon de thé à la vitrine alléchante : tartes salées et gourmandises sucrées.

Crêperie des Promenades – *18 r. des Promenades - ✆ 02 96 33 23 65 - www.creperie-des-promenades.fr - fermé dim.-lun. et mar.-jeu. le soir - 9/18 € - réserv. conseillée.* Une adresse qui fait souvent salle comble : on y déguste les traditionnelles galettes et crêpes, mais aussi burgers maison ou salades. Les produits locaux sont privilégiés dans toutes les préparations.

L'Arbalaise – *12 r. Michelet - ✆ 02 96 33 02 30 - www.larbalaise.fr - ♿ - lun.-merc. 9h-14h, jeu.-sam. 9h-14h, 19h-22h - fermé 1re sem. de janv., 1 sem. en avr. et 1re quinz. d'août - 14/17 €.* Cuisine du marché sans prétention, sandwichs et tapas, en salle ou en terrasse.

POUR SE FAIRE PLAISIR

Le Koadenn – *9 r. St-Guillaume - ✆ 02 96 61 93 77 - fermé dim. et lun., 1 sem. fin juin-déb. juil. et 1 sem. fin oct.-déb. nov. - formules déj. 11,50/13,90 € - 26/27 €.* Cette ancienne écurie avec poutres et pierres apparentes offre un cadre cosy, surtout si un bon feu y crépite. Grillades tout juste sorties de la cheminée et crêpes copieusement garnies d'ingrédients de premier choix.

Aux Pesked – *59 r. du Légué - ✆ 02 96 33 34 65 - www.auxpesked.com - ♿ - fermé 2 sem. en janv., fin avr.-déb. mai et fin juil.-déb. août, sam. midi, dim. soir, lun. - P - formule midi sem. 25 € - menus 29 € (déj. sem.), 50/85 €.* Ce chaleureux restaurant avec terrasse affiche une carte du marché raffinée, qui met à l'honneur ormeaux et *pesked* (poissons en breton).

La Vieille Tour – *75 r. de la Tour - 22190 Sous-la-Tour - ✆ 02 96 33 10 30 - www.la-vieille-tour.com - ♿ - fermé sam. midi et dim.-lun., vac. de fév., mi-août-déb. sept. - formule 24 € - 32/77 €.* Le cadre contemporain de cette maison de pays face au chenal, jouant sur la lumière et les matières (verre, wengé...), est en totale adéquation avec les mets fins et iodés. Produits de qualité, cuissons justes et harmonie des saveurs très convaincante.

Ô Saveurs – *10 r. J.-Ferry - ✆ 02 96 94 05 34 - www.osaveurs-restaurant.com - fermé merc. soir, dim.-lun., 2 sem. en fév. et 2 sem. en août - formule déj. 15 € - 29/53 €.* Derrière la gare, ce restaurant affiche un cadre sobre, tout de noir et blanc. Carte de saison. Accueil et service charmants.

ACHATS

Marchés – *Marché dans le centre merc. et sam. mat., dim.mat. à la Croix St-Lambert ; merc. et sam. mat. pl. de la Résistance, du Chai et du Martray ; marché sur le port du Légué jeu. mat. l'été ; marché artisanal mi-août près de la cathédrale St-Étienne. Marché le mar. mat. à Quintin.*

Foires – *Foire de la Saint-Michel sur 2 j. fin sept., pl. Saint-Michel, parc des Promenades et r. Lamennais (02 96 62 56 57).* Elles sont très courues, en particulier la foire de la St-Michel (vide-grenier, fripes, ferrailles, meubles) et la foire-exposition en septembre : 50 000 m² dédiés à l'habitat, au tourisme, à la gastronomie, à l'automobile et au bien-être.

La Duchesse de Rohan – *2 r. St-Gouéno - ✆ 02 96 33 36 27 - www.laduchessederohan.fr - mar.-jeu. et vend. 8h-13h, 15h-19h15, merc. et sam. 7h-13h30, 15h-19h15, dim.-lun.7h-13h30 - fermé lun., 1 sem. en fév. et 1 sem. en sept.* Dans le vieux St-Brieuc, une pâtisserie réputée pour son *kouign-amann* que l'on peut déguster sur place.

BOIRE UN VERRE

Saint-Brieuc ne manque pas de cafés musicaux. Pour n'en citer que quelques-uns : **le Piano Bleu**, café-concert *(r. Fardel)*, **La Cave Chai Pierre**, apéro-concert *(8 r. Michelet)*, ou **Le Fût Chantant**, bar musical *(pl. du Chai)*.

Rollais – *26 r. du Gén.-Leclerc - ✆ 02 96 61 23 03 - ♿ - 11h-0h (10h les j. de marché) - fermé dim.-lun. et 2 sem. en août*. Un bar à vins mythique, tenu de père en fils depuis 1912. Soirées philosophique ou littéraire, concerts d'accordéon.

Pørtland – *5 r. A.-Le-Bail - port du Légué - ✆ 02 96 68 41 97 - tlj sf lun. 7h30-20h*. Salon de thé, boulangerie-pâtisserie, *trattoria* : un repaire pour les gourmands, imaginé par le chef Nicolas Adam (La Vieille Tour, *voir p. 180*).

ACTIVITÉS

Roulibre – *8 r. de la Poissonnerie - 22000 Saint-Brieuc - ✆ 02 96 61 73 15 - www.saintbrieuc-agglo.fr - mar.-vend. 10h-12h, 16h30-18h30, sam. 10h-12h - à partir de 2 €/j*. Location de vélos (classiques, électriques, enfants, tandems).

Aéroclub de St-Brieuc-Armor – *22440 Trémuson - Le Plessis - ✆ 02 90 03 23 71 - acsba.nuxit.net - 9h30-19h (17h hors sais.), et vols de nuit. Baptêmes de l'air (30 €/pers.) et promenades (60 €/pers., de 2 à 3 pers.). Initiation au pilotage (130 €/pers.).*

Centre municipal de Voile de St-Brieuc – *27 bd de Cornouaille - 22190 Plérin - ✆ 02 96 74 51 59 - www.cmvsb.com - été : 9h-12h, 14h-19h ; reste de l'année : 9h-12h, 14h-17h30 - fermé dim. et 20 déc.-5 janv.* École de voile proposant kayaks, canoës dériveurs, catamarans et planches à voile. Formules découvertes.

Aquabaie – *R. Pierre-de-Coubertin - 22440 Ploufragan - ✆ 02 96 75 67 56 - www.saintbrieuc-agglo.fr/fr/aquabaie.php - juil.-août : 10h-20h, mar. et jeu. 10h-22h, sam. 14h-20h, dim. 9h-19h ; reste de l'année : tlj horaires variables - 4,40 € (-18 ans 3,25 €)*. Piscine olympique aux murs et au fond amovibles, bassins ludiques intérieurs et extérieurs, fosse de plongée de 5 m, hammam, sauna, salles de fitness et de squash.

Saint-Brieuc Équitation – *Chemin du Petit-Pré - 22440 Saint-Brieuc - ✆ 02 96 94 19 19 - saint.brieuc.equitation.overblog.fr - 9h-19h - fermé 1re sem. de sept., jeu. sf vac. scol.* Poney-club, cours d'équitation, stages de perfectionnement, randonnées et balades dans la réserve naturelle depuis la grève des Courses.

AGENDA

Festival Art'Rock – *✆ 02 96 68 18 40 - www.artrock.org - 1er w.-end de juin*. « Le » moment fort de la vie culturelle briochine : concerts et animations, dont un volet autour de la gastronomie, « Rock'n Toques », conçu par les chefs de la région depuis une décennie – un festival culinaire à part entière !

Festival d'été « Les Nocturnes » – *Jeu. et vend. soir en juil.-août, sur la place du Martray*. Spectacles d'arts de la rue et concerts gratuits.

Le Val-André

★

3 999 Pléneuviens – Côtes-d'Armor (22)

Pléneuf-Val-André mêle avec grâce le chic des stations balnéaires courues à la fin du 19e s. – sa digue, son casino, ses villas – à la modernité du littoral breton du 21e s. (thalasso, boutiques tendance, école de voile). Elle est bordée de falaises parcourues de sentiers côtiers qui relient, par exemple, la grande plage du Val-André à celle, plus sauvage, des Vallées.

NOS ADRESSES PAGE 185
Hébergement, restauration, achats, activités, etc.

S'INFORMER

Office du tourisme de Pléneuf-Val-André – *1 r. Winston-Churchill - 22370 Pléneuf-Val-André - ✆ 02 96 72 20 55 - www.val-andre.org - juil.-août : 9h15-13h, 14h-19h, dim. et j. fériés 10h-12h30, 16h-18h ; avr.-juin et sept. : 9h15-12h30, 16h-18h, dim. de ponts 10h-12h30, 16h-18h ; reste de l'année : se rens. - fermé 1er janv., 1er et 11 Nov.*

Visites guidées – *✆ 02 96 72 20 55 - www.val-andre.org - 5 € (-15 ans 3 €) - L'office de tourisme propose une visite guidée (2h) du Val-André, depuis la création de la station à nos jours, au détour de ses rues, à la découverte des villas balnéaires, etc. D'autre part, possibilité de découvrir le port de Dahouët grâce à l'application mobile « Explore la baie de St-Brieuc ». Également un jeu de piste pour les enfants.*

SE REPÉRER

Carte de microrégion C2 (p. 172-173) – À environ 20 km au nord-est de St-Brieuc, le Val-André annonce la Côte d'Émeraude, qui s'étend jusqu'à la pointe du Grouin. Toute cette côte est desservie par la D 786.

À NE PAS MANQUER

Poussez vos pas jusqu'à la pointe de Pléneuf et sur la promenade de la Guette pour admirer la baie de St-Brieuc. Une randonnée sur le cap d'Erquy.

ORGANISER SON TEMPS

Deux jours suffisent largement pour profiter de cette station, de ses plaisirs balnéaires et de ses alentours.

Se promener Carte de microrégion p. 172-173

La station

Trois sites constituent cette jolie station à l'ambiance familiale : le **Val-André**, avec sa magnifique plage de sable fin créée en 1880 ; **Dahouët** *(voir ci-contre)*, le port où étaient amarrés les bateaux des terre-neuvas, aujourd'hui remplacés par bateaux de pêche et voiliers ; et enfin **Pléneuf**, fondée au 5e s., devenue un petit bourg dont l'église est l'épicentre et où se déploient les étals du marché tous les mardis.

La mer est au cœur des loisirs offerts ici : sports nautiques, sorties en mer et manifestations maritimes qui ponctuent l'année en témoignent. Pour varier les plaisirs, d'agréables randonnées de quelques heures sont possibles aux alentours. En été, les soirées jazz et les marchés sont des rendez-vous très courus. La station porte le label « Famille Plus ».

La plage près de Pléneuf-Val-André.
E. Berthier/hemis.fr

★ Pointe de Pléneuf C2

15mn à pied AR. Depuis le parking du port de Piégu démarre un sentier aménagé au pied de la falaise. Gravissez l'escalier qui conduit à la rue de la Corniche. Cette promenade mène à un petit belvédère depuis lequel on peut observer le **Verdelet**. Cet îlot est une réserve ornithologique que l'on peut atteindre à pied lors de grandes marées *(se rens. au poste de secours, sur la digue ou à l'office de tourisme)*. En contournant la pointe de Pléneuf, le « sentier des douaniers » mène à la grève des Vallées *(30mn à pied)* et à celle de la Ville-Berneuf *(45mn)*. Cette très belle promenade en corniche révèle des **vues★★** superbes sur le Val-André, la baie de St-Brieuc et le cap d'Erquy.

3

★ Du Val-André au port de Dahouët C2

1h à pied AR. À l'extrémité sud-ouest de la digue, à l'angle de la rue des Sablons, deux flèches indiquent le GR 34-Dahouët, le corps de garde et la batterie. Après avoir contourné l'anse du Pissot, on longe le corps de garde. Une **vue★** immense se découvre sur la baie de St-Brieuc. Au niveau de la statue de N.-D.-de-la-Garde, on descend vers **Dahouët**, port de pêche et de plaisance niché dans un joli site, à l'embouchure de la Flora. En 1509, les marins de ce port furent les premiers à pêcher à Terre-Neuve, une île découverte seulement douze ans plus tôt par l'Italien Jean Cabot. Ici, la couleur vert émeraude de l'eau donne au lieu une intensité particulière, et assis sur le muret près de N.-D.-de-la-Garde, on peut rester de longues minutes à admirer l'endroit. *Suivez le quai des Terre-Neuvas et prenez, face à l'étang de Dahouët (plan d'eau aménagé en jardin nautique), le sentier du Mocquelet pour rentrer par les hauteurs.*

Circuit conseillé Carte de microrégion p. 172-173

★★★ LA CÔTE D'ÉMERAUDE : DU VAL-ANDRÉ AU CAP FRÉHEL CD2

Circuit de 34 km tracé en rouge sur la carte p. 172-173 – environ 2h30. Longez la côte vers l'est.

La route touristique, serpentant dans la lande, offre des **vues★★** splendides sur la mer, les falaises et les grèves blondes. Elle traverse un paysage de pinèdes. *De Pléneuf-Val-André, prenez la D 786 sur 4 km en direction d'Erquy.*

Château de Bienassis D2

☏ 02 96 72 22 03 - www.chateau-bienassis.com - visite guidée (45mn) de mi-juin à mi-sept. : 10h30-12h30, 14h-18h30, dim. 14h-18h30 ; reste de l'année : dim., vend. et merc. 14h30 et 16h - fermé de déb. nov. à déb. avr. - 6 € (-12 ans 3 €) - animations de mi-juil. à mi-août, son et lumière mi-août à partir de 21h.

Le mur crénelé témoigne de l'enceinte du 15e s. Les tours d'angle et les tourelles sont du 17e s. Au rez-de-chaussée, on admire porcelaines de Chine, du Japon et de Bayeux, et des meubles. La façade sur jardin a gardé deux tours du 15e s.

Reprenez la D 786.

Erquy D2

Office de tourisme – *3 r. du 19-Mars-1962 - 22430 Erquy - ☏ 02 96 72 30 12 - www.erquy-tourisme.com - juil.-août : 9h30-13h, 14h-19h, dim. 10h-13h, 16h-18h ; avr.-juin : 9h30-12h30, 14h-18h, dim. 10h-12h30 ; vac. scol. (sf juil.-août) et de déb. à mi-sept. : tlj sf dim. 9h30-12h30, 14h-18h ; reste de l'année : se rens. - fermé 1er janv., 1er et 11 Nov., 25 déc.*

Au 19e s., la légende voulait qu'Erquy se situât à l'emplacement d'une cité romaine appelée « Reginea », autrement dit la reine (de la baie). Bien que cela soit probablement faux, les habitants d'Erquy ont gardé leur nom charmant de « Réginéens ». Dans un joli site de falaises de grès rose, cet actif port de pêche côtière – spécialisé dans la Saint-Jacques – continue de s'étendre, et une douce ambiance familiale y règne presque toute l'année.

Remarquez, en bordure de la route d'accès au cap, un petit corps de garde, vestige des défenses de Vauban, ainsi qu'un curieux et rarissime « **four à boulets** » (il en existe un autre au fort La Latte) qui permettait aux batteries de canons de tirer à boulets rouges sur les navires anglais au 17e s.

L'une des plus belles plages se situe au sud : la **plage de Caroual**, dont la configuration assure aux enfants une sécurité totale. Elle offre une très belle vue sur la baie et le cap d'Erquy.

★★ Cap d'Erquy D2

Le site fait partie du périmètre du **« Grand site Cap d'Erquy - Cap Fréhel »**. Ses hautes falaises de grès rose, ses étendues de landes littorales, ses massifs dunaires, ses plages aux eaux turquoise et sa faune diversifiée, notamment ornithologique, en font un des sites naturels les plus remarquables de Bretagne Nord. Réservé aux piétons, il se découvre à pied (sentiers balisés).

Boucle de 2h30 à pied. Praticable pour tous. Depuis Erquy, direction cap d'Erquy, poursuivez la route jusqu'au dernier parking, celui de la pointe des Quatre-Vents où vous laisserez votre voiture. Au bout de la route, au niveau du parking, la vue s'étend sur la plage de Caroual, la grève des vallées de Pléneuf-Val-André et l'îlot Verdelet ; au loin se dessinent la baie de St-Brieuc, la pointe de l'Arcouest et l'île de Bréhat. Depuis la pointe des Quatre-Vents, un sentier serpente au milieu des bruyères et suit la face nord du cap. En contrebas, la splendide **plage du Lourtuais** se dévoile. On s'y rend en empruntant le sentier sur la gauche (naturisme autorisé). Poursuivez la balade en rejoignant le sentier jusqu'à la pointe de la Mare aux rets derrière laquelle se niche la non moins belle **plage du Portuais**, puis celle du Guen. Remontez la route jusqu'au parking. À droite, le large chemin longe le camping. Au second croisement,

LES MOUTONS D'ERQUY

En vous promenant dans les landes du cap d'Erquy, vous apercevrez quelques moutons paître paisiblement dans l'un des quatre enclos aménagés entre la plage de Lourtouais et celle du Portuais. Ils sont ainsi une soixantaine de Shetland à avoir été introduits afin de reconstituer des zones de végétation ouverte. Cette initiative fait l'objet d'un suivi scientifique. Notez néanmoins que de juin à septembre, ils quittent le secteur pour prendre leurs quartiers d'été à l'abri des estivants.

prenez à droite sur la route du cap pour retrouver sur votre gauche le sentier balisé (rouge et blanc) qui redescend vers les Lacs bleus, témoins d'une ancienne carrière de grès rose. Longez-les jusqu'à la pointe des Trois-Pierres, au bout du port de pêche. Pour rejoindre le parking, prenez sur votre droite.
Sortez d'Erquy par le nord-est, puis traversez le hameau Les Hôpitaux.

★ Sables-d'Or-les-Pins D2

Cette station, fondée en 1922 au bord de la grève de Minieu, avec villas et hôtels anglo-normands, connut un succès immédiat, grâce aux célébrités de l'époque. La Manche y apparaît à travers les fûts sombres des pins, près des dunes. Sa grande **plage★** de sable fin, l'une des plus belles de Bretagne, enlace un ensemble d'îlots, dont celui de St-Michel, coiffé d'une chapelle.
Faites demi-tour et, à la sortie d'Erquy, prenez la direction du cap Fréhel par la D 34.

Pléhérel-Plage D2

La plage se trouve sur la droite, après les bois de conifères. Belle vue sur le cap Fréhel.
Prenez la D 34A.

★★★ Cap Fréhel D2 *(voir p. 120).*

3

NOS ADRESSES AU VAL-ANDRÉ

HÉBERGEMENT

BUDGET MOYEN

Camping Sites et Paysages Bellevue – *Rte de la Libération - 22430 Erquy - 5,5 km au sud-ouest d'Erquy - ✆ 02 96 72 33 04 - www.campingbellevue.fr - de mi-avr. à mi-sept. - ♿ - 160 empl. 29 € - locatif 40/117 €.* De beaux emplacements, dans un cadre soigné et fleuri. Animations et services bien adaptés aux familles avec enfants. Pour le locatif, le choix est varié avec des bungalows toilés sans sanitaires mais aussi des mobile homes et des chalets plus confortables.

Hôtel de France – *4 r. Pasteur - ✆ 02 96 72 22 52 - www.pleneuf-hoteldefrance.com - fermé dim. soir et lun. hors sais., de mi-janv. à mi-fév. et 1er-15 nov. - 14 ch. 61/79 € - ☕ 8,50 € - ✕ 18/34 €.* Au centre de Pléneuf, cet établissement centenaire (exploité de père en fils depuis 1906 !) garde bon pied bon œil : jolies chambres à thème (nuptiale, plage, mauresque, etc.) et terrasse installée dans la cour intérieure.

Chambre d'hôte Villa Marguerite – *34 r. des Garennes - ✆ 06 08 04 08 07 - www.villa-marguerite.fr - fermé de mi-nov. à fin mars sf sur réserv. hors sais. - wifi - 4 ch. 75/90 € ☕.* Charmante villa au style balnéaire typique du 19e s. entourée d'un plaisant jardin, dans le centre de la station. Les chambres avec vue sur mer, à la fois sobres et coquettes, dominent la baie de St-Brieuc ; trois d'entre elles bénéficient d'un balcon. La salle des petits déjeuners est agrémentée de jolis meubles chinés.

À proximité

BUDGET MOYEN

Chambre d'hôte La Crinière – Manoir de la Ville Gourio – *4, rte d'Andel - 22400 Morieux - sortie St-René-Pléneuf-Val-André, puis dir. Val-André par D 786 à 5 km - ✆ 02 96 32 72 60 - www.lacriniere.fr - P - fermé de mi-déc. à mi-janv. - 4 ch. 58/107 € - ☕ 9 € - repas 13 €.* Au milieu d'un golf de 9 trous, manoir breton du 17e s. où le confort d'aujourd'hui cohabite à merveille avec l'atmosphère d'hier. Les chambres soignées et dotées de meubles d'époque profitent toutes de la vue sur le jardin et les greens. Pour la détente : restaurant, discothèque, club-house, golf, sentiers de randonnée pédestre.

Le Manoir St-Michel – *38 r. de la Carquois - 22240 Fréhel - 1,5 km à l'est par D 34 - ✆ 02 96 41 48 87 - www.manoirstmichel.com - fermé 2 nov.-2 avr. - ♿ P - 20 ch. 70/155 € - ☕ 11 €.* Ancien manoir aux murs de grès rose agrémenté d'un grand jardin en surplomb de la mer et d'un plan d'eau où s'ébattent des canards. Chambres accueillantes. Duplex pour les familles.

Hôtel du Manoir de la Salle – *R. du Lac - 22240 Plurien - 1 km au sud-ouest par D 34 - ✆ 02 96 72 38 29 - www.manoirdelasalle.com - fermé oct.-mars - P - 14 ch. 45/110 € ☕.* Cette demeure bretonne du 16e s. et ses trois dépendances sont entièrement rénovées. La salle des petits déjeuners a gardé son cachet d'origine : pierres de taille, belle cheminée et poutres apparentes. Les chambres, quant à elles, sont modernes et fonctionnelles. Salle de jeux.

RESTAURATION

BUDGET MOYEN

Madloc'h – *30 r. St-Michel - 22430 Erquy - Les Hôpitaux - ✆ 02 96 63 69 23 - www.restaurant-madloch.fr - ♿ - fermé lun. en août et dim. soir hors sais., mi-nov.-déb. déc. - menus 13,50 (déj sem.)/26/36/46 €.* Une table qui met à l'honneur les produits locaux, de la mer comme de la terre. Sympathique tonnelle et très bon accueil.

L'Escurial – *29 bd de la Mer - 22430 Erquy - ✆ 02 96 72 31 56 - restaurant-lescurial.fr - fermé jeu. soir et dim. soir hors sais. et lun., 3 sem. en janv. - formule 23 € (déj.), menus 42/47/97 €, carte 30/65 €.* Idéalement situé face à la plage et au port d'Erquy, cet Escurial perpétue l'esprit de la maison, avec une cuisine dans l'air du temps, valorisant de beaux produits. La mer est la vraie vedette des lieux, avec des menus dédiés au homard et aux Saint-Jacques. Un travail soigneux !

POUR SE FAIRE PLAISIR

Au Biniou – *121 r. Clemenceau - ✆ 02 96 72 24 35 - aubiniou.bzh - fermé mar.-merc. sf juil.-août et vac. de fév. - formule 17 € - 27,50/38 €.* Logé dans une maisonnette du centre-ville, ce petit restaurant sert une cuisine goûteuse qui met en scène produits de la mer et recettes du cru revisitées par le chef.

À proximité

BUDGET MOYEN

Relais Saint-Aubin – *22430 Erquy - St-Aubin par la D 68 - ✆ 02 96 72 13 22 - www.*

relais-saint-aubin.fr - P - *fermé 15 janv.-15 fév. et 15 nov.-15 déc., mar. (hors sais.), lun. - formule 18,50 €, 24,50/46 €.* Cet ancien prieuré, datant du 17e s., abrite une belle salle à manger rustique. Aux beaux jours, profitez de la terrasse et du ravissant jardin fleuri.

PETITE PAUSE

Le Recommandé – *3 r. de l'Am.-Charner - ✆ 02 96 65 34 67 - lere-commande-valandre.fr - ♿ - 9h30-19h- fermé merc. - 5/15 €.* Au cœur du Val-André, une pâtisserie-salon de thé logée dans les murs de l'ancienne poste. Décor séduisant, à la fois épuré et de bon goût. Excellents gâteaux à déguster sur place ou à emporter.

ACHATS

Marchés – *Mar. mat. à Pléneuf; vend. mat. au Val-André; sam. mat. à Erquy; jeu. 17h à Dahouët.*

Marché aux livres et cartes postales anciennes – *Au Val-André, juil.-août : jeu. 9h-18h30.*

Artisan'halles – *Juil.-août : lun. 18h-21h. Marché des artisans locaux à Erquy.*

EN SOIRÉE

Casino du Val-André – *1 cours W.-Churchill - ✆ 02 96 72 85 06 - www.casinovalandre.com - ♿ P - 10h-3h (2h hors sais., vend. et sam. 4h).* Le casino abrite notamment une salle de cinéma Art et essai.

ACTIVITÉS

Randonnées et visites guidées – Le syndicat mixte organise des sorties nature et patrimoine sur le territoire des caps d'Erquy et Fréhel. Programme disponible auprès des commerces locaux et des offices de tourisme (Pléneuf-Val-André, cap Fréhel) *: de mi-juin à mi-sept. et vac. scol. - à partir de 6 € (enf. 3 €).* Également programme de visites guidées autour du produit vedette de la région, la **coquille Saint-Jacques** : visite de la criée et du port d'Erquy, cours de cuisine, etc. *Calendrier et réservation sur http :// grandsite-capserquyfrehel.com ou ✆ 02 96 41 50 83.*

Vélo

Pour les mollets endurcis, une portion de l'itinéraire Tour de Manche permet de rejoindre Erquy et le cap Fréhel. *Cartes disponibles à l'office de tourisme ou sur le site Internet www. tourdemanche.com*

Activités nautiques

Centre nautique de Pléneuf-Val-André – *Port de Piégu - ✆ 02 96 72 95 28 - www.cnpva.com.* Planche et char à voile, catamaran, dériveur et kayak : ce centre nautique accueille moussaillons et vieux loups de mer pour la pratique de sports toniques.

Maison de la Mer d'Erquy – *R. du Port - 22430 Erquy - ✆ 02 96 72 32 62 - plongée, jet ski, flyboard, location de catamarans (30 €/h), planches à voile (15 €/h), dériveurs (20 €/h) et kayaks de mer (12 à 17 €/h). Également des balades à bord de la* Sainte-Jeanne, *réplique d'un caboteur de 1912 (✆ 02 96 72 39 27 - sainte-jeanne-erquy.com - tlj en juil.-août - 27 €/2h, 34 €/3h).*

Golf

Golf Blue Green Pléneuf- Val-André – *R. de la Plage-des-Vallées - ✆ 02 96 63 01 12 - pleneuf-val-andre.bluegreen.com - hte sais. : 8h-20h ; printemps : 9h-19h30 ; hiver : 9h-18h - fermé 1er janv. et 25 déc. - 49/66 €.* Splendides links de 18 trous qui s'étendent sur 63 ha en bordure de littoral. Le trou n° 11 est mondialement connu pour son dénivelé de 40 m et son magnifique panorama qui

3

englobe le cap d'Erquy et l'île de Bréhat ! Attention, ce parcours est particulièrement technique.

Promenades en mer

La Pauline – *Quai des Terre-Neuvas - « Une chaloupe pour Dahouët » - ✆ 02 96 63 10 99 - www.lapauline.com - été : tlj suivant horaires de marée, se rens. par tél.* Ce magnifique « lougre flambart » de Dahouët à coque noire et voile rouge vous emmènera sur les flots de la baie de St-Brieuc.

La Sainte-Jeanne – *22430 Erquy - sainte-jeanne-erquy.com*

Armor Navigation - Vedettes d'Erquy – *Au port - 22430 Erquy - 02 96 33 04 45 (avr.-sept.) - www.armor-navigation.com/fr/erquy-frehel.html - (parking 2 €) - balade (1h15) le long de la côte de Penthièvre autour du cap d'Erquy, 15 € (-12 ans 10 €) ; excursion au cap Fréhel (2h15), 20,50 € (-12 ans 13,50 €).*

Vedettes de Bréhat – *22620 Ploubazlanec - www.vedettesdebrehat.com.* Excursion à la journée sur l'île de Bréhat *(1h20 de traversée) - avr.-sept. : 1 à 3 fois/sem. selon le mois (calendrier sur le site Internet), dép. 8h30, retour dép. 17h15 - 32 € (4-11 ans 23,50 €, -4 ans 6 €) - réserv. obligatoire sur www.vedettesdebrehat.com ou auprès des OT de Pléneuf et Erquy.*

Bien-être

Spa Marin du Val André – *43 r. Charles-de-Gannes - ✆ 02 56 57 50 02 - www.thalasso-resort-bretagne.com/fr/acces-pleneuf.html - tlj 9h-18h - journée découverte 150 €.* 2 000 m² dédiés au bien-être avec piscine et bassin hydro-actif d'eau de mer chauffée, hammam, salle cardiofitness, espace repos avec aérosols marins et tisanerie.

AGENDA

Manifestations tout au long de l'année : concerts classiques et de jazz (Jazz à l'Amirauté, concerts gratuits mar. à 21h en juil.-août, parc de l'Amirauté), animations pour les enfants (« Place aux mômes », jeu. à 17h30 en juil.-août, place des Régates), soirées théâtrales, régates, tournois de golf, de tennis, Fête de la mer (14 Juil.) et rues en fête.

Fête de la coquille Saint-Jacques – *Dernier w.-end d'avr.* Cette fête a lieu tous les ans, à tour de rôle sur les trois ports coquilliers (St-Quay-Portrieux, Erquy et Loguivy-de-la-Mer). Programme à l'office de tourisme.

Saint-Quay-Portrieux

★

2 937 Quinocéens – Côtes-d'Armor (22)

St-Quay-Portrieux est une station balnéaire très appréciée pour ses trois belles plages : le Casino, le Châtelet et la Comtesse, abritées par une frange rocheuse appelée « roches de St-Quay ». À mi-chemin de St-Brieuc et de Paimpol, c'est aussi un port de plaisance et un port de pêche réputé : la coquille Saint-Jacques est notamment sa spécialité.

NOS ADRESSES PAGE 192
Hébergement, restauration, achats, activités, etc.

S'INFORMER

Office de tourisme – *17 bis r. Jeanne-d'Arc - 22410 St-Quay-Portrieux - ✆ 02 96 70 40 64 - www.saintquayportrieux.com - juil.-août : 9h-19h, dim. et j. fériés 10h30-12h30, 15h30-18h ; avr.-juin et sept. : tlj sf dim. 9h-12h30, 14h-18h30 ; reste de l'année : tlj sf dim. 9h-12h30, 14h-18h, mar. et jeu. 14h-18h - fermé 1er janv., 1er Mai, 1er et 11 Nov., 25 déc.*

Visite du Port d'Armor – *✆ 02 96 70 40 64 - www.saintquayportrieux.com - visite guidée (1h30) juil.-août : merc. 15h30 ; vac. scol. (hors juil.-août) : sur demande préalable - fermé 1er janv., dim. de Pâques, 1er Mai, 1er nov., 25 déc. - 3,50 € (-10 ans gratuit). Visite guidée (1h30) sur demande préalable du port de pêche, présentation des bateaux et du matériel, fonctionnement de la criée et évocation de l'histoire de la coquille Saint-Jacques.*

Visite « Sur les traces des peintres » au Portrieux – *✆ 02 96 70 40 64 - www.saintquayportrieux.com - visite guidée (1h30) été : vend. 15h30 (RV au port, 20 quai de la République) ; vac. scol. (hors juil.-août) : jeu. 10h30 sur demande préalable à l'office de tourisme - fermé certains j. fériés - 3,50 € (-10 ans gratuit). Plongée dans le passé du Portrieux au temps des peintres impressionnistes (Eugène Boudin, Berthe Morisot, Paul Signac).*

SE REPÉRER

Carte de microrégion C2 (p. 172-173) – Depuis St-Brieuc (21 km au sud-est) ou Paimpol (25 km au nord-ouest), on gagne St-Quay par la D 786, ou par la D 9 si l'on vient de Guingamp (26 km au sud-ouest).

À NE PAS MANQUER

La visite de la chapelle de Kermaria-an-Iskuit pour ses fresques de la danse macabre et la Fête de la coquille Saint-Jacques en avril.

ORGANISER SON TEMPS

Pour profiter des plages, des activités nautiques et des balades, prévoyez 2 jours dans la capitale de la coquille Saint-Jacques.

AVEC LES ENFANTS

Rendez-vous à l'espace aquatique Goëlys.

Se promener

Ports

Le port d'échouage, situé à Portrieux, armait autrefois pour Terre-Neuve. Quant au port d'Armor, c'est le premier port en eau profonde de la Bretagne Nord. D'une capacité de 1 030 anneaux, il peut accueillir jusqu'à une centaine de bateaux visiteurs. Une flottille de pêche l'anime également (maquereaux, lieus, bars et, surtout, de novembre à avril, coquilles Saint-Jacques et crustacés) Une liaison est assurée avec les îles Anglo-Normandes pendant la saison estivale ; possibilité d'excursions en bateau pour l'île de Bréhat (*voir p. 202*).

Chemin de ronde

1h30 à pied AR, à parcourir de préférence à marée haute.

Le sentier des douaniers quitte le port de Portrieux, au-delà de la mairie, pour aller longer la plage de la Comtesse, laquelle profite des marées pour se parer de cristaux d'ilménite noire. Il passe ensuite devant le sémaphore, offrant une belle **vue★** sur la baie de St-Brieuc. Il gagne la terrasse surplombant la plage du Châtelet *(table d'orientation)*, contourne la piscine d'eau de mer avant de déboucher près du casino. Vous pouvez poursuivre cette promenade jusqu'à la grève St-Marc *(environ 2h AR en plus)*.

À proximité Carte de microrégion p. 172-173

Étables-sur-Mer C2

3,5 km au sud.

Office de tourisme Étables-sur-Mer-Plourhan-Lantic – *6 pl. le Pomellec - 22680 Étables-sur-Mer - 02 96 73 60 12 - www.besurmer-tourisme.com - juil.-août : 9h30-18h30, dim. et j. fériés 10h-18h ; reste de l'année : se rens. - fermé certains j. fériés, 26 déc.*

Situé sur un plateau, le long de la côte du Goëlo, le bourg domine la station familiale, à laquelle il est relié par une avenue bordée de villas. Il n'est pas rare de croiser dans la station quelques stars du foot breton…

Les deux plages de sable fin, des Godelins et du Moulin, qui font la renommée d'Étables-sur-Mer, sont séparées par la pointe du Vau Burel. Beau parc municipal. La **chapelle N.-D.-de-l'Espérance**, construite après l'épidémie de choléra de 1850, se dresse sur la falaise d'Étables. Elle est ornée de vitraux (1972) aux belles tonalités de bleu signés Raoul Michau et d'une tapisserie de Toffoli représentant la Vierge et l'Enfant.

Binic C2

7,5 km au sud.

Office de tourisme – *6 pl. Le Pomellec - 22520 Binic - 02 96 73 60 12 - www.ville-binic.fr - juil.-août : 9h30-18h30, dim. et j. fériés 10h-12h30, 14h-18h ; avr.-juin et sept.-oct. : tlj sf dim. 9h30-12h30, 13h30-17h30, mar. 13h30-17h30, jeu. 9h30-12h30 ; reste de l'année : se rens. - fermé certains j. fériés.*

Le port de ce charmant centre balnéaire abritait autrefois, en hiver, des goélettes armées pour la pêche à la morue. De nos jours, la plaisance a pris la relève et sa plage de la Blanche s'anime dès les beaux jours. La plage de l'avant-port a, quant à elle, conservé son charme d'autrefois avec ses cabines en bois.

Musée des Traditions populaires – *3 r. de l'Ic - 02 96 73 37 95 - www.musee-binic.fr - - juil.-août : 14h30-18h ; juin et sept. : tlj sf mardi 14h30-18h - 4 € (-13 ans 2 €).* Il évoque la vie des anciens Binicains (collection de coiffes, costumes bretons, objets se rapportant à la vie maritime, métiers).

La **jetée Penthièvre** ferme l'avant-port. On y accède par les quais Jean-Bart et Surcouf. Du belvédère, à l'entrée du môle, jolie vue : d'un côté, sur la plage aux cabines surélevées, dominée par une butte couronnée de pins ; de l'autre côté, sur le port.

★ Falaises de Plouha C2

7 km au nord par la D 786.

2h à pied AR. Attention, certains passages sont abrupts et caillouteux.

Les falaises de Plouha sont réputées être les plus hautes de Bretagne. Pour les découvrir, partez du Palus-Plage, une belle anse nichée au pied de ces falaises verdoyantes. À gauche de la plage, des marches taillées dans le roc conduisent à un sentier en corniche. Il vous mène jusqu'à la **pointe de Plouha**, point culminant du site (104 m). Jolies **vues★** sur la baie de St-Brieuc. Après un passage dans le vallon de Kerjean, vous atteignez la pointe de Beg-Hastel. Poursuivez jusqu'au petit port de **Gwin-Zégal**. Classé au Patrimoine maritime, il présente un type de mouillage insolite fait de troncs d'arbres plantés dans le sable.

★ Chapelle de Kermaria-an-Iskuit B2

11,5 km au nord-ouest par la D 786, puis à gauche, par la D 21 jusqu'à Kermaria - ✆ 02 96 20 21 26 - www.plouha.fr - juil.-août : 10h-12h30, 15h-18h30 ; reste de l'année : mar. 15h-17h, reste de la sem., se rens. à l'office de tourisme.

La « maison de Marie qui conserve et rend la santé » est un but de pèlerinage fréquenté : un grand **pardon** s'y déroule le 3e dimanche de septembre. Au-dessus du porche sud de cette ancienne chapelle seigneuriale se trouve une salle des archives, clôturée par un petit balcon, qui servit de salle de justice au 16e s. Des **fresques★** (vers 1500) décorent les murs au-dessus des arcades. Celles figurant la danse macabre ont, paraît-il, inspiré le compositeur Camille Saint-Saëns. La Mort y figure sous les apparences de squelettes ou de cadavres. Ils dansent et entraînent une malheureuse ronde de vivants, du pape au laboureur. En France, on connaît sept représentations murales de danse macabre.

À voir aussi, dans le chœur, cinq **bas-reliefs★** en albâtre représentant des scènes de la vie de la Vierge, et, dans le transept, N.-D.-de-Kermaria-an-Iskuit (16e s.), étonnante Vierge qui allaite : l'Enfant Jésus esquisse un geste de refus !

Plage Bonaparte C2

13 km au nord.

De cette plage, au fond de l'anse Cochat, que l'on atteint par un tunnel creusé dans la falaise, les aviateurs abattus sur le sol français rembarquaient en 1944 pour l'Angleterre. Une stèle rappelle ce souvenir : on peut l'atteindre à pied en empruntant l'escalier à droite du parking de la plage, puis par le sentier qui escalade la falaise. Du terre-plein, belle **vue** sur la baie de St-Brieuc et le cap Fréhel, l'anse de Port-Moguer à droite, la pointe de Minard à gauche.

★ Temple de Lanleff B2

23 km au nord-ouest en quittant St-Quay-Portrieux par la D 786. À Plouha, prenez la D 21 en direction de Kermaria. À la sortie de Pléhédel, prenez à gauche.

Dans le bourg, en retrait de la route, se dresse le **temple**. Ce curieux édifice circulaire, aujourd'hui en ruines, est une ancienne chapelle ou un baptistère bâti au 11e s. par les templiers sur le modèle du Saint-Sépulcre de Jérusalem. Douze arcades en plein cintre font communiquer la rotonde avec un bas-côté tournant. Sur les chapiteaux à la facture naïve alternent petits personnages, animaux, dessins géométriques et feuillages.

NOS ADRESSES À SAINT-QUAY-PORTRIEUX

HÉBERGEMENT

POUR SE FAIRE PLAISIR

Ker Moor – *R. du Prés-Le-Sénécal - ✆ 02 96 70 52 22 - www.ker-moor.com - wifi - ♿ P - 30 ch. 98/235 € - ☕ 14,50 €.* Cette villa centenaire d'inspiration mauresque est perchée au sommet d'une petite falaise. Les balcons des chambres ouvrent sur le large.

BOIRE UN VERRE

Bistrot La Marine – *38 quai de la République - ✆ 02 96 70 87 38 - www.facebook.com/pg/BistrotLaMarine - lun.-merc. 11h-16h ; vend.-sam. 11h-16h, 18h-1h ; dim. 11h-23h - fermé jeu.* Ce restaurant propose aussi une formule bar à vins avec « tapas bretonnes » lors de soirées concerts.

ACHATS

Marchés – *lun. mat. quai Robert-Richet - ven. mat. r. Jeanne-d'Arc.*

ACTIVITÉS

St-Quay port d'Armor – *Espace Éric-Tabarly - Capitainerie - ✆ 02 96 70 81 30 - www.port-armor.com - fermé dim. hors sais. possibilité de partir pêcher tous les matins de 7h30 à 11h à bord d'un chalutier (réserv. auprès de l'office de tourisme).* Liaisons maritimes avec l'île de Bréhat en été, le mardi et le jeudi *(voir ci-après)*.

Vedettes de Bréhat – *22620 Ploubazlanec - www.vedettesdebrehat.com.* Excursion à la journée sur l'île de Bréhat *(45mn de traversée) - avr.-sept. : 1 à 2 fois/sem. selon le mois (calendrier sur le site Internet), dép. 8h30, retour dép. 17h15 - 29 € (4-11 ans 21,50 €, -4 ans 6 €) - réserv. obligatoire sur www.vedettesdebrehat.com ou auprès des OT de St-Quay et de Binic.*

Le Vieux Gréement – *Espl. du Port-d'Armor - ✆ 02 96 70 93 34 - www.sensationnautique.com.* Le *Saint-Quay* vous propose des sorties de la demi-j. à la sem. (individuel, groupe ou famille). L'occasion de découvrir la voile traditionnelle. Au choix : naviguer en baie de St-Brieuc, vous aventurer dans l'archipel de Bréhat ou partir en croisière dans les îles Anglo-Normandes à bord d'un langoustier.

Goëlys – *R. Pierre-de-Coubertin - 22520 Binic - ✆ 02 96 69 20 10 - www.piscinegoelys.fr - 4,35 € (enf. 3,25 €).* Piscine aqualudique avec toboggan, geyser, canon à eau, mais aussi, pour les plus grands, sauna, hammam, jets massants, Jacuzzi…

AGENDA

Fête de la coquille Saint-Jacques – *Dernier w.-end d'avr.* Expositions, dégustations, démonstrations de secours en mer par la SNSM, balades en mer, concerts… Cette fête a lieu tous les ans, à tour de rôle sur les trois ports coquilliers (St-Quay-Portrieux, Erquy et Loguivy-de-la-Mer). Programme à l'office de tourisme.

La Morue en fête – *À Binic, w.-end de l'Ascension.* Rassemblement de vieux gréements, exposition, activités nautiques, concerts… Et dégustation de morue !

Paimpol

★

7 199 Paimpolais – Côtes-d'Armor (22)

Aujourd'hui prisé des plaisanciers, Paimpol reste à jamais imprégné des épopées, parfois tragiques, de la grande pêche à la morue du 19e s., dont on saisit toute l'intensité dans le roman *Pêcheur d'Islande* de Pierre Loti. Ce livre, et la chanson *La Paimpolaise* de Théodore Botrel, ont fait de Paimpol l'un des bourgs les plus connus de Bretagne. Balades sur la côte, excursion sur le Trieux, nautisme et saveurs du terroir sont désormais les attraits de cette petite cité maritime très fréquentée en saison.

NOS ADRESSES PAGE 199
Hébergement, restauration, achats, activités, etc.

S'INFORMER

Office de tourisme de Paimpol-Goëlo – *Pl. de la République - 22500 Paimpol - ✆ 02 96 20 83 16 - www.paimpol-goelo.com - juil.-août : 9h30-19h30, dim. 10h-12h30, 16h-18h30 ; reste de l'année : tlj sf dim. 9h30-12h30, 14h-18h - fermé 1er janv., 1er Mai, 25 déc.*

Visites guidées – *✆ 02 96 20 83 16 - www.paimpol-goelo.com/visites-commentees - Sur réserv. horaires, se rens. - 5/6 € (-12 ans gratuit). L'office de tourisme propose en saison plusieurs visites guidées sur le thème de la cité des Islandais, des métiers d'art ou encore Le circuit des Islandais : sur les traces des pêcheurs d'Islande.*

SE REPÉRER

Carte de microrégion B1 (p. 172-173) – Paimpol est à 15 km à l'est de Tréguier. Pour rejoindre St-Brieuc (près de 50 km au sud), vous pouvez passer dans les terres ou prendre la D 786 qui longe la côte. Cette dernière est nettement plus jolie.

SE GARER

Évitez le centre-ville le mardi matin, jour de marché. Vous trouverez des parkings publics dans tout le centre, dont un sur la place de la République (en face de l'office de tourisme) et un autre autour du rond-point du Goëlo, tout proche.

À NE PAS MANQUER

L'ensemble des points de vue de la côte du Goëlo et la vision de Bréhat depuis la pointe de l'Arcouest.

ORGANISER SON TEMPS

Si vous allez en excursion à l'île de Bréhat, pensez aux horaires.

AVEC LES ENFANTS

Offrez-vous une croisière en barque électrique à Pontrieux ou un voyage dans le train à vapeur du Trieux.

3

Se promener

La vie a bien changé depuis les pêcheurs d'Islande évoqués par Pierre Loti : la grande pêche *(voir p. 195)* a fait place à la pêche côtière et à la navigation de plaisance.

L'ostréiculture est devenue une des richesses de la région, Paimpol étant l'un des principaux centres ostréicoles de Bretagne Nord. La ville est aussi connue pour son marché de primeurs. Si elle doit une bonne part de son attrait et de son animation au port, les bateaux de plaisance ont depuis longtemps remplacé les goélettes. Tout proche, le cœur de la cité, réservé aux piétons, a conservé un certain charme.

Place du Martray

C'est la plus belle, car elle conserve des demeures du 16e s. À l'angle de la rue de l'Église, remarquez, la maison à tourelle d'angle carrée où descendait Loti ; c'est ici qu'il a situé la maison de Gaud, héroïne de son roman.

Square Théodore-Botrel

Il abrite un clocher isolé (18e s.), vestige de l'ancienne église, et un monument en souvenir du poète-chansonnier.

Musée de la Mer

R. de Labenne - ✆ 02 96 22 02 19 - www.museemerpaimpol.com - ♿ - de mi-juin à fin août : 10h30-12h30, 14h-18h30 ; de mi-avr. à mi-juin et sept.-oct. : 14h-18h30 - fermé certains j. fériés - 4,10 € (-18 ans gratuit).

Il évoque les activités maritimes de Paimpol, de la période islandaise à nos jours : maquettes, photos, instruments de navigation…

À proximité Carte La côte du Goëlo p. 198

Tour de Kerroc'h

2 km au nord, en direction de la pointe de l'Arcouest.

La tour se dresse dans un joli site boisé. De la première plate-forme, belle **vue★** sur la baie de Paimpol.

Ploubazlanec

3 km au nord, en direction de la pointe de l'Arcouest.

Haut-lieu de la grande pêche, ce village où Pierre Loti s'est installé auprès d'un marin du cru, Guillaume Floury, pour rédiger *Pêcheur d'Islande*, a payé un lourd tribut : entre 1852 et 1935, pas moins de 120 goélettes ont sombré, dont 70 perdues corps et bien. Au total, ce sont 2 000 marins qui ont été engloutis par les flots *(voir ci-contre)*.

Milmarin – *16, r. de la Résistance - ✆ 02 96 55 49 34 - juil.-août : 10h-12h30, 14h-18h ; avr.-juin et sept.-oct. : merc.-vend. et dim. 10h-12h30, 14h-18h ; nov.-mars : merc., vend. et dim. 10h-12h30, 14h-17h - 4 € (6-11 ans 3,20 €).* Installé dans un ancien presbytère (18e-19e s.), cet « Espace de découvertes, de conservation et de valorisation des activités maritimes » propose une exposition permanente sur la marine marchande, Les Docks-Centre de documentation Roger Courland, riche de plus de 5 000 documents sur le monde maritime, un espace d'exposition temporaire et un bureau d'information touristique spécialisé « Espace Mer ».

Mur des Disparus – *Au cimetière.* Cet alignement de stèles, portant le nom de navires disparus année par année et le nombre de marins à bord, constitue un témoignage poignant de la dureté de la vie des pêcheurs.

Musée « Mémoire d'Islande » – *Déménagement prévu à la fin du 1er trimestre 2018 dans le Centre culturel Milmarin (aile ouest du bâtiment, sur deux niveaux) ✆ 02 96 55 49 34 ; se rens. au préalable.* L'association Plaeraneg Gwechall entretient la mémoire de la grande pêche à Ploubazlanec en réunissant des souvenirs (objets, maquettes, livres de bord) de cette épopée.

Chapelle de Perros Hamon – *Suivez la signalisation depuis le musée (consultez les horaires d'ouverture au musée).* Cette modeste chapelle construite entre 1683 et 1728 abrite elle aussi des stèles à la mémoire des marins locaux, ainsi que des ex-voto.

Croix des Veuves – *Suivez la signalisation depuis la chapelle, puis 100 m à pied.* Ce calvaire est situé sur un promontoire d'où se découvre une **vue** admirable

La geste héroïque des « Islandais »

Dès le 15e s., Paimpol s'affirme comme l'un des premiers ports de la Côte-Nord de la Bretagne. Mais c'est en 1852 qu'un notable paimpolais arme une première goélette chargée d'aller traquer la morue sur l'Atlantique Nord au large de l'Islande. La grande pêche, c'est le nom qu'on lui donne, va dès lors (et jusqu'en 1935) faire la fortune de Paimpol, mais aussi semer le deuil parmi de nombreuses familles de pêcheurs des bourgs environnants.

UN ELDORADO

Chaque année, en février, plus d'une cinquantaine de goélettes avec 20 à 25 hommes à bord appareillaient pour de longues semaines dans les mers glacées du Grand Nord, faisant de Paimpol le deuxième port « islandais » de France après Dunkerque. La petite cité devient alors prospère et ses armateurs exhibent leur opulence en faisant bâtir quelques demeures de prestige, dont certaines subsistent aujourd'hui le long des quais ou sur la place du Martray. Le port est agrandi. Chantiers navals et voileries se multiplient, les cordonniers conçoivent les sabots-bottes dont se chausseront les pêcheurs, les estaminets et bars à matelots se multiplient dans les ruelles du « quartier latin », comme la rue des 8-Patriotes…

DE DURES CAMPAGNES

Les marins, quant à eux, sont recrutés dans les villages voisins, tels que Bréhat, Loguivy ou Ploubazlanec. Ils sont certes assez convenablement payés, du moins si la pêche a été bonne. Mais en retour, que de sacrifices ! De longs mois d'absence, des mers glaciales et hostiles, des navires parfois vétustes, des conditions de vie et de travail éprouvantes. On ne compte plus les naufrages, les navires perdus, les matelots disparus durant ces quatre-vingts ans. Et l'on parle encore de cette terrible nuit de 1901 qui emporta cinq navires et leurs équipages. L'avènement du 20e s. voit le déclin de la grande pêche. En cause, les naufrages trop fréquents bien sûr, mais aussi les nouvelles législations, la Grande Guerre et le manque d'adaptation des armateurs aux temps nouveaux.

LE DEVOIR DE MÉMOIRE

Deux artistes vont faire connaître au grand public la dure réalité de la pêche à la morue. L'un est chansonnier et breton : c'est **Théodore Botrel**, auteur d'un véritable « tube », *La Paimpolaise*. L'autre est l'écrivain **Pierre Loti** qui, après avoir mené sur le terrain une enquête poussée, publie en 1886 *Pêcheur d'Islande*, qui devient aussitôt un véritable best-seller.

Un voile d'oubli menaçait en outre de tomber sur cette histoire tragique, avec la disparition de ses derniers protagonistes. C'est cet oubli que l'association **Plaeraneg gwenchall** (« Poubazlanec autrefois ») entend dissiper. Elle a ainsi réuni des descendants d'Islandais et regroupé dans un musée objets et documents témoignant de cette épopée. Elle entretient en outre les lieux de mémoire afin que la trace du sacrifice de milliers de pêcheurs perdure dans le souvenir des Paimpolais d'aujourd'hui.

sur la mer et les îles. C'est ici que les femmes de pêcheurs hauturiers assistaient au retour d'Islande des bateaux… et pour certaines apprenaient leur condition de veuve.

★★ Pointe de l'Arcouest

5 km au nord.

L'éperon rocheux de l'Arcouest descend doucement vers la mer et offre de magnifiques **vues**, notamment à marée haute, sur la baie et sur Bréhat.

Un monument à la mémoire de Frédéric et Irène Joliot-Curie, qui venaient souvent en Arcouest, est érigé à gauche de la route : deux blocs identiques de granit rose, dont les faces se regardant sont polies, se dressent côte à côte. Embarcadère pour l'**île de Bréhat**★★ *(voir p. 202)*.

Loguivy-de-la-Mer

5 km au nord.

« Loguivy-de-la-Mer, tu regardes mourir les derniers vrais marins » : François Budet a immortalisé en 1960 dans son chant de marin, cher aux Bretons, ce port de pêche, dont le cachet d'antan est intact. À marée basse, les barques s'y échouent encore. Du promontoire, belle vue sur l'embouchure du Trieux et sur Bréhat.

★ Pontrieux

17 km au sud-ouest.

Office de tourisme de Pontrieux Communauté – *Maison de la Tour-Eiffel - pl. Le Trocquer - 22260 Pontrieux - 02 96 95 14 03 - www.tourisme-pontrieux-communaute.com - juil.-août : 9h30-13h30, 14h30-17h30, dim. 12h-17h30 ; reste de l'année : tlj sf w.-end 9h-12h30 - fermé oct.-mars.*

Cette petite ville de fond d'estuaire offre de bien agréables surprises. La maison de la **Tour Eiffel** (appellation humoristique), du 16e s., ne passe pas inaperçue avec ses colombages bleus. Mais le trésor de la ville se trouve sur les rives du Trieux où s'alignent une cinquantaine de **lavoirs**★ superbement restaurés.

Une **promenade en barque** électrique permet de découvrir ce rare patrimoine et, après avoir flâné dans le centre et rencontré ses artisans, une petite halte s'impose au port où vous attendent un club nautique, le petit port de plaisance et le fameux train à vapeur, La Vapeur du Trieux *(voir « Nos adresses »)*.

Excursion Carte de microrégion p. 172-173

★ Estuaire du Trieux B1

La rivière du Trieux offre des rives tantôt abruptes, rocheuses et boisées, tantôt basses et cultivées. Admirez le joli site de Lézardrieux et son pont suspendu. La promenade en bateau mène ensuite au pied du château de la Roche-Jagu *(voir p. 211)* que l'on atteint par un sentier assez escarpé en sous-bois.

Voir « Nos adresses », p. 201.

Circuit conseillé Carte La côte du Goëlo p. 198

★ LA CÔTE DU GOËLO

Circuit de 60 km tracé en violet sur la carte p. 198– environ 4h. Prenez la D 786 (dir. St-Quay-Portrieux) et, à la sortie de Paimpol, tournez à gauche.

Vue aérienne de l'abbaye de Beauport.
S. Lemaire/hemis.fr

Pointe de Guilben

C'est la falaise chantée par Théodore Botrel. Sa géologie se caractérise par des laves en coussins témoignant d'un volcanisme sous-marin très ancien (640 millions d'années). Belle vue sur la côte.

Après Kérity, une rue à gauche mène à l'abbaye de Beauport.

★ Abbaye de Beauport

Kérity - ✆ 02 96 55 18 55 - www.abbayebeauport.com - juil.-sept. : 10h30-19h ; avr.-juin : 10h30-12h30, 14h-18h ; vac. de Noël : 15h-19h30 ; reste de l'année : 14h-18h - fermé janv.-fév. et 1er-18 déc. - possibilité de visite guidée (1h) - 6 € (-18 ans 3,50 €).

Cette abbaye, fondée au 13e s. par des chanoines de l'ordre de Prémontré, a constitué un important foyer spirituel et économique dans le diocèse de St-Brieuc. De l'église élevée au 13e s., il reste la façade, la nef à ciel ouvert, le bas-côté nord et le bras gauche du transept. La longue salle capitulaire à abside polygonale est un beau témoignage de l'art gothique anglo-normand, dans la tradition du Mont-St-Michel. On visite le cloître et le vaste réfectoire (élégante entrée) qui s'ouvre sur la mer, ainsi que la cour basse, le bâtiment au Duc, hôtellerie destinée à l'accueil des pèlerins, le cellier situé sous le réfectoire, et l'aumônerie où les moines recevaient l'impôt sur le sel et les grains.

Le Conservatoire du littoral a établi un programme de sauvegarde et d'animation sur l'ensemble du **domaine** abbatial (120 ha de bois, prairies, marais et grèves rocheuse), dont il s'est rendu propriétaire. Des sentiers y ont été aménagés pour les marcheurs et cyclistes.

Regagnez la route de St-Quay-Portrieux, tournez à gauche et, après l'étang, tournez encore à gauche dans une route en montée.

Sainte-Barbe

À 250 m après la chapelle, laissez la voiture et empruntez un sentier à gauche qui mène à une table d'orientation.

On voit l'anse de Paimpol avec ses îles proches, la zone ostréicole, Port-Lazo et le phare de Mez de Goëlo.

Gagnez Plouézec où l'on tourne à gauche et, dans St-Riom, une nouvelle fois à gauche, direction « Moulin de Craca ». Garez-vous sur le parking à 100 m du moulin.

Moulin à vent de Craca

Port-Lazo - ✆ 02 96 20 83 16 - http://moulindecraca.fr - de mi-juin à fin août : merc. et dim. 17h et 18h ; de déb. à mi-sept. : dim. 17h et 18h - possibilité de visite guidée (1h) - gratuit.

Ce moulin, restauré, produit encore de la farine. Il jouit d'un beau **panorama★** sur la baie de Paimpol, St-Riom et Bréhat.

Revenez sur la route principale et prenez à gauche la direction de Port-Lazo.

Port-Lazo

Au terminus de la route, vue sur l'anse de Paimpol.

Revenez à St-Riom et tournez à gauche.

★ Pointe de Bilfot

De la table d'orientation, la **vue** s'étend de l'île de Bréhat, au nord, au cap Fréhel, à l'est. Entre le petit phare de Mez de Goëlo, tout proche, et celui plus lointain du Paon à Bréhat, la baie est hérissée de rochers. Une stèle célèbre le cinquantième anniversaire de l'opération Fahrenheit : en novembre 1942, un commando britannique de onze hommes débarqua et attaqua le sémaphore occupé par les Allemands.

Faites demi-tour et prenez à gauche la D 54C à l'entrée de Plouézec.

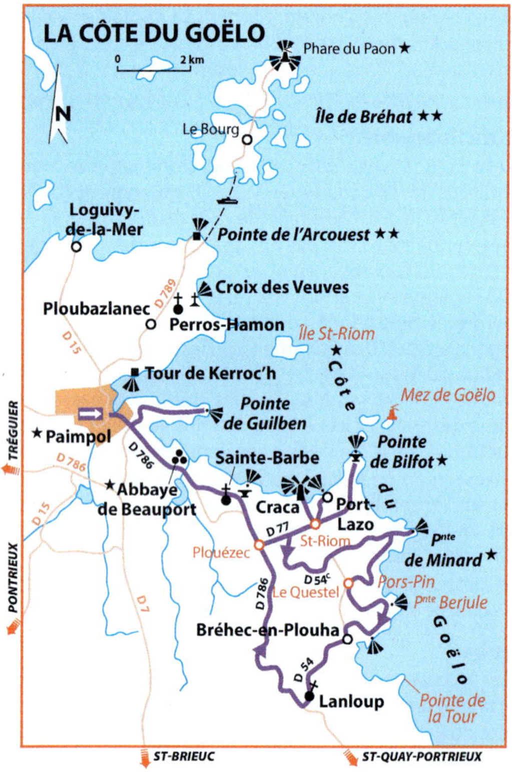

★ Pointe de Minard

La **vue** s'étend ici sur la baie de St-Brieuc, le cap d'Erquy, l'anse de Paimpol et l'île de Bréhat.

Après un parcours pittoresque en bordure du littoral, on atteint Le Questel ; à la sortie de ce hameau, tournez deux fois à gauche. Après un crochet par Pors-Pin, revenez au premier carrefour et obliquez à gauche.

Dans un paysage aride, la route suit le bord de la falaise, puis débouche sur un vaste parking-belvédère : **vue**★ sur le site de Bréhec-en-Plouha, la pointe de la Tour, les roches de St-Quay et, en face, du Val-André à Erquy.

Bréhec-en-Plouha

Ce petit port se love au fond d'une anse, fermée par les pointes de la Tour à droite et Berjule à gauche. C'est ici qu'abordèrent, au 5e s., saint Brieuc et les premiers émigrants venus de Grande-Bretagne.

Remontez le verdoyant vallon du ruisseau de Kergolo.

Lanloup

L'église (15e et 16e s.) possède un intéressant porche sud flanqué de contreforts à niches, avec les saints Loup et Gilles au fronton. Dans le cimetière, tombe du compositeur Guy Ropartz (1864-1955) dont la famille habite encore le manoir.

Regagnez Paimpol par Plouézec.

NOS ADRESSES À PAIMPOL

HÉBERGEMENT

BUDGET MOYEN

Hôtel Goëlo – *Quai Duguay-Trouin - ✆ 02 96 20 82 74 - www.legoelo.com - wifi - 32 ch. 58/85 € - ☕ 9 €.* Bâtiment récent ancré sur les quais du port de plaisance. La plupart des chambres, petites mais confortables, ont été rénovées (tons chauds et mobilier neuf).

À Ploubazlanec

BUDGET MOYEN

Les Agapanthes – *1 r. Adrien-Lebours - ✆ 02 96 55 89 06 - www.hotel-les-agapanthes.com - fermé mi-janv.-déb. mars - P ♿ - 20 ch. 85/140 € - ☕ 10 €.* Non loin du « mur des disparus », une adresse campagnarde qui décline confort et bon accueil. Beau jardin où, comme il se doit, les agapanthes abondent.

POUR SE FAIRE PLAISIR

Chambre d'hôte La Maison des îles – *29 rte de la Vieille-Côte - à la pointe de l'Arcouest - 3 km au nord-est de Ploubazlanec par D 789 - ✆ 02 96 55 87 01 - la-maison-des-iles.fr - fermé de déb. janv. à déb. fév. et de mi-nov. à déb. déc. - 4 ch. 85 € - ☕ et 1 gîte - table d'hôte le soir sur réserv. 26 €.* À deux pas de l'embarcadère, cette demeure en pierres apparentes a retrouvé une seconde jeunesse après une importante restauration intérieure. Jolie décoration contemporaine, émaillée dans les chambres de quelques meubles familiaux. Spécialités de l'Océan servies à la table d'hôte et, sur commande, possibilité de déguster un plateau de fruits de mer ou un homard grillé.

UNE FOLIE

Les Terrasses de Bréhat – *Route de l'Embarcadère - pointe de l'Arcouest - ✆ 02 96 55 77 92 - www.lesterrassesdebrehat.fr - fermé en janv. - P 6 € - ♿ - 35 ch. 90/305 € - ☕ 15 € - ✕ 20/40 €.* Impossible d'être plus proche de l'embarcadère que dans cet hôtel-spa raffiné aux chambres et aux coursives de bois précieux largement ouvertes sur la mer et Bréhat. Le restaurant, gastronomique ne dépare pas et son « alliance bœuf-huître » (tartare aux huîtres) est à goûter.

RESTAURATION

PREMIER PRIX

Ty Krampouz (Crêperie Morel) – *11 pl. du Martray - ✆ 02 96 20 86 34 - fermé dim. en été, dim.-lun. hors sais. - 10/25 €.* L'hospitalité chaleureuse des patrons vous donnera envie de revenir dans cette crêperie située en retrait du port, à l'orée de la vieille ville. Attrayant cadre rustique. Aux beaux jours, le couvert est dressé à l'extérieur.

POUR SE FAIRE PLAISIR

Hôtel de la Marne – *30 r. de la Marne - ✆ 02 96 16 33 41 - www.hoteldelamarne-paimpol.fr - ♿ - fermé sam. midi en hiv., dim. soir (hors vac. scol.) et lun., 3 sem. en janv. - formule déj. en sem. 21 € - 29/85 €.* Le décor de ce restaurant proche de la gare a été rénové dans un style plus contemporain et les tables bénéficient d'une belle mise en place. Vous dégusterez ici une cuisine au goût du jour soignée, élaborée uniquement à base de produits frais. Belle carte des vins… et cours de cuisine pour les maîtres queux en herbe.

La Vieille Tour – *13 r. de l'Église - ✆ 02 96 20 83 18 - fermé dim. soir, lun., merc. soir (sf juil.-août), dernière sem. de mars et 2e quinz. de nov. - formule déj. 20/25 €, soir 30 € - 36/70 €.* Dans la grande rue piétonne de la ville, un restaurant proposant une cuisine de tradition ne manquant pas de créativité, dans un cadre classique.

BOIRE UN VERRE

Le Lutin Bleu – *9 r. Romsey - ✆ 02 96 20 41 43 - ♿ - 9h30-12h15, 14h30-19h30 - fermé dim.-lun. hors sais.* Sur les étagères, les confiseries (dragées, pâtes de fruits, chocolats, etc.) côtoient les spécialités locales : caramels au beurre salé, galets en pâte d'amandes et truffes de caramel. Petit salon de thé (boissons uniquement).

Le Cargo – *15 r. des 8-Patriotes - ✆ 02 96 20 72 46 - fr-fr.facebook.com/lecargo.paimpol - fermé dim.-mar.* Un café-concert proposant aussi à ses hôtes livres, BD, fléchettes et jeux de société.

Le Balthazar – *26 r. des 8-Patriotes - ✆ 02 96 20 08 85 - lebalthazar.fr - 12h-14h, 19h-22h - fermé dim.-lun. - formule midi 12,50 € - 28 €.* Ce bar à vins (le Balto pour les intimes) sert en fin de semaine des formules « apéro-planche » à base de produits du terroir (andouille, morue…)

ACHATS

Marché – *Pl. des Halles - mar. mat.* À ne pas manquer ! Alimentation, produits régionaux, artisanat local… Il y règne un joyeux brouhaha dans une odeur de crêpes et au son des binious.

Bon à savoir – La halle aux poissons, où se tenait autrefois la criée, a été transformée en un lieu d'exposition appelé La Halle.

Fruits de mer

Établissement Le Mée – *1 chemin Traou-ar-C'hoat - 22620 Ploubazlanec - 3 km au nord de Paimpol par D 789, puis dir. du port départemental de Pors-Even - ✆ 02 96 55 82 28 - 8h30-12h, 13h30-18h - fermé dim. et j. fériés.* Huîtres et moules.

Viviers Dauphin – *3 r. Port-Pors-Even - 22620 Ploubazlanec - 3 km* *au nord de Paimpol par D 789, puis dir. du port départemental de Pors-Even - ✆ 02 96 55 83 44 - 8h-12h, 14h-18h, sam. 8h-12h - fermé dim.* Vente au détail d'huîtres, moules, coquillages et crustacés (homard, langouste).

Vêtements marins

La Maison du Caban – *Quai Armand-Dayot - ✆ 02 96 55 12 38 - www.lamaisondukabic.com - lun.-sam. 9h45-13h30, 14h-19h, dim. 10h45-12h30, 14h30-18h30.* Dans un bâtiment évoquant un *rorbu* (maison de pêcheur islandais), une boutique de vêtements marins authentiques, fondée en 1922. On y trouve cirés, cabans, duffle-coat et bien sûr les *kabic* de laine imperméables inventés à Paimpol.

ACTIVITÉS

La Vapeur du Trieux – *Av. du Gén.-de-Gaulle - gare de Paimpol - ✆ 02 96 20 52 06 - www.vapeurdutrieux.com - fin avr.-mi-sept. : à certaines dates, horaires variables, consultez le calendrier sur le site Internet - 23 € AR (16 € enf. 4-13 ans, famille 62 €).* Excursion en train à vapeur de Paimpol à Pontrieux (15 km). La vieille dame un peu suffocante (elle a près de 100 ans) ahane le long de l'estuaire du Trieux que l'on ne peut découvrir par la route.

L'Eulalie – *22860 Plourivo - au dép. de Paimpol et Lézardrieux - ✆ 02 96 55 99 99 - www.eulalie-paimpol.com - avr.-sept. 49 €/pers./j. ; hors sais. : 39 € (-14 ans 40 €).* Naviguez vers l'archipel de Bréhat à bord d'un sardinier plein de charme.

Voiles et traditions – *22 Brezel Nevez - 22470 Plouézec - ✆ 02 96 55 44 33 - www. voilestraditions.fr - à partir de 39 € la journée dans l'archipel de Bréhat.* Croisières à bord de *La Nébuleuse*, dundée thonier, ou du *Enez Koalen*, homardier, au départ de Paimpol et divers autres ports bretons.

Promenades sur le Trieux

Promenade en barque – *Pl. de la Liberté - 22260 Pontrieux - ✆ 02 96 95 60 31 - www.ville-pontrieux22.fr - visite guidée (20mn) mi-mai-mi-sept. : 11h-18h30 - 4 € (-14 ans 2,50 €) - possibilité de promenade nocturne, se rens.*

Le Passeur du Trieux – *22260 Pontrieux - ✆ 06 21 07 30 72 - lepasseurdutrieux.com - de mi-mars à mi-nov. - 18,50 € (-10 ans 15,50 €).* Balades commentées *(2h, sur réserv.)* sur la rivière du Trieux. Plusieurs circuits sont proposés, détails sur le site Internet.

Vedettes de Bréhat – *22620 Ploubazlanec - ✆ 02 96 55 79 50 - www.vedettesdebrehat.com - 23 € (enf. 14,50 € - gratuit - 3 ans) - sur réserv.* Au départ de la pointe de l'Arcouest, embarquez pour une croisière (4h30) sur la rivière du Trieux. Escale de 1h30 pour la visite du château de la Roche-Jagu.

AGENDA

Escales de nuit – *✆ 02 96 55 18 58 - mi-juil.-déb. août, le merc. et jeu. à 22h.* Déambulation nocturne dans les jardins illuminés de l'abbaye de Beauport.

Festival Beauport en Voix – *✆ 02 96 55 18 58 - 1 sem. en juil.* Concerts dans le superbe cadre de l'abbaye de Beauport.

Festival du chant de marin – *✆ 02 96 55 12 77 - www.paimpol-festival.fr - en août, les années impaires.*

Île de Bréhat

★★

421 Bréhatins – Côtes-d'Armor (22)

Parmi les petits paradis bretons, il y a Bréhat, principale île de l'archipel éponyme. Depuis longtemps lieu de villégiature, cette petite île aux rochers roses se remplit l'été. Aussi, mieux vaut la découvrir au printemps, à vélo ou à pied, pour admirer notamment la nature extraordinaire de celle que l'on surnomme « l'île aux fleurs »...

NOS ADRESSES PAGE 206
Hébergement, restauration, achats, activités, etc.

S'INFORMER

Office de tourisme de l'île de Bréhat – *Le Bourg - 22870 Île-de-Bréhat - ✆ 02 96 20 04 15 - www.brehat-infos.fr - vac. scol. : 10h-13h, 14h-16h15 ; reste de l'année : tlj sf merc. (se rens.) 10h-13h, 14h-16h30, j. fériés 10h-13h - fermé dim.-lun., 1er janv., 1er et 11 Nov.*

SE REPÉRER

Carte de microrégion B1 (p. 172-173) – Longue de 3,5 km et large de 1,5 km, Bréhat fait face à la pointe de l'Arcouest, au nord de Paimpol. Elle est constituée de deux îles, réunies au 18e s. par un pont dû à Vauban. Très découpée, sa côte est entourée de 86 îlots et récifs. Ses paysages sont sauvages au nord, plus souriants dans la partie sud.

À NE PAS MANQUER

Les côtes déchiquetées, Le Bourg, le phare du Paon et les verreries de Bréhat.

ORGANISER SON TEMPS

Bréhat vit au rythme des bateaux qui la desservent quotidiennement. L'affluence des nouveaux arrivants du matin coïncide avec le marché du Bourg. Après avoir fait vos emplettes, vous pouvez découvrir Bréhat en alternant de longues balades et de délassants bains de mer. Si vous restez uniquement le temps d'un week-end, n'hésitez pas à programmer le tour de l'île en bateau.

AVEC LES ENFANTS

Le tour de l'île en bateau ou les différentes balades organisées sur l'île.

Se promener Carte de l'île de Bréhat p. 204

SUR L'ÎLE

C'est dans l'anse de **Port-Clos** qu'accostent les vedettes.

Verreries de la Citadelle

✆ 02 96 20 09 09 - www.verreriesdebrehat.com - du débarcadère, suivez le chemin signalisé (15-20mn env.) - avr.-sept. et vac. scol. ateliers tlj sf w.-end 10h-13h, 14h-16h45 ; boutique : 10h-13h, 14h-17h45 - fermé 1er janv., 25 déc. - 2 € (déductibles des achats).

C'est un fort, construit sous Napoléon III sur la falaise, qu'a investi en 1998 cet atelier de verrerie. Avant de passer à la boutique, on visite les différents ateliers, à commencer par celui des souffleurs de verre, toujours spectaculaire, le tout agrémenté d'un instructif petit historique de cet art.

Moulin à marée du Birlot.
oceanly/Fotolia.com

De l'abri du canot de sauvetage, en contrebas, belle **vue★** sur le chenal du Kerpont, avec son impressionnant chaos à marée basse, et sur l'île Béniguet.

Grève du Guerzido

Un joli coin avec ses plages de galets roses et ses îlots colonisés par les pins et les oiseaux marins. École de voile *(voir « Nos adresses »)*.

Le Bourg

Le village s'ordonne autour d'une placette ronde, ombragée de platanes. L'**église** des 12e et 18e s. présente un curieux clocher et abrite la maquette de la dernière frégate de Bréhat, celle de l'amiral Cornic. Elle accueille également un beau retable et la tombe de la famille d'un fameux corsaire.

Chapelle Saint-Michel

39 marches vous mèneront à cette chapelle bâtie sur un tertre rocheux de 26 m d'où l'on domine toute l'île. Depuis cet amer, vaste **panorama★** sur l'île sud, le chenal du Kerpont et l'île Béniguet, l'étang de Birlot et son moulin à marée, la baie de la Corderie et l'île nord. À l'ouest, au large, le sillon de Talbert.

Croix de Maudez

Érigée en 1788, face à la mer, en pleine lande, elle évoque le souvenir du moine Maudez qui vint fonder un monastère sur une île voisine, en 570. La **vue★** est belle sur l'île Béniguet au sud, l'île Maudez au nord et les récifs.

UNE ÎLE AU CŒUR DE L'HISTOIRE

Au Moyen Âge, un château fort fut édifié face à l'île Lavrec, puis détruit en 1409 par les Anglais. À cette occasion, ceux-ci pendirent des Bréhatins aux ailes du moulin de Crec'h ar Pot, dans l'île nord. Pendant les guerres de Religion, en 1591, le moulin de Crec'h Tarek, dans l'île sud, servit également de gibet. Jusqu'au 19e s., Bréhat fut un refuge pour de nombreux corsaires. Au siècle suivant, les amoureux de calme et de nature prirent le relais, et notamment les comédiens Madeleine Renaud et Jean-Louis Barrault.

La Corderie

Fermée par le pont ar Prat, appelé aussi « pont Vauban », cette immense baie, bordée de belles villas, sépare les deux îles.

En continuant vers le nord et en dépassant Ar Lenn, atteignez la **chaise de Renan**, une roche ainsi appelée, car l'auteur de l'*Histoire des origines du christianisme*, Ernest Renan (1823-1892), s'y serait assis.

Les phares de l'île nord

Construit en pleine terre, le phare du **Rosédo** date de 1862. À la pointe extrême de l'île, le phare du **Paon**★ (l'origine du mot est *penn*, qui signifie extrémité), détruit en 1944, et rebâti cinq ans plus tard, en porphyre rouge. De la plateforme dallée, on domine une côte déchiquetée, la plus sauvage de l'île.

Le site est chargé de légendes, dont celle du roi Arthur et de la fée Morgane, laquelle jeta des pierres qui formèrent une roche permettant à son amoureux de la rejoindre. Cela donna lieu à une jolie coutume : les jeunes îliennes célibataires venaient y lancer un caillou. Si celui-ci plongeait directement dans la mer, c'était gage pour elles d'un mariage dans l'année. Sinon, le nombre de ricochets du caillou contre les rochers valait pour autant d'années les séparant de leur noce…

Saint-Riom

Ce village de la côte nord-est de Bréhat était autrefois voué aux lépreux, comme tout le nord de l'île. Il est aujourd'hui en ruine.

EXCURSION EN BATEAU

★★ Tour de l'île

10,30 € (-11 ans 8,80 €) - Tour de l'île et excursions tte l'année (15 pers. mini). Excursion (45mn) : dép. de Binic, St-Quay-Portrieux, Erquy au Pléneuf-Val-André, pointe de l'Arcouest. Vedettes de Bréhat au ☏ 02 96 55 79 50 - www.vedettesdebrehat.com - tour de l'île (par la pointe de l'Arcouest) : 15 € (-11 ans 11 €) - excursions : 32 € (-11 ans 23,50 €).

Cette promenade intéressante permet d'apprécier la variété des côtes, la beauté des rochers et des falaises du nord, le charme plus méditerranéen du rivage oriental, la couleur changeante des flots parfois très bleus. Vous pourrez aussi observer l'avifaune, notamment sur le littoral nord où goélands marins, cormorans, sternes caugeks et fous de Bassan gravelots ont élu domicile.

UN MICROCLIMAT BIENFAISANT

À Bréhat, le climat est doux : 6 °C de moyenne en hiver. Ces températures permettent à une nature généreuse de se développer, surtout dans le sud de l'île. On y trouve des figuiers, des eucalyptus, des murets fleuris de mimosa, et des jardins aux énormes massifs d'agapanthes ou d'hortensias. À l'opposé, en remontant vers le nord, on découvre des vaches paissant dans les prés, des moutons dans la lande, et enfin des paysages sauvages et arides, balayés par des vents forts et salés qui empêchent la végétation de croître. Une austérité loin de l'évocation du nom celtique de Bréhat, *Breiz Coat*, qui signifie « Bretagne des Bois » ! Il lui aurait été donné par un moine irlandais qui débarqua sur l'île Lavrec, toute proche, en 470.

ÎLE DE BRÉHAT

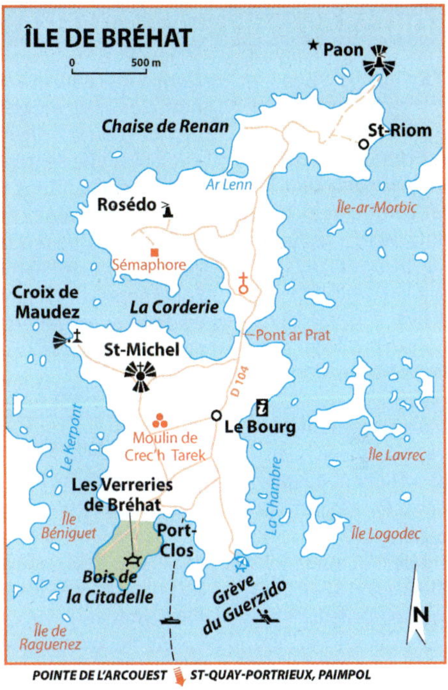

Phare de la pointe du Paon, à l'extrême nord de l'île.
B. Stichelbaut/hemis.fr

NOS ADRESSES SUR L'ÎLE DE BRÉHAT

TRANSPORTS

Accès

Vedettes de Bréhat – *✆ 02 96 55 79 50 - www.vedettesdebrehat.com - avr.-sept. : 8h15-19h30 ; reste de l'année : 8h15-18h15 - 10,30 € (-11 ans 8,30 €) AR. Liaison régulière ttes les 45mn, dép. pointe de l'Arcouest. En sais., desserte assurée certains jours au dép. d'Erquy (avr.-sept.) et de Binic-St-Quay-Portrieux (mai-sept.).*

Accès à l'embarcadère depuis Paimpol-gare SNCF par le bus Tibus n° 2 (*✆ 0 810 22 22 22 - www.cotesdarmor.fr - 2 €*).

En voiture, parking à l'embarcadère de l'Arcouest – *✆ 02 96 55 71 98 ou 06 82 40 63 21 - www.parkingembarcadere.fr - 6 €/j.*

Sur place

Sur le port ou dans le bourg, officines de loueurs de vélos.

L'affluence estivale restreint l'intérêt du vélo et divers sentiers sont interdits aux cyclistes.

HÉBERGEMENT/ RESTAURATION

POUR SE FAIRE PLAISIR

La Vieille Auberge – *Au Bourg - ✆ 02 96 20 00 24 - www.la-vieille-auberge-brehat.com - fermé de nov. à w.-end de Pâques - 14 ch. 110/120 € - ☕ 10 € - ✕ formule déj. 18 € - 28/33 €.* Une ravissante maison ancienne aux belles pierres apparentes abrite ce plaisant hôtel-restaurant tenu par une famille bréhatine. Avec un peu de chance, en vous attablant dans sa cour fleurie, vous goûterez aux doux rayons du soleil d'ici…

Bellevue – *Port-Clos - ✆ 02 96 20 00 05 - www.hotel-bellevue-brehat.com - fermé de mi-nov. à mi-fév. - ♿ - 19 ch. 100/174 € - ☕ 11,50 € - ✕ formule 20 € menus 27/134 €.* Dominant l'embarcadère de Port-clos – lieu emblématique de l'île –, cette belle maison de pays, plus que centenaire (1904), abrite des chambres sobres et joliment rénovées, certaines disposant d'une terrasse avec vue sur la pointe de l'Arcouest. Mais l'on y apprécie surtout la cuisine traditionnelle, généreuse et sans chichi, servie avec le sourire !

RESTAURATION

BUDGET MOYEN

Enez Vriard – *Le Bourg - ✆ 02 96 20 08 05 - fermé sam. midi et dim. hors sais., 2 sem. en oct. - 13,50/35 €.* Seul restaurant de l'île de Bréhat ouvert toute l'année. Plats simples.

La Vieille Auberge – *Voir « Hébergement ».*

Bellevue – *Voir « Hébergement ».*

ACTIVITÉS

Centre nautique Les Albatros – *Plage de Guerzido - ✆ 02 96 20 07 24 - www.les-albatros.com - mars-nov.* Optimist, dériveur, planche à voile et plongée. Balade en kayak ou catamaran.

Balades-découvertes

Le Petit Train de Bréhat – *✆ 06 86 77 85 46 - tte l'année, se rens. pour la disponibilité - 9 € (-12 ans 4 €).* Ce wagon tiré par un tracteur propose un circuit d'environ 40mn.

Balades de Kérano – *Le Birlot - ✆ 06 63 56 23 36 - www.kerano.com - horaires en fonction des navettes reliant l'île, se rens. 120 € pour 10 pers. (-11 ans 6 €) sur réserv.* En vous joignant à un groupe, comédiens et conteurs vous font découvrir l'île et ses légendes *(durée 2h).*

Tréguier

★★

2 473 Trégorrois – Côtes-d'Armor (22)

Lové au fond d'un estuaire des Côtes-d'Armor, Tréguier étage au flanc d'une colline sa cathédrale, ses ruelles et ses maisons à pans de bois. L'ancienne cité épiscopale forme un ensemble très séduisant, à quelques encablures d'une côte particulièrement belle et riche en excursions comme en patrimoine culturel.

NOS ADRESSES PAGE 215
Hébergement, restauration, achats, activités, etc.

S'INFORMER

Office de Tourisme du Trégor-Côte d'Ajoncs – *Port de Plaisance - 22220 Tréguier - ✆ 02 96 92 22 33 - www.bretagne-cotedegranitrose.com - été : 9h-18h30, dim. et j. fériés 10h-13h, 14h-17h ; reste de l'année : tlj sf dim. 10h-12h30, 14h-18h, j. fériés 10h-13h - fermé 1er janv., 1er Mai, 1er et 11 Nov., 25 déc.*

SE REPÉRER

Carte de microrégion B1 (p. 172-173) – À la verticale nord de Guingamp (30 km par la D 8), Tréguier se situe entre Lannion (20 km à l'ouest) et Paimpol (16 km à l'est), sur la D 786.

À NE PAS MANQUER

Le cloître de la cathédrale St-Tugdual à Tréguier, le parc du château de la Roche-Jagu et les merveilleux jardins de Kerdalo.

ORGANISER SON TEMPS

La région de Tréguier, riche en presqu'îles et en recoins cachés, mérite deux jours d'exploration.

AVEC LES ENFANTS

Le château de la Roche-Jagu.

3

Se promener Plan de ville p. 208

Port

Ce superbe plan d'eau est suffisamment profond pour recevoir des caboteurs de fort tonnage. Il réserve une place importante à la navigation de plaisance.

Laissez la voiture sur le parking du port et pénétrez dans la ville par la rue Ernest-Renan, bordée de hautes maisons à colombages.

Les deux tours carrées encadraient autrefois la porte de la ville.

Maison d'Ernest Renan

20 r. Ernest-Renan - ✆ 02 96 92 45 63 - http://maison-renan.monuments-nationaux.fr - juil.-août : 10h30-12h30, 14h-18h ; avr.-juin : w.-end 10h30-12h30, 14h-18h ; sept. : tlj sf lun.-mar. 10h30-12h30, 14h-18h ; reste de l'année : se rens. - possibilité de visite guidée (1h) - 3 € (-26 ans gratuit).

Cette maison à colombages (16e s.) abrite des souvenirs et des documents de l'écrivain Ernest Renan (1823-1892). On voit sa chambre natale, des reconstitutions de son cabinet de travail et de sa bibliothèque au Collège de France, ainsi que les deux pièces où, enfant, il aimait se retirer pour travailler. Après ses études au séminaire, Renan traversa une grave crise religieuse à 22 ans. Son ouvrage *Histoire des origines du christianisme* (1863-1882) eut une grande répercussion dans l'Europe du 19e s. pour son interprétation rationaliste de Jésus.

★★ Cathédrale Saint-Tugdual

Pl. du Martray - ✆ 02 96 92 30 51 - juil.-août : 8h30-19h ; des vac. de Pâques à fin juin et sept. : 9h-12h, 14h-18h ; reste de l'année : 9h-12h, 14h-18h, merc. 9h-18h - gratuit - 2 € cloître, 2 € trésor (des vac. de Pâques à fin sept.).

Ce monument porte le nom du premier évêque qui occupa, au 6e s., l'un des sièges épiscopaux les plus importants de la Bretagne médiévale. Ce moine gallois avait fui les Pictes et les Saxons pour fonder un monastère dans la région. C'est pour l'honorer que les Trégorrois ont construit l'une des plus belles cathédrales bretonnes (14e-15e s.). Dans ses *Souvenirs d'enfance et de jeunesse*, Renan la qualifie de « paradoxe architectural » et de « chef-d'œuvre de légèreté, fol essai pour réaliser en granit un idéal impossible ».

Trois tours reposent sur le transept. Celle du croisillon sud (18e s.) s'élève à 63 m et s'ouvre par le « porche des Cloches » (1438), surmonté d'une belle **fenêtre**★ flamboyante. Inachevée, la tour du Sanctuaire, gothique, occupe la croisée. La tour Hastings, romane, est le seul témoin de la cathédrale du 12e s.

Entrez par le porche de la façade ouest.

Avec ses arcades gothiques élégamment travaillées dans le granit, la **nef** paraît lumineuse. Une frise, sculptée en tuffeau plus tendre, court sous le triforium. Les voûtes nervurées « à la Tudor » sont éclairées par des fenêtres hautes. Les vitraux de Hubert de Sainte-Marie, maître verrier de Quintin, illustrent des thèmes bibliques (scènes de l'Ancien Testament à gauche, au nord, et de l'Évangile à droite, au sud).

Faites le tour par le bas-côté gauche.

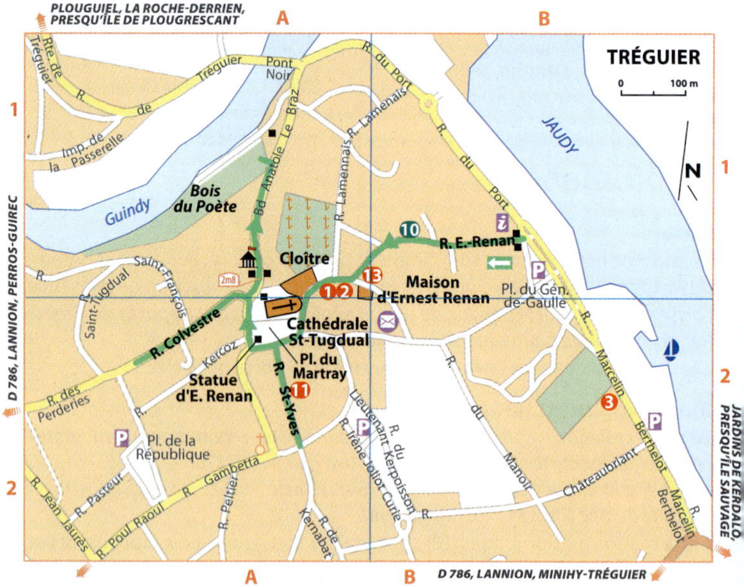

SE LOGER
La Maison Tara 10

SE RESTAURER
Aigue Marine 3
Auberge du Trégor 11
Crêperie des Halles 2
La Maison de Jeanne 13
La Poissonnerie J.-P.-Moulinet 1

Les dentelles du cloître de la cathédrale Saint-Tugdual.
Ch. Heeb/hemis.fr

Le **tombeau de saint Yves**, saint patron des avocats, date de 1890 : il reproduit le monument érigé au 15e s. par le duc de Bretagne Jean V – le gisant de Jean V, sculpté en 1945, se trouve dans la chapelle du Duc.

Le bras gauche du transept est limité par la tour Hastings. Les beaux arcs romans partent d'un lourd pilier accolé de colonnes aux chapiteaux sculptés. Dans la chapelle du Saint-Sacrement, on découvre le reliquaire du chef de saint Yves, une châsse en bronze doré du 19e s. Dans le déambulatoire, la 3e chapelle abrite un Christ du 13e s., en bois, dit « de Trémel ».

Le chœur contient 46 **stalles★** Renaissance aux miséricordes sculptées.

Le bras droit du transept est magistralement éclairé par la **Grande Verrière★** : la vigne mystique se mêle aux fondateurs des sept évêchés bretons, aux saints du terroir et aux métiers bretons. Un intéressant **groupe en bois** du 15e s., *Saint Yves entre le riche et le pauvre*, se trouve près du porche sud. Dans le bas-côté droit, remarquez les **enfeus** sculptés de chevaliers en armures, du 15e s.

Trésor – *☏ 02 96 92 30 51 - ♿ - 9h-18h (hors offices) - 2 € (-12 ans gratuit) - 4 € billet combiné avec le cloître.* Il présente des pièces d'orfèvrerie et des ornements liturgiques, ainsi qu'un « chasublier », bel exemple de mobilier breton.

★ **Cloître** – Adossé à l'évêché, il forme un remarquable ensemble du 15e s. encadrant une croix de calvaire. Derrière ses 40 arcades flamboyantes en granit de l'île Grande et de Pluzumet, des voûtes à charpente boisée et sablière abritent des gisants (15e-17e s.) et des personnages sculptés. Sous l'Ancien Régime, les galeries étaient louées à des marchands ambulants à l'occasion des foires.

Place du Martray

Au cœur de la ville, sur cette place ombragée bordée de maisons anciennes, se dresse la **statue** d'Ernest Renan, par Jean Boucher. Cet hommage rendu au chantre de la religion « rationnelle » indigna tellement les catholiques qu'ils commandèrent une œuvre représentative de leur sentiment : le *Calvaire de la protestation*, œuvre du sculpteur Yves Hernot. Inaugurée en 1904, elle se dresse encore dans le jardin public de la rue Marcellin-Berthelot.

Rue Saint-Yves

Un petit tour dans cette rue piétonnière permet de voir **la Psalette** édifiée en 1447. C'est dans cette demeure que les petits chanteurs de la cathédrale répétaient.

Monument aux morts

Sur le flanc gauche de la cathédrale. Cette œuvre sobre et émouvante est due au sculpteur breton **Francis Renaud** (1887-1973), représentant la douleur d'une Bretonne en cape de deuil.

Presque en face, la **rue Colvestre** recèle de belles maisons anciennes, notamment la maison du duc Jean V, l'hôtel de Kermorvan et l'hôtel de Coetivy.

Revenez sur vos pas et descendez, en passant sous l'ancien évêché, vers le bois du Poète.

Bois du Poète

Dominant le **Guindy**, il constitue une agréable promenade au cours de laquelle on découvre le monument funéraire de l'écrivain **Anatole Le Braz** (1859-1926).

À voir aussi Plan de ville p. 208

Minihy-Tréguier Hors plan par B2

1 km au sud. Prenez la direction de La Roche-Derrien et, à la sortie de l'agglomération, tournez à gauche.

Minihy-Tréguier, village natal de saint Yves (*voir p. 380*), est le but du **pardon** du 3e dimanche de mai, dit « pardon des pauvres ». On dit « aller à St-Yves ». L'église (15e s.) est bâtie sur l'emplacement de l'ancienne chapelle du manoir de Ker-Martin où naquit et mourut **Yves Helouri** (1253-1303) ; elle abrite une toile peinte où figure, en latin, son testament. Au cimetière, face au porche ouest, un petit monument du 13e s. est percé d'une arcade sous laquelle les pèlerins passent agenouillés. Dénommé « **tombeau de saint Yves** », c'est sans doute l'autel de la chapelle primitive.

À proximité Carte de microrégion p. 172-173

★★ Jardins de Kerdalo B1

À l'est. À Trédarzec, prenez la D 20 vers Kerbors puis la première à gauche, et tournez deux fois à gauche - ✆ 02 96 92 35 94 - www.lesjardinsdekerdalo.com - juil.-août : tlj sf dim. 14h-18h ; avr.-juin et sept. : sam. et lun. 14h-18h ; reste de l'année : se rens. - fermé 1er janv., 11 Nov., 25-26 déc. - 8,50 € (enfant 4,50 €).

Créés par le prince et peintre Peter Wolkonsky à partir de 1965, ces somptueux jardins botaniques imaginés dans un univers romantique font partie d'un domaine vallonné de 18 ha en bordure du Jaudy. Les sentiers serpentent au milieu des arbres majestueux, des bosquets et des massifs parfumés.

Terrasses fleuries, gazon délicatement bordé d'une dentelle de galets, grotte italienne, pagode chinoise… : un enchantement ! Des cascades dégringolent jusqu'au Jaudy en contrebas. Charmant **point de vue★** sur le port de Tréguier.

La Roche-Derrien B1

5 km au sud-ouest par la D 8.

Cette ancienne place stratégique a été le théâtre d'une importante bataille pendant la guerre de Succession de Bretagne en 1347. Elle a longtemps dû sa prospérité au négoce du lin et est aujourd'hui une agréable villégiature de la vallée du Jaudy (kayak).

L'**église** doit son plan inhabituel à l'ajout d'une grande chapelle par le seigneur Roland de Kersaliou en 1376. Un vitrail de 1927 illustre la célèbre bataille où Charles de Blois fut fait prisonnier.

★ Château de la Roche-Jagu B1

13 km au sud-est par les D 786 et D 787 - ☏ 02 96 95 62 35 - www.larochejagu.fr - juil.-août : 10h-13h, 14h-19h ; 10 mai-30 juin et 1er sept.-1er oct. : 10h-12h, 14h-18h ; vac. de la Toussaint et vac. de Noël : 14h-17h - fermé 1er janv. 11 Nov., 25 déc. - possibilité de visite guidée (1h30) - 5 € (-6 ans gratuit) - 12 € billet famille (2 adultes + 2 enf.), accès libre au parc tte l'année.

Cet élégant château, construit au début du 15e s. au sommet des pentes abruptes et boisées qui forment la rive gauche du Trieux, constituaient un parfait point de vue pour surveiller les allées et venues sur la rivière.

Sa façade ouest a gardé les corbeaux qui supportaient le chemin de ronde. De belles cheminées, très ouvragées, surmontent l'édifice.

Au cours de la visite, on parcourt les nombreuses salles aux plafonds à la française, la petite chapelle et ses deux oratoires. On admire le travail exceptionnel réalisé par les compagnons charpentiers : dans les combles, véritable forêt de poutres et de piliers, mise en valeur par un bel éclairage.

Le chemin de ronde couvert qui subsiste sur la façade est permet de découvrir le magnifique **site** du Trieux.

★ **Le parc** – Après la terrible tempête de 1987, un parc contemporain de 30 ha a été créé par l'architecte-paysagiste Bertrand Paulet ; les paysages de Bretagne mais aussi un bois de camélias, une palmeraie et les vestiges de bassins de ruissage (travail du lin) invitent à d'agréables promenades. Ces jardins ont obtenu en 2005 le label national « Jardin remarquable ».

Bon à savoir – Spectacles, concerts, expositions d'art contemporain, animations diverses : le château et son parc accueillent de nombreuses activités pour petits et grands. Programme complet sur le site Internet du château.

★ Église de Runan B2

13 km au sud par la D 8. ☏ 02 96 95 62 87 - mai-sept. : 9h-18h ; reste de l'année : clé disponible à la mairie - possibilité de visite guidée par les guides de la SPREV juil.-août (sf J. du pardon, dernier dim. de juil.).

Situé sur un plateau du Trégorrois, Runan possède une importante **église** qui appartint aux Templiers, puis aux hospitaliers de St-Jean-de-Jérusalem. Élevée aux 14e et 15e s., elle est richement décorée.

Son côté sud arbore quatre pignons constellés d'armoiries martelées. Le pignon du porche est orné d'un linteau sculpté figurant l'Annonciation et la Descente de croix ; les douze apôtres superposés, en se réunissant, forment une clef de voûte.

À l'intérieur, les voûtes lambrissées reposent sur des sablières polychromes : à gauche de la nef, les signes du zodiaque ; à droite, des animaux. Datant du milieu du 15e s., le **retable**, situé dans la chapelle des fonts baptismaux, présente des personnages d'une rare élégance, taillés dans la pierre bleutée de Tournai.

Circuits conseillés Carte Environs de Tréguier ci-contre

PRESQU'ÎLE DE PLOUGRESCANT

Circuit de 37 km tracé en marron sur la carte ci-contre – environ 2h. Quittez Tréguier au nord et, dans Plouguiel, tournez à droite.

Office de tourisme du Trégor-Côte d'Ajoncs - point d'accueil de Penvénan – *13 pl. de l'Église - 22710 Penvénan - ✆ 02 96 92 22 33 - www.bretagne-cotedegranitrose.com - été : 9h30-12h30, 14h-18h, dim. et j. fériés 10h-13h ; reste de l'année : tlj sf dim.-lun. 10h-12h30, 14h-18h, sam. 9h30-12h30, j. fériés 10h-13h - fermé nov.-fév. (sf vac. de la Toussaint et vac. de Noël), 1er Mai.*

La Roche-Jaune

Dans ce petit port sur le Jaudy, les ostréiculteurs élèvent et affinent des huîtres creuses, dites fines du Trégor.

★ Chapelle Saint-Gonéry à Plougrescant

R. St-Gonéry - ✆ 02 96 92 03 36 - www.lesamisdesaintgonery.blogspot.fr - juil.-août : tlj, horaires affichés sur la porte ; reste de l'année : se rens. - fermé dim. mat. - possibilité de visite guidée (1h).

La chapelle est surmontée d'une flèche en plomb, de 1612, curieusement inclinée sur une tour du 10e s.

À l'intérieur, sur les voûtes en bois peint, sont représentés des épisodes de l'Ancien et du Nouveau Testament ; ces **peintures** de la fin du 15e s., restaurées au 18e s. puis au 19e s., sont très intéressantes.

L'armoire aux reliques★ (16e s.) est située dans la chapelle à droite du chœur. Ce meuble à baldaquin est orné de panneaux : ils représentent saint Jean et un calice d'où s'échappe un serpent, sainte Marie-Madeleine et son pot d'onguents parfumés, saint Gonéry et sainte Barbe portant sa tour.

Dans la chapelle de gauche, on découvre le **mausolée★** d'un évêque de Tréguier (16e s.) dont le gisant repose sur une imposante dalle moulurée. Il est supporté par quatre lions, allusion aux armes des Halegoët qui portaient « d'azur à lion morné d'or ».

Pors-Hir

Ce petit port est bâti entre de gros rochers, près d'une anse. La route suit la côte dans un beau site ; les maisons s'adossent à d'énormes rochers ou se faufilent entre de hauts blocs rocheux.

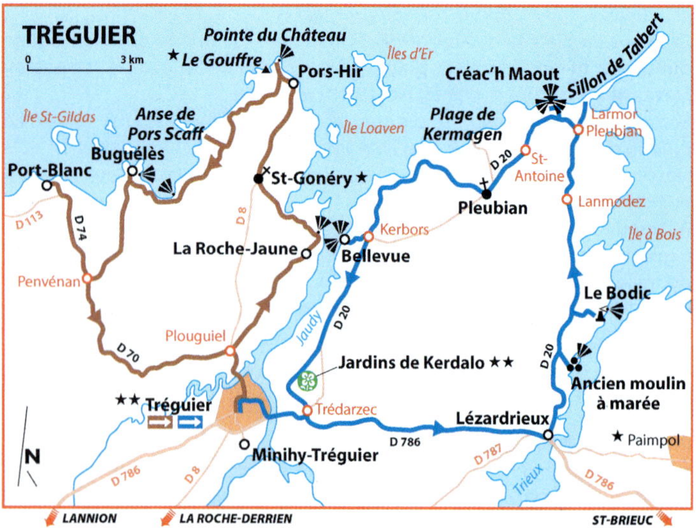

Le sillon de Talbert.
H. Tardy/hemis.fr

La **pointe du Château** est la pointe extrême de cette presqu'île : belles vues sur les îles d'Er, le phare des Héaux et les Sept-Îles.

Le Gouffre★ est une profonde entaille dans un chaos de rochers, où la mer déferle avec violence *(15mn à pied AR)*.

Faites demi-tour (la route longe des lagunes), puis tournez trois fois à droite.

Du Roudour, on peut gagner l'**anse de Pors Scaff**, hérissée d'îlots rocheux, puis rejoindre **Buguélès**, centre balnéaire frangé d'îlots habités.

3

Port-Blanc

Ce petit port de pêche est aussi un lieu de séjour balnéaire. Sous les dunes de la grande plage, des dalles funéraires, actuellement recouvertes, laissent présumer l'existence d'une nécropole.

Gagnez l'esplanade en bordure de mer puis tournez à gauche avant un groupe de maisons bâties sur des rochers (parking). Dans l'angle gauche, empruntez un chemin en montée que prolonge un escalier de 35 marches.

Le toit de la **chapelle N.-D.-de-Port-Blanc** (16e s.) descend jusqu'à terre.

Regagnez Tréguier en passant par Penvénan.

PRESQU'ÎLE SAUVAGE

Circuit de 49 km tracé en bleu sur la carte ci-dessus – environ 3h. Quittez Tréguier en direction de Paimpol.

Lézardrieux

La ville est bâtie sur la rive gauche du Trieux qu'enjambe un pont suspendu. L'église du 18e s. possède un élégant clocher pignon flanqué de deux tourelles et coiffé d'un clocheton percé d'arcades, recevant les cloches. Ce type de clocher se retrouve pratiquement dans toute la presqu'île.

Prenez au nord la D 20 vers le sillon de Talbert. Longez le port de plaisance créé sur le Trieux. À 3 km, tournez à droite. Une route en descente mène à l'estuaire.

Ancien moulin à marée

Un bassin en amont retenait les eaux actionnant ce moulin, aujourd'hui ruiné.
Reprenez la direction du sillon de Talbert et tournez à droite.

Phare du Bodic

Ce petit phare commande l'entrée du Trieux. Un sentier, à gauche de cette construction, mène, à travers champs, vers une plate-forme d'où la **vue★** porte sur l'embouchure du Trieux et l'île à Bois au premier plan, et l'archipel bréhatin au large.
La route passe ensuite à proximité de la baie de Pommelin, traverse Lanmodez et Larmor-Pleubian.

Sillon de Talbert

Longue de 3 km, cette étroite langue, entourée de récifs, est formée de sable et de galets déposés par les courants du Trieux et du Jaudy. On y ramasse le goémon (la cueillette annuelle est de 8 000 à 10 000 t d'algues) qui est ensuite séché sur place avant d'être traité dans une usine proche du sillon de Talbert.
La Maison du littoral – *R. du Sillon - ✆ 02 96 16 54 67 - de mi-juil. à mi-août : tlj sf sam. 14h-18h ; de mi-avr. à fin juin et de déb. à mi-sept. : tlj sf w.-end 14h-18h ; reste de l'année : se rens. - 2 € (-18 ans gratuit) - possibilité de sortie thématique (5 pers. mini) sur demande - chiens non admis de mi-avr. à déb. août.* Centre d'information et d'exposition pour comprendre le sillon de Talbert au travers de sa faune, sa flore et sa géomorphologie…
Revenez à Larmor-Pleubian et prenez à droite vers la plage de Pors-Rand.

Table d'orientation de Créac'h Maout

Située en avant d'un monument commémoratif et de l'ancien sémaphore. Vaste **panorama★** sur la pointe de l'Arcouest, Bréhat, le sillon de Talbert, le phare des Héaux (1839), d'une hauteur de 56 m et d'une portée moyenne de 35 km, la pointe du Château et l'embouchure du Jaudy.
Par St-Antoine, gagnez Pleubian. Peu avant Pleubian, tournez à droite.
De la **plage de Kermagen**, on aperçoit la pointe du Château et les îles d'Er, toutes proches.

Église de Pleubian

Sur le flanc gauche de l'église, au clocher typique, se dresse une belle **chaire★** du 16e s. surmontée d'une croix. De forme ronde, elle présente une frise sculptée.
Dans Pleubian, prenez la direction de Kerbors par la côte. La route passe à proximité de l'allée couverte de Men-ar-Rompet, en partie enfouie dans la végétation, et de l'île à la Poule. Dans Kerbors, tournez à droite avant l'église.

Bellevue

Sur la rive du Jaudy, le regard se perd à droite sur l'embouchure de la rivière, à gauche sur la vallée et le site de Tréguier, dominé par les tours de la cathédrale. En face s'étage la Roche-Jaune. Sur le cours de la rivière, notez les élevages de truites et de saumons : l'aquaculture est une nouvelle ressource de cette région.
La route serpente ensuite parmi les champs de primeurs avant de redescendre vers la vallée du Jaudy et Tréguier.

NOS ADRESSES À TRÉGUIER

HÉBERGEMENT

BUDGET MOYEN

La Maison Tara – *31 r. Ernest-Renan - ✆ 02 96 92 15 28 - www.chambrestaratreguier.com - ⊠ - 3 ch. 68 €* ☕. Une maison ancienne, retapée avec amour et dotée d'un beau jardin. Certaines des chambres ont pour tête de lit des « lits clos » traditionnels.

À proximité

POUR SE FAIRE PLAISIR

Hôtel Kastell Dinec'h – *Rte de Lannion - 22220 Minihy - Lieu-dit Le Castel - ✆ 02 96 92 92 92 - www.kastelldinech.com - fermé de mi-oct. à fin mars - P - ♿ - 16 ch. 85/135 € - ☕ 13 € - ✕ sur réserv. 29 €*. Une ancienne ferme-manoir du 17e s. qui jouit du calme de la campagne. Chambres cosy dans la maison principale et les dépendances.

Chambre d'hôte Manoir de Troézel Vras – *22610 Kerbors - 9 km au nord-est de Tréguier rte de Paimpol, dir Pleumeur-Gautier - ✆ 02 96 22 89 68 - www.troezel-vras.com - fermé de fin sept. à mi-avril - wifi - ⊠ - 4 ch. 90 € ☕ - 2 gîtes 595 € sem. - ✕ sur réserv. 25 €*. Sol en terre cuite, murs travaillés à la chaux, gravures d'inspiration régionale, armoires anciennes et mobilier plus récent : voici le décor éclectique, et très réussi, de ces jolies chambres sises dans un manoir du 17e s.

Chambre d'hôte Manoir de Kergrec'h – *15 Hent Kergrec'h - 22820 Plougrescant - 7 km au nord de Tréguier par D 8 - ✆ 02 96 92 59 13 - www.manoirdekergrech.com - fermé de mi-nov. à mi-mars - P - ♿ - 11 ch. 125/178 € - ☕ 15 €*. Ancien manoir épiscopal (17e s.) dans un parc dégringolant jusqu'à la mer. Salon cossu, chambres aux meubles familiaux. Petit déjeuner soigné.

RESTAURATION

PREMIER PRIX

La Maison de Jeanne – *24 r. Ernest-Renan - ✆ 02 96 92 29 28 - merc. 9h30-21h, jeu.-sam. 11h30-21h, dim. 11h30-19h - galettes 3,50/6,90 €, crêpes 1,40/3,20 €*. La maison vaut le coup d'œil. Possibilité de vente à emporter.

Crêperie des Halles – *16 r. Ernest-Renan - ✆ 02 96 92 39 15 - fermé 15 j. fin sept.-déb. oct., 15 j. en mars, 15 j. fin juin, dim., lun. soir et jeu. soir hors sais. - galettes 2/13,50 €, crêpes 2/11 €*. Crêpes et galettes de tradition, moules et autres plats simples.

BUDGET MOYEN

La Poissonnerie J.-P.-Moulinet – *2 r. Ernest-Renan - ✆ 02 96 92 30 27 - www.facebook.com/poissonnerie.jpmoulinet - fermé lun. sf en été 7/50 €*. Adresse originale et sympathique qui propose de déguster des fruits de mer dans deux salles égayées de fresques marines *(juil.-sept. tlj midi et soir, réserv. conseillée)*.

Auberge du Trégor – *3 r. St-Yves - ✆ 02 96 92 32 34 - www.aubergedutregor.com - fermé mi-déc.-fin janv., dim. soir et lun. - formule déj. 10,50/12 € (sf dim.) - 19,80/28,50 €*. Accueil charmant dans cette auberge sans chichis. Savoureuse cuisine du terroir.

POUR SE FAIRE PLAISIR

Aigue Marine – *5 r. Marcellin-Berthelot - ✆ 02 96 92 97 00 - www.aiguemarine-hotel.com - ♿ - fermé de 2 sem. en nov., janv.-mi-mars, sam. midi, dim. soir et lun. - formule 25 € bc - 49/89 €*. L'aigue-marine : une pierre fine que l'on portait en talisman au moment de partir en mer… Un nom porte-bonheur pour cette table océane dont le chef, enfant du pays, livre une interprétation très personnelle de la cuisine du large.

À proximité

BUDGET MOYEN

Café Pesked – *21 r. du Port de la Roche-Jaune - 22220 Plouguiel - à 2 km - ✆ 02 96 92 01 82 - www.facebook.com/pg/Le-Café-Pesked - tlj sf lun.-mar. - ♿ - 16,50/28,50 €.* Un café submersible en cas de grande marée ! Huîtres, moules, soupe de poisson, homard… et ambiance détendue. Beau choix de rhums parfumés.

Crêperie du Moulin à Mer – *1 r. du Moulin-à-Mer - 22740 Lézardrieux - 11 km à l'est de Tréguier par D 20, rte de Lanmodez, 2,5 km après le port de Lézardrieux - ✆ 02 96 20 19 49 - fermé de mi-sept. à Pâques et hors vac. scol. : lun.-sam. midi - 🅿 - 15/30 €.* Ce manoir du 17e s., inscrit aux Bâtiments de France, abrite une crêperie appréciée des locaux. Salle rustique dotée d'une grande cheminée en granit. Les toilettes valent le coup d'œil.

L'Abri des Barges – *22220 Trédarzec - Moulin du Carpont à 2,5 km - ✆ 02 96 40 04 04 - www.abridesbarges.com - fermé mar., merc. midi et mi-nov.-mars - plats 19/50 €.* Posé sur l'estuaire du Jaudy, cet ancien moulin à marée est un lieu d'expositions pour jeunes artistes, et un rendez-vous pour gourmets. Produits de la pêche et du marché du jour. Accueil charmant et site enchanteur.

ACHATS

Marché – *Merc. mat.*

AGENDA

Pardon aux chevaux – *✆ 02 96 92 67 59 - fin mai ou déb. juin selon les marées.* Dans la petite île St-Gildas, au large de Port-Blanc. Aussi appelé pardon de St-Gildas.

Pardon des pauvres – *3e dim. de mai à Minihy-Tréguier (voir p. 210).*

Festival de Buguélès - *fin juil., années paires - www.festivaldebugueles.fr - pass 2 j. 49 €.* Ce festival « engagé pour le Développement Durable et Solidaire en Bretagne » est géré par une association qui organise des concerts de musiques celtique et du monde dans le site de Buguélès.

Lannion

★

19 869 Lannionnais – Côtes-d'Armor (22)

Depuis les années 1960, Lannion est réputée dans le monde entier pour ses performances en télécommunications et téléphonie. Le Cnet – Centre National d'Études des Télécommunications – y est d'ailleurs installé. Elle est aussi une ville-pont vivant au rythme des eaux du Léguer; une géographie qui fit de la cité un site notable dès l'époque gallo-romaine. Aujourd'hui, Lannion mêle ce riche passé à une modernité très ancrée dans le 21e s., dans un contraste agréable et séduisant.

NOS ADRESSES PAGE 221
Hébergement, restauration, achats, activités, etc.

S'INFORMER

Office de tourisme de la baie de Lannion – *2 quai d'Aiguillon - 22300 Lannion - ☎ 02 96 05 60 70 - www.bretagne-cotedegranitrose.com - juil.-août: 9h-18h30, dim. et j. fériés 10h-13h; reste de l'année: tlj sf dim. 9h30-12h30, 14h-18h - fermé 1er janv., lun. de Pâques, lun. de Pentecôte, 1er et 11 Nov., 25 déc.*

Visites – *Toute l'année, l'office de tourisme organise des visites guidées de la ville historique, ainsi que des visites audioguidées, des jeux de piste et des circuits de promenade (gratuit).*

SE REPÉRER

Carte de microrégion A1 (p. 172-173) – La ville est coupée par la D 786 qui relie Morlaix (38 km à l'ouest) et Paimpol (35 km à l'est), en passant par Tréguier (18 km à l'est).

SE GARER

Le parking de la gare est payant, mais le parking des Ursulines, proche du centre, est gratuit toute l'année.

À NE PAS MANQUER

Les remarquables maisons médiévales du centre-ville; l'église de Brélévenez pour sa Mise au tombeau, le jubé de la chapelle de Kerfons-Kerfaoues et la pointe de Séhar pour le panorama.

ORGANISER SON TEMPS

Promenez-vous et déjeunez dans le vieux Lannion, avant de vous consacrer aux alentours l'après-midi. Lannion accueille chaque jeudi matin le plus important marché des Côtes-d'Armor.

3

Se promener

VISITE DE LA VILLE Plan de ville p. 218

★ Maisons anciennes

À colombages, à encorbellement ou recouvertes d'ardoise, les façades des maisons des 15e et 16e s. sont remarquables.

On les découvre principalement place du Gén.-Leclerc *(nos 23, 29, 31 et 33)*, rue des Chapeliers *(nos 1 à 9)*, rue Geoffroy-de-Pont-Blanc *(nos 1 et 3)* et rue

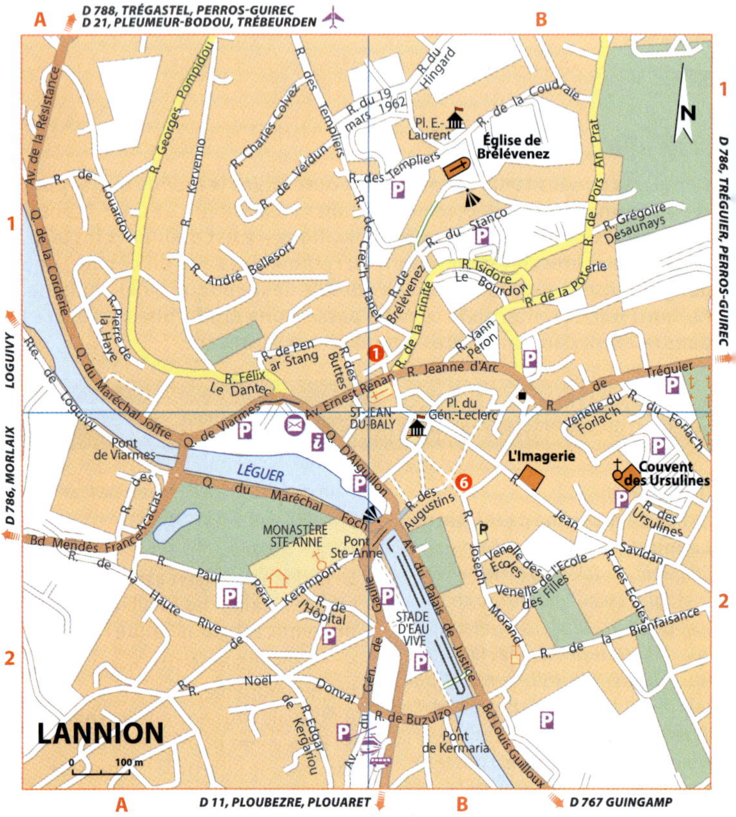

SE RESTAURER
L'Anthocyane 1
Le Tire-Bouchon 6

Cie-Roger-Barbé *(nos 1 et 7)*. À l'angle de cette dernière rue, à gauche, une croix de granit a été scellée dans le mur à l'endroit où s'illustra le chevalier de Pont-Blanc, défenseur héroïque de la ville lors de la guerre de Succession (14e s.). Plus loin au no 19 de la rue Jean-Savidan, **l'Imagerie** propose toute l'année des expositions dédiées à la photographie *(entrée libre)*. En poursuivant jusqu'à la place des Patriotes, vous trouverez la chapelle et le **couvent des Ursulines** (17e s.).

★ Église de Brélévenez B1

Pl. du Bourg - 02 96 37 22 51 - ♿ - 10h-17h - possibilité de visite guidée - gratuit.
Édifiée sur la colline par les Templiers au 12e s., elle fut remaniée à l'époque gothique. Avant d'entrer dans l'église, il faut voir la curieuse **abside romane**, aux colonnes rondes engagées ornées de chapiteaux sculptés, et décorée de modillons. Le clocher à flèche de granit est du 15e s. Sa terrasse offre une jolie vue sur la ville et la vallée. Sous le chœur, une crypte romane remaniée au 18e s. abrite une superbe **Mise au tombeau★**. Les personnages, en pierre polychrome, sont grandeur nature (18e s.).

Circuits conseillés Carte Environs de Lannion p. 220

CHAPELLES ET CHÂTEAUX

Circuit de 50 km tracé en bleu sur la carte p. 220 – environ 3h. Quittez Lannion par la D 11 (rte de Plouaret). 1,5 km après Ploubezre, à un embranchement où se dressent cinq croix de granit, tournez à gauche et, à 1,2 km, encore à gauche.

★ Chapelle de Kerfons-Kerfaoues

02 96 47 15 51 - www.ploubezre.fr - juil.-août : 10h-12h, 13h-19h ; de mi- à fin juin et de déb. à mi-sept. : tlj sf mar. 10h30-12h, 13h-19h - possibilité de visite guidée (20mn) - 2 € (-15 ans gratuit).

Entourée de châtaigniers, elle fut bâtie aux 15e et 16e s. Une corniche à modillons court sur le flanc droit et un clocheton orné d'atlantes coiffe le pignon du bras droit du transept. Elle abrite un beau **jubé★** en bois sculpté (fin du 15e s.).

Faites demi-tour, puis prenez à gauche la D 31B.

La route descend en lacet dans la vallée du Léguer. Sitôt franchie la rivière aux eaux rapides et bruyantes, les ruines du château se dressent sur la gauche.

★ Château de Tonquédec

02 96 54 60 70 - www.tonquedec.com - 21 juin-21 sept. : 10h-19h ; 1er avr.-20 juin et 22-30 sept. : 14h-18h ; oct. : w.-end et vac. de la Toussaint 14h-17h30 - 5 € (-12 ans 2,50 €) - mai-sept. : reconstitutions historiques et animations à certaines dates

Élevé au début du 13e s. sur un éperon rocheux, il a été démantelé sur ordre du duc Jean IV en 1395. Reconstruit au début du 15e s. par Roland III de Coëtmen, il fut à nouveau détruit sur ordre de Richelieu en 1622. Avec ses 9 tours et ses 2 donjons, il constitue un bel exemple de système défensif. On pénètre dans une première cour fortifiée, puis, par une poterne, dans la deuxième cour. Un escalier de pierre *(70 marches)* conduit à la plate-forme du donjon aux murs de près de 4 m d'épaisseur : la vue permet de découvrir le plan du château et révèle la nature du pays trégorrois, vaste plateau horizontal coupé de profondes vallées en pente raide, pratiquement inhabitées.

Faites demi-tour et revenez à la D 11, prenez à gauche la route de Plouaret où vous tournerez encore à gauche. À 1 km, tournez de nouveau à gauche.

Château de Kergrist

02 56 39 57 97 - http://chateaudekergrist.wix.com/chateau-de-kergrist - visite guidée (1h) appartements avr.-oct. : 10h-18h ; reste de l'année : sur demande préalable - 10 € (-12 ans gratuit) - château + jardin, 5 € (-12 ans gratuit) jardin seul.

Un de ses principaux attraits réside dans la variété de ses façades. Gothique au nord, avec ses lucarnes à hauts gâbles flamboyants, le corps de logis a été bâti aux 14e et 15e s. Il présente à l'opposé une façade du 18e s., tandis que les ailes en retour, antérieures, sont classiques sur les jardins. Ces derniers, tracés à la française, s'allongent jusqu'à la terrasse qui surplombe un parc anglais et les bois. Salon de thé, expositions d'artistes et d'artisans.

Revenez sur la route de Plouaret et tournez à gauche. À 2,2 km, prenez à gauche.

Chapelle des Sept-Saints

Noyée dans la verdure, la chapelle des Sept-Saints (18e s.) est en partie édifiée sur un imposant dolmen. On y vénère les Sept Dormants d'Éphèse, culte venu d'Asie Mineure : selon la légende, sept jeunes chrétiens, emmurés vivants dans une caverne au 3e s., se sont réveillés au bout de deux siècles. Chaque année, un pèlerinage islamo-chrétien – ces chrétiens étant considérés comme des saints dans les deux religions – se déroule dans cette chapelle bretonne.

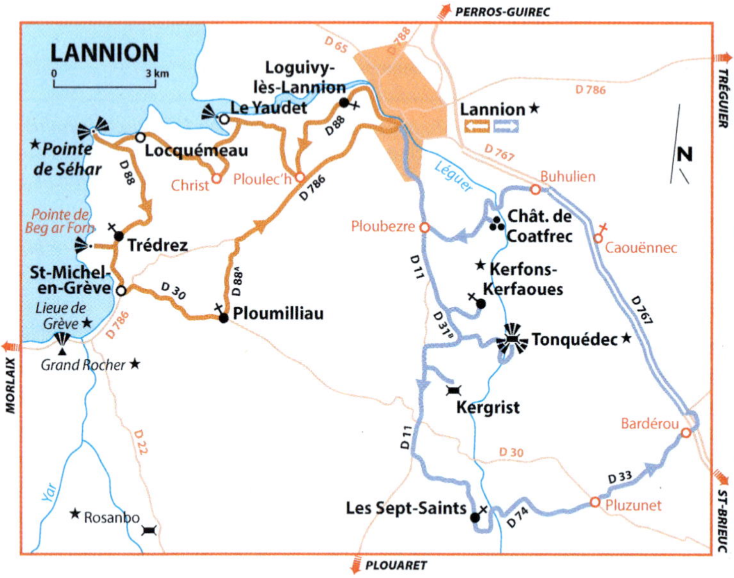

On accède à la crypte située sous le mégalithe, de l'extérieur, par une petite porte pratiquée dans le bras droit du transept.

Par Pluzunet et Bardérou, gagnez la route de Lannion où vous tournerez à gauche. Dépassez Caouënnec et continuez vers Lannion. Dans Buhulien, prenez à gauche la direction de Ploubezre. 100 m après la ferme de Pont-Keriel, tournez à gauche dans un chemin non revêtu qui s'enfonce dans le bois.

Château de Coatfrec

Il reste de belles ruines de cette imposante demeure du 16e s.

Gagnez Ploubezre où vous tournerez à droite pour revenir à Lannion.

PAYSAGES MARITIMES

Circuit de 32 km tracé en marron sur la carte ci-dessus – environ 2h. Quittez Lannion par le quai du Mar.-Foch pour rejoindre la D 88.

Loguivy-lès-Lannion

Ce faubourg de Lannion s'étage à flanc de colline dans un cadre agréable. L'**église**, nichée dans un théâtre de verdure sur les bords du Léguer, date du 15e s. Un curieux escalier extérieur mène au clocher-mur construit en 1570. Dans la chapelle à droite du chœur, remarquez le **retable** de l'Adoration des mages en bois sculpté, du 17e s. Des bergers en costumes bretons y jouent du biniou et de la bombarde.

Dans le cimetière, sous des ifs multicentenaires, **fontaine** en granit (1577).

Au-delà de Ploulec'h, la D 88 s'élève en direction du Yaudet.

Le Yaudet

Dans un site superbe de hautes falaises, ce hameau fut un siège épiscopal aux premiers siècles de notre ère, avant d'être détruit par les Danois vers 848. Il possède encore des vestiges de murs romains et une **chapelle**, dont le maître-autel affiche une curieuse Trinité : au-dessus de l'autel, la Vierge est couchée avec l'Enfant Jésus à ses côtés, Dieu le Père est assis dans l'alcôve, au pied du lit, et en haut apparaît la colombe du Saint-Esprit.

Du parking, le sentier du Corps de Garde mène à une plate-forme : jolie **vue** sur le Léguer.

Revenez au centre du Yaudet et tournez à droite. Dans Christ, prenez à droite vers Locquémeau.

Locquémeau

Le bourg domine la plage et le port de pêche. On y accède par la route en corniche qui s'embranche à gauche à l'entrée de la localité. Une école de voile et la récolte du goémon animent les lieux.

★ **Pointe de Séhar** – Laissez la voiture près du port de Locquémeau et gagnez la pointe. **Vue★** à l'ouest jusqu'à la pointe de Primel et, à l'est, jusqu'à Trébeurden.

Église de Trédrez

Saint Yves fut recteur de Trédrez de 1284 à 1292. Les environs sont riches en calvaires, manoirs et fontaines. L'**église Notre-Dame**, achevée en 1500, comporte un clocher-mur caractéristique de la région. Remarquez les fonts baptismaux en granit du 14e s. dont le baldaquin (1540) polychrome est un beau travail de sculpture sur bois.

Quittez Trédrez vers Kerbiriou et suivez la route menant à la pointe de Beg-ar-Forn.

On découvre, avant le parking, une belle vue sur la baie et la Lieue de Grève.

Faites demi-tour et, au 2e carrefour, prenez à droite vers St-Michel-en-Grève.

Saint-Michel-en-Grève *(voir Côte des Bruyères, p. 335)*

À la sortie de St-Michel-en-Grève, en direction de Lannion, tournez à droite.

Église de Ploumilliau

L'**église** du 17e s. possède, dans le bras droit du transept, treize **panneaux** en bois sculpté polychrome retraçant des épisodes de la vie du Christ. Sur le mur face à la porte de la sacristie, on découvre une curieuse représentation de l'**Ankou** (la Mort) que l'on retrouve si fréquemment dans les légendes bretonnes.

Ralliez la route Morlaix-Lannion au nord et tournez à droite pour rentrer à Lannion.

3

NOS ADRESSES À LANNION

HÉBERGEMENT

BUDGET MOYEN

Brit Hôtel Aux Hortensias – *Route de Perros-Guirec - ✆ 02 96 48 75 39 - lannion.brit-hotel.fr -* P ♿ *- 19 ch. 55/75 € - ☕ 8 €.* Ce petit hôtel propose, en plus d'un accueil sympathique, des chambres fonctionnelles et des studios équipés d'une cuisinette, très pratiques pour les longs séjours. Situé sur la commune de Lannion, il est en réalité plus proche de la station balnéaire de Perros-Guirec (5 km).

RESTAURATION

BUDGET MOYEN

Le Tire-Bouchon – *8 r. Keriavily - ✆ 02 96 37 10 43 - fermé dim.-lun. et jeu. soir (hors sais.), 1 sem. fin juin, 2 sem. fin oct. et 1 sem. à Noël - ♿ - formules déj. 9,50/15 € - 22/36 €.* Une adresse qui se targue de ne proposer « ni frites, ni ketchup »... mais une savoureuse cuisine traditionnelle. Les spécialités maison sont le bar ou la poêlée de Saint-Jacques. Décor chaleureux, miniterrasse-trottoir et service charmant.

POUR SE FAIRE PLAISIR

L'Anthocyane – *25 av. Ernest-Renan - ✆ 02 96 38 30 49 - www.lanthocyane.com - fermé 2 sem. en mars, 22-30 juin, 2 sem. en oct. - formule déj. 25 € - 36/68 €.* Un chef expérimenté veille aux destinées de ce restaurant au cadre contemporain et cosy. Il y propose une cuisine du marché autour de courts menus établis au plus près des saisons. Imagination, précision technique, respect des saveurs : trois règles d'or pour un repas qui ne laisse pas indifférent !

À proximité

BUDGET MOYEN

Le Temps des Cerises – *Hameau de l'Hôtel - 22140 Tonquédec - ✆ 02 96 46 48 63 - vac. scol. ttes zones : mar.-dim. ; hors vac. scol. : jeu.-sam. - 16/25 €.* En pleine campagne, un restaurant-bouquinerie spécialisé dans les crêpes et les plats (*kig ha farz*, pommes de terres au lard) préparés au feu de bois.

UNE FOLIE

La Ville Blanche – *22300 Rospez, à 5 km à l'est par la D 786 - ✆ 02 96 37 04 28 - www.la-ville-blanche.com - fermé merc. sf août, dim. soir et lun., 26 juin-10 juil., 9-15 oct., 18-31 déc., 3 sem. en janv. - menu 37 € (sem.)/ 50/63/85 €, carte 70/85 €.* On vient ici pour se faire plaisir ! Dans cette jolie longère, une clientèle d'habitués se donne rendez-vous pour savourer une cuisine fine et parfumée, rehaussée d'herbes aromatiques du jardin potager. Le décor, d'esprit contemporain, semble à l'unisson de l'inspiration du chef…

ACHATS

Marchés – *Jeu. mat.* Le plus grand marché des Côtes-d'Armor s'étend du quai d'Aiguillon à la place du Marchallac'h, en passant par la place du Centre. *Dim. mat.* Produits fermiers et bio sur la rive gauche du Léguer, parking de Caërphilly.

Distillerie Warenghem – *Rte de Guingamp - ✆ 02 96 37 00 08 - www.distillerie-warenghem.com - ♿ - avr.-sept. : 9h30-12h30, 14h30-18h30, lun. 14h30-18h30, sam. 9h30-12h30 ; reste de l'année : lun.-vend. 8h30-12h30, 13h30-17h - fermé j. fériés - visite guidée mai-sept. : 10h, 11h, 15h, 16h et 17h.* Cette entreprise centenaire, spécialisée dans les crèmes et les liqueurs, s'est orientée depuis 1994 vers de nouveaux produits : L'Armorik, whisky breton (visite guidée de la distillerie, de l'orge maltée au whisky vieilli) et diverses bières. Boutique au sein de l'usine.

ACTIVITÉS

Club de Kayak – *R. St-Christophe - ✆ 02 96 37 43 90 - www.lannionsportsnature.bzh - été : 9h-17h30 ; hors sais. : sur réserv. - fermé certains w.-ends - 7,10 € tarif minimun location horaire.* Stages en mer dans la baie de Lannion ou sur le Léguer organisés en juil.-août. Sorties rafting.

Golf de St-Samson – *Rte du Golf - 22560 Pleumeur-Bodou - ✆ 02 96 23 87 34 - www.golfhotel-saint-samson.com - fermé Noël et Jour de l'An - 7h30- 20h - 37/60 € (65/108 € tarif couple) le greenfee.* À 9 km de Lannion, agréable parcours entre lande et pinèdes, offrant parfois une vue panoramique sur la côte.

AGENDA

Festival Vocce Humana – *Fin juil.-déb. août.*

Estivales photographiques du Trégor – *Juil.-oct.*

Tardives – *1 sem. fin juin, 2e et 3e sem. d'août.* Festival de contes, musiques et danses.

Perros-Guirec

★

7 280 Perrosiens – Côtes-d'Armor (22)

Voilà l'une des stations balnéaires les plus prisées de Bretagne. « Perros », ainsi que les Bretons l'appellent simplement, se niche dans un site naturel en forme d'amphithéâtre entouré de falaises et fait face à un archipel de rochers de granit rose. Ses plages de sable fin, Trestraou et Trestrignel, font le bonheur des familles et des surfeurs du coin. Quant à la Côte de Granit rose alentour, elle est propice à de très belles promenades.

NOS ADRESSES PAGE 228
Hébergement, restauration, achats, activités, etc.

S'INFORMER

Office de tourisme – *21 pl. de l'Hôtel-de-Ville - 22700 Perros-Guirec - ✆ 02 96 23 21 15 - www.perros-guirec.com - juil.-août : 9h-19h, dim. et j. fériés 10h-12h30, 16h-19h ; reste de l'année : 9h-12h30, 14h-18h ou 18h30 - fermé 1er janv., 25 déc.*

SE REPÉRER

Carte de microrégion A1 (p. 172-173) – Perros-Guirec est accessible depuis Guingamp par la D 767 (45 km au sud-est), puis la D 788 à partir de Lannion (13 km au sud). Tréguier est à 20 km à l'est par la D 6.

SE GARER

Le stationnement dans le centre-ville de Perros-Guirec est aisé et gratuit. En saison, laissez votre voiture au parking et prenez le Macareux *(voir « Nos adresses »)*.

À NE PAS MANQUER

Le sentier des douaniers à marée haute pour observer le fracas des vagues sur les falaises, et les rochers de granit rose de Ploumanach.

ORGANISER SON TEMPS

Réservez votre excursion pour les Sept-Îles *(avr.-sept.)*.

3

Se promener Plan de ville p. 224

Cet ancien village de pêcheurs s'est progressivement transformé en lieu de villégiature dès la fin du 19e s. C'est aujourd'hui une importante station balnéaire familiale, qui s'étend sur plusieurs kilomètres le long de la Côte de Granit rose et de ses superbes paysages.

Le centre et les plages

La station s'étend sur une presqu'île, prolongée au nord-est par la pointe du Château.

En venant du sud, le boulevard de la Mer longe le port de plaisance. C'est dans ce secteur que se trouve le **musée de l'Histoire et des traditions de Bretagne** – *51 bd du Linkin - ✆ 02 96 91 23 45 - http://cjain.free.fr/Perros/Contacts.htm - ♿ - visite guidée (30mn) juil.-août : 9h30-19h ; vac. de fév., avr.-juin, sept. et vac. de la Toussaint : 10h-12h30, 14h-18h - 4 € (-6 ans gratuit)*. Il reproduit des scènes historiques mettant en scène divers personnages, de La Chalotais à Auguste Renan, et évoque également les deux guerres mondiales. Collection de coiffes de Basse-Bretagne.

Plus au nord, le boulevard de la Mer longe la plage des Arcades avant de grimper en corniche vers le centre historique où se dresse l'église Saint-Jacques.

SE LOGER		SE RESTAURER			
Hôtel Hermitage	4	Au Bon Accueil	5	Le Ker Bleu	6
Villa Les Hydrangéas	9	La Crémaillère	4	Les Vieux Gréements	7

Église Saint-Jacques – *2 pl. de l'Église - ✆ 02 96 23 21 64 - http://perros-guirec.catholique.fr - juil.-août : 9h-18h ; reste de l'année : 9h-12h, 14h30-17h30 - fermé dim. et j. fériés (apr.-midi) - possibilité de visite guidée - juil.-août : merc. 15h-17h.* Au puissant clocher du 14e s., coiffé en 1669 d'un dôme surmonté d'une flèche, est accolé un porche présentant une fine arcature trilobée. La **nef romane★** est un vestige de la première chapelle élevée en ce lieu : de massives colonnes, cylindriques à gauche, à colonnettes engagées à droite, supportent les chapiteaux historiés ou ornés de motifs géométriques. Remarquez la poutre de gloire, le bénitier en granit (12e s.) décoré de petits personnages et les nombreuses statues anciennes. Un petit porche en plein cintre s'ouvre sur le flanc droit.

En remontant le boulevard Aristide-Briand vers la mer, vous atteignez une **table d'orientation** : **vue★** sur la pointe du Château, la plage de Trestrignel, Port-Blanc, Trélevern, Trévou, l'île Tomé, les Sept-Îles et, en contrebas, les rochers.

De la **pointe du Château**, belvédère escarpé, se révèle une jolie **vue★** sur le site de Perros-Guirec, les Sept-Îles, l'île Tomé et la côte jusqu'à Port-L'Épine.

Sur le côté ouest de la presqu'île, bordée par le palais des congrès et le casino, la **plage de Trestraou** est la principale plage du secteur.

★ Chapelle Notre-Dame de La Clarté Hors plan par A1

3 km à l'ouest- 1 r. Pleumeur-Bodou - ✆ 02 96 23 21 64 - http://perros-guirec.catholique.fr - 9h-18h.

Cette jolie chapelle construite en granit rose se situe à 200 m en retrait du boulevard. Au 16e s., le seigneur de Barac'h, dont le navire se trouvait en danger dans les parages, aurait fait vœu d'élever une chapelle à Notre-Dame à l'endroit de la côte qui sortirait le premier du brouillard. Le portail sud s'agrémente de sculptures en bas-relief : au linteau, Annonciation et pietà. La nef, à la belle élévation, comprend trois travées ; choux, rosaces et feuillages sculptés la décorent. Remarquez également le bénitier du 15e s. orné de trois têtes de Maures et le *Chemin de croix* de Maurice Denis (1931). Par la rue du Tertre, qui s'ouvre sur le flanc gauche de la chapelle, gagnez le sommet pour profiter de la **vue★**.

★ Sémaphore Plan de Ploumanach p. 226, B2

3,5 km à l'ouest. Fermé à la visite.

Du belvédère aménagé en bordure de la route, la **vue★** s'étend en avant sur les rochers de Ploumanach : au large sur les Sept-Îles ; en arrière sur les plages de Perros-Guirec et sur la côte de Port-Blanc.

★★ Ploumanach Plan de Ploumanach p. 226

5,5 km de Perros-Guirec.

À hauteur de cette station balnéaire, qui est aussi un petit port de pêche, la Côte de Granit rose est particulièrement belle. Sur les 80 ha de ce grand site naturel, près de la moitié appartient au Conservatoire du littoral et fait l'objet d'un programme de préservation.

Maison du littoral – *Chemin du Phare - Ploumanac'h - ✆ 02 96 91 62 77 - ♿ - juil.-août : 10h-13h, 14h-18h ; reste de l'année : se rens. - gratuit - balade nature sur le sentier des douaniers, animations dans les carrières de granit rose, ateliers pour les enf. (4,50/5,50 €) et jeu de piste pour tte la famille (5/10 €). Programme sur www.perros-guirec.com.* Elle présente diverses expositions destinées à faire comprendre la formation du granit ainsi que les méthodes d'exploitation de cette pierre, d'hier à aujourd'hui.

Randonnées Plan de Ploumanach p. 226

★★ Sentier des douaniers AB1-B2

1h45 jusqu'à Ploumanach, 3h jusqu'à Trégastel. Cette promenade magnifique (l'appareil photo est indispensable) est à entreprendre de préférence le matin et à marée haute dans le sens est-ouest, en fin d'après-midi dans l'autre sens. Peut-être le plus beau sentier de la côte bretonne en dehors des périodes de forte affluence. À partir de la plage de Trestraou, on suit le bord de la falaise jusqu'à Porz Rolland où l'aspect de la côte change complètement. On serpente parmi d'extraordinaires **rochers** *(voir « Rochers » ci-contre)* pour atteindre la pointe de Squéouel, le phare de Ploumanach (Men-Ruz) et la Maison du littoral.

★★ Rochers – *De Porz Rolland à Porz ar Mor.* Admirez la vue depuis la pointe de Squéouel. Constituée d'innombrables rochers séparés par des anses, elle est l'un des éperons les plus avancés du site. Au fil de la balade se dessinent des rochers aux formes curieuses où l'on reconnaît la « Tortue », le « Lapin », etc.

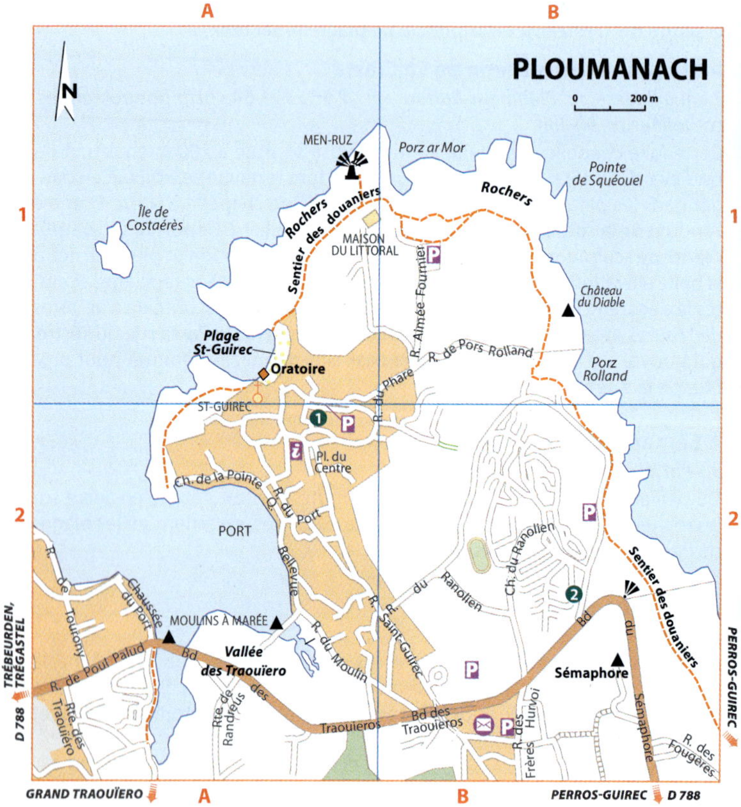

SE LOGER

Camping Yelloh ! Village Le Ranolien 2

Hôtel du Parc.............. 1

Plage Saint-Guirec A1

Le sentier qui longe la plage et l'hôtel St-Guirec passe entre de superbes **rochers★★** de granit rose : la « Tête de Mort », le « Sabot Renversé », le « Pied ». À l'extrémité gauche de la plage, sur un rocher baigné par la mer à marée haute, s'élève l'**oratoire** dédié à saint Guirec, qui débarqua ici au 6e s. Dans son oratoire, la statue du saint en granit a remplacé l'effigie primitive en bois, qui avait souffert d'une tradition peu respectueuse : les jeunes filles désirant se marier venaient planter une épingle à chignon dans le nez de l'apôtre. La tradition reste vivace, comme en témoigne le visage mutilé du pauvre saint Guirec. En face, l'île de Costaérès et son château *(privé)*.

Vallée des Traouïero A2

Comptez une demi-journée. Bonnes chaussures recommandées.

Derrière les moulins à marée qui ferment le port, le Petit et le Grand Traouïero sont deux vallées sauvages aux légendes vivaces. La végétation y est très dense et les sentiers s'aventurent au milieu d'impressionnants rochers de granit.

Sur la Côte de Granit rose, les étonnants rochers de Ploumanach.
StevanZZ/iStock

Excursion Carte de microrégion p. 172-173

★★ Les Sept-Îles A1

✆ 02 96 91 10 00 - www.armor-navigation.com - avr.-sept. et dép. ponctuels en mars et oct. : tlj excursion (2h, sur réserv.) : 18 € (-13 ans 12 €), excursion (2h30) avec escale à l'île aux Moines : 21 € (-13 ans 14 €) - réserv. conseillée. Également, excursions en été organisées par la station ornithologique de l'île Grande (voir p. 233).

Rouzic, Malban, les Costans, Bono, l'île aux Moines, l'île Plate et le Cerf constituent cet archipel déclaré **réserve ornithologique** en 1912. Avec quelque 25 000 couples d'oiseaux marins, l'archipel des Sept-Îles est aujourd'hui la plus grande réserve naturelle de France (280 ha, dont 240 ha d'estran). Un service de vedettes, partant de la gare maritime de Trestraou, permet de faire le **tour des îles**. Une escale sur l'île aux Moines, ainsi que la vue sur la Côte de Granit rose et ses chaos granitiques, peuvent être au programme de ces excursions.

Île Rouzic – *Débarquement interdit.* Le bateau s'approche de cette île, appelée aussi île aux Oiseaux. Sur la face nord, de février à septembre, réside une impressionnante **colonie★** de fous de Bassan, le plus grand des oiseaux de mer d'Europe : aujourd'hui, ils sont plus de 22 000 couples à y nicher chaque année (unique colonie en France). Vous pouvez aussi les observer depuis la station ornithologique de l'île Grande, grâce à une liaison vidéo télécommandée. Parmi les autres espèces de l'archipel, des guillemots, des pingouins torda, des goélands bruns, argentés ou marins, des cormorans huppés, des macareux, des mouettes tridactyles, des huîtriers pie et quelques fulmars. Ils se reproduisent sur l'île en mars et la quittent fin juillet. Autre intérêt : la présence d'une colonie de phoques gris (une quarantaine d'individus).

Le bateau longe ensuite les **îles de Malban** et de **Bono**.

Île aux Moines – L'escale *(45mn environ)* permet de découvrir la poudrière, le **phare** (portée de 40 km) d'où se développe un beau panorama sur l'archipel et la côte, puis le fort, en partie ruiné, construit par Vauban à l'extrême pointe de l'île et, en contrebas, l'ancien monastère avec sa minuscule chapelle.

Au retour, on peut admirer depuis le large l'extraordinaire chaos de rochers granitiques roses de la pointe de Ploumanach.

Station ornithologique de l'île Grande p. 233.

NOS ADRESSES À PERROS-GUIREC

TRANSPORTS

Le Macareux – *De juin à mi-sept. : tlj ; reste de l'année : merc. et vend. 9h30-12h30 - 1 €/1h30 de trajet - rens. auprès de l'office de tourisme.* Service de bus pratique et peu onéreux *(en été : 1,20 €, en hiver : gratuit)* pour se déplacer dans la ville. 2 lignes : ligne A de Ploumanach vers le centre et Trestraou ; ligne B de l'esplanade de la Douane vers le centre et Trestraou.

HÉBERGEMENT

PREMIER PRIX

Hôtel Hermitage – *20 r. des Frères-Le-Montréer - ☎ 02 96 23 21 22 - www.hotelhermitage-22.com - fermé oct.-mars - P ♿ - 16 ch. 74/79 € - ☕ 8,70 € - ½ P. 70 €.* Un grand hôtel du centre-ville, dans un jardin ombragé. Chambres assez petites, mais bien tenues. Les habitués viennent ici autant pour le cadre que pour l'ambiance familiale.

POUR SE FAIRE PLAISIR

Villa Les Hydrangéas – *53 bd Clemenceau - ☎ 02 96 23 22 94 - www.villaleshydrangeas.brz - fermé de mi-nov. à mi-fév. - P - 16 ch. 99/200 € - ☕ 14 € - ✕ formule 23 € bc - 30/40 €.* Dominant la mer du haut de la falaise et doté d'un magnifique jardin fleuri où abondent palmiers et lauriers roses, un hôtel raffiné, doté d'une salle à manger panoramique.

À Ploumanach

PREMIER PRIX

Camping Yelloh ! Village Le Ranolien – *Bd du Sémaphore - 1 km au sud-est de Ploumanach par D 788 - ☎ 02 96 91 65 65 - www.leranolien.fr - de déb avr. à fin sept. - ♿ - 525 empl. 47 € - locatif 39/249 €.* Superbe village vacances. Site privilégié près de la mer, cadre vallonné entre les rochers. Les locations vont de la roulotte au mobile home de bon confort. Pour certains, sur le haut du terrain, les hébergements relèvent de la catégorie VIP. Nombreux loisirs avec des animations, discothèque, minigolf, parc aquatique en partie couvert et toboggan, sans oublier le superbe centre balnéo. Tout est pensé pour le bonheur des clients.

BUDGET MOYEN

Hôtel du Parc – *174 pl. St-Guirec - Ploumanac'h - ☎ 02 96 91 40 80 - hotel-duparc-perros.com - fermé vend. midi et jeu. hors sais., du 1er janv. au 1er w.-end de fév. - P - 10 ch. 85/95 € ☕ - ✕ 16/38 €.* Au centre du village, avec la plage et les célèbres rochers tout proches, une maison familiale en granit rose dotée d'un beau jardin. Chambres petites, mais bien tenues. Produits de la mer servis sur les grandes terrasses ou dans un cadre marin. Espace jeux pour les enfants.

RESTAURATION

PREMIER PRIX

Les Vieux Gréements – *19 r. A.-Le Braz - ☎ 02 96 91 14 99 - fermé lun., 1re quinz. oct., mi-nov.-mi-déc., janv. - ♿ - crêpes de blé noir 7/13 €, au froment 3/9,50 €.* Face au port, une crêperie-moulerie installée dans une belle villa au décor on ne peut plus marin.

Le Ker Bleu – *17 bd Joseph-le-Billan - ☎ 02 96 91 14 69 - www.*

kerbleu.fr - ♿ - fermé lun. sf juil.-août, janv. - formule déj. (sem.) 15 € - 17,50/36 €. Sur la grande plage de Trestraou, face à la mer, c'est sûrement l'une des meilleures adresses du lieu. Vaste choix allant de la pizza à la galette en passant par des plats très régionaux : filet de saint-pierre aux agrumes, filet mignon de porc sauce au cidre… En dessert, succombez à l'inoxydable far breton ou à la célèbre crêpe au beurre salée.

BUDGET MOYEN

La Crémaillère – *13 pl. de l'Église - ✆ 02 96 23 22 08 - fermé lun. midi sf j. fériés et merc. (sf juil.-août), 1 sem. en mars, 2 sem. nov. - ♿ - formule déj. 19,90 € bc - 28,50/39,90 €.* Accueillante maison régionale du 19e s. nichée au cœur de la station. Le chef y concocte une cuisine traditionnelle ensoleillée, assortie de grillades. Pierres apparentes et mobilier en fer forgé dans la salle à manger, pourvue d'une mezzanine un peu plus feutrée.

La Clarté – *24 r. Gabriel-Vicaire - à 200 m de la chapelle de La Clarté dir. Ploumanach - ✆ 02 96 49 05 96 - www.la-clarte.com - fermé dim. soir et lun.-mar. (ouv. mar. en juil.-août), mi-déc.-mi-janv. et 1 sem. en oct. - P ♿ - 26/61 €.* Cette jolie maison de granit rose affiche fièrement un décor chic et moderne, aux tons lumineux. Appétissants menus de la mer prisés des locaux.

Au Bon Accueil – *11 r. de Landerval - accès rest. quai A.-Le Braz - ✆ 02 96 23 24 11 - www.aubonaccueil-hotel.com - formule déj. 15 € - 19,50/32,50 €.* Ici, poissons et fruits de mer sont servis dans une élégante salle de restaurant dominant le port. De l'autre côté de la rue, l'hôtel propose 21 petites chambres confortables *(57 €, : 8,50 €).*

ACHATS

Marché – *Pl. du Marché vend. mat. ; à la Clarté, en face de la chapelle, dim. mat.*

EN SOIRÉE

Casino – *29 bd Joseph-le-Billan - Plage de Trestraou - ✆ 02 96 49 80 80 - www.casino-perros-guirec.bzh - ♿ - juil.-août : 10h-3h, w.-end 10h-4h ; reste de l'année : 10h-2h, w.-end 10h-3h.* 98 machines à sous, une boule, une roulette et un black-jack *(ouverts seult le soir).*

ACTIVITÉS

Bon à savoir – Perros-Guirec se distingue par la qualité de l'accueil réservé aux plus jeunes. La station compte un centre nautique, un espace multisport dédié à la glisse et 3 clubs de plage pour les enfants à partir de 3 ans.

Activités nautiques

Perros-Plongée – *1 bd Aristide-Briand - ✆ 02 96 23 22 13 - www.facebook.com/perrosplongee - lun.-jeu. et sam. 9h-12h30, 14h-19h ; vend. 9h-12h30 ; dim. 10h-12h30.* Des moniteurs diplômés d'État vous emmènent plonger.

Ponantshop – *2 r. du Mar.-Joffre - ✆ 02 96 23 18 38 - www.ponantsurfschool.fr - P.* Cette boutique *(annexe sur la plage de Trestraou en juil.-août ✆ 06 17 18 20 55)* spécialisée dans les sports de glisse propose, outre la location de matériel, des cours *(25 €/h)* et des stages *(3/5 j., 105/145 €)* de surf, sup et longe-côte.

Fillao (Centre Nautique) – *Plage de Trestraou - ✆ 02 96 49 81 21 - nautisme.perros-guirec.com - 9h-19h (9h-12h, 14h-17h hors sais.) - fermé de mi-déc. à mi-janv. et dim. hors sais.* Une équipe dynamique anime ce club implanté au bout de la plage. Cours et location de voile, kayak, paddle, longe-côte. Sorties en mer sur un voilier traditionnel ou sur une goélette moderne (*à partir de 35 €*). Deux accompagnateurs sont spécialement formés à encadrer les personnes à mobilité réduite. Accueil des enfants dès 4 ans.

Promenades en mer

« Ar Jentilez » – *Plage de Trestraou - ✆ 02 96 49 81 21 - journée aux Sept-Îles 82 € (66 € - 12 ans) balades gourmandes (3h) 61 €.* Jadis, ce flambart ramassait du goémon, aujourd'hui il vous promènera le long de la Côte de Granit rose.

Randonnées

De nombreux circuits de randonnée partent de Perros-Guirec, suivant la côte et ses chaos de granit rose, s'enfonçant dans les quartiers de la ville ou la vallée des Traouïero. Promenades à pied sur plus de 40 km balisés, mais aussi à cheval ou à VTT.

Bien-être

Thermes marins – *Bd Joseph Le Bihan - ✆ 02 96 23 28 97 - www.thermesmarins-perros.com - fermé pour travaux jusqu'en fin 2018, se rens. au préalable.* Un espace de 2 800 m² dédiés aux bienfaits du milieu marin : piscine d'eau de mer chauffée à 33 °C et bassin à jets chauffé à 34 °C avec vue sur la plage de Trestraou. Hammam, bains hydromassants, enveloppements d'algues, fangothérapie (cure à base de boue chaude), douches à jets, douches à affusions (douche avec eau de mer chaude)…

AGENDA

Voir « Agenda » p. 458.

Côte de Granit rose

★★

Côtes-d'Armor (22)

Elle tient son nom de la couleur de ses rochers arrondis dont les formes douces et étranges, parfois fantasmagoriques, jaillissant des flots, créent une atmosphère magique et poétique. Les îles fourmillent au large, le sable des plages et des criques est blond et fin et les sentiers côtiers sont, quant à eux, la promesse de promenades enchanteresses !

NOS ADRESSES PAGE 234
Hébergement, restauration, achats, activités, etc.

S'INFORMER

Voir à Perros-Guirec (p. 223) et Trégastel-Plage (p. 236).

SE REPÉRER

Carte de microrégion A1 (p. 172-173) – Même si l'usage lui adjoint parfois toute la côte, s'étendant de la pointe de l'Arcouest à l'est (nord de Paimpol) à Trébeurden à l'ouest, la Côte de Granit rose correspond en fait *stricto sensu* à la partie du littoral qui va de Ploumanach à l'île Grande, entre Perros-Guirec à l'est, et Trébeurden à l'ouest.

À NE PAS MANQUER

Les blocs de granit rose au fil du sentier des douaniers, surtout à la hauteur de Ploumanach et sur l'île Renote, à Trégastel.

ORGANISER SON TEMPS

Comptez entre 3 et 4h (AR) pour suivre le sentier des douaniers entre Perros-Guirec et Trégastel.

AVEC LES ENFANTS

Découvrez la Cité des Télécoms, évadez-vous au Planétarium de Bretagne, remontez le temps au Village gaulois et soignez les oiseaux à la station de l'île Grande.

3

Circuit conseillé Carte Côte de Granit rose p. 172-173

DE PERROS-GUIREC À LA POINTE DE BIHIT

Circuit de 29 km tracé en orange sur la carte p. 172-173 – environ 6h. Quittez Perros-Guirec vers l'ouest.

En 1887, **Joseph Le Bihan** quitte Paris, où il était maître d'hôtel, pour s'installer à Trestraou (une plage de Perros-Guirec conserve l'appellation du lieu-dit). Il y reçoit bientôt toutes les personnalités de l'époque : hommes politiques, artistes, écrivains… À l'exemple de la Côte d'Émeraude, la Côte de Granit rose est lancée…

★ **Chapelle Notre-Dame de La Clarté** *(voir Perros-Guirec, p. 225)* et ★★ **Ploumanach** *(voir Perros-Guirec, p. 225-226)*

★★ **Trégastel-Plage** *(voir p. 236)*

La D 788 passe en bord de mer. Le regard se porte sur une côte étrange, parsemée de nombreux îlots et récifs.

Au hameau de Penvern, après le café du Menhir, prenez à gauche en direction de Pleumeur-Bodou.

★ Menhir de Saint-Uzec A1

Ce beau menhir est surmonté d'une croix ; des instruments de la Passion entourent l'effigie d'une femme en prière. Il aurait été christianisé au 17e s. à l'instigation du père Maunoir, prédicateur jésuite à qui l'on doit la destruction de plusieurs mégalithes, à Trébeurden notamment.

Par la chaussée en contrebas du menhir, gagnez la route de Pleumeur-Bodou, tournez à gauche et, 400 m plus loin, prenez encore à gauche.

Pleumeur-Bodou A1

Ce village est connu pour son impressionnant radôme – coupole servant à protéger une antenne des intempéries – de 64 m de diamètre près duquel s'est ouvert le **parc du Radôme**, qui regroupe plusieurs attractions.

★★ **Cité des Télécoms** – *02 96 46 63 80 - www.cite-telecoms.com - juil.-août : 10h-19h ; avr.-juin et sept. : 10h-18h, w.-end 14h-18h ; vac. de fév., vac de la Toussaint et vac. de Noël : 10h-18h, dim. 14h-18h - 7,50 € (-12 ans gratuit).* Inauguré en 1962, le Centre des télécommunications de Pleumeur-Bodou est le lieu historique de la première liaison transatlantique, par le satellite **Telstar**, entre la France et les États-Unis, le 11 juillet 1962.

Outre le radôme et le musée, le site est occupé par une quinzaine d'antennes géantes qui communiquent avec les cinq continents.

L'histoire passionnante du radôme s'illustre au travers d'un spectacle son et lumière qui donne toute sa dimension à l'antenne, unique au monde, classée Monument historique. Installé dans un gigantesque bâtiment en forme d'aile delta, le **musée** retrace un siècle et demi d'inventions, de progrès et de technologies. Plusieurs espaces thématiques présentent cette évolution de plus en plus rapide : navire câblier *Agamemnon*, fusée *Ariane*, écran de l'AFP informant des derniers événements dans le monde, images de Météosat.

Le jardin des Sciences, dédié aux enfants de 6 à 12 ans, propose des animations et des expériences interactives en 3 et 4D.

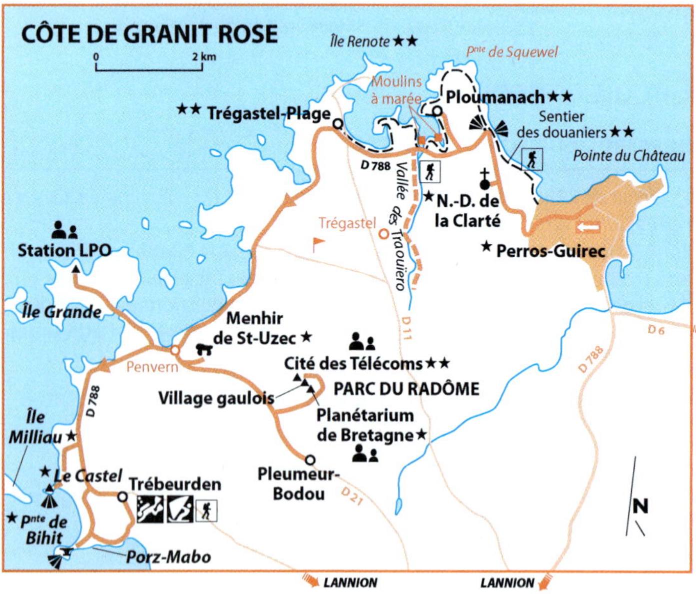

Menhir de Saint-Uzec.
F. Charton/hemis.fr

★ **Planétarium de Bretagne** – *02 96 15 80 30 - www.planetarium-bretagne.fr - - séances d'astronomie (50mn) programme et horaires se rens. au 02 96 15 80 32 - fermé sam. (hors vac. scol.), dim. (2 nov.-19 déc.), 1er janv. - 7,50 € (-17 ans 6 €) ; 21 € billet famille (2 adultes + 2 enf.).* Sous une coupole de 20 m de diamètre, un simulateur émet l'image d'un ciel étoilé (projection en très haute définition sur un écran à 360°). Le spectateur est ensuite transporté en divers points de l'espace et du temps (différents thèmes sont abordés suivant les séances).

Le Village gaulois – *Parc du Radôme - 02 96 94 83 95 - www.levillagegaulois.org - - juil.-août : 10h30-19h ; avr.-juin et sept. : tlj sf sam. 12h-18h - 6 € (-14 ans 5 €).* Dans ce village gaulois reconstitué, les enfants peuvent exercer leur adresse grâce à des jeux en bois pleins d'inventivité. Les panneaux pédagogiques leur rappellent les fondamentaux de la Préhistoire. Et l'Afrique est également mise à l'honneur avec la reconstitution d'un petit village et de son école.

Retournez à Penvern pour accéder ensuite à l'île Grande.

Île Grande

Env. 2h30. Un sentier côtier fait le tour de l'île (7 km). La côte au nord y est violemment exposée à la houle du large, tandis que l'intérieur offre un paysage de landes, bordées de grèves à l'est et au sud. Son granit bleuté a servi à des chantiers aussi divers que le viaduc de Morlaix, le boulevard Haussmann à Paris, des bâtiments de Londres ou d'Anvers. Les plages, dont celle de Toul Gwen, au sud-est, gardent un caractère sauvage qui fait leur charme. L'île abrite aussi des vestiges mégalithiques, dont une allée couverte au nord-est du village.

Station ornithologique – *02 96 91 91 40 - http://sept-iles.lpo.fr - - juil.-août : 10h-13h, 14h30-19h, w.-end 14h30-19h ; vac. scol. (hors juil.-août), juin et sept. : 14h-18h ; reste de l'année : se rens. - 4 € (-18 ans 3 €).* Adossée au centre de soins pour oiseaux sauvages, la Maison de la réserve naturelle des Sept-Îles présente une exposition sur les différentes espèces de l'archipel (guillemots, macareux, pingouins torda…, *voir p. 227*). La vie des fous de Bassan de l'île Rouzic est retransmise en direct par un système vidéo à faisceau hertzien. Sorties et excursions commentées *(sortie en bateau pour les Sept-Îles : sur réserv. - juil.-août : lun. et mar. à 9h30, jeu. à 18h, dép. gare maritime de Perros-Guirec, cale de Trestraou - 19 €, -12 ans 12,50 €).*

Revenez à la route de corniche qui, à gauche, mène à Trébeurden.

Trébeurden

Cette station balnéaire est connue pour son port de plaisance, d'une taille imposante. Elle recèle plusieurs **plages**, bien exposées au sud. Les deux principales sont séparées par la presqu'île rocheuse du Castel : la plage de Pors-Terme est à droite de celle de Trozoul, qui constitue le port. La plage de Tresmeur est beaucoup plus vaste et très fréquentée.

Du marais aux menhirs – *Boucle de 2h30. Praticable pour tous. Garez-vous sur le parking face à la plage de Goas-Treiz.* Un pont de bois surplombant l'eau fait le tour du marais de Quellen peuplé de fougères et de saules cendrés. En début de parcours, un observatoire permet d'observer de nombreux amphibiens ainsi qu'une multitude d'oiseaux (fauvettes, bécassines…). À la sortie du marais, remontez la route sur votre droite pour rejoindre le GR 34 qui s'enfonce dans les bois. Suivez le circuit des mégalithes pour découvrir le menhir de Milin ar Lann. Revenez ensuite sur vos pas pour reprendre le sentier et rejoindre le littoral en passant par Larmor. Traversez la D 788 et continuez vers la mer jusqu'à l'allée couverte de Prat ar Min Hir. Revenez en longeant la côte où se dressent deux autres menhirs, Run ar Gam et Toëno.

★ **Le Castel** – *30mn à pied. Empruntez l'un des sentiers qui part du parking aménagé sur l'isthme séparant les plages de Trozoul et de Tresmeur.* De cet amas rocheux, le promeneur peut contempler une **vue★** étendue sur la côte et les îles Milliau, Molène, Grande et Losquet.

★ Île Milliau

Accès à pied à marée basse à partir du Castel (voir ci-dessus). Se renseigner sur les heures à l'office du tourisme de Trébeurden. Gîtes d'étape dans les anciennes fermes du 16e s. Cette petite île verdoyante de 23 ha surprend par la richesse de sa flore qui ne compte pas moins de 280 espèces botaniques. Elle fut offerte par Maurice Brunau-Varilla, magnat de la presse, à sa belle mais exigeante maîtresse : Lucie U.-Lalès, dite **Mme Jourdan**. Celle-ci régna sur ce petit royaume de 1911 à 1942. Belle vue panoramique depuis les ruines de la maison « d'Aristide Briand », dressée à l'extrémité nord-ouest (l'homme politique, autre amant de la propriétaire, y séjourna de 1919 à 1932).

★ Pointe de Bihit

La route de Porz-Mabo domine la plage de Tresmeur et procure de belles vues sur les îles. Prenez le chemin sur la droite.

De la table d'orientation, une **vue★** panoramique dévoile la côte, de l'île de Batz et Roscoff à l'île Grande, en passant par le phare des Triagoz en mer.

La route, qui a effectué un quart-de-cercle, descend vers **Porz-Mabo** à la vaste plage de sable fin.

NOS ADRESSES SUR LA CÔTE DE GRANIT ROSE

Voir aussi « Nos adresses à Perros-Guirec » p. 228 et « Nos adresses à Trégastel-Plage » p. 239.

HÉBERGEMENT

PREMIER PRIX

Camping RCN Port-l'Épine – *10 venelle de Pors-Garo - 22660 Trélévern - 1,5 km au nord-ouest - ☏ 02 96 23 71 94 - www.rcn.nl/fr - de fin avr. à mi-sept. - 160 empl. 43,50 € - locatif 50/150 €.* Situé sur la presqu'île de Port-l'Épine, le camping semble presque entouré par la mer. Pas vraiment de plage, mais possibilité de se baigner à marée haute. Cadre verdoyant et soigné, face à la mer pour beaucoup d'emplacements. Petit snack-bar, piscine et, pour la location, mobile homes avec ou sans terrasse couverte.

Camping Le Port – *3 chemin des Douaniers - 22560 Pleumeur-Bodou - 6 km au nord, au sud de Trégastel - ✆ 02 96 23 87 79 - www.camping-du-port-22.com - de fin mars à mi-oct. - ♿ - 88 empl. 24/28 € - locatif 560/680 € sem.* Le camping occupe un terrain vallonné, sorte de presqu'île, loin de toute nuisance sonore. Certains emplacements dominent la mer. Au pied du camping et du bar-restaurant (réservé aux campeurs), une petite plage de sable pleine de charme. Pour les loisirs : sauna, Jacuzzi, piscine couverte et toboggan aquatique. Mobile homes ou chalets confortables.

Hôtel Toëno – *56, corniche de Goas Treiz - 22560 Trébeurden - ✆ 02 96 23 68 78 - www.hoteltoeno.com - fermé en janv. - wifi - P ♿ - 17 ch. 109/132 € - ☕ 11 €.* Construction moderne dont les chambres, lumineuses et fonctionnelles, sont sobrement décorées et équipées de balcons ou terrasses ; certaines ont vue sur la Manche.

RESTAURATION

POUR SE FAIRE PLAISIR

Manoir de Lan-Kerellec – *Allée centrale de Lan-Kerellec - 22560 Trébeurden - ✆ 02 96 15 00 00 - www.lankerellec.com - 17 mars-3 nov. : fermé jeu. midi sf juil.-août, lun., mar. et merc. le midi - formule 25 €, menus 31 € (déj. sem.)/59/94 € - carte 85/120 €.* Un cadre magique : la salle est couverte d'une splendide charpente en forme de carène de bateau renversée, et la vue porte sur la Manche et les îles… Parfait pour profiter d'une cuisine créative, mettant en avant les produits de la mer.

ACHATS

Marché – *22700 Perros-Guirec - vend. mat., mar. mat. à Trébeurden.*

ACTIVITÉS

Activités nautiques

Centre Activités Plongée de Trébeurden – *54 corniche de Goas-Treiz - 22560 Trébeurden - ✆ 02 96 23 66 71 - www.plongeecap.com - avr.-nov. - 49 € le baptême.* Depuis le baptême jusqu'à la formation professionnelle, ce centre, l'un des plus réputés de France, profite des fonds marins exceptionnels de la Côte de Granit rose.

École de voile de Trébeurden – *3 rte de Traou-Meur - 22560 Trébeurden - plage de Tresmeur - ✆ 02 96 23 51 35 - www.ev-trebeurden.com.* Stages ou location de dériveurs, catamarans et planches à voile. Explorations et découvertes thématiques (sortie nocturne, découverte du voilier et de la gastronomie locale, aventure en catamaran…).

Vélo

Velek'tro – 27 points de location - *10 €/j., 55 €/sem.* Renseignements dans les offices de tourisme et sur le site Internet www.bretagne-cotedegranitrose.com. Pour parcourir la **véloroute** « La littorale » ou des circuits proposés dans l'intérieur des terres.

3

Trégastel-Plage

★★

2 411 Trégastellois – Côtes-d'Armor (22)

La beauté étrange de sa côte rose fait de Trégastel une séduisante station balnéaire, à l'image de sa voisine Ploumanach. Ce site naturel parsemé de gros rochers ronds et roses amuse les enfants, charme les curieux et envoûte les contemplatifs. Les marcheurs apprécieront notamment le sentier de l'île Renote.

NOS ADRESSES PAGE 239
Hébergement, restauration, achats, activités, etc.

S'INFORMER

Office de tourisme de Trégastel – *5 pl. Ste-Anne - 22730 Trégastel - 02 96 15 38 38 - www.bretagne-cotedegranitrose.com - juil.-août : 9h30-19h, dim. et j. fériés 10h-13h ; avr.-juin et sept. : tlj sf dim. 9h30-12h, 14h-18h ; reste de l'année : tlj sf dim. 9h30-12h, 14h-17h30, sam. 9h-12h - fermé 1er janv., 1er et 11 Nov., 25 déc.*

SE REPÉRER

Carte de microrégion A1 (p. 172-173) – 13 km au nord de Lannion par la D 11, Trégastel-Plage touche la commune de Perros-Guirec.

À NE PAS MANQUER

Le sentier de la Grève-Blanche et le tour de l'île Renote pour ses rochers de granit rose.

ORGANISER SON TEMPS

Les balades alentour et les plages familiales de Trégastel vous retiendront au moins une journée.

AVEC LES ENFANTS

Découvrez l'aquafaune bretonne à l'aquarium marin puis plongez à la piscine Forum de Trégastel.

Se promener Plan de ville p. 238

Aquarium marin B2

Bd du Coz-Pors - 02 96 23 48 58 - www.aquarium-tregastel.com - ♿ - juil.-août : 10h-19h ; mai-juin : tlj sf lun. 10h-18h ; reste de l'année : tlj sf lun. 14h-17h30 - fermé janv. - possibilité de visite guidée sur demande (1h30) - 8,10 € (-18 ans 5,65 €) - sorties extérieures sur l'estran et découverte des algues, chasse aux œufs de raie, expositions temporaires. Aire de pique-nique, boutique et parking gratuit.

Il est installé sous un amas de rochers surnommés les « Tortues », dans des grottes qui, au 19e s., abritaient une église. Ses 28 aquariums de 300 à 14 000 litres d'eau de mer présentent la faune des fonds sous-marins bretons (homard, coquette, bar, raie, congre…). Une maquette du littoral de Trégastel (30 m²) se couvre et se dévoile au rythme des marées ; exposition et vidéo expliquent ce phénomène naturel très impressionnant en Bretagne Nord.

À la sortie, un escalier de 28 marches conduit à une statue – naïve et étonnante – du « Père éternel » : belle vue sur le chaos de **rochers★★** de Trégastel et la Côte de Granit rose.

Plage de Coz-Porz A1-2

Cette plage de sable fin est bordée de rochers aux noms évocateurs. En dépassant sa jetée, à sa pointe nord, on gagne une grève où se dressent, à

Plage de la Grève-Blanche.
B. Stichelbaut/hemis.fr

droite, la « **Tête de Mort** » et le « **Tas de Crêpes** », qui semble feuilleté : c'est un bon exemple d'érosion par le vent. Un banc de sable permet l'accès à un chaos de rochers où l'on reconnaît le « **Dé** ».

★ Grève-Blanche A2

1h à pied. À partir de Coz-Porz, le sentier part à gauche et contourne en corniche un promontoire d'où l'on découvre la Grève-Blanche, l'île aux Lapins et les îles des Triagoz. Il passe ensuite au pied d'un rocher appelé le « **Tire-bouchon** », puis atteint la grève dominée par le « **Roi Gradlon** », qui a vaguement la forme d'une tête couronnée.

3

Table d'orientation

On bénéficie d'une **vue**★ circulaire sur la côte et – fait plutôt rare – sur l'arrière-pays avec les bourgs de La Clarté, Pleumeur-Bodou et son radôme, Trébeurden.

★★ Île Renote B1

Un isthme sablonneux *(praticable en voiture)* relie Trégastel à cette île, devenue presqu'île. Constituée d'énormes blocs de granit, de landes et de pins, elle est réservée aux piétons.

UN GRANIT HAUT EN COULEUR

Les formes curieuses des énormes rochers de granit rose sont dues à l'érosion. Le granit est composé de quartz, de mica et de feldspath. Ce dernier se transforme en kaolin, qui est lessivé par l'eau, et le résidu des grains de quartz donne le sable que les pluies ou les vagues emportent. Peu à peu, la pierre se façonne et présente des aspects surprenants, dont des empilements à l'équilibre hardi et des pierres branlantes. Les imaginations locales n'ont pas manqué de baptiser certains de ces rochers : chapeau de Napoléon, gnome, sorcière, tête de mort, éléphant, baleine, bélier, cheval, fauteuil, parapluie, sentinelle, tire-bouchon, etc.

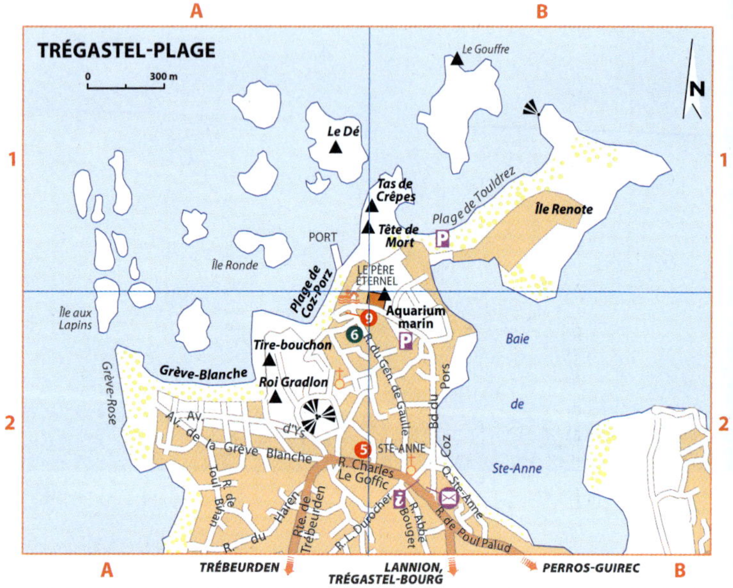

SE LOGER
Hôtel de la Mer et de la Plage 6

SE RESTAURER
Crêperie L'Iroise 5
Les Triagoz 9

Laissant sur la gauche la plage de Touldrez, le promeneur arrive près du Gouffre, au milieu de rochers : cette cavité est accessible seulement à marée basse.

En avançant parmi les rochers jusqu'à l'extrémité de la presqu'île, on découvre de magnifiques points de vue sur le large et les Sept-Îles au nord ; à l'est, la côte de Ploumanach ; au sud, la baie de Ste-Anne.

Trégastel-Bourg

3 km au sud vers Lannion.

L'église paroissiale remonte au 13e s. À droite du porche sud, un ossuaire (17e s.) est orné de balustres et coiffé d'une tourelle à dôme. Au fond de la nef, un curieux bénitier (14e s.) servait jadis de mesure à grains.

Un écrivain oublié, **Charles Le Goffic** (1863-1932), auteur de *L'Âme bretonne*, est enterré dans le cimetière.

Vallée des Traouïero *(voir p. 226)*.

UNE BRETONNE, FEMME DU ROI DU NICKEL

La folle vie d'aventure de **Marie-Louise Manach** (1869-1949) mériterait d'être contée. Enfant du pays partie travailler à St-Brieuc puis à Paris, elle épousa un marchand de primeurs et déménagea avec lui à Londres. Veuve, elle rencontra à l'hôtel Le Savoy l'infant d'Espagne, Antoine d'Orléans, dont elle devint la maîtresse. Ce n'est qu'en 1922 qu'elle épousa sir Robert Mond, roi du nickel. Elle se fit ensuite construire, en 1939, le **château** que l'on voit dans le bourg. Son mausolée se trouve dans le cimetière de **la chapelle de Locmaria** *(voir ci-contre).*

À proximité Carte de microrégion p. 172-173

Église de Loc-Envel A2

4 km au sud. Prenez la D 33 en direction de Callac et, peu après, tournez à droite dans une route sinueuse.

De style gothique flamboyant, l'**église** de Loc-Envel s'élève sur un tertre dominant le village. À droite du clocher-porche, remarquez les trois petites ouvertures en arc de cercle par lesquelles les lépreux pouvaient assister aux offices. En entrant, on est frappé par le magnifique **jubé★** flamboyant et la riche ornementation de la **voûte★** lambrissée : sablières et entraits sculptés, blochets d'angle polychromes figurant les évangélistes.

Plougonver A3

7,5 km au sud par la D 33.

L'**église St-Pierre** abrite un intéressant baptistère à deux cuves (fin 15e s.) ornées de visages humains. Admirez le Christ aux outrages en bois polychrome (16e-17e s.), dont la raideur cadavérique est accentuée par des côtes saillantes. Un aigle-lutrin du 19e s. serre dans ses griffes un serpent représentant Satan. En sortant, voyez l'imposante **mairie** néoclassique. Construit en 1855 pour un notaire, l'édifice a servi de presbytère avant d'échoir à la République. Le pas de porte présente encore, gravé, le monogramme du Christ.

★ Ménez-Bré AB2

9 km au nord-est. Empruntez la D 712, route de Guingamp. 2,5 km après Louargat, prenez à gauche le chemin en forte montée (18 %).

Sur ce sommet isolé (alt. 302 m), la chapelle St-Hervé offre un beau **panorama★** sur le plateau du Trégorrois : au nord, le plateau s'abaisse lentement vers la mer ; au sud, on aperçoit les collines et les vallées de la Cornouaille ; au sud-ouest se détachent les monts d'Arrée.

Calvaire de Gurunhuel B2

9 km au sud-est par la D 22.

C'est un beau **calvaire** du 16e s. constitué de trois colonnes. Au centre figure le Christ en croix entre saint Jean et la Vierge, deux anges recueillant le sang de ses mains clouées. À sa droite, l'âme du bon larron est recueillie par un ange ; à sa gauche, un démon se charge du mauvais larron. Au pied de la croix se trouve un Christ aux outrages avec saint Pierre et saint Paul. De l'autre côté du calvaire sont visibles une pietà et l'archange saint Michel terrassant le dragon.

Chapelle Saint-Fiacre B2

4 km par la D 31 en direction de Pont-Melvez, 4e route à droite.

Notez à son chevet la représentation de la vouivre, ancienne déesse des eaux ou, pour certains, de la fée Morgane. À l'intérieur de l'édifice, la nef et les transepts datent du 15e s., le chœur remonte au 16e s. et le clocher-mur, au 18e s. Vous verrez aussi une cheminée du 17e s. Elle permettait aux nécessiteux de se réchauffer en hiver, lors des veillées.

Vallée du Léguer A2

10 km au nord-ouest par la D 33, route de Guingamp. Accès fléché depuis Belle-Isle-en-Terre, Trégrom et Plounévez-Moëdec.

La vallée du Léguer renaît. En 1995, pour des raisons de sécurité, les pouvoirs publics décidaient de démanteler le **barrage hydroélectrique de Kernansquillec** qui, depuis 1920, fermait la vallée sur une largeur de 110 m et une hauteur de 15 m. Aujourd'hui, la nature a déjà repris ses droits et les parcelles anciennement immergées font place à des prairies. Grâce aux actions de préservation de la qualité de l'eau et des milieux aquatiques menées depuis 20 ans par de nombreux acteurs locaux le bassin versant du Léguer a reçu en 2017 le label national « Site rivières sauvages ».

L'ancien site industriel de la papeterie accueille désormais des expositions temporaires et des projets culturels. Les bâtiments ont été démantelés, mais il reste des machines. Des panneaux expliquent leur fonctionnement et les différentes opérations nécessaires à la fabrication du papier.

Un **sentier d'interprétation** *(4 km, 1h30 AR, pensez aux chaussures de marche)*, balisé par 14 petits plots explicatifs, longe le Léguer.

Le livret d'interprétation disponible à l'office du tourisme de Belle-Isle-en-Terre (2,30 €) permet aux enfants de se transformer en enquêteurs et de comprendre l'histoire de la vallée à travers le paysage. Dép. du circuit de l'ancien barrage de Kernansquillec.

Église Notre-Dame-de-Pitié de La Chapelle-Neuve A3

12 km au sud-ouest par la D 33.

Trois tours accolées et fortifiées composent le chevet (16e s.) de **l'église N.-D.-de-Pitié**. Chacune est percée d'une meurtrière, sans doute pour défendre l'entrée du souterrain (aujourd'hui comblé), situé dans la crypte. Ce chemin secret conduisait au manoir des seigneurs de Kerméno tout proche. À l'intérieur, on peut admirer un beau **retable** en bois du 16e s. et des statues en bois polychrome de saint Nicolas (16e s.) et de saint Maudez (17e s.).

★ La vallée des Saints à Carnoët

31 km au sud-ouest par la D 33, puis à droite par la D 787 dir. Callac-Carhaix et enfin la D 97 jusqu'à Carnoët. Suivez alors le fléchage. Quénéquillec - 02 96 91 62 26 - www.lavalleedessaints.com - accès libre - possibilité de visite guidée - boutique mai-sept. : 11h-18h30 ; reste de l'année : 10h-17h30.

Un rêve de granit et un projet fou ! Depuis 2009, une dizaine de sculpteurs font naître de blocs de granit des statues monumentales placées ensuite sur la colline de Saint-Gildas offrant une très belle vue à 360° sur toute la campagne alentour. Depuis 2009, 85 statues-menhirs en granit de 4 à 5 m de haut et de plus de 15 t ont déjà été installées. De styles très divers (l'art brut n'est pas loin, mais on pense aussi aux alignements mégalithiques), elles évoquent les saints fondateurs des pays bretons (Corentin, Tugdual, Samson, Brieuc…), chacun muni de ses attributs traditionnels.

Un espace boutique *(lun.-dim. 10h-17h30)* propose des produits dérivés ainsi que de quoi se régaler en pensant aux saints bretons : farine de Saint-Gérand, jus de pomme de Saint-Guénolé, miel de Saint-Derrien…

Guingamp

7 003 Guingampais – Côtes-d'Armor (22)

À seulement une trentaine de kilomètres du bord de mer (plages de Plouha et Étables-sur-Mer), Guingamp est une cité « d'arrière-pays » renommée pour son architecture mêlant colombages et granit, son emblématique club de foot et son industrie, notamment agro-alimentaire.

NOS ADRESSES PAGE 247
Hébergement, restauration, achats, activités, etc.

S'INFORMER

Office de tourisme de Guingamp Communauté – *2 pl. du Champ-au-Roy - 22000 Guingamp - ☏ 02 96 43 73 89 - www.ot-guingamp.fr - juil.-août : 10h-12h30, 13h45-18h15, dim. 10h-12h30 ; avr.-juin et sept. : tlj sf dim.-lun. 10h-12h30, 14h-18h ; mars et oct. : tlj sf dim.-lun. 10h-12h15, 14h-17h30 ; reste de l'année : tlj sf dim.-lun. et jeu. 10h-12h15, 14h-17h30 - fermé certains j. fériés.*

SE REPÉRER

Carte de microrégion B2 (p. 172-173) – Guingamp est un carrefour routier desservant tout le nord du département. La cité est coupée par la N 12 qui relie St-Brieuc (32 km à l'est) à Morlaix (52 km à l'ouest). La côte la plus proche (environ 30 km) est celle du Goëlo, entre Paimpol et St-Quay-Portrieux.

SE GARER

La ville, traversée par le Trieux, s'est principalement développée sur la rive droite. Vous trouverez des parkings publics répartis partout dans le centre-ville.

À NE PAS MANQUER

En juillet, le Grand Pardon *(voir « Nos adresses »)* mérite le détour ; la basilique N.-D.-de-Bon-Secours.

ORGANISER SON TEMPS

La visite de Guingamp peut s'effectuer en une matinée.

AVEC LES ENFANTS

Rendez-vous à Armoripark.

3

Se promener Plan de ville p. 244

Guen gamp, signifie « camp blanc » (« camp favorable »), nom qui évoque son emplacement dans une cuvette au doux climat marin, propice à la flânerie.

★ Basilique Notre-Dame-de-Bon-Secours B1

R. Notre-Dame - 8h30-19h. Édifice gothique du 14e s. (vestiges romans à la croisée). Au 16e s., sa tour sud s'effondre et le côté droit de sa nef est abattu. Pour la reconstruction, la ville interroge plusieurs architectes. Un vieux maître présente un projet gothique ; le jeune Le Moal soumet des plans de style Renaissance, encore peu connu en Bretagne. Contre toute attente, il remporte la palme. L'église est donc gothique du côté gauche, Renaissance du côté droit.

L'EN AVANT DE GUINGAMP

Le club de football de la ville, fondé en 1912, évolue en Ligue 1 depuis 1995. À son palmarès, deux victoires en Coupe de France en 2009 et en 2014. L'En Avant de Guingamp a également disputé trois campagnes européennes : la Coupe UEFA 1996-1997, la Ligue Europa 2009-2010 et 2014-2015. Un parcours exceptionnel !

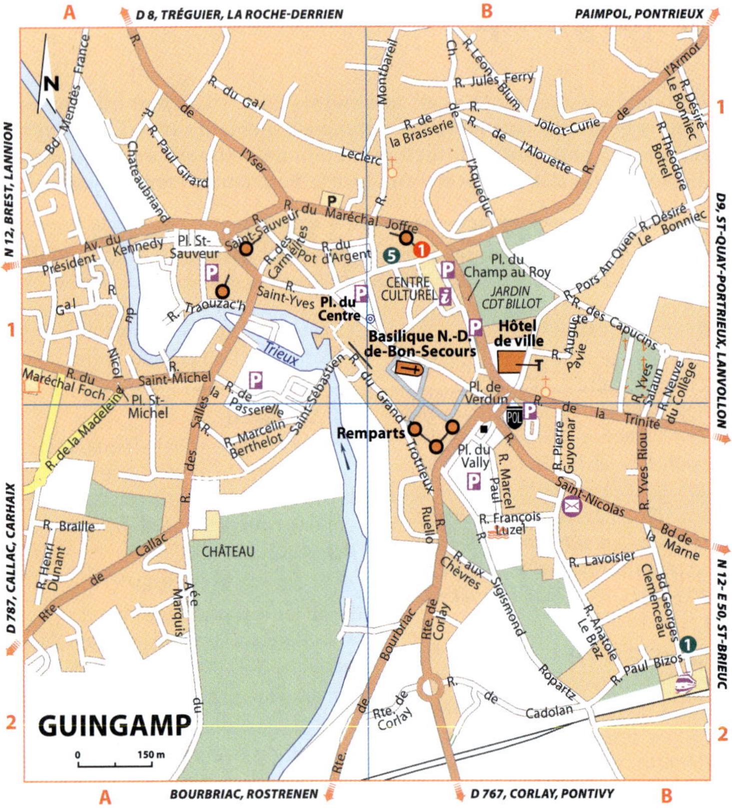

SE LOGER
La Demeure................ 5
Hôtel de l'Arrivée.......... 1

SE RESTAURER
Le Clos de la Fontaine...... 1

À l'intérieur, le grand nombre de piliers surprend. Dans la partie haute de la nef, le triforium présente une arcature trilobée avec balustrade à quadrilobes ; dans la partie basse, la décoration Renaissance est du plus bel effet.

Place du Centre AB1

On y voit la fontaine Renaissance « la **Plomée** », qui doit son nom aux deux vasques en plomb dominant une troisième en granit. Maisons à colombages aux n°s 31, 33, 35, 39, 48, et à l'angle des rues St-Yves et du Cosquer.

Hôtel de ville B1

1 pl. du Champ-au-Roy - ✆ 02 96 40 64 40 - www.villeguingampfr.com - ♿ - 8h30-12h, 13h30-17h30, sam. 8h30-12h - fermé dim. et j. fériés.

Ancien hôtel-Dieu (1699), autrefois monastère des Augustines. On voit le cloître, l'escalier monumental et la chapelle de style italien (1709) qui, en saison, abrite des expositions. Toiles de **Paul Sérusier** et de l'école de Pont-Aven. Juste derrière l'hôtel de ville, rue Auguste-Pavie, subsiste une **prison** du 19e s., de type pennsylvanien. L'été, des visites guidées permettent de voir les cellules, la cour et le chemin de ronde. *Se rens. à l'office de tourisme.*

Festival de la St-Loup.
B. Gardel/hemis.fr

Remparts B2

Sur la place du Vally se trouvent les vestiges du château fort *(en cours de restauration)* élevé par Jean de Beuves entre 1438 et 1442. Trois tours et des parties des fortifications qui enserraient la ville subsistent non loin de la rue du Mar.-Joffre et de la place St-Sauveur.

À proximité Carte de microrégion p. 172-173

Église Notre-Dame à Grâces B2

3,5 km à l'ouest. Quittez Guingamp par la D 54. À 2 km, tournez à droite. 02 96 40 21 21 - www.graces.fr - ♿ - 10h-17h - possibilité de visite guidée (30mn) par les guides de la SPREV juil.-août et J. du patrimoine.

Au centre du village, cette importante église fut jadis une chapelle de pèlerinage, probablement fondée par la reine Anne. Élevée au 16e s., elle fut légèrement modifiée au 17e s., puis restaurée au 19e s. Au sud, les quatre pignons de son unique bas-côté lui donnent un profil en dents de scie. À l'intérieur, dans la nef, remarquez les entraits et les magnifiques **sablières★** (poutres horizontales) sculptées : satires de l'ivrognerie, scènes de chasse, monstres, et émouvante Sainte Face encadrée d'angelots.

Châtelaudren B2

16 km à l'est par la N 12.

Au fond de la vallée du Leff – aux truites renommées –, cette cité recèle de charmantes maisons, autour de l'église St-Magloire. Le plan d'eau, aménagé sur les anciennes fortifications, se prête à la promenade, au camping et à la pêche.

Le Petit Écho de la mode – *Au bord du plan d'eau - 2 r. du Maillet - 02 96 79 26 40 - http://petit-echo-mode.fr - 9h-12h30, 14h-17h - fermé w.-end.* Des expositions sont organisées dans l'ancienne imprimerie du magazine du même nom (très connu dans les années 1950-1960 pour ses patrons-modèles), complètement rénovée et réaménagée en pôle culturel et touristique.

★ **Chapelle N.-D.-du-Tertre** – *À pied par la venelle Notre-Dame, ou en voiture à partir de la place des Sapeurs-Pompiers, par les rues Aribart et Notre-Dame - R. Notre-Dame - 02 96 74 10 38 - www.chatelaudren.fr - possibilité de visite guidée sur demande (2h) - clef disponible à la mairie en échange d'une pièce*

3

d'identité. Perchée sur une butte, la chapelle (début du 14e s. agrandie aux 16e et 17e s.) n'est pas de style homogène. Les **96 panneaux★** du 15e s. décorant la voûte du chœur, ensemble rare en France, évoquent l'Ancien et le Nouveau Testament. Au maître-autel, beau **retable★** en bois doré (1650).

Circuit conseillé Carte de microrégion p. 172-173

VALLÉE DU TRIEUX B2-3

Circuit de 39 km tracé en jaune sur la carte p. 172-173 – environ 2h. Quittez Guingamp par la D 8 vers Rostrenen.

Église de Bourbriac B3

Elle est dominée par son clocher de 64 m. Du premier édifice subsiste une crypte (10e ou 11e s.). De l'église romane, il reste le carré du transept. En 1535, on bâtit la tour ouest, où se mêlent les styles : le grand porche voûté d'ogives et l'étage inférieur sont de tradition flamboyante ; le reste de la tour est Renaissance. Et la flèche date de 1869 ! À l'intérieur, le sarcophage de saint Briac, invoqué pour la guérison des épileptiques, est d'époque mérovingienne.
Prenez la direction de Plésidy et dans le village, prenez à droite vers Étang-Neuf.

Étang-Neuf à Saint-Connan

On a du mal à imaginer que ce cadre idyllique (un étang entouré de forêts) ait pu être le théâtre d'âpres combats : ce fut pourtant le cas en 1944, comme l'évoque le musée installé dans un bâtiment surplombant l'étang.
Pôle de l'Étang-Neuf - Musée de la Résistance en Argoat – *Étang-Neuf - ✆ 02 96 47 17 66 - www.etangneufbretagne.com - ♿ - juil.-août : 10h30-19h, dim. 14h-19h ; vac. scol. (hors juil.-août) : sf lun. et sam. 14h-18h ; reste de l'année : merc., dim. et j. fériés 14h-18h - fermé lun., 1er janv., 1er Mai, 1er nov., 25 déc. - possibilité de visite guidée sur demande (1h) - 6 € (-18 ans 3 €).* Il évoque avec sensibilité la mémoire du maquis qui avait élu domicile ici même. Films, écrans interactifs et objets authentiques permettent de revivre cette épopée.
Revenez à Plésidy et poursuivez en dir. de St-Péver.
À 2 km, sur la gauche, en contrebas de la route, remarquez le **manoir de Toul-an-Gollet**, charmante demeure du 15e s. en granit. Une tourelle coiffée en poivrière et des fenêtres à meneaux agrémentent la façade.
Reprenez la route vers St-Péver et, avant le pont sur le Trieux, prenez une petite route à droite.

Chapelle Notre-Dame-de-Restudo B3

Cet édifice des 14e et 15e s. a conservé dans la nef et le chœur, séparés par un arc ogival, des traces de fresques du 14e s. On reconnaît la Cène et des épisodes de chevalerie. Un **pardon** a lieu le 30 juin, en l'honneur de saint Éloi.
Reprenez la D 767 vers Guingamp, dans la vallée du Trieux. À 2 km, tournez à droite vers Avaugour.

Chapelle d'Avaugour B3

Elle s'élève dans un joli site et abrite un beau sacraire (meuble) en bois sculpté du 16e s.
Rentrez à Guingamp par la D 767.

NOS ADRESSES À GUINGAMP

HÉBERGEMENT

BUDGET MOYEN

Hôtel de l'Arrivée – *19 bd Clemenceau - ✆ 02 96 40 04 57 - www.hotel-arrivee.com - ♿ - 27 ch. 60/77 € - ☕ 9 €.* Un hôtel pratique, près de la gare, avec des chambres petites mais bien rénovées.

POUR SE FAIRE PLAISIR

La Demeure – *5 r. du Gén.-de-Gaulle - ✆ 02 96 44 28 53 - www.demeure-vb.com - fermé 1er-22 août, 26 déc.-4 janv., dim. d'oct. à avr. - 10 ch. 85/145 € - ☕ 10 € - ✕ lun.-jeu 10 € plat uniq.* Cette belle maison de maître (18e s.) hébergea un temps la gendarmerie. Aujourd'hui, point de plaintes en ces lieux, où l'accueil est charmant ! Les chambres, élégantes et toutes différentes (tissus choisis et atmosphère feutrée), sont d'esprit classique ou bord de mer chic.

À proximité

POUR SE FAIRE PLAISIR

Au char à bancs – *22170 Plélo - Moulin de la Ville-Geffroy 20 km au sud-est par N 12 - ✆ 02 96 74 13 63 - www.aucharabanc.com - fermé janv. - P - 5 ch. 82/122 € ☕ - ✕ 20/40 € bc.* À l'auberge, accueil familial autour de la table en bois massif. La cuisine est concoctée avec les produits de la ferme (potée mijotée dans la cheminée, galettes).

RESTAURATION

POUR SE FAIRE PLAISIR

Le Clos de la Fontaine – *9 r. du Gén.-de-Gaulle - ✆ 02 96 21 33 63 - fermé dim. soir, mar. soir, lun., 12-27 fév., 12 juil.-1er août - formule 17 €, menu 30/45 €.* Le patron est passionné par le poisson et ne transige pas : dans votre assiette, toute la fraîcheur de la pêche côtière, cuisinée sans chichis et mise en valeur par des sauces délicates et des cuissons précises. Quelques plats rendent aussi hommage au terroir breton, comme le *kouign patatez*, le *traou mad*, etc.

ACHATS

Marché – *Mar., vend. et sam. mat.*

ACTIVITÉS

Armoripark – *22140 Bégard - ✆ 02 96 45 36 36 - www.armoripark.com - juil.-août : 11h-18h30 - 13 € (enf. 12 €) ; déb. avr.-juin et 1ere quinz. de sept. : w.-end, vac. de Pâques (tlj) et j. fériés 11h-18h - 10 € (enf. 9 €), merc. 14h-18h - 5 €.* Complexe aquatique avec bassins intérieurs et extérieurs à 29 °C et toboggans géants. Activités de plein air (luge d'été, pédalos, mini-golf, structures gonflables, bateaux tamponneurs, bowling, pentogliss 6 pistes). Animaux de la ferme.

AGENDA

Le Grand Pardon – *En juil.* Dédié à la Vierge noire, patronne de la basilique, il réunit des milliers de pèlerins. La procession se déroule la nuit, aux flambeaux. Après quoi, des feux de joie sont allumés sur la place du Centre, en présence de l'évêque.

Festival de la St-Loup – *1er dim. de juil. et une sem. autour du 15 août.* Il réunit place du Vally un millier d'enfants de toute la Bretagne pour le *Bugale Breizh*, grand rassemblement de danses bretonnes.

Rostrenen

3 124 Rostrenois – Côtes-d'Armor (22)

Au cœur de la Cornouaille costarmoricaine, Rostrenen est la capitale du Pays Fisel, dont la danse et le festival éponymes font la renommée. Cité culturelle, mais également ville de foires et de marchés, une tradition héritée de son passé influent sur les campagnes environnantes. Enfin, Rostrenen, centre de gravité de la Bretagne, rayonne sur une large partie de la région, dont le canal de Nantes-à-Brest, tout proche.

NOS ADRESSES PAGE 250
Hébergement, restauration, achats, activités, etc.

S'INFORMER

Office du tourisme du Kreiz Breizh – *6 r. Abbé-Gibert - 21110 Rostrenen - 02 96 29 02 72 - www.tourismekreizbreizh.com - juil.-août : 9h30-12h30, 14h-18h, dim. et j. fériés 9h30-12h30 ; avr.-juin et sept : tlj sf dim. et j. fériés 9h30-12h30, 14h-17h30 ; reste de l'année : se rens.*

SE REPÉRER

Carte de microrégion A4 (p. 172-173) – Rostrenen est un carrefour routier situé sur la N 164, reliant Carhaix-Plouguer, situé 21 km à l'ouest, à Mûr-de-Bretagne, 29 km à l'est.

À NE PAS MANQUER

Le cours tumultueux du Blavet dans les gorges de Toul Goulic.

ORGANISER SON TEMPS

Une demi-journée pour profiter des balades aux alentours du bourg est amplement suffisante.

AVEC LES ENFANTS

Retrouvez l'odeur de l'encre et de la craie d'une salle de classe d'antan au musée rural de l'Éducation.

Se promener

Église Notre-Dame-du-Roncier

C'est l'ancienne chapelle du château, incendié pendant la Ligue en 1572. Construite au 14e s., remaniée aux 18e et 19e s., elle possède un beau porche faisant la transition entre le gothique et la Renaissance. Près de l'église, intéressante fontaine sacrée du 17e s. **Pardon** le 15 août.

Circuits conseillés Carte de microrégion p. 172-173

PAYS FISEL AB 3-4

Circuit de 45 km tracé en rose sur la carte p. 172-173 - environ 3h. Quittez Rostrenen par la D 790 au nord-est en direction de St-Brieuc.

Le pays Fisel tire son nom de la coutume qu'avaient les hommes d'attacher leur chapeau derrière la tête avec un lacet ou une ficelle.

Saint-Nicolas-du-Pélem B3

Longez le flanc gauche de l'église pour découvrir la **fontaine** St-Nicolas, du 17e s., adossée à une maison. Dans l'**église** (15e et 16e s.) à chevet plat, remarquez deux beaux vitraux de 1470 illustrant la Passion.

Prenez au nord vers Lanrivain (D 5) et suivez « Musée-école de Bothoa ».

Musée rural de l'Éducation B3

Bothoa - 22480 St-Nicolas-du-Pélem - ✆ 02 96 29 73 95 - www.musee-ecole-bothoa.com - vac. de Pâques (zone B), juil.-août et vac. de la Toussaint : 14h-18h ; mai-juin : dim. 14h-18h - fermé lun., 8 Mai, dim. de Pentecôte, 1er et 11 Nov. - possibilité de visite guidée (1h30) - 4,50 € (-14 ans 2,50 €).

Quoi de plus normal que de reconstituer une école rurale des années 1930 dans une ancienne école. Pupitres de bois cirés, plumes, encre violette… À l'angle de la cour se trouve la maison de fonction de la première institutrice qui habita les lieux de 1931 à 1947. Une seconde classe présente une exposition permanente sur l'école de Bothoa (photos de classe…). Expositions temporaires. En été, dictée le mardi à 15h.

Lanrivain B3

Le cimetière garde un ossuaire (15e s.) à arcades tréflées ; à droite de l'église, le calvaire (16e s.) est animé de personnages de grandes dimensions, en granit de Kersanton.

Chapelle N.-D.-du-Guiaudet – *1,5 km au nord sur la route de Bourbriac. À l'entrée du hameau du Guiaudet, prenez à droite une allée marquée par deux piliers.* Bâtie à la fin du 17e s., elle abrite, au-dessus du maître-autel, une sculpture représentant la Vierge couchée tenant l'Enfant Jésus dans ses bras. Dans le clocher, un carillon de 16 cloches sonne deux cantiques dédiés à Notre-Dame.

Revenez sur vos pas, prenez à droite la D 87 et, après 1,5 km, tournez à gauche.

★ Gorges de Toul Goulic B3

15mn à pied AR. Au fond du parking dominant la vallée boisée du Blavet, prenez le sentier en forte descente qui conduit au milieu de la perte du Blavet : la rivière a entièrement disparu et gronde sous des chaos de roches énormes.

Faites demi-tour et tournez à gauche vers Trémargat.

Kergrist-Moëlou A3

Sur ce site planté de beaux ifs séculaires se dresse le **calvaire** (1578) regroupant sur sa base une centaine de personnages en granit de Kersanton ; mutilés pendant la Révolution, ils ont été replacés sans ordre.

Par St-Lubin au sud, regagnez Rostrenen.

3

CANAL DE NANTES-À-BREST

Circuit de 20 km tracé en gris sur la carte p. 172-173 – environ 1h30. Quittez Rostrenen à l'ouest par la N 164 vers Carhaix-Plouguer et, à 4 km, tournez à gauche vers Gourin.

La route atteint le canal, construit de 1823 à 1834, au bief de partage, à une altitude de 184 m. À droite du pont, empruntez le chemin de halage qui conduit

LE CANAL EN CHIFFRES

Le canal de Nantes-à-Brest est mis en service en 1842, après plus de 30 ans de travaux exécutés dans des conditions épouvantables par des forçats et des prisonniers de guerre. Il constitue alors une voie d'eau de 360 km, ponctuée de 238 écluses (18 d'entre elles ont été englouties lors de la création du lac de Guerlédan) et ayant 555 m de dénivelé. Huit rivières au total furent canalisées.

Informations sur le canal : www.smatah.fr ou Maison éclusière de Bizernig - 29520 Châteauneuf-du-Faou - ✆ 02 98 73 40 31 - 9h-12h, 14h-17h, vend. 9h-12h, 14h-16h30 - fermé w.-end et j. fériés.

à la tranchée du canal : vous découvrirez une partie de l'escalier de 44 écluses rattrapant, en 17 km, jusqu'à Port-de-Carhaix, une dénivellation de 120 m.
Poursuivez jusqu'à la sortie de Glomel pour prendre à droite la route de Paule et, à 1,8 km, tournez encore à droite.
On arrive sur les bords du canal, dans un joli **site★**, à hauteur de l'ancienne maison de l'éclusier de St-Péran. Agréable promenade sur le chemin de halage.
Pour en savoir plus sur le canal, voir Le Guide Vert Bretagne Sud.
Continuez jusqu'à l'axe Brest-Rennes ; tournez à droite pour regagner Rostrenen.

NOS ADRESSES À ROSTRENEN

RESTAURATION

POUR SE FAIRE PLAISIR

Le Bistrot qui Coz – *3 pl. Bourg-Coz - ☎ 02 96 29 10 71 - www.facebook.com/Le-Bistrot-qui-Coz-1593031984264679 - ♿ - fermé dim.-lun. et mar. soir - formule déj. (en sem.) 13,50/15,50 € - 17,50/33 €.* Les gastronomes de la région connaissaient tous l'Éventail des Saveurs, la table de Laurent Bacquer ; la voici transfigurée en bistrot gourmand ! Au menu de ce nouveau repère convivial : un décor qui a fait peau neuve, et une cuisine du marché jouant à fond la carte des saisons. Le concept est abouti et séduisant : voici un Bistrot qui Coz… du plaisir.

ACHATS

Marché – *Mar. mat.*

ACTIVITÉS

Attelages du Kreiz Breiz – *22480 Lanrivain - à Guerlagadec - ☎ 02 96 45 76 31 - www.attelages-k-b.com - de mi-juin à mi-sept. : mar. et jeu.* Circuits nature ou vieilles pierres, balades nocturnes *(2h30), 20 € (enf. 9 €)* ; journée à la ferme au rythme du cheval breton *: 20 € (enf. 10 €).*

Vélo – Voie verte entre Rostronen et le lac de Guerlédan (30 km jusqu'à Mûr-de-Bretagne, *voir p. 252).*

Base de loisirs de Créharer - *22110 Glomel - ☎ 06 74 58 47 49 - avr.-oct.* Location de canoës-kayaks *(à partir de 15 €/½ j.),* assistance pour la descente des glissières, location de VTT et vélos électriques *(10 €/½ j., 18 €/j.).*

AGENDA

Courses hippiques – *W.-end de Pentecôte.* Un événement depuis 150 ans. Deux journées de courses (dim. et lun.) et nombreuses animations sur l'hippodrome de Kenropers.

Festival Fisel – *www.fisel.org - 1 sem. après le 15 août.* Concours de danse (la « gavotte fisel » accompagnée par un couple de chanteurs, le *kan ha diskan*, ou par un duo biniou-bombarde ou clarinette), *fest-noz* (traditionnel et contemporain), stages et tournois de gouren (lutte bretonne).

Lac de Guerlédan

★★

Côtes-d'Armor (22) et Morbihan (56)

Ce lac artificiel, formé par le barrage de Guerlédan sur le Blavet, est l'un des plus beaux sites de l'Argoat. Ses rives sinueuses et boisées revêtent parfois des allures mystérieuses, offrant aux nombreuses randonnées autour du plan d'eau une atmosphère étonnante. On y pêche sandre, brochet, perche et gardon, on y fait de la voile et l'on s'enfonce dans la forêt de Quénécan ou dans les gorges du Daoulas toutes proches…

NOS ADRESSES PAGE 256
Hébergement, restauration, achats, activités, etc.

S'INFORMER

Office du tourisme de Pontivy Communauté - Lac de Guerlédan – *1 pl. de l'Église - 22530 Mûr-de-Bretagne - ✆ 02 96 28 51 41 - http://www.lacdeguerledan.com - juil.-août : 9h30-13h, 14h-18h30, vend. 9h30-13h, 14h-19h30 ; juin et sept. : 9h30-13h, 14h-18h30 ; mai et oct. : 9h30-12h30, 14h-18h, dim. 14h-18h ; avr. : tlj sf dim. 9h30-12h30, 14h-18h ; reste de l'année : tlj sf dim. 9h30-12h30, 14h-17h, sam. 9h30-12h30 - fermé 1er janv., 1er Mai, 11 Nov., 25-26 déc.*

Point information de Beau-Rivage – *22530 Caurel - ✆ 02 96 56 55 76 - fin juin-déb. sept. 10h-12h30, 13h30-18h30.*

SE REPÉRER

Carte de microrégion B4 (p. 172-173) – À l'orée de la forêt de Quénécan, le lac s'ouvre juste à l'ouest de Mûr-de-Bretagne *(3 km)*, au sud de la route de Rostrenen *(18 km à l'ouest par la N 164)*. Pontivy est 10 km plus au sud par la D 767.

À NE PAS MANQUER

Le plafond peint de la chapelle Ste-Suzanne à Mûr-de-Bretagne, et le spectacle des eaux vives dans les gorges du Daoulas.

ORGANISER SON TEMPS

Réservez un hébergement à l'avance pour les bords du lac, car les places en gîte sont chères en été. Pendant les vacances de Pâques, faites une halte à Loudéac le dimanche matin pour assister aux courses.

AVEC LES ENFANTS

Louez un pédalo ou un canoë-kayak pour une promenade sur le lac. Plongez dans le passé sidérurgique de la région en visitant le village incroyablement conservé des Forges-des-Salles avant de partir à la découverte des toiles de St-Thélo à l'âge d'or du lin.

3

Circuit conseillé

TOUR DU LAC Carte Lac de Guerlédan p. 252

Circuit de 44 km au départ de Mûr-de-Bretagne tracé en rouge sur la carte p. 252 – environ 3h30.

Gwern signifie « aulne » en breton. La région était donc bien humide avant que le lac artificiel n'envahisse les lieux. Serpent d'eau de 12 km, ce dernier recouvre l'ancienne vallée des ardoisiers depuis les années 1920. Aux 18e et 19e s., l'extraction de l'ardoise comptait en effet parmi les principales activités économiques du secteur. Une bonne partie des carrières se trouve aujourd'hui au-dessous du niveau des eaux.

Mûr-de-Bretagne

Au nord du bourg, dans un très joli cadre de verdure qui inspira Corot, s'élève la **chapelle Ste-Suzanne** avec son élégant clocher-porche (1760). À l'intérieur se trouve un remarquable **plafond peint★** du 18e s.

Dans le bourg, qui compte parmi les plus animés de la Bretagne intérieure, une route mène au **rond-point du Lac** d'où la **vue★** est superbe.

Prenez la D 35 au sud-ouest. Après avoir franchi les deux ponts enjambant le canal et le Blavet, tournez à droite.

Saint-Aignan

Dans l'**église** (12e s.), à gauche du chœur, très belle représentation en bois sculpté de l'Arbre de Jessé, à droite, une Trinité entourée des évangélistes.

Électrothèque – *R. du Musée - ☎ 02 97 27 51 39 - www.musee-electricite-guerledan.com - juil.-août : 10h-13h, 14h-18h30, dim. 14h-18h30 ; avr.-juin et sept. : tlj sf dim. 10h-12h30, 14h-18h ; reste de l'année : se rens. - fermé lun. - possibilité de visite guidée (1h15) - 4,50 € (-18 ans 2,50 €).* À la sortie du village sur la gauche, elle évoque la construction du barrage de Guerlédan, ainsi que l'histoire de l'électricité. Possibilité de faire fonctionner certains appareils.

Suivez la D 31, direction « Barrage de Guerlédan ».

Barrage de Guerlédan

Un rond-point belvédère domine ce barrage haut de 45 m, long de 206 m à la crête et épais de 33 m à la base. Sa retenue de 55 millions de m³ se développe sur 12 km dans les gorges du Blavet. Arrêtez-vous : la **vue★** est magnifique.

Faites demi-tour, puis tournez à droite. À l'entrée de la forêt de Quénécan, prenez à droite.

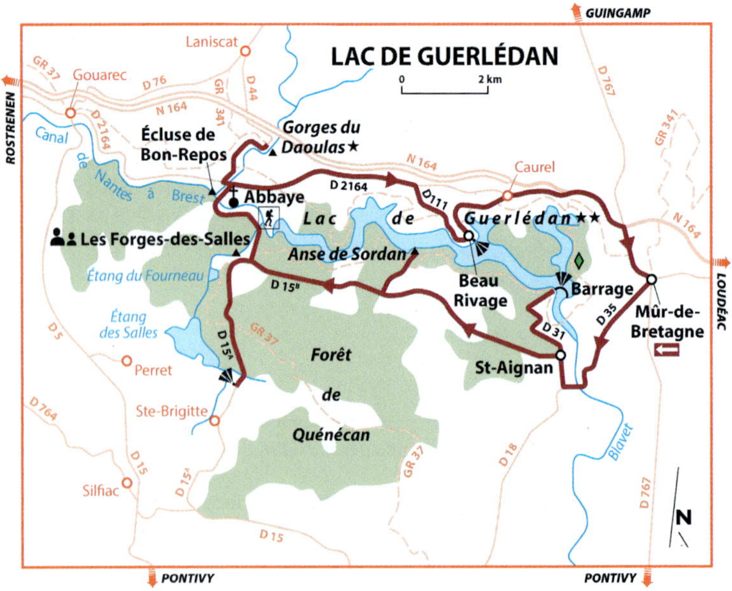

Le lac de Guerlédan se prête à de rafraîchissantes escapades.
E. Berthier/hemis.fr

Anse de Sordan

Agréable crique dans un joli site paisible où s'abritent de nombreux bateaux de plaisance. Possibilité de prendre un verre face au lac, au restaurant-bar.

Les Forges-des-Salles

02 96 24 94 85 - http://lesforgesdessalles.fr - du w.-end de Pâques à fin sept. : w.-end 14h-18h30 - possibilité de visite guidée (1h15) - 6 € (-10 ans gratuit).

Niché au fond d'un vallon boisé, le hameau des Forges est un ancien site sidérurgique des 18e et 19e s. témoignant d'un passé industriel révolu. Depuis la cessation de l'exploitation du minerai de fer en 1880, cet ensemble de constructions n'a pas été modifié. Certains logements ont été réaménagés selon leur fonction d'origine : l'école, le bureau de paye, la cantine, la chapelle, une petite forge et la menuiserie.

À l'est du château, berceau des Rohan, s'étend un jardin d'agrément en terrasses, le **Thabor** : très belle vue sur les cours d'eau de la vallée.

UNE VIDANGE HISTORIQUE

Construit à la fin des années 1920, le barrage hydroélectrique de Guerlédan doit faire l'objet d'une maintenance régulière. Dans ce cadre, le lac a été asséché à quatre reprises en 1951, 1966, 1975 et 1985. Depuis 1985, la plupart des contrôles peuvent être effectués par un robot subaquatique. Cependant, des interventions indispensables ont nécessité à nouveau une vidange totale du lac et l'arrêt de la centrale hydroélectrique en 2015. Un chantier exceptionnel qui s'est étalé sur presque 10 mois. Le lac, totalement à sec, a dévoilé des paysages presque lunaires et des ruines d'écluses et de maisons… Un événement qui a attiré plusieurs milliers de curieux.
www.lacdeguerledan.com

Forêt de Quénécan

Située sur un plateau très accidenté dominant la vallée, cette forêt s'étend sur 2 500 ha. De belles futaies de hêtres et d'épicéas entourent l'étang du Fourneau et Les Forges-des-Salles.

Le GR 37 passe à proximité des Forges-des-Salles et traverse en diagonale la forêt, offrant de belles possibilités de balades.

Poursuivez en direction de Ste-Brigitte.

Ce petit détour permet de profiter de belles échappées sur l'étang des Salles.

Par Les Forges-des-Salles, regagnez le grand carrefour et prenez à gauche. Laissez la voiture au parc de stationnement avant le pont, à gauche.

Écluse de Bon-Repos

Située sur le Blavet, elle forme un charmant tableau, avec le vieux pont à corbeaux, l'ancienne maison de l'éclusier et le déversoir.

Franchissez le pont et, sur la droite, empruntez l'ancien chemin de halage.

Abbaye de Bon-Repos

☏ 02 96 24 82 20 - www.bon-repos.com - ♿ - juil.-août : 10h-19h ; 17 déc.-7 janv. : 15h-19h30 ; reste de l'année : tlj sf sam. 10h-12h, 14h-18h, dim. 14h-18h - possibilité de visite guidée (1h15) - 5 € (-4 ans gratuit) - gratuit w.-end de Pentecôte.

Pillée et ruinée sous la Révolution, cette abbaye cistercienne fondée au 12e s. tomba en désuétude complète. Elle a été sauvée de justesse par une équipe d'artisans et de bénévoles passionnés qui s'attachent à lui rendre sa beauté et sa grandeur passée. La visite permet de découvrir les bâtiments conventuels et la vaste église. Intéressante programmation culturelle *(voir « Nos adresses »).*

Gagnez la D 2164, tournez à gauche vers Gouarec et, sitôt franchi le pont, prenez à droite vers les gorges du Daoulas.

★ Gorges du Daoulas

Les eaux rapides du Daoulas coulent dans une vallée étroite et sinueuse, aux versants tapissés d'ajoncs, de genêts et de bruyères. C'est une véritable cluse, sciée par la rivière dans une bande de schiste et de quartzite pour rejoindre le Blavet – devenu le canal de Nantes-à-Brest *(voir p. 249)*. Les bancs de roches sont redressés presque verticalement ; quelques-uns se terminent en de curieuses aiguilles et en lames tranchantes.

À 2 km, faites demi-tour dans un chemin précédant deux maisons au lieu-dit Toulrodez. Sur la D 2164 vers Loudéac, parcourez 5 km et prenez à droite la D 111.

Après une descente dans un boqueteau de pins, on apprécie la **vue★** qui s'ouvre sur le lac de Guerlédan.

Beau-Rivage

Ce village, qui possède une **plage**, est un petit havre pour la plaisance et le ski nautique *(voir « Nos adresses »).*

Gagnez Caurel et tournez à droite vers Loudéac. À 3,5 km, prenez à droite pour rejoindre Mûr-de-Bretagne.

À proximité Carte de microrégion p. 172-173

Loudéac C4

21 km à l'est de Mûr-de-Bretagne par la D 35, puis à droite par la N 164.

Office du tourisme du pays du Centre Bretagne – *15 r. de Moncontour - 22600 Loudéac - ☏ 02 96 28 25 17 - www.centrebretagne.com - juil.-août : 9h-12h, 13h-17h, sam. 9h-12h ; reste de l'année : 9h-12h, 13h30-17h - fermé dim. et j. fériés.*

Au cœur de la Bretagne intérieure, cette petite ville a su tirer parti de son environnement boisé et de ses rivières poissonneuses pour développer un tourisme « vert ». Randonnées à pied ou à cheval, vélo ou pêche à la mouche comptent ainsi parmi ses atouts.
Loudéac est aussi connue pour ses courses de chevaux. Au Moyen Âge, la maison de Rohan possédait ici un haras d'une centaine de têtes. La région offre de belles randonnées à cheval.
Hippodrome – *R. Arthur-Enaud - ✆ 02 96 28 28 73 - horaires, se rens.* C'est le deuxième hippodrome de l'Ouest.
Bon à savoir – *Des courses de chevaux ont lieu tte l'année, se rens.*

Chapelle Notre-Dame de Querrien C4

11 km à l'est de Loudéac par la N 164, puis la D 14 sur la gauche après la forêt de Loudéac.
Lieu d'une apparition de la Sainte Vierge à une petite bergère au 17e s., le village accueille un pèlerinage annuel.

Musée régional à La Chèze C4

10 km au sud-est de Loudéac par la D 778. 1 r. du Moulin - ✆ 02 96 26 63 16 - www.museedesmetierslacheze.jimdo.com - ♿ - juil.-août : 10h-12h, 14h-18h, dim. 14h-18h - fermé j. fériés et lun. - 3,60 € (-12 ans 2 €).
Il s'adresse aux amoureux des vieux métiers. On y découvre une machine à imprimer (1930) en état de marche. Le musée accueille une antenne de l'office du tourisme de Loudéac (hébergement, loisirs, culture).

★ Saint-Thélo C4

11 km au nord-ouest de Loudéac par la D 41, puis après Trévé prendre à gauche la D 69.
Cette agréable petite commune a connu une certaine prospérité grâce au travail et au commerce du lin.
★ **Maison des toiles** – *Le Bourg - ✆ 02 96 56 38 26 - www.laroutedulin.com - ♿ - juil.-août : tlj sf lun. et dim. mat. 10h30-12h30, 14h-18h30 ; reste de l'année : se rens. - fermé nov.-mars - possibilité de visite guidée sur demande (1h30) - 5 €*

LA ROUTE DES TOILES

Dès le 17e s. et jusqu'au milieu du 20e s., le **lin**, de la culture à la fabrication, compte parmi l'une des activités importantes des Côtes-d'Armor. Tandis que le Trégor-Goëlo était dédié à sa culture, le centre Bretagne se consacrait au tissage et à la commercialisation des toiles de lin. La Roche-Derrien *(voir p. 210)* et son patrimoine linicole, St-Laurent qui abrite le dernier treillage de lin en Bretagne, Quintin et son musée dédié aux tisserands et enfin St-Thélo constituent les étapes de la Route du lin en Côtes-d'Armor. Expositions, animations et balades guidées sur les différents sites. Se renseigner dans les offices de tourisme *(voir aussi Quintin p. 177 et encadré p. 178).*
Dans le Finistère également, notamment dans le Léon, l'activité fut florissante du 16e au 18e s. En témoignent les belles demeures de négociants de Morlaix *(voir p. 322)* et Landerneau *(voir p. 346)*, le *kanndi* du Fers *(voir p. 342)* et, bien sûr, les enclos paroissiaux *(voir p. 341)*. Quant à l'Ille-et-Vilaine, on y fabriquait des toiles de **chanvre**, dans la région entre Rennes et Vitré. Depuis quelques années, l'association « Lin & chanvre en Bretagne » s'attache à mettre en valeur le patrimoine matériel et immatériel hérité de cette activité. *www.linchanvrebretagne.org*

3

(-18 ans 2 €). Aménagée dans une ancienne maison de négociant (18e s.), elle retrace l'histoire des célèbres « Toiles Bretagne », qui débuta au 17e s., à l'âge d'or du lin. Elle décrit l'évolution de la petite fleur bleue, de la graine à la toile. Demandez à l'entrée la carte-jeu pour les enfants.
Voir aussi encadré p. 255.

NOS ADRESSES AUTOUR DU LAC DE GUERLÉDAN

HÉBERGEMENT ET RESTAURATION

PREMIER PRIX

Camping Aquarev – *Rte de Rennes - 22600 Loudéac - Les Ponts es Bigots - 02 96 26 21 92 - www.camping-aquarev.com - avr.-oct. - - 90 empl. 22 € - locatif 70/120 €.* Petit terrain très bien entretenu, avec quelques mobile homes à la location. Sur place, peu d'animation, mais une base de loisirs tout à côté, avec possibilité de pêche, tennis, parcours de santé et un toboggan aquatique.

BUDGET MOYEN

Couett'Hôtel – *Rue Joseph-Gicquel - 22600 Loudéac - Parc Triskell - 02 96 25 02 00 - www.couett-hotel-loudeac.fr - P - 30 ch. à partir de 59 € - 7,90 €.* Situé non loin de la N 164, un établissement récent, à la façade en bois blanc et rouge. Chambres au décor sobre et contemporain ; certaines peuvent accueillir les familles (5 pers.). Accès 24h/24 grâce à une borne interactive.

Le Beau Rivage – *Lieu-dit Beau-Rivage - 22530 Caurel - 2 km au sud-ouest de Caurel - 02 96 28 52 15 - www.le-beau-rivage.info - 4 ch. 59/68 € - 9,50 € - le soir sur réserv. seult - fermé merc. hors vac. scol. ; lun. en juil.-août - formule déj. 21,50 € - 21,50/48,80 €.* La salle à manger de cette maison récente possède de larges baies qui ouvrent sur le lac ; terrasse panoramique. Outre la très jolie vue, vous pourrez y goûter une cuisine classique. Chambres sobrement décorées.

Hôtel Auberge Grand'Maison – *1 r. Léon-le-Cerf - 22530 Mûr-de-Bretagne - 02 96 28 51 10 - www.auberge-grand-maison.com - fermé du dim. soir au mar. soir, 1 sem. en janv., vac. scol. (zone B) de fév., 1re sem. de juil. et 2 sem. en oct. - 9 ch. 60/98 € - 12 € - formule déj. 30 € (sem.) - 58/90 €.* Cette maison a préservé son caractère d'ancienne auberge bretonne tout en modernisant quelque peu sa salle à manger. Une cuisine actuelle et créative à base d'excellents produits. Les chambres sont spacieuses et cosy.

Hôtel des Voyageurs – *10 r. Cadélac - 22600 Loudéac - 02 96 28 00 47 - www.hoteldesvoyageurs.fr - fermé sem. de Noël - P - 30 ch. 71/96 € - 9,50 € - formule 16,50 € - 17,90/36,90 €.* Bienvenue aux voyageurs ! L'hôtel affiche un style contemporain de bon aloi, l'ensemble est fort bien tenu et le restaurant traditionnel tombe à point nommé pour les résidents. Une bonne adresse de l'Argoat.

ACHATS

Marché – *22530 Mûr-de-Bretagne - vend. mat. à Mûr-de-Bretagne.*

ACTIVITÉS

Randonnées

Bon à savoir – L'office de tourisme propose un lot de

26 topofiches de randonnées (pédestres, vététistes et équestres) au prix de 6 €.

Voie verte – Randonnées autour du lac en suivant notamment la voie verte V6. L'ancienne voie de chemin de fer a été réaménagée de Carhaix à Saint-Méen-le-Grand. Entre l'abbaye de Bon-Repos et Mûr-de-Bretagne, elle surplombe le lac. Vous pouvez poursuivre jusqu'à Saint-Caradec, pour longer la rigole d'Hilvern, bel ouvrage hydraulique qui servait à alimenter le canal de Nantes-à-Brest.

Activités nautiques

Ski nautique – Club de Guerlédan – *22530 Caurel - Beau-Rivage - ✆ 06 09 38 03 26 - juil.-août : 9h-19h ; mai-juin et sept. : w.-end 10h-18h - fermé oct.-avr.* Ski nautique, wake board. Activités encadrées par des moniteurs diplômés d'État. Possibilité de stages avec hébergement en mobile homes.

Baignade – *22570 Gouarec* Attention ! Que ce soit à Beau-Rivage ou à l'anse de Sordan, la baignade n'est pas surveillée.

Pédalos – *22530 Mûr-de-Bretagne* Des bases de pédalos se trouvent à Beau-Rivage, à l'anse de Sordan et au rond-point du Lac à Mûr-de-Bretagne.

Bases de plein air

Base de plein air de Guerlédan – *106 r. du Lac - 22530 Mûr-de-Bretagne - ✆ 02 96 67 12 22 - www.base-plein-air-guerledan.com.* Les activités de canoë-kayak, voile, escalade, course d'orientation et tir à l'arc sont encadrées par des moniteurs diplômés. Location de vélos. Randos pédestres-VTT-vélo : nombreux circuits très bien balisés.

Base Sport Nature – *22210 Plémet - Site de Pont Querra, 14 km à l'est de Loudéac - ✆ 02 96 25 97 22 - www.plemet.fr - juil.-août : 9h30-12h30, 13h30-18h ; reste de l'année : tlj sf dim. 9h-12h30, 13h30-17h - location canoë-kayak 7,50 € (-18 ans 5 €) ; randonnées canoë-kayak 15 € (-18 ans 8 €).* Ce complexe touristique et sportif propose la location de canoës-kayaks pour descendre le Lié en toute liberté. Il organise aussi des randonnées nature en canoë, en VTT ou à cheval au pays de Loudéac.

Croisières

Les Vedettes de Guerlédan – *22530 Caurel - Beau-Rivage - ✆ 02 96 28 52 64 - www.guerledan.com - de déb. avr. à mi-oct. : horaires, se rens. - menus 39,50/59,90 €.* Découverte du lac de Guerlédan à bord du *Duc de Guerlédan II*, pour une croisière commentée *(1h30)*, ou à bord du *Duc de Guerlédan I* pour un déjeuner-croisière *(2h30).*

AGENDA

L'Association des compagnons de l'**abbaye de Bon-Repos** œuvre activement au renouveau de ce site historique. Les campagnes de restauration s'accompagnent d'une programmation culturelle de qualité tout au long de l'année, doublée d'un important spectacle son et lumière animé par 350 figurants et 30 cavaliers en été *(5 soirées en août, à 22h30). ✆ 02 96 24 85 28 - www.bon-repos.com - 18 € (-11 ans 10 €), sans réserv. 21 € (-11 ans 12 €).*

3

Lamballe

13 304 Lamballais – Côtes-d'Armor (22)

L'ancienne capitale du duché de Penthièvre se love contre le flanc d'une colline sur la crête de laquelle se dresse la collégiale Notre-Dame. À ses pieds coule le Gouessant aux rives fleuries et ombragées. Lamballe la discrète abrite derrière ses maisons en granit et celles à colombages de petits trésors, dont un haras national et le musée Mathurin Méheut.

NOS ADRESSES PAGE 262
Hébergement, restauration, achats, activités, etc.

S'INFORMER

Office de tourisme de Lamballe Communauté – *Pl. du Champ-de-Foire - 22400 Lamballe - ✆ 02 96 31 05 38 - www.lamballe-tourisme.com - de déb. juil. à mi-sept. : 10h-12h30, 13h30-18h, jeu. 10h-18h ; reste de l'année : tlj sf dim. 10h-12h, 13h30-17h30, lun. 13h30-17h30 - fermé 1er janv., 1er Mai, 1er et 11 Nov., 25 déc.*

SE REPÉRER

Carte de microrégion C3 (p. 172-173) – Lamballe se trouve à 20 km à l'est de St-Brieuc par la N 12, et à 12 km du Val-André *(au nord)* par la D 791.

À NE PAS MANQUER

Le haras national, surtout pendant les concours hippiques du mois d'août, le village médiéval de Moncontour.

ORGANISER SON TEMPS

De mi-juillet à fin août, les spectacles organisés au haras offrent l'occasion d'une étape dans la région.

AVEC LES ENFANTS

Visitez le haras national, rendez-vous à la Ferme d'antan de St-Esprit-des-Bois-en-Plédéliac, allez au château de la Hunaudaye ou participez aux jeux de piste organisés par la Maison pêche et nature de Jugon-les-Lacs.

Se promener Plan de ville ci-contre

Place du Martray A1

Cette petite place triangulaire est bordée de maisons anciennes à pans de bois; parmi elles, la **maison du Bourreau**, du 15e s.

Musée d'Art populaire du Pays de Lamballe – *Pl. du Martray - au rdc de la maison du Bourreau - ✆ 02 96 34 77 63 - 10h-12h, 15h-17h30 - fermé dim.-lun. - possibilité de visite guidée - 3 € (-12 ans gratuit).* Ce musée des arts et traditions populaires expose poteries de Lamballe, gravures, coiffes et pièces de costumes de la région.

Musée Mathurin-Méheut – *Pl. du Martray - ✆ 02 96 31 19 99 - www.musee-meheut.fr - juil.-août : mar.-sam. 10h-12h, 14h-18h, avr.-juin et sept.-oct. : mar.-sam.. 10h-12h30, 14h-18h ; lun. et dim. 14h-18h - 3 € (-13 ans 1 €).* Exposition thématique des œuvres de Mathurin Méheut (1882-1958), peintre natif de Lamballe, dont l'œuvre constitue un témoignage incomparable de la vie quotidienne en Bretagne.

Collégiale Notre-Dame B1

De style gothique, elle présente des parties romanes. À l'intérieur, on verra un intéressant jubé en bois sculpté, de style gothique flamboyant. Sur le flanc droit de la collégiale, une terrasse a été construite au 19e s. Elle offre une jolie

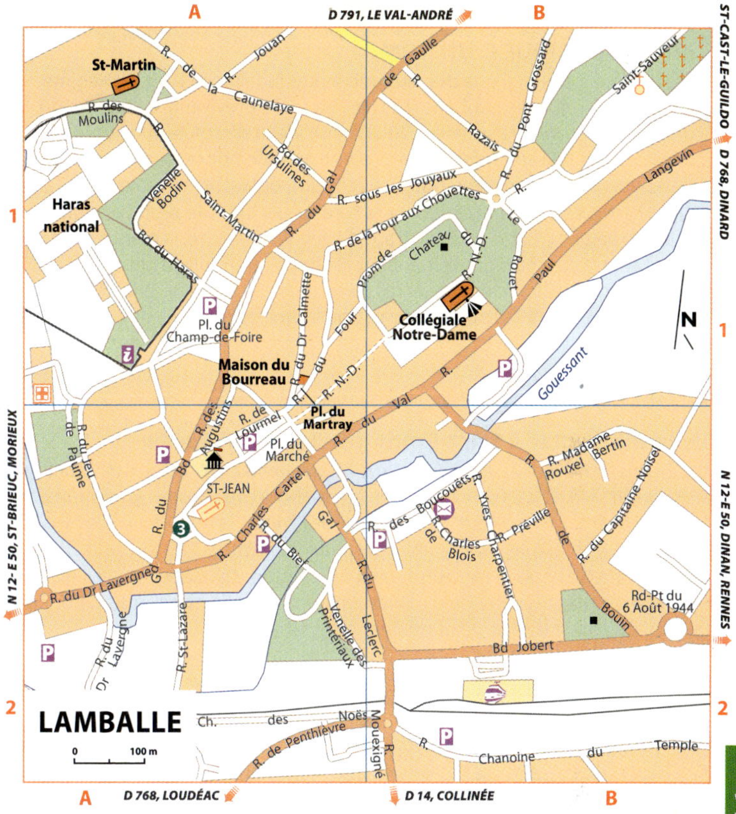

SE LOGER
Hôtel du Lion d'Or.......... 3

vue sur la ville et la vallée du Gouessant. À gauche de la collégiale, une très belle promenade ombragée a été aménagée à l'emplacement du château.

★ Haras national A

Pl. du Champ-de-Foire - ✆ 02 96 50 06 98 - www.haras-lamballe.com - ♿ - de déb. juil. à mi-sept. : 11h-16h30 ; fév., avr.-juin, vac. scol. et nov.-déc. : 11h, 14h30 et 16h, dim.-lun. 14h30 et 16h ; reste de l'année : 14h30 - fermé 1er janv., 1er et 11 Nov., 25 déc. - possibilité de visite guidée (1h30) - 7 € (-4 ans 4 €) - spectacle équestre (17 €, -13 ans 10 €).

Ce haras fondé en 1825 héberge une soixantaine d'étalons (races de trait ou de sang). De début mars à la mi-juillet, ces étalons sont répartis dans les stations de monte des Côtes-d'Armor et du Nord Finistère. Un concours hippique a lieu en août, à l'issue duquel est présenté un **carrousel** des attelages. Au cours de la visite, on découvre les écuries et leurs hôtes, la forge, la remise des voitures hippomobiles, la sellerie d'honneur, le manège et la cour d'honneur.

Église Saint-Martin A1

Ancien prieuré de l'abbaye de Marmoutier, cet édifice (15e-18e s.) comporte sur le flanc droit un porche original des 11e et 12e s., surmonté d'un auvent de bois datant de 1519. Beau clocher dont la flèche est du 18e s.

LA FIN TRAGIQUE D'UN NOM

Les Lamballe étaient l'une des plus puissantes familles de l'Ancien Régime. En 1767, le prince de Lamballe (c'est le titre qui a été donné à l'héritier du duché de Penthièvre) mène à 20 ans une vie si dissolue que son père, dans l'espoir de l'amender, le marie à une gentille princesse piémontaise de 17 ans. L'héritier ne se range pas et meurt, épuisé, trois mois après.

En 1770, Marie-Antoinette épouse le futur Louis XVI. Elle prend en amitié la jeune veuve. Quand éclate la tragédie révolutionnaire, la **princesse de Lamballe** reste courageusement auprès de la reine. Elle la précède d'un an dans la mort : lors des massacres de septembre 1792, des émeutiers lui coupent la tête qu'ils promènent au bout d'une pique.

À proximité Carte de microrégion p. 172-173

La Ferme d'antan à Saint-Esprit-des-Bois-en-Plédéliac D3

17 km à l'est. Quittez Lamballe par la D 14, puis prenez la N 12 sur 1 km avant de rejoindre la D 55. 02 96 34 80 77 - www.ferme-dantan22.com - - juin-août : 10h30-18h, dim., j. fériés et lun. 14h-18h ; reste de l'année : se rens. - fermé de mi-déc. à déb. janv., 1er et 11 Nov. - possibilité de visite guidée (30mn) - 6,60 € (-17 ans 3,50 €).

Elle offre l'occasion de visiter une exploitation, ses dépendances et son outillage. La pièce commune d'habitation a conservé le mobilier traditionnel breton. Un film illustre la vie quotidienne paysanne au début du 20e s.

★ Château de la Hunaudaye D3

15 km à l'est de Lamballe, par la D 28 en direction de Pléven et la D 28E à droite. Le St-Esprit-des-Bois - 02 96 34 82 10 - www.la-hunaudaye.com - - de déb. juil. à mi-sept. : 10h30-18h30 ; avr.-juin et vac. de la Toussaint : 14h30-18h - possibilité de visite guidée (50mn) - 5,50 € (-6 ans gratuit) - 15 € billet famille (2 adultes + 2 enf.). Spectacles, ateliers pour enf., expositions et conférences (en sais.) sur demande préalable.

Cette ancienne forteresse s'élève dans un cadre boisé, à l'orée des forêts de St-Aubin et de la Hunaudaye. Construit en 1220, le château fut agrandi au 14e s. et embelli au début du 17e s. Il fut démantelé puis incendié sous la Révolution. Son plan dessine un pentagone irrégulier dont chaque angle est occupé par une tour. Deux d'entre elles, les plus petites, appartiennent à la première construction ; les trois autres furent édifiées aux 14e et 15e s. Un pont remplaçant l'ancien pont-levis donne accès à une grande porte en plein cintre surmontée d'un blason. Après les vestiges des cuisines, on gagne la **tour de la Glacière** (15e s.), qui doit son nom à son orientation au nord. Un escalier à vis permet d'admirer l'élégante construction et les cheminées.

Le **logis seigneurial** (15e-16e s.) était un imposant manoir, orné d'un magnifique escalier Renaissance. Le **donjon seigneurial** (15e s.) est desservi par un escalier à vis de 73 marches. Remarquez les cheminées monumentales et les canonnières percées dans les murs pour assurer la défense.

L'été, de nombreux ateliers pédagogiques sont proposés aux enfants *(coût inclus dans la visite).*

★ Moncontour C3

16 km au sud-ouest par la D 768.

Office de tourisme du pays de Moncontour – *4 pl. de la Carrière - 22510 Moncontour - 02 96 73 49 57 - www.tourisme-moncontour.com - juil.-août : 10h-12h30, 14h-18h, dim. 9h30-13h - fermé j. fériés.*

Cette petite cité bâtie au 11e s. sur un promontoire rocheux a perdu une partie de ses remparts en 1626, sur ordre de Richelieu. Elle ne manque pour autant ni d'allure ni de charme. Les portes taillées dans les courtines invitent à parcourir les pittoresques ruelles qui montent vers l'église.

Maison de la chouannerie et de la Révolution – *4 pl. de la Carrière - ✆ 02 96 73 49 57 - www.tourisme-moncontour.com - juil.-août : 10h-12h30, 14h-18h ; reste de l'année : se rens. - fermé 1er et 8 Mai, jeu. de l'Ascension, 1er et 11 Nov., 25 déc. - 3 € (-18 ans gratuit) - gratuit 14 Juil.*Installée dans le même bâtiment que l'office de tourisme, cette maison illustre les heures dramatiques que connut Moncontour pendant cette période *(voir encadré ci-dessous)*.

Église St-Mathurin – Édifiée au 16e s., très remaniée au 18e s., elle abrite de remarquables **vitraux**★ du 16e s. : dans le bas-côté gauche, on découvre des épisodes de la vie de saint Yves, sainte Barbe et saint Jean-Baptiste ; dans le bas-côté droit, l'Arbre de Jessé et saint Mathurin. Derrière le maître-autel en marbre (1768), la verrière, restaurée, évoque des scènes de l'enfance du Christ.

Théâtre du Costume – *13 r. du Dr-Sagory - ✆ 06 81 87 33 40 - ♿ - de mi-juin à mi-sept. : 14h-18h - possibilité de visite guidée - 3 €.* Madame Morelle, costumière de théâtre passionnée, offre ici une saisissante illustration de l'histoire de France, des chevaliers du Moyen Âge à la mode 1900.

★ Église de Morieux C2

▶ 18 km au nord-ouest par la N 12, puis à St-René prenez à droite la D 786. Pl. du 19-Mars-1962 - ✆ 02 96 31 05 38 - visite guidée (45mn) 15 juil.-5 sept. : merc. 10h30 (sf j. de concert 20h) et sam. 10h30 - 4 € (-14 ans gratuit) - se rens. à l'office du tourisme de Lamballe.

L'église **St-Gobrien**, l'une des plus anciennes des Côtes-d'Armor, abrite de remarquables **fresques** du 11e s., et surtout des 13e et 14e s. Exceptionnellement bien conservées, elles couvrent plus de 200 m² de murs. Remarquez le très beau Christ au-dessus de l'arc triomphal séparant la nef du chœur.

Jugon-les-Lacs D3

▶ 21 km au sud-est par la N 12, puis la N 176 en direction de Dinan.

Le bourg s'adosse à la digue qui retient les eaux de la Rosette et de la Rieule, formant le grand lac de Jugon. L'église, en partie reconstruite au 19e s., conserve un porche du 12e s. ainsi que la porte du bras droit du transept à sculptures stylisées. Dans la rue du Château, l'ancien **hôtel Sevoy** (1634) est bâti sur le roc. Côté nature, voyez les expos et activités de la **Maison Pêche et Nature des Côtes-d'Armor** *(voir p. 263)*.

MONCONTOUR ET L'HISTOIRE

Cette petite cité de caractère, qui fait désormais partie des « plus beaux villages de France », a conservé un centre historique digne de sa prospérité passée, malgré les aléas de l'histoire. Acquise aux Ligueurs sous le règne d'Henri IV, elle subit en effet l'attaque de l'armée royale qui la reprend en 1590. Un an plus tard, le 4 août 1591, François de La Nouë, dit **Bras-de-Fer**, meurt après avoir été grièvement blessé au service du roi lors du siège de Lamballe. Plus tard, sous la Révolution, Moncontour se trouve au cœur d'un pays particulièrement agité par la chouannerie. C'est entre ses murs, en 1795, que l'un des chefs chouans, Boishardy, signa une trêve avec Hoche, avant d'être tué peu de temps après dans une embuscade. Sa tête fut promenée au bout d'une pique dans les rues de la cité.

3

Église Saint-Gal à Langast C4

28 km au sud-ouest par la D 768, puis prenez à gauche la D 22.

De récentes découvertes donnent un intérêt nouveau à cet édifice dont l'origine remonterait aux 4e et 5e s. On peut admirer la maçonnerie en arêtes de poisson, de beaux vitraux du 16e s., dont une maîtresse vitre de 1508, mais aussi et surtout de très rares **fresques★** (9e-11e s.), peuplées d'étranges créatures qui suscitent encore bien des interrogations.

NOS ADRESSES À LAMBALLE ET ALENTOUR

HÉBERGEMENT

Lamballe

BUDGET MOYEN

Hôtel du Lion d'Or – *3 r. du Lion-d'Or - ☎ 02 96 31 20 36 - www.leliondor-lamballe.com - P vélo/moto - ♿ - 17 ch. 59/72 € - ☕ 8,50 €.* Ses chambres, assez petites mais bien tenues, sont toutes différentes. Formule buffet au petit déjeuner.

À proximité

BUDGET MOYEN

Hôtel Manoir des Portes – *À La Poterie, à 3,5 km à l'est - ☎ 02 96 31 13 62 - www.manoirdesportes.com - P - 16 ch. 70/135 € - ☕ 12 €.* Ce manoir du 16e s. tout en pierre ouvre sur un beau jardin fleuri, nanti d'un verger et d'un potager. Les chambres allient éléments anciens (mansardes), décoration très colorée et grand calme. Restaurant *(voir ci-dessous)* et centre équestre à proximité.

RESTAURATION

À proximité

BUDGET MOYEN

Le Manoir des Portes – *À La Poterie, à 3,5 km à l'est - ☎ 02 96 31 13 62 - www.manoirdesportes.com - P - 27/35 €.* Dans ce joli restaurant rustique (poutres, pierres, cheminée), on savoure une bonne cuisine dans l'air du temps, qui laisse découvrir de solides bases traditionnelles. Les propositions du chef suivent le marché et changent tous les jours… Faites votre choix à l'ardoise !

Le Chaudron Magique – *1 pl. de la Carrière - 22510 Moncontour - ☎ 02 96 73 40 34 - www.le-chaudron-magique.com - ♿ - fermé lun. (sf été), dim. soir et 2 sem. en sept.-oct. - formule déj. 15 € - 25/35 €.* Dans l'esprit médiéval de la cité, ce restaurant propose quelques spécialités venues du fond des âges, comme la joue de bœuf ou l'andouillette à la ficelle. Les vendredi et samedi soir *(et tlj en été)*, serveurs et clients revêtent un costume d'époque pour un repas original et convivial.

BOIRE UN VERRE

Le Contretemps – *2 r. de la porte d'En-Haut - 22510 Moncontour - ☎ 02 96 73 24 50 - www.le-contretemps.fr - fermé merc. et dim. hors sais. - 10h30-22h (1h le w.-end).* Un café authentique et chaleureux, aux murs de vieilles pierres et au mobilier rustique, doublé d'une terrasse offrant une vue imprenable sur les remparts. Idéal pour boire un verre ou déguster une planche de tome de chèvre fermière locale *(6 €)*.

ACHATS

Marchés – *Lun. mat. à Moncontour, jeu. mat. à Lamballe, vend. mat. à Jugon-les-Lacs.*

La Boutique Atelier – *15 r. Neuve - 22510 Moncontour - ☎ 02 96 73 49 61 - www.laboutique-atelier.*

com - fermé 2 sem. en janv. - 10h30-12h30, 14h30-19h, lun. 14h30-19h - fermé dim. Trois créatrices de la région ont ouvert ce lieu en 2009 pour exposer leurs créations (bijoux en verre, vêtements et accessoires, poteries) et celles d'autres artisans. Petit rayon de produits gastronomiques bretons. Également stages et expositions. Une adresse qui mérite le détour.

ACTIVITÉS

Maison Pêche et Nature des Côtes-d'Armor – *2 r. des Grands-Moulins - 22270 Jugon-les-Lacs - ✆ 02 96 50 60 04 - maisondelapeche.pagesperso-orange.fr - de janv. à juin et de mi-août à déc. : lun.-vend. 14h30-17h30 (le mat. pdt les vac. scol.) ; de mi-juil. à mi-août : 9h30-12h30, 14h30-17h30, w.-end 14h30-17h30 ; de déb. juin à mi-juil. et de mi-août à mi-sept. : lun.-vend. 9h30-12h30, 14h-17h30, dim. 14h30-17h30 ; reste de l'année : se rens.* Espace d'information et d'exposition sur la pêche et les milieux aquatiques. Sont également organisées des sorties de découverte de la pêche et de la nature avec initiation à la pêche au coup et au leurre, jeux de piste au bord de l'étang ou en forêt, sorties crépusculaires, découverte des plantes comestibles…

La Poterie Équitation – *22400 La Poterie - Manoir des Portes - ✆ 02 96 31 92 92 - www.lamballe-equitation.com - tlj, horaires variables, se rens.* Ce centre équestre propose des stages pour adultes et enfants : initiation, préparation à la compétition, promenade, poney-club à partir de 3 ans et montoir à cheval pour handicapés. Possibilité d'hébergement.

Centre nautique – *22270 Jugon-les-Lacs - Station Sports Nature, Le Bocage - ✆ 02 96 31 67 04 - stationsportsnature.wixsite.com/jugon22 - été : 9h-19h ; reste de l'année : 9h30-17h30 - fermé de déb. déc. au 1er mars.* La base nautique accueille moult activités sportives : catamaran, aviron, canoë, pédalo, VTT, équitation, tennis…

AGENDA

Fête des mille sabots – *Au parc équestre le dernier dim. de sept. - rens. à l'office de tourisme.* Grande fête du cheval réunissant néophytes et professionnels : parades d'éleveurs, défilés déguisés, spectacles…

Les Jeudis lamballais – *www.lamballe-tourisme.com - de mi-juil. à mi-août.* Animations dans divers lieux de la ville, pendant la journée et en soirée : concerts, visites guidées, spectacle équestre, marché.

Médiévales de Moncontour – *www.moncontour-medievale.com - rens. auprès de l'office de tourisme - déb. août, tous les 2 ans.* Jongleurs, cracheurs de feu et tournois sont à l'honneur lors de cette fête médiévale costumée. Prochaine édition en 2019.

Jazz in Langourla – *Déb. août, à Langourla, à 27 km au sud de Lamballe - www.jazzinlangourla.asso.* Concerts et jam sessions pendant 4 jours, dans un cadre champêtre.

FINISTÈRE NORD

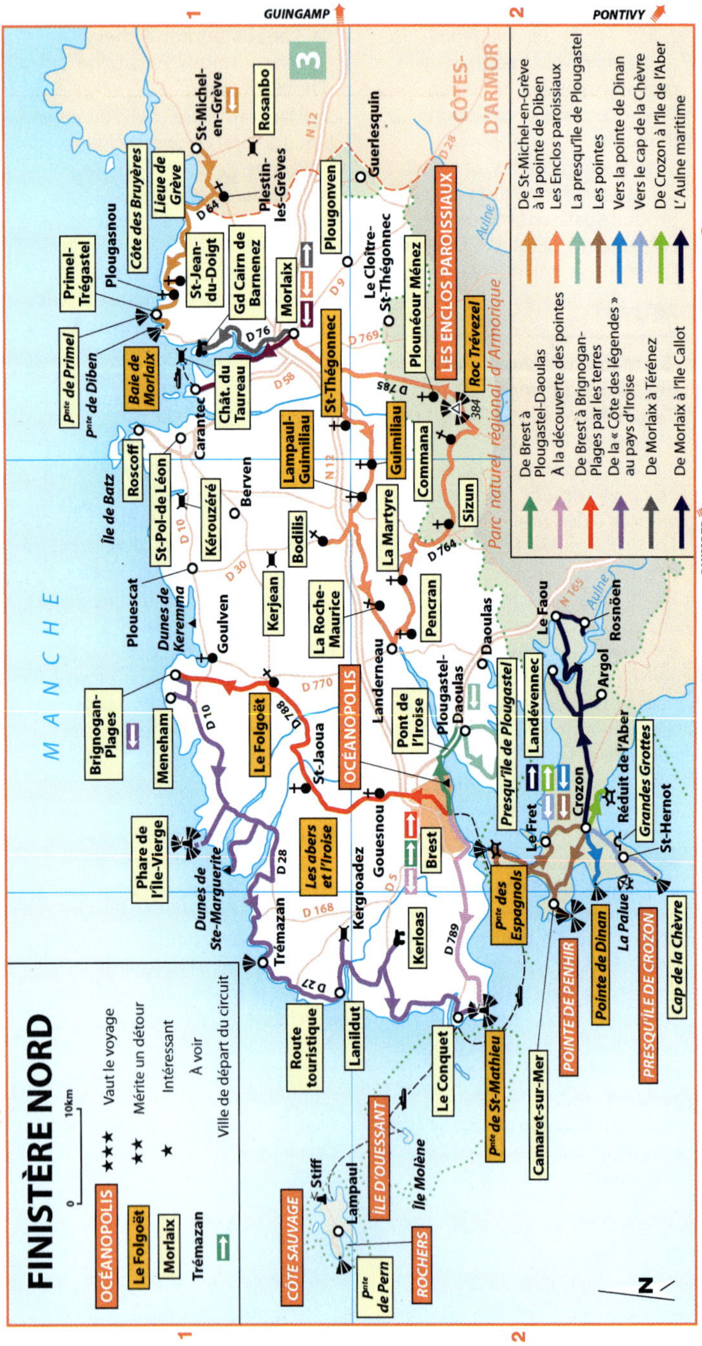

Finistère Nord 4

Carte Michelin Départements 308 et 309 –
Finistère (29) et Côtes-d'Armor (22)

Brest

★

139 384 Brestois (agglomération : 212 891 habitants) – Finistère (29)

La majestueuse rade de Brest en dit long sur le mariage de la cité avec la mer : son port, consacré à la Marine nationale pendant des siècles, accueille aujourd'hui ferries, plaisanciers et grands navigateurs. Capitale de l'océanographie, ses instituts rassemblent 60 % des chercheurs de la discipline et son complexe Océanopolis attire de nombreux visiteurs. Une belle revanche pour cette ville - à laquelle ses habitants sont profondément attachés - qui, à l'ombre de ses façades reconstruites après-guerre, révèle une dynamique culturelle authentique et conviviale. Une dynamique reconnue par le label Ville d'art et d'histoire en 2017.

NOS ADRESSES PAGE 276
Hébergement, restauration, achats, activités, etc.

S'INFORMER

Office de tourisme de Brest Métropole – *Pl. de la Liberté - 29200 Brest - ✆ 02 98 44 24 96 - www.brest-metropole-tourisme.fr - juil.-août : 9h30-19h, dim. 9h30-13h30, j. fériés 10h-18h ; reste de l'année : tlj sf dim. 9h30-18h - fermé 1er janv., 1er Mai, 1er et 11 Nov., 25 déc.*

Bon à savoir – *L'office dispose d'une billetterie à tarifs préférentiels pour la plupart des sites alentour.*

SE REPÉRER

Carte de microrégion B2 (p. 264) – Brest est la plus septentrionale des cités bretonnes. Capitale du Finistère Nord, elle jouit d'une position privilégiée face à sa rade, véritable mer intérieure dont la profondeur n'est jamais inférieure à 10 mètres. Seuls quelques kilomètres à vol d'oiseau la séparent de la presqu'île de Crozon.

SE GARER

Parkings payants longue durée dans le centre-ville et grand parking gratuit vers le port de commerce *(15mn à pied du centre-ville)*.

Une ligne de tramway, jalonnée d'œuvres contemporaines, traverse le centre-ville *(Voir « Nos Adresses »)*.

À NE PAS MANQUER

La rue de Siam, le musée de la Marine pour sa riche évocation de l'histoire maritime de la ville, la vue sur la rade depuis le cours Dajot, le plateau des Capucins et le téléphérique.

ORGANISER SON TEMPS

Prévoyez de séjourner à Brest au moins une nuit. C'est le seul moyen d'apprécier la richesse de son offre culturelle, de sa vie nocturne et la convivialité de ses habitants.

AVEC LES ENFANTS

La visite d'Océanopolis, les modèles réduits du musée de la Marine,les activités nautiques dans la rade et le parc de loisirs La Récré des 3 Curés.

Découvrir Plan de ville p. 269

★★★ Océanopolis Hors plan par B2

Accès depuis le centre-ville : suivez la direction du port de plaisance du Moulin-Blanc ; en bus : ligne 7 - Port de Plaisance du Moulin-Blanc - ✆ 02 98 34 40 40 - www.oceanopolis.com - ♿ - juil.-août : 9h30-19h ; avr.-juin et sept.-oct. : 9h30-18h ;

reste de l'année : se rens. - fermé 1er janv., 25 déc. - possibilité de visite guidée - 20,75 € (-3 ans gratuit) - visite libre, compter au moins une ½ j.

Vaste bâtiment aux allures de crabe géant, Océanopolis, installé à proximité du port de plaisance du Moulin-Blanc, est une superbe vitrine de la vie dans les océans. Dans ce lieu « vivant », qui abrite 10 000 animaux de 1 000 espèces différentes, des aquariums géants reconstituent, de façon spectaculaire, la diversité propre à chaque milieu naturel. À la beauté de ces décors sous-marins, soumis aux houles et aux marées recréées, s'ajoute la richesse de l'information dispensée. Bornes interactives, maquettes, films et animations mettent à la portée de chacun l'histoire des océans, et leur gestion par l'homme. L'ordre de visite des pavillons est libre.

Bon à savoir – Espaces de restauration à l'intérieur (self-service, bar, brasserie, vente à emporter) et aire de pique-nique à l'extérieur.

Pavillon Bretagne – Complètement rénové en 2017, ce pavillon offre un panorama complet de l'extraordinaire diversité des écosystèmes marins présents sur les 2 700 km de littoral breton : plancton, algues, poissons et mammifères marins, mais aussi activités humaines avec la conchyliculture (la Bretagne fournit 30 % de la production française de coquillages). Une section est consacrée aux richesses du Parc naturel marin de l'Iroise *(voir p. 291)*. À ne pas manquer : la chorégraphie des poissons de banc, la beauté de l'aquarium à méduses, le **bassin des phoques veaux marins** (300 m^3) et, en première mondiale, l'**Abyss-box** qui présente des espèces vivant en eaux profondes.

Des animations sont régulièrement proposées par des médiateurs dans le **minilab**.

Pavillon tropical – Dans un décor de palmiers évoquant la Polynésie française, on accède au **bassin des requins** (1 000 m^3) où évoluent plusieurs espèces : pointe noire, taureau, requin-nourrice, zèbre. Dans les aquariums chatoient les poissons de la Grande Barrière de corail de l'océan Indien et des Caraïbes. Le parcours s'achève dans une **mangrove** et dans une forêt tropicale.

Pavillon polaire – Un spectacle multimédia initie à l'histoire de l'Arctique et de l'Antarctique. Le **bassin des manchots** accueille 40 animaux facétieux – royaux, papous et gorfous sauteurs – sur la neige et des falaises. Le **bassin des phoques** (1 000 m^3) recrée une banquise où s'ébrouent trois espèces : annelé, phoques du Groenland et phoques à moustaches, cette dernière espèce comptant parmi les plus imposantes de l'Arctique. Autre attraction inédite : un aquarium à krill présente ces minuscules crevettes, premier lien de la chaîne alimentaire des océans, sans oublier les King crabes toujours impressionnants.

Sentier des loutres – Unique en France, un espace de 180 m^2 accueille Pukiq, Matchaq et Tangiq, trois loutres de mer venues du Pacifique nord. Des panneaux didactiques permettent de tout savoir sur cette espèce protégée.

Se promener Plan de ville p. 269

LE CENTRE-VILLE AB1-2

Circuit de 4h.

Place de la Liberté B1

Éloquent témoignage de l'urbanisme d'après-guerre, avec son plan géométrique en damier, le centre s'ordonne autour de cette vaste esplanade dominée par l'hôtel de ville (1961) ; elle est souvent le lieu d'animations et de manifestations culturelles.

TONNERRE DE BREST !

Cette exclamation évoque le bruit des canons qui tonnaient autrefois lors de l'évasion d'un bagnard. Aujourd'hui, ceux-ci n'annoncent que le départ d'une régate.

★ Rue de Siam B1-A1-2

C'est la rue commerçante de Brest par excellence, devenue piétonne avec l'arrivée du tramway ; elle ménage une belle perspective sur la rade.

Rien ne subsiste de la ruelle évoquée par Jacques Prévert en 1946 dans l'un de ses plus célèbres poèmes, *Barbara*. Plus tard, le chanteur brestois Miossec, évoquera lui aussi, dans la chanson *Brest*, cette rue emblématique à une époque certes plus contemporaine, mais avec la même ardeur poétique. Le nom de cette artère fait allusion aux trois ambassadeurs du roi de Siam qui débarquèrent à Brest le 18 juin 1686 pour se rendre à la cour de Louis XIV avec leur suite. Leur passage éblouit tellement les habitants qu'ils rebaptisèrent la voie en leur honneur. En la descendant, vous pouvez bifurquer sur la droite jusqu'à l'**église St-Louis**, inspirée en 1957 par les conceptions architecturales de Le Corbusier : clocher en béton, parois en béton et pierre de Logonna. Elle a donné son nom aux halles voisines où se tient un marché quotidien.

Au bas de la rue de Siam, la vue s'ouvre sur la Penfeld enjambée par le **pont de Recouvrance**. Inauguré en 1954, il fut longtemps le plus important pont levant d'Europe, chaque pylône mesurant 70 m de haut. Il atteint sa position haute en 2mn30s et la travée mobile actuelle (installée en 2011), pèse 625 t.

En amont du pont, sur la rive est, se trouve un canon de 380 mm, provenant du cuirassé *Richelieu*.

Depuis l'automne 2016, un **téléphérique** urbain – le premier en France – relie en 3mn le bas de la rue de Siam au plateau des Capucins, sur l'autre rive de la Penfeld. Très belle **vue★** sur la rade et la ville au passage *(voir p. 272)*.

Abri Sadi-Carnot A2

Entrée par le bd de la Marine, près de la porte Tourville - de mi-juil. à mi-août : merc. 13h30-16h15 ; avr.-juin et sept.-oct. : 1er dim. du mois 14h-17h ; J. du patrimoine : 9h-18h - visite 45mn - gratuit.

Cet abri de 400 m de long compte parmi les cinq abris souterrains de Brest. Occupé dès 1943 par les civils lors des alertes, il devient dès le début du siège, le 7 août 1944, un lieu de vie à part entière. Dans la nuit du 8 au 9 septembre de cette même année, un terrible incendie embrase le tunnel. Prises au piège, près de 400 personnes y perdent la vie dans des conditions terribles. Dans une scénographie sobre, parsemée de panneaux pédagogiques, le lieu résonne de la parole émouvante des rescapés.

Longez le boulevard de la Marine jusqu'au château.

Château A2

Unique témoin de l'histoire du vieux Brest, il apparaît au 11e s. sur un site déjà fortifié par les Romains. Vauban modernise le système de défense, avec la transformation des terrasses à canons. Le château, qui a été restauré après la dernière guerre, abrite notamment la préfecture maritime.

★ **Musée national de la Marine** – *Bd de la Marine - château - ☏ 02 98 22 12 39 - www.musee-marine.fr - avr.-sept. : 10h-18h30 ; reste de l'année : tlj sf mar. (hors vac. scol. zone B) 13h30-18h30 - fermé 1er janv., 25 déc. - 6 € (-26 ans gratuit) - possibilité de visite nocturne sur demande préalable vac. d'hiver (zone B) : horaires, se rens.* Annexe du musée de la Marine à Paris, il présente l'histoire de l'arsenal et l'apogée de la marine à voile au 18e s. : précieux **modèles réduits** de navires, instruments de navigation, tableaux, maquettes… Il évoque aussi le bagne de Brest, construit au 18e s. et qui fut évacué en 1858. Au pied de la terrasse sont exposés un sous-marin de poche S622 et une embarcation de boat people, recueillie en mer de Chine par le navire-école *Jeanne d'Arc* en 1988. La visite permet également d'admirer de majestueuses **figures de**

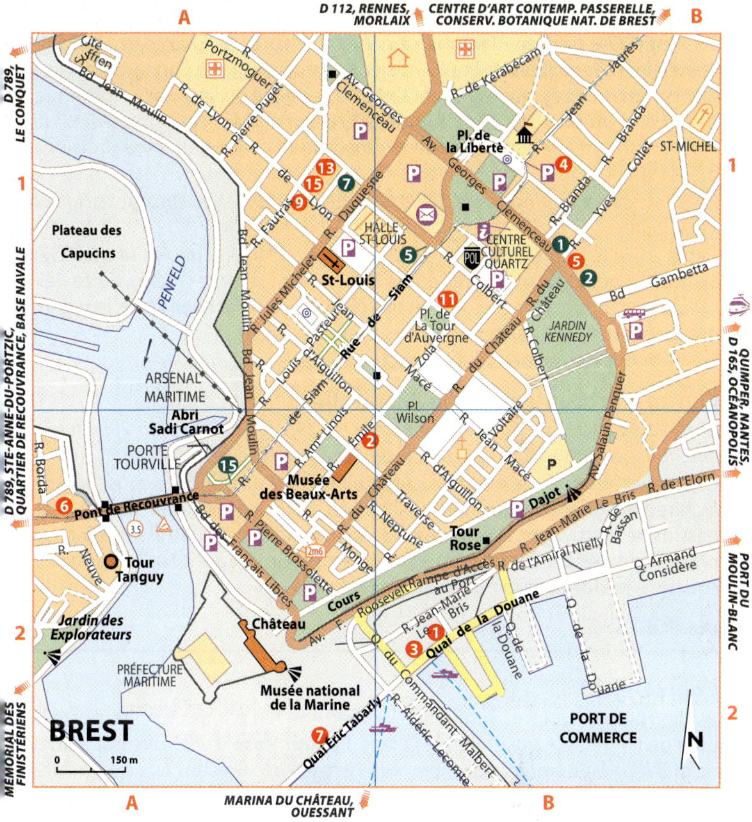

SE LOGER

- Hôtel Abalys 2
- Hôtel de la Rade 15
- Hôtel La Paix 7
- Hôtel Mercure Brest Centre Les Voyageurs 1
- Hôtel Océania 5

SE RESTAURER

- L'Armen 11
- Le Crabe Marteau 1
- Crêperie Moderne 13
- L'Épuisette 7
- Globulle Rouge 2
- Hinoki 4
- L'Imaginaire 15
- Kerlune Café 6
- La Maison de l'Océan 3
- Le Potager de Mémé 9
- Le Ruffé 5

proue sculptées par des artisans anonymes ou par des artistes réputés comme Antoine Coysevox (1640-1720), portraitiste de Louis XIV. Les salles consacrées à la marine contemporaine abritent maquettes et reconstitutions des intérieurs de quelques cuirassés de renom et évoquent le quotidien des équipages des SNLE (sous-marin nucléaire lanceur d'engins). Des remparts, admirez la vue panoramique sur la rade.

★ Musée des Beaux-Arts B2

24 r. Traverse - ✆ 02 98 00 87 96 - www.musee-brest.com - 10h-12h, 14h-18h, dim. et 14 Juil. 14h-18h - fermé lun. et j. fériés (sf 14 juil.) - possibilité de visite guidée - 5 € (-25 ans gratuit) - gratuit 1er dim. du mois.

Ses collections recèlent un grand nombre de toiles illustrant le courant symboliste, surtout l'école de Pont-Aven : *Bord de mer en Bretagne* d'Émile Bernard ou encore *Jour de septembre* de Maurice Denis. Les tableaux des 17e et 18e s.

appartiennent aux écoles italienne, française et hollandaise, dont *Le Port de Brest* (1774) par Van Blarenberghe. À voir encore : les *Deux perroquets* de Manet, les toiles nabies de Paul Sérusier, *Le Jardin* de Pierre Bonnard ainsi que diverses marines et œuvres orientalistes. Spécificité du lieu, une artothèque, proposant au prêt sa collection de 900 œuvres d'art contemporain. Les habitants peuvent ainsi emprunter une œuvre comme un livre dans une bibliothèque.
Remontez vers la place de la Liberté pour la dépasser et emprunter la rue Jean-Jaurès.
Cette autre rue commerçante de Brest, plus populaire, rejoint le **quartier St-Martin** qui s'articule entre l'église éponyme et la place Guérin. Cette dernière est le rendez-vous quotidien des boulistes qui s'activent sous le regard des clients installés aux terrasses des petits bars de la place.
Empruntez la rue Navarin puis la rue Charles-Berthelot à droite.

Centre d'art contemporain Passerelle Hors plan par B1

✆ 02 98 43 34 95 - www.cac-passerelle.com - 14h-18h30, mar. 14h-20h - fermé dim.-lun., certains j. fériés - possibilité de visite guidée - 3 €.
Cet ancien entrepôt de 4 000 m², construit entre 1946 et 1955, a conservé son architecture originelle : verrière zénithale du patio, pavés de verre sur le quai, bassins de nettoyage… L'espace est désormais animé par une association qui propose des résidences à des artistes contemporains. Expositions temporaires, concerts, performances rythment la vie du lieu.

LES PORTS AB2

Cours Dajot AB2

Sur les remparts, cette promenade, édifiée en 1769 par des forçats, porte le nom de l'ingénieur qui établit les plans. La **tour Rose**, construite par l'American Battle Monuments, commémore l'accueil des Brestois aux Américains lors de la Grande Guerre. Détruite en 1941, rebâtie à l'identique en 1958, elle bénéficie toujours de l'extraterritorialité.
★★ **Vue sur la rade** – Ouverte sur l'Océan par un goulet de 1,5 km, la rade est vaste (184 km²) et profonde (12 à 20 m sur de grandes étendues). Cela explique l'importance militaire qu'elle conserve depuis deux mille ans. Depuis la table d'orientation située à l'est du cours, la vue se déploie de l'embouchure de l'Élorn à la pointe de Portzic. Au premier plan s'étend le port de commerce. En face, sur la rive sud de la rade, l'**École navale** est installée à Lanvéoc. À côté, en direction de l'ouest, l'**île Longue** abrite la base des sous-marins nucléaires. Au-delà, on distingue la presqu'île de Crozon, qui s'achève par la pointe des Espagnols. En face, sur la rive de Brest, se trouvent le fort du Portzic et la rade-abri, située en avant du château. La rade est délimitée par des digues et sert de mouillage à la flotte de guerre française.

PORT DES RECORDS

À la marina du Château, le long du quai Éric-Tabarly, 19 plaques de bronze portant les empreintes des mains de grands navigateurs, parmi lesquels Florence Arthaud, Olivier de Kersauson, Franck Cammas ou encore Bernard Stamm, rappellent la place de référence occupée par Brest dans la course au large. Port de départ et d'arrivée de grandes aventures à la voile (Trophée Jules Verne, Tour du monde, traversée de l'Atlantique…), sa splendide rade de 18 000 ha a accueilli plus d'un record.

Le téléphérique urbain de Brest, réalisé par le concepteur-ensemblier BMF Remontées Mécaniques France SAS.
F. Guiziou/hemis.fr

Marina du Château AB2

Deuxième port de plaisance, après celui du Moulin-Blanc *(voir ci-dessous)*, le port du Château a été mis en service en 2009. Il compte 750 places dont 150 sont réservées au centre nautique de la Marine nationale. La capitainerie abrite l'**espace Bernard-Giraudeau** en hommage à l'auteur et comédien qui s'était engagé dans la Marine nationale à l'âge de 16 ans, avant de bifurquer vers la comédie et la littérature. Le long du **quai Tabarly** *(voir encadré ci-contre)*, plaisanciers et Brestois se retrouvent dans les bars et restaurants installés aux **Docks du château**, en lieu et place des anciens garages de la Marine.

Port de commerce B2

En 1861, l'embouchure de la Penfeld ne suffisant plus aux marines militaire et marchande, on créa ce port, dont le trafic commercial atteint aujourd'hui les 3 000 000 t par an. Centre de réparation navale, il abrite la plus grande forme de radoub du monde (420 m de long, 80 m de large). Ce bassin à sec accueillant les bateaux pour entretien ou réparation peut notamment héberger des plates-formes pétrolières de forage (plus de 500 000 t).

Une promenade sur la **digue La Pérouse** permet d'observer toutes ces activités liées à la mer. Entre les bars et les restaurants qui jalonnent le **quai de la Douane**, un édifice industriel de 1 000 m^2 abrite le Fourneau. Centre National des Arts de la Rue, ce lieu de résidence artistique s'ouvre régulièrement à des expérimentations publiques.

Port du Moulin-Blanc Hors plan par B2

Poursuivez après le port de commerce en suivant la route du Vieux-St-Marc.

Avec près de 1 500 places, le port du Moulin-Blanc est le lieu de rendez-vous des plaisanciers brestois, mais aussi le port d'attache de grands navigateurs à l'instar d'Olivier de Kersauson. Point de départ de grandes courses nautiques, le port s'anime également au rythme des grands rassemblements de vieux gréements. À son extrémité s'étire la **plage du Moulin-Blanc**, agréable bande sableuse entre ville et campagne.

LE QUARTIER DE RECOUVRANCE Hors plan par A2

Circuit d'environ 1h30. Empruntez le pont de Recouvrance, qui part du bas de la rue de Siam et permet de traverser la Penfeld, au nord du château.

Largement reconstruit après-guerre, ce quartier populaire étagé sur la rive droite de la Penfeld a cependant conservé quelques éléments qui donnent une idée de l'ambiance du Brest d'avant-guerre, par exemple à l'**église St-Sauveur** (18e s.).

Maison de la Fontaine – *18 r. de l'Église - ✆ 02 98 05 45 89 - 14h30-18h30, merc. 10h-12h, 14h30-18h30 - fermé dim.-lun. et j. fériés - gratuit.* Autre témoignage du passé, cette bâtisse du 18e s. est aujourd'hui un lieu d'expositions temporaires.

Tandis que la **rue St-Malo** retrouve vie et s'anime aujourd'hui de festivités culturelles sous l'impulsion d'une association, de grands projets urbains se concrétisent sur la rive droite de Brest.

★ Plateau des Capucins A1

En surplomb de la Penfeld, cette ancienne friche militaire de 16 ha, qui comptait notamment des ateliers de machines à vapeur, est en totale reconversion. Un ambitieux chantier de transformation en un pôle d'activités économiques, d'équipements culturels et de logements est en cours pour plusieurs années. Dans les **Ateliers**, la **médiathèque François-Mitterrand** a ouvert en 2017, et le vaste hall des machines a été adopté par tous les Brestois, en particulier par les plus jeunes qui viennent y faire de la trottinette ou du roller. Le plateau est relié à la rive gauche par un téléphérique urbain. Un belvédère (à la sortie du téléphérique) offre une belle **vue★** sur la rivière, le quartier de Recouvrance et le château.

Tour Tanguy A2

Située face au château, l'ancienne bastille de Quilbignon (14e s.) domine la base navale.

Musée du Vieux Brest – *Square Pierre-Péron - ✆ 02 98 00 88 60 - www.brest.fr - juin-sept. : 10h-12h, 14h-19h ; vac. scol. : 14h-18h ; reste de l'année : w.-end 14h-18h, lun. et merc.-jeu. 14h-17h - fermé 1er janv., 1er Mai, 25 déc. - gratuit.* Il est consacré à la cité d'autrefois, dont rien ou presque n'a subsisté depuis la dernière guerre : collection d'armoiries, plans de la ville, dioramas, maquettes.

Jardin des Explorateurs A2

Sur les bords de la Penfeld, du même côté que la tour Tanguy. Accès par la rue de l'Église.

Traditionnel dans un port qui devait acclimater des plantes exotiques, ce petit jardin tout en longueur rappelle les principales expéditions (Bougainville, Commerson, La Billardière, Raoul) et présente des variétés connues sous d'autres latitudes : fougères arborescentes, lin de Nouvelle-Zélande, anémone du Japon… La passerelle offre une belle vue sur le château et la base navale.

★ Base navale Hors plan par A2

En 1631, Richelieu décide la création du port de Brest. Un demi-siècle plus tard, Colbert développe ses installations sur les rives de la Penfeld, dont l'estuaire encaissé et sinueux protège parfaitement des tempêtes les petits navires de l'époque. Puis, de 1740 à 1790, Choquet de Lindu entreprend la construction d'un véritable arsenal. Et, à la fin du 19e s., une digue est érigée, délimitant une vaste rade-abri. Détruite par les bombardements, elle est reconstruite après la Seconde Guerre mondiale.

Sur cette longue **jetée**, deux épis permettent l'accostage des grandes unités. Les **bassins** 8 et 9 sont de dimensions suffisantes (environ 320 m sur 50 m)

Une cité navale

UN SITE HAUTEMENT STRATÉGIQUE

Reliée à l'océan par un étroit et dangereux goulet, la **rade de Brest** (184 km²) est un espace naturellement protégé et donc tenu pour stratégique dès l'Antiquité. Un premier *castellum* est édifié par les Romains (sur le site actuel du château) pour prévenir les attaques venues du Nord. Au Moyen Âge, le site passe plusieurs fois aux mains des Anglais puis est racheté par le duc Jean V en 1397 et enfin concédé au roi de France Charles VIII lors de son mariage avec Anne de Bretagne en 1499. En 1631, Richelieu décide de faire de Brest l'un des trois ports militaires de la façade atlantique.

La flotte du Grand Siècle

Secrétaire d'État à la Marine à partir de 1669, **Colbert** fait de Brest la capitale navale du royaume. Pour s'assurer de bons équipages, il crée l'Inscription maritime, qui subsiste encore, et installe un collège de gardes-marine, des écoles de canonnage, d'hydrographie et de génie. Brest hérite d'une flotte magnifique : les vaisseaux atteignent 5 000 t et portent jusqu'à 120 gros canons. Duquesne améliore l'arsenal, entoure la ville de remparts et organise la défense du goulet. En 1694, Vauban complète ces travaux. Au 18e s., plus de 12 000 ouvriers travaillent à l'arsenal. Le port est le point de départ des troupes françaises au moment de la guerre d'indépendance américaine et également de grandes expéditions scientifiques, comme celle de La Pérouse.

Le port de commerce

Sous le Second Empire, un port de commerce est créé à l'est de la Penfeld, sur des polders. Il se développe considérablement début 20e s., en particulier au moment du débarquement des troupes américaines en 1917.

Quatre ans sous les bombes

En juin 1940, à l'annonce de l'arrivée des Allemands, la Marine française évacue le port, détruisant ponts et installations. Les forces d'occupation construisent à Laninon – un faubourg de Brest – un abri bétonné pour les sous-marins, véritable menace pour les Alliés naviguant entre l'Amérique et la Grande-Bretagne. Cette situation vaut à Brest quatre ans de bombardements. En septembre 1944, quand les Américains pénètrent dans la ville après 43 jours de siège, elle n'est plus que ruines. La ville – dont le périmètre s'agrandit considérablement – est reconstruite sur les plans de l'architecte Jean-Baptiste Mathon.

L'ère du nucléaire

En 1999, le *Charles-de-Gaulle*, premier porte-avions nucléaire français, sort des chantiers navals pour prendre la relève du *Clemenceau*. Aujourd'hui, l'île Longue, presqu'île située dans la rade de Brest (sur la presqu'île de Crozon), sert de base sous-marine à la Marine nationale française pour ses sous-marins nucléaires lanceurs d'engins.

FÊTES MARITIMES INTERNATIONALES

Brest doit sa réputation au **rassemblement de vieux navires** qui attire, tous les quatre ans, une foule considérable. En 2012, pour le 20e anniversaire de la manifestation, plus de 1 000 bateaux traditionnels ont paradé dans la rade, offrant le spectacle inoubliable d'une forêt de mâts et de cordages, entourée d'une myriade de voiles multicolores et de coques. Prochaine édition en 2020.

pour accueillir les plus grands vaisseaux de la flotte française. Le **quai de l'Armement** est utilisé pour la maintenance des navires. Le **quai des Flottilles** concentre la majeure partie des unités de combat de la flotte de l'Atlantique. **Visite** – *✆ 0 800 52 35 35 - visite guidée (1h30) juil.-août : 10h-16h ; vac. de Pâques et vac. de la Toussaint : 13h30-15h30 - fermé w.-end et j. fériés - les appareils photo et les animaux sont interdits - visites susceptibles d'être suspendues en raison de l'application du plan Vigipirate. Pièce d'identité exigée pour les ressortissants des États membres de l'Union européenne et de l'Otan (pour les ressortissants d'autres pays, sur demande préalable).* On y découvre la base sous-marine construite en 500 jours par les Allemands pendant la Seconde Guerre mondiale (65 859 m²). Malgré 10 impacts de bombes de 6 t au cours du bombardement du 5 août 1944, l'ensemble est resté intact. Dans ses alvéoles, on répare aujourd'hui les navires de faible tonnage. En fonction des disponibilités à quai, vous pourrez éventuellement voir un bâtiment de guerre de la Marine nationale.

À voir aussi Plan de ville p. 269

Mémorial des Finistériens Hors plan par A2

Fort Montbarey - allée de Bir-Hakeim - ✆ 02 98 05 39 46 - ♿ - 14h-17h - fermé lun. et vend.-sam. - possibilité de visite guidée sur demande (1h30) - 5 € (-18 ans 3 €).
Le fort Montbarey, construit en 1784 sous Louis XVI, porte le nom d'un de ses ministres. Aujourd'hui, il commémore le souvenir du Finistère sous l'Occupation : exposition sur les évasions vers la Grande-Bretagne, photos de Brest en ruine en 1944… Dans la crypte se déroule la liste des Finistériens « morts pendant et à cause de la guerre », du 3 septembre 1939 au 19 décembre 1946 (date du retour des volontaires de la lutte contre le Japon).

★★ Conservatoire botanique national du vallon du Stang-Alar Hors plan par B1

Rampe du Stang-Alar - ✆ 02 98 41 88 95 - www.cbnbrest.fr - jardin été : 9h-20h ; printemps et automne : 9h-19h ; reste de l'année : 9h-18h - 5,50 € (-16 ans 4 €) - possibilité de visite guidée des serres tropicales (45mn, 25 pers. maxi) vac. de Pâques (zone B) et juil.-août : merc.-jeu. 11h.
Ce prestigieux conservatoire botanique se voue aux plantes menacées d'extinction. C'est ainsi qu'il a sauvegardé l'arbuste *Ruizia cordata* dont il ne subsistait que peu de spécimens à La Réunion. Vous pourrez également admirer la spectaculaire floraison du géranium de Madère. Le **parc paysager** (22 ha) dévoile des plantes ornementales, dont de magnifiques magnolias et camélias. Les **serres** (1 000 m²) déclinent divers milieux exotiques : l'étage montagnard tropical, les îles subtropicales, les zones tropicales sèches et les forêts tropicales humides. Jeu de piste pour les enfants.

Circuits conseillés Carte de microrégion p. 264

DE BREST À PLOUGASTEL-DAOULAS

Circuit de 56 km tracé en vert sur la carte p. 264 - environ une demi-journée. Quittez Brest à l'est par la N 165 en direction de Quimper.
Laissez sur la gauche la route menant au **Relecq-Kerhuon**, station située sur la rive droite de l'Élorn.

Les ponts sur l'Élorn

Le **pont Albert-Louppe** *(interdit aux voitures)*, inauguré en 1930 par le président

Doumergue, franchit l'estuaire de l'Élorn, qu'il domine de 42 m. Long de 880 m, il compte trois arches de 186 m. Quatre statues du sculpteur Quillivic veillent à ses extrémités. L'ouvrage est réservé aux cyclistes et piétons, qui peuvent ainsi profiter de la très belle **vue★** sur la vallée de l'Élorn et la rade de Brest.

Le **pont de l'Iroise★**, ouvrage des architectes Le Friant et Terzian, s'enorgueillit d'un record du monde lors de sa mise en œuvre en 1994 : la portée par nappe axiale, avec une travée centrale de 400 m. Contrairement au pont de Normandie, les haubans des deux immenses pylônes sont fixés sur le terre-plein central et non sur la chaussée. Ce pont est le premier maillon, côté français, du grand axe de trafic international E 60 qui relie Brest à la mer Noire (via la Suisse, l'Autriche et la Hongrie).

1 km après le pont, tournez à droite vers Plougastel-Daoulas. Suite de l'excursion décrite à Plougastel-Daoulas (voir p. 352).

À LA DÉCOUVERTE DES POINTES

Circuit de 56 km tracé en rose sur la carte p. 264 – environ 2h. Quittez Brest à l'ouest par le pont de Recouvrance pour gagner la route de la Corniche. Continuez tout droit aux Quatre-Pompes. À l'entrée de Cosquer, tournez à gauche.

Sainte-Anne-du-Portzic

Au fond de l'anse de Ste-Anne, au bord de la **plage**, une courte promenade offre de belles vues. Une montée conduit à la pointe du Diable, face au goulet. Lové dans ce site extraordinaire, qui domine l'entrée de la rade, le **technopôle Brest-Iroise** rassemble des établissements d'enseignement supérieur, des entreprises et des centres de recherche comme l'Institut français pour l'exploitation de la mer (Ifremer). Autres points forts : les biotechnologies, l'agroalimentaire, les télécommunications et l'informatique.

Gagnez la D 789.

La route longe la **plage de Trez-Hir** (vue sur l'anse de Bertheaume), puis traverse Plougonvelin.

Musée Mémoires 39-45 – *Lieu-dit Prédic - 29217 Plougenvelin - ✆ 02 29 02 84 56 - http://museememoires39-45.fr - avr.-11 Nov. : 10h-18h30 - 7,50 € (enf. 5,50 €).* Créé par des passionnés, ce musée est installé dans un blockhaus de commandement allemand la Seconde Guerre mondiale. Sur cinq étages, objets, documents, photographies, témoignages font revivre la vie quoditienne des soldats du mur de l'Atlantique et, plus largement, la guerre en Bretagne.

4

Fort de Bertheaume

R. de Bertheaume - ✆ 02 98 48 30 18 - de déb. juil. à déb. sept. : 11h-18h - 2,50 € (-12 ans 1,50 €) - 5,50 € billet combiné avec le site de la pointe St-Mathieu (Plougonvelin) ou le phare de Trézien - animations en sais. ; parcours son et lumière « Si Bertheaume m'était conté » de mi-juil. à mi-août : merc. soir - 8 € (enf. 3 €), 20 € billet famille.

Fortifié par Vauban, à l'entrée du goulet de Brest, cet ouvrage défensif est l'occasion d'une promenade sur le sentier côtier.

★★ Site de la pointe de Saint-Mathieu *(voir p. 290)*

Au retour, à 300 m de St-Mathieu vers Plougonvelin, à gauche, deux **stèles** gauloises sont surmontées d'une croix et appelées le Gibet des Moines.

Voir Les abers et l'Iroise, p. 280, pour la suite du circuit, à savoir la pointe des Renards et Le Conquet que l'on rejoint par la corniche. Ensuite, regagnez Brest par la D 789.

NOS ADRESSES À BREST

TRANSPORTS

Bus, tramway et téléphérique – *33 av. Georges-Clemenceau - ✆ 02 98 80 30 30 - www.bibus.fr - le ticket à l'unité (1,50 €), valable 1h, s'achète auprès du conducteur ; le ticket journée (4 €) s'achète aux bornes bibus.*

Liaisons avec les îles

Avec Ouessant et Molène – *Voir p. 300 et 305.*

Avec Sein – *Voir* Le Guide Vert Bretagne Sud.

VISITE

Greeters – *✆ 02 98 44 24 96 - ♿ - contact@brestetvous.fr - réserv. au mini 10 j. av. votre arrivée.* Faire découvrir aux visiteurs le Brest des Brestois, tel est l'objectif de ces guides bénévoles. Passionnés par leur ville, ils proposent des visites gratuites *(2h)* dans des lieux qui leur tiennent à cœur. Fondé à New York en 1992, ce concept est particulièrement bien structuré à Brest et soutenu par l'office de tourisme.

HÉBERGEMENT

PREMIER PRIX

Hôtel Abalys – *7 av. Georges-Clemenceau - ✆ 02 98 44 21 86 - www.abalys.com - wifi - ♿ - 29 ch. et 1 appart. - 38/82 € - ☕ 8,50 €.* En plein cœur du centre-ville, cet hôtel très pratique propose des chambres fonctionnelles et bien tenues. Chambres familiales et appartements à disposition.

BUDGET MOYEN

Hôtel de la Rade – *6 r. de Siam - ✆ 02 98 44 47 76 - www.hoteldelarade.com - ♿ - 48 ch. 67 € - ☕ 7,50 €.* Un hôtel pimpant, lumineux et confortable au bas de l'artère principale de la ville. Idéal pour aller découvrir le pont de Recouvrance au petit matin.

POUR SE FAIRE PLAISIR

Hôtel La Paix – *32 r. Algésiras - ✆ 02 98 80 12 97 - www.hoteldelapaix-brest.com - fermé de mi-déc. à déb. janv. - 28 ch. 59/130 € - ☕ 12 €.* Ce petit hôtel du centre-ville a été entièrement redécoré dans un style moderne épuré. Belles chambres neuves, bien équipées et insonorisées. Copieux buffet au petit déjeuner.

Hôtel Océania – *82 r. de Siam - ✆ 02 98 80 66 66 - www.oceaniahotels.com - ♿ - 82 ch. 90 €/170 € - ☕ 15 € - ✕ menu sem. 19/23 €.* Au cœur de Brest, cet imposant immeuble abrite des chambres contemporaines, parfaitement insonorisées, ainsi qu'un restaurant.

Hôtel Mercure Brest Centre Les Voyageurs – *2 r. Yves-Collet - ✆ 02 29 61 09 09 - www.accorhotels.com - 40 ch. à partir de 76 € - ☕ 15 €.* Cet hôtel très bien placé, à 5mn à pied de la gare et du centre, a rouvert en juillet 2016 après une rénovation complète. Belle chambres design, certaines avec vue sur mer.

À proximité

PREMIER PRIX

Camping du Goulet – *4 ch. de Lanhouarnec - au lieu-dit Lanhouarnec - 6 km à l'ouest par D 789 rte du Conquet, puis à gauche rte de Ste-Anne-du-Portzic - ✆ 02 98 45 86 84 - www.campingdugoulet.com - mars-sept. - réserv. conseillée - ♿ - 155 empl. 26 € - locatif 70/105 €.* Entre campagne et Océan, ce camping permet de sillonner les environs de Brest en toute simplicité. La partie réservée aux tentes et caravanes est bien tenue. Location de mobile homes. Sur place, espace aquatique avec toboggans, salle de jeux, terrain de pétanque et snack-bar.

BUDGET MOYEN

Chambre d'hôte La Châtaigneraie – *R. du Keravelloc - 29490 Guipavas - 11 km au nord-est de Brest - ✆ 02 98 41 52 68 - la-chataigneraie.pagesperso-orange.fr - 3 ch. 62 €*. Cette grande demeure des années 1970 perchée sur les hauteurs du Stang-Alar jouit par beau temps d'une vue étendue sur la rade de Brest. Ses chambres, spacieuses et de bon confort, profitent de la tranquillité du parc. Cuisine équipée, salon-bibliothèque et piscine couverte (de mai à sept.).

POUR SE FAIRE PLAISIR

Hostellerie de la Pointe St-Mathieu – *29217 La Pointe St-Mathieu. Voir « Nos adresses dans Les abers et l'Iroise », p. 294.*

RESTAURATION

BUDGET MOYEN

Le Potager de Mémé – *44 r. de Lyon - ✆ 09 51 44 14 78 - www.lepotagerdememe.com - fermé le soir lun.-jeu. et dim., 3 premières sem. d'août - ♿ - formule midi 15,50/soir 18,50 €.* Petite restauration sur place ou à emporter avec des plats et des desserts maison, le tout à base de produits frais et de saison. Une jolie mise à l'honneur, tout en simplicité, des productions locales.

Crêperie Moderne (Maison Boënnec) – *34 r. Algésiras - ✆ 02 98 44 44 36 - fermé dim. midi (sf exception) - ♿ - autour de 15 €.* Si la longévité est un gage de qualité, cette maison-là décroche la palme. Fondée en 1922, elle continue de faire courir les Brestois qui la fréquentent avec assiduité, ne se lassant pas d'admirer la dextérité des crêpières sur leurs douze *biligs*.

Kerlune Café – *34 r. de la Porte-Recouvrance - ✆ 09 50 04 68 71 - www.kerlune.fr - lun.-sam. midi - autour de 15 €.* Situé à la sortie du pont qui mène à Recouvrance, ce lieu inventif propose une petite restauration du jour simple et fraîche. À goûter également en version salon de thé, les smoothies maison et limonades aux plantes.

Globulle rouge – *27 r. Émile-Zola - ✆ 02 98 33 38 03 - www.facebook.com/pages/Le-Globulle-Rouge/224619327686366 - fermé sam. midi et dim.-lun. - formule midi 20/25 €.* Ce bistrot-restaurant est une adresse incontournable pour les adeptes de vins bio et natures. La cuisine conjugue la même naturalité avec élégance et audace en prime. Décor vintage, jardinet agréable, service détendu et convivial. Formule bar ou restaurant.

L'Épuisette – *185 quai Éric-Tabarly - ✆ 02 29 63 05 64 - www.lepuisette-brest.com - mar.-vend. 12h-14h, 19h-22h, sam. 12h-14h, 19h-22h30, dim.-lun. 12h-14h - formules (déj. en sem.) 14,50/18,90 €, menus 24,90/29,90 €.* Décor marin original (boxes en forme de cabanes de plage) et jolie terrasse face au port de plaisance pour ce restaurant qui fait la part belle aux produits de la mer – en particulier la crevette, sa spécialité, savamment préparée par le chef Olivier Athier.

POUR SE FAIRE PLAISIR

La Maison de l'Océan – *2 quai de la Douane - port de commerce - ✆ 02 98 80 44 84 - www.restaurant-fruit-mer-brest.com - ♿ - formules 19,90/44,80 €.* L'Océan célébré dans le décor – banc d'écailler, mobilier et bibelots – et dans l'assiette (produits de la mer) : cette adresse du port compte bon nombre de fidèles.

L'Armen – *21 r. de Lyon - ☏ 02 98 44 04 15 - www.armen-restaurant.fr - lun.-vend. midi et vend.-sam. soir - formule déj. 28 € - 34/95 €.* Ancienne pâtisserie dont on a conservé les peintures murales (1953), avec boiseries et miroirs. Cuisine classique et fine sur de beaux produits, signée par un chef formé à l'école des grands.

Le Ruffé – *1 bis r. Yves-Collet - ☏ 02 98 46 07 70 - www.le-ruffe.com - ♿ - fermé dim. soir et lun. - formule déj. 19 € (en sem.), menu 29,90 €.* Situé en plein centre-ville, ce restaurant propose une excellente cuisine entre terre et mer, élaborée à partir des produits du terroir. Une démarche volontariste de soutien aux agriculteurs locaux dont les portraits ornent les murs.

Le Crabe Marteau – *8 quai de la Douane - ☏ 02 98 33 38 57 - www.crabemarteau.fr - fermé dim. - 23 € le crabe.* C'est armé d'un marteau qu'on déguste ici la pêche de la nuit. Grands tabliers et nappes en papier journal donnent le ton. Et vlan ! Sans complexe, on se régale d'une pièce entre 800 g et 1 kg, accompagnée de pommes de terre de Guipavas.

UNE FOLIE

L'Imaginaire – *23 r. Fautras - ☏ 02 98 43 30 13 - www.imaginaire-restaurant.blogspot.com - fermé lun., merc. soir, dim. soir, 2 sem. en janv. et 3 sem. en août - formule déj. 22/40 € - 38/65 €.* Vous dégusterez ici une cuisine du marché, souvent inventive comme le nom du restaurant le laisse espérer. Belle carte de vins, souvent peu connus.

Hinoki – *6 r. des Onze-Martyrs - ☏ 02 98 43 23 68 - www.sushinoki.fr - 55/85 € - mar.-sam. soir - réserv. conseillée.* Un vrai restaurant japonais sur Brest ? Bingo ! Le Hinoki est tenu par un chef… breton, passionné par la cuisine de l'archipel. Sa technique : profiter de la pêche locale pour obtenir des poissons de première fraîcheur, et réaliser ses sushis et makis. Une adresse que les initiés s'échangent sous le manteau.

À proximité

BUDGET MOYEN

Les Mille et Une Lunes – *29280 Plouzané - Plage du Minou - ☏ 02 98 48 41 81 - https://restaurant1001lunes.free.fr - fermé dim. et le soir sf vend. et sam., dernière sem. de déc. - plat du jour sem. 14,50 €, menus 17,50 (déj. sem.)/55 € (vend.-sam. soir).* Un lieu atypique animé par un chef passionné - géologue à l'Ifremer - et son équipe. Produits frais et locaux uniquement au programme, combinés dans des recettes savoureuses.

ACHATS

Marchés – *Tous les mat. aux halles St-Louis ; lun.-vend. aux halles St-Martin ; mar. et vend. mat. aux halles du Pilier Rouge.*

EN SOIRÉE

Cabaret Vauban – *17 av. Georges-Clemenceau - ☏ 02 98 46 06 88 - www.cabaretvauban.com.* Véritable institution brestoise, l'hôtel brasserie recèle une salle de concert qui se transforme en piste de danse certains soirs.

Le Quartz – *Sq. Beethoven - 60 r. du Château - ☏ 02 98 33 95 00 - www.lequartz.com - fermé dim.-lun. et j. fériés juil.-août - ♿ - 13h-19h.* La scène nationale de Brest propose toute l'année des spectacles de renommée nationale et internationale (danse, théâtre, concerts, etc.).

ACTIVITÉS

La Récré des 3 Curés – *29290 Milizac - 12 km au nord-ouest de Brest - ✆ 02 98 07 95 59 - www.larecredes3cures.fr - hor. variables, voir le site - 17,50 € (-12 ans 15,50 €).* Dans ce parc de loisirs, situé dans un cadre de verdure de 15 ha, nombreuses attractions dans l'eau, sur terre ou dans les airs : grand huit, grande roue, toboggans aquatiques…

Activités nautiques

Station Nautique Rade de Brest – *Centre nautique de Brest - port du Moulin-Blanc - ✆ 02 98 34 64 64 - www.station-nautique.com - lun.-vend. 8h45-12h15, 13h30-18h - fermé vac. de Noël.* Activités nautiques variées, pour tous âges et niveaux : catamaran, planche, kayak, aviron, plongée, etc.

Promenades en mer

Goëlette « La Recouvrance » – *✆ 02 98 33 95 40 - www.larecouvrance.com - 9h-18h - billetterie lun.-vend. 9h-12h30, 14h-17h30 ou réserv. en ligne - 100 € (51 € enf.) pour une sortie journée avec déj., ½ j. 53 € (18 € enf.), sortie sunset apéro dînatoire 3h30, 73 €.* Véritable réplique d'un navire militaire du 19e s., cette aviso-goélette de 42 m de long embarque pour des sorties à la journée ou des croisières - *de 2 à 6 j. (dates fixes) avr.-oct.* : de Brest à La Trinité via les îles de Bretagne Sud, en mer d'Iroise, de Concarneau à Brest.

Compagnies maritimes Penn Ar Bed – *Port de Commerce 1er éperon - ✆ 02 98 80 80 80 - www.pennarbed.fr.* Traversée de la rade en été : Brest-Camaret (*voir presqu'île de Crozon p. 357*) et vers les îles d'Ouessant *(voir p. 300)*, Molène *(voir p. 305)* et Sein.

Le Brestôa – *Quai de la Douane - port de Commerce - ✆ 07 78 37 03 23 - www.lebrestoa.com - liaisons avec la presqu'île de Crozon (juil.-août : tlj ; avr.-juin et sept. : tlj sf lun. - 9 € AS, 16 € AR, -17 ans 7 et 12 €).*

AGENDA

Astropolis – *Fin juin-déb. juil.- http://astropolis.org.* Trois jours de concerts pour le plus ancien festival de musiques électroniques français.

Les « Jeudis du port » – *Juil.-août : jeu. 19h30-minuit.* Animations et concerts gratuits sur le port de commerce.

Le Printemps des sonneurs – *fin avr.* Défilés de bagadou en centre-ville, rampes du port et parc à chaîne ; animations, concerts, *fest-deiz*.

Les abers et l'Iroise

★★

Finistère (29)

La côte nord-ouest du Finistère, de Brignogan à la pointe St-Mathieu, offre le spectacle magnifique d'un littoral sauvage, encore intact par endroits, souvent rude, entaillé par de profonds abers où se nichent ports de pêche ou de plaisance. Elle plaira aux amoureux de panoramas romantiques, de sentiers côtiers et d'odeur de goémon brûlé.

NOS ADRESSES PAGE 292
Hébergement, restauration, achats, activités, etc.

S'INFORMER

Office de tourisme du Pays des abers – *La Gare - 29870 Lannilis - ☎ 02 98 04 05 43 - www.aberstourisme.com - juil.-août : 10h-12h30, 14h-18h30, dim. et j. fériés 10h30-12h30 ; reste de l'année : tlj sf dim. 9h30-12h, 14h-17h30 - fermé 1er janv., 1er Mai, 1er et 11 Nov., 25 déc.*

SE REPÉRER

Carte de microrégion AB1-2 (p. 264) – La « Côte des Légendes » s'étend environ de Brignogan-Plages, au nord, à Guissény, à l'ouest. Au-delà, on pénètre dans le Pays des abers, puis dans le Pays d'Iroise qui fait face à Ouessant et à Molène.

À NE PAS MANQUER

La balade sur les dunes de Ste-Marguerite et la pointe de St-Mathieu, la vue époustouflante sur la côte depuis le phare de l'île Vierge, et la basilique du Folgoët pour ses formes atypiques et son jubé sculpté dans le granit.

ORGANISER SON TEMPS

Privilégiez un départ le matin afin de profiter des marchés locaux. Si vous êtes dans la région à la fin de l'été, faites le détour pour voir le grand pardon du 1er dimanche de septembre à la basilique du Folgoët.

AVEC LES ENFANTS

La Maison de l'algue à Lanildut, les jardins du château de Kergroadez à dos d'âne.

Circuits conseillés Carte Les abers et l'Iroise p. 282-283

Si vous partez de Brest, vous traverserez d'abord l'intérieur des terres, riche en chapelles et autres monuments, et vous rejoindrez la côte à Brignogan- Plages.

DE BREST À BRIGNOGAN-PLAGES PAR LES TERRES

Circuit de 50 km tracé en rouge sur la carte p. 282-283 – comptez 4h avec la visite de la basilique du Folgoët et celle du musée du Léon. Quittez Brest au nord par la D 788 vers Roscoff.

Église de Gouesnou

R. de l'Église - ☎ 02 98 07 86 90 - juil.-août : mar.-jeu. 14h-18h - possibilité de visite guidée.

De style gothique et Renaissance, l'**église** (17e s.) présente un chevet polygonal surmonté de trois frontons élancés. À l'ouest, en contrebas de l'église, une fontaine Renaissance, dotée d'un autel, est ornée de la statue de saint Gouesnou.

Prenez la direction de Lannilis (D 13) et, dans Bourg-Blanc, prenez à droite la D 38 en direction de Plouvien.

Chapelle Saint-Jaoua

Au centre d'un vaste enclos ombragé, cette chapelle (début 16e s.) abrite le tombeau avec gisant de saint Jaoua. Les lambris polychromes viennent d'être restaurés.

Église de Plouvien

Dans l'**église paroissiale**, tombeau (1555) en granit de Kersanton : le gisant est soutenu par seize religieux figés dans des attitudes de prière, de lecture ou de méditation.

Quittez Plouvien à l'est par la route de Lesneven.

Chapelle de Saint-Jean-Balanant

La **chapelle** du 15e s. était une fondation des chevaliers de St-Jean-de-Jérusalem dépendant de la commanderie de la Feuillée, dans les monts d'Arrée. Au tympan, le bas-relief représente le baptême du Christ. *La clef est disponible à la maison derrière la chapelle.*

À droite de la chapelle, une fontaine et ses bancs.

Continuez en direction de Lesneven et, au quatrième carrefour, tournez à droite vers Locmaria.

Chapelle de Locmaria

Précédée d'une **croix★** à deux traverses ornée de personnages, cette chapelle des 16e et 17e s. possède un clocher-porche carré.

Par Le Drennec, gagnez Le Folgoët.

★★ Le Folgoët

★★ **Basilique** – *✆ 02 98 83 00 61 - http://notre-dame-folgoet.cef.fr - ♿ - 9h-19h - possibilité de visite guidée sur demande - 3 € (-18 ans gratuit).* La basilique a une forme en équerre inhabituelle : du chœur se détache la chapelle de la Croix dont le mur oriental prolonge le chevet plat. Cette chapelle a un beau **porche★** orné des statues des apôtres. La fontaine de Salaün, où viennent boire les pèlerins, se trouve contre le mur du chevet, à l'extérieur de l'édifice *(faites le tour de l'église)*. Elle est alimentée par la source située sous l'autel.

L'intérieur abrite un chef-d'œuvre de l'art breton du 15e s. : le **jubé★★**, admirablement sculpté dans le granit. De belles roses du 19e s. ornent la chapelle

4

L'ORIGINE DE LA BASILIQUE DU FOLGOËT

Au milieu du 14e s., un pauvre innocent nommé Salaün vit dans un bois, près d'une source située aux environs de Lesneven. Il ne connaît que quelques mots qu'il murmure sans cesse : « *Itron Gwerc'hez Vari* » (Dame Vierge Marie). Après sa mort, un lys pousse sur sa tombe ; le pistil dessine en lettres d'or : « Ave Maria ». En creusant la terre, on s'aperçoit que la plante sort de la bouche de Salaün.

On se trouve alors en pleine guerre de Succession. Le prétendant Montfort fait le vœu, s'il triomphe, d'élever à la Vierge une somptueuse chapelle. Après sa victoire d'Auray, il fait bâtir l'édifice : l'autel sera placé au-dessus de la source où buvait le fol. Les travaux sont terminés en 1423. La chapelle est saccagée à la Révolution. Pour la sauver de la pioche des démolisseurs, douze paysans se cotisent et l'achètent. Rendue au culte à la Restauration, elle a été peu à peu remise en état.

de la Croix et l'abside. La statue de N.-D.-du-Folgoët date du 15e s. *(voir encadré p. 281).*

À gauche en sortant de la basilique, le **manoir du Doyenné** (15e s.) forme un bel ensemble avec l'église et l'auberge des pèlerins.

Musée du Folgoët – *Pl. de l'Église - ✆ 02 98 21 11 18 - http://les-amis-du-folgoet.pagesperso-orange.fr - juil.-août : 10h30-12h30, 14h-18h30, j. fériés 10h30-12h30 ; 7 avr.-30 juin et sept. : 14h-18h, j. fériés 14h-18h - fermé lun. - possibilité de visite guidée sur demande (30mn) - 3 € (-14 ans gratuit).* Installé dans l'auberge, il regroupe des statues (15e-17e s.), des archives, un mobilier qui servit à la reine Anne lors de ses deux pèlerinages au Folgoët et une maquette de la basilique.

Dirigez-vous vers le nord-est en direction de Lesneven.

Lesneven

Office de tourisme Lesneven – Côte des Légendes - *Pl. des Trois-Piliers - 29260 Lesneven - ✆ 02 29 61 13 60 - www.tourisme-lesneven-cotedeslegendes.fr - juil.-août : 9h30-12h30, 14h-18h, dim. et j. fériés 9h30-12h30 ; reste de l'année : tlj sf dim. 9h30-12h30, 14h-17h30.*

Fondée au 5e s. par le chef breton Even, Lesneven conserve de vieilles maisons en granit des 15e et 16e s.

Musée du Léon – *Pl. des Trois-Piliers - ✆ 02 98 83 01 47 - www.museeduleon.com - ♿ - juil.-août : 9h30-12h30, 14h-18h, dim. 9h30-12h30 ; reste de l'année : tlj sf dim. 9h30-12h30, 14h-17h30 - 3 € (-14 ans gratuit).* Aménagé dans l'ancienne chapelle du couvent des Ursulines (début 18e s.), il donne un bon aperçu de l'histoire de la région. On y remarque l'ordonnance signée par Louis XIV autorisant l'installation des ursulines.

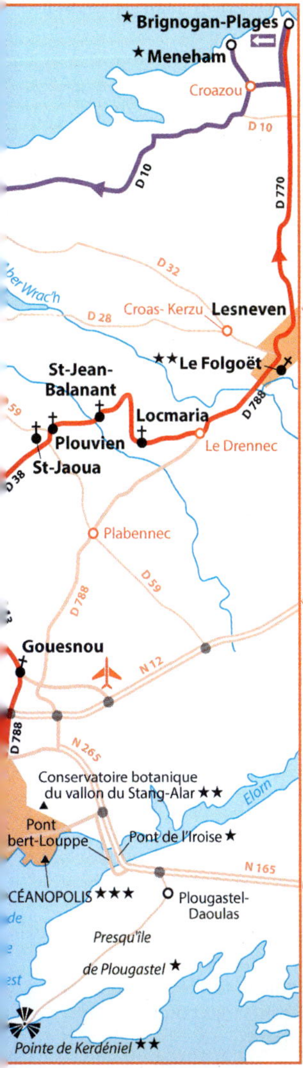

Prenez la D 770 jusqu'à Brignogan-Plages.

★★ DE LA « CÔTE DES LÉGENDES » AU PAYS D'IROISE

Circuit de 170 km tracé en violet sur la carte ci-contre – comptez une journée.

★ Brignogan-Plages *(voir p. 297)*

De Brignogan-Plages, prenez la D 770 vers Le Folgoët, tournez à droite vers le Croazou et poursuivez jusqu'à Meneham.

★ Meneham

✆ 02 98 83 95 63 - www.tourisme-lesneven-cotedeslegendes.fr - ♿ - Maison de site et espace muséographique juil.-août : 10h30-12h30, 14h-19h ; reste de l'année : se rens. - fermé 1er janv., 25 déc. - possibilité de visite guidée (1h30) - gratuit.

Situé sur la côte derrière d'impressionnants blocs de granit, ce hameau de **goémoniers** a été restauré et témoigne de ce que fut l'habitat traditionnel de ces travailleurs de la mer. En 1685, un corps de garde dissimulé dans les rochers avait été construit pour surveiller la côte. Plus tard s'y ajoutèrent quelques maisons abritant des douaniers. Ces derniers cédèrent au fil des années leur place aux goémoniers qui ramassaient les algues aux alentours. En 1975, le site est classé et, en 1989, la commune de Kerlouan en fait l'acquisition pour le réhabiliter.

Les maisons, de nouveau couvertes de toits de chaume ou d'ardoise, ont trouvé une nouvelle vocation comme auberge, gîte d'étape, échoppes pour des artisans et espaces d'exposition

(Maison du site, Maison du Pays pagan) évoquant le mode de vie des goémoniers-cultivateurs. Livrets découverte pour les enfants *(1€)*.
De Meneham, revenez à Kerlouan et prenez la D 10 jusqu'à Plouguerneau.

Plouguerneau

Office de tourisme - *Pl. de l'Europe - 29880 Plouguerneau - 02 98 04 70 93 - www.abers-tourisme.com - de mi-juil. à mi-août : 9h30-12h30, 14h30-18h30, dim. et j. fériés 10h30-12h30, 14h-17h ; de déb. à mi-juil. et de mi- à fin août : 9h30-12h30, 14h30-18h30, dim. et j. fériés 10h30-12h30 ; reste de l'année : tlj sf dim. 9h30-12h, 14h-17h30 - fermé 1er janv., 1er Mai, 1er et 11 Nov., 25 déc.*

L'**église** renferme, à gauche en entrant, près du baptistère, une intéressante collection de statuettes en bois du 17e s. appelées « les petits saints ». Autrefois promenées en procession, ces statuettes résultent d'un vœu fait par les habitants qui avaient échappé à la peste.
Par la D 32, prenez la direction de St-Michel.

Écomusée des Goémoniers – *Rte de Kerveogan - 02 98 37 13 35 - www.ecomusee-plouguerneau.fr - 11 juin-24 sept. : tlj sf lun. 14h-18h ; reste de l'année : se rens. - possibilité de visite guidée - 4 € (-12 ans 2,50 €) - juil.-août : mar. 14h30 ; reste de l'année : se rens.* Situé à la sortie du village sur la droite, ce petit musée explique les techniques du métier à travers les âges ainsi que l'utilisation du goémon aujourd'hui dans de nombreux produits que l'on utilise quotidiennement, du flan au produit de beauté *(voir p. 291)*.
Prenez au nord la D 32.

Ruines d'Iliz-Koz

06 30 13 73 81 - http://ilizkozplougerne.blogspot.fr - de mi-juin à mi-sept. : 14h30-18h ; reste de l'année : dim. et j. fériés 14h30-17h - possibilité de visite guidée - 4 € (-10 ans gratuit).

Le site est un témoignage exceptionnel de l'art funéraire en Bretagne à la fin du Moyen Âge. L'église médiévale avait disparu sous le sable au début du 18e s. lors de grandes tempêtes. Les habitants des environs s'étaient alors servis de ses pierres comme d'une carrière, faisant totalement disparaître le lieu. Des fouilles entreprises dans les années 1970 ont mis au jour les ruines de l'église, du cimetière et du presbytère de l'ancienne paroisse de Tremenac'h. Un petit **musée** explique l'histoire du site et expose quelques vestiges trouvés lors des fouilles.
Tout près, belle **plage** de sable fin dans les rochers.

LE PAYS PAGAN ET LES « NAUFRAGEURS »

Le Pays pagan, ainsi qu'est nommé cette frange du littoral léonard, présente une côte déchiquetée, parsemée de multiples écueils rocheux sur lesquels de nombreux navires faisaient naufrage avant la construction des phares au 19e s. Depuis l'Antiquité, les habitants de certaines régions côtières profitaient du « droit de bris et de naufrage », récupérant tout ce que les bateaux, fracassés sur les récifs, livraient à la mer et sur le sable. La tradition a perduré jusqu'à son interdiction par Colbert en 1681. Mais une légende persistante raconte que pêcheurs et paysans pagans (« païens »), aux conditions de vie difficiles, attiraient volontairement les bateaux sur les rochers. En réalité, seule la configuration de la côte, à laquelle s'ajoutaient des courants puissants, des coups de vent et du brouillard, suffisait à provoquer les naufrages.

Le phare de l'île Vierge, le plus haut phare d'Europe (82,5 m).
B. Stichelbaut/hemis.fr

★ Phare de l'île Vierge

✆ 02 98 37 13 35 - www.plouguerneau.fr/les-phares.htm - visite guidée (30mn) mars-oct. : horaires, se rens. (en fonction des marées) - 3,50 € (-12 ans 2 €) - accès sur l'île avec les vedettes des abers. Si vous avez le temps, partez de l'Aber-Wrac'h car sa remontée est particulièrement spectaculaire. Ce remarquable phare en pierre est le plus haut d'Europe (82,50 m). Du sommet *(397 marches)*, on découvre un vaste **panorama★** sur la côte finistérienne.

Suivez la côte jusqu'à la plage de St-Cava d'où l'on peut atteindre à pied à marée basse le phare de l'Aber-Wrac'h.

Phare de l'île Wrac'h

Plage de St-Cava - ✆ 02 98 04 70 93 - www.ippa-ile-wrach.bzh - espace muséographique de fin juin à déb. sept. : horaires selon les marées - accès libre.

Plutôt un feu qu'un phare, ce gardien de l'aber du même nom se trouve dans un site remarquable offrant des panoramas de tous côtés, entre autres sur le phare de l'île Vierge. *Comptez 1h AR.* On ne peut s'y rendre qu'à marée basse à partir de la plage de St-Cava et c'est l'occasion d'une très belle promenade.

Revenez à Plouguerneau et prenez la direction de Lannilis (D 13).

À 2 km, l'ancien tracé de la route forme un belvédère (petit calvaire) et offre une belle **vue★** sur l'Aber-Wrac'h.

Dans Lannilis, tournez à droite.

L'Aber-Wrac'h

Avec son important centre de voile, c'est un port de plaisance très fréquenté. Une école d'apprentissage maritime, dont le bâtiment surplombe le bourg, anime ce lieu de séjour balnéaire.

La route en corniche longe la baie des Anges où vous apercevez les ruines de **l'abbaye N.-D.-des-Anges** (*✆ 02 98 04 05 43 - visite guidée juil.-août : visites à 10h, 11h, 14h, 15h, 16h, 17h - 6 € (enfant 5 €)*) édifiée en 1507, elle est actuellement en cours de rénovation. Ne subsistent que les murs et le pignon est de la chapelle.

LES ABERS, DES VALLÉES FLUVIALES

Les abers se distinguent des estuaires par le fait qu'ils ont été creusés en amont, par une petite rivière, et non par un fleuve côtier. En aval, leur sillon est moins profond et leurs pentes sont moins raides. On n'y trouve pas de ports importants en tête d'estuaire, comme Morlaix ou Dinan, car leur cours d'eau n'est pas assez puissant pour frayer un chenal dans l'embouchure. En revanche, ils subissent, comme les estuaires, le mouvement des marées et, à marée basse, se découvrent de grandes étendues de vase.

La cour intérieure et ses grandes arcades composent un ensemble architectural harmonieux s'ouvrant sur un jardin clos d'un mur quatre fois centenaire. Les cordeliers occupèrent le monastère durant 76 ans avant que les Récollets ne les remplacent de 1583 à la Révolution. Les propriétaires actuels œuvrent à sa restauration et programment des soirées musicales les vendredis soirs d'été.

Prenez à droite vers les dunes de Ste-Marguerite, puis encore à droite vers le fort Cézon.

De la plate-forme aménagée en bout de route, **vue** sur l'estuaire et, perchées sur une île, les ruines du fort Cézon qui en commandait l'entrée, ainsi que sur le phare de l'île Vierge.

Faites demi-tour et, à la sortie de Poulloc, tournez à droite vers les dunes.

Dunes de Sainte-Marguerite

Des sentiers pédestres permettent de découvrir de belles vues. Sur les dunes sèche le goémon qui, après deux ou trois jours d'exposition au soleil, est expédié vers les usines de traitement.

Gagnez la chapelle de Brouënnou où vous tournerez à gauche vers le passage St-Pabu. Par Landéda, rejoignez Lannilis et empruntez la D 28 vers Ploudalmézeau.

Aber Benoît

Après avoir franchi cet aber, la route le longe pendant quelques kilomètres et permet d'en apprécier la belle situation.

À 5 km de Tréglonou, tournez à droite vers St-Pabu que vous traversez et suivez le fléchage du camping pour gagner les dunes de Corn-ar-Gazel.

Dunes de Corn-ar-Gazel

Elles offrent une belle **vue** sur la presqu'île de Ste-Marguerite, l'aber Benoît et son chapelet d'îlots.

Des chemins escaladent les dunes de Corn-ar-Gazel et conduisent aux immenses plages de sable blanc, comme celle des Trois-Moutons et sa base de chars à voile.

Maison des abers - Ti An Aberiou à Saint-Pabu

R. Tariec - ✆ 02 98 89 75 03 - www.maisondesabers.infini.fr - juil.-août : tlj sf lun. 14h-18h ; reste de l'année : se rens. - fermé j. fériés - 3 € (-16 ans 2 €) - sorties nature et patrimoine en juil.-août, se rens.

Lieu d'expositions et d'animations consacré à la découverte des trois abers.

Faites demi-tour et suivez à droite la route qui serpente dans les dunes et offre de belles échappées sur la côte.

Église de Lampaul-Ploudalmézeau

L'**église** de ce modeste village est un témoin de la Renaissance en Bretagne : voyez le porche nord, un magnifique **clocher-porche★** coiffé d'un dôme surmonté de trois lanternons.

La côte vers l'Aber Ildut.
G. Rigoulet/hemis.fr

Portsall

Ce petit port est établi dans une anse très fermée. C'est au large, sur une chaîne d'écueils – les roches de Portsall –, que le pétrolier *Amoco Cadiz* vint s'échouer en 1978 *(voir encadré p. 288)*. Sur le môle, l'une de ses deux énormes ancres (20 t) perpétue le souvenir du naufrage : l'ancre « An Eor ». Elle a donné son nom au bâtiment situé sur le quai, où est aménagé un espace muséographique dédié au naufrage : maquettes, bornes interactives et documentation complète sur cet accident pétrolier qui a fortement marqué l'histoire de la commune. *✆ 02 98 48 73 19 - juil.-août : 10h30-12h30, 15h-19h, vend.-sam. 15h-19h ; de mi-mai à fin juin et de déb. à mi-sept. et vac. scol. (hors juil.-août) : jeu. 14h-17h30, vend.-dim. 10h30-12h30, 14h-17h30 ; reste de l'année : dim. et j. fériés 14h-17h30.*

Kersaint

À la sortie du village, sur la gauche en direction d'Argenton, se dressent les ruines du **château de Trémazan** (13e s.). Attention ! Ces ruines sont très dangereuses. Un belvédère permet cependant d'admirer la majesté du lieu.

Trémazan

Du parc de stationnement, au-delà du village, une immense **vue★** se dégage sur l'île Verte, les roches de Portsall et le phare de Corn Carhai.

★ Route touristique

Tracée en corniche, elle permet de découvrir une côte frangée de rochers d'où se détache la **pointe de Landunvez**, en dents de scie. La route traverse de petites stations balnéaires : Argenton, **Porspoder** où aurait débarqué au 6e s. saint Budoc, évêque de Dol-de-Bretagne, puis Melon. On s'arrêtera à la **chapelle St-Samson** pour admirer le site et les perspectives sur la mer d'Iroise.

À l'entrée de Lanildut, tournez à droite.

UNE MARÉE NOIRE ANCRÉE DANS LA MÉMOIRE BRETONNE

Construit à Cadiz, Espagne, battant pavillon libérien et affrété par la société américaine Amoco Transport, le supertanker l'**Amoco Cadiz** avait à son bord un équipage italien lorsque le 16 mars 1978 il s'échoue sur le récif devant le petit port de Portsall. Se déversent alors de ses cales près de 230 000 t de pétrole brut sur plus de 300 km de côtes (jusqu'à la baie de St-Brieuc). 90 communes du Finistère et des Côtes-d'Armor sont touchées, c'est la plus grosse marée noire jamais connue, l'une des pires catastrophes écologiques de l'époque. Les dégâts sont considérables, la faune est dévastée (10 000 oiseaux sont morts, 35 espèces de poissons touchées ; il a fallu 7 ans pour que les espèces récupèrent totalement), et l'économie sinistrée. Après 14 ans de procès, en 1992 les communes concernées toucheront 1 257 millions de francs d'indemnités. Juste après le naufrage, le rail de navigation d'Ouessant, qui passait entre le continent et l'île, est décalé au nord de l'île, les sémaphores équipés de radars modernes et... le remorqueur de haute-mer *L'Abeille-Flandre* vient définitivement s'amarrer à Brest pour pouvoir intervenir rapidement en cas d'accidents similaires.

Aber Ildut

C'est au niveau de l'aber Ildut qu'est fixée la séparation théorique entre la Manche et l'Atlantique. Commandant l'étroit goulet de l'**aber Ildut**, le **rocher du Crapaud** offre de belles vues sur le port et l'aber, accessibles aux bateaux quelle que soit la marée. La rive nord est boisée ; au sud s'étendent dunes et plages.

★ **Lanildut** – Il s'agit du premier port goémonier d'Europe et, de mai à octobre, on peut y voir les bateaux décharger leur récolte dans les camions. Il faut se promener dans le quartier de **Rumorvan** qui regroupe de belles **maisons** (17e et 18e s.) de capitaines.

Maison de l'algue – *Quai Cambarell - ✆ 02 98 48 12 88 - ♿ - juil.-août : 9h30-12h30, 14h-18h30, dim. 9h-12h30, 15h-18h30 ; reste de l'année : tlj sf dim. 10h-12h, 14h-17h, lun. 14h-17h, jeu. 10h-12h30 - fermé j. fériés - possibilité de visite guidée sur demande (1h) - gratuit - 2,50 € visite guidée.* Situé dans le même bâtiment que l'office de tourisme, ce centre d'interprétation de l'algue présente au travers de films et panneaux pédagogiques les différentes familles d'algues, leurs zones de récolte et leurs applications.

Sur les traces des goémoniers – *Boucle de 2h30. Quelques croisements de routes imposent la vigilance, surtout avec des enfants, mais la promenade reste accessible pour toutes les jambes.* Du parking du rocher, ralliez le **sentier littoral** pour remarquer le rocher du Crapaud qui tire son nom de sa forme insolite. Longez la côte en suivant le sentier parsemé de trous creusés dans le sol. Ce sont d'**anciens fours** dans lesquels le **goémon** était brûlé pour fabriquer des pains de soude qui servaient ensuite de combustible. Après l'ancienne carrière de granit de Kerzéven, poursuivez jusqu'à **Melon** où vous traverserez la route pour prendre en face à droite. Continuez jusqu'au second croisement. À droite, la route principale mène au village d'où part un chemin balisé en jaune. Il vous conduit à la **chapelle St-Ourzal**, entièrement restaurée, et à sa fontaine antique. Le retour peut s'effectuer par le même itinéraire ou par les petites routes qui serpentent dans les terres.

La route longe l'aber jusqu'à Brélès où la D 27, puis la D 268 à gauche, mènent à Kergroadez.

Château de Kergroadez

02 98 32 43 93 - www.kergroadez.fr - juil.-août : tlj sf lun. 11h, 14h, 15h, 16h et 17h ; reste de l'année : se rens. - possibilité de visite guidée (1h) - 6 € (-18 ans 3 €) - visite spéciale enf. juil.-août et vac. scol. : merc. et vend. 15h30 - animations (conte, son et lumière, atelier, etc.).
Cette demeure de granit, construite au début du 17e s. par François III de Kergroadez, écuyer d'Henri IV, a l'allure d'une forteresse médiévale mâtinée d'influence Renaissance. Sa cour d'honneur, fermée par une galerie crénelée, est entourée par un sévère corps de logis flanqué de deux tours rondes. La visite comprend notamment la chapelle, les écuries et les pièces du logis seigneurial.
Les Jardins de Kergroadez – *02 98 32 43 93 - juil.-août : tlj sf lun. et dim. mat. 10h30-18h ; de mi-avr. à fin juin, sept.-oct. et vac. scol. (hors juil.-août) : w.-end et jeu.-vend. 14h-18h - 2 € (-6 ans gratuit) - 5,50 € billet combiné avec le château - jeu sur la nature et labyrinthe végétal.* Dans le parc fleuri de rhododendrons, hortensias et camélias, se déclinent jardin des plantes médicinales, jardin de Marie ou encore jardin des jeux. Une promenade sur cette étendue de 22 ha invite à la découverte de la biodiversité entre vivier et paysages marécageux.
Revenez à Brélès et, par la D 28, rejoignez Plouarzel. Traversez le bourg en direction de St-Renan et, environ 1 km après la sortie, tournez à droite vers le menhir de Kerloas.

★ Menhir de Kerloas

Du haut de ses 9,50 m et de ses quelque 5 000 ans d'âge, le plus haut menhir de France encore debout fait forte impression. Surnommé « Le Bossu » *(An Tor)* à cause de ses deux bosses, il a naturellement inspiré bien des légendes. Une curieuse tradition du 19e s. attirait les jeunes époux qui venaient nus se frotter sur ses bosses : le mari pour avoir des héritiers mâles, la femme pour avoir autorité dans la maison.
Poursuivez la D 5 jusqu'à St-Renan.

Saint-Renan

Office de tourisme – *Pl. du Vieux-Marché - 29290 St-Renan - 02 98 84 23 78 - www.iroise-bretagne.bzh - horaires variables, se rens.*
Fondée vers l'an 500 par saint Ronan, ermite irlandais, cette petite ville a gardé de son passé de cour de justice ducale, puis royale, et de pays de foires, quelques belles façades à pans de bois et un marché réputé *(voir « Nos adresses »)*. Des panneaux en lave émaillée disséminés dans l'ensemble de la ville racontent son riche passé.
Musée du Ponant – *16 r. St-Mathieu - 02 98 32 44 94 - www.museeduponant.com - fermé pour travaux. Réouv. prévue courant 2018, se rens. à l'office de tourisme.* Il présente des costumes, coiffes et mobilier du Léon. Il retrace également l'histoire de la mine d'étain qui avait été découverte en 1957 et fut exploitée une quinzaine d'années, laissant dans les alentours des carrières transformées en lacs.
Revenez à Plouarzel et prenez la VC 4 vers Trézien.
Impossible de manquer, au passage, le **parc éolien** aménagé en 2000 ; il est composé de grandes éoliennes de 60 m de haut avec d'impressionnants rotors de 47 m de diamètre. Panneau explicatif sur place.
Continuez vers Trézien qu'il faut traverser.

Phare de Trézien

Rte du Phare - 02 98 89 69 46 - www.tourismeplouarzel.fr - juil.-août : 14h-18h30 ; reste de l'année : se rens. - possibilité de visite guidée (15mn) - 3,50 € (-12 ans 1,50 €) - 5,50 € billet combiné avec le phare St-Mathieu.

Bâti en 1894, ce phare, haut de 37 m, a une portée moyenne de 35 km.
Continuez en direction de la grève de Porsmoguer. Tournez à droite.
La route longe la station du **Cross Corsen** (Centre régional opérationnel de surveillance et de sauvetage installé sur la pointe de Corsen). Elle rejoint ensuite une maison en ruine sur la falaise.
Le *Cross Corsen,* bateau du même nom, a pour mission le sauvetage en mer, la surveillance de la navigation, la diffusion d'informations concernant la sécurité des navires et la surveillance des pollutions en mer.

Pointe de Corsen

Cette falaise, haute de 50 m, est le point situé le plus à l'ouest de la France continentale. **Vue** intéressante sur la côte et les îles.
Par la grève de Porsmoguer, gagnez Ploumoguer où vous prendrez vers Le Conquet. À 5 km, tournez à droite vers la pointe de Kermorvan.

Pointe de Kermorvan

En son centre, elle se réduit à un isthme d'où l'on découvre une jolie **vue★** : à droite, la belle plage des Blancs Sablons ; à gauche, le site du Conquet. La passerelle du Croaë permet aux piétons de gagner la pointe ; à son extrémité, à gauche de l'entrée du phare, le chaos rocheux forme un remarquable belvédère.

★ Le Conquet

Office de tourisme – *Parc de Beauséjour - 29217 Le Conquet - 02 98 89 11 31 - www.tourisme-iroisebretagne.bzh - 10 juil.-20 août : 9h30-12h30, 14h-18h30, dim. et j. fériés 10h-13h ; reste de l'année : se rens. - fermé 1er janv., 1er Mai, 1er et 11 Nov., 25 déc.*
Dans un joli site, ce petit port de pêche est un point d'embarquement pour les îles d'Ouessant *(voir p. 300)* et de Molène *(voir p. 305).* On peut y voir quelques maisons anciennes en suivant le parcours touristique ponctué de panneaux en lave émaillée.
La corniche du Port, les chemins piétonniers qui bordent le littoral et la pointe de Kermorvan sont des promenades agréables qui offrent de belles vues sur le port, le chenal du Four et, au large, l'archipel d'Ouessant et les nombreux phares.
Poursuivez par la D 85 jusqu'à la pointe St-Mathieu.

★★ Pointe de Saint-Mathieu

Cette pointe battue par les flots fut habitée depuis des temps lointains. Sur ce très beau site, on trouve un ensemble de bâtiments intéressants : l'ancienne abbaye, un phare, un musée, un sémaphore occupé par l'armée, un monument aux marins morts en mer et, enfin, un cénotaphe dédié aux morts en mer lors de combats. Vous aurez une superbe vue aérienne de cet ensemble en montant au sommet du phare.
Phare – *02 98 89 00 17 - www.pays-iroise.com - visite guidée (20mn) juil.-août : 10h-19h30 ; reste de l'année : se rens. - fermé vac. de fév., 1er janv., 25 déc. - 3,50 € (-12 ans 1,50 €) - 5,50 € billet combiné avec le musée de l'abbaye et le phare de Trézien à Plouarzel.* Haut de 37 m et élevé en 1835, il a une portée de 50 km. Une fois gravies les 163 marches, on est récompensé par le superbe **panorama★★**. De gauche à droite : l'entrée du goulet de Brest, la presqu'île de Crozon, la pointe du Raz, l'île de Sein, l'île de Beniguet, Molène et Ouessant.
Derrière Beniguet, on distingue parfois le phare de la Jument, situé à 30 km.
L'ancienne abbaye, aujourd'hui en ruine, avait été construite par des bénédictins à partir du 11e s. Selon la légende, elle abritait comme relique la tête

Les trésors de la mer d'Iroise

Avec ses 300 km de côtes entre dunes, falaises et landes, des fonds marins rocheux et sédimentaires parsemés d'îles et d'archipels… la mer d'Iroise concentre tous les atouts d'une mer refuge et nourricière pour de nombreuses espèces, parmi lesquelles certaines sont protégées, à l'instar du phoque gris ou du requin-pèlerin. Ses baies peu profondes sont également propices au développement des algues, véritable atout économique de ce territoire du bout du monde.

UN PARC NATUREL MARIN POUR PRÉSERVER LA BIODIVERSITÉ

Depuis 2007, le **Parc naturel marin de l'Iroise**, qui couvre 3 550 km² essentiellement marins, s'étend du sud de l'île de Sein au nord de l'île d'Ouessant. Le but de ce parc est avant tout de **protéger le milieu naturel** et de mettre en valeur la vie dans les îles. Parmi la faune et la flore remarquables, la mer d'Iroise abrite le plus grand champ d'algues marines d'Europe. De même, on y recense plus de 120 espèces de poissons et un quart de la population française de mammifères marins, dont plusieurs colonies de phoques et de dauphins. Cependant, face à la pression touristique et démographique sur le littoral, face aussi à la densité du trafic maritime sur cette zone de pêche, l'évolution des populations de poissons ou encore la qualité des eaux marines réclament un traitement plus écologique. Loin de transformer la mer d'Iroise en un sanctuaire, le Parc a pour vocation de préserver l'équilibre entre la protection des richesses naturelles et le développement raisonné des activités qui en dépendent. Engagé pour **sensibiliser le public**, il est cosignataire de nombreuses manifestations et expositions sur le milieu maritime et le patrimoine de l'Iroise.

Parc naturel marin d'Iroise - pointe des Renards - 29217 Le Conquet - 02 98 44 17 00 - www.parc-marin-iroise.fr

RICHE GOÉMON

Toute cette côte basse et rocheuse, semée d'îlots, recèle en abondance du goémon de diverses variétés. Le Parc naturel marin d'Iroise dénombre ainsi plus de **300 espèces d'algues**. À la différence des autres végétaux, l'algue n'est pas constituée d'une tige mais d'un stipe, ni de racines mais de crampons, ni enfin de feuilles mais de thalles.

Depuis Colbert, la **récolte** des algues est strictement **réglementée** et seuls les goémoniers patentés peuvent l'exploiter. Autrefois, ils récoltaient les algues à marée basse à l'aide de grands râteaux, les mettaient à sécher sur la plage, puis les brûlaient pour en faire des pains de soude et de l'iode. Ces produits étaient utilisés pour la fabrication du verre, mais aussi de colloïdes et de gélifiants. D'autre part, on en faisait des paillasses.

Aujourd'hui, les laminaires sont récoltées directement par des bateaux équipés du scoubidou – un engin équipé d'un crochet qui arrache et récupère les algues – et déchargées à Lanildut sur les camions qui les transportent jusqu'aux usines de traitement. Là, elles sont transformées en nourriture pour le bétail ou en engrais. Mais depuis les années 1970, et l'engouement pour le végétarisme, les algues servent aussi à des fins alimentaires. Leurs **qualités diététiques** sont en effet hors du commun et supérieures à bien des végétaux : riches en calcium, en acides aminés, minéraux et oligoéléments. Aujourd'hui, l'algue se retrouve dans des recettes gastronomiques.

de saint Mathieu, rapportée d'Égypte par des marins du pays. On y reconnaît le chœur (13e s.) flanqué d'une tour carrée, la nef, aux piliers ronds ou octogonaux. Les moines, qui avaient le droit de bris (ramassage des bois rapportés par la mer), entretenaient un fanal (lanterne servant à baliser la côte) sur la tour aujourd'hui tronquée.

Le **musée**, à côté du phare, raconte l'histoire du site et de ses monuments à travers des archives, un film et la maquette de l'abbaye.

Cénotaphe – *02 98 38 07 79 - www.auxmarins.net - juin-sept. : 10h-18h ; reste de l'année : se rens. - possibilité de visite guidée sur demande (30mn) - entrée libre.* Il a été aménagé dans un fortin érigé sous le Second Empire. Dans la crypte sont rassemblées les photos des marins disparus en mer pendant les guerres.

Le **monument aux marins morts pour la France** pendant la Première Guerre mondiale est une œuvre du sculpteur René Quillivic. Érigé en 1927, il représente un buste de femme en coiffe de deuil léonarde au sommet d'une stèle de 17 m ornée de bas-reliefs.

Pour les amateurs de randonnée, superbe parcours sur le GR 34 jusqu'au Conquet *(voir p. 290)* ou Plougenvelin.

Le circuit s'arrête ici, mais vous pouvez rallier Brest par la D 85 puis la D 789 et visiter en chemin le fort de Bertheaume et Ste-Anne-du-Portzic (voir p. 275).

NOS ADRESSES DANS LES ABERS ET L'IROISE

HÉBERGEMENT

PREMIER PRIX

Camping Les Abers – *51 Toull-Tréaz - 29870 Landéda - 2,5 km au nord-ouest de Landéda, aux dunes de Ste-Marguerite - 02 98 04 93 35 - www.camping-des-abers.com - mai-sept. - 158 empl. 21 € - locatif 270/680 € sem.* Un camping « les pieds dans l'eau » et une belle plage de sable. Animations, club enfant, location de vélos et de canoës. Adresse idéale pour les familles.

Camping La Grève Blanche – *400 la Grève Blanche-St-Michel - 29880 Plouguerneau - (4 km au nord de Plouguerneau par D 32, au bord de la plage) - 02 98 04 70 35 - www.campinggreveblanche.com - de fin mars à mi-oct. - ♿ - 100 empl. 14 € - locatif 34 €.* Cadre remarquable avec des emplacements peu ou pas ombragés qui dominent la plage. Vue imprenable sur la baie. Pour le locatif, de petits cabanons sur pilotis tout simples, des *coco sweet homes* meublés mais sans sanitaires, des roulottes et des mobile homes plus classiques offrant un bon confort.

Chambre d'hôte Saint-Alphonse – *Rte de Plouguernau - 29870 Lannilis - 02 98 04 14 13 - gites.chambresdhotes.free.fr - P - 3 ch. 52/60 €.* Les chambres sont aménagées dans une dépendance attenante à la maison des propriétaires. Variant en confort et en taille, elles sont cependant toutes pratiques et dotées de meubles de famille ou chinés ici et là. Les hôtes vous reçoivent chez eux à l'heure du petit déjeuner et une cuisine équipée est à disposition. Jardin arboré et fleuri.

Chambre d'hôte Le Clos d'Ildut – *13 rte de Mézancou - 29840 Lanildut - 02 98 04 43 02 - leclosdildut.free.fr - fermé de oct. à w.-end de pâques - P - 2 ch. 60 €.* Au cœur d'un grand jardin tranquille, une demeure du 17e s. au sol d'ardoise et à la décoration délicate. Chambres de styles différents, dont une dans une dépendance.

Hôtel Le Week-end – *Pont-du-Châtel - 29260 Plouider - 4 km au nord-est du Folgoët par D 110 et rte de Tréflez - ✆ 02 98 25 40 57 - www.hotelrestaurantweekend.com - P - 13 ch. 65/70 € - ☕ 9 € - ✕ 19/36 € (fermé dim. soir et lun. midi).* Dans un hameau tranquille, cet hôtel-restaurant abrite des chambres simples et très bien tenues, ainsi qu'un salon-bibliothèque idéal pour une pause au calme.

BUDGET MOYEN

Chambre d'hôte La Demeure Océane – *20 r. Bar-Al-Lan - 29830 Ploudalmézeau - Lieu-dit Portsall - ✆ 02 98 48 77 42 - www.demeure-oceane.fr - fermé de mi-nov. à mi-déc. - 7 ch. 70/82 €.* Les chambres, très agréables, ont pour la plupart une vue donnant sur le port en contrebas. Deux d'entre elles sont en duplex, ce qui est particulièrement adapté aux familles. L'accueil est chaleureux. Le petit déjeuner est servi dans la salle à manger avec oriel (bow-window).

Hôtel Auberge de Keralloret – *Lieu-dit Keralloret - 29880 Guissény - 3 km par D 10 et rtes secondaires - ✆ 02 98 25 60 37 - www.keralloret.com - P ♿ - 11 ch. 79 € - ☕ 10 € - ✕ lun.-sam. soir et dim., le midi pour les groupes - menu 25/32 €.* Goûtez au charme et à la tranquillité de cette vieille ferme joliment rénovée. Le décor contemporain des chambres, réparties dans plusieurs maisons de granit, s'inspire de la région. Au restaurant, cuisine traditionnelle et chaleureuse atmosphère rustique.

POUR SE FAIRE PLAISIR

Chambre d'hôte Le Nid d'Iroise – *4 Hent-Kergaradoc - 29840 Lanildut - ✆ 02 98 04 38 41 - www.hebergement-nature-bretagne.com - 3 ch., 1 gîte et 2 cabanes 75/110 € ☕.* À côté de la belle longère 1800, abritant 3 chambres coquettes d'inspiration marine, a été construit un joli gîte en bois, où sont aménagées des chambres spacieuses et zen, ainsi que deux cabanes dans les arbres *(110 €)*. La vue sur les environs est superbe depuis le jardin paysager. Un sauna, des massages et des cours de yoga sont proposés aux clients.

La Butte – *10 r. de la Mer - 29260 Plouider - ✆ 02 98 25 40 54 - www.labutte.fr - fermé 3 sem. en hiver - P ♿ - 33 ch. 140/340 € - ☕ 18 € - ✕ formule déj. 32 € bc - 56/118 € (fermé lun., mar. et sam. midi).* Design raffiné et volupté : tels sont les maîtres-mots qui président aux destinées de cet hôtel-spa quasi historique (le lieu fut fondé en 1952) complètement rebâti fin 2012. La cuisine du restaurant est à la hauteur et revisite avec bonheur les recettes du terroir. Quant à l'espace spa, il donne envie de prolonger son séjour. Bref, un lieu à ne manquer sous aucun prétexte.

Hôtel de La Vinotière – *1 r. du Lt-Jourden - 29217 Le Conquet - ✆ 02 98 89 17 79 - www.lavinotiere.fr - ♿ - 10 ch. 85/145 € - ☕ 10 €.* Dans cette belle demeure du 16e s., en plein centre du Conquet, un magnifique escalier de pierre mène aux chambres tout confort, décorées dans un style design. Jacuzzi au 2e étage.

Chambre d'hôte Auberge de Bel Air – *1 moulin de Bel Air - 29810 Brélès - ✆ 02 98 04 36 01 - www.restaubergedebelair.com - fermé dim. soir et lun., janv. et de fin oct. à mi-nov. - P - 3 ch. 78/90 € ☕ - ✕ formule midi 22 € - soir 28 €.* Redonner son éclat originel à cette demeure alors qu'elle n'était que ruines constitue un tour de force… On l'apprécie d'autant plus quand on goûte au confort des chambres superbement aménagées, ou que l'on savoure les bons petits plats préparés par un véritable chef.

Hostellerie de la Pointe St-Mathieu – *7 pl. St-Tanguy - 29217 Plougonvelin (Pointe-St-Mathieu) - ✆ 02 98 89 00 19 - www.pointe-saint-mathieu.com - fermé de mi-fév. à mi-mars P 10 € - ♿ - 33 ch. 140/290 € - ☕ 14 € - ✕ 34/78 €.* Cet hôtel-restaurant, voisin du phare et des ruines de l'abbaye, occupe une maison ancienne agrandie d'une aile récente où de confortables chambres, élégamment décorées de façon design, donnent sur la campagne ou la mer. Son restaurant est réputé : vous vous régalerez dans sa salle à manger voûtée. Bar lounge, piscine, Jacuzzi et sauna. *Voir aussi le Bistrot 1954 ci-contre.*

UNE FOLIE

Le Château de Sable – *38 r. de l'Europe - 29840 Porspoder - ✆ 02 29 00 31 32 - www.lechateaudesablehotel.fr - fermé 1er janv.-10 fév. - 26 ch. 105/368 € - ☕ 14 € - restaurant voir ci-contre.* Face à la presqu'île St-Laurent – un lieu hors du temps –, un établissement à la pointe de la réglementation environnementale (bois, verre, etc.). Les chambres sont lumineuses, aux teintes douces et tournées en grande partie vers la côte sauvage et l'océan… Idéal pour se reposer entre deux châteaux de sable !

Hôtel Spa Baie des Anges – *350 rte des Anges - 29870 Landéda - Port de l'Aber Wrac'h - ✆ 02 98 04 90 04 - www.baie-des-anges.com - fermé 26 janv.-14 fév. ♿ - 20 ch. et 2 suites 108/268 € - ☕ 15/17 €.* Face à la baie des Anges, cette demeure du 19e s. offre un séjour raffiné et élégant. Décoration bord de mer pour des chambres spacieuses dont la plupart donnent sur la mer. Piscine, Spa, sauna et hammam donnent le ton d'un séjour bien-être.

RESTAURATION

BUDGET MOYEN

Crêperie à la ferme Manoir de Trouzilit – *D28 dir. Ploudalmézeau - 29870 Tréglonou - ✆ 02 98 04 01 20 - www.manoir-trouzilit.com - fermé lun.-jeu. hors sais. - P ♿ - 15 €.* La crêperie, logée dans un grand manoir au cœur d'un domaine de 30 ha (centre équestre, nombreuses activités de loisirs, cottages et gîtes dont un pour personnes à mobilité réduite) vaut le détour. La salle à manger est chauffée par deux imposantes cheminées. Quelque 150 galettes différentes : vous aurez le choix !

Ferme de Keringar – *29217 Le Conquet - Lochrist - ✆ 02 98 89 09 59 - www.keringar.fr - P ♿ - menu 19 € - 12 ch. 50/80 € - ☕ 7,50 €.* Ce domaine de 4 ha est le lieu idéal pour un séjour en famille. La cuisine exalte les recettes et les produits locaux (*kig ha farz* le jeu., cotriade le vend.). Quant à la ferme pédagogique, elle fait le bonheur des enfants. Tout cela à 500 m de la plage. Chambres spacieuses et décorées avec goût.

Le Chenal – *13 r. du Port - 29840 Porspoder - ✆ 02 98 89 54 36 - www.lechenal.fr - hors sais. merc.-dim. midi, vend.-sam. soir - formules 21/25 €.* Merveilleusement situé au bord de la mer, ce restaurant composé de salles spacieuses et de vastes terrasses est idéal pour les repas en famille. Les enfants peuvent s'amuser dehors sous le regard des parents. Côté carte, la variété est au rendez-vous, tant du point de vue des plats que des prix.

Bistrot 1954 – *7 pl. Saint-Tanguy - 29217 Plougonvelin - ✆ 02 98 89 00 19 - www.pointe-saint-mathieu.com - tte l'année, tlj 12h-22h - 10/30 € - desserts à l'ardoise.* Au sein de l'élégante Hostellerie de la Pointe St-Mathieu *(voir p. 294)*, le Bistrot 1954 offre un cadre contemporain ouvert sur la mer, avec vue sur le phare de la pointe St-Mathieu. Idéal pour boire un verre ou se restaurer : recettes traditionnelles, burgers, salades gourmandes, plateaux de fruits de mer… sous la houlette de la jeune cheffe Nolwenn Corre.

POUR SE FAIRE PLAISIR

Le Château de Sable – *Porspoder, voir Hébergement - fermé dim. soir, lun., mar. et 1er janv.-10 fév. - formule 19 € bc, menu 42/189 € bc.* Julien Marseault, jeune chef revenu sur ses terres après un beau parcours en Corse, a rapidement trouvé ses marques : il sait mettre en avant les meilleurs produits du terroir breton et de la pêche locale, et ose quelques mariages originaux… Menu à petit prix au déjeuner, esprit gastronomique en soirée.

Auberge de Meneham – *29217 Kerlouan - ✆ 02 98 83 90 26 - www.aubergedemeneham.com - tlj en saison 11h-21h - lun.-jeu. d'oct. à mars 11h-16h30 et tlj pdt vac. scol. - P - 29,50/37 €.* À l'entrée du hameau, cette auberge coiffée d'un toit de chaume propose une cuisine traditionnelle, raffinée et originale. Possibilité d'une restauration rapide l'été, sur les tables à l'extérieur, et brunch tous les dim. *(16,70 €)*. Crêpes, galettes et huîtres.

Relais du Vieux Port – *1 quai du Drellac'h - 29217 Le Conquet - ✆ 02 98 89 15 91 - www.lerelaisduvieuxport.com - fermé 1re quinz. de janv. - menu 31 € - 8 ch. 58/78 € - ☕ 8 €.* Belle maison du 15e s. Côté restaurant : crêpes, poissons, coquillages et fruits de mer (sur réserv.), servis dans un décor d'inspiration marine mariant la pierre et le bois. Côté hôtel : réveil assuré par les mouettes, dans huit chambres portant le nom d'îles bretonnes et jouissant de la vue sur le port.

ACHATS

Marché hebdomadaire de St-Renan – *Pl. du Vieux-Marché - 29290 St-Renan - sam. tte l'année.* Des centaines de producteurs et d'intermédiaires prennent possession du quartier médiéval pour vendre les spécialités locales (*kig ha farz* et son sac de toile, saucisse de Molène, etc.) et les produits courants. Étape incontournable.

La Veuve Pochard – *1-3 r. de l'Église - 29290 St-Renan.* Une taverne bretonnante installée dans une bâtisse du 15e s.

Autres marchés – *29870 Lannilis - Lesneven (lun. mat.), Lannilis (merc. mat.), Plouguerneau (jeu. 8h-13h et dim. 8h-13h en juil.-août) et Tréglonou (manoir de Trouzilit, mar. à partir de 16h30 en juil.-août).*

Les Viviers de Bassinic – *29880 Plougerneau - Port du Coréjou - ✆ 06 83 87 66 69 - lun.-sam. 9h-12h.* Pas frais, mon poisson ? Tourteaux, araignées, homards, langoustines, crevettes… Vous pouvez acheter tous vos fruits de mer directement au retour de pêche au vivier de Bassinic. Depuis 30 ans, une clientèle fidèle apprécie la fraîcheur des produits et la qualité des services (mise en filet, nettoyage et divers conseils) par la patronne, Gaëlle Gac. On y vend également de bonnes bouteilles de vin blanc.

ACTIVITÉS

Activités nautiques

Centre de voile de l'Aber-Wrac'h – *4 port de l'Aber-Wrac'h - 29870 Landéda - ✆ 02 98 04 90 64 - www.cvl-aberwrach.fr - tlj sf dim. hors saison 9h-18h - fermé vac. scol. de Noël.* Découvrez le Pays des abers par la mer grâce à ce centre de voile : balade sportive ou promenade familiale en naviguant, avec ou sans moniteur, à bord de catamarans, dériveurs, petits bateaux de croisière ou en kayaks de mer *(24/35 €)*… Tout dépend de vos envies. Également stages et location de matériel *(voir tarifs sur le site Internet).*

Surfing des Abers – *✆ 06 63 87 91 73 - www.surfing-abers.com.* Cours de surf et bodyboard *(à partir de 30 €/1h30),* principalement sur la plage de la Grève-Blanche à Plouguerneau, balades en stand-up paddle.

Excursions vers les îles

Compagnie maritime Penn Ar Bed – *29200 Brest - ✆ 02 98 80 80 80 - www.pennarbed.fr.* En été, liaisons vers les îles d'Ouessant *(voir p. 300)* et de Molène *(voir p. 305)* au départ de Lanildut.

Randonnée

Ferme équestre Manoir de Trouzilit – *D28 dir. Ploudalmézeau - 29870 Tréglonou - ✆ 02 98 04 01 20 - www.manoir-trouzilit.com - fermé sem. de la rentrée et jeu. en période scol. - 8h30-20h.* Cette école d'équitation propose également du tourisme équestre avec des promenades et des randonnées aux alentours de Tréglonou.

AGENDA

Le Folgoët

Le pardon de la Saint-Christophe – *Dernier dim. de juil.* Bénédiction des voitures. Après la messe, défilé de voitures pour recevoir la bénédiction et la prière de saint Christophe, patron des automobilistes.

Le grand pardon – *Déb. sept.* Quelques milliers de personnes assistent, début sept., au **grand pardon**. La veille du 1er dim. de sept. à partir de 18h et le jour même se déroulent les cérémonies.

Art contemporain et patrimoine religieux dans les chapelles du Léon – *Rens. www.artetchapellesduleon.net - de mi-juil. à mi-août : tlj sf mar. 14h30-18h30 - gratuit.* Sculptures, peintures, photographies, calligraphies et gravures contemporaines sont à l'honneur dans 14 chapelles du Léon. Ateliers créatifs *(1h)* pour les enfants le merc. sur réserv.

Dans la baie de Goulven, les dunes de Keremma sont le refuge d'une riche biodiversité.
E. Berthier/hemis.fr

Brignogan-Plages

★

740 Brignoganais – Finistère (29)

En 1936, à la faveur des premiers congés payés, Brignogan s'est vu adjoindre le substantif « Plages ». Une façon de valoriser, à juste titre, cette station balnéaire, joliment située au fond de l'anse de Pontusval, à l'orée du Pays pagan. Sur ses plages de sable fin, surgissent ici ou là de beaux menhirs et autres vestiges de la Préhistoire tandis que les dunes de Keremma constituent un espace naturel remarquablement varié.

NOS ADRESSES PAGE 299
Hébergement, restauration, achats, activités, etc.

S'INFORMER
Office de tourisme Lesneven - Côte des Légendes – *voir p. 283.*

SE REPÉRER
Carte de microrégion B1 (p. 264) – Brignogan-Plages est à 11 km du Folgoët par la D 770, soit 30 km au nord de Brest, et à 23 km à l'ouest de St-Pol-de-Léon par la D 10. Sans véritable centre, la station dispose de plusieurs plages dispersées.

À NE PAS MANQUER
Une balade jusqu'à la pointe de Pontusval, en particulier pour voir le menhir de Men Marz ; la découverte de la faune et de la flore des dunes de Keremma.

ORGANISER SON TEMPS
Deux heures suffisent à faire le tour de Brignogan. Prévoyez des chaussures de marche pour arpenter les falaises.

Se promener

Plages

Les baigneurs ont le choix entre les plages du Garo et du Lividic à l'est, du Crapaud, du Petit Nice, des Chardons Bleus et du Phare à l'ouest.

Pointe de Pontusval

D'énormes blocs granitiques se dressent au ras des maisons ou dans les champs. Avec plus de 8 m de haut, le **menhir christianisé** (surmonté d'une croix) de **Men Marz**, qui signifie « pierre du prodige », compte parmi les plus hauts menhirs de Bretagne. Le **phare** (1869), d'une hauteur de 14,50 m et sa portée lumineuse de 22 km, est un repère essentiel pour les bateaux naviguant dans ce secteur particulièrement dangereux *(voir encadré p. 284)*.

Chapelle Pol

Cette chapelle du 19e s. forme un charmant ensemble avec le calvaire et la petite tour de guet, construite sur deux rochers.

À proximité Carte de microrégion p. 264

Église de Goulven B1

7,5 km au sud-est. Prenez la direction de la plage du Lividic ; longez par la côte l'anse de Goulven. Dans Plounéour-Trez, tournez à gauche aussitôt après l'église.

Bâtie aux 15e et 16e s., l'église de Goulven possède un **clocher★** Renaissance qui compte parmi les plus beaux de Bretagne. À l'intérieur, on découvre un monumental bénitier Renaissance et la tribune d'orgues (16e s.), qui est un ancien jubé transformé. Le maître-autel en granit de Kersanton est précédé d'un petit autel, décoré de six panneaux illustrant les miracles de saint Goulven. En été, deux belles bannières brodées du 17e s. sont exposées dans le chœur.

Dunes de Keremma B1

10,5 km au sud-est, route de Plouescat.

Cette bande dunaire de 5 km de long est très intéressante pour sa biodiversité. Sa flore et son avifaune comptent près de 600 espèces variées parmi lesquelles la précieuse orchidée Liparis de Loesel ou encore les barges rousses et les pluviers argentés. Ces oiseaux, hivernants ou migrants, peuplent en nombre les vasières et prés envahis par la mer de la baie de Goulven.

Maison des dunes – *À l'est de la ville par la r. Jean-Jaurès, puis par la rte de Quimper - Keremma - ☎ 02 98 61 69 69 - www.maisondesdunes.org - ♿ - juil.-août : tlj sf sam. 10h-18h, dim. 14h-18h ; reste de l'année : se rens. - fermé j. fériés, nov.-fév. - gratuit - animations nature (payant).* Ce centre d'interprétation apprend à connaître ce milieu fragile pour mieux le protéger.

Sentier pédagogique *(accès libre)*, sorties nature et ornithologiques accompagnées en été *(durée 2h)*.

Plouescat

18 km à l'est par la D 10 qui longe la côte.

Office de tourisme – *5 r. des Halles - 29430 Plouescat - ☎ 02 98 69 62 18 - www.roscoff-tourisme.com - juil.-août : 9h-18h45, dim. et j. fériés 9h-14h ; reste de l'année : tlj sf dim. 9h15-12h30, 13h30-17h - fermé certains j. fériés.*

Cette petite station balnéaire abrite des **halles** de la fin du 15e s. *(pl. du Gén.-de-Gaulle, marché sam. matin)*, uniques dans le Finistère, mais elle est surtout connue pour ses **plages**, tantôt étendues, tantôt circonscrites à des criques.

TÉMOINS DE LA PRÉHISTOIRE

Le territoire de Plouescat compte quelques intéressants vestiges de l'ère préhistorique. L'allée couverte de Guinirvit (4 500 ans av. J.-C.) s'étend sur 10 m de long à même la plage. Malgré l'absence de sa dalle de couverture, elle représente un intérêt précieux en tant qu'indicateur du niveau de la mer depuis le néolithique, une remontée des eaux évaluée à 7 m environ. À quelques encablures de là, se dresse également l'impressionnant menhir de Cam Louis (7 m), ou encore celui de Cougn an Dre qui forme un ensemble avec l'allée couverte de Creac'h ar Vren. Situé au point culminant de Plouescat, ce site témoigne de la présence forte de populations préhistoriques.

Certaines sont de sable fin, comme Porsmeur ou la baie du Kernic, idéale pour le char à voile et le kitesurf. D'autres présentent un aspect plus rocheux comme Menfig et Poulfoën, les plus courues.

Bon à savoir – La plage de Porsmeur propose aux personnes à mobilité réduite des « fauteuils hippocampes » permettant un déplacement sur le sable et dans la mer.

NOS ADRESSES À BRIGNOGAN-PLAGES

HÉBERGEMENT

BUDGET MOYEN

Hôtel de la Mer – *Plage des Chardons Bleus - 29830 Brignogan-Plages - 02 98 43 18 47 - www.hoteldelamer.bzh - 18 ch. et 1 suite, à partir de 80 €; 8 appart. à partir de 80 € (studio 2 pers.).* Emplacement idéal, les pieds dans l'eau. Le lieu a connu des métamorphoses successives depuis les années 1930 (dancing, restaurant, centre et colonie de vacances) avant d'être rénové pour devenir un éco-hôtel responsable. Les chambres ont vue sur mer tandis que les appartements donnent sur la lande. Spa, bistrot, salon de thé, et restaurant où l'on se régale de produits… locaux, évidemment.

UNE FOLIE

Chambre d'hôte La Terre du Pont – *La Terre-du-Pont - 02 98 83 58 49 - laterredupont.pagesperso-orange.fr - fermé de déb. nov. à w.-end de Pâques - réserv. obligatoire - P - 1 ch. 100/120 €, 1 gîte 2 pers. 640 €, 1 gîte 4 pers. 990 €.* À proximité du grand menhir Men Marz, cette très belle chaumière du 15e s., entièrement rénovée, est entourée d'un joli jardin. Piscine (d'avr. à oct.) et sauna. Premier prix Finistère maison et jardin fleuri 2012.

ACTIVITÉS

Centre nautique de Brignogan-Plages – *Plage des Crapauds - 02 98 83 44 76 - www.cn-brignoganplages.fr.* Location, activités pour les enfants dès 3 ans, plongée et randonnées subaquatiques, kayak et voile.

AGENDA

Courses hippiques – *Hippodrome marin de la baie du Kernic - en août.*

Mercredis de la chapelle Pol – *juil.-août - festivalchapellepol.com.* Concerts de musique classique et traditionnelle organisés par l'association Musiques en Côte des Légendes.

4

Île d'Ouessant

★★★

848 Ouessantins – Finistère (29)

Bout de terre le plus occidental de Bretagne, donc de France métropolitaine, Ouessant est un vrai « Finistère ». Pour mériter cette île postée là où se rencontrent Atlantique et Manche, il faut franchir une mer souvent houleuse, d'où l'adage : « Qui voit Ouessant voit son sang ». Mais, une fois « à terre », vous saisirez le caractère unique et fort de cette terre, protégée depuis 1969 par le Parc naturel régional d'Armorique. Ses paysages rudes et grandioses vous laisseront des souvenirs inoubliables.

NOS ADRESSES PAGE 306
Hébergement, restauration, achats, activités, etc.

S'INFORMER

Office de tourisme de l'île d'Ouessant – *Pl. de l'Église - bourg de Lampaul - 29942 Ouessant - ✆ 02 98 48 85 83 - www.ot-ouessant.fr - juil.-août : 9h-18h30, dim. et j. fériés 9h30-13h ; reste de l'année : tlj sf dim. 10h-12h, 14h-18h - fermé 1er janv., lun. de Pâques, 1er et 11 Nov., 25 déc.*

SE REPÉRER

Carte de microrégion A1 (p. 264) – Ouessant se rallie depuis Brest ou Le Conquet. Lampaul, le seul village de l'île, est logé au fond d'une crique bien protégée de la houle.
Les autres bourgs sont disséminés sur l'île et reliés au village par de petites routes.

À NE PAS MANQUER

La côte sauvage et l'écomusée de l'île ; le musée des Phares et Balises du phare du Créac'h.

ORGANISER SON TEMPS

Choisissez les marées hautes pour vous aventurer sur les côtes : le spectacle y est exceptionnel. Mieux vaut donc programmer votre séjour sur l'île pendant les grandes marées ! L'idéal est de passer une nuit sur place pour pouvoir explorer l'île à pied ou à vélo (réservez votre hébergement et votre AR en bateau).

AVEC LES ENFANTS

L'Écomusée de l'île au hameau de Niou Uhella, pour ses deux habitations traditionnelles ; le musée des Phares et Balises ; randonnées à pied, à vélo ou en kayak de mer.

Phare du Creac'h.
B. Stichelbaut/hemis.fr

Se promener Carte de l'île p. 302

La traversée en bateau vers Ouessant est du plus haut intérêt : elle permet de voir le goulet de Brest, la pointe St-Mathieu, le chenal du Four et, à gauche, le fameux écueil des Pierres-Noires, les îles de Beniguet et Molène *(voir p. 305)* ainsi que le passage du Fromveur. Des dauphins suivent fréquemment les bateaux.

L'arrivée à Ouessant se fait dans la baie du Stiff, protégée par une grande jetée en béton. Du débarcadère, vous pouvez gagner le bourg de Lampaul *(à 4 km)*, qui regroupe tous les commerces, soit par une navette, soit en louant un vélo au port.

Des routes au départ de Lampaul mènent ensuite aux sites les plus remarquables de l'île. De nombreux chemins et sentiers permettent de la parcourir en tous sens, rejoignant de belles falaises ou d'agréables criques.

Lampaul

La **capitale de l'île** se distingue par ses maisons anciennes très bien entretenues, assorties de volets peints en bleu ou vert, couleurs traditionnelles de l'île. Son église (1860) arbore un clocher offert par la Couronne britannique en remerciement aux Ouessantins qui se dévouèrent lors du naufrage du *Drummond Castle*, en 1896. Le port exigu, uniquement utilisable à marée haute et par mer calme, regarde vers l'ouest. À proximité s'étend la vaste plage de sable de Corz.

Crique de Porz Yusin

Quittez Lampaul au nord par la rue qui passe devant la centrale électrique alimentant l'île.

On traverse plusieurs hameaux, aux maisons blanches et volets colorés entourées de jardinets, avant d'arriver au joli site rocheux de Porz Yusin, un des rares abris de la côte nord.

DICTONS

« Qui voit Ouessant voit son sang », dit le proverbe, allusion aux naufrages qui ont fait, dans le passé, la mauvaise réputation de l'île. Ses sœurs bretonnes ne sont guère mieux loties. On dit ainsi : « Qui voit Molène voit sa peine », « Qui voit Groix voit sa croix » et « Qui voit Sein voit sa fin ». Reste une île, moins difficile d'accès, et plus immédiatement séductrice : « Qui voit Belle-Île voit son île. »

Presqu'île de Feunteun-Velen

Dans Lampaul, empruntez la rue qui longe le cimetière.

On passe à proximité du petit port de Lampaul. Derrière sa jetée, les barques des pêcheurs viennent trouver un abri sûr. La route contourne la baie profonde de Lampaul, bordée par les **plages** de Corz et du Prat. En son milieu se dressent les rochers du Grand Truk et Youc'h Corz. Puis on descend doucement vers la pointe de Porz Doun. Sur la gauche, la pyramide blanche du Runiou sert d'amer (point de repère) pour la navigation.

Pointe de l'extrême sud de l'île, la **pointe de Porz Doun** est bordée par des falaises. Elle offre une belle **vue** sur Lampaul, la pointe de Pern et le **phare de la Jument**. Ce dernier, construit en mer de 1904 à 1912, culmine à 42 m et abrite une corne de brume. En 2003, Il fut le décor du très beau film de Philippe Lioret, *L'Équipier*, avec Philippe Torreton et Sandrine Bonnaire.

Phare du Stiff

Quittez Lampaul par la rue qui longe le flanc gauche de l'église.

La route atteint doucement le point culminant de l'île, 60 m à la **pointe de Bac'haol**. Le plus ancien phare d'Ouessant, construit par Vauban en 1695, comprend deux tours accolées; l'une abrite l'escalier à vis *(126 marches)*, l'autre trois petites chambres superposées. Le feu porte à environ 50 km grâce à une lampe de 1 000 W halogène donnant une puissance de 600 000 candelas. Du sommet, un vaste **panorama★★** se développe sur les îles et le continent, du phare de l'île Vierge à la pointe du Raz.

À proximité du phare se dresse la nouvelle tour-radar (à 140 m de hauteur), équipée pour surveiller la route maritime passant au large de l'île.

Des sentiers mènent à la pointe de la **presqu'île de Cadoran** d'où l'on jouit d'une jolie vue sur la baie de Beninou et sur l'île de Keller, propice à la nidification des oiseaux. Une petite colonie de phoques évolue parfois sur la presqu'île.

Crique de Porz Arlan

Quittez Lampaul par la rue qui longe le cimetière, puis tournez à gauche.

La route laisse sur la droite la chapelle N.-D.-d'Espérance (1863) et, sur la gauche, l'aérodrome. Elle oblique sur la droite pour atteindre Porz Arlan.

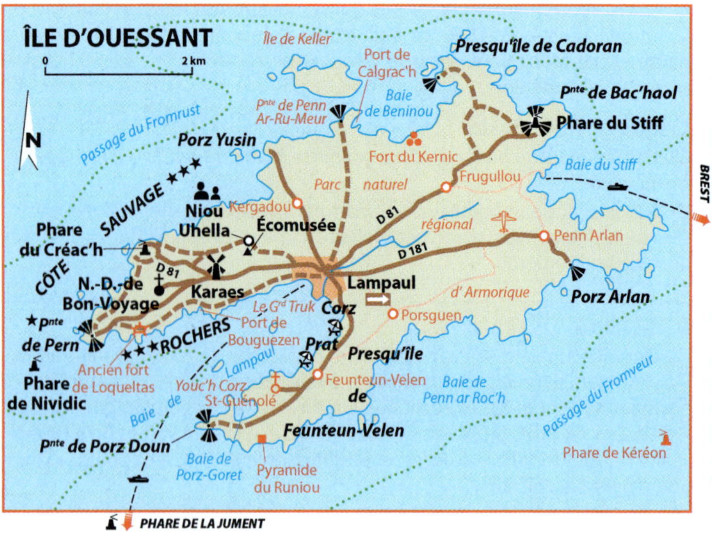

Une sentinelle en mer

Longue de 7 km, large de 4 km, l'île d'Ouessant domine la mer de 60 m en sa partie la plus élevée. Son nom vient de cette altitude, puisqu'au 4e s. elle s'appelait *Ouxisamé*, superlatif du *ux* gaulois, haut, c'est-à-dire la très haute. De la même façon, Ouessant s'écrit en breton **Enez Eusa** (*enez* : île), ce qui signifie « l'île la plus haute ».

COURANTS, RÉCIFS ET TEMPÊTES

Dans les annales maritimes, l'île est connue pour les difficultés de navigation qu'offrent ses parages, à cause de la brume fréquente, des innombrables récifs et des courants violents. Les plus connus sont le **Fromrust**, au nord-ouest, et le **Fromveur**. Chanté par Henri Queffélec, celui-ci est la ramification du Gulf Stream, au sud-est, et c'est l'un des plus rapides d'Europe (13 km/h). En hiver, le vent règne en maître et pousse, sur les côtes rocheuses et déchiquetées, les flots qui déferlent rageusement. Le brouillard se mêle aux lugubres avertissements des sirènes et aux mugissements du vent. Ces tempêtes peuvent se prolonger dix jours. L'été ramène le calme et une atmosphère plus sereine, analogue à celle des côtes de Bretagne. On réalise alors plus facilement combien le climat de l'île est doux.

ÉLEVEURS ET PÊCHEURS

Les femmes et les retraités de la marine constituent l'essentiel de la population dont les activités principales restent l'élevage et la culture vivrière. Bon nombre d'hommes travaillent sur le continent (région brestoise) ou en mer : pêche hauturière, lointaine ou côtière et plates-formes pétrolières.

Dans les enclos fort bien entretenus d'Ouessant poussent légumes et pommes de terre. Les céréales, cultivées sur de plus grandes parcelles, servent à l'alimentation des volailles et bêtes d'élevage, des **moutons**, pour l'essentiel. Ils broutent une herbe maigre, mais chargée de sel, qui leur donne une chair aussi appréciée que les prés-salés de la baie du Mont-St-Michel.

Le premier jeudi de février donne lieu à une **grande foire**. Enfin, la culture des algues et l'élevage des moules tendent à développer une aquaculture très prometteuse.

LA PROTECTION DU MILIEU NATUREL

Ouessant est, depuis 1988, classée **Réserve de la biosphère de la mer d'Iroise** par l'Unesco. L'île a en effet conservé une très vaste zone naturelle propice à l'observation de la flore et des oiseaux migrateurs. Sur les 500 plantes recensées, certaines sont protégées comme l'isoète, une petite fougère, la centaurée maritime ou l'ophioglosse du Portugal. La faune d'Ouessant diffère de celle du continent. On n'y trouve aucun carnivore (ni renard, ni belette) et aucun serpent. Ceci s'explique par l'isolement précoce d'Ouessant, dont la séparation du continent est bien plus ancienne que celle de l'Angleterre. Elle remonte à la fin de la dernière glaciation : il y a 11 000 ans. Seules les espèces qui volent ont pu coloniser l'île après l'ère glaciaire. Ouessant accueille ainsi chaque année 400 espèces d'oiseaux, dont le rare crave à bec rouge, des oiseaux sibériens, tels le pipit richard ou le pouillot à grands sourcils, sans oublier les incontournables goélands, les fulmars, les cormorans huppés ou les huîtriers pie.

Dans cette crique charmante se sont nichés une minuscule plage de sable et un petit port abrité par une jetée. Belle **vue** sur la côte rocheuse, le Fromveur et le phare de Kéréon et, derrière, sur l'île de Bannec.

★★★ CÔTE SAUVAGE

Quittez Lampaul à l'ouest par une rue en montée. À 500 m, tournez à droite.

Écomusée de l'Île d'Ouessant

Niou-Huella - ✆ 02 98 48 86 37 - juil.-août : 10h30-18h ; avr.-juin, sept. et vac. scol. : 11h30-17h, j. fériés 11h30-18h ; reste de l'année : tlj sf lun. 11h30-17h - fermé 1er janv., 25 déc. - possibilité de visite guidée sur demande (1h) - suite à l'incendie de juillet 2017, se visite partiellement en tarif réduit 2,80 € (8-14 ans 2 € ; -8 ans gratuit) - billet combiné avec le musée des Phares et Balises ; se rens. au préalable

Au hameau de **Niou Uhella**, deux habitations traditionnelles, aménagées par le Parc naturel régional d'Armorique, retracent la vie ouessantine à travers diverses collections (costumes, outils agraires et domestiques, géologie de l'île). L'une de ces maisons comporte un mobilier typique d'Ouessant. Il est fabriqué avec du bois provenant d'épaves et peint en bleu, symbole de la protection de la Vierge.

Poursuivez en direction de la côte.

Moulin de Karaes

C'est le dernier moulin en bois de l'île. Bien campé sur sa base cylindrique en pierre, il servait à moudre grossièrement le seigle avec lequel les Ouessantins confectionnaient leur pain au début du 20e s.

Phare du Créac'h

Il indique, avec le phare britannique de Lands End, l'entrée de la Manche. Le feu est constitué de quatre lampes offrant une puissance lumineuse de 20 millions de candelas et une portée moyenne dépassant 60 km.

★ **Musée des Phares et Balises** – *✆ 02 98 48 80 70 - ♿ - juil.-août : 10h30-18h ; avr.-juin et vac. scol. : 11h30-17h, j. fériés 11h30-18h ; reste de l'année : tlj sf lun. 11h30-17h - fermé 1er janv., 25 déc. - possibilité de visite guidée sur demande (1h) - 4,30 € (-8 ans gratuit) - 4,50 € billet combiné avec l'écomusée d'Ouessant.*

Installé dans l'ancienne salle des machines, il présente une passionnante exposition sur la technique (turbine, lentilles, lampes et réflecteurs), et relate aussi la fonction et la vie de gardien. Il retrace l'histoire de ces tours à feu depuis l'Antiquité jusqu'à nos jours – à l'origine, l'éclairage des phares consistait à faire brûler du charbon, du bois ou de l'huile dans un récipient placé au sommet d'une tour.

LE RAIL D'OUESSANT

En 1978, l'échouage dans cette zone de l'*Amoco Cadiz*, un pétrolier libérien chargé de 227 000 t de brut, provoqua sur le littoral breton la plus grande marée noire jamais enregistrée *(voir p. 288)*. Après cette catastrophe fut mise en place une réglementation du trafic maritime obligeant les navires à passer sur une autoroute de la mer, le « rail d'Ouessant ».

En partie modifié à la suite du naufrage de l'*Erika* (1999), ce rail comporte deux voies de navigation : l'une pour les bateaux qui montent vers la Manche, l'autre pour ceux qui en descendent, ces deux voies ne se croisant pas. Chaque jour, 150 à 200 bateaux, dont au moins huit transportent des produits jugés dangereux, passent au large d'Ouessant.

LE RAGOÛT D'AGNEAU : UNE CUISSON INATTENDUE

Vu la rareté des arbres, on utilisait pour combustible les ajoncs ou les mottes prélevées sur les pelouses littorales. La tradition se perpétue aujourd'hui pour la cuisson du ragoût d'agneau, grande spécialité d'Ouessant. Viande, carottes, oignons et pommes de terre sont disposés en couches successives dans une marmite en fonte que l'on dépose sur des mottes chaudes et que l'on recouvre entièrement d'autres mottes avant de laisser mitonner doucement le plat durant 4 heures.

Centre d'étude du milieu d'Ouessant

Lieu-dit Ar Gouzoul - ✆ 02 98 48 82 65 - www.cemo-ouessant.fr - vac. de Pâques et juil.-août : horaires, se rens. - fermé j. fériés - 5 € (-15 ans 3 €) - 12 € billet famille.
Non loin du phare se trouve le CEMO, la seule station permanente d'observation des oiseaux migrateurs en France : Il propose des sorties-nature thématiques : oiseaux marins, évolution du paysage et flore de la côte nord, faune et flore de la côte sud, algues et animaux du bord de mer, oiseaux migrateurs du littoral (2h). Sorties-nature et des sorties-marées spéciales enfants.

Contournez le phare par la droite afin de découvrir la côte.

Extraordinairement déchiquetés et continuellement battus par les flots, cette côte et ses **rochers★★★** offrent un spectacle hors du commun. Une passerelle située en avant du phare permettait autrefois d'accéder à la pointe du Créac'h, où se trouvait la sirène de brume. Les cargos et les pétroliers animent l'horizon ; des centaines de bateaux empruntent chaque jour le « rail d'Ouessant », surveillé nuit et jour par des patrouilleurs de la Marine nationale *(voir encadré ci-contre).*

Faites demi-tour, puis prenez à droite vers la pointe de Pern.

Chapelle Notre-Dame-de-Bon-Voyage

Située près de la pointe de Pern, cette chapelle appelée aussi St-Gildas, en souvenir de ce saint venu de Grande-Bretagne au 5e s., a été édifiée vers la fin du 19e s. Les gens d'Ouessant y viennent tous les ans, en pèlerinage, le 1er ou le 2e dimanche de septembre, jour du pardon de l'île.

La **Pointe de Pern★**, extrémité ouest de l'île, se prolonge par des rochers et récifs sur lesquels vient écumer la houle.

Au large, le petit **phare de Nividic** fonctionne automatiquement, de même que celui de la Jument, au sud-ouest de l'île.

À voir aussi Carte de microrégion p. 264

Île de Molène

Souvent juste aperçue lors de la traversée vers Ouessant, la petite île (800 m x 1,2 km, 200 habitants à l'année) doit sa réputation à l'habileté et au courage de ses marins. C'est à pied que l'on découvre le village et le sentier côtier ; excepté à côté du port, les plages sont couvertes de gros galets et la baignade est dangereuse à cause des courants. Les musées, très modestes, rappellent le dur travail des goémoniers, le courage des sauveteurs aux temps héroïques des canots à rame, et un drame qui a fortement marqué l'île : le naufrage du paquebot anglais *Drummond Castle*, le 16 juin 1896.

NOS ADRESSES SUR L'ÎLE D'OUESSANT

ARRIVER/PARTIR

En bateau

Compagnie maritime Penn Ar Bed – *29229 Brest - ℘ 02 98 80 80 80 - www.pennarbed.fr - liaisons maritimes assurées tlj, tte l'année - juin-sept. : 34,60 € (-11 ans 20,80 €, 12-16 ans 27,70 €) ; oct.-mai : 27,70 € (-11 ans 16,70 €, 12-16 ans 24,90 €).* Départ toute l'année de Brest et du Conquet vers Molène et Ouessant. En été, liaison au départ de Camaret *(tlj en juil.-août ; jeu. en juin et sept., réserv. obligatoire).*

Finist'Mer – *29217 Le Conquet - ℘ 08 25 135 235 - www.finist-mer.fr - liaisons maritimes tlj, se rens. au préalable.*

Le Conquet-Ouessant *(3 dép./j. en haute saison) : mi-avr.-juin : AR 27 € (12-17 ans 18,50 €, 4-11 ans 15,30 €) ; juil.-sept. : AR 34 € (12-17 ans 26,50 € 4-11 ans 20 €).*

Camaret *(1 dép./j.)* et Lanildut *(1 dép./j en basse saison et 3 dép/j. en haute saison)*-Ouessant : *mi-avr.-juin : AR 27 € (12-17 ans 18,50 €, 4-11 ans 15,30 €) ; juil.-sept. AR 35 € (12-17 ans 28,50 €, 4-11 ans 21,20 €).*

Le Conquet-Molène : *1dép./j, juin et sept. : AR 20 € (4-17 ans 15 €) ; juil.-août : AR 25 € (4-17 ans 15 €).*

En avion

Finist'air – *Aérodrome de Brest - 29490 Guipavas - ℘ 02 98 84 64 87 - www.finistair.fr - dép. de Brest : lun.-vend. 8h30 et 16h30, sam. 8h30 ; dép. d'Ouessant : lun.-vend. 9h et 17h15, sam. 9h15 - fermé dim. et j. fériés - 70,95 € AS.*

TRANSPORTS

En voiture

Pour être autorisé à transférer une voiture sur Ouessant, il faut résider sur l'île au moins 2 mois par an.

À vélo

Bon à savoir – Les sentiers côtiers sont interdits aux vélos. Trois **loueurs de vélos** vous attendent en saison au port du Stiff et au village de Lampaul. En haute saison, mieux vaut réserver à l'avance.

Ouessantcycles – *℘ 02 98 48 83 44 ou 06 81 89 11 41.*

Cycle Évasion – *℘ 02 98 48 85 15.*

La Bicyclette – *℘ 02 98 48 81 34 ou 06 80 70 94 95.*

En transport en commun

Des navettes relient le port du Stiff au bourg *(2 €/AS, 3,50 €/AR).*

Cars et taxis-navettes – Visites commentées *(15 €/pers.)* :

- **Eusa Découverte** – *℘ 06 15 76 91 24, 06 26 19 73 60 ou 06 33 41 64 38.*
- **Ouessant Évasion** – *℘ 06 42 70 48 71 ou 06 74 97 14 70.*
- **Mme Quantin** – *℘ 06 33 41 64 38*
- **M. Quantin** – *℘ 06 07 90 07 36 ou 02 98 48 85 95.*
- **Taxi Blanc** – *℘ 06 07 90 07 43.*
- **Taxi Mauve** – *℘ 06 07 90 07 62.*

VISITE

Kalon Eusa – *℘ 06 07 06 29 02 - www.kalon-eusa.com - visite guidée sur demande préalable (1h) - 10 €/pers (enf. 5 €), animation nocturne 20 € (enf. 10 €), sorties en mer (4 pers. maxi, durée 1h15 env., réserv. obligatoire, 35 €/pers.).* Vous pouvez faire appel à Ondine Morin, une native de l'île aux talents de conteuse. Visite du bourg, du site néolithique de Mez Notariou et des sites remarquables. Plus insolite, l'île à la tombée de la nuit, à la découverte des phares, bouées et balises. Également, sorties en mer « pesca-tourisme » vers les phares *(avr.-sept. à chaque morte-eau,* *selon la météo).*

HÉBERGEMENT

PREMIER PRIX

Chambre d'hôte Ar Keo – *☏ 06 01 39 67 08 - www.lekeoouessant.com - avril-oct. - 4 ch 79/96 € (suite familiale) - ☕ 8,50 €.* À la fois café, bouquinerie et boutique déco présentant le travail de créateurs d'inspiration celtique, cette grande maison au cœur de Lampaul recèle aussi 4 chambres douillettes se partageant 3 salles de bains. Petits déjeuners et thé de l'après-midi se prennent dans la salle aux murs recouverts de boiseries 1900 et garnie de livres.

Hôtel Le Fromveur – *R. du Fromveur - à Lampaul - ☏ 02 98 48 81 30 - www.hotel-fromveur.fr - fermé 1re quinz. de déc. - ♿ - 14 ch. 50/72 € - ☕ 9 € - ✕ 11h30-14h, 19h-21h - 14/25 €.* Un petit hôtel familial, aux chambres simples, mais correctes. Menus copieux et accueil aimable.

POUR SE FAIRE PLAISIR

Hôtel Ti Jan Ar C'Hafé – *Kernigou - ☏ 06 70 89 29 23 - www.tijan.fr - fermé du 11 nov. à fin mars sf pdt les fêtes de fin d'année - ♿ - 5 ch. 79/99 € - ☕ 10 €.* À l'entrée du bourg de Lampaul, ce petit hôtel de charme réserve un accueil convivial. Salle des petits déjeuners lumineuse, terrasse et chambres avenantes.

RESTAURATION

BUDGET MOYEN

Ty Korn – *Bourg de Lampaul - ☏ 02 98 48 87 33 - fermé dim.-lun., 3 sem. en janv. et 3 sem. en nov. - 15/18 € le plat du jour.* La meilleure adresse de l'île : accueil, ambiance et qualité, tout y est. Déco amusante en proue de bateau, avec la mer des deux côtés (peinte à la fresque par beau temps et par tempête). Spécialité de fruits de mer et poissons de ligne.

ACHATS

« Ar Gwasked » L'Abri du mouton – *Pl. de l'Église - à Lampaul - ☏ 06 73 96 91 55.* Des babioles en laine de mouton : mobiles, bijoux, chaussons, cartes postales… Les rideaux « brise-bise » sont la spécialité de ce magasin unique en son genre, créé par Isabelle Patard.

ACTIVITÉS

Centre nautique du Kornog – *À Lampaul - ☏ 06 56 88 21 29 - cnkornog-ouessant.jimdo.com - juil.-août : 9h-12h, 14h-17h, dim. 14h-17h.* Installé au port de Lampaul, ce centre nautique propose des stages et la location de matériel aux adeptes de voile, planche à voile, dériveur, kayak de mer…

AGENDA

Salon du Livre insulaire – *4e w.-end d'août - Association CALI - village de Toulalan - BP 10 - 29242 Ouessant - ☏ 06 81 85 41 71 - www.livre-insulaire.fr.* Rencontres, conférences et animations.

Pardon de l'île – *1er ou 2e dim. de sept.*

Roscoff

★

3 353 Roscovites – Finistère (29)

Difficile de ne pas tomber sous le charme de ce petit port où les nobles maisons d'armateurs alignent fièrement leurs façades de granit le long des ruelles. Que l'on y vienne pour profiter des bienfaits marins, notamment des algues lors d'une thalasso, pour partir vers Plymouth ou Cork ou pour aller découvrir la paisible île de Batz et son atmosphère rurale, on est immédiatement séduit par cette cité un brin mystérieuse et animée par les embruns.

NOS ADRESSES PAGE 313
Hébergement, restauration, achats, activités, etc.

S'INFORMER

Office de tourisme – *Quai d'Auxerre - 29680 Roscoff - ✆ 02 98 61 12 13 - www.roscoff-tourisme.com - juil.-août : 9h30-12h30, 13h30-19h, dim. et j. fériés 10h-12h30, 14h30-17h30 ; reste de l'année : 9h30-12h, 14h-18h, 8 Mai et jeu. de l'Ascension 10h-12h30.*

« Sur les traces de Balidar » - Circuit d'env. 1h30 - gratuit. Pour les 7-10 ans, livret-jeu d'accompagnement dans la découverte du patrimoine de la ville.

SE REPÉRER

Carte de microrégion C1 (p. 264) – Roscoff est situé à 25 km au nord de la baie de Morlaix par la D 58, et aussi à 25 km de Landivisiau par la D 69.

À NE PAS MANQUER

Admirez le clocher de l'église N.-D.-de-Croaz-Batz, magnifiquement ouvragé, puis flânez parmi les 3 000 plantes australes du Jardin exotique en profitant de la vue panoramique sur la baie de Morlaix.

ORGANISER SON TEMPS

Prévoyez la visite de l'île de Batz l'après-midi, pour ne pas manquer le jardin Georges-Delaselle, ou passez-y la journée en profitant de ses plages.

AVEC LES ENFANTS

Le circuit d'interprétation « Sur les traces de Balidar » ; la visite de la criée.

Se promener Plan de ville ci-contre

LE CENTRE ET LE VIEUX PORT

★ Maisons anciennes

Roscoff recèle de belles demeures en granit des 16e et 17e s., dont certaines ont conservé leurs remarquables lucarnes : place Lacaze-Duthiers, rue Armand-Rousseau, rue de l'Amiral-Réveillère. Dans cette dernière, remarquez la **maison dite « de Marie Stuart »**, à l'élégante façade ornée d'accolades (n° 25) ; la maison est en fait postérieure au passage de la jeune reine à Roscoff en 1548.

★ Église Notre-Dame-de-Croaz-Batz A1

Pl. de l'Église - ♿ - 9h-12h, 14h-18h - possibilité de visite guidée juil.-août (sf dim. matin et sam.) par les guides de la SPREV.

ROSCOFF

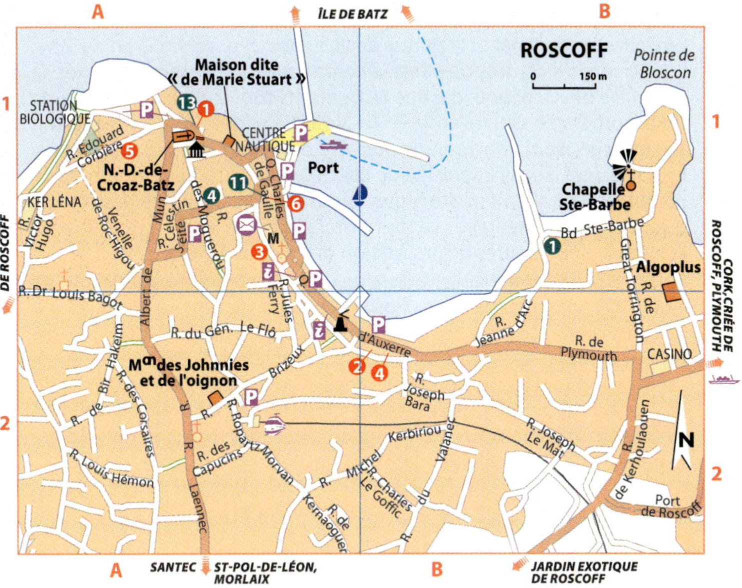

SE LOGER		SE RESTAURER			
Chez Janie	11	Les Alizés	2	Rackham	1
Grand Hôtel de la Mer	13	Chez Janie	6	Ti Saozon	3
Hôtel Le Bellevue	1	L'Écume des Jours	4		
La Résidence des Artistes	4	La Moule au Pot	5		

Cette église gothique (1545), remarquable pour son superbe **clocher★** Renaissance, fut financée par les armateurs et les marchands de la ville. Les murs extérieurs et la tour présentent, de ce fait, des caravelles sculptées en ex-voto. À l'intérieur, sur le retable de l'autel du Sacré-Cœur *(bas-côté droit)*, remarquez quatre bas-reliefs en **albâtre★** du 16e s., dus à l'atelier de Nottingham : ils représentent la Flagellation, la Crucifixion, l'Ascension et la Pentecôte. Le **retable** du maître-autel (17e s.) à six colonnes torses est richement décoré de statues des évangélistes, d'angelots et de pampres. Dans l'enclos se trouvent deux **chapelles-ossuaires**.

MARINS ET PAYSANS

Port d'armateurs et de corsaires au 16e s., Roscoff est la vitrine commerciale du pays de Léon, celle par laquelle transitent les produits de l'arrière-pays, dont les fameux oignons, cultivés dès le 17e s. pour nourrir les équipages et commercialisés au 19e s. en Angleterre par les « Johnnies » *(voir p. 310)*. La construction d'un port en eau profonde et la création d'une relation maritime transmanche régulière au début des années 1970 ouvrent de nouveaux marchés pour l'agriculture léonaise : oignons, choux-fleurs, artichauts, qui prospèrent sur le terroir de la « ceinture dorée ». En parallèle, Roscoff a toujours conservé sa tradition de pêche et demeure aujourd'hui un important port crabier (lotte, sole et turbot en sus). Cela dit, le port du Bloscon voit avant tout transiter 650 000 passagers par an.

SE REFAIRE UNE SANTÉ… OU UNE VERTU

La douceur du climat et la pureté de l'eau ont favorisé dès la fin du 19e s. l'ouverture de centres de cures, à commencer par le sanatorium de la marquise de Kergariou, destiné aux enfants tuberculeux. Un centre de thalassothérapie s'ouvre en 1899. En parallèle se développe la recherche scientifique avec l'implantation dès 1872 d'un centre de biologie marine, toujours actif. Sous l'impulsion de ces deux secteurs, des entreprises de récolte et de traitement des algues à destination des industries cosmétiques et agroalimentaires se sont installées au 20e s., faisant de Roscoff l'un des grands centres de production d'algues du Finistère Nord.

Lorsque Sœur Anne Marie Madeleine de la Pénitence s'éteint le jour de Noël 1950, bien peu parmi les Roscovites se rappellent qu'il s'agit d'une des plus célèbres estivantes de la station. Connue à la Belle Époque sous le nom de **Liane de Pougy**, cette « cocotte », rivale de la Belle Otéro, et qui défraya la chronique lors de sa romance avec Nathalie Clifford Barney, fit du Clos Marie, sa résidence estivale de 1903 à 1926, un petit nid d'amour. Elle y recevait (entre autres) nombre d'artistes et d'écrivains, parmi lesquels le poète (né à Quimper) Max Jacob.

Chapelle Sainte-Barbe B1

Préférez la marée haute pour vous y rendre. Contournez le port de pêche et laissez la voiture au parking sur la gauche.

Au milieu d'un joli jardin, trône la minuscule chapelle dédiée à sainte Barbe, dont les murs blancs servent encore d'amer aux marins. Belle **vue** sur la ville, le port, l'île de Batz, la pointe de Primel et le port en eau profonde de Bloscon.

Maison des Johnnies et de l'oignon de Roscoff A2

48 r. Brizeux - ✆ 02 98 61 25 48 - ♿ - sais. : mar. et jeu.-sam. 11h, 15h et 17h, merc. 15h, 17h ; vac. scol. : jeu.-sam. 15h ; reste de l'année : mar.-sam. 15h - fermé nov.-mars - possibilité de visite guidée (1h) - 4 € (-10 ans gratuit).

Les Johnnies : tel est le surnom donné par les Anglais aux Roscovites qui, à partir de 1828 et 1940, embarquaient chaque année à la fin juillet à bord de gabarres vers la Grande-Bretagne pour vendre leurs oignons. D'abord à pied puis sur leurs vélos, chargés de tresses d'oignons, ils sillonnaient pendant cinq à neuf mois les rues en faisant du porte-à-porte. Photos et témoignages retracent l'épopée de ces hommes passionnés et aventureux : il en reste une vingtaine aujourd'hui alors qu'on en comptait plus de 1 500 en 1929. Cultivé à Roscoff depuis le 17e s., l'oignon rosé de Roscoff a obtenu en 2009 son appellation d'origine contrôlée (AOC) et possède même une confrérie.

VERS LE BLOSCON

Port de plaisance de Bloscon Hors plan par B2

Accès en voiture par la route du Car-Ferry ou la rue A.-Gourvennec ; à pied ou à vélo à partir du centre-ville.

À côté du terminal des ferries, ce port tout récent (2014), d'une capacité de 625 anneaux, a bénéficié d'un aménagement bien pensé. Les infrastructures d'accueil sont hébergées dans d'élégants bâtiments dotés d'un toit-terrasse-belvédère accessible aux promeneurs. La façade en aluminium perforé de la capitainerie représente… la recette de la pâte à crêpe en morse !

Juste à côté se trouve la criée qui peut se visiter *(voir Nos adresses p. 313)*.

L'île de Batz vue depuis le phare.
Babayaga/Photononstop

★ **Jardin exotique de Roscoff** Hors plan par B2

Le Ruveic - ☏ 02 98 61 29 19 - www.jardinexotiqueroscoff.com - juil.-août : 10h-19h ; avr.-juin et sept.-oct. : 10h30-18h ; reste de l'année : 14h-17h - fermé déc.-fév. - possibilité de visite guidée sur demande - 6 € (-17 ans 3 €).

Cet extraordinaire jardin, qui a obtenu le label « Jardin remarquable », s'enroule autour du rocher de Roch-Hievec. Trois mille espèces de plantes subtropicales fleurissent et fructifient ici (entre autres, protéacées d'Afrique du Sud, eucalyptus, espèces d'Australie, du Chili et de Nouvelle-Zélande). Un escalier conduit au sommet du rocher (18 m), d'où l'on domine toute la baie de Morlaix, Roscoff, Carantec et le château du Taureau.

VERS L'ANSE DE L'ABER Hors plan par A1

De la place Duthiers, prenez la rue E.-Corbière, longez les bâtiments de la station biologique pour rejoindre le boulevard Carnot.

Cette promenade qui se poursuit par la rue Victor-Hugo permet de découvrir un autre visage de Roscoff, celui de la **ville thermale** qui s'est développée à partir de la fin du 19e s. *(voir encadré ci-contre)*. Établissements de soins et thalasso toujours en activité, plages – en particulier celle de Roc'h Kroum, bien équipée – se succèdent. Belle vue sur l'île de Batz toute proche. Les marcheurs pourront continuer jusqu'à la **pointe de Perharidy**, de l'autre côté de l'anse *(env. 8 km AR)*.

Excursion Carte de microrégion p. 264

ÎLE DE BATZ BC1

Embarquement au vieux port de Roscoff : à marée basse au bout de la passerelle, à marée haute dans le port lui-même. Traversée : 15mn. Env. 20 AR quotidiens en saison (attention aux horaires qui peuvent être modifiés en cas de grande marée). Les billets sont vendus au kiosque proche de l'embarcadère de marée

UN BOURG DE CAMPAGNE… EN MER

Sur l'île de Batz, les tracteurs rivalisent avec les bateaux de pêcheurs ! Le climat exceptionnellement doux et stable, grâce à l'influence du Gulf Stream, permet une production de primeurs avec parfois plus d'un mois d'avance sur les exploitations du continent. Pomme de terre, fenouil, carottes, brocolis, tomates, choux-fleurs, oignons, persil et autres salades, le tout cultivé en agriculture biologique. En effet, l'engrais utilisé est le goémon, algue collectée dans la mer alentour.

haute : 9 € AR (-11 ans 4,50 €), vélo 9 €. Trois compagnies fonctionnent de concert tte l'année sur les liaisons directes et sur les excursions : Cftm - ✆ 02 98 61 78 87 - www.cftm-vedette-ile-de-batz.fr ; Armein - ✆ 02 46 80 04 47 - www.armein.fr ; Armor Excursions - ✆ 02 98 61 79 66 - www.vedettes.armor.ile.de.batz.fr. Outre la traversée, les compagnies assurent aussi des visites de la baie de Morlaix, au départ de Roscoff, et des tours de l'île de Batz (1h avec arrêt sur l'île) - tarif, se rens.

Office de tourisme – *Au débarcadère - 29253 Île-de-Batz - ✆ 02 98 61 75 70 - http://iledebatz.net - juil.-août : 9h15-12h15, 13h30-17h30 ; avr.-juin et sept. : tlj sf lun. 9h-12h, 13h45-16h45 ; reste de l'année : tlj sf sam. et j. fériés 9h-12h, 13h45-16h45 - fermé dim., j. fériés sf d'avr. à sept.*

À 2 km du continent, l'île de Batz (prononcez Ba) est accessible par un étroit bras de mer, le chenal, où règnent de forts courants. Le bateau accoste à l'île aux Moutons, dans la baie de Kernoc, autour de laquelle se concentrent le bourg et la station de sauvetage, très moderne. Pour partir à la découverte de l'île, l'idéal est de la sillonner à pied ou de louer un vélo sur place.

Longue de 4 km et large de 1 km, l'île est entourée au nord par une ceinture de récifs et jouit d'un climat très doux qui lui vaut le maintien d'une quinzaine d'exploitations agricoles, spécialisées dans les primeurs *(voir encadré ci-dessus)*.

L'île compte une vingtaine de plages et criques. Celles de la **Grève-Blanche** et de **Ste-Anne** sont les plus remarquables. Au nord-est, vous trouvez les plages les plus abritées des courants grâce à la barrière d'écueils. Au sud-ouest, entre l'ancien fort et le bourg, les plages en contrebas du phare offrent un cadre agréable.

On prend plaisir à déambuler dans les ruelles du bourg parmi les maisons, pour la plupart agrémentées de jardins abondamment fleuris, le tout donnant envie de jouer les insulaires, l'espace de quelques jours.

Église

Au centre du bourg, elle a été construite en 1873. Son chœur abrite une statue en bois (17e s.) de saint Pol Aurélien, mort sur l'île en 573 *(voir encadré p. 319)*. Dans le bras gauche du transept, un tissu oriental appelé « étole de saint Pol » (8e s.) aurait appartenu à ce saint.

Phare

✆ 02 98 61 77 76 - accès au sommet (210 marches) juil.-août : 9h15-12h15, 13h30-17h30 ; avr.-juin et sept. : tlj sf lun. 9h-12h, 13h45-16h45 ; reste de l'année : tlj sf sam. et j. fériés 9h-12h, 13h45-16h445 - fermé dim. - 2,50 € (enfant 1,50 €).

Haut de 44 m, cet édifice, classé monument historique en 2016, se dresse au point le plus élevé de l'île (23 m).

Trou du Serpent

Un amoncellement de gros rochers, à quelques mètres de la lande, marque le lieu où saint Pol-Aurélien aurait précipité dans les flots, à l'aide de son étole, le dragon qui ravageait l'île. À mer haute, on peut encore entendre les râles de la bête, à moins que ce ne soit le bruit des vagues contre la roche!

Chapelle Sainte-Anne

À l'est de l'île.

Cette chapelle romane ruinée se dresse à l'emplacement du monastère fondé par saint Pol-Aurélien. À deux pas de là se trouve la plage Ste-Anne, dont les eaux turquoise et le sable blond évoquent les Caraïbes…

Jardin Georges-Delaselle

À l'est de l'île - Pen-Batz - ✆ 02 98 61 75 65 - www.jardin-georgesdelaselle.fr - 1er avr.-11 Nov. : 11h-18h - possibilité de visite guidée sur demande (1h) - 5 € (-16 ans gratuit).

Discrètement ceinturé de pins maritimes, ce beau jardin colonial fut créé en 1897 par Georges Delaselle, un amoureux de l'île. Longtemps abandonné après le décès de son créateur, il a retrouvé vie lorsque l'association « Les amis du jardin G.-Delaselle » l'a pris en charge en 1987, puis le Conservatoire du littoral en 1997. Planté de palmiers, il recèle quelque 2 500 espèces de plantes, pour la plupart originaires de l'hémisphère Sud. Des sculptures contemporaines ponctuent la visite du jardin.

NOS ADRESSES À ROSCOFF ET SUR L'ÎLE DE BATZ

VISITE

Algoplus – *ZA du Bloscon - ✆ 02 98 61 14 14 - www.algoplus-roscoff.fr - juil.-août : tlj sf w.-end 11h, 15h, 16h et 17h - gratuit.* Monique Poulet et Michel Perzinsky se sont lancés dans l'aventure de l'algue alimentaire en 1993. Récoltants et transformateurs, ils proposent une visite pédagogique de leur conserverie artisanale. Ils ont également ouvert une boutique sur le port *(voir « Achats »).*

Criée de Roscoff – *Port du Bloscon - ✆ 02 98 62 39 26 - www.bretagne-ouest.cci.bzh - 10 juil.-31 août : lun.-jeu. 11h, 14h30 et 16h30 ; mai-juin et sept.-oct. : mar. 14h30 ; reste de l'année : visite à certaines dates, se rens. - fermé w.-end et j. fériés - 5 € (enf. 6-14 ans 3 €).* Visite *(1h15)* en compagnie d'un guide avec un film, une exposition permanente et surtout une galerie pour découvrir tous les aspects de l'activité. Jeu et espace spécialement prévus pour les enfants.

HÉBERGEMENT

Roscoff

BUDGET MOYEN

Hôtel Le Bellevue – *Bd Ste-Barbe - ✆ 02 98 61 23 38 - www.hotel-bellevue-roscoff.fr - fermé 25 déc.-3 janv. - 18 ch. 69/84 € - 9 €.* Échappée sur la mer depuis la salle du petit déjeuner et de la plupart des chambres, un peu exiguës mais bien tenues. Les autres regardent un patio fleuri. Bar-pub attenant.

Chez Janie – *Le port - 5 r. Gambetta - ✆ 02 98 61 24 25 - www.chezjanie.fr - 16 ch. 69/105 € - 10,50 €.* Cet immeuble où jadis les « Johnnies » signaient leur contrat en vue de leur expédition annuelle a été reconverti en hôtel de charme. Vous trouverez d'agréables chambres où une attention extrême a été portée à la décoration, magnifiée par des vers de poètes bretons. *Voir aussi « Restauration » ci-contre.*

POUR SE FAIRE PLAISIR

Grand Hôtel de la Mer – *27 pl. Lacaze-Duthiers - ✆ 02 98 61 24 95 - www.grandhoteldelamer-roscoff.com - de mi-fév. à déb. nov. - 37 ch. 85/210 € - ☕ 14 € - ✕ voir Rackham ci-contre.* Bien que situé dans une des rues pittoresques de Roscoff, juste à côté de la superbe église, cet hôtel est un exemple de confort moderne. Bien sûr, les chambres les plus prisées ont vue sur la mer et la jetée.

La Résidence des Artistes – *14 r. des Johnnies - ✆ 02 98 69 74 85 - www.hotelroscoff-laresidence.fr - fermé 16 déc.-janv. - 28 ch. 69/119 € - ☕ 12 €.* Situé dans une rue tranquille, tout près du port et de l'église, cet hôtel abrite des chambres chic et cosy, toutes rénovées avec goût. La tenue de l'ensemble est irréprochable ; on profite de bons produits locaux au petit déjeuner.

Île de Batz

BUDGET MOYEN

Chambre d'hôte Ti Va Zadou – *Au bourg - ✆ 02 98 61 76 91 - www.tivazadou-iledebatz.fr - fermé 15 nov.-1er fév. - 4 ch. 70 € ☕.* Gaieté et art de vivre règnent en maîtres dans cette demeure en pierre aux volets bleus, dont l'enseigne signifie « la maison de mes pères ». Les chambres, coquettement décorées, jouissent d'une belle vue sur le port et un chapelet d'îlots. Location de vélos.

Hôtel Les Herbes Folles – *Au débarcadère - ✆ 02 98 61 78 28 - www.hotel-iledebatz.com - 10 ch. 75/108 € - ☕ 10,50 € - ✕ 21,80/25 €.* Coup de cœur pour cet hôtel charmant qui vous attend à la sortie du débarcadère. Chambres personnalisées, décorées avec goût, certaines (sur l'arrière) dotées d'un petit jardin-terrasse privatif, et salon-bibliothèque collectif constituant un véritable belvédère donnant sur le port. Au restaurant, menu établi en fonction des arrivages.

RESTAURATION

Roscoff

BUDGET MOYEN

La Moule au Pot – *13 r. Édouard-Corbière - ✆ 02 98 19 33 60 - www.facebook.com/bristroLMP/?fref=ts - fermé merc. et sam. midi hors sais. - 21 €.* Accueil chaleureux et cadre agréable pour ce petit restaurant situé (un peu) à l'écart des sentiers battus, doté sur l'arrière d'un jardin sous véranda. Au programme, des moules bien entendu, mais aussi des produits locaux tels que l'oignon rosé de Roscoff servi en compote sur une tartine : avec un petit verre de vin blanc bien frais, un régal !

Les Alizés – *Quai d'Auxerre - 37 r. de l'Amiral-Courbet - ✆ 02 98 69 75 90 - www.les-alizes-roscoff.com - formule déj. 17 €, menus 25/37 €.* Le chef François Abjean met merveilleusement en valeur les produits de son terroir dans de délicieuses recettes « terre et mer ». Bon rapport qualité/prix et élégant décor avec vue sur le vieux port.

Ti Saozon – *30 r. Gambetta - ✆ 02 98 69 70 89 - www.tisaozon.com - tlj sf jeu. et dim. 18h30-22h - 15/30 € - réserv. conseillée.* Vous vous sentirez presque comme à la maison dans cette petite crêperie familiale chaleureuse. Le décor est breton tout comme les excellents produits locaux, souvent bio, qui garnissent galettes et crêpes. Chaque soir, deux créations originales salées et/ou sucrées sont proposées.

Chez Janie – *Le port -, 5 r. Gambetta - ✆ 02 98 61 24 25 - www.chezjanie.fr - midi et soir, sf dim. soir et lun. - fermé du 26 nov. au 10 fév. - formules 15/30 €.* Dans cette institution roscovite *(voir « Hébergement »)*, sur laquelle vient de souffler un coup de jeune, on se presse pour déguster moules, huîtres, homards, artichauts farcis et autres délices de la mer. Grande terrasse côté port ou salle en mezzanine.

POUR SE FAIRE PLAISIR

L'Écume des Jours – *Quai d'Auxerre - ✆ 02 98 61 22 83 - lecume-des-jours.pagesperso-orange.fr - fermé mar.-merc. sf juil.-août, 15 déc.-31 janv. - formules déj. 16/23 € - 35/59 €.* La salle principale de cette ancienne maison d'armateur (16e s.) a conservé ses deux cheminées. Terrasse face au port et cuisine régionale soignée.

Rackham – *27 pl. Lacaze-Duthiers - ✆ 02 98 61 24 95 - www.rackham-restaurant.com - fermé dim. soir, mar. midi, lun. et janv. - formules déj. 25/30 €, menus 48/65/88 €, carte 62/89 €.* La grande salle lumineuse, avec ses baies vitrées tournées vers la mer et la jetée, le cadre d'inspiration Art déco (parquet clair, fauteuils en bois verni, éclairage par appliques) : les conditions sont parfaites pour profiter d'une cuisine actuelle et soignée, préparée avec entrain par une jeune équipe bien rodée.

Île de Batz

BUDGET MOYEN

Ty Yann – *Le Bourg - ✆ 02 98 61 79 31 - 9h30-23h.* Sur la jolie terrasse ensoleillée de cette crêperie, ou dans sa salle dont les murs exposent de belles photos de Batz, on déguste de délicieuses galettes et crêpes, un plat du jour à base de poisson aux algues et de pommes de terre de l'île, ou encore des « pétoncles-frites » en saison. L'accueil est chaleureux et l'ambiance sympathique.

BOIRE UN VERRE

Île de Batz

Le Bigorneau langoureux – *Au débarcadère - ✆ 02 98 61 78 28.* Bar à vins et salon de thé (également petite épicerie fine) de l'hôtel des Herbes Folles *(voir « Hébergement »)*. Idéal pour guetter, de l'air langoureux qui convient, l'arrivée de la vedette de Roscoff.

ACHATS

Marché – *Merc. mat.*

La Maison du kouign-amann – *18 r. Armand-Rousseau - ✆ 02 98 69 71 61 - sais. : 8h30-19h30 ; reste de l'année : tlj sf merc. 8h45-12h30, 14h-19h - fermé de déb. déc. à Pâques (sf vac. scol.).* La première chose que l'on voit en pénétrant dans ce lieu est la profusion de pâtisseries bretonnes, toutes plus appétissantes les unes que les autres. Le *kouign-amann* tire bien sûr avantage de sa notoriété, mais vous apprécierez tout autant le far et les gâteaux bretons nature ou aux pommes.

Algoplus – *Quai Charles-de-Gaulle - ✆ 02 98 61 14 16 - www.algoplus-roscoff.fr - 10h30-12h30, 14h-19h, dim. 14h-19h.* Vous pourrez vous y procurer, entre autres, « persil de la mer », conserveries artisanales à base d'algues ou cosmétiques.

EN SOIRÉE

Casino Roscoff Loisirs – *Port de Bloscon - ✆ 02 98 69 75 84 - roscoff.groupetranchant.com - 10h-2h, w.-end et j. fériés 10h-3h.* Espace aéré, décoration chaleureuse et confort ouaté vous attendent dans ce casino pourvu d'un restaurant, d'un bar « lounge », de 75 machines à sous, d'une table de roulette anglaise, d'une de black-jack et d'une de Texas Hold'em poker.

ACTIVITÉS

Piscine – *16 r. Victor-Hugo - ✆ 02 52 56 00 11 - www.thalasso.com - lun.-sam. 12h30-15h, 17h-19h45, sam. 12h30-15h, 17h-19h15, dim. 14h-19h45 - 18 € (-16 ans 10 €).* Piscine d'eau de mer chauffée (avec Jacuzzi et hammam).

Thalasso de Roscoff – *16 av. Victor-Hugo - ✆ 02 98 29 20 00 - www.thalasso.com - ♿ - tlj 9h-19h45 - piscine : lun.-sam. 12h15-15h, 16h45-19h45, dim. 10h30-12h30, 14h-19h45.* Berceau de la thalassothérapie au 19e s., Roscoff dispose toujours d'un établissement posté entre les plages de Rockroum et St-Luc, qui perpétue la tradition établie par le docteur Bagot. Lors d'une journée ou d'un week-end, vous pourrez découvrir l'enveloppement d'algues ou les soins par douches et jets, mais surtout la spécialité du centre : le massage selon la technique du « palper-rouler », autre invention roscovite (de 1933). Différentes formules avec hébergement possible.

Centre nautique de Roscoff – *Quai Charles-de-Gaulle - ✆ 02 98 69 72 79 - www.roscoff-nautique.com - sais. : 8h30-12h, 13h30-18h30 ; reste de l'année : se rens. - fermé dim. et déc.-fév. - 150/180 €/sem. navigation en voile légère (catamaran, déclic, caravelle) ; enf. 150 € : stage jardin des mers, découverte ludique du milieu marin tout au long de la semaine.* Outre les activités nautiques de voile et de kayak, ce club initie et forme à la croisière côtière et hauturière. Pour l'une, le stage d'une semaine mène à Paimpol ou vers les îles Anglo-Normandes. Pour l'autre, les destinations deviennent plus lointaines (Maroc, Portugal, Irlande) et plus longues (15 j. ou davantage). Bateau fillao, un voilier dériveur de 9 m, pour sortie avec des personnes à mobilité réduite. Cabotage à la journée.

Île de Batz

Roulez Jeunesse – *À côté de l'église - ✆ 02 98 61 76 91 - tlj tte l'année - location de vélos 3 €/1h ; 5 €/2h ; 7 €/3h ; 8 €/½ j. ; 10 €/j.*

Excursion au château du Taureau

Vedettes de l'île de Batz – *29253 Île-de-Batz - ✆ 02 98 61 78 87 - www.cftm-vedette-ile-de-batz.fr - horaires et tarif, se rens. - sur réserv.* L'excursion comprend la traversée, la visite du château et la découverte de la baie de Morlaix *(3h).* Les horaires changent en fonction de la marée.

Voir p. 329.

AGENDA

Fête de l'oignon rosé – *En août.* Sous l'égide de la noble confrérie de ses adorateurs, deux journées consacrées au seigneur de la table roscovite : marché, banquet où l'on déguste l'oignon sous toutes ses formes (en tarte, en soupe, en compote) et animations diverses.

Saint-Pol-de-Léon

★

6 607 Saint-Politains – Finistère (29)

Avec sa cathédrale, son kreisker, ses clochers et ses belles maisons anciennes, celle dont Mérimée disait au 19e s. : « Toute la ville est une immense église », règne toujours sur le Léon. Quelques excursions hors ses murs vous dévoileront les manoirs et les paysages policés de ce riche pays. Sévère mais attachant, il se consacre depuis toujours à la culture légumière, berceau des Princes de Bretagne et de la Brittany Ferries.

NOS ADRESSES PAGE 320
Hébergement, restauration, achats, activités, etc.

S'INFORMER

Office de tourisme – *Pl. de l'Évêché - 29250 St-Pol-de-Léon - ✆ 02 98 69 05 69 - www.roscoff-tourisme.com - juil.-août : 9h30-12h30, 13h30-18h30, dim. et j. fériés 10h-12h30 ; avr.-juin et sept. : 9h30-12h, 14h-17h30 ; reste de l'année : tlj sf w.-end 9h30-12h, 14h-17h30 - fermé certains j. fériés.*

SE REPÉRER

Carte de microrégion C1 (p. 264) – À 6 km au sud de Roscoff, St-Pol-de-Léon est accessible depuis Morlaix (20 km au sud-est) par la D 58.

À NE PAS MANQUER

L'ancienne cathédrale et la chapelle du Kreisker.

ORGANISER SON TEMPS

Une journée suffit à arpenter la ville et ses environs.

AVEC LES ENFANTS

Participez à une chasse au trésor au château de Kerjean.

Se promener Plan de ville p. 318

★ Chapelle du Kreisker B2

R. Verderel - ✆ 02 98 69 01 15 - juil.-août : 10h-12h, 14h30-18h ; reste de l'année : se rens. - clocher juil.-août uniquement - 1,50 € (-12 ans 0,50 €) clocher.

Son magnifique **clocher★★**, haut de 78 m, fait sa célébrité. Il est inspiré de la flèche de St-Pierre de Caen, mais l'édifice breton, réalisé dans le granit, surpasse son modèle. Vauban a dit son admiration en le désignant comme « cette merveille d'équilibre et d'audace ». La partie haute, avec sa flèche, relève du style normand alors que la partie basse, avec le quadrillage de ses meneaux et la balustrade de son balcon en surplomb, témoigne du style perpendiculaire anglais.

À l'intérieur, l'église est couverte de berceaux de bois ; la seule voûte de pierre réunit les quatre énormes massifs qui soutiennent le clocher, dans le carré du transept.

On peut monter à la tour *(179 marches)*. De la plate-forme se dégage un très beau **panorama★★** sur la ville, l'île de Batz, la côte et les monts d'Arrée.

Rue du Général-Leclerc B1-2

Une succession de belles maisons anciennes se présente des deux côtés de la rue. Tout d'abord, au n° 9, une façade en bois est habillée d'ardoise. Puis, au n° 12, une demeure Renaissance est ornée d'une tourelle en encorbellement.

Enfin, au nº 30, une maison datant de 1680 s'orne d'un beau porche et de lucarnes ouvragées.

★ Ancienne cathédrale Saint-Paul-Aurélien B1

Façade en restauration jusqu'en 2020.

Les fondations datent du 12e s. ; la nef, les collatéraux, la façade et les tours des 13e et 14e s. ; les chapelles latérales, le chœur et l'abside des 15e et 16e s. Les architectes se sont inspirés de la cathédrale de Coutances et ont employé du calcaire normand pour la nef ; le reste est en granit. La marque bretonne se retrouve dans les clochetons à la croisée du transept ainsi que dans les porches.

Du côté nord, entre l'église et les bâtiments de l'ancien évêché *(mairie)*, un jardin public permet de voir le mur du transept nord avec des éléments d'époque romane. Le flanc sud possède un beau porche ; au-dessus de la rosace, on aperçoit une sorte de chaire d'où étaient lues les sentences d'excommunication.

La **façade** est dominée par deux tours hautes de 50 m. De la terrasse qui surmonte le porche se donnait la bénédiction épiscopale. La petite porte, sous la tour de droite, était réservée aux lépreux.

Remarquez, à l'**intérieur**, un sarcophage roman qui sert de bénitier, un vitrail de 1560, la grande rosace du 15e s., les tombeaux d'évêques du Léon et deux retables du 17e s. Mais ce sont les **stalles★** (16e s.) sculptées du chœur qui retiennent l'attention. Au-dessus des enfeus contre le chœur, à droite dans le déambulatoire, 34 « boîtes à chef » en bois abritent des crânes exhumés de l'église ou du cimetière.

Maison prébendale B1

Datant du 16e s., c'est l'ancienne maison des chanoines du Léon. Un blason est le seul ornement de la façade.

SE LOGER	**SE RESTAURER**	
Hôtel de France 4	Auberge La Pomme d'Api ... 6	Kreiz Kastell 8

Champ de la Rive Hors plan par B1
Accès par la rue de la Rive. Agréable promenade ombragée. Par l'allée revêtue, à droite, gagner le haut du tertre couronné par un calvaire récent.
De la table d'orientation, beau point de **vue** sur la baie de Morlaix.

Îlot Sainte-Anne Hors plan par B1
Accès par les rues de la Rive et de l'Abbé-Tanguy. Au cours de la descente, la **vue★** embrasse toute la baie de Morlaix, parsemée d'îlots. Une digue permet d'accéder au rocher Ste-Anne et au port de la Groue, réservé à la plaisance. Le rocher, aménagé avec des bancs de repos, constitue un remarquable belvédère.

UN NOM DE PAYS
Le pays de Léon, territoire qui couvrait le nord du Finistère actuel jusqu'à Brest, avait pour capitale et évêché la ville de St-Pol-de-Léon, dont le premier évêque au 6e s. fut saint Pol Aurélien. Il a donné son nom à la ville, Kastell-Paol, devenue St-Pol.

À proximité Carte de microrégion p. 264

Plage du Dossen BC1
À Santec, 4 km au nord-ouest par la D 75.
Longue de près de 1,5 km, cette plage est l'une des plus fréquentées de Bretagne Nord par les adeptes de sports nautiques. Sa côte, très découpée et battue par les vents et les marées, en fait le paradis des amateurs de surf, kitesurf, cerf-volant ou char à voile.

★ **Château de Kérouzéré** B1
8 km à l'ouest. Quittez St-Pol-de-Léon par la D 788 en direction de Lesneven, puis suivez la route de Plouescat. Dans Sibiril, tournez à droite vers Moguériec et, à 500 m, à gauche vers l'entrée du château - ✆ 02 98 29 96 05 - visite guidée (45mn) de mi-juil. à fin août : 17h (sf organisation d'événements) ; reste de l'année : se rens. - 5 € (-18 ans 3 €).
Ce château féodal, en granit, est un intéressant témoignage de l'architecture militaire du début du 15e s. Il conserve trois puissantes tours d'angle à mâchicoulis. Le bel escalier dessert les étages où les vastes salles, les profondes embrasures des fenêtres bordées de bancs de pierre, le chemin de ronde et la tour du guetteur plongent le visiteur dans une atmosphère militaire.

4

Manoir de Tronjoly B1
10 km à l'ouest par la D 10. À la sortie de Cléder, prenez à droite ; deux piliers de granit marquent l'entrée de l'allée menant au château. ✆ 02 98 69 43 01 - www.roscoff-tourisme.com - extérieurs (parc, chapelle et cour d'honneur) uniquement - gratuit - possibilité de visite guidée (1h) des extérieurs en été : se rens. à l'office de tourisme. Ce gracieux manoir, construit entre les 16e et 17e s., est orné de hautes lucarnes Renaissance. Une grosse tour carrée occupe l'un des angles de la cour d'honneur, qu'entourent le logis et une terrasse clôturée par une balustrade de pierre.

Berven B1
14 km au sud-ouest par la D 788.
La porte triomphale donnant accès à l'enclos paroissial est un bel exemple de l'art Renaissance, avec ses trois arcs en plein cintre et ses pilastres à chapiteaux.
★ **Chapelle Notre-Dame** – *4 pl. de la Mairie - ✆ 02 98 69 98 18 - été : 10h30-12h30, 14h-18h, w.-end 14h-18h.* La façade de cet édifice du 16e s. est surmontée

d'une tour carrée que couronne un dôme à lanternons, orné de balustrades. Premier du genre en Bretagne (1573), il servit souvent de modèle.
Un jubé de bois précède la très belle **clôture★** du chœur, décorée de colonnettes cannelées en granit sur le devant et en bois sur les côtés. Dans le chœur, les belles stalles datant du 17e s. comportent des accoudoirs en forme de cariatides ailées.

★ Château de Kerjean B1

20 km au sud-ouest de St-Pol-de-Léon par la D 788 puis la D 30. ✆ 02 98 69 93 69 - www.cdp29.fr - juil.-août : 10h-18h30 ; de fin mars à fin juin et sept. : tlj sf mar. 14h-18h ; vac. de fév., oct.-nov. et vac. de Noël : tlj sf mar. 14h-17h30 - fermé 1er janv., 25 déc. - possibilité de visite guidée sur demande (1h) - 7 € (-12 ans 4 €) - gratuit RV aux jardins (mai-juin).
Mi-forteresse, mi-palais Renaissance, ce château s'élève au centre d'un vaste parc. Vers 1550, Louis Barbier hérita de son oncle, le richissime abbé de St-Mathieu, et fit construire ces bâtiments protégés par un fossé. Il fit également élever une enceinte fortifiée dont les murs atteignent 12 m d'épaisseur. L'accès au château ne pouvait alors s'effectuer qu'en empruntant les deux ponts levants.
La cour d'honneur est ornée d'un beau **puits** Renaissance, entouré de trois colonnes corinthiennes. L'aile des remises, à droite, abritait autrefois les réserves, une forge et les logements des domestiques. De nos jours, elle accueille un diaporama qui raconte l'histoire de Kerjean. On ne sait quel événement entraîna la ruine d'une bonne partie du logis principal qui abritait les appartements des seigneurs. La partie conservée constitue un musée d'art breton présentant un beau **mobilier** des 17e et 18e s. : lits clos, bahuts, coffres à grains. Les cuisines, vastes pièces de plus de 6 m de hauteur, ont conservé deux cheminées monumentales et une imposante batterie de cuivres.
Une large **terrasse** dallée, soutenue par huit arcades, relie le pavillon de l'Horloge à la chapelle ; une occasion d'avoir une belle vue d'ensemble sur la cour d'honneur et les bâtiments qui l'entourent. La **chapelle** est coiffée d'une belle voûte en bois (1580) en forme de carène renversée, avec poutres et sablières sculptées. Autour du château, le **parc** fait l'objet d'une ambitieuse campagne de restauration. Il est agrémenté d'une charmante **fontaine** Renaissance et d'un colombier de 9 m de diamètre.
Des expositions et animations (chasses au trésor, ateliers) sont proposées pendant l'année.

NOS ADRESSES À SAINT-POL-DE-LÉON

HÉBERGEMENT

BUDGET MOYEN

Hôtel de France – *29 r. des Minimes - ✆ 02 98 29 14 14 - www.hotel-saint-pol.fr - fermé 3 sem. en janv. - ♿ - 16 ch. 68/110 € - ☕ 8,50 €.* Dans une rue tranquille à deux pas du centre et du Kreisker, cet hôtel agréable, rénové en 2016, dispose d'un vaste jardin fleuri, insoupçonnable depuis la rue. Accueil sympathique.

Camping Ar Kleguer – *Av. de la Mer - ✆ 02 98 69 18 81 - www.camping-ar-kleguer.com - avr.-sept. - ♿ - 182 empl. 29,90 € - locatif 305/950 € sem.* Des emplacements très bien entretenus, installés sur un véritable parc paysagé. Locatif classique de bon confort. Quelques animations en soirées et en journée, piscine, piscine couverte, toboggan aquatique, club enfants et ferme animalière.

À proximité

PREMIER PRIX

Chambre d'hôte Coz-Milin Mme Moysan – *Coz-Milin - 29233 Cléder - 10 km à l'ouest - ✆ 06 87 17 41 71 - www.gites-finistere.com - 🚭 P - 2 ch. 60 € - ☕.* Cette demeure en pierre coiffée d'un beau toit d'ardoises est entourée d'un jardin fleuri. Ses chambres mêlent avec brio l'ancien et le contemporain. Le rez-de-chaussée se partage entre un élégant salon et la salle du petit déjeuner.

RESTAURATION

BUDGET MOYEN

Kreiz Kastell – *12 r. aux Eaux - ✆ 02 98 69 15 83 - www.kreiz-kastell-creperie-restaurant.fr - fermé lun. - galettes 9/13 €, crêpes 4,60/7,40 €, grandes assiettes garnies 18/20 €.* Dans une belle maison du vieux Saint-Pol, une crêperie-restaurant conviviale proposant à ses hôtes des portions généreuses. Accueil très aimable et souriant.

POUR SE FAIRE PLAISIR

La Crêperie de la Plage – *Plage Ste-Anne - 1, promenade de Penarth - ✆ 02 98 29 08 09 - www.creperie-plage.com - ♿ - tlj en juil.-août - fermé sept.-juin : mar. soir, merc. et dim. soir et déc.-janv. - plat du jour 10,50 €, crêpes 2,80/9 €, galettes 5,10/13,50 €.* Les pieds dans l'eau (ou presque), au début de la jetée conduisant à l'îlot Sainte-Anne, ce « chalet » du littoral de Saint-Pol propose un menu où l'on choisira entre poissons de la criée et produits de la grande pêche. Salades composées pour les petits creux.

POUR SE FAIRE PLAISIR

Auberge La Pomme d'Api – *49 r. Verderel - ✆ 02 98 69 04 36 - www.aubergelapommedapi.com - fermé dim. soir et lun. (seult lun. midi en juil.-août), 1 sem. en mars et nov. - formule déj. 25 € bc - 49/105 €.* Poutres, pierres et cheminée monumentale font le cachet rustique de cette maison bretonne du 16e s. Cuisine « terre-mer » mêlant produits du terroir, épices et saveurs exotiques.

ACHATS

Marché – *Mar. mat. pl. de l'Évêché.*

Livres in Room – *29 r. du Gén-Leclerc - ✆ 02 98 69 28 41 - fr-fr.facebook.com/livresinroom - mar.-vend. 9h30-12h30, 13h30-19h, sam. 9h30-12h30, 14h-19h - fermé dim.-lun.* Une librairie-papeterie-salon de thé sur le chemin allant de la cathédrale à la chapelle du Kreisker.

ACTIVITÉS

Centre de Glisse de Santec – *29250 Santec - Plage du Dossen - ✆ 02 98 29 40 78 - www.revesdemer.com - été : 9h-19h.* Accueil niché à l'abri d'une dune, ce petit club propose, en plus du char à voile, des cours de surf, kayak, bodyboard, waveski, ainsi que des stages de découverte des activités à la semaine.

AGENDA

La cité connaît, de janvier à septembre, une animation extraordinaire durant la saison des choux-fleurs, artichauts (Fête de l'artichaut 2e w.-end de juillet), oignons et pommes de terre. Il s'agit des productions traditionnelles du pays de Léon, connu pour son agriculture.

Baie de Morlaix

★★

Finistère (29)

Cette baie est l'une des plus belles de France. Un site enchanteur qu'il faut découvrir lorsque le crépuscule d'été y jette ses derniers feux. Tout au fond de l'estuaire, à cheval sur le Léon et le Trégor, se niche Morlaix, jolie ville discrètement touristique qui conserve un beau quartier ancien. Prenez le temps de parcourir cette cité attachante en arpentant ces venelles, son port et son viaduc.

NOS ADRESSES PAGE 331
Hébergement, restauration, achats, activités, etc.

S'INFORMER

Office de tourisme baie de Morlaix, monts d'Arrée – *Maison Penanault - 10 pl. Charles-de-Gaulle - 29600 Morlaix - ✆ 02 98 62 14 94 - www.tourisme-morlaix.bzh - juil.-août : 9h-19h, dim. et j. fériés 10h-18h ; juin et sept. : tlj sf dim. 9h-12h30, 14h-18h30 ; reste de l'année : tlj sf dim. 9h-12h30, 14h-18h - fermé 1er janv., 1er Mai, 1er et 11 Nov., 25 déc.*

SE REPÉRER

Carte de microrégion C1 (p. 264) – La baie s'ouvre plein nord à partir de Morlaix, jusqu'à Plougasnou à l'est, et Roscoff à l'ouest. La ville de Morlaix est traversée au nord par la N 12, qui vient de Guingamp (57 km à l'est) et file vers Brest (58 km au sud-est en passant par Landivisiau). La rive gauche de la baie est longée par une route magnifique, la D 769, qui se transforme en D 73. On accède à la rive droite par la D 76.

À NE PAS MANQUER

La visite du vieux Morlaix pour ses maisons à pondalez ; l'excursion au château du Taureau ; à Carantec, la vue imprenable sur toute la baie de Morlaix depuis la pointe de Pen-al-Lann.

ORGANISER SON TEMPS

Comptez une journée pour Morlaix et une autre journée pour le tour de la baie, que vous pouvez finir sur les plages de Carantec.

AVEC LES ENFANTS

Découvrez la vie rurale d'autrefois à l'écomusée de Plouigneau, partez sur les traces du loup au Cloître-St-Thégonnec et embarquez pour découvrir le château du Taureau.

Se promener Plan de ville p. 325

★ VIEUX MORLAIX AB 1-2

Avec la fin de la guerre de Cent Ans (1475) et la reprise du commerce avec les Anglais, Morlaix devint le grand port de commerce de la Manche. En outre, sa région produisait des toiles de lin blanchies - les crées -, très recherchées à cette époque, ce qui permit à nombre de nobles morlaisiens de s'enrichir. Prospère, la ville fit des envieux, notamment chez ses voisins d'outre-Manche. Ainsi, certaines des demeures du vieux Morlaix ont connu le pillage anglais de 1522, qui a valu à la ville une devise plutôt originale. L'histoire raconte en effet que les soldats britanniques s'étaient attardés dans les celliers. Les Morlaisiens, revenus dans leur cité, leur taillèrent alors des croupières. Après

Maisons à pans de bois sur la place Allende à Morlaix.
R. Mattes/hemis.fr

cet événement, ils ajoutèrent à leurs armes un lion faisant face à un léopard anglais, avec la devise : « S'ils te mordent, mords-les ! » Pour se protéger d'une nouvelle attaque, les Morlaisiens construisirent en 1542 le **château du Taureau** à l'entrée de la rade *(voir p. 329)*.

★ Maison Penanault A1

10 pl. Charles-de-Gaulle - mêmes horaires que l'office de tourisme, voir « S'informer » - visite guidée merc. et dernier sam. du mois à 10h30, 14h30 et 16h30 - 2 € (réserv. conseillée).

À la fin du 16e s., un négociant fait construire ce **manoir** urbain en pierre au « bout du port », « Penanault » en breton. Admirez d'abord la haute façade en schiste et granit, un peu austère mais ornée de quelques éléments décoratifs Renaissance (porte principale avec fronton, lucarnes). Plusieurs fenêtres, plus étroites et à l'encadrement différent, ont été ajoutées postérieurement, de même que l'aile droite, en retrait, reconstruite après un incendie au 18e s. Totalement restaurée, la bâtisse abrite, outre l'office de tourisme, le **Centre d'interprétation de l'architecture et du patrimoine** : évolution urbaine de Morlaix, histoire maritime de la baie, gargouilles et enclos paroissiaux… La richesse du patrimoine est illustrée via des panneaux pédagogiques, une table d'orientation interactive, des vidéos ou encore des objets historiques telles les boules plombées morlaisiennes. Terminez la visite pas la belle cour intérieure, avec la galerie à colonnes et l'escalier qui mène au jardin en terrasses.

★ Viaduc AB1

Cette impressionnante construction, à double étage et 14 arches, mesure 58 m de haut sur 285 m de long. Elle permet aux trains de franchir la vallée, une fonction primordiale pour une cité commerciale qui a dû batailler ferme pour obtenir le passage de la voie ferrée au 19e s. Le 1er étage est accessible aux piétons en empruntant la venelle de la Roche.

Église Saint-Melaine
L'église du port, fondée par le prieuré Saint-Melaine de Rennes au 12e s., a été reconstruite à la fin du 15e s. dans le style gothique. Belles sablières polychromes et plafond en forme de carène inversée.

Rue Ange-de-Guernisac B1-2
Elle est bordée de belles maisons à encorbellement, à pans de bois : l'hôtel du Relais de France, au no 13, et les demeures des nos 9, 6 et 5. Au passage, jetez un coup d'œil dans les venelles du Créou et au Son.

Grand'Rue A1-2
Réservée aux piétons.
Des demeures du 15e s. sont ornées de statuettes de saints et de grotesques ; certaines boutiques basses prennent jour par une large fenêtre, l'étal, en particulier aux nos 8 et 10. La plus connue de ces constructions d'époque porte le no 9 : il s'agit de la **maison à pondalez** qui abrite un musée.
★ **Musée de Morlaix - Site de la maison à pondalez** – *9 Grand'Rue - ✆ 02 98 88 68 88 - www.musee.ville.morlaix.fr - juil.-sept. : 10h-18h ; janv.-juin et oct.-déc. : tlj sf dim.-lun. et j. fériés 10h-12h, 14h-17h - possibilité de visite guidée (45mn) - 3 € (-12 ans gratuit).* Complètement restaurée, cette ancienne maison à pondalez est une des rares rescapées de la ville. La visite permet de découvrir l'organisation de ces maisons uniques en leur genre *(voir encadré ci-dessous).* Également expositions d'objets issus du fonds permanent du musée de Morlaix.

Place Allende B2
C'est sur cette place centrale que furent bâties au Moyen Âge de vastes halles couvertes, remplacées par des halles métalliques en 1866. Ces dernières ont été rasées en 1971 pour laisser place à un parking. Quelques maisons anciennes la bordent encore.

★ Maison dite de la Duchesse Anne B2
33 r. du Mur - ✆ 02 98 88 23 26 - www.mda-morlaix.com - ♿ - juil.-août : 11h-18h, dim. et j. fériés 14h-18h ; mai-juin et sept. : tlj sf dim. 11h-18h, j. fériés 14h-18h - possibilité de visite guidée (30mn) - 2 € (-18 ans 1 €).
Cette très grande maison de trois étages en encorbellement (15e s.) est certainement le plus bel exemple encore visible de « maison à *pondalez* » *(voir encadré ci-dessous).* La façade est ornée de statues de saints et de grotesques. L'**intérieur★** a gardé son magnifique décor sculpté dont on ne peut manquer d'admirer la patine. On voit une cour close éclairée par des verrières logées dans le toit, à 16 m de hauteur. Dans l'un des angles, un très bel escalier à vis, colonne de 11 m faite d'une seule pièce, dessert les galeries des étages. Le pilier est orné de statues de saints, sculptées dans la masse. Entre le 1er et le 2e étage, remarquez une belle sculpture représentant un acrobate sur un tonneau. Depuis le printemps 2018, on peut accéder à la cuisine *(rez-de-chaussée)* et à la salle de réception *(1er étage)*, entièrement rénovées.
En continuant vers la rue Haute, un escalier sur la droite conduit vers le **square du Château** qui offre de belles **vues★** sur la ville et le viaduc.

LES MAISONS À PONDALEZ
Les « maisons à lanterne », ou « à pondalez » (15e et 16e s.), sont une exclusivité morlaisienne. Elles s'organisent autour d'un grand espace central, une cour aveugle avec puits et cheminée, qui s'élève sur au moins trois niveaux, avec un escalier à vis en chêne orné d'un poteau d'angle sculpté et des galeries ou « ponts d'allée » desservant les étages.

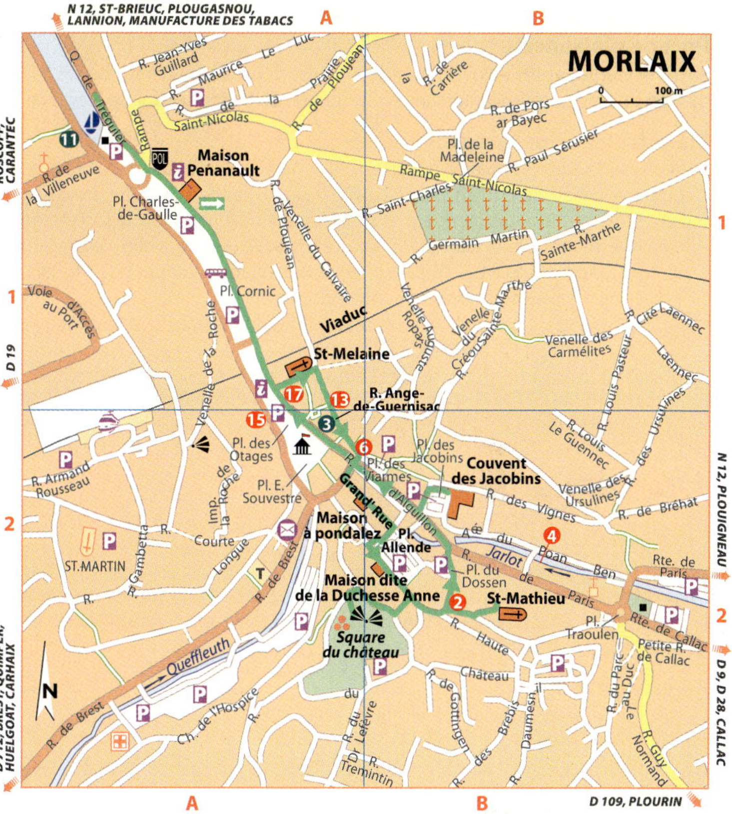

SE LOGER		SE RESTAURER			
Hôtel d'Europe	3	Le Bains Douches	4	L'Évidence	2
Hôtel du Port	11	Crêperie Atipik Bilig	6	Le Grand Café de la Terrasse	15
		Crêperie Hermine	13	Le Viaduc	17

4

Église Saint-Mathieu B2

Pl. St-Matthieu - ✆ 02 98 88 05 65 - www.tourisme.morlaix.fr - ♿ - 14h-18h - fermé j. fériés - visite guidée sur demande, par tél. au doyenné ✆ 02 98 88 05 65.
Reconstruite en 1824, excepté la tour (16e s.), elle renferme, à gauche du maître-autel, une curieuse statue en bois de la **Vierge★** ou Vierge ouvrante, datant peut-être du 14e s. Fermée, elle représente la Vierge allaitant l'Enfant Jésus ; ouverte, elle abrite plusieurs scènes de la vie de Jésus et une Sainte-Trinité.

★ Musée de Morlaix - Site du couvent des Jacobins B2

Pl. des Jacobins - www.musee.ville.morlaix.fr - ♿ - fermé pour travaux. Réouv. prévue en 2019. Le lieu correspond à l'ancienne église des Jacobins, qui conserve au chevet une très belle **rosace★** du début du 15e s. Pendant les très importants travaux de rénovation en cours, exposition de certaines pièces de la collection dans la maison à pondalez *(voir p. 324)*.
Rejoindre le viaduc par la rue au Fil, la place de Viarmes, la place des Otages, puis suivre le quai du Léon.

Port de plaisance
Entre le viaduc et les écluses, le port est désormais entièrement dédié à la plaisance. Une passerelle flottante relie le quai de Léon au quai de Tréguier.

Manufacture des tabacs Hors plan par A1
Sur le quai de Léon s'élève ce bel ensemble en cours de rénovation. Le corps principal a été édifié entre 1736 et 1740 par Jean-François Blondel. Jusqu'au milieu du 20e s., plusieurs campagnes de construction lui ont donné son visage actuel. À l'arrêt depuis 1997, la manufacture retrouve une nouvelle vie avec un projet qui associera habitat, culture (Espace des sciences du pays de Morlaix, cinémas, théâtre), enseignement et entreprises.
Construite dans une vallée, au confluent des rivières Jarlot et Queffleuth, la ville s'est peu à peu étendue sur les hauteurs. L'office de tourisme propose plusieurs circuits permettant de découvrir les venelles, parfois très pentues, qui sillonnent la cité. Jardins fleuris cachés derrière de hauts murs, fontaines, et surtout de belles perspectives sur les toits de la ville : la flânerie est variée.

À proximité Carte de microrégion p. 264

Ploujean C1
4 km au nord-est par la D 76.
Au nord de Morlaix, la commune annexe de Ploujean *(rive droite de la baie)* est la patrie du poète **Tristan Corbière** (1845-1875) et de **Jean-Loup Chrétien**, premier spationaute français (le 24 juin 1982).

★ **Plougonven** C1
11 km au sud-est par la D 9, route de Callac.
Situé au pied des monts d'Arrée, ce bourg conserve un enclos paroissial dont l'élément le plus remarquable est le **calvaire**★★ de forme orthogonale élevé en 1554. La croix à deux branches porte, en haut, les statues de la Vierge et de saint Jean ; au-dessous, deux gardes ; de chaque côté, les croix des larrons. Au pied de la croix principale, Descente de croix. Sur la plate-forme et autour du socle, plusieurs scènes de la vie du Christ. L'**église** (1523) est coiffée d'un élégant clocher à balcon avec tourelle d'escalier ; voyez aussi les gargouilles, véritable bestiaire où se reconnaissent chiens, lions et sangliers. Un ossuaire (16e s.) et une chapelle complètent l'enclos.
Manoir de Mézédern – *Extérieurs uniquement juin-sept. : 14h-18h - fermé lun. - 3 € (-18 ans gratuit) - entrée libre.* Cet harmonieux ensemble des 15e et 16e s. est ordonné autour d'une cour intérieure autrefois complètement fermée. Ici, la demeure seigneuriale est située au-dessus de la grande porte cochère et piétonnière, d'où son nom de logis-porche.

Plouigneau C1
12 km à l'est par la N 12.
Écomusée de Plouigneau – *5 r. de la Gare - 02 98 79 85 80 - www.levillage-breton29.wordpress.com - - de déb. avr. à mi-juin : 10h-12h, 14h-18h ; de mi-juin à fin sept. : tlj sf w.-end 10h-12h, 14h-18h ; reste de l'année : se rens. - fermé sam., certains j. fériés - possibilité de visite guidée sur demande (2h) - 5,50 € (-3 ans 2 €).*
Plusieurs espaces – la maison d'habitation, l'école, le hangar des machines agricoles, la salle des Jeux bretons et la rue des Métiers – retracent un siècle d'histoire d'un village du Trégor, de 1870 à 1970. Un tracteur américain de 1916, une épicerie des années 1950, l'atelier du sabotier où l'on fabrique encore des sabots, le bourrelier qui travaille le cuir, la forge et la reconstitution des intérieurs ruraux vous transporteront à travers le temps !

Le Cloître-Saint-Thégonnec C1

13 km au sud par Plourin-lès-Morlaix, puis la D 111.

Musée du Loup – *2 r. du Calvaire - ✆ 02 98 79 73 45 - www.museeduloup.fr - ♿ - juil.-août : 14h-18h ; avr.-juin et sept.-nov. : dim. 14h-18h - fermé certains j. fériés - possibilité de visite guidée sur demande (1h30) - 4 € (-3 ans gratuit).* Dans l'ancienne école du bourg, le musée évoque les mœurs du loup, la longue lutte des habitants de la région pour l'éradiquer (la dernière prime allouée pour un loup tué dans les monts d'Arrée fut versée en 1885 à un habitant de la commune) et l'importance mythique de cet animal disparu de Bretagne au début du 20e s.

Le musée met à disposition des enfants un questionnaire à remplir après la visite, et qui complète leur connaissance du loup, des jeux et photos ludiques sur écrans tactiles.

Réserve naturelle régionale des landes du Cragou – *✆ 02 98 79 71 98 - www.bretagne-vivante.org - juil.-août : se rens. sur le site Internet ou à l'office du tourisme de St-Thégonnec (✆ 02 98 79 67 80) - fermé 14 Juil., 15 août - 5 € (-18 ans 2,50 €) - sortie nature à la découverte des landes de Cragou (1h30), dép. du parking de l'église du cloître St-Thégonnec. Se munir de vêtements appropriés à des sorties tous terrains et tous temps.* Les busards, dont le busard St-Martin, règnent sur ce territoire qui accueille de nombreux oiseaux et plantes rares (orchidées, fougères primitives, etc.).

Guerlesquin C2

26 km à l'est de Morlaix par la N 12. À Plouégat-Moysan, prenez la D 42.

Office de tourisme – *Pl. du Présidial - 29650 Guerlesquin - ✆ 02 98 72 84 20 - www.tourisme-morlaix.bzh - juil.-août : 10h-13h, 14h-18h, lun. 10h-18h ; reste de l'année : se rens. à la mairie - 2e bureau pl. Martray - ✆ 02 98 72 81 79.*

Cette petite cité de caractère est l'une des portes d'entrée du **Parc naturel régional d'Armorique**. Tout en longueur, elle concentre depuis des siècles ses activités commerciales autour de sa place principale : la ville est connue pour son marché au cadran (*www.guerlesquin.fr - marché aux bovins lun. mat., marché aux veaux mar. apr.-midi ; se rens. au ✆ 02 98 72 84 20*). Elle perpétue en cela une longue tradition de lieu de **foires et de marchés**, dont elle a su tirer profit, comme en témoigne son riche patrimoine architectural.

Ne manquez pas la chapelle St-Jean (17e s.), l'église St-Ténénan, qui a gardé son clocher du 16e s. (le reste a été reconstruit en 1859), l'ancienne prison seigneuriale (1640), dite « Le Présidial », de style Renaissance, les halles de granit de la fin du 19e s. et les demeures de granit autour de la place du Martray, dont certaines datent du 14e ou du 16e s., comme la Maison de la Tourelle.

Circuits conseillés Carte Baie de Morlaix p. 328

★ DE MORLAIX À TÉRÉNEZ

Circuit de 19 km tracé en gris sur la carte p. 328. Quittez Morlaix au nord par la D 76.

La route longe en corniche la rivière de Morlaix (port de plaisance et port sablier). Pour les sportifs, cet itinéraire peut aussi s'effectuer à vélo *(8 km jusqu'au Dourduff ; 13,5 km jusqu'à Barnenez ; pas de piste dédiée).*

Passé le pont, on gagne le petit port ostréicole de **Dourduff**, où s'abritent les bateaux des mareyeurs. On découvre ensuite la belle route bordée d'arbres de la vallée du Dourduff. Le parcours en bord de mer procure de belles **échappées★** sur la baie de Morlaix, le château du Taureau et la presqu'île abritant le cairn de Barnenez.

★ Grand Cairn de Barnenez

02 98 67 24 73 - http://barnenez.monuments-nationaux.fr - de déb. juil. à déb. sept. : 10h-18h30 ; 5 sept.-30 avr. : 10h-12h30, 14h-17h30 - fermé 1er janv., 1er Mai, 1er et 11 Nov., 25 déc. - possibilité de visite guidée (45mn) - 6 € (-26 ans gratuit) - gratuit 1er dim. du mois (nov.-mai).

Sur la presqu'île de Kernéléhen, prolongée par l'îlot de Stérec, cet imposant tumulus à gradins de pierres sèches, appelé **cairn**, domine la baie de Térénez et l'estuaire de la rivière de Morlaix. À la suite de fouilles (1955-1968), onze chambres funéraires furent découvertes sous des tables de pierre. Leurs entrées sont orientées au sud, précédées chacune d'un couloir de 7 à 12 m. D'après la couleur des pierres, on distingue deux étapes de construction. Le premier cairn (4 600 av. J.-C.) est en dolérite, roche verte du pays. Le second cairn, vers la pente, est plus jeune de deux siècles : il se reconnaît au granit clair, dont le gisement le plus proche se trouve dans l'île Stérec.

Faites demi-tour et tournez à gauche à la sortie de St-Gonven.

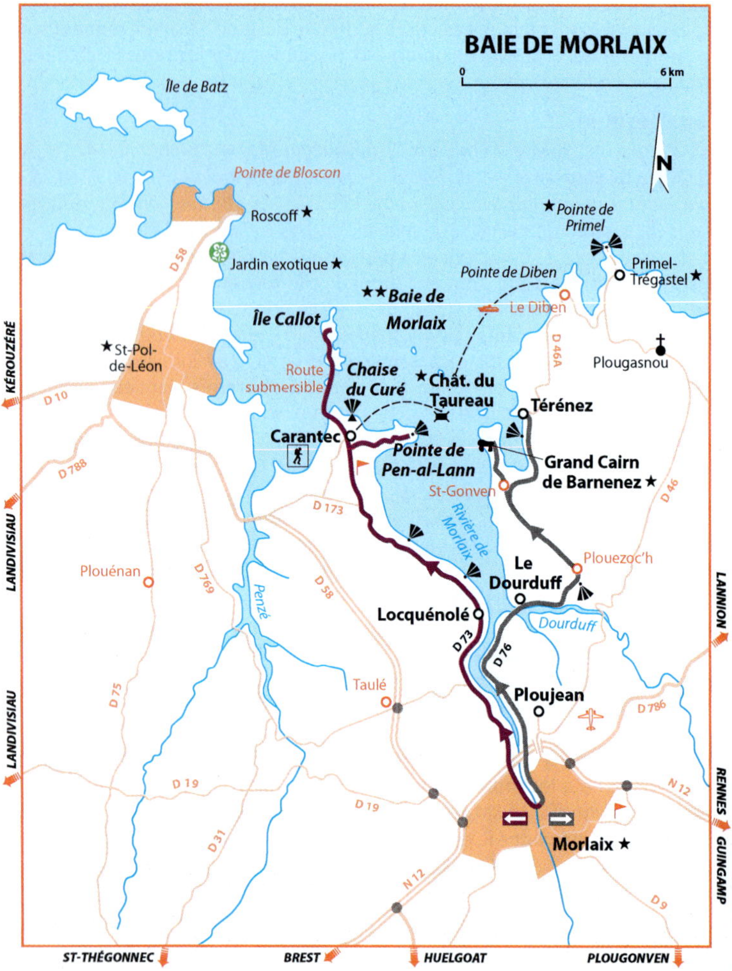

Térénez

Très agréable petit port typiquement breton. Centre de voile, ostréiculture.

★★ DE MORLAIX À L'ÎLE CALLOT

Circuit de 14 km tracé en violet sur la carte ci-contre. Quittez Morlaix par la D 73 en direction du nord.

La D 73 longe la rive gauche de la rivière de Morlaix. Deux points de **vue★** avant d'arriver à Carantec permettent de découvrir l'estuaire s'ouvrant au fur et à mesure sur la baie, parsemée d'écueils et d'îlots. Le spectacle est particulièrement superbe à marée basse.

Pour les sportifs, cet itinéraire peut aussi s'effectuer à vélo *(7 km jusqu'à Locquénolé ; 15 km jusqu'à Carantec ; pas de piste dédiée).*

Locquénolé

En face du port du Dourduff sur l'autre rive, la plus petite commune du Finistère abrite en son centre une modeste église en granit entourée d'une charmante placette. Le parc Ty Guénolé, sur les hauteurs du village, abrite trois arbres exceptionnels : un if géant et deux châtaigniers multicentenaires. C'est à Locquénolé qu'Hergé séjourna et qu'il découvrit, dans la baie, l'île Noire qui l'inspira pour l'album éponyme des aventures de Tintin.

Carantec

Office de tourisme – *4 r. Pasteur - 29660 Carantec - 02 98 67 00 43 - http://tourisme-morlaix.fr - juil.-août : 9h30-19h, dim. et j. fériés 9h30-12h30, 14h30-17h30 ; avr.-juin et sept. : tlj sf dim. 9h30-12h30, 14h-18h, j. fériés 10h-13h ; reste de l'année : tlj sf dim.-lun. 9h30-12h30, 14h-18h - fermé 1er janv., 1er Mai, 11 Nov., 25 déc.*

Située sur une presqu'île, entre l'estuaire de la Penzé et la rivière de Morlaix, Carantec est une station balnéaire familiale, aujourd'hui labellisée « Famille Plus », déjà prisée dès les années 1900 comme en témoignent les élégantes villas qui s'élèvent sur sa côte. Les plages les plus fréquentées sont celles de la Grève-Blanche et de la grève du Kélenn, la plus étendue et le seule surveillée. Carentec abrite également la **réserve ornithologique de la baie de Morlaix**. Ricard, Beclem et l'île aux Dames comptent parmi les îlots où viennent hiverner près de 60 000 oiseaux. L'église moderne de Carantec présente dans l'abside une belle **croix de procession★** (1652) en argent.

Musée maritime – *8 r. Albert-Louppe - 02 98 67 00 43 - de mi-juin à mi-sept. : 14h30-18h30 ; reste de l'année : se rens. - fermé lun., 1er janv., 25 déc. - possibilité de visite guidée sur demande (1h30) - 3 € (-18 ans gratuit).* Il évoque la vie maritime carantécoise : ostréiculture, flore et faune de la baie de Morlaix, ramassage du goémon, construction navale.

4

★★ Excursion au château du Taureau

02 98 62 29 73 - www.chateaudutaureau.com - visite guidée avr.-sept. : 2 dép., horaires selon la marée, se rens. - sur réserv. - 15 € (enfant 8 €) - trajet en vedette et visite du fort. Les départs en vedette se font à partir de Carantec (plage de Kelenn) et de Plougasnou (Port du Diben) : durée 1-2h ; également une excursion à partir de Roscoff *(voir p. 316).*

L'arrivée sur le **château du Taureau★**, un fort de granit doré au milieu des flots, est impressionnante. Sa situation « commande » la rivière de Morlaix.

Un fort fut élevé ici en 1542 pour protéger Morlaix – à 12 km au sud – des attaques des Anglais attirés par ce riche port. Il fut remanié quelques années plus tard par Vauban à la demande de Louis XIV. Quand Colbert lance une politique protectionniste avec les Anglais, le fort perd sa raison d'être et devient

Île de Louët et château du Taureau.
R. Mattes/hemis.fr

une prison (parmi les prisonniers illustres, Auguste Blanqui y passa 6 mois au moment de la Commune). En 1914, il est classé Monument historique, puis loué par la mère de Louise de Vilmorin avant d'être occupé par les Allemands pendant la Seconde Guerre mondiale, puis de devenir une école de voile. En 1996, sa restauration a commencé et a duré dix ans.
Sa visite laisse imaginer à quel point la vie à l'intérieur du fort devait être austère. On y voit les canons, les citernes pour l'eau douce et les pièces où vécurent militaires et prisonniers. Des terrasses, on bénéficie de magnifiques **vues** sur l'ensemble de la baie de Morlaix et, au loin, sur les tours de la cathédrale de St-Pol-de-Léon.

Randonnées

Île Callot

Une chaussée submersible, mais praticable par les voitures à mi-marée (passage interdit en été), relie le port de la Grève-Blanche à l'île (parc de stationnement à l'entrée). Surveillez l'heure de la marée si vous ne souhaitez pas dormir sur l'île… 2h suffisent pour la parcourir.
L'île Callot (prononcez le « t ») est un excellent spot de pêche à pied et abrite les deux charmantes **plages** de Park an Iliz et de Park an Aod. En grimpant jusqu'à la chapelle Notre-Dame-de-Callot (16-17e s.), vous aurez un panorama à 360° sur la baie.

Vers la pointe de Pen-al-Lann

2h30 à pied. Praticable pour tous.
De la place de l'église, descendez jusqu'au Grand Hôtel par le rue du Kelenn. Tournez à gauche rue de La Marne puis, à droite, dans la rue de la Chaise du Curée qui conduit au site de la **Chaise du Curé**. On raconte que pendant la Première Guerre mondiale, le curé de Carantec venait y lire son bréviaire, assis sur cette plate-forme rocheuse d'où la **vue★** se développe, à gauche, sur la grève de Porspol, la Grève-Blanche et l'île Callot; au loin, sur St-Pol-de-Léon et Roscoff; à droite, sur le château du Taureau et la pointe du Cosmeur. Pour la rejoindre, continuez sur le sentier (GR 34) qui croise les plages du Kelenn et celle du Penker. Appréciez le côté sauvage de la pointe du Cosmeur avant

d'arriver à celle de Pen-al-Lann. La **vue★★** s'étend sur la côte depuis la pointe de Bloscon, à l'ouest, jusqu'à celle de Primel, à l'est. En face se trouvent le **château du Taureau** et l'île Louët qu'occupe un phare *(voir Nos adresses p. 332)*. Retrouvez la route de Pen-al-Lann en remontant à droite ou, à marée basse, poursuivez sur le GR 34 et remontez par le parc Claude-Goude au niveau du chantier ostréicole Prat-ar-Coum. Il offre une halte agréable à l'ombre de son arboretum avant de rejoindre la plage du Kélenn par la rue de Crantok.

Voie verte Roscoff-Carhaix

Départ derrière le musée des Jacobins.

Au départ de Morlaix, une portion de l'itinéraire Vélodyssée relie Morlaix à Scrignac (21,4 km) et est aménagée en site protégé, sur une ancienne voie ferrée. Idéal à faire en famille, pour découvrir l'intérieur des terres.

NOS ADRESSES DANS LA BAIE DE MORLAIX

VISITE

À fer et à flots – *02 98 62 07 52 - www.aferaflots.org - avr.-oct. : sur demande préalable - 32 € (-12 ans 17 €)*. Une journée complète de découverte guidée à pied, en train et en bateau de Morlaix, sa baie et les paysages du Léon, St-Pol-de-Léon, Roscof.

HÉBERGEMENT

Morlaix

BUDGET MOYEN

Hôtel du Port – *3 quai de Léon - 02 98 88 07 54 - www.lhotelduport.com - fermé 15 jours à Noël - 25 ch. 63/105 € - 9,20 €*. Face au port de plaisance, un hôtel sympathique entièrement rénové en 2017 dans un style design. Chambres dotées de doubles vitrages, réparties sur trois étages (sans ascenseur).

POUR SE FAIRE PLAISIR

Hôtel d'Europe – *1 r. d'Aiguillon - 02 98 62 11 99 - www.hoteleurope-morlaix.com - fermé 17 déc.-3 janv. - 58 ch. 69/120 € - 9,90 €*. De belles boiseries sculptées du 17e s. ornent le hall et l'imposant escalier de cet édifice bicentenaire. Préférez les chambres refaites, plus joliment décorées. Accueil aimable.

Chambre d'hôte Le Logis du Port – *10 voie d'accès au port - 06 07 68 36 68 - www.lelogisduport.fr - 4 ch. 70/85 €*. M. et Mme Jeannerod vous ouvrent les portes de leur belle maison située sur les hauteurs du port et seront aux petits soins pour vous. Quatre jolies chambres (celles du dernier étage peuvent constituer une suite pour une famille) décorées de meubles de famille ou chinés, salon et cuisine à disposition des hôtes, jardin avec piscine couverte chauffée *(avr.-oct.)*.

Sur les rives de la baie

POUR SE FAIRE PLAISIR

Camping Yelloh! Village Les Mouettes – *50 rte de la Grande-Grève - 29660 Carantec - 02 98 67 02 46 - www.les-mouettes.com - de déb. avr. à mi-sept. - - 474 empl. 54 € - locatif 273 à 2 142 €/sem.* Plus que d'un camping, il s'agit d'un véritable club de vacances au bord de la mer. Nombreuses animations en journée et en soirée, un parc aquatique de qualité en partie couvert et complété d'un joli centre balnéo. Pour le locatif, plus de 200 mobile homes et des chalets de bon à très grand confort.

4

Chambre d'hôte Domaine du Puits de Jeanne – *Lieu-dit Penn-An-Nec'h - 29650 Plouegat - ✆ 02 98 79 20 15 - www.lepuitsdejeanne.bzh - P - 4 ch. 60 € - ☕ 9 € - ✕ 28 €.* C'est dans cette ancienne étable (poutres et pierres apparentes) que vous dégusterez le *kig ha farz* et le *bara kig*, fameuses spécialités locales servies sur des plateaux en bois. Soirées à thème. Chambres d'hôte joliment décorées et gîtes installés dans une maison indépendante entièrement rénovée.

Chambre d'hôte Manoir de Lanleya – *15 lieu-dit Lanleya - 29610 Plouigneau - ✆ 02 98 79 94 15 - www.manoir-lanleya.com - fermé oct.-mars - P - 5 ch. 86 € ☕.* Vu la remarquable restauration, on a du mal à croire que ce manoir du 16e s. fut sauvé in extremis de la ruine. Les chambres sont de véritables petits bijoux ; la plus réussie adopte le style Louis XV. Délicieux jardin fleuri en bord de rivière.

Dans la baie

BUDGET MOYEN

La Maison du gardien de phare – *29660 Carantec - Île de Louët - ✆ 02 98 67 00 43 - avr.-oct. - capacité 10 pers. - prévoir de réserv. 1 an av. - préréservation sur www.tourisme-morlaix.fr - 333 €/1 nuit, 551 €/2 nuits.* Pour un séjour insolite, insulaire et nature !

RESTAURATION

Morlaix

BUDGET MOYEN

Crêperie Hermine – *35 r. Ange-de-Guernisac - ✆ 02 98 88 10 91 - www.restaurantmorlaix.com - lun.-sam. tte l'année, juil.-août accueil des clients jusqu'à 21h selon affluence (reste de l'année seult vend.-sam.) - formule déj. 11,80 € (sem. et hors vac. scol.) - 16/25 €.* Poutres, tables en bois ciré et objets campagnards composent le décor de cette sympathique crêperie bordant une rue piétonne. Spécialités de galettes aux algues fraîches.

Le Grand Café de la Terrasse – *31 pl. des Otages - ✆ 02 98 88 20 25 - www.facebook.com/La.Terrasse.Morlaix - fermé dim., vac. fév., Pâques et Toussaint (zone B) - ♿ - menu midi 14,90 €, soir 27,90 €.* Dans un cadre prestigieux datant de 1885, en plein centre de Morlaix, une cuisine de brasserie inventive.

Crêperie Atipik Bilig – *1 r. Ange-de-Guernisac - ✆ 02 98 63 38 63 - mar.-sam. (lun.-sam. 14 juil.-31 août) - 12h-14h, 19h-21h - env. 20 €.* Cette crêperie a la particularité d'être installée dans une maison à pondalez. Si l'intérieur a été modernisé, vous pourrez encore admirez la cheminée monumentale. Délicieuses galettes et crêpes accommodées de façon originale.

Le Bains Douches – *45 allée du Poan-Ben - ✆ 02 98 63 83 83 - www.restaurant-morlaix-lebainsdouches.fr - fermé lun. soir, sam. midi et dim., 2 sem. Pâques et Toussaint - formules déj. 14,80/17,80 € - 24,50/28,50 €.* Il vous faudra franchir la passerelle enjambant le Jarlot pour accéder à ce restaurant original, installé dans les murs des anciens bains municipaux (1904). Intérieur façon bistrot parisien, avec carrelages et verrière rescapés de l'ancienne structure. Plats traditionnels.

Le Viaduc – *3 rampe Ste-Melaine - ✆ 02 98 63 24 21 - www.le-viaduc.com - fermé dim. soir et lun. (sf juil.-août) - formule déj. 16,50 € - 24/32 €.* Spécialités de viandes, mais aussi charcuteries de tradition, *kig ha farz* et huîtres de Carantec sont au programme !

L'Évidence – *4 r. Basse - ✆ 02 98 15 58 25 - www.levidence.eu - fermé dim. et lun., 1 sem. en janv., 1 sem. en mai, 1 sem. en sept. - formule 16 €, menu 22 (déj. en sem.)/27/70 €.* Un bistrot contemporain au cadre coloré – orange, noir, blanc –, situé dans le vieux Morlaix, et qui s'impose… comme une Évidence ! On y déguste une cuisine dans l'air du temps, qui évolue au fil des saisons ; le chef propose une formule attractive pour déjeuner. Spécialité de la maison : le pigeonneau rôti au chou.

POUR SE FAIRE PLAISIR

En dehors de Morlaix

BUDGET MOYEN

Le Cabestan – *Au port - 29660 Carantec - ✆ 02 98 67 01 87 - fermé lun., dim. soir et janv. - ♿ - 18/40 €.* On vient déguster ici des plats de type brasserie, orientés produits de la mer. À l'étage, beau panorama sur l'île Callot.

La Grange de Coatélan – *Coatélan - 29640 Plougonven - ✆ 02 98 72 60 16 - www.lagrangedecoatelan.fr - ▭ - sur réserv. - menu 23 € - 5 ch. 51/63 € - ☕ 8 €.* Cet ensemble du 18e s. composé de trois jolies maisons de tisserand a beaucoup d'allure. Le restaurant, habillé de bois blond et doublé d'un bar en forme de coque de bateau, est convivial. Les chambres, décorées avec goût, ouvrent sur la campagne.

PETITE PAUSE

Martin – *29 pl. des Otages - ✆ 02 98 88 01 65 - 9h-12h30, 14h-19h30, dim. 9h-13h, 14h30-19h - fermé lun., 2 sem. fin janv., dern. sem. de juin et 2 sem. déb. sept.* Cette pâtisserie-salon de thé, vieille de quatre générations, est reconnaissable à sa singulière façade et à ses deux anges datant de 1830. Ses spécialités : la galette bretonne et le russe, un gâteau aux amandes.

À la Lettre Thé – *9 pl. des Viarmes - ✆ 02 56 45 54 06 - alalettrethe.blogspot.fr - lun.-vend. 10h-19h, sam. 9h30-19h, dim. 10h30-19h.* Une maison avec « pignon sur rue », où consulter des livres tout en dégustant un Rooibos Bissup à la fleur d'hibiscus ou un Oloong de Maïkaburi. L'établissement organise des rencontres littéraires.

BOIRE UN VERRE

Le Tempo – *Cours Beaumont - ✆ 02 98 63 29 11 - www.facebook.com/letempo.bar - 10h-1h, sam. 17h-1h - fermé dim. et j. fériés.* Coloris vifs et métal composent le décor de ce bar-restaurant situé sur le port de plaisance. Bon choix de vins au verre et de bières régionales, restauration (traditionnelle le soir, plats du jour et grillades à midi, tapas, planches, burgers le soir). Belle terrasse au bord de l'eau. Expositions mensuelles et soirées musicales.

Ty Coz – *1 venelle au Beurre - ✆ 02 98 88 07 65 - mar.-dim. jusqu'à 1h.* Installé dans une petite maison à pondalez (15e s.), ce bar se distingue par son décor original. Atmosphère chaleureuse et sans chichis, nombreuses animations proposées. Une institution à Morlaix !

ACHATS

Bon à savoir – La rue Ange-de-Guernisac et la rue du Mur à Morlaix sont les rues des arts, des artistes et des artisans. Ici se succèdent peintre, céramiste, sculpteur, couturier, ébéniste…

Marchés – *Sam. mat. à Morlaix pl. des Otages et pl. Allende, ainsi que Grand-Rue ; lun. mat. à Guerlesquin (animations en juil.-août).*

Atelier La Dilettante – *18-20 r. Ange-de-Guernisac - ✆ 02 98 88 17 44 ou 06 66 74 40 66 - www.ladilettanteatelier.fr - merc.-sam. horaires variables.* Bois flotté, cartes marines, tissus, toiles de lin ornées de délicats motifs de poissons, oiseaux, fleurs… Carole Gaudaire, qui a ouvert cette boutique-atelier il y a une quinzaine d'années, déploie son talent sur tous ces supports.

ACTIVITÉS

Visite de la baie – Croisière au départ de Roscoff *(voir p. 316)*, de Carantec, Plougasnou et Locquirec en été.

Excursion au château du Taureau – Au départ de Carantec (1h30) et Plougasnou (2h30) d'avril à septembre.

Activités nautiques

Carantec Nautisme – *29660 Carantec - Plage du Kelenn - ✆ 02 98 67 01 12 - www.carantecnautisme.com - juil.-août : 9h-19h ; de mi-mars à fin-juin et de sept. à mi-nov. : lun.-sam. 9h30-12h, 14h-17h30.* Sorties nautiques en tous genres (dériveur, catamaran, planche à voile, kayak, stand-up paddle, etc.) au cœur de la baie de Morlaix. Location, cours particuliers et stages. Également une école de plongée.

Cyclotourime

Maison Penanault – *10 pl. Charles-de-Gaulle - Office de tourisme - ✆ 02 98 62 14 94 - www.sortiramorlaix.com - été : 9h-19h, dim. et j. fériés 10h-12h30, 15h-18h ; reste de l'année : tlj sf dim. 9h-12h30, 14h-18h, j. fériés 10h-12h30, 15h-18h - fermé 1er janv., 1er Mai, 1er et 11 Nov., 25 déc.* Service de location de VTC, VTT *(12 €/j adulte, 9 € enf.)* ou vélos à assistance électrique *(15 €/½ j)* et matériel (remorques, porte-bébé, etc.). Des circuits sont proposés pour sillonner les venelles ou rejoindre la voie verte vers Carhaix, la Vélodyssée vers Roscoff ou le tour de Manche vers Lannion. Autres points de location dans les offices de tourisme de Carantec *(tte l'année)* et du Cloître-Saint-Thégonnec *(avr.-sept.)*.

Ecopark de Penzé – *Route nationale - 29670 Penzé-Taulé - ✆ 02 98 79 03 21 - www.ecopark-adventures.com - avr.-nov. : merc., w.-end et j. fériés et tlj pdf vac. scol. (zone B) 13h-19h (10h30 vac. été) - 22 € (enf. 9-15 ans 18 €, 5-8 ans 12 €, 2-5 ans 6 €).* Parcours dans les arbres pour toute la famille, tyrolienne de 300 m.

AGENDA

Festival Panoramas – *www.festivalpanoramas.com* En avril, trois jours dédiés aux musiques actuelles (rock, rap, électro), concerts dans plusieurs sites à Morlaix et alentour. Accueillant tous les ans 25 000 personnes, le festival a fêté ses 20 ans en 2016.

Soirées « Transat » – *11 juil.-25 août.* À Carantec, programme d'animations gratuites (concerts, théâtre, danse, contes, etc.) sur la plage du Kelenn, l'île Callot ou dans le jardin du Verger.

Côte des Bruyères

★

Finistère (29) Côtes-d'Armor (22)

À l'écart des grandes voies de communication, cette partie sauvage et tourmentée du littoral trégorrois, à l'est de la baie de Morlaix, recèle des criques et de très belles plages, idéales pour la baignade en famille. Des sentiers sillonnent les falaises pour relier les pointes escarpées d'où vous aurez une vue splendide sur les baies environnantes et sur la Manche.

NOS ADRESSES PAGE 339
Hébergement, restauration, achats, activités, etc.

S'INFORMER

Office du tourisme de Locquirec – *Le Port - 29241 Locquirec - ☏ 02 98 67 40 83 - http://tourisme-morlaix.bzh - juil.-août : 9h30-18h30, sam. 9h30-12h30, 14h-18h30, dim. et j. fériés 10h30-12h30, 14h-17h ; juin et sept. : tlj sf dim. 9h-12h30, 14h-18h ; avr.-mai : tlj sf dim. 9h-12h30, 14h-17h30 ; reste de l'année : tlj sf dim.-lun. 9h-12h30, 14h-17h30 - fermé 1er janv., 1er Mai, 1er et 11 Nov., 25 déc.*

Office du tourisme de Plougasnou – *Pl. du Gal -Leclerc - 29630 Plougasnou - ☏ 02 98 67 35 46 -www.tourisme-morlaix.bzh/Office-de-tourisme-de-Plougasnou.html - juil.-août : lun.-vend. 9h-18h, sam. 9h-12h30, 14h-17h30, dim. et j. fériés 9h-13h ; juin et sept. : lun.-vend. 9h-13h, 14h-17h30, sam. 9h-12h30, 14h-17h30, dim. et j. fériés 10h-12h30 ; avr.-mai : lun.-sam. 9h-12h30, 14h-17h30, j. féries 10h-12h30 ; oct.-mars : mar.-sam. 9h-12h30, 14h-17h30.*

SE REPÉRER

Carte de microrégion C1 (p. 264) – La Côte des Bruyères s'étend de la baie de Plestin-les-Grèves, en baie de Lannion, jusqu'à la pointe de Diben, en bordure de la baie de Morlaix. On y accède à partir de Morlaix et de Lannion par la D 786 ou par la N 12 (sortie Plouégat-Moysan).

À NE PAS MANQUER

L'enclos paroissial de St-Jean-du-Doigt et la côte tourmentée de la corniche de l'Armorique.

ORGANISER SON TEMPS

Entre la visite des églises et l'exploration des criques, la Côte des Bruyères vous retiendra une bonne journée. Pensez à consulter les horaires des marées pour jouir du spectacle dans des sites comme la Lieue de Grève.

Circuit conseillé Carte Côte des Bruyères p. 338

DE SAINT-MICHEL-EN-GRÈVE À LA POINTE DE DIBEN

Circuit de 38 km tracé en marron clair sur la carte p. 338 – environ 4h.

Saint-Michel-en-Grève

Dédié à l'archange saint Michel, ce petit centre balnéaire costarmoricain possède une église joliment située au bord de la mer.

Prendre la D 786 en direction de l'ouest.

★ Lieue de Grève

Cette magnifique plage, longue de 4 km, occupe le fond de la plus grande baie des Côtes-d'Armor. À marée basse, elle se découvre sur près de 2 km.

Des ruisseaux, où l'on pêche la truite, y rejoignent la mer par des vallons verdoyants. Nombreux sentiers aux alentours.

La route, très pittoresque, suit la côte boisée et contourne la masse du Grand Rocher.

★ **Montée au Grand Rocher** – *45mn à pied AR. La route à gauche, juste avant le Grand Rocher, permet d'accéder à un parking.* Du belvédère de 80 m, très belle **vue★** sur la Lieue de Grève. À marée haute, et surtout en hiver par vent de nord-ouest, les rouleaux d'écume déferlant contre le brise-lames expriment de façon spectaculaire le fonctionnement du ressac.

Saint-Efflam

Sur la plage qui porte son nom, l'ermite Efflam, cousin du roi Arthur venu d'Irlande, débarqua en 470 avec ses sept compagnons. À côté de la chapelle St-Efflam, nichée dans la verdure, coule une fontaine surmontée d'un dôme massif, que saint Efflam aurait fait jaillir pour désaltérer son cousin.

Tournez à gauche vers Plestin.

Église de Plestin-les-Grèves

L'église marie les styles gothique et Renaissance. Elle abrite le tombeau de l'ermite Efflam, qui s'installa ici, fonda un monastère et y mourut en 512. Son gisant est vêtu en roi (1576). Vitraux modernes d'un atelier de Quintin.

Revenez à la route côtière.

★ Corniche de l'Armorique

Entre St-Efflam et Locquirec, la route suit une côte accidentée. Après la pointe de Plestin, belle vue à marée haute sur l'anse de Locquirec et sa pointe. Le port de Toul-an-Hery se niche à l'embouchure du Douron. À l'est, on découvre le début de la Côte de Granit rose jusqu'à Trébeurden.

Locquirec

Voir « S'informer » p. 335.

La station située sur une petite presqu'île compte plusieurs plages très agréables.

★ **Église St-Jacques** – *R. de l'Église - 02 98 67 42 20 - - sur demande préalable - possibilité de visite guidée (45mn).* Cette jolie église à clocher Renaissance conserve, au niveau du chœur et du transept, des voûtes lambrissées recouvertes de peintures du 18e s. Au maître-autel, **retable★** du 16e s. en haut-relief figurant des scènes de la Passion, de facture naïve.

★ **Pointe de Locquirec** – *30mn à pied AR.* Cette promenade, s'amorçant près de l'église, fait le tour de la pointe : belles vues sur la plage de Pors-ar-Villiec, sport de surf prisé, et sur la baie de Lannion.

Après Moulin-de-la-Rive, prenez à droite la route de la corniche dominant la mer.

Table d'orientation de Marc'h Sammet

Érigée sur une avancée rocheuse, elle offre de remarquables **vues★** : à l'est, sur les plages du Moulin de la Rive et des Sables Blancs, la pointe du Corbeau et ses rochers ; au nord, sur l'île de Losquet qui se signale par le pylône du Cnet. À l'ouest s'étend la plage de Poul Rodou *(accès : 800 m plus bas).*

Gagnez Christ et tournez à droite. Suivez les panneaux directionnels menant à la route touristique.

Serpentant sur le plateau, cette route en corniche permet d'apprécier la côte, de la pointe de Trégastel à la pointe de Primel.

À la plage de St-Jean-du-Doigt, prenez à gauche.

La pointe de Primel.
R. Mattes/hemis.fr

★ Saint-Jean-du-Doigt

L'**enclos paroissial** s'ouvre par une porte triomphale du 16e s. À gauche, la haute **fontaine**★ Renaissance (socle en pierre et vasques en plomb) est dominée par Dieu le Père bénissant le baptême de son Fils par saint Jean Baptiste.

★ **Église** – *Le Bourg - ✆ 02 98 67 30 40 - 9h-17h - possibilité de visite guidée (30mn).* Le doigt de saint Jean Baptiste, apporté vers 1420 à la chapelle St-Mériadec qui s'élevait jadis en ce lieu, fit des miracles. Les pèlerins affluèrent… En 1440, on décida l'édification d'une grande église, réalisée en style flamboyant et achevée en 1513. À la base du clocher, adossés aux contreforts, se trouvent deux petits ossuaires; celui de droite est gothique, l'autre, Renaissance.

Le **trésor**★★ comprend plusieurs reliquaires, des calices, une croix processionnelle en argent doré et un tube en cristal, antérieur au 16e s., renfermant la première phalange de l'index de saint Jean Baptiste.

4

Plougasnou

Au centre de cette modeste bourgade, l'**église**, en majeure partie du 16e s., s'ouvre sur la place par un porche Renaissance *(visite guidée en saison).*

À 300 m du bourg, par la rue au chevet de l'église, gagnez l'**oratoire N.-D.-de-Lorette**. Ce monument de granit (1611) présente un toit de pierre; deux atlantes en gardent l'entrée.

De Plougasnou, on peut prendre le bateau et se rendre en excursion au château du Taureau *(voir p. 329)*, dans la baie de Morlaix, avec escale à l'île de Batz en été.

Passez devant l'office de tourisme et, au 3e carrefour, tournez à droite et traversez Ste-Barbe.

★ Primel-Trégastel

Sa plage de sable fin profite d'un beau site, près de rochers comparables à ceux de Ploumanach et de Trégastel.

★ Pointe de Primel

30mn à pied AR. La pointe est un véritable chaos de **rochers** roses. Du mamelon central, le **panorama** s'étend de la baie de Morlaix à la côte de

Trébeurden ; au large, on distingue le phare de l'île de Batz et l'île aux Moines (Sept-Îles). Son extrémité est séparée du reste de la presqu'île par une crevasse, qui ne peut être franchie qu'à marée basse et dans le creux de laquelle se trouve une grotte.

À 1 km, tournez à droite ; la route passe à proximité de viviers. Dans le village de pêcheurs Le Diben, tournez à droite, direction Les Viviers-Le Port ; 100 m après, prenez en face, vers le port, la route qui mène à une digue. Un peu avant de parvenir à cet ouvrage d'art, prenez à gauche le sentier qui conduit à la pointe de Diben.

Pointe de Diben

Belle **vue** sur toute la baie et la pointe de Primel.

À proximité Carte de microrégion p. 264

★ Château de Rosanbo C1

8,5 km au sud de St-Michel-en-Grève par les D 786 et D 22. ✆ 02 96 35 18 77 - www.rosanbo.net - ♿ - juil.-août : 11h-18h30 ; avr.-juin et sept. : tlj sf lun.-mar. 14h-17h30 ; oct. : w.-end 14h-17h - 11 € (-8 ans gratuit).

Le château s'élève sur les fondations d'un vieux castel du 14e s. dominant la vallée du Bô, d'où son nom breton qui signifie « rocher sur le Bô ». L'édifice actuel englobe, à l'ouest, le manoir du 15e s. Agrandi au 17e s. (toits à la Mansart) et au 18e s., il a été restauré au 19e s. Les salles ouvertes au public sont meublées et décorées avec raffinement. Des documents d'archives ont permis la reconstitution des deux pièces les plus authentiques de la demeure : la salle à manger et le salon du 18e s. La **bibliothèque**, qui donne sur une terrasse agrémentée d'un vaste bassin, est riche de plus de 8 000 volumes.

Un magnifique **jardin** à la française, œuvre d'Achille Duchêne, paysagiste de renom du 19e s., borde le flanc nord-est du château. Remarquez les **charmilles**,

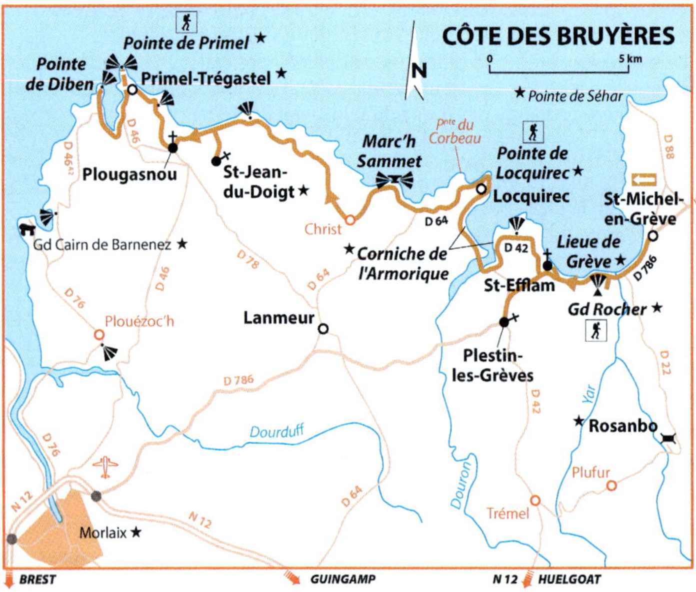

longues de près de 2 500 m, et les « salles de verdure » (petites clairières dans les bosquets) dont chacune avait sa fonction : manège d'équitation, aire d'entraînement, tennis…

Dans le bourg de **Lanvellec** *(à 1,5 km à l'est)*, l'**église Saint-Brandan** abrite un orgue exceptionnel. Fabriqué au 17e s. par le célèbre facteur d'orgues anglais Robert Dallam pour une autre église de la région, il a été installé à demeure en 1864. L'association des Rencontres Internationales de Musique Ancienne fait revivre tout au long de l'année cet instrument rare *(voir Nos adresses/ Agenda p. 340)*.

Lanmeur C1

15 km à l'ouest de St-Michel-en-Grève par la D 786.

Cette petite localité du plateau trégorrois se situe au cœur de cultures maraîchères.

Son **église**, reconstruite en 1904, a conservé un clocher et une **crypte★** d'origine *(accès à gauche du maître-autel)*. Cette dernière, préromane, remonterait au 8e s. : c'est l'un des plus anciens monuments religieux de Bretagne. Huit piliers cylindriques massifs, dont deux portent un décor sculpté, soutiennent la voûte. Une fontaine jaillit à droite de l'entrée. À l'occasion de fouilles, deux figurines sculptées, datant probablement du 6e s., y ont été découvertes.

Dans l'enclos du cimetière, l'imposante **chapelle de Kernitron** comprend une nef et un transept du 12e s., ainsi qu'un chœur du 15e s.

Dans la chapelle face à l'entrée, vous verrez une statue de N.-D.-de-Kernitron *(pardon le 15 août)* et, à sa droite, au fond d'une petite chapelle, une étonnante statue de sainte Anne accompagnée de Marie.

NOS ADRESSES SUR LA CÔTE DES BRUYÈRES

HÉBERGEMENT

PREMIER PRIX

Camping Sites et Paysages Les Les Capucines – *Ancienne Voie romaine à Kervourdon - 22300 Tredrez-Locquereau - ☎ 02 96 35 72 28 - www.lescapucines.fr - de déb. avr. à fin sept. - ♿ - 114 empl. 29 € - locatif 40/220 € (2 nuits mini).* Des emplacements ombragés ou en plein soleil autour de la piscine couverte, ou découverte si le temps le permet, et des loisirs adaptés aux familles avec enfants. Pour le locatif : tentes-lodges, chalets ou mobile homes, dont certains de grand confort avec leur Jacuzzi privatif.

Hôtel Les Panoramas – *9 r. de Poul Guioch - 22310 Plestin-les-Grèves - 5 km au nord de Plestin-les-Grèves par D 42 - ☎ 02 96 35 63 76 - www.lespanoramas.fr - fermé janv.-fév. - P ♿ - 11 ch. 50/65 € - ☕ 8 €.* L'hôtel domine la plage de St-Efflam, à proximité des sentiers de la Côte des Bruyères. Les chambres sont fonctionnelles et sobres. Choisissez-les côté mer.

UNE FOLIE

Grand Hôtel des Bains – *15 r. de l'Église - 29241 Locquirec - ☎ 02 98 67 41 02 - www.grand-hotel-des-bains.com - fermé 2e quinz. de nov. et de janv. - P ♿ - 36 ch. 139/299 € - ☕ 16 € - ✕ 39/59 €.* C'est ici que fut tourné le film de Michel Lang *L'Hôtel de la Plage*, en 1978… Dans un jardin au bord de la mer, derrière une façade du début du 20e s., son décor rénové et le luxe discret de ses chambres le classent parmi les étapes de charme. Spa et espace détente.

RESTAURATION

BUDGET MOYEN

La Presqu'Île – *7 pl. du Port - 29241 Locquirec - ✆ 02 98 79 34 27 - ▭ - fermé déc.-janv. et lun. - ♿ - formule déj. 14 € - 19/26 €.* Agréable terrasse sur le port pour des moules frites ou un menu de la mer plus élaboré.

Ty Mad – *24 pl. de Kerilly - 22310 Plestin-les-Grèves - à côté du Super U - ✆ 02 96 35 63 74 - fermé mar. et dim. soir et merc. - menu déj. 14/18 €, menu découverte aux algues 29,50 €.* Catherine Le Joncour, aux fourneaux, met tout sont talent pour imaginer de nouvelles recettes à base d'algues : une belle expérience gastronomique, dans un cadre sympathique et rénové.

La Maison de Kerdiès – *5 rte de Perherel, lieu dit St-Samson - 29630 Plougasnou - ✆ 02 98 72 40 66 - www.maisonkerdies.com - fermé dim. soir (oct.-mars), lun. et janv. - menu 17 (déj. en sem.)/24/31 €, carte 29/43 €.* Cette maison de la pointe du Trégor fut à l'origine un sémaphore, avant d'être transformée en colonie de vacances, puis en restaurant. De la salle, on profite d'une vue panoramique sur Roscoff et l'île de Batz… Mais on se recentre vite sur l'assiette, et sur cette généreuse cuisine de tradition, servie avec le sourire !

Restaurant du Port – *5 pl. du Port - 29241 Locquirec - ✆ 02 98 15 32 98 - www.hotelduport-locquirec.fr - fermé dim. soir et lun., le soir du mar. au vend.(nov. à mars), vac. de fév., 2 sem. en nov. - formule 17 € (déj.), menus 32/38 €.* Après une balade sur la pointe de Locquirec, l'heure des délices sonne avec ce bistrot contemporain sur le port ! Le chef propose une carte courte, collant le plus près possible aux produits de saison, et fait un carton plein : préparations précises, cuissons maîtrisées, présentations soignées… Excellent rapport plaisir/prix.

ACHATS

Domaine de Kervéguen – *29620 Guimaëc - ✆ 02 98 67 50 02 - www.kerveguen.fr - ♿ - juil.-août 10h-12h30, 14h-18h30 ; avr.-juin et sept. : 14h-18h, mat. se rens. - fermé dim. et j. fériés.* Ce producteur de cidre artisanal, élevé en fûts de chêne, ouvre sa cave (visites gratuites) et expose les secrets de son savoir-faire. Sa cuvée Prestige « Carpe Diem » est servie à l'Élysée depuis 1997. Dégustation de cidre à l'ancienne, pommeau, fine, chouchen, etc. Produits issus de l'agriculture biologique.

ACTIVITÉS

Cyclotourisme – Location de vélo possible toute l'année auprès des offices de tourisme de Locquirec et Plougasnou.

AGENDA

Festival de Lanvellec et du Trégor – *Trois w.-end en oct. - www.festival-lanvellec.fr.* Ce festival de musique ancienne a été créé en 1986 autour de l'orgue Dallam de Lanvellec. Également, des concerts en avril (Printemps de Lanvellec) et en été (Académie).

Les Enclos paroissiaux

★★★

Finistère (29)

Caractéristiques de Basse-Bretagne où ils sont d'une richesse incroyable, les enclos paroissiaux sont une réalisation originale de l'art breton. Très spectaculaires, ils séduisent par l'élégance des portes triomphales et des ossuaires, la profusion de détails des calvaires, la splendeur des retables et des décors polychromes des églises. Ils témoignent de la ferveur religieuse et de la prospérité des ports bretons du 15e au 17e s.

NOS ADRESSES PAGE 350
Hébergement, restauration, achats, activités, etc.

S'INFORMER

Office de tourisme du pays de Landivisiau, des Enclos et des monts d'Arrée – *Zone de Kerven - r. Robert-Schuman - 29400 Landivisiau - ✆ 02 98 68 33 33 - www.roscoff-tourisme.com - juil.-août : 9h-12h30, 14h-18h, sam. 10h-12h30, 14h-17h ; reste de l'année : tlj sf sam. 9h-12h, 14h-17h - fermé dim., certains j. fériés.*

Voir aussi la Maison Penanault à Morlaix, p. 323.

SE REPÉRER

Carte de microrégion BC2 (p. 264) – Ce circuit, qui emprunte la vallée de l'Élorn et les contreforts des monts d'Arrée, permet de découvrir les enclos les plus représentatifs.

À NE PAS MANQUER

Les trois enclos emblématiques du circuit : St-Thégonnec, Guimiliau et Lampaul-Guimiliau, auxquels s'ajoutent ceux de La Roche-Maurice et de La Martyre ; les expositions d'art du Fonds Hélène et Édouard Leclerc pour la culture à Landerneau.

ORGANISER SON TEMPS

Prévoyez au minimum une journée pour ce circuit, surtout si vous décidez d'aller vous promener dans les landes des monts d'Arrée.

AVEC LES ENFANTS

Visitez l'écomusée des Monts d'Arrée pour tout savoir du travail des meuniers et la Maison de la rivière pour découvrir le monde de la pêche.

4

Circuit conseillé Carte Les enclos paroissiaux p. 343

Circuit de 140 km tracé en orange sur la carte p. 343. Quittez Morlaix en prenant la N 12 vers l'ouest. Après 9 km environ, prenez à gauche la D 118.

★★ Saint-Thégonnec

Office de tourisme – *13 pl. de la Mairie - 29410 St-Thégonnec - ✆ 02 98 79 67 80 - www.tourisme-morlaix.bzh - de mi-juin à mi-sept. : 10h-13h, 14h-18h ; reste de l'année : se rens. - fermé dim. - visite guidée de l'enclos par les guides de la SPREV juil.-août : tlj sf sam. 10h-13h, 15h-18h, dim. 15h-18h - ✆ 02 98 64 58 81.*

Il est préférable d'entrer dans l'enclos par la place de l'Église, côté sud.

★ **Porte triomphale** – En plein cintre, elle est couronnée de lanternons superposés (1587).

★ **Chapelle funéraire** – Souvent appelée ossuaire, elle fut construite de 1676 à 1682. Dans la crypte, sous l'autel, un **saint sépulcre**★ à personnages sculptés

DES COMPOSITIONS ARCHITECTURALES UNIQUES

Les enclos paroissiaux sont les ensembles monumentaux les plus typiques que l'on rencontre dans les bourgs bretons. Autour de l'église, dans l'espace clos du cimetière, on retrouve généralement un ossuaire, un calvaire à personnages, une sacristie extérieure et, souvent, une porte monumentale dite « triomphale ».

Voir « Comprendre/Arts et culture » p. 394.

dans le chêne et peints (1699-1702) est l'œuvre du Breton Jacques Lespaignol. Au fond de l'ossuaire, le trésor comporte des pièces d'orfèvrerie, dont une croix processionnelle en vermeil (1610).

★★ **Calvaire** – Il fut élevé en 1610. Sur le socle, des groupes de personnages figurent des scènes de la Passion. Au-dessous, une niche abrite la statue de saint Thégonnec. Selon la légende, ce disciple de Pol Aurélien serait venu du pays de Galles, dans le but d'évangéliser l'Armorique au 6e s. apr. J.-C.) avec le loup qu'il attela à sa charrette, après que son âne eut été dévoré par une meute. Ce serait cet attelage insolite qui aurait charrié les pierres nécessaires à l'édification de l'église. La plate-forme est surmontée d'une croix à deux traverses portant des personnages et de deux croix plus simples pour les larrons. Remarquez les anges qui recueillent le sang s'écoulant des plaies du Christ.

★ **Église** – *Pl. de l'Église - ✆ 02 98 79 61 06 - www.saint-thegonnec.fr - 9h-18h (en dehors des offices) - possibilité de visite guidée sur demande.* Le seul vestige de l'église d'origine est le clocher (1563) du pignon situé à gauche de la tour Renaissance couronnée d'un dôme. Au-dessus du porche, une statue de saint Thégonnec, moine originaire du pays de Galles qui s'installa en Armorique au 6e s. et légua son nom à la bourgade. Dans les niches des contreforts d'angle, des statues figurent l'Annonciation, saint Jean et saint Nicolas. Sous le porche, il reste quatre statues d'apôtres.

L'intérieur, en partie ravagé par un incendie en juin 1998, a été magnifiquement restauré. La **chaire★★** est l'un des chefs-d'œuvre (1683) de la sculpture bretonne. Les angles de la cuve sont ornés des vertus cardinales (prudence, tempérance, force, justice). Sur les quatre panneaux figurent les évangélistes. Sur le médaillon du dossier, Dieu donne à Moïse les Tables de la Loi.

L'abside et les deux bras du transept sont couverts de **boiseries★** des 17e et 18e s.; celles du **retable du Rosaire★**, à gauche, représentent : au centre et en bas, la Vierge et l'Enfant remettant le rosaire à saint Dominique et à sainte Catherine; au-dessus, la Vierge et saint Laurent présentant au Christ une âme délivrée des flammes du purgatoire.

Poursuivez sur 8 km vers le sud par la D 118 en direction de Ste-Brigitte.

Le Kanndi du Fers

Entrée libre et gratuite.

La production florissante de toiles de lin (15e-18e s.) a contribué à la prospérité du Léon et, de fait, à celle des enclos paroissiaux. Ce *Kanndi*, « maisons du lavage » en breton, atteste cette ancienne activité. Ces petites buanderies, situées au bord des ruisseaux, étaient équipées d'auges, d'une cheminée et d'un aqueduc en granit, et l'on y blanchissait le fil. La région de Morlaix en comptait des centaines. Celle du Fers est l'une des dernières encore debout.

Après avoir visité le *Kanndi*, remontez la route goudronnée vers le village du Fers. Entre sous-bois et ruisseau, le sentier « Gwenojenn al lin » vous conduit sur les traces des tisserands. Comptez environ 1h30 pour parcourir les 4 km.

Reprenez la D 118 puis suivez la direction de Guimiliau.

★★ Guimiliau

★★ Calvaire – Il date de 1581-1588 et comprend plus de 200 personnages. Sous une grande croix portant la Vierge, saint Jean, saint Pierre et saint Yves, on remarque 25 scènes de la Passion, très expressives, et un motif illustrant l'histoire de **Katell-Gollet** – Catherine la Perdue, *voir p. 397* –, au-dessus de la Cène. Aux extrémités des contreforts se trouvent les évangélistes. Quant aux personnages de la frise, particulièrement nombreux et de facture naïve, ils composent, sans ordre chronologique, les épisodes de la vie de Jésus.

★ Église – *Pl. de la Mairie - ✆ 02 98 68 75 06 - 9h-18h - gratuit - possibilité de visite guidée (1h) par les guides de la SPREV juil.-août : horaires, se rens.* Cet édifice du 16e s. a été agrandi dans le style Renaissance au début du 17e s. Les voussures du **porche méridional★★** constituent une intéressante imagerie de la Bible et de l'Évangile. Au-dessus du fronton surmontant le porche, remarquez la statue de saint Miliau, patron du lieu. L'intérieur du porche offre un bel exemple de décoration fréquente en Bretagne : au-dessous des statues des apôtres, la frise est décorée de rosaces, de tresses et de scènes de l'Ancien Testament. On peut voir du côté gauche, près de la date 1606, la *Création de la femme*.

À l'intérieur, à gauche de l'entrée, se trouve un magnifique **baptistère★★** baroque, en chêne sculpté (1675). À la **tribune d'orgue**, trois **bas-reliefs★** du 17e s. : face au baptistère, le *Triomphe d'Alexandre* ; du côté de la nef, *David jouant de la harpe* et *Sainte Cécile à l'orgue*. La **chaire★** (1677) est ornée, aux angles, des statues de quatre sibylles. Le chœur, dont le vitrail central date de 1599, est fermé d'une balustrade du 17e s. On trouve de droite à gauche : le **retable de saint Joseph**, avec saint Yves, patron des avocats, entre le riche et le pauvre, et saint Hervé, accompagné de son loup ; le

SAINT MILIAU

Guimiliau a hérité son nom du breton *gwik*, bourg, et de Miliau, le saint patron local. Ce dernier, prince de Cornouaille, fut décapité par son frère au 6e s. Il est très souvent représenté avec un sceptre, l'épée dont il fut victime, et parfois même sa tête.

L'ORGUEIL DE L'ENCLOS

Entre le 16e et le 18e s., l'âge d'or des enclos paroissiaux se joue à coup de rivalité entre les villages du Finistère Nord. Le développement très important du commerce maritime international se conjugue à l'essor du lin et du chanvre utilisés notamment pour les voiles et les cordages. Les revenus permettent alors la construction d'enclos paroissiaux. Ce fut le cas dans deux villages voisins, Guimiliau et Lampaul-Guimiliau, ou encore à St-Thégonnec où les habitants, qui avaient fait fortune dans l'élevage de chevaux et la manufacture de toile, ont favorisé l'implantation d'artisans spécialisés dans la réalisation d'ouvrages religieux. Du 15e au début du 18e s., ils n'auront de cesse d'enrichir leur enclos pour en faire l'un des plus imposants de Bretagne.

retable de saint Miliau ; le **retable du Rosaire aux quinze mystères** en médaillon, surmonté d'une Trinité.

Chapelle funéraire – *R. du Calvaire - ✆ 02 98 68 75 06 - juin-oct. : 9h-18h - possibilité de visite guidée.* De style Renaissance, elle date de 1648 et possède une chaire extérieure située dans une fenêtre.

Prenez la D 111 sur 3,5 km.

★★ Lampaul-Guimiliau

L'**enclos paroissial★** recèle une **porte triomphale** en plein cintre, surmontée de trois croix (1669). L'ancien ossuaire appelé **chapelle funéraire** (1667) est accolé à l'arc et possède des contreforts couronnés de lanternons. À l'intérieur, on peut voir l'autel de La Trinité, les statues de saint Roch, de saint Sébastien, de saint Pol et de son dragon. Plus ancien, le **calvaire** date du début du 16e s.

★★ **Église** – *Pl. de l'Église - ✆ 02 98 68 76 67 - ♿ - 9h-18h - possibilité de visite guidée de mi-juin à mi-sept., se rens. à la Maison du patrimoine au ✆ 02 98 68 64 47.* Saint Pol-Aurélien, premier évêque du Léon *(voir encadré p. 319)*, trône sur son pignon. L'abside et la sacristie, ajoutée en 1679, forment un bel ensemble où se mêlent les styles gothique et classique. Sur le flanc droit, statues des douze apôtres. Notez aussi la tour-clocher du 16e s., dont la flèche a été tronquée par la foudre en 1809.

En entrant dans l'église, on remarque les entraits sculptés (restaurés), mais aussi et surtout la très belle **poutre de gloire★** du 16e s. qui traverse la nef ; elle porte un crucifix, entre les statues de la Vierge et de saint Jean. Les faces sont ornées de sculptures : côté nef, épisodes de la Passion ; côté chœur, notez la présence de douze sibylles (prêtresses d'Apollon qui auraient annoncé la venue d'un Sauveur), séparées par le groupe de l'Annonciation. Au bas du bas-côté droit, observez le **baptistère★** (1651), et, plus haut, à droite du retable de saint Laurent (il tient le gril de son martyre, instrument servant au supplice par le feu), un **bénitier** (17e s.) représentant deux diables se débattant dans l'eau bénite !

Mais ce qui frappe le plus dans l'église est certainement la présence de six **retables** dont les plus importants et les plus riches sont placés de chaque côté du chœur. Il faut prendre un peu de temps pour détailler les scènes de ces véritables livres illustrés, récemment restaurés. À droite, l'**autel de saint Jean Baptiste★** est décoré de bas-reliefs racontant la vie du prophète, fils de sainte Élisabeth. La plus belle scène représentée, sur la gauche, rappelle l'épisode de la Chute des anges (une scène inspirée de Rubens) que domine un saint Michel terrassant le dragon. À gauche du chœur, l'**autel de la Passion★★** est orné d'un retable d'inspiration flamande (16e s.) où l'on voit, dans les huit

compartiments, des tableaux eucharistiques composés de personnages en haut-relief d'un réalisme saisissant de vie. Deux panneaux encadrent l'autel. Ils évoquent, à gauche la Nativité de la Vierge – scène rare en Bretagne – et à droite, le Martyre de saint Miliau : ce roi de Cornouaille eut la tête tranchée par son frère, jaloux du trône. Les quatre autres retables sont dédiés respectivement à sainte Anne, saint Mathurin, sainte Marguerite et saint Laurent.
Dans le bas-côté gauche se tient une remarquable **pietà** du 16e s. dont les six personnages sont taillés dans un seul bloc de bois. Une vitrine abrite les bannières exhibées lors du pardon de Lampaul, en mai, et du pardon de Ste-Anne, en août. Voyez la bannière de velours du 17e s., brodée au fil d'argent.
À voir aussi : la touchante **Mise au tombeau★** (1676) en tuffeau polychrome, due à un sculpteur de la Marine, Anthoine (Antoine de Chavagnac); remarquez particulièrement l'expression du Christ. Le buffet d'orgue est du 17e s.
Maison du patrimoine – *Pl. de l'Église - ✆ 02 98 68 64 47 - ♿ - juil.-août : 10h-13h30, 14h30-18h, dim. 15h30-18h; reste de l'année : se rens. - possibilité de visite guidée (20mn) - gratuit.* Face à l'enclos, cette vieille demeure bretonne comporte un petit musée présentant des mannequins en costumes du pays et des meubles anciens. En haute saison, elle accueille également des expositions de sculptures et de photos.
Chapelle Ste-Anne – *Environ 3 km au sud.* Cette petite chapelle (17e s.) est dédiée à sainte Anne *(voir p. 382)*, avec pas moins de trois représentations bien différentes (dont une sainte Anne trinitaine restaurée en 2005). Elle accueille aussi un rare Christ en robe rouge sur la croix.
Prenez la D 11 sur 4 km.

Landivisiau

Église St-Thivisiau – Cette église moderne, de style gothique, conserve le clocher et le très beau **porche★**, en pierre de Kersanton, d'un édifice du 16e s.
Chapelle Ste-Anne – Ancien ossuaire du 17e s. déplacé au centre du cimetière. Sa façade est ornée de six cariatides; celle qui est située à gauche de la porte d'entrée figure l'Ankou (la Mort).
Lambader – *8 km au nord de Landivisiau par la D 69. www.plouvorn.com - 8h-19h.* La **chapelle Notre-Dame** du 15e s. (*✆ 02 98 61 32 40 - www.plouvorn.com - ♿ - 8h-19h.*) abrite un très beau **jubé★** gothique flamboyant (1481), en bois, portant les statues de la Vierge et des apôtres.
De retour à Landivisiau, suivez la direction de Landerneau, puis tournez à droite (D 30), pour passer par l'échangeur de la Croix-des-Maltotiers.

★ Église de Bodilis

Entrée libre - possibilité de visite guidée en juil.-août. L'église (16e s.) est précédée d'un clocher flamboyant percé à la base de trois ouvertures. Sa toiture en forme de carène renversée, sa corniche richement décorée et ses contreforts ornés de niches lui confèrent une grande élégance. Un beau porche s'ouvre sur le côté droit. L'intérieur frappe par sa riche **décoration★** sculptée : sablières, entraits et têtes de blochets, retables dorés, statues anciennes. Le baldaquin des fonts baptismaux est en kersantite; au revers du porche, Mise au tombeau polychrome en haut-relief.
Revenez sur la route de Landerneau (D 712) et tournez à droite.

Moulin de Brézal

En contrebas d'un étang, le moulin s'orne d'une porte flamboyante. De l'autre côté de la route se dressent les ruines de la chapelle de Pont-Christ (1533).
À 3,5 km en direction de Landerneau, prenez à gauche vers La Roche-Maurice.

★ La Roche-Maurice

Le village, situé à flanc de coteau et dominé par les ruines d'un château, possède un bel **enclos paroissial★**. Trois croix portant le Christ et les larrons en marquent l'entrée.

Église – Le **porche sud★** (16e s.) est finement sculpté de grappes de raisin et de statuettes de saints. À l'intérieur, le **jubé★** Renaissance est orné, côté nef, de 12 statues en ronde-bosse (9 apôtres, 3 papes) ; côté chœur, de figures de saints en bas-relief. Derrière le maître-autel, grand **vitrail★** (1539) illustrant la Passion et la Résurrection du Christ.

★ **Ossuaire** – C'est l'un des plus importants de Bretagne (1640). Au-dessus du bénitier extérieur, l'Ankou menace de petits personnages qui représentent différentes classes de la société : un paysan, une femme, un homme de loi, un évêque, saint Yves, un pauvre et un riche. Une inscription laconique l'accompagne : « Je vous tue tous. »

Continuez 5 km sur la D 712.

Landerneau

Office du tourisme du pays de Landerneau-Daoulas – *16 pl. du Gén.-de-Gaulle - 29800 Landerneau - ✆ 02 98 85 13 09 - www.brest-terres-oceanes.fr - juil.-août : 10h-19h ; reste de l'année : tlj sf dim.-lun. 10h-13h, 14h-17h.*

★ **Pont de Rohan** – Le pont de Rohan (1510) est l'un des derniers ponts habités d'Europe. Si l'on se place devant l'hôtel de ville *(un peu en amont sur la rive droite)*, on apprécie l'aspect pittoresque du pont, avec ses maisons à encorbellement aux façades recouvertes d'ardoise.

Maisons anciennes – Située à l'angle du pont de Rohan et du quai de Cornouaille, la **maison dite des Rohan** (1639) comporte un cadran solaire. D'autres demeures anciennes se blottissent sur la rive droite de l'Élorn. Dans le prolongement du pont, gagnez la place du Gén.-de-Gaulle *(pl. du Marché)* : au nº 9, la **maison dite de la Duchesse Anne** (1664) comporte une tourelle. À voir encore, en poursuivant dans la même direction : le nº 4 de la rue de la Fontaine-Blanche et le nº 5 de la rue du Commerce *(première à gauche sur la partie piétonne de la rue de la Fontaine-Blanche)*, une maison de 1667 avec tourelle et lucarnes ouvragées.

Église St-Houardon – Construit en pierre de Kersanton, le porche servit de modèle aux bâtisseurs des enclos paroissiaux de la vallée de l'Élorn.

★★ **Fonds Hélène et Édouard Leclerc pour la culture** – *Ancien couvent des Capucins - ✆ 02 29 62 47 78 - www.fonds-culturel-leclerc.fr - ♿ - juin-août : 10h-19h ; reste de l'année : 10h-18h - fermé 1er janv., 1er Mai, 25 déc. - possibilité de visite guidée (45mn) - 6 €.* Le domaine des Capucins abrite en son cœur un couvent du 17e s., agrémenté d'une grande cour et d'une chapelle. C'est ici en 1964 que la famille du célèbre épicier, dont la carrière débuta à Landerneau, fit construire une vaste halle de 1 600 m². Aujourd'hui, l'ancien supermarché est devenu un

« CELA VA FAIRE DU BRUIT DANS LANDERNEAU »

Cette expression évoquait autrefois le charivari que faisaient les Landernéens aux veuves qui se remariaient. Aujourd'hui, ce joyeux vacarme a été remplacé par celui des visiteurs venus admirer le site d'exception que la petite ville portuaire occupe sur l'estuaire de l'Élorn. Cette rivière, riche en saumons et en truites, traverse l'ancienne capitale du Léon, toujours réputée pour ses marchés. Ce n'est sans doute pas un hasard si l'enseigne Leclerc y a ouvert son premier magasin en 1949.

très bel espace d'exposition dédié à l'art contemporain. La programmation y est des plus qualitatives et des médiateurs sont à la disposition du public pour répondre aux questions et expliquer les œuvres exposées. Depuis 2012, la fondation a accueilli 850 000 visiteurs.

Gagnez la rive gauche.

Église St-Thomas-de-Cantorbéry – Cet édifice du 16e s. possède un clocher-porche de 1607 à trois balcons superposés. En face de l'église a été construite en 1635 une **chapelle-ossuaire**, qui dépendait du sanctuaire.

Quittez Landerneau par le sud-est en direction de Pencran.

★ Pencran

Situé sur la rive gauche de l'Élorn, au versant d'une colline boisée, ce bourg possède un enclos paroissial du 16e s. Son nom en breton signifie « tête du bois ».

Porte triomphale – Ornée de trois lanternons, elle fut ajoutée au 17e s.

★ **Calvaire** – Cette grande croix à deux traverses, qu'encadrent les croix des larrons, s'élève dans le mur de clôture, à droite.

Église – Elle possède un élégant clocher à double balcon et un **porche★** (1553), dont les voussures sont parées d'anges adorateurs et musiciens. Aux piliers, des statuettes figurent des scènes de l'Ancien Testament; sous les riches dais sculptés, les statues des apôtres. Dans le chœur, à gauche du maître-autel, admirez la remarquable **Descente de croix** d'influence flamande (1517).

Quittez Pencran en direction de Kermaria, puis à droite vers Le Queff pour rejoindre la D 35.

★ La Martyre

Cet **enclos paroissial★**, le plus ancien du Léon, s'ouvre par une porte triomphale surmontée d'une balustrade flamboyante et d'un petit calvaire. L'ossuaire (1619), adossé au porche et au clocher, est orné d'une curieuse cariatide et de motifs évoquant la Mort. L'église (14e-16e s.) possède, sur le flanc sud, un **porche★** historié (vers 1450), et son chœur est éclairé par un bel ensemble de **vitraux★** (16e s.) représentant la Passion, la Crucifixion et la Résurrection. Les **sablières polychromes** (1560) présentent d'intéressantes sculptures de scènes pittoresques : joueur de biniou, scène de labour…

Poursuivez sur la D 35.

Ploudiry

Ce village, qui fut la plus vaste paroisse du Léon, possède un enclos intéressant. L'ossuaire (1635) présente une façade où la Mort frappe des hommes de toutes catégories sociales. Reconstruite au 19e s., l'église a conservé, au flanc sud, un **porche★** de 1665.

Poursuivez sur la D 35, puis à gauche sur la D 30 avant de rejoindre Locmélar par la D 30A.

Locmélar

Malgré sa taille modeste, l'enclos paroissial de Locmélar compose un joli ensemble avec l'église (1589-1681), le calvaire sculpté dans de la kersantite en 1600, le porche surmonté d'un lanternon et enfin la sacristie dont la toiture est en forme de carène de bateau retournée.

Rejoignez la D 30 en direction de Sizun.

★ Sizun

★ **Enclos paroissial** – *Pl. de l'Abbé-Broch - ☎ 02 98 68 80 13 - ♿ - possibilité de visite guidée sur demande préalable organisées par la SPREV, se rens. à l'office de tourisme.* Les parties les plus intéressantes sont la triple **porte triomphale★**

SCULPTEUR DU ROI
Visages ronds au profil tranchant, drapés stylisés et hiératiques caractérisent le travail du sculpteur landernéen **Roland Doré** (1618-1660). L'atelier de celui qui se désignait lui-même comme le « sculpteur du Roi » semble avoir signé une soixantaine d'œuvres dans la région. On en trouve certaines à Bodilis, Commana, Lampaul-Guimiliau, Pleyber-Christ, St-Thégonnec…

et la **chapelle-ossuaire★** à triple arcature, avec sa façade au décor hétéroclite. Ces deux monuments datent de 1585-1588. L'ossuaire abrite un musée consacré aux traditions locales.

L'**église** du 16e s., remaniée aux 17e et 18e s., est reliée par un passage à la sacristie, petit édifice isolé de la fin du 17e s. Le clocher, haut de 54 m, date du 18e s. À l'intérieur, récemment restauré, la voûte lambrissée offre une belle ornementation : sablière sculptée agrémentée, dans le transept et le chœur, d'anges présentant les instruments de la Passion, entraits en forme de caïmans. Le buffet d'orgue, le maître-autel et les retables sont du 17e s., de même que le baldaquin des fonts baptismaux. Le trésor d'**art religieux** est le plus important de Bretagne : ciboires, ostensoirs, reliquaires, statues…

Maison de la rivière au moulin de Vergraon

1 km à l'ouest de Sizun - ✆ 02 98 68 86 33 - www.maison-de-la-riviere.com - ♿ - 10h-12h, 14h-17h30 - fermé w.-end et j. fériés - possibilité de visite guidée sur demande (1h) - 5 € (-18 ans 3 €).

Installé dans le moulin – qui fut le dernier en activité sur l'Élorn –, ce centre de découverte propose des expositions sur l'importance de l'eau, la vie des poissons et la pêche. Description du matériel : cannes, moulinets, étapes de la fabrication d'une mouche pour la pêche au saumon, aquariums et films.

Située au cœur du Parc naturel régional d'Armorique, la Maison de la rivière organise des balades accompagnées pour découvrir les monts d'Arrée, les sources de l'Élorn, le lac du Drennec ou la tourbière du Mougau…

Revenez sur Sizun pour prendre la D 764 en direction de Carhaix-Plouguer.

Moulins de Kerouat

✆ 02 98 68 87 76 - www.ecomusee-monts-arree.fr - juil.-août : 11h-19h ; juin : 11h-18h, w.-end et j. fériés 14h-18h ; mars-mai et sept.-oct. : 11h-18h, dim. et j. fériés 14h-18h ; reste de l'année : se rens. - visite guidée possible (1h) - 4,50 € (-18 ans 2,50 €).

Propriété du Parc naturel régional d'Armorique, un village du 19e s. a été réhabilité sous la forme d'un **écomusée des Monts d'Arrée**. Il retrouve une seconde vie, avec ses deux moulins dont l'un remonte au 17e s., sa maison d'habitation, ses dépendances et son four à pain. On découvre ainsi le fonctionnement d'un moulin à eau, le travail du meunier, son mode de vie et ses objets familiers. Des expositions temporaires sont également organisées.

Continuez vers Carhaix-Plouguer. 1 km après Ty Douar, tournez à gauche.

★ Église de Commana

✆ 02 98 78 08 14 - du w.-end de Pâques aux J. du patrimoine : 10h-19h ; reste de l'année : clé disponible à la mairie - visite guidée possible (s'adresser à M. Le Goffic).

Le village est bâti sur un mamelon isolé, au pied de la montagne d'Arrée. L'église (16e-17e s.) recèle trois retables intéressants : celui de l'**autel Ste-Anne★★**, daté de 1682, est le plus remarquable. On peut voir, sur un pilier du transept, à droite, un Ecce homo en bois. Les fonts baptismaux sont ornés des statues des Vertus.

Le circuit de randonnée de la Pierre Bleue part de la place de l'église. Long de 16,5 km, il permet de découvrir à pied, à cheval ou à VTT les paysages de Commana, entre monts et ardoisières.

Mougau-Bihan

À la sortie de ce hameau, à droite, s'étire une **allée couverte★**, longue de 14 m. Certains supports sont gravés, à l'intérieur, de lances et de poignards.
Au départ de l'aire de pique-nique, un sentier (2 km), permet de partir à la découverte de la faune et de la flore de la tourbière de Mougau. Il est praticable de mai à octobre. Prévoyez des bottes!
Revenez à la D 764 puis prenez à droite. À 1 km, tournez à droite (D 11); arrivé à la route de Morlaix, tournez à gauche (D 785).

★★ Roc Trévezel

Cet escarpement rocheux (384 m) fait saillie sur la crête et occupe une situation pittoresque, dans un décor de véritables montagnes.
La route passe non loin de la tour-relais de Roc-Trédudon : au cours de la descente, belles **vues** sur le pays de Léon.
Poursuivez jusqu'à Plounéour-Ménez.

★ Plounéour-Ménez

Situé sur le territoire des monts d'Arrée, cet enclos paroissial doit beaucoup à sa proximité avec les anciens gisements de kersantite : l'église et une partie du mur d'enceinte laissent apparaître de belles pierres de taille de grand appareil.
Arc de triomphe – Composé de trois piliers surmontés de lanternons et volutes, il constitue une des pièces maîtresses de l'enclos.
Calvaires – Le premier date de 1540 et est situé dans l'enclos paroissial; le second (1641) est implanté à l'ouest de l'enclos. À double croisillon, il porte des statues géminées dans sa partie haute. Elles sont l'œuvre du maître-sculpteur landernéen Roland Doré *(voir encadré p. 348)*.
Église – Elle arbore une belle porte monumentale du 17e s. et un porche sobre, flanqué d'une tourelle d'escalier. Les toitures des trois nefs sont en ardoises de montagne. Le clocher, dont la base est presque séparée de l'église, a la particularité de présenter une tour sans galerie et une flèche sans clocheton. À l'intérieur, la chaire et le retable de l'autel des Trépassés datent du 17e s. L'autel du Rosaire est illuminé par un panneau polychrome en haut-relief représentant la Vierge donnant le Rosaire à saint Dominique et à sainte Catherine de Sienne.
Empruntez la D 111.

4

Abbaye du Relec

✆ 02 98 78 05 97 - www.cdp29.fr - juil.-août : 10h-12h30, 14h-18h30; avr.-juin et sept.-oct. : 10h-12h30, 14h-18h - fermé lun.-mar. - possibilité de visite guidée (1h) - accès libre abbaye (sf concerts) et randonnées-découvertes.
Dans ce vallon subsistent les ruines d'une abbaye cistercienne : bâtiments conventuels et église des 12e et 13e s. avec une façade du 18e s. Aujourd'hui, ces lieux revivent à travers des manifestations artistiques, notamment musicales. *Faites demi-tour, puis prenez à droite vers Morlaix.*

Église de Pleyber-Christ

Dans ce petit enclos paroissial, l'église, gothique et Renaissance, est précédée d'une porte triomphale (1921), dédiée aux morts de la guerre de 1914-1918. À l'intérieur, de belles sablières et poutres engoulées (dont les extrémités sont dans des gueules d'animaux), ainsi que des stalles anciennes.
Continuez vers Ste-Sève. À 3,5 km, la D 712 à droite ramène à Morlaix.

NOS ADRESSES AUTOUR DES ENCLOS PAROISSIAUX

HÉBERGEMENT/RESTAURATION

Saint-Thégonnec

BUDGET MOYEN

Chambre d'hôte Ar Presbital Koz – *18 r. Lividic - près de la maison de retraite Ste-Bernadette - ✆ 02 98 79 45 62 - ar.presbital.koz.free.fr - P - 4 ch. 65 € - ✕ 27 €.* De vastes chambres personnalisées ont été aménagées dans ce presbytère du 18e s., caché derrière un rideau de cyprès. À la belle saison, vous profiterez du jardinet du potager à la table d'hôte. Jetez un coup d'œil à la collection de canards rapportés du monde entier.

POUR SE FAIRE PLAISIR

Auberge St-Thégonnec – *6 pl. de la Mairie - ✆ 02 98 79 61 18 - www.aubergesaintthegonnec.com - fermé 15 j. déc.-janv. - P - 19 ch. 78/98 € - 10 € - ✕ 23/48 €.* Face à l'église et son célèbre enclos, maison en pierres de taille au cadre intérieur contemporain. Grandes chambres s'ouvrant côté jardin. Au restaurant, décor soigné agrémenté de cuivres et tableaux (scènes et paysages bretons) ; carte à l'accent bigouden.

Guimiliau

PREMIER PRIX

Chambre d'hôte Ty-Dreux – *Rte de Plounéour-Ménez - 3,5 km au sud-est de Guimiliau par D 111, - ✆ 06 67 30 87 37 - gitespeches-saint-thegonnec.com - - 6 ch. 52/85 € et 3 gîtes (360/580 € par sem. en hte sais.).* En pleine campagne, ferme laitière dont l'enseigne signifie « la maison du tisserand », en référence au passé du lieu. Chambres rénovées, dont une familiale *(4 pers.)*, et petits déjeuners devant une jolie cheminée du 18e s. Également trois gîtes ruraux. Classé « gîte de pêche » et « gîte de chasse », l'établissement vous offre la possibilité de pratiquer la pêche à la truite, sur la Penzé, et au brochet, sur le lac de Brennilis.

Landivisiau

BUDGET MOYEN

Hôtel de L'Avenue – *16 av. Coat-Meur - ✆ 02 98 68 11 67 - www.hotel-l-avenue.com - fermé 3 sem. fin août et 1 sem. entre Noël et 1er janv. - P - 17 ch. 49/59 € - 7 € - ✕ fermé vend. soir, sam. soir et dim. - formules déj. 9,50/15 € - 16,50/25 €.* En centre-ville, cet hôtel dispose de 17 chambres dont 3 familiales. Le restaurant sert une cuisine traditionnelle et de terroir. À noter la situation près du champ de foire où se tient chaque année la traditionnelle foire aux chevaux du lundi de Pentecôte.

Sizun

PREMIER PRIX

Hôtel des Voyageurs – *2 r. de l'Argoat - ✆ 02 98 68 80 35 - www.hotelvoyageur.fr - fermé vend. soir, sam. et dim. soir (oct. à juin), et 12 sept.-5 oct. - P - ♿ - 20 ch. 64 € - 8,50 € - ✕ 12/29 €.* Non loin de l'enclos paroissial, cet hôtel familial rénové est simple mais agréable. L'annexe propose des chambres plus petites et moins chères pour les budgets serrés. Cuisine traditionnelle servie près de la cheminée.

RESTAURATION

Saint-Thégonnec

PREMIER PRIX

Crêperie Steredenn – *6 r. de la Gare - ✆ 02 98 79 43 34 - midi et soir merc.-dim. et 7j/7 en saison - fermé mi-nov.-janv. - crêpes au blé noir 5,30/8,90 €, au froment 4,20/6,90 €.* On vient de toute la région pour déguster les délicieuses crêpes au blé noir ou au beurre salé. Cheminée.

Auberge St-Thégonnec – *Voir ci-contre.*

Guimiliau

PREMIER PRIX

Ar Chupen – *43 r. du Calvaire - ✆ 02 98 68 73 63 - fermé déc.-janv. - ♿ - juil.-sept. : tlj sf lun. soir ; reste de l'année : lun.-vend. midi, sam. soir. et dim. midi - 16,50 €.* Bonne cuisine familiale où, en saison, l'artichaut est à la fête selon l'inspiration du chef. Côté crêperie, la priorité est donnée aux produits frais et de qualité. Une valeur sûre.

La Roche-Maurice

PREMIER PRIX

Crêperie Milin An Elorn – *✆ 02 98 20 41 46 - vac. scol. : mar.-dim. ; reste de l'année : vend.-dim. - crêpes au blé noir 5,30/8,90 €, au froment 4,20/6,90 €.* Arrêtez-vous dans cet ancien moulin au bord de l'eau pour déguster, dans un cadre rustique, des crêpes de blé noir arrosées de cidre breton. Aussi crêpes au froment salées ou glacées, et petite carte grill.

Landerneau

BUDGET MOYEN

Les Caps Horniers – *13 r. du Commerce - ✆ 02 98 21 32 38 - lun.-merc. midi, jeu.-sam. midi et soir - 17/31 €.* Tajine de lotte, marmite de pétoncles, tournedos de bœuf au pain d'épice ou croustillant de poires au roquefort : ce sont quelques-unes des recettes qui font courir le tout Landerneau vers ce lieu chaleureux niché dans les rues piétonnes, sur la rive droite de l'Élorn.

ACHATS

Landerneau

Marché – *Pl. du Gén.-de-Gaulle - mar., vend. et sam. (sf j. fériés).*

AGENDA

Sizun

Pardon – *Dernier dim. de juil.* Cette procession costumée attire une foule nombreuse jusqu'à la chapelle de Loc-Ildut *(à 3 km de Sizun)* qui a été construite au 15e s.

Landivisiau

Concours de la Pentecôte – *Lun. de Pentecôte.* Défilé d'attelages.

Landerneau

Festival Kann al Loar – *Mi-juil. (5 jours).* À terre, chants de marins, spectacles et défilés, *fest noz*, feu d'artifice. Sur l'eau, remontée de l'Élorn par une trentaine de vieux bateaux.

Fête du bruit – *2e w.-end d'août - http://festival-fetedubruit.com.* Festival de rock et musiques actuelles, dans les jardins de la Palud.

Fonds Hélène et Édouard Leclerc pour la culture – *Tte l'année.* Grandes expositions d'art contemporain et conférences *(voir p. 346)*.

Presqu'île de Plougastel

★

Finistère (29)

Entre les rias Élorn et Daoulas, cette presqu'île plante sa dent de terre dans la rade de Brest. À l'écart des grands axes routiers, c'est encore la campagne traditionnelle : un pays bocager où l'on rencontre peu de maisons, car tout ici paraît se cacher. Pourtant au détour des routes verdoyantes, entre hameaux et chapelles, entre grèves et petits ports, se dévoile l'activité agricole, avec en tête d'affiche la célèbre fraise.

NOS ADRESSES PAGE 356
Hébergement, restauration, achats, activités, etc.

S'INFORMER

Bureau touristique de Plougastel – *6 r. de l'Église - 29470 Plougastel-Daoulas - 02 98 40 34 98 - www.brest-metropole-tourisme.fr - juil.-août : 9h30-12h30, 14h-18h30, dim. 10h-12h ; reste de l'année : tlj sf w.-end et lun. 10h-12h30, 13h30-17h30 - fermé j. fériés.*

SE REPÉRER

Carte de microrégion B2 (p. 264) – Accédez à la presqu'île par la N 165, qui rejoint Brest (5 km à l'ouest). La D 29, qui traverse toute la presqu'île du sud-ouest au nord-est, mène à Landerneau (12 km au nord-est).

À NE PAS MANQUER

Le calvaire de Plougastel-Daoulas pour sa foule de personnages, l'ancienne abbaye de Daoulas et le circuit de la presqu'île pour les panoramas qu'il offre sur le goulet de Brest et la presqu'île de Crozon.

ORGANISER SON TEMPS

Essayez d'être à la pointe de Kerdéniel en fin de journée pour voir le soleil se coucher sur la rade de Brest.

Se promener

PLOUGASTEL-DAOULAS

★★ Calvaire

Construit de 1602 à 1604 après la peste de 1598, il est plus harmonieux que celui de Guimiliau, mais les attitudes de ses 180 personnages semblent plus figées. Encadrant la grande croix à double traverse, les larrons (absents à Guimiliau) portent sur leur gibet un ange ou un démon. Dans le socle massif, un autel est creusé sous un portique, dominé par la haute statue de Jésus. L'**église**, en granit et béton, est décorée dans les tons bleu, vert, orange et violet.

Musée de la Fraise et du Patrimoine

12 r. Louis-Nicolle - 02 98 40 21 18 - www.musee-fraise.net - ♿ - juil.-août : 10h-18h30, w.-end 14h-18h30 ; juin et sept. : tlj sf lun.-mar. 14h-17h30 ; avr.-mai et oct.-déc. : tlj sf lun. 14h-17h30, 1er dim. du mois 14h-17h30, mar. sur demande préalable - fermé 1er Mai, 1er nov., 25 déc. - possibilité de visite guidée sur demande (1h30) - 5 € (-7 ans gratuit) - 12 € billet famille (2 adultes + 2 enf. mini).

Le calvaire de Plougastel-Daoulas et ses 180 personnages.
F. Guiziou/hemis.fr

Il relate l'histoire, les traditions et l'ethnologie locales. On y évoque plus particulièrement la culture du lin, celle de la fraise et l'activité maritime liée à l'exportation de ces cultures, ainsi que le dragage de la coquille Saint-Jacques en baie de Brest. Des sorties autour de la route de la fraise sont également proposées avec au programme la visite d'une fraiseraie et la rencontre avec un producteur. Se renseigner auprès du musée.

À proximité

Chapelle Saint-Jean

Carte Presqu'île de Plougastel p. 354

4,5 km au nord-est. Prenez la D 29 vers Landerneau et, après avoir franchi la voie express Brest-Quimper, tournez à gauche, puis à droite. Cette chapelle (15e et 17e s.) s'élève sur un charmant **site★** verdoyant, au bord de l'Élorn.

Daoulas Carte de microrégion p. 264, B2

10 km à l'est par la N 165.

Autrefois rattaché à l'abbaye voisine, le village conserve de son passé de nombreux témoignages artistiques, dont les maisons des 15e et 17e s. qui subsistent dans la rue de l'Église.

★ **Ancienne abbaye** – *21 r. de l'Église - 02 98 25 84 39 - www.cdp29.fr - ♿ - de mi-juin à mi-sept. : 10h30-19h ; reste de l'année : 13h30-18h - fermé de déb. janv.-mars, 25 déc. - possibilité de visite guidée (1h) - 7 € (-7 ans 4 €).* De l'an 500, date approximative de la fondation de l'abbaye, jusqu'au 10e s., les moines eurent un rôle

PLEINS FEUX SUR LES CALVAIRES

De mi-juil. à mi-août, l'association des 7 calvaires monumentaux de Bretagne fait découvrir de façon inédite les plus beaux calvaires - dont celui de Plougastel - grâce à une mise en lumière qui restitue la polychromie d'origine de ces monuments remarquables de l'art religieux breton. « Quand les 7 calvaires s'illuminent » - *Infos et calendrier sur le site www.7calvaires.fr*

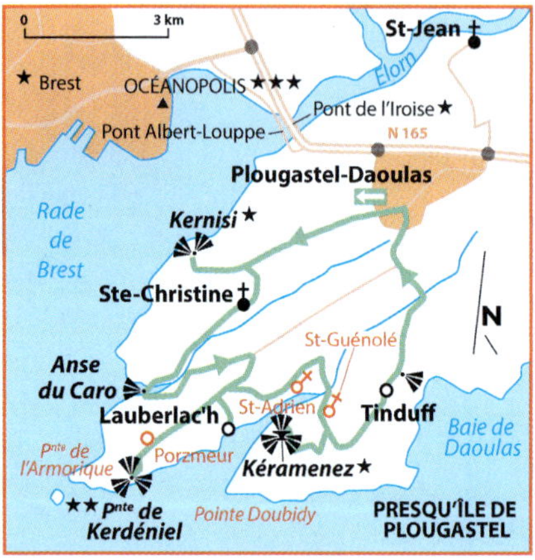

prépondérant dans l'histoire de Daoulas. Après le passage dévastateur des Vikings, les chanoines de l'ordre de St-Augustin rebâtirent l'abbaye au 12e s., assurant à ces lieux une grande prospérité jusqu'à la Révolution. Ils dominent la vie économique de la rade de Brest, en prélevant notamment un droit de passage et en bénéficiant des revenus de nombreux prieurés de la région. L'abbaye s'impose aussi comme l'un des grands centres spirituels de Bretagne. Domaine départemental depuis 1984, l'abbaye est devenue un **Centre culturel international** qui propose des expositions artistiques, archéologiques ou encore ethnographiques de premier rang.

Son **cloître★** roman, bâti de 1167 à 1173, est le seul exemple de ce type encore visible en Bretagne. Sa décoration alterne dessins géométriques et motifs de feuillages. Au-dessus du cloître, un petit détour s'impose dans le **jardin médicinal★**, classé « Jardin remarquable », qui s'étage sur deux grandes terrasses : il y en a pour tous les maux et, si certaines plantes comme l'œil-de-Dieu ou les larmes-de-Job ont de bonnes références, d'autres, comme la mandragore, doivent aux sorcières une bien mauvaise réputation. Un sentier mène à un frais vallon où se trouve une fontaine datant de 1550. En retrait se dresse l'**oratoire N.-D.-des-Fontaines**, élevé au 16e s. et enrichi au 19e s. de quelques vestiges de l'abbatiale.

Enclos paroissial – Pratiquement en face des anciens bâtiments abbatiaux, un **porche★** du 16e s. tient lieu de clocher et ouvre sur le cimetière : son architecture et sa décoration, constituée de nombreuses statues et d'une remarquable vigne sculptée où foisonnent personnages et petits animaux, mêlent les styles gothique et Renaissance. Ancienne abbatiale, l'**église** a gardé de l'époque de sa construction (12e s.) le portail ouest, la nef et le bas-côté gauche.

LE « JARDIN DE BREST »

La presqu'île de Plougastel est surnommée « jardin de Brest » dans la région. Hormis quelques hameaux groupés autour de simples chapelles, tout semble se dissimuler derrière les haies et les talus. Dans ce décor bucolique, de grandes surfaces vitrées protègent légumes et fleurs, rappelant que, depuis 1870, Plougastel-Daoulas doit sa renommée à la **fraise**. Aujourd'hui, la production baisse, mais la récolte de ces fruits, en mai et juin, suscite toujours une grande animation.

Circuit conseillé Carte Presqu'île de Plougastel ci-contre

★ LA PRESQU'ÎLE DE PLOUGASTEL

Circuit de 35 km tracé en vert sur la carte ci-contre – environ 3h. Quittez Plougastel-Daoulas par la rue Surcouf puis prenez à droite la route de Kroaz, puis encore à droite celle de Mesleiou. La route de Kernisi se trouve à votre droite.

★ Panorama de Kernisi

À l'entrée du hameau de Kernisi, laissez la voiture et gagnez le tertre rocheux.
Le panorama s'ouvre sur Brest et son avant-port, une partie de la rade, l'estuaire de l'Élorn et le pont Albert-Louppe.
Faites demi-tour et, au deuxième grand carrefour, prenez à droite vers Langristin.
On dépasse la **chapelle Ste-Christine** (16e s.) et son petit calvaire (1587).
Bonne vue sur Brest et la pointe des Espagnols depuis l'**anse du Caro**.
Remontez vers Plougastel-Daoulas et, à 3 km, tournez à droite.

★★ Pointe de Kerdéniel

15mn à pied AR. Laissez la voiture dans le bas de Kerdéniel, gagnez le groupe de maisons, tournez à droite, puis empruntez le chemin de gauche (accès fléché). Gagnez la plate-forme du blockhaus.
De gauche à droite, la vue porte sur la pointe Doubidy, la pointe de Lagonna, l'estuaire du Faou, l'embouchure de l'Aulne, le Ménez-Hom, l'île Longue, la côte nord de la presqu'île de Crozon jusqu'à la pointe des Espagnols, et le goulet de Brest.

Lauberlac'h

Dans une belle anse s'abrite ce petit port de pêche, devenu centre nautique. La route à droite mène à St-Adrien et sa chapelle (1549).
Tournez ensuite à droite vers St-Guénolé.
À Pennaster, on contourne le fond de l'anse de Lauberlac'h.
Au premier carrefour après St-Guénolé, tournez à droite, dans la montée encore à droite et immédiatement à gauche dans un chemin caillouteux.

★ Table d'orientation de Kéramenez

Panorama sur la presqu'île de Plougastel et la partie sud de la rade de Brest.
Continuez vers le port de pêche de Tinduff.

Port du Tinduff

Cet agréable petit port, qui accueille aujourd'hui une activité de plaisance, a vécu jusque dans les années 1970 au rythme des pêches saisonnières de coquille Saint-Jacques. Il abrite encore une importante écloserie destinée à reconstituer le stock de coquilles Saint-Jacques qui alimentera les gisements allant de Granville jusqu'à La Rochelle.
Regagnez Plougastel par Lestraouen et Lanrivoaz.

DANS LA PRESQU'ÎLE DE PLOUGASTEL

HÉBERGEMENT

PREMIER PRIX

Hôtel Le Kastel Roc'h – *91 av. Charles de Gaulle - à l'échangeur de la D 33A - ✆ 02 98 28 77 32 - www.hotelkastelroch.com - fermé sam. et dim. soir (janv.-juin) - 28 ch. 38/58 €.* Belles chambres au confort actuel avec salle de bains. Côté restauration, formule grill assortie de quelques spécialités de la mer.

Camping St-Jean – *1910 rte de la Chapelle St-Jean - (4,6 km au nord-est de Plougastel-Daoulas par la D 29 et la N 165, sortie centre commercial Leclerc) - ✆ 02 98 40 32 90 - www.campingsaintjean.com - de mi-avr. à fin sept. - ♿ - 122 empl. 25,50 € - locatif 70/150 € nuit, 250/510 € sem., frais de réservation 20 €.* Situation et site agréables au bord de l'estuaire de l'Élorn, propice à l'observation de l'avifaune. Locatif en mobile homes et cabadiennes *(2 pers.)*. Espace aquatique couvert, club enfant, terrain multisport.

POUR SE FAIRE PLAISIR

Le Domaine de Moulin Mer – *34 rte de Moulin-Mer, 1 km par D 333 - 29460 Logonna-Daoulas - ✆ 02 98 07 24 45 - www.domaine-moulin-mer.com - 5 ch. 80/160 €* ☕. Sur la route du littoral, cette demeure de 1920, au cœur d'un jardin fleuri planté de palmiers et de magnolias, n'est que raffinement : objets d'art, mobilier Empire et Napoléon III… Le Jacuzzi (dans le jardin) et l'espace bien-être avec sauna et hammam, achèvent de séduire !

RESTAURATION

PREMIER PRIX

Kertanguy – *22 r. du Champ-de-Foire - ✆ 02 98 40 33 48 - fermé dim. (seult le midi en saison) - 11,70/12,50 €.* Accueil chaleureux et ambiance conviviale, mais surtout un choix de plus de 100 sortes de crêpes servies dans une salle à manger au décor typiquement breton. Mention spéciale pour la crêpe aux fraises de Plougastel !

ACHATS

Marché – *Pl. du Calvaire - jeu. mat.*

Foire – *Dernier jeu. du mois.*

Ferme du Méot – *Mezout-Bras - 29470 Loperhet - ✆ 06 26 61 12 36 - merc. et vend. 16h-20h.* Vente de produits bio de la ferme – idéal pour composer un panier pique-nique du terroir.

ACTIVITÉS

Loch Monna – *Port du Tinduff - ✆ 06 22 22 58 85 - www.lochmonna.fr - avr.-oct. - dép. du port du Tinduff ou de tout autre port de la rade de Brest, se rens. au préalable - 50 €/j. (-14 ans 40 €), 35 €/demi-j. (-14 ans 25 €) - pique-nique bio 12 €/pers.* À bord du coquillier de Yann Roger, on hisse les voiles, on prend la barre tout en découvrant l'histoire et le patrimoine de la rade de Brest, des fortifications de la presqu'île de Crozon ou de l'Aulne maritime.

AGENDA

Fête des fraises – *Le 2e dim. de juin.* Plougastel célèbre la fraise blanche, découverte au Chili par le bien nommé Amédée-François Frézier. Défilé costumé et dégustation.

Le Chant des chapelles – *www.festivalmusicplougastel.fr - fin juil.-déb. août.* Festival de musique et de chants sacrés dans les huit chapelles de la presqu'île.

Presqu'île de Crozon

★★★

Finistère (29)

La croix de la presqu'île de Crozon étend ses deux bras face au grand large, séparant la rade de Brest de la baie de Douarnenez. Nulle part ailleurs, si ce n'est à la venteuse pointe du Raz, la côte et la mer n'atteignent à plus de sévère beauté. On y contemple avec fascination l'à-pic vertigineux des falaises, la coloration des rochers et la violence des lames qui se brisent éternellement sur les récifs. Ce joyau préservé de la côte bretonne vaut assurément le voyage !

NOS ADRESSES PAGE 365
Hébergement, restauration, achats, activités, etc.

S'INFORMER

Office du tourisme de Crozon – *1 bd de Pralognan - 29160 Crozon - 02 98 27 07 92 - www.tourisme-presquiledecrozon.fr - juil.-août : 9h30-13h, 14h-19h, dim. et j. fériés 10h-12h30 ; reste de l'année : tlj sf dim. 9h30-12h, 14h-18h - fermé 1er janv., 1er Mai, 1er et 11 Nov., 25 déc. - 2e bureau pl. d'Ys - 29160 Crozon-Morgat - 02 98 27 29 49.*

SE REPÉRER

Carte de microrégion AB2 (p. 264) – À l'ouest du Parc régional d'Armorique, la presqu'île est accessible par les D 791 et D 887. Elle dévoile d'extraordinaires panoramas : au nord, de l'autre côté du Goulet, sur les découpures de la rade de Brest ; au sud, depuis le cap de la Chèvre, sur la baie de Douarnenez. Entre les deux se profilent les pointes déchiquetées de Penhir et de Dinan.

À NE PAS MANQUER

Les pointes et le retable de l'église de Crozon.

ORGANISER SON TEMPS

Entre balades sur les pointes et moments de détente à la plage, vos journées seront bien occupées. Notez que le vélo constitue un excellent moyen de locomotion, idéal pour éviter les bouchons estivaux.

AVEC LES ENFANTS

La visite des grandes grottes de Morgat, le Musée des vieux métiers vivants et le Parc de jeux bretons à Argol.

4

Circuits conseillés Carte Presqu'île de Crozon p. 360

★★★ LES POINTES

Circuit de 45 km tracé en marron sur la carte p. 360 –environ 2h30.

Crozon

Son existence est attestée dès le Moyen Âge puisque, en 1162, les documents parlent de Crozon sous la forme de *Crahaudon*, composé de *cravo* (lieu pierreux en celtique) et de *dunon* (colline fortifiée en gaulois).

Aujourd'hui, le bourg qui a vu naître Louis Jouvet (1887-1951) est le rendez-vous des habitants et des touristes, surtout en été. L'**église**, moderne, renferme un **retable**★ polychrome (1602). Il représente d'une manière naïve le martyre des

10 000 soldats nouvellement convertis, qui furent crucifiés au mont Ararat, en Arménie, sous le règne de l'empereur Hadrien (117-138).
Quittez Crozon à l'ouest par la D 8 en direction de Camaret-sur-Mer.

★ Camaret-sur-Mer

Face au goulet de Brest, cette tranquille station balnéaire se situe à deux pas d'immenses falaises escarpées, couvertes d'une multitude de bruyères et d'ajoncs. Ses maisons peintes de couleurs gaies donnent sur le port et sur une digue naturelle, le « sillon », au bout de laquelle se dresse la tour Vauban.
★ **Tour Vauban** – *Le Sillon - ✆ 02 98 27 94 22 - www.camaret-sur-mer.com - visite guidée sur demande préalable (45mn) horaires, se rens. - 2 € (-12 ans gratuit).* Construite de 1693 à 1696 par l'illustre ingénieur, elle a retrouvé toute sa superbe avec son nouvel enduit rouge qui était celui d'origine. Tendant vers l'orange sous les rayons du soleil, il lui a valu le surnom de « tour dorée ». La tour est entourée d'une batterie prévue pour 11 canons et d'un fossé. Inscrite au Patrimoine mondial de l'Unesco depuis 2008, la tour fait l'objet d'une campagne de restauration.
Maison du patrimoine maritime – *15 quai Kléber (à côté de l'office de tourisme) - ✆ 02 98 27 82 60 - ♿ - juil.-août : 14h30-18h30 - 2 € (-12 ans gratuit).* Son objectif est ici d'initier les enfants à l'univers maritime (outils, techniques de pêche, etc.) spécifique à Camaret.
À côté de la tour Vauban se trouve la **chapelle N.-D.-de-Rocamadour** (Roch a Ma Dour, du breton « roc au milieu des eaux »), sanctuaire du 17e s. qui doit son origine aux pèlerinages de Rocamadour, en Quercy. Les fidèles, venus par mer des pays nordiques, faisaient escale à Camaret.
Le quartier St-Thomas, appelé désormais le quartier des artistes, héberge une quinzaine de galeries d'art et d'ateliers.
Dans le cimetière de Camaret repose le poète Paul-Pierre Roux (1861-1940), dit **Saint-Pol-Roux**. Marseillais d'origine mais Camarétois d'adoption, il achète une maison de pêcheur au-dessus de la plage de Pen-Hat (entre Lagatjar et l'Océan) qu'il transforme en manoir. Le manoir du Boultous (baudroie en breton) pillé en 1940 par les Allemands ne résistera pas aux bombardements de 1944. Restent de magnifiques ruines.
Enfin, ne manquez pas les **alignements de Lagatjar**, bel ensemble de 143 menhirs, relevés au début du 20e s., dont le nom signifie « œil de la poule ».
Un isthme bordé par la plage de Pen-Hat mène à la **pointe du Toulinguet**, coiffée d'un sémaphore de la Marine nationale, et d'où la vue porte au sud. La **tour du Toulinguet** est un bel exemple de l'architecture militaire du 19e s.
Revenez à l'entrée de Camaret et tournez à droite.

★★★ Pointe de Penhir

Un monument à la gloire des Bretons des Forces françaises libres a été érigé sur la falaise, à 150 m de la route. C'est la plus belle des quatre pointes de la presqu'île de Crozon, avec son à-pic de 70 m et son **panorama** : en contrebas, les trois formidables rochers isolés sont appelés les **Tas de Pois** ; à gauche, la pointe de Dinan, à droite, la pointe de St-Mathieu et celle du Toulinguet avec son petit phare ; en arrière, le Ménez-Hom ; par temps clair, on distingue la pointe du Raz et l'île de Sein à gauche, l'île d'Ouessant à droite.
Un sentier descend à gauche de la plate-forme. À mi-hauteur de la falaise, on domine une petite anse. Prenez le sentier, sur la gauche, qui s'élève vers une anfractuosité couverte d'un rocher, au-delà de laquelle il débouche dans la **Chambre verte**, au terre-plein gazonné. De là, vue très originale sur les Tas de Pois et la pointe de Penhir.

Vue sur la presqu'île de Crozon.
Mauritius/Photononstop

Reprenez la route de Camaret ; à 1 500 m, une rue à droite vers Crozon permet d'éviter le bourg. Prenez ensuite vers Roscanvel une ancienne route stratégique.
La route franchit l'enceinte qui fermait la presqu'île de Roscanvel, en avant de **Quélern** ; ces fortifications datent de Vauban et du Second Empire. On remarque bientôt le contraste qui oppose les deux versants de la presqu'île : à l'ouest, face au large, ce ne sont que lande et végétation rase, à l'est, des arbres et des prairies.

★★ Pointe des Espagnols

Au printemps 1594, une garnison d'Espagnols alliés de la Ligue entreprit la construction d'un fort pour contrôler le trafic maritime dans la rade de Brest. Six mois après leur arrivée, les troupes d'Henri IV les passèrent tous par les armes. De la pointe, **panorama**★★ sur le goulet dominé par le port et la ville de Brest, l'estuaire de l'Élorn, le pont Albert-Louppe, le pont de l'Iroise, la presqu'île de Plougastel et sur le fond de la rade. On y voit la tour et l'enceinte fortifiée du 19e s. appelée fortin de la pointe des Espagnols.

Roscanvel

Dans l'église, beaux vitraux sombres d'Auguste Labouret et *Chemin de croix* en terre cuite de Claude Gruher. Remarquez les curieuses clôtures de jardin faites de haies de fuchsias. La route qui borde le fond de la rade offre de jolies vues sur l'île Longue, base de sous-marins nucléaires *(accès interdit)*, et sur les deux îles de Trébéron et des Morts. On sort de l'enceinte de la presqu'île de Roscanvel en traversant de nouveau les fortifications ruinées. Là, on peut s'arrêter devant le réduit de Roscanvel (19e s.), qui abrite aujourd'hui une école de voile.
500 m après St-Fiacre, prenez à gauche.

Le Fret

Ce petit port est relié à Brest par des services de bateaux.
Suivez ensuite la digue qui borde l'anse du Fret.

À une bifurcation, laissez à gauche la route de Lanvéoc menant aux installations de l'École navale et tournez à droite pour regagner Crozon.
On profite d'une dernière vue sur la rade de Brest.

★★ VERS LA POINTE DE DINAN

Circuit de 6 km tracé en bleu foncé sur carte ci-dessous – environ 2h. Quittez Crozon à l'ouest par la D 308.
Des landes arasées par le vent succèdent à des pinèdes.

★★ Pointe de Dinan

Laissez la voiture au parking et prenez le chemin à gauche pendant environ 500 m. Du bord de la falaise, beau **panorama** : à gauche, le cap de la Chèvre, la côte de la Cornouaille et la pointe du Raz ; à droite, la pointe de Penhir et les Tas de Pois. En longeant la falaise par la droite, on découvre le **« château » de Dinan**, énorme masse rocheuse reliée à la pointe par une arche naturelle. *30mn à pied AR en terrain rocailleux.* En empruntant le sentier qui passe sur l'arche naturelle, on peut parcourir ce rocher ruiniforme.

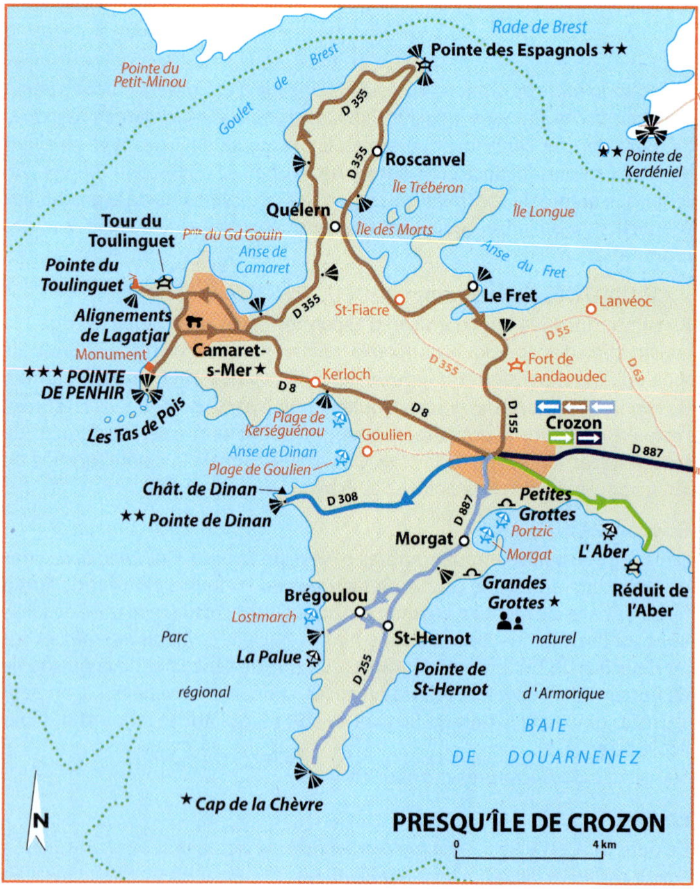

ESPACE REMARQUABLE DE BRETAGNE

Classée Réserve naturelle régionale pour sa richesse minéralogique et écologique, la presqu'île de Crozon abrite à elle seule une histoire géologique vieille de 550 millions d'années ainsi qu'une mosaïque de milieux naturels (landes, systèmes dunaires...). Elle constitue ainsi le formidable repaire d'une végétation (orchidée Liparis de Loezel) et d'une faune (craves à bec rouge, grand rhinolophe...) des plus précieuses.

★ VERS LE CAP DE LA CHÈVRE

Circuit de 11 km tracé en bleu clair sur la carte ci-contre – environ 2h. Quittez Crozon au sud-ouest par la D 887 en direction de Morgat.

Morgat

Sa grande plage est encadrée, au sud par une pointe couverte de pins, Beg-ar-Gador, au nord par un éperon rocheux qui la sépare de la plage du Portzic. À Morgat, les amateurs de pêche sportive en mer ont la possibilité de pratiquer différentes pêches auxquelles se prête la faune locale.

★ **Grandes grottes** – *Quai Kador - vedettes Sirènes - 06 60 93 97 05 - http://vedettes-sirenes.com - visite guidée (50mn) avr.-sept. : dép. tte la j. selon les marées - 14 € (-13 ans 9 €). Autre circuit proposé sur le site Internet.* La grotte Ste-Marine et la Chambre du Diable, percée d'une cheminée, sont situées au-delà de Beg-ar-Gador, les autres étant à l'opposé de la baie. La grotte de l'Autel (80 m de profondeur, 15 m de haut) est la plus belle.

Petites grottes – Elles sont accessibles à pied à marée basse, au pied de l'éperon qui sépare les plages de Morgat et du Portzic.

La route traverse un paysage de landes rabougries, soumises aux vents du large. De petits hameaux semblent s'abriter dans les replis de terrain. Environ 500 m après **Brégoulou**, laissez la voiture sur le parc de stationnement : jolie vue sur les Tas de Pois et la pointe du Raz.

Plage de la Palue

Cette plage offre de belles vues sur cette côte rocheuse. Elle est splendide, mais les bains y sont interdits à cause de fortes lames.

Saint-Hernot

Maison des minéraux – *Rte du Cap-de-la-Chèvre - 02 98 27 19 73 - www.maison-des-mineraux.org - ♿ - juil.-août : 10h-19h ; reste de l'année : tlj sf sam. 10h-12h, 14h-17h, dim. et j. fériés 14h-17h - fermé de la fin des vac. de la Toussaint à déb. avr. - possibilité de visite guidée - 4,80 € (-19 ans 3,50 €).* Installée dans l'ancienne école, cette maison expose plus de 500 pièces qui témoignent des richesses géologiques de la presqu'île. On y découvre l'histoire géologique de cette partie du Massif armoricain.

En contrebas de la pointe de Saint-Hernot (ou île Vierge), se niche l'une des plus belles criques de Bretagne, la grève de Porzh Pesk ou plage de l'île Vierge *(attention, accès difficile)*. La couleur de ses eaux, où plongent les falaises sur lesquelles s'agrippent des pins, offre un spectacle magnifique.

★ Cap de la Chèvre

De l'ancien poste d'observation allemand, on a une jolie vue sur le large et les pointes avancées du Finistère : de droite à gauche, la pointe de Penhir et les Tas de Pois, l'île de Sein, le cap Sizun et ses « finistères », la pointe du Van

« LA ROUTE DES FORTIFICATIONS »

La presqu'île de Crozon possède un patrimoine militaire remarquable. Près de 150 ouvrages y ont été élevés, notamment pour surveiller le goulet qui mène à la rade de Brest, haut lieu stratégique. On y trouve des ouvrages datant de la Préhistoire, comme l'éperon barré de Lostmarc'h, jusqu'aux réalisations du mur de l'Atlantique exécutées par les Allemands pendant la Seconde Guerre mondiale.

Mais la plupart ont été érigées au 17e s. sous Louis XIV lorsque Brest est devenu un important arsenal. Vauban fut alors chargé de la stratégie de défense et ordonna la construction de nombreux ouvrages, dont la fameuse tour qui porte son nom à Camaret.

Les sites les plus remarquables se trouvent sur la pointe de Roscanvel qui donne sur le goulet, mais ils ne sont pas tous accessibles, car propriété de la Marine nationale. Il est plus facile de voir ceux établis sur la pointe des Espagnols ou sur la pointe de la Chèvre.

02 98 27 07 92 - www.tourisme-presquiledecrozon.fr. Pour vous aider à découvrir les fortifications, une brochure *La Route des fortifications* est disponible dans les offices de tourisme *(gratuit)*. Et pour en savoir plus, nous vous conseillons *Le Guide du patrimoine bâti de la presqu'île de Crozon* aux Éditions Buissonnières *(12 €)*. Sur place, des panneaux en lave émaillée montrent le plan des différents ouvrages en 16 étapes.

et la pointe du Raz qui limitent au sud la baie de Douarnenez. Un monument, représentant une aile d'avion plantée dans le sol, est dédié au personnel navigant de l'Aéronautique navale, décédé ou disparu lors d'un service aérien dans l'Atlantique et les régions nordiques.

Balades sonores – *02 98 27 19 73 - téléchargement sur www.territoires-sonores.net - juil.-août : 10h-19h - possibilité de visite guidée (2h) - 5 €/pers.*

Vous avez désormais la possibilité de sillonner le cap de la Chèvre muni de baladeurs qui permettent, au gré des balises ponctuant la randonnée, de mieux comprendre et appréhender les milieux traversés. Récits, anecdotes et témoignages d'historiens enrichissent deux balades sonores : celle de l'Iroise (*au départ du sémaphore - 4,3 km, env. 2h*) et celle de l'île Vierge *(au départ de la Maison des minéraux - 5,5 km, env. 2h30)*.

DE CROZON À L'ÎLE DE L'ABER

Circuit d'environ 4 km tracé en vert sur carte p. 360. De Crozon, prenez la route de Postolennec et suivez la côte jusqu'au parking de l'île de l'Aber.

L'anse de Morgat est bordée de magnifiques grèves, dont la **plage de l'Aber** vaste et sauvage. Au bout de celle-ci se dresse l'île de l'Aber.

À marée basse, on peut aller à pied sur l'île, but d'une agréable promenade *(comptez 30mn aller-retour)*. Sur l'île, on découvre le **réduit de l'Aber** construit en 1846. Cette île avait déjà été fortifiée précédemment par Vauban et fut réinvestie par les Allemands pendant la Seconde Guerre mondiale.

L'AULNE MARITIME Carte de microrégion p. 264, B2

Circuit de 48 km tracé en violet foncé sur la carte p. 264 – comptez environ 4h. Quittez Crozon par la D 887 puis au rond-point Tal-Ar-Groas, empruntez la D 791. à gauche, la D 60 vous conduit à Landévennec.

★ Landévennec

Point d'information touristique de Landévennec – *R. St-Guénolé - 29560 Landévennec - ✆ 02 98 27 78 46 - juil.-août : 10h-12h30, 15h-18h30 ; reste de l'année : se rens. à la mairie.*

Cette petite station estivale entourée d'eau et de bois est postée à l'embouchure de l'Aulne, aux portes de la presqu'île de Crozon. Ici, tout respire la douceur de vivre : on y voit d'ailleurs une végétation méditerranéenne et des camélias y fleurir jusqu'au cœur de l'hiver. À proximité de la cale, l'église Notre-Dame (17e s.) renferme d'intéressantes statues et des **tableaux★** classés du 17e s.

Nouvelle abbaye bénédictine Saint-Guénolé – *Prenez à droite, à mi-pente, une allée bordée d'arbres et suivez la signalisation.* Dans cette nouvelle abbaye, une quarantaine de bénédictins perpétuent une tradition monastique vieille d'un millénaire et demi. Très sobre, l'église renferme une statue de saint Guénolé en bois polychrome (15e s.). L'autel est constitué d'un bloc monolithe en granit rose. On peut assister aux offices.

Musée et site de l'ancienne abbaye – *Entrée 200 m plus bas à droite, au centre du bourg - pl. Yann-de-Landévennec - ✆ 02 98 27 35 90 - www.musee-abbaye-landevennec.fr - ♿ - juin-sept. : 10h30-19h ; mai et vac. de la Toussaint : 10h30-18h ; avr. : tlj sf sam. 10h30-18h ; mars et oct. : tlj sf sam. 14h-17h ; reste de l'année : se rens. - fermé 20 déc.-5 janv., 1er Mai - possibilité de visite guidée (1h) - 6 € (-26 ans 5 €) - 16 € billet famille (2 adultes + 2 enf.) ateliers et visite guidée vac. scol. - nocturnes en août.*

Fondée à la fin du 5e s. par saint Guénolé, et maintes fois remaniée, l'abbaye disparaît à la Révolution. Les ruines de l'église romane permettent d'en découvrir le plan : nef de six travées avec bas-côtés, transept et chœur à déambulatoire sur lequel s'ouvraient trois chapelles rayonnantes. À l'entrée du bras droit du transept, un monument carré serait le tombeau du roi Gradlon.

Un jardin potager et un jardin médicinal, dans lequel sont cultivées une centaine de plantes, ont été aménagés au plus proche de ce qui pouvait exister dans un monastère du 9e s.

Un **musée** de conception très moderne expose les objets exhumés lors des fouilles, dont un sarcophage en bois antérieur au 10e s., ainsi que des maquettes situant les différentes étapes de construction de l'abbaye.

Empruntez la route à gauche en sortant de l'abbaye.

Le belvédère aménagé sur la droite offre une belle **vue★** sur le village, le méandre de l'Aulne avec l'île de Térénez, la presqu'île de Landévennec et la rivière du Faou. En contrebas, le **cimetière de bateaux à flot** : dans ce décor étonnant, entre mer et rivière, les carcasses blanchies des escorteurs et patrouilleurs attendent leur démantèlement.

Rejoignez la D 60 et poursuivez jusqu'à Argol.

Argol

Argol signifie en breton « en danger de périr ». Ce serait là en effet que Dahut, fille de Gradlon, disparut lors de l'engloutissement de la ville légendaire d'Ys.

PASSEPORT FINISTÈRE

L'ancienne abbaye de Landévennec et le musée des Vieux métiers vivants à Argol font partie des sites partenaires du Passeport Finistère : 31 musées et sites culturels du département proposent, dès la 2e visite, un tarif privilégié sur présentation du passeport *(gratuit)*.
http://passeport.culturel.finistere.fr.

4

Enclos paroissial – Église datant de 1576 avec un calvaire de 1593. L'arc de triomphe à l'entrée arbore une statue équestre de Gradlon.

★ **Musée des vieux métiers vivants** – *Pl. des Anciens-Combattants - ✆ 02 98 27 79 30 - www.argol.fr - ♿ - de mi-juil. à mi-sept. : 14h-18h ; de mi-avr. à mi-juil. et de mi- à fin sept. : dim., mar. et jeu. 14h-17h30 - 5 € (enfant 2,60 €).* Des bénévoles présentent les métiers ruraux et maritimes d'autrefois : vannier, bourrelier, sabotier, scieur de long, fileuse, dentellière, fabricant de jouets… En été, des animations (cerclage de roues, fête de la moisson, battage au fléau, tonte des moutons, etc.) complètent la visite. Programme disponible sur demande.

Parc de jeux bretons – *À 200 m de la Maison des vieux métiers vivants - Rte du Moulin - ✆ 02 98 27 79 30 - ♿ - de mi-juil. à mi-sept. : 14h-18h30 ; de déb. avr. à mi-juil. et de mi- à fin sept. : mar., jeu. et dim. 14h-18h - possibilité de visite guidée - gratuit - pique-nique possible sur demande préalable.*

Cette annexe du musée offre l'occasion de s'initier aux jeux traditionnels : galoche, boulten, jeux de quilles ou de palets. Règles fournies sur place.

À la sortie d'Argol, prenez à droite la D 791.

Pont de Térénez

Lancé sur l'Aulne, cet élégant ouvrage courbé et à haubans a été inauguré en 2011 en lieu et place du pont de 1952. Il a une portée de 285 m. La vue est fort belle sur la vallée.

Poursuivez sur la route de la corniche.

Le Faou

Office de Tourisme de l'Aulne maritime – *39 r. du Gén.-de-Gaulle - 29590 Le Faou - ✆ 02 98 81 06 85 - 1er juil.-20 août : 10h-12h30, 13h30-18h ; reste de l'année : tlj sf sam. 10h-12h30, 13h30-18h, jeu. 10h-12h30 - fermé dim., de mi-sept. à déb. mai.*

Le bourg, autrefois riche cité portuaire, occupe, à l'origine de l'estuaire du Faou, un **site★** qui prend beaucoup de caractère à marée haute (la ville est d'ailleurs classée « petite cité de caractère »).

Sa rue principale est bordée de belles maisons anciennes en granit dont les étages sont en encorbellement, et les façades, recouvertes d'ardoise.

Église St-Sauveur – *Juin-sept. : 9h-18h - fermé w.-end.* Cette église (16e s.), qui se dresse en bordure de la rivière, présente quant à elle un élégant clocher à dôme du 17e s., un double transept, un chevet à pans coupés et une cuve baptismale (16e s.) remarquablement sculptée.

Empruntez la D 47.

Rosnoën

Sur la place de **l'église St-Audoën** (16e-17e s.), le calvaire, œuvre de Roland Doré *(voir encadré p. 348)*, portait deux croisillons avant sa restauration. Deux statues géminées et une pietà retirées de la croix sont visibles au chevet de l'église.

à 1 km après la sortie de Rosnoën, en direction du pont de Térénez, le **belvédère★★** offre un panorama exceptionnel sur les méandres de l'Aulne, avec en toile de fond le Ménez-Hom, les Montagnes Noires au sud, et les monts d'Arrée au nord.

Deux sentiers de randonnée *(8 et 14 km)* offrent une agréable balade en forêt tout en profitant de superbes points de vue.

NOS ADRESSES DANS LA PRESQU'ÎLE

HÉBERGEMENT/RESTAURATION

La plupart des hôtels listés ci-dessous possèdent également un restaurant.

PREMIER PRIX

Hôtel Le Styvel – *2 quai du Styvel - 29570 Camaret-sur-Mer - ☏ 02 98 27 92 74 - www.hotel-du-styvel.com - P - 13 ch. 45/70 € - ☕ 8 € - ✕ 15/45 €.* Petit hôtel familial est chaleureux avec des chambres ouvrant presque toutes sur le port et la tour de Vauban. Le restaurant (3 salles), joliment décoré, propose une carte traditionnelle. Produits de la mer, ragoût de homard, mais aussi viandes.

Hôtel Vauban – *4 quai du Styvel - 29570 Camaret-sur-Mer - ☏ 02 98 27 91 36 - www.hotelvauban-camaret.fr - fermé mi-déc.-mi-janv. - P - 16 ch. 50/85 € - ☕ 8 € - ✕ juin-fin sept. - menu déj. 18 € - 22/26 €.* Belle adresse animée par des hôtes conviviaux. Les chambres simples mais soignées donnent soit sur le jardin (avec barbecue pour faire griller le produit de sa pêche), soit sur le front de mer.

BUDGET MOYEN

Maison d'hôte Les Capucins – *Hameau du Keravres - Roscanvel - 29570 Camaret-sur-Mer - ☏ 02 98 26 26 09 - www.gite-presquile-crozon.fr - ♿ - 4 ch. + 1 suite 69,90 € - ☕ - table d'hôte certains soirs (sur réserv.).* Aménagées dans une ancienne ferme, les chambres de cette maison d'hôte sont simples et plaisantes. Sa situation en plein cœur du Parc naturel d'Armorique en fait une adresse idéale pour découvrir la presqu'île côté nature (balades sur le sentier côtier, activités variées et nombreuses).

Les Chambres du bout du monde – *945 rte neuve - 29560 Landévennec - ☏ 06 63 55 93 18 - www.chambredhotecrozon.com - 4 ch. 65/75 € et 1 suite 4 pers. 120/135 € selon la saison.* Cette grande maison moderne entourée d'un vaste jardin est proche de la mer, du port de Landévennec et du GR 34. Chambres décorées sobrement dans un style actuel. Accueil aux petits soins et excellent petit déjeuner.

Camping Les Bruyères – *Lieu-dit Le Bouis - 29160 Crozon-Morgat - (1,5 km de Morgat par la D 255, rte du Cap de la Chèvre et chemin à droite) - ☏ 02 98 26 14 87 - www.camping-bruyeres-crozon.com - 130 empl. 23,60 € - locatif 370/695 € sem.* Cadre naturel préservé avec accès à Morgat par un chemin pédestre. Bel espace aquatique bien intégré au site. Locatif en mobile homes et tentes-lodges *(4 pers.).*

Hôtel de la Presqu'île – *Pl. de l'Église - ☏ 02 98 27 29 29 - www.hotel-lapresquile.fr - fermé dim. soir et lun. (hors sais.), 2 sem. en mars et 3 sem. en nov. - ♿ - 13 ch. 80/95 € - ☕ 11 €.* L'ancienne mairie abrite aujourd'hui des chambres insonorisées et décorées avec goût dans un style qui panache des touches actuelles et l'esprit breton. Boutique de vins et produits régionaux.

Hôtel de France – *19 quai Gustave-Toudouze - 29570 Camaret-sur-Mer - ☏ 02 98 27 93 06 - www.hotel-france-camaret.com - fermé de mi-déc. au 5 janv. - P ♿ - 35 ch. 71/126 € - ☕ 11 € - ✕ formule 16,90 € - 21,70/79 € (avr.-nov.).* Les chambres, assez simples mais bien tenues et insonorisées, jouissent du bon air marin ; celles sur l'arrière sont plus petites. Le restaurant, qui porte le label

« maître-restaurateur », est réparti sur deux étages. Vous pourrez y déguster ses spécialités de fruits de mer (langouste, homard) avec le port en toile de fond.

Hotel Julia – *43 r. de Treflez - 29160 Morgat - ☏ 02 98 27 05 89 - www.hoteljulia.fr - avr.-oct. - P ♿ - 18 ch. 86/169 € - ☕ 12,50 € - ✕ 23/34 €.* Situé en retrait du front de mer (300 m), accessible par un petite sentier, cet hôtel peut s'avérer très agréable en haute saison. Belle salle de restaurant où défilent des plats régionaux.

RESTAURATION

Voir aussi les restaurants des hôtels Le Styvel et de France ci-avant.

PREMIER PRIX

Crêperie Goustadig – *11 r. de l'Abbaye - 29560 Landévennec - ☏ 06 15 71 10 20 - ♿ - avril-oct. tlj en continu sf mar. soir et sam. midi - fermé dim. de mi-fév. à mi.-nov. - crêpes 2,50/9,20 €.* Dans cette maison du 18e s., l'art des crêpes est une affaire de famille. Accueil simple et chaleureux pour déguster d'excellentes crêpes et galettes agrémentées majoritairement de produits locaux de qualité. Le plus : vous pouvez les composer à loisir, selon vos envies.

Ferme-auberge du Seillou – *Au Seillou - 29590 Rosnoën - ☏ 02 98 81 92 21 - www.fermeaubergeduseillou.com - fermé 3 sem. en sept.-oct. - P ♿ - 17/21 € sur réserv. - 5 ch. 53 € ☕.* Vieilles pierres et bons produits de la ferme (viandes, cidre artisanal et spécialité de *kig ha farz*) entretiennent l'image de marque de cette maison nichée au milieu d'une exploitation agricole. Pimpantes chambres mansardées. Circuit pédestre à proximité.

BUDGET MOYEN

Saveurs et marées – *52 bd de la Plage - 29160 Morgat - ☏ 02 98 26 23 18 - www.saveurs-et-maree.com - fermé nov.-mars - formules 15/18,50 € - 18,50/29 €.* En salle ou en terrasse, l'ambiance est agréable et l'accueil sympathique. Les produits de la mer sont frais et goûteux, mais pas toujours très copieux.

Hostellerie de la Mer – *11 quai du Fret - 29160 Crouzon - ☏ 02 98 27 61 90 - www.hostelleriedelamer.com - fermé janv.-avr. - ♿ - formule sem. 19 € - 29/76 €.* Cet hôtel-restaurant regarde la rade de Brest. Le chef propose une cuisine bien en phase avec l'époque, mariant à merveille le poisson de la pêche locale et le terroir breton, à l'image de cette royale de fenouil du Léon aux langoustines… Les cuissons sont précises et magnifient des produits bien choisis !

POUR SE FAIRE PLAISIR

Le Mutin Gourmand – *Pl. de l'Église - ☏ 02 98 27 06 51 - lemutingourmand.fr - fermé 2 sem. mars et 3 sem. nov. - 29/72 €.* Une chaleureuse maison bretonne avec décor moderne, pierres apparentes, aquarelles et vivier de homards. Cuisine régionale soignée, et sélection de vins du Languedoc et de la Loire.

ACHATS

La Biscuiterie de Camaret – *Rte de Crozon - 29570 Camaret-sur-Mer - ☏ 02 98 27 88 08 - www.biscuiteriedecamaret.com - été : 9h-19h ; reste de l'année : 9h-12h30, 14h30-19h.* Parmi les produits du terroir, le far aux pruneaux et le fameux *kouign-amann*, de fabrication maison, attireront l'attention des gourmands. Dégustation gratuite de cidre, galettes et autres spécialités.

Écomusée de l'Abeille – *Ferme apicole de Térénez - 29590 Rosnoën - ✆ 02 98 81 06 90 - www.fermeapicole.com - 9h-20h.* Installé au bord d'une grève parmi des bosquets, un jeune couple d'apiculteurs vous présente son métier et ses produits. Vous pourrez y voir du matériel professionnel et déguster du miel, du pain d'épice, de l'hydromel et des bonbons maison. Sont aussi récoltés du pollen, de la gelée royale et de la cire.

ACTIVITÉS

Sortie en vieux gréement – *29570 Camaret-sur-Mer - juin-août : sur la* Belle-Étoile *(dundée langoustier camarétois). Sorties j. ou ½ j. et campagne de pêche au thon en oct. selon calendrier, avec participation aux manœuvres - se rens. à l'office de tourisme.*

Balades et pêches en mer d'Iroise – *29570 Camaret-sur-Mer - ✆ 06 48 96 71 64 - www.les-virees-du-bout-du-monde.com - avr.-oct. - pêche : 3h (en matinée ou en soirée) - 35 € (-12 ans 25 €) ; promenades en mer à bord de l'Ae Vaz : 16 € (-12 ans 10 €, -3 ans 3 €) ; rte des Fortifications, goulet de Brest : dép. 15h - durée 2h - 20 € - réserv. oblig. - embarquement quai Téphany.*

Centre nautique de Crozon-Morgat – *Port de plaisance - 29160 Morgat - ✆ 02 98 16 00 00 - www.cncm.fr.* Stages et balades nautiques en kayak.

Océan Pirogues – *Port de plaisance - 29160 Morgat - ✆ 06 61 92 64 35 - www.oceanpirogue.com.* Pour découvrir la presqu'île en pirogue hawaïenne *(28 €/pers. en demi-journée)* ou en *stand up paddle* (sport se pratiquant debout avec une pagaie ; 1h30, 24 €).

AGENDA

Le pardon de N.-D.-de-Rocamadour – *À Camaret - 1er dim. de sept.* Un pardon, suivi de la bénédiction de la mer.

Le Festival du Bout du Monde – *Vers le 10 août - www.festivalduboutdumonde.com.* Ce festival de musique qui attire de grandes vedettes a lieu autour du fort de Landaoudec au nord de Crozon.

Concerts en mer – *Juil.-août, le w.-end - au départ de Camaret.* Concerts en mer organisés par l'équipe des Virées du bout du monde.

COMPRENDRE LA BRETAGNE

Saint-Malo, les remparts et le port de plaisance.
Ch. Guy/hemis.fr

La Bretagne Nord

La Bretagne Nord a du caractère ! À l'image de ceux qui la font vivre - qu'ils soient marins, goémiers, agriculteurs, entrepreneurs et créateurs… - et du profil sculpté de sa côte sauvage balayée par les vents. De phares pointés vers la mer en plages de sable blond, le sentier des douaniers relie des ports vivants et influents et des stations balnéaires prisées. Alors qu'à l'abri d'un estuaire ou d'un aber, l'atmosphère se fait plus paisible. Dans ces paysages changeant au fil des marées et des saisons, faune et flore sont une ode à la biodiversité. La Bretagne Nord est aussi fière et authentique au cœur des terres où se dressent mégalithes et autres trésors de granit, témoins de la ferveur religieuse. Sa richesse architecturale témoigne de la prospérité qui a imprégné son histoire. Ancien duché, cité corsaire ou encore baie classée au patrimoine mondial de l'Unesco… Aujourd'hui, elle est une région pétillante et avenante, grâce à celles et ceux qui font battre son cœur.

Haute-Bretagne, entre patrimoine…

L'intérêt patrimonial de Rennes, la capitale régionale, rayonne jusque dans les petites villes alentour : **Dol-de-Bretagne**, l'ancienne cité épiscopale ou **Vitré** et **Fougères**, les médiévales. Au-delà du patrimoine architectural, la région s'apprécie aussi à travers sa campagne, dessinée de vergers et de bocages comme aux environs de **Bécherel**, illustre cité du livre qui rappelle l'attachement des Bretons à la culture. Un attrait qui se traduit aussi en termes de musique avec notamment de prestigieux festivals comme les Trans Musicales de Rennes.

Les rives de la Rance ont vu passer des siècles de patrimoine maritime et à proximité s'étendent **Dinard**, élégante avec ses villas du 19e s., et **Dinan**, historique et si vivante.

Sur la côte – de **St-Malo**, la cité corsaire, au majestueux **Mont-St-Michel**, longtemps disputé entre Bretons et Normands –, l'attractivité touristique est importante. Il y en a pour tous les goûts ! Plages, sports nautiques, richesses culturelles… Le tout dans une ambiance animée. Quant à **Cancale**, c'est un port de pêche à l'authenticité et au charme indéniables. Où mieux qu'ici peut-on s'installer pour déguster un plateau de fruits de mer, une douzaine d'huîtres du cru ou quelques moules de la baie du Mont-St-Michel ?

… et nature

La biodiversité de l'estuaire de la **Rance** se découvre à pied ou au fil de l'eau en bateau, ou mieux encore en kayak, pour aller au plus près d'une faune généreuse. La nature s'y déploie sur et sous l'eau, à l'ombre de ses bois et jusque dans ses marais. Elle s'exprime aussi dans la **vallée de la Vilaine** et sous sa forme sauvage au **cap Fréhel**, pointe sublime de la Côte d'Émeraude surplombant des eaux vertes et translucides.

Pays de Saint-Brieuc et Trégor

Avec sa frange littorale, le Trégor est largement tourné vers la mer. Les ports historiques de la grande pêche à la morue, à l'instar de **Binic**, **St-Quay-Portrieux**, Erquy ou **Paimpol**, s'illustrent aujourd'hui grâce à des produits comme l'huître ou la coquille Saint-Jacques. En mer, **Bréhat**, surnommée « l'île aux fleurs », offre une agréable sortie vers le large. Côté ville, **Tréguier** et sa cathédrale invitent à découvrir une partie du patrimoine religieux de la Bretagne Nord tandis que **Guingamp** et **St-Brieuc**, pôles de la vie culturelle, jouent les citadines.

Côte de Granit rose

Plus à l'ouest, la **Côte de Granit rose** a vu naître le tourisme balnéaire et abrite d'agréables stations familiales comme **Perros-Guirec** ou **Trégastel-Plage**. Mais c'est à **Ploumanach** qu'elle prend sa forme la plus étonnante, celle de curieux rochers sculptés par l'érosion. Au large, les oiseaux des Sept-Îles offrent un bon prétexte pour une sortie en bateau. Autre destination nature, mais cette fois à vélo, le lac de Guerlédan et ses forêts. En cas de mauvais temps, les terres offrent aussi un refuge agréable notamment du côté de **Lannion** ou à Pleumeur-Bodou pour revivre la grande histoire des télécommunications à la Cité des Télécoms.

Finistère sauvage

Capitale du Finistère, **Brest** porte en elle des siècles d'histoire maritime parfois âpre, toujours tumultueuse comme la mer qui la borde. Au-delà des stigmates de la guerre, il reste la force d'une ville authentique, pleine de caractère, à laquelle ses habitants sont très attachés et qui mérite d'être visitée. L'extrême côte ouest de la Bretagne, jusqu'à **Brignogan-Plages**, est très découpée et donne l'impression que terre et mer ne font qu'un. Les falaises déchiquetées, fouettées par les vents, succèdent aux paysages paisibles des abers que dessinent les marées. Ici tout semble intact, hors du temps. Seuls les scoubidous, œuvrant sur le plus grand champ d'algues d'Europe, rappellent que la Révolution industrielle est passée par là. Généreuse, la **mer d'Iroise**, classée Parc naturel marin, accueille une faune marine et des paysages exceptionnels révélés notamment par les sentiers côtiers arpentant **l'île d'Ouessant**. Sur le littoral, au milieu des landes semées d'ajoncs et des dunes à perte de vue, les rivages réservent des surprises à l'instar des mégalithes, menhirs et allées couvertes bordant les rivages.

Le pays du Léon

Entre les **monts d'Arrée** et l'île de Batz, le pays du Léon a conservé la fierté de son ancienne cathédrale et surtout de ses **enclos paroissiaux**, témoins d'une prospérité liée tant à la culture du lin qu'au commerce maritime, mais aussi à ses légumes primeurs, comme les oignons roses de **Roscoff**. Cette « autre » cité corsaire et important centre de thalassothérapie, propose une ambiance balnéaire des plus appréciables avec de vastes plages en terrain de jeux.

Elle fait face à la farouche île de Batz et s'ouvre à l'est sur l'inoubliable **baie de Morlaix** et sa myriade d'îles dominées par le château du Taureau. Sur l'autre rive, Carantec, station balnéaire élégante, abrite le siège de la réserve ornithologique de la baie.

La Bretagne aujourd'hui

Tourisme vert, fluvial, maritime ou culturel, mais aussi écotourisme… Grâce à la diversité de ses paysages et à la richesse de son patrimoine, la Bretagne la quatrième région touristique de France. Les étrangers, qui sont de plus en plus nombreux à choisir d'y résider, sont les premiers à le reconnaitre : il fait bon vivre en Armorique. Relation de cause à effet ? Le renouveau de la culture bretonne vient cimenter davantage une société régionale de plus en plus attrayante sur le plan culturel, ce que confirme le succès croissant des grands festivals devenus des événements européens. L'économie aussi compte des secteurs très dynamiques et, forte de ses pôles d'enseignement et de recherche, la région est par exemple très bien classée en matière de création d'entreprises innovantes.

Société

La société bretonne a entamé le 21e s. avec un dynamisme certain, stimulé par une économie saine, un engouement touristique qui ne se dément pas et une hausse de la démographie ne se limitant pas au retour des retraités : elle séduit désormais des Européens en quête de littoral et de « celtitude ».

DÉMOGRAPHIE

Autour des pôles urbains

La densité moyenne en Bretagne est sensiblement la même que celle du reste de la France, soit 119,8 hab./km² (118 hab./km² au niveau national). La particularité bretonne est que les habitants se concentrent sur le littoral et dans les villes. Plus de 95 % de la population vit à moins de 60 km de la mer. La côte méridionale est de loin la préférée, puisqu'elle est habitée en continu de St-Guénolé à Vannes. Cette dernière compte 52515 habitants, Lorient 57204. Au nord, les Bretons se rassemblent dans les grandes villes de plus de 20000 habitants comme Rennes (208000), Brest (141 000), Saint-Malo (47000), Saint-Brieuc (46000)…

Le grand « retournement »

S'agissant de la démographie bretonne, certains observateurs s'amusent à parler de grand « retournement » par évocation du « grand dérangement » d'Amérique du Nord. Cette référence est suscitée par le solde migratoire positif de la région, c'est-à-dire qu'il y a plus d'arrivées que de départs. La tendance tient à différents facteurs, au nombre desquels il faut citer le retour au pays de retraités originaires de la région et surtout l'attractivité économique de la Bretagne, qui incite les actifs de plus de 30 ans à venir s'y installer. Avec en moyenne 25000 habitants supplémentaires par an depuis 2000, la population bretonne ne cesse d'augmenter. En 2016, la

Le littoral – comme ici à Cancale – est très recherché et concentre beaucoup d'habitants.
J.-D. Sudres/hemis.fr

Bretagne se plaçait au 9e rang des régions françaises, récemment redécoupées, avec 3,31 millions d'habitants (source Insee).

Les nouveaux Bretons

Attirés par le climat, les infrastructures publiques et par la beauté des paysages, les étrangers sont de plus en plus nombreux à choisir la Bretagne pour lieu de villégiature ou de retraite. Confirmant une tendance amorcée il y a une dizaine d'années, les Britanniques sont de loin les plus nombreux à devenir Bretons, devant les Hollandais et les Belges.

RAYONNEMENT

De nos jours, les Bretons émigrés sont estimés à 9 millions. Leur première région d'élection est la région parisienne, qui accueillerait toujours 1 million (soit 10 % de sa population totale) de natifs ou de personnes originaires de Bretagne (pour mémoire, on en comptait plus de 2 millions à la fin du 19e s.). Tout le littoral français, riche en chantiers navals et en ports, est également une zone de prédilection pour les Armoricains, présents de Dunkerque à Bordeaux. En dehors des marins expatriés par voie maritime, portés par un esprit d'aventure certain, quelques vagues d'émigration collective (1921-1959) ont conduit nombre d'entre eux en Amérique (Argentine, États-Unis et Canada). Les Bretons sont partis de par le monde et partout ont fait souche. Ce qui caractérise le plus la diaspora, c'est son indéfectible esprit communautaire. Où qu'ils se trouvent, les Bretons se rassemblent en associations, communiquent, éditent, partagent et parlent du pays.

CULTURE

Considérées par l'Unesco « en danger sérieux d'extinction », les langues bretonnes sont aujourd'hui trois fois moins parlées qu'en 1900, avec un peu plus de 200 000 locuteurs. Cette évolution n'est pourtant pas synonyme de régression culturelle, bien au contraire. Elle masque paradoxalement le renouveau de la culture bretonne. Jamais les éditeurs de la région n'ont publié autant de livres en breton. L'enseignement en langue bretonne s'est également beaucoup développé *(voir « Langue bretonne », p. 382)*.

Des fêtes locales aux festivals

Les grandes manifestations culturelles et les festivals sont assurément les vecteurs les plus charismatiques de la culture bretonne *(voir « Musique celte et chanson bretonne », p. 383)*. Pourtant, ces grands rassemblements ne sont pas les seuls moments où la culture régionale s'exprime ; celle-ci se vit au quotidien au travers des pardons, des fêtes folkloriques ou familiales…

La culture bretonne rayonne de nouveau et s'inscrit dans un vaste mouvement européen de reconnaissance et d'affirmation des cultures régionales.

Économie

Avec un produit intérieur brut (PIB) de 89,5 milliards d'euros en 2014 (source Insee), soit 4,3 % du PIB national, la Bretagne se situe au 9e rang des régions françaises redécoupées. Après plus de dix ans de croissance moyenne supérieure à celle de la France, le PIB de la Bretagne connaît un léger recul et suit la tendance nationale. Relativement épargnée lors de son entrée dans la crise, la Bretagne a en revanche été particulièrement touchée en 2012-2013 : plusieurs milliers d'emplois salariés ont été perdus dans les secteurs marchands et industriels, soit des pertes supérieures aux autres moyennes régionales.

Recul également pour l'agriculture et la pêche qui conservent néanmoins leur place dans l'économie bretonne, même si la valeur ajoutée de ce secteur (3,3 %) est la plus faible des activités participant à la richesse régionale. L'activité industrielle (15,3 %) s'est développée autour de secteurs tels que l'agroalimentaire (39 % des emplois industriels bretons), l'automobile, la construction navale et les télécommunications (deuxième pôle national). Un dynamisme qui attire un nombre croissant d'entreprises de haute technologie, pérennisant sur place les formations supérieures des universités et des grandes écoles.

AGRICULTURE

Avec près de 34 447 exploitations (presque un quart des entreprises bretonnes), l'agriculture conserve toute son importance en Bretagne, première région française productrice de lait, d'œufs, de porcs, de volailles et de veaux, mais aussi de brocolis, choux-fleurs, artichauts, échalotes et tomates sous serre. Plus d'une exploitation sur deux fait de l'élevage de bovins et 15 % de l'élevage granivore (porcs et volailles).

Mais, depuis les années 2000, le nombre de fermes a chuté de 32 % du fait de la mondialisation des marchés et de la concurrence des pays émergents. En outre, la politique agricole commune et les nouvelles réglementations pour l'environnement ont poussé l'agriculture bretonne à une transformation sans précédent. Certains ont compris la portée du bio, d'autres – 470 éleveurs

LES CHIFFRES CLÉS

Part des principaux secteurs d'activité contribuant au PIB (2014, source CCI Bretagne), en valeur ajoutée :

Agriculture 3,3 % (France 1,7 %)
Industrie 15,3 % (France 13,9 %)
Construction 6,8 % (France 5,8 %)
Tertiaire 74,6 % (France 78,6 %)

précisément – ont eu à cœur la préservation d'une ancienne race bovine locale, la Pie-noir, réputée pour sa vigueur, la qualité de son lait et le persillé de sa viande.

AGROALIMENTAIRE

Premier secteur industriel breton (34 % des entreprises), l'agroalimentaire est le moteur économique de la région même s'il est soumis ces dernières années à de fortes tensions.
Sa capacité d'adaptation et d'innovation offre à la Bretagne d'être aujourd'hui, avec ses 58 580 salariés, la première région agroalimentaire exportatrice d'Europe, elle contribue en outre à près de la moitié des exportations nationales de viande et de poisson.
Les secteurs poids lourds concernent le lait, la viande, l'alimentation animale, la charcuterie salaison; ceux d'excellence : la biscuiterie, les légumes et plats cuisinés, les produits de la mer…
Parmi les marques les plus célèbres, citons D'Aucy, Bigard-Charal, Doux-Père Dodu, le pâté Hénaff, les biscuits La Trinitaine, le cidre Loïc Raison, les yaourts Malo, les conserves La Belle-Iloise.

PÊCHE ET AUTRES RESSOURCES DE L'OCÉAN

Pêche

Avec plus de 2 730 km de côtes – un tiers des côtes françaises –, il n'est pas étonnant que la Bretagne soit la **première région française productrice de produits de la mer** (poissons, crustacés et mollusques).
Si les 22 ports de pêche bretons concentrent toujours près de la moitié du tonnage national de poissons et de crustacés, l'avenir de la pêche bretonne est cependant préoccupant.
La pêche maritime a rencontré des difficultés croissantes : raréfaction des ressources, évolution contraignante de la réglementation communautaire sur le libre accès aux ressources maritimes, concurrence étrangère et vieillissement d'une flotte difficilement rentable; une situation plus difficile encore quand elle se conjugue avec une augmentation du prix du carburant.
La flottille bretonne comptait, en 2015, 1 196 navires de pêche (source : CCI) pour plus de 4 971 marins-pêcheurs (contre 22 400 en 1945). Elle représente 26,7 % de la flottille nationale et 35 % des effectifs nationaux. On compte généralement trois emplois induits à terre par marin : de la réparation et la construction navale aux industries de transformation et de commercialisation des produits. La pêche maritime bretonne fait donc vivre environ 15 000 personnes.
La pêche artisanale devient de plus en plus prisée. Les ports de Cornouaille (Douarnenez, Audierne, St-Guénolé-Penmarc'h, Le Guilvinec, Loctudy, Concarneau), des Côtes-d'Armor (Erquy), du Finistère Nord (Roscoff), d'Ille-et-Vilaine (Cancale), où tous les types de pêche sont pratiqués, représentent aujourd'hui près de 96 855 t de poissons frais pour 313 millions d'euros (en 2015).

Aquaculture et conchyliculture

Dans les années 1970, on prédisait à l'aquaculture marine un avenir enthousiasmant. Quarante ans plus tard, la filière est en crise. En eau douce, grâce aux truites fario et arc-en-ciel, la production bretonne de l'aquaculture dite « nouvelle » se situe tout de même au deuxième rang français, après l'Aquitaine.
Du côté de la culture des coquillages ou conchyliculture, l'élevage des huîtres (ostréiculture)

EN TÊTE POUR LES ALGUES MARINES

Avec en moyenne 70 000 tonnes exploitées chaque année, la Bretagne – en particulier la mer d'Iroise *(voir p. 280)* – est la première région européenne de production d'algues marines et la 10e au niveau mondial. Depuis longtemps récoltées comme engrais, puis matières premières de l'industrie chimique, elles sont ainsi largement utilisées comme gélifiants ou épaississants dans les glaces, les flans, les dentifrices et autres produits de consommation courante. La recherche laisse entrevoir de nouvelles utilisations, notamment dans le domaine des biomatériaux qui intéressent de près les constructeurs automobiles, ou encore dans les bio-isolants, qui ouvrent de nouvelles perspectives au secteur du bâtiment. Enfin, l'algue n'échappe pas à la tendance des carburants verts. Des recherches sur le sujet sont en cours.

et des moules (mytiliculture) constitue une activité importante en Bretagne. Avec 57 067 t de coquillages (huîtres, moules et coques, dont 39 967 t en Bretagne Nord) en 2012, plus du tiers de la production de France métropolitaine (source Comité National de la Conchyliculture), la Bretagne reste la première région productrice de produits conchylicoles. Grande productrice d'huîtres plates appelées « belons », avec 1 500 t par an, elle a aussi développé ses parcs d'huîtres creuses (fines de Bretagne), notamment à Cancale dans la baie du Mont-St-Michel. La Bretagne Sud se caractérise par l'importance des surfaces allouées à l'élevage à plat et par celle de l'élevage de l'huître plate. Le golfe du Morbihan, la ria d'Étel, la baie de Quiberon, la rivière de Penerf et l'estuaire de la Vilaine constituent des zones de prédilection d'exploitation. La Bretagne Nord, quant à elle, est la première région productrice de moules en France. Les moules de bouchot notamment sont cultivées de la baie du Mont-St-Michel à la baie de St-Brieuc, et dans l'estuaire de la Vilaine.

L'avenir de ce secteur est peut-être à chercher dans l'exploitation médicale et paramédicale de certaines ressources halieutiques. L'huile de foie de raie, riche en acide cervonique, est à l'étude pour répondre aux problèmes de mémoire et de dégénérescence maculaire de l'œil. La poudre d'écailles de sardine, riche en calcium, est utilisée pour résoudre des problèmes dentaires. Les industriels de la cosmétique s'intéressent à la peau des poissons blancs, comme le lieu ou le cabillaud, pour son action sur la synthèse du collagène…

RECHERCHE ET INNOVATION

La recherche, tant privée que publique, constitue une activité essentielle en Bretagne, classée 6e région française pour la création d'entreprises innovantes et 5e pour les dépôts de brevets. Elle s'articule autour de quatre pôles majeurs : Rennes, Brest-Quimper-Roscoff, St-Brieuc-Lannion et Lorient-Vannes. Les deux grandes villes universitaires sont Rennes et Nantes (même si cette dernière ne fait pas partie de la région Bretagne). La création de l'Université européenne de Bretagne en 2007 a permis de regrouper l'ensemble des acteurs universitaires, des écoles d'ingénieurs et des organismes de recherche. Véritable pôle de recherche et d'enseignement supérieur, elle concourt à renforcer la visibilité internationale des équipes de recherche et de l'offre de formation en Bretagne.

Culture de l'artichaut sur l'île Callot, en baie de Morlaix.
G. Gerault/hemis.fr

La région se distingue particulièrement dans trois grands domaines de recherche. Les **technologies de l'information et de la communication** bénéficient d'une implantation privilégiée qui s'appuie sur le partenariat entre les formations universitaires, les grandes écoles et les industriels dominant le secteur. Ces entreprises sont organisées en pôles autour de grandes villes comme Rennes (Mitsubishi, Canon, Motorola), Lannion (Orange, Nokia, Siemens) ou encore Brest avec Thalès. Le secteur emploie 47 000 personnes environ et 3 500 chercheurs. La Bretagne a acquis une réputation mondiale dans ce domaine, du fait, notamment, des innovations majeures qui sont sorties de ses laboratoires publics et privés, à l'instar des technologies et des normes telles que le JPG, le MPG ou encore le MP3.
Dans le domaine de l'**agriculture et l'agroalimentaire**, la recherche autour des productions agricoles animales et végétales, de la sécurité alimentaire et des biotechnologies mobilise ainsi nombre d'équipes.
Les **sciences et technologies de la mer** tiennent aussi une place prépondérante, grâce notamment au pôle européen de la recherche marine de Brest (Ifremer et CNRS).

INDUSTRIE

Les chantiers navals

Bien qu'ayant perdu en dix ans plus du tiers de ses effectifs, la construction navale reste le quatrième secteur industriel en Bretagne et représente encore 4 % de l'emploi. Ce secteur sinistré pendant des années regroupe les chantiers de construction et de réparation navale militaires et civils, au service de la pêche, de la plaisance, de l'océanographie et du transport de passagers.
Avec les chantiers navals de St-Nazaire, un site d'envergure mondiale capable de mettre en chantier des navires de 500 000 t, la construction navale s'est tournée vers la production de porte-conteneurs, de plates-formes de forage et de navires de croisière,

comme ces paquebots géants commandés en 2012 par la Royal Caribbean. C'est grâce à ce secteur de prestige que les chantiers ont pu prouver leur dynamisme et leur savoir-faire.

Le secteur automobile

L'implantation de Citroën à Rennes dans les années 1960 a entraîné l'essor de l'industrie automobile en Bretagne autour d'un important réseau d'équipementiers et de sous-traitants. La filière automobile bretonne se distingue par son expérience et son savoir-faire dans le domaine du véhicule spécifique et dédié. L'activité est très concentrée, notamment avec l'usine PSA (Peugeot Citroën) à Chartres-de-Bretagne et les équipementiers satellites. Cependant, ce secteur est actuellement fortement soumis à la concurrence internationale et aux aléas de la conjoncture. Aujourd'hui, le poids des effectifs de la filière automobile (environ 13 % des effectifs industriels de la Bretagne contre 34 % dans l'industrie agroalimentaire) en fait une filière certes importante, mais non prédominante dans le paysage industriel régional.

TRANSPORTS

La Bretagne est traversée par deux axes rapides qui mènent à Brest. La N 165 longe le littoral sud de Nantes à Brest via Vannes, Lorient et Quimper. Au nord, la N 12 relie Paris à Brest, en desservant Rennes, St-Brieuc, Guingamp et Morlaix. Aujourd'hui, la priorité est à la desserte est-ouest avec l'achèvement de la N 164, qui relie la N 12 à la N 165, traçant une ligne horizontale en plein cœur de la Bretagne (fin des travaux prévue en 2020).

L'arrivée du TGV à Rennes a fortement contribué à désenclaver les départements bretons en mettant la capitale régionale à 2h de Paris, et des villes comme Quimper et St-Malo en liaison directe avec la capitale (bien qu'à vitesse classique). Depuis le 2 juillet 2017, la LGV (Ligne Grande Vitesse) permet de rallier Rennes en 1h27, St-Malo et St-Brieuc en 2h15 et Brest en 3h25 de Paris.

Le transport maritime, enfin, voit sa fréquentation diminuer depuis dix ans, notamment le trafic transmanche.

TOURISME

Le secteur touristique fait vivre près de 5 % des Bretons actifs, c'est dire son importance économique (estimée à 8 % du PIB régional en 2012). En termes de fréquentation, la clientèle française est de loin la plus représentée. Avec 17,4 millions de nuitées en 2016, la Bretagne se situe au 1er rang des séjours à la mer et en 7e position des régions touristiques françaises. Aux plaisirs de la plage et aux sports nautiques s'ajoutent la plaisance *(voir p. 446-447)* et la thalassothérapie. Résultat : 75 % des nuitées touristiques sont passées en bord de mer entre avril et septembre ; ce qui n'est pas sans conséquence sur l'environnement. Pour mieux accompagner ce développement touristique, la région Bretagne s'est engagée dans une démarche de développement durable *(voir « L'environnement » p. 428)*.

Car la Bretagne se veut également verte. Les parcs, réserves et espaces protégés sont nombreux, et il est possible de marcher, rouler ou trotter sur 3 700 km de sentiers de randonnée. Et si le temps ne s'y prête pas, la région recèle un patrimoine culturel et vivant d'une rare diversité.

Traditions et art de vivre

La Bretagne cultive sa forte identité en préservant ardemment des traditions séculaires, tels les pèlerinages ou les pardons encore empreints de ferveur. Religieuses, vestimentaires, linguistiques ou plus largement artistiques, ces coutumes traduisent un état d'esprit et un art de vivre tout à fait particuliers. Du renouveau de la langue bretonne à l'engouement pour les concerts de musique celtique, certaines vieilles coutumes restent ainsi bien ancrées, tout en étant adaptées au goût du jour. Cet attachement aux traditions se prolonge jusque dans l'assiette avec une cuisine simple et conviviale. Longtemps réduite aux galettes, far et beurre salé, la chère bretonne s'est depuis une trentaine d'années taillé une belle et fière réputation (plus de 50 chefs étoilés). Parmi les fleurons de la gastronomie bretonne, poissons, coquillages et crustacés rappellent l'omniprésence d'un littoral.

Traditions et folklore

Si la Bretagne a plus changé au cours de la première moitié du 20e s. qu'au cours des deux siècles précédents, elle a su retrouver depuis les années 1990 toute l'originalité de ses traditions, malgré le dépeuplement des villages et l'évolution économique et touristique de la région.

SYMBOLES BRETONS

Premier des symboles, le **drapeau breton**, le fameux *Gwenn ha du* (blanc et noir) a été dessiné en 1925 par Morvan Marchal. Ses cinq bandes noires symbolisent les cinq anciens évêchés de Haute-Bretagne (Rennes, Nantes, Dol, St-Malo et St-Brieuc) et ses quatre bandes blanches ceux de Basse-Bretagne (Léon, Cornouaille, Vannes et Tréguier).

Les **hermines**, quant à elles, rappellent l'ancien duché de Bretagne. Au 13e s., la fourrure de ce petit animal fut adoptée par les ducs de Bretagne comme symbole du pouvoir. Autre attribut, le **triskell**, ou triskèle, se présente sous une forme tournante à trois branches représentant la terre, le feu et l'eau. Son origine serait celte.

COSTUMES ET COIFFES

La Bretagne a conservé la mémoire d'une grande variété de costumes traditionnels, déclinés selon les pays. Transmis de génération en génération, ils étaient autrefois de toutes les fêtes familiales et publiques. Aujourd'hui, les costumes traditionnels ne sortent des armoires qu'à l'occasion des pardons ou des manifestations folkloriques. De satin ou de velours, brochés et brodés, garnis de dentelles, les tabliers rivalisent avec les robes de cérémonie. Généralement noires et souvent ornées de bandes de velours,

LA BLANCHE HERMINE

La devise *Potius mori quam foedari*, « plutôt la mort que la souillure », est donnée comme celle des Bretons. La légende raconte qu'une petite duchesse aurait recueilli une blanche **hermine** blessée qui avait préféré braver les flèches des chasseurs plutôt que de trouver le salut en traversant un chemin boueux !

celles-ci présentent parfois des broderies de soies multicolores et flamboyantes.

Parures de dentelle

La grande originalité du costume féminin breton reste néanmoins la coiffe, portée autrefois principalement dans le Finistère et le Morbihan.

La coiffe bigoudène (région de Pont-l'Abbé) est l'une des plus curieuses, et probablement la plus connue. Jadis de petites dimensions, cette ravissante et haute parure de dentelle a atteint, après 1930, des proportions déconcertantes. Il faut aussi évoquer la petite coiffe de Plougastel qui rappelle les hennins médiévaux, celle des monts d'Arrée, la *tintaman*, presque réduite à un bonnet de chignon en dentelle, la cornette du Trégor ou encore la poche plate du Léon. À Ouessant, le noir se porte jusque sur la coiffe, garnie d'un grand nœud haut placé. Encore une fois, la Bretagne se décline en variétés et diversités, et le voyageur curieux en prendra pleinement conscience en visitant les musées de Rennes et Dinan mais aussi ceux de Nantes, Quimper, Guérande et Pont-l'Abbé.

PARDONS

Manifestations de ferveur religieuse, les pardons bretons ont lieu dans des églises ou chapelles consacrées par une tradition parfois millénaire, souvent d'origine païenne.

Les fidèles viennent y chercher le pardon de leurs fautes, exécuter un vœu ou demander des grâces. Si les grands pardons sont les plus spectaculaires, les petits sont souvent les plus fervents. Les uns et les autres offrent l'occasion d'assister à une cérémonie haute en couleur au cours de laquelle on porte en procession des bannières, des reliques, des croix et des statues. En général, les pardons sont clos par une fête villageoise plus profane, animée par des danses traditionnelles.

La grande troménie

Un sanctuaire druidique serait à l'origine de ce pèlerinage renommé, qui se déroule tous les six ans à Locronan. Il ne s'agit pas d'une fête folklorique mais d'un pèlerinage à marche lente, qui se déroule dans un esprit de dévotion. Il existe aussi une troménie à Bécherel *(voir « Nos adresses à Bécherel » p. 77)*.

Monsieur saint Yves

Saint Yves est l'un des saints les plus populaires de Bretagne. C'est le redresseur de torts et la consolation des pauvres. Fils d'un gentilhomme, Yves Hélori est né à Minihy-Tréguier *(voir p. 210)* en 1253. Magistrat et avocat, il a acquis une popularité inouïe par son esprit de justice et de conciliation. Un jour, un bourgeois assigne devant lui un mendiant qui, chaque jour, vient devant le soupirail de sa cuisine humer le fumet des plats.

Yves saisit une pièce de monnaie, la fait sonner et renvoie le plaignant en disant : « Le son paie l'odeur. » Cet « avocat des pauvres » s'éteignit en 1303 et fut canonisé en 1347.

En tant que patron des avocats et des gens de loi, son culte s'est étendu à toute l'Europe et jusqu'en

Costume traditionnel du pays de Quimper.
B. Rieger/hemis.fr

Amérique. Cela explique que des délégations d'avocats étrangers se joignent à la foule des pèlerins qui, à Tréguier, assiste au « pardon des pauvres ».

Saints guérisseurs et saints protecteurs

Les relations des Bretons avec leurs saints ont toujours été empreintes de familiarité. Certains sont appelés pour combattre des **maladies** : sainte Apolline contre les maux de dents ; saint Colomban pour rendre l'esprit aux demeurés ; saint Hervé contre les maladies des yeux ; saint Hubert contre la rage ou la peur ; saint Mamert contre les maux de ventre ; saint Méen contre les troubles mentaux ; saint Mériadec contre la surdité ; sainte Eugénie contre la migraine… Ces saints guérisseurs exauçaient leurs invocateurs. Bien leur en prenait, car, faute de bienveillance, la statue était injuriée, quelquefois même fouettée ou traînée dans la boue !
Il y a aussi les saints **protecteurs** : saint Fiacre veille sur les jardiniers, saint Jacques sur les marins, sainte Barbe (invoquée par temps d'orage) sur les artificiers… Mais c'est à la Vierge Marie et à sa mère, sainte Anne, que va la ferveur la plus vive.

LE TRO-BREIZ

Jusqu'au 16e s., une tradition exigeait que tout Breton fît, au moins une fois dans sa vie, le pèlerinage des sept cathédrales. C'est ainsi que le Tro-Breiz draina les foules les plus nombreuses. L'itinéraire avoisinait 700 km et permettait aux pèlerins d'aller se recueillir devant les reliques des saints fondateurs de Bretagne : saint Brieuc à… St-Brieuc, saint Malo à St-Malo, saint Samson à Dol-de-Bretagne, saint Patern à Vannes, saint Corentin à Quimper, saint Pol-Aurélien à St-Pol-de-Léon et saint Tugdual à Tréguier. Qui manquait à ce devoir devait effectuer le voyage après sa mort, en avançant tous les sept ans de la longueur de son cercueil ! De nos jours, des groupes de plus en plus nombreux suivent les traces des pèlerins d'autrefois.

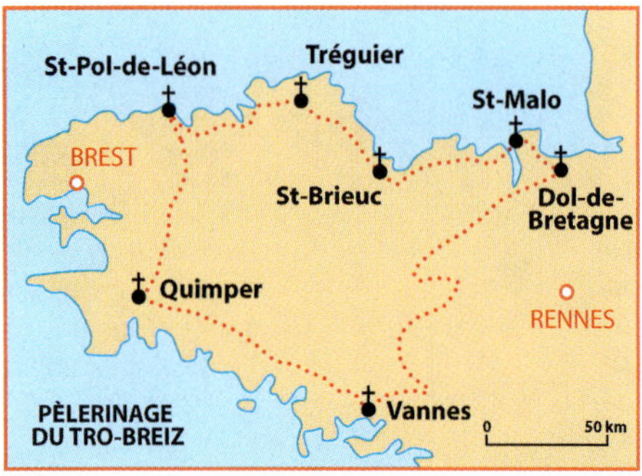

Sainte Anne

Son culte, répandu après les croisades, favorisé par la duchesse Anne, a fait de sainte Anne la patronne des Bretons. Le plus fameux pardon, celui de Ste-Anne-d'Auray (26 juillet), lui est consacré, de même que celui, très important, de Ste-Anne-la-Palud, d'où ce dicton : « Mort ou vivant, à Ste-Anne une fois doit aller tout Breton. ».

Langue et musique

La langue et la musique bretonnes connaissent un incroyable renouveau depuis une vingtaine d'années. Les grands festivals – le Festival interceltique de Lorient ou le Festival de Cornouaille à Quimper – y sont pour beaucoup ; néanmoins il convient d'y ajouter la fierté d'appartenir à une culture, longtemps opprimée, dont l'affirmation passe par la réappropriation de la langue et par les rassemblements festifs.

LANGUE BRETONNE

Du point de vue linguistique, les Bretons sont plus proches des Irlandais et des Gallois que des Français. Du 4e au 7e s., l'Armorique, à savoir la Bretagne actuelle, a donné asile aux Brittons chassés de Bretagne – la Grande-Bretagne actuelle – par l'invasion anglo-saxonne. Dès lors, le breton rivalisa avec le français, dérivé du bas latin. Il fallut le rattachement à la France au 15e s. et la Révolution pour renverser la situation en faveur du français.

On compte en fait deux Bretagne : la Haute-Bretagne, ou pays gallo, et la Basse-Bretagne ou Bretagne bretonnante. On parle français dans la première, français et breton dans la seconde. Outre la langue, cette limite, qui s'étend globalement de St-Brieuc à Vannes, reflète les traditions : c'est en effet en Basse-Bretagne (à l'ouest) qu'on a le plus de chances de retrouver les coutumes, contrairement à la Haute-Bretagne (à l'est) où il n'en reste presque plus de traces.

Plusieurs dialectes

Appartenant au groupe des langues celtiques, le breton actuel *(brezhoneg)* se décompose en quatre dialectes principaux : le cornouaillais (Sud Finistère), le léonard (Nord Finistère), le trégorrois et le vannetais. Si les trois premiers sont très proches et constituent la langue dénommée « KLT » (Kerne-Léon-Trégor), le vannetais s'en distingue, substituant notamment un « h » au « z » ; ainsi, *Breiz* (Bretagne) devient *Breih*. Pour remédier à ces différences, l'usage du « zh » a été institué pour tous les mots concernés, ce qui a par exemple donné *Breizh*.

Pour redonner vie aux langues bretonnes, d'importants moyens financiers et humains ont été mis en œuvre : apprentissage du breton à l'école, formation de nouveaux professeurs et essor des activités périscolaires bilingues. Créées en 1977, les écoles *diwan* ont permis de préserver la vitalité de ces langues en proposant une scolarité entièrement en breton, de la maternelle au baccalauréat.

La volonté de décentralisation et les subventions européennes ont aussi beaucoup aidé les structures associatives à perpétuer la culture bretonne, mais rien n'aurait pu se faire sans la volonté locale d'irréductibles bretonnants.

Le **renouveau** de la langue bretonne n'échappe pas à l'automobiliste qui sillonne la Bretagne. Les panneaux d'entrée et de sortie d'agglomération sont doublés en breton, cette traduction concerne aussi la signalétique urbaine pour satisfaire les 200 000 bretonnants.

Associations et médias

Il existe même un Office de la langue bretonne *(www.brezhoneg.bzh)*, qui s'attache au développement de l'usage du breton dans la vie quotidienne et dans la vie publique. Créé en 1999 par le conseil régional de Bretagne avec le soutien du ministère de la Culture, il a pour mission d'accompagner et de conseiller toutes les personnes, organismes, entreprises ou élus qui souhaitent prendre en compte la langue bretonne au quotidien.

Les médias contribuent aussi à faire perdurer la culture bretonne. Plusieurs radios émettent en breton (Arvorig FM, Radio Kerne, Radio Bro Gwened, Radio Kreiz Breizh et France Bleu Breizh Izel). Des programmes sont diffusés sur certaines chaînes de télévision (France 3 Ouest, TV Rennes…) et il existe également une Web TV en breton *(www.brezhoweb.com)*. Du côté de la presse écrite, l'hebdomadaire *Ya !* et une dizaine de mensuels sont publiés en breton. Et, signe des temps, la Bretagne a obtenu de l'autorité qui attribue les noms de domaines Internet le «.bzh » qui cohabite désormais avec le «.fr » et le «.com ».

MUSIQUE CELTE ET CHANSON BRETONNE

Le renouveau de la musique celtique s'est amorcé après la Seconde Guerre mondiale. En Bretagne, il a éclos avec la création de la *Bodaged ar Sonérion*, assemblée des sonneurs qui « inventa » le *bagad*, forme bretonne des *pipebands* écossais. Le plus connu est celui de **Lann**

PETIT LEXIQUE MUSICAL

Bagad (pluriel *bagadou*) : ensemble composé de binious, de bombardes, de caisses claires, de tambours et d'une grosse caisse.
Biniou kos ou cos : petite cornemuse traditionnelle sonnant à l'octave de la bombarde.
Biniou braz ou bras : grande cornemuse d'origine écossaise *(great highland bag pipe)*.
Bombarde : instrument à vent, ancêtre du hautbois, accompagnant toujours le biniou. Très populaire en Bretagne, il est pratiqué par des milliers de talabarders.
Cornemuse : instrument de musique à anche, composé d'un sac de cuir comportant plusieurs tuyaux sonores.
Fest-noz (pluriel *festou-noz*) : fête de nuit.
Harpe : la harpe celtique, ou harpe irlandaise, telle qu'on la voit de nos jours est directement issue de la harpe médiévale.
Kevrenn : ensemble des *bagadou* d'une ville.
Sonneur : joueur de biniou.

Bihouë, immortalisé par la chanson d'Alain Souchon. Créé en 1956 et basé près de Lorient, il dépend de la Marine nationale.
Dans les années 1970, **Alan Stivell**, formé à l'école des *festou-noz* et des *bagadou*, ressuscita la harpe celtique et s'inscrivit comme le chef de file de la nouvelle musique bretonne. Dan Ar Braz, Tri Yann, Gilles Servat, Denez Prigent, Yann Tiersen, Nolwenn Leroy ont contribué à affirmer la vitalité de la musique celte actuelle.
Héritière de très anciennes traditions mélodiques, la musique bretonne épouse aujourd'hui d'autres influences et sa puissance s'exprime au travers des nombreux **festivals** bretons réputés : le Festival de Cornouaille à Quimper, le Festival interceltique à Lorient…

Chants populaires

La langue bretonne doit aussi sa survie aux chansons populaires. Entonnées lors des pardons, des fêtes votives ou privées, longtemps cantonnées à l'ouest de la région, elles ont gagné du terrain après la Seconde Guerre mondiale, grâce notamment aux **sœurs Goadec**. Ce trio a remis au goût du jour l'art du *gwerziou* (la complainte) et le *kan ha diskan* ou chant et déchant (Un chanteur entonne une phrase, répétée tour à tour par les autres). Aujourd'hui, leur art connaît un regain d'intérêt international grâce aux festivals et à la tradition du **fest-noz** (« fête de nuit »). Le *fest-noz* s'est répandu dans toute la Bretagne sous l'égide du chanteur et « sonneur » **Loeiz Roparz** (1921-2007), et a été inscrit au patrimoine culturel immatériel de l'humanité par l'Unesco en décembre 2012.
Les chants marins fredonnés lors de longues sorties en mer, dans les cafés ou lors d'événements comme le Festival du chant de marin à Paimpol *(voir p. 201)*, une ville qui doit d'ailleurs beaucoup au succès de *La Paimpolaise* de **Théodore Botrel**, sont chéris des Bretons.

TERRE DE ROCK

À la fin des années 1970, le magazine *Télérama* baptisa Rennes « *Capitale du rock en France* ». On vient des quatre coins de la France voir des concerts, des labels indépendants voient le jour et les groupes locaux de l'époque sont devenus mythiques : Marquis de Sade, Dominic Sonic, Marc Seberg…

Dans le sillage de ce souffle musical nait en 1979 le célèbre festival Les **Trans Musicales**. Chaque année, en décembre, Rennes vibre au son de groupes venus ici faire leurs armes. Étienne Daho en 1980, Noir Désir en 1986, Nirvana en 1991… Depuis les « Trans » ont fait des émules. En 1992, les **Vieilles Charrues** rendent célèbre la ville du centre Bretagne Carhaix. Chaque week-end de Pentecôte depuis 1983, St-Brieuc accueille **Art Rock**. St-Malo, quant à elle, est la scène de **La Route du Rock** en février et en août. Côté musique électronique, Brest résonne aux beats d'**Astropolis**… Rennes, toujours, fête ses groupes locaux début septembre avec « I'm From Rennes ».
Cette forte imprégnation de culture bretonnante et cet état de berceau du rock en France expliquent sans doute pourquoi la Bretagne est branchée « rock-celtique ».

Gastronomie

En Bretagne, on ne manque pas de s'asseoir devant un plateau de fruits de mer, une assiette de poisson fraîchement pêché ou une bonne crêpe au beurre. La cuisine bretonne est à la fois simple et délicate.

LA MER ET SES DÉLICES

Coques farcies, pétoncles poêlés, langoustines fraîches, carpaccio de coquilles Saint-Jacques, émiettée de chair d'araignée de mer, huîtres creuses ou plates, homards grillés ou à l'armoricaine… il existe mille et une façons de servir coquillages et crustacés, la meilleure reste encore l'incontournable **plateau de fruits de mer**. Il combine généralement deux variétés d'huîtres, bouquets de crevettes roses, bigorneaux au petit goût de noisette, bulots et palourdes, crevettes grises et tourteau, sans oublier les langoustines en saison. Les puristes les dégustent juste escortés d'un bout de « pain-beurre salé ». Certains préfèrent le citron, la vinaigrette à l'échalote ou la mayonnaise. Un must !
Parmi les incontournables, **l'AOC moules de bouchots de la baie du Mont St-Michel**, dont la chair onctueuse et la saveur sucrée s'apprécient de juillet à février. Avec presque 100 km de bouchots, la baie de St-Brieuc produit 4 000 t par an de délicieuses moules, dont la sauvage que l'on peut déguster de mars à juin ! À cette spécialité s'ajoutent les poissons dressés sur les étals des marchés, du maquereau au bar de ligne, de la raie à la lotte, du rouget à la dorade, du lieu au St-Pierre… Un choix illimité qui inspire de savoureuses recettes comme la **cotriade,** bouillabaisse bretonne.
Les algues sont de plus en plus utilisées dans la cuisine, comme condiments, ainsi le haricot de mer *(Himanthalia elongata)*, l'ouessane *(undaria)* cultivée en pleine mer autour d'Ouessant.

Le fleuron : les huîtres

Des nombreux coquillages de la côte, les huîtres sont les stars. Classées en 12 crus, les huîtres bretonnes sont le plus souvent consommées crues, bien qu'un nombre croissant de chefs les proposent chaudes. Un impératif absolu : leur fraîcheur !
La Bretagne Nord compte à elle seule huit crus d'huîtres : **la Cancale**, élevée au rythme des grandes marées de la baie du Mont-St-Michel, présente une coquille lisse et une chair au goût de noisette ; **l'Arguenon**, du nom de l'estuaire où elle est produite, et où le mélange d'eau salée et d'eau saumâtre fait d'elle une huître charnue et iodée ; **la Fréhel** de la baie de la Fresnaye, reconnaissable à sa chair croquante et longue en bouche ; **la Paimpol**, huître

grasse et salée qui s'épanouit en pleine mer, au large de la baie de Paimpol ; **la Rivière de Tréguier**, dont les bénéfices du plancton marin donnent une huître ferme et généreuse aux notes végétales ; **la Morlaix-Penzé**, nourrie en baie de Morlaix du côté de Carantec, donne une chair moelleuse aux fines saveurs d'algues ; **la Nacre des Abers**, élevée dans les profondes rivières des abers baptisés Wrac'h et Benoît, est gorgée d'arôme d'iode et de noisette ; enfin, **la Rade de Brest**, qui doit sa chair fondante et puissante à son séjour entre estuaires et vasières riches en plancton.

Une coquille de prestige

Ces derniers temps, elle a volé la vedette aux huîtres. Elle est l'alliée raffinée des chefs qui la servent souvent juste snackée. D'Erquy à St-Quay-Portrieux, la baie de St-Brieuc est l'épicentre de la pêche à la coquille Saint-Jacques des Côtes-d'Armor (IGP). Très réglementée, chronométrée (2 fois 45mn par semaine de mi-octobre à avril) et surveillée de près par les autorités (bateaux et hélicoptère de la gendarmerie). Afin de gérer la ressource, la campagne de pêche s'achève avant la période de reproduction, ce qui explique parfois l'absence de corail (organe reproducteur), mais là aussi, selon les puristes : il n'a pas d'intérêt gustatif, c'est la noix qui compte. La coquille de la Rade de Brest, pêchée en moindre volume, est très réputée.

TRÉSORS DE LA FERME

On ne peut parler de la gastronomie régionale sans évoquer les spécialités à base de porc : la saucisse bretonne, souvent associée à une galette, et, bien sûr, le fameux plat traditionnel breton, le *kig ha farz* (viande et farce), cuisiné comme un pot-au-feu. Le mouton n'est pas en reste, dans la baie du Mont-St-Michel, à Ouessant et Belle-Île, avec le **pré-salé** (agneau) classé en AOC. Son goût et sa texture uniques (viande tendre et gras ferme) sont liés aux pâturages iodés sur lesquels les bêtes se nourrissent lorsque la marée se retire. L'agriculture de la Bretagne Nord offre bien d'autres trésors : la poule coucou de Rennes, le brocoli, le fenouil, le chou-fleur et l'artichaut du Léon, l'oignon rosé de Roscoff, la fraise de Plougastel ou encore le coco de Paimpol, haricot demi-sec facilement reconnaissable à sa robe jaune paille marbrée de violet.

CRÊPES, GALETTES ET GOURMANDISES

La crêpe de froment ou la galette de sarrasin régalent tous les gourmands. Au beurre, au sucre, au fromage, aux œufs, au jambon, etc., elles se marient idéalement avec du cidre ou du lait ribot (petit lait).
À l'ombre de ce monument, les amateurs de sucreries se délecteront de far et de *kouign-amann* (soit le « gâteau au beurre », qui n'est pas des plus légers), de gavottes de Dinan, d'œufs de mouettes de St-Malo, de pralines ou de parlementins de Rennes.

À CONSOMMER AVEC MODÉRATION

Partout en Bretagne les cidriculteurs ont à cœur de faire un cidre de qualité et de plus en plus souvent bio. Celui de Cornouaille, d'appellation d'origine contrôlée (AOC), est connu depuis plus de mille ans, puisqu'on retrouve sa trace sur la presqu'île de Crozon en 870 ! Le pommeau, mélange de moût de pomme et d'eau-de-vie *(lambig)*, est également produit en Cornouaille et titre 10°.
Les brasseries bretonnes (Brasserie de Bretagne, Britt, Coreff, Lancelot, Mutine, Ste-Colombe, Tri Martolod)

La place des Lices à Rennes et son marché du samedi matin.
R. Mattes/hemis.fr

élaborent des bières traditionnelles, mais également au blé noir ou à l'eau de mer…

Pour accompagner fruits de mer et poissons, les Bretons apprécient le vin de leurs voisins Ligériens, le muscadet. Son cépage, le melon de Bourgogne, cultivé depuis le début du 17e s., donne un vin blanc sec et fruité, estampillé d'une AOC depuis 1936..

Les apéritifs, eaux-de-vie et liqueurs ne manquent pas. Chouchen, hydromel (eau-de-vie de miel), liqueur de fraise, Lambig ou fine de Bretagne, bouchinot de St-Méen-le-Grand et même… le whisky breton ! Des distilleries (Menhirs, Armorik…) conçoivent un whisky de plus en plus réputé, inspiré du terroir breton, dont le Eddu au blé noir.

LES MARCHÉS, UNE TRADITION MILLÉNAIRE VIVACE

Même si l'un des précurseurs de la grande distribution – Édouard Leclerc – est breton, la popularité des marchés est restée vive en Bretagne. Avec, l'engouement pour les produits naturels et le bio, ils connaissent un essor sans pareil. Chaque commune d'importance possède un marché municipal, qui se tient parfois plusieurs fois par semaine *(voir tableau p. 444)*.

Le plus grand marché (15 ha) se tient à Rennes, chaque samedi matin, sur la place des Lices *(voir p. 33)*.

LES GRANDS CHEFS

Les saveurs bretonnes sont sublimées par des chefs distingués, que nous vous recommandons.

À Carantec (Finistère)

Patrick Jeffroy, ce grand amateur de voyages a fini par jeter l'ancre à quelques encablures de sa ville natale, Morlaix. Après s'être installé à Plounérin, il a ouvert les portes de son « Hôtel de Carantec » en 2000 dans une maison de 1936 entièrement rénovée. La salle à manger panoramique, en surplomb de la plage de Carantec et de la magnifique baie de Morlaix, est idéale pour apprécier le registre culinaire étayé par des idées glanées sur tous les continents.

Patrick Jeffroy, qui a joui d'une reconnaissance de son talent très rapide (une étoile en 2001, deux en 2002), aime aussi travailler des produits du pays, comme le sarrasin ou ceux de la mer.
Patrick Jeffroy - L'Hôtel de Carantec - ✆ 02 98 67 00 47.

À Cancale (Ille-et-Vilaine)

Olivier Roellinger, l'enfant de Cancale, a décroché sa première étoile en 1984 à la « Maison de Bricourt », notamment avec son fabuleux « Saint-Pierre retour des Indes » (hommage au Malouin Mahais de la Bourdonnais), devenu mythique. Une deuxième étoile vient couronner en 1998 l'insatiable curiosité de ce grand voyageur des arômes, avant la récompense suprême en 2006, ses trois étoiles… Aujourd'hui, Olivier Roellinger se consacre à sa passion pour les épices que l'on retrouve dans ses boutiques.

Nautisme

Naviguer en Bretagne se révèle très exigeant en raison du marnage, des courants de marée très importants sur ses côtes nord et ouest et du récif à fleur d'eau. La région voit ainsi naître des générations de marins d'exception.

Grands marins

Certes, tous les grands marins ne sont pas bretons… Quoiqu'ils le soient tous un peu, tant la Bretagne est pour eux un irrésistible océan de jeu. Et dans cet univers sans frontières, il n'y a pas un « voileux » qui ne connaisse Bernard Moitessier ou Éric Tabarly, l'idole des houles, disparu au large du pays de Galles en juin 1998. Il a marqué à jamais la mer de son empreinte de marin breton taiseux et a laissé un sillage où navigue une pépinière de marins inspirés du Nantais, voire formés à ses côtés : Olivier de Kersauson, Philippe Poupon, Jean Le Cam et Yves Parlier, Alain Gautier, Titouan Lamazou, Florence Arthaud, Isabelle Autissier. Éric Tabarly a donné son nom à la Cité de la voile de Lorient, qui retrace l'histoire du yachting et de la course au large.

Des « formules 1 » de la mer

La voile est aujourd'hui entrée dans le monde de la compétition. Grâce au financement de marques qui ont compris l'énorme force d'attraction que ce sport exerce sur les foules, des bateaux de plus en plus performants sortent des chantiers de Lorient, de Vannes ou de Nantes (on parle d'une « Sailing Valley », entre Brest et Vannes). Ils sont aussitôt engagés dans des **courses** effrénées et palpitantes, éprouvantes aussi, comme la Volvo Ocean Race, « Le Rhum », Le Vendée Globe ou The Bridge. Ces « formules 1 » des mers sont conçues en matériaux performants à haute résistance tels le Dyneema®, le carbone ou le titane. Elles sont barrées par de véritables stars qui ont pour nom Frank Cammas, Michel Desjoyeaux, Francis Joyon, Loïck Peyron, Armel Le Cleac'h, Thomas Coville, François Gabart, Servane Escoffier. Courses en solitaire ou en équipage et records de traversée animent le monde de la voile toute l'année. La Bretagne est le cadre de départs ou d'arrivées de compétitions prestigieuses. La plus célèbre est la Route du Rhum, qui tous les quatre ans relie la pointe du Grouin à Pointe-à-Pitre à bord de monocoques et multicoques.

La régate, un sport qui se démocratise

L'industrie nautique est passée de l'artisanat à la construction en série, et produit des embarcations en matériaux de synthèse, plus résistants et plus faciles d'entretien, qui ont rendu la discipline beaucoup plus accessible. Monocoques et multicoques de tous types sont amarrés aux pontons des ports de plaisance, et chacun rêve de participer un jour à une course, fut-elle la plus modeste, ou encore au Spi Ouest-France, à la Solitaire Urgo-Le Figaro et au Tour du Finistère à la voile, qui permettent aux anonymes de côtoyer de grands noms de la voile. Près de 500 bateaux y participent chaque année.

L'encombrement des ports

Depuis les années 1960, la démocratisation de la plaisance a entraîné une hausse continue du nombre d'immatriculations de bateaux. Cet essor pose le problème crucial du manque de places de port. La fréquentation des côtes et des zones de mouillage improvisées croît dans une même mesure, ce qui ne va pas sans une certaine dégradation des paysages et des fonds marins.
Pour pallier les atteintes à l'environnement et la saturation des ports, les autorités pensent à des solutions afin de contenter les 10000 plaisanciers en liste d'attente, tout en offrant des places d'escale pour ceux de passage. Les ports de Brest, de Roscoff et St-Brieuc-Légué, ont converti certains bassins de commerce ou militaires en ports de plaisance.

VIEUX GRÉEMENTS

Depuis les années 1970, des passionnés remettent en valeur de vieux bateaux en les restaurant ou en construisant des répliques. Ainsi est née une véritable frénésie pour les vieux gréements (le gréement désigne précisément l'ensemble des cordages et poulies nécessaires à la manœuvre des navires à voiles) qui, si l'on en croit les marins, procurent un plaisir inégalable à celles et ceux qui les barrent.
Une passion que traduisent des rassemblements de voiliers traditionnels, organisés par les grands ports. La France possède quelques bateaux de cet ordre.
Le plus prestigieux, le plus grand, est *La Recouvrance*, dont le port d'attache est Brest. Cette goélette à hunier (42 m de long, 430 m² de voilure) porte le nom de l'un des quartiers les plus célèbres de la ville. Sa construction a commencé en 1990 afin que le bateau soit présenté lors de la première édition des festivités maritimes « Brest 1992 ». Elle est la réplique des goélettes de type « Iris » dessinées par l'architecte naval Hubert en 1817.
Le grand rassemblement international des vieux gréements, qui a lieu tous les quatre ans à Brest (prochaine édition en 2020), prouve l'intérêt du grand public pour les vieux bateaux. Par ailleurs, les croisières proposées par certains centres nautiques sur des vieux gréements attirent aussi le visiteur.

Pour tous les goûts

– Les **goélettes**, bâtiments à deux mâts très voilés, sont mondialement connues.
– Les **bisquines**, bateaux de pêche à la ligne et au chalut, originaires de Normandie et en service à Cancale jusqu'au début du 20ᵉ s., sont les plus renommées, grâce à la superbe *Cancalaise* à coque noire entièrement reconstruite. Ces bateaux participaient à des régates qui attiraient déjà les touristes sur la Côte d'Émeraude durant la seconde moitié du 19ᵉ s.
– Également réputés, les **chasse-marée** sont des bateaux côtiers à trois mâts que l'on rencontrait près des abers ; aujourd'hui, *La Belle Angèle* prouve à quel point ils tenaient bien la mer.
– Nettement plus petits, les **sinagots** étaient destinés au dragage des huîtres dans le golfe du Morbihan et en baie de Quiberon. Un des derniers

exemplaires mouille dans le port de Séné, qui a donné son nom à ce type d'embarcation.

– Les **langoustiers** portent un nom plus explicite ; *La Belle Étoile*, à la coque blanche et aux voiles rouges, est aujourd'hui amarrée au port de Camaret, ancien grand port langoustier.

– Les **lougres** effectuaient du cabotage, comme le *Corentin* au large de l'Odet ou le *Grand-Léjon* au large de St-Brieuc.

– Les **flambarts** naviguaient autrefois exclusivement sur les côtes septentrionales de Bretagne et servaient notamment au ramassage du goémon ; on peut en revoir depuis qu'ont été lancés l'*An Durzunel* de Loguivy et l'*Ar Jentilez* de Perros-Guirec *(voir « Nos adresses » p. 230)*.

– Les **chaloupes sardinières** naviguaient, elles, sur les côtes méridionales de Bretagne ; le *Telenn Mor* de Douarnenez en préserve le souvenir.

– Les **cotres** sont de petits bateaux à un seul mât. *Le Renard*, construit à l'occasion des festivités de « Brest 1992 », est la réplique du dernier bateau de Robert Surcouf, le corsaire malouin *(voir p. 95 et p. 416)*.

– Les **sloops** sont aussi de petites embarcations à mât unique qui se déclinent sous différents modèles : sloops coquilliers brestois, les forbans du Morbihan, les dragous des Côtes-d'Armor, etc.

Arts et culture

Façonnée pendant des siècles à l'écart des grands mouvements artistiques du fait de son enclavement péninsulaire, la Bretagne n'en a pas moins intégré des influences venues d'ailleurs grâce à son exceptionnelle façade maritime ouverte sur le monde. L'isolement a favorisé l'expansion de la religiosité et son cortège de richesses architecturales et coutumières, les préoccupations défensives ont produit des villes et des ports fortifiés, mais le commerce maritime a aussi importé de nouveaux dessins pour les broderies... Entre l'enclos paroissial, particularité régionale, la forteresse et la mer, les Bretons se sont constitué une culture originale et se sont illustrés dans différents arts et artisanats. De nos jours, ce dynamisme artistique transparaît non seulement dans l'intérêt porté aux arts plastiques, mais aussi dans le domaine littéraire, avec quelques auteurs d'envergure nationale.

Architecture

L'architecture bretonne peut paraître austère et massive au premier coup d'œil. Sa dureté doit beaucoup à la principale matière première des édifices : le granit. Le socle du Massif armoricain a été pioché avec pugnacité pendant des siècles par les Bretons, qui ont su à merveille marier la rudesse du matériau avec celle de leur paysage.

VILLES ET VILLAGES

Flâner dans les vieux quartiers fait partie des charmes de la région. Nombre de villes ou de bourgs ont conservé intactes des rues entières, ou tout au moins des maisons anciennes, en général magnifiquement restaurées.

Vieilles maisons

L'architecture traditionnelle des villes et des campagnes bretonnes est bien plus diverse qu'on ne l'imagine au premier abord. Au détour des villages, on croise de petites maisons de pêcheurs frappées d'une ancre de marine, des fours à pain voûtés de briques, des moulins à marée à proximité des abers, des fermes massives aux toits de chaume ou d'ardoise, en pierres apparentes à l'intérieur des terres, parfois enduites dans les régions côtières pour les protéger de l'air salin. Disséminées au bord des routes, ces curiosités ne peuvent être envisagées d'un seul coup d'œil. Si l'on veut découvrir l'archétype du village de pêcheur breton, il faut se rendre à Cancale, mais pour admirer le patrimoine balnéaire des villas de bord de mer, direction Dinard ou Carantec.

Dans les villes, le granit est bien sûr à l'honneur, mais on rencontre aussi du schiste, du grès ou du pisé (une maçonnerie de terre argileuse), ou encore une combinaison de matériaux qui rythment très élégamment le paysage urbain de villes comme Vitré ou Morlaix. Sans être rares, ces habitations ne sont pas légion.

De nombreuses maisons médiévales à pans de bois ont en effet disparu dans les grands incendies du 18e s., comme celui

DE LA DÉFENSE À L'AGRÉMENT

L'aspect des forteresses bretonnes a évolué au rythme de l'histoire régionale. Des édifices d'allure médiévale comme Châteaugiron, Tonquédec ou Suscinio, construits dès le 13e s. à l'intérieur des terres, témoignent d'une époque de rivalités seigneuriales. Leurs contemporains élevés à Fougères, Vitré ou Chateaubriant, surnommés « les Marches de Bretagne », rappellent quant à eux le cordon défensif créé à l'intention du royaume de France. À partir de 1532, la Bretagne adoptant les intérêts français, le danger vient de la flotte anglaise et le littoral est fortifié.
Vauban intervient au 17e s. à Morlaix (château du Taureau) et à Belle-Île. Le Fort national protège St-Malo avec toute une série de fortins, et la citadelle de Port-Louis surveille la rade de Lorient. Les forteresses accueillent des garnisons. Dès lors, celles de l'arrière-pays, comme Josselin, libérées de leur vocation défensive, peuvent consacrer plus de moyens à leur embellissement et deviennent des lieux d'agrément, reflétant toujours la prospérité et le rang de leur propriétaire. C'est à cette époque qu'apparaissent des châteaux comme Kerjean ou Quintin, qui se parent d'emblée d'éléments décoratifs Renaissance ou classiques.

de Rennes en 1720 *(voir p. 31)*, ou à cause des bombardements de la Seconde Guerre mondiale, notamment à Brest. Aussi les Bretons soignent-ils avec amour celles qui ont survécu, d'autant plus qu'à partir de la fin du 16e s. chaque terroir se singularisait par un type d'architecture propre. Au 18e s., à la suite d'édits interdisant le bois dans la construction, des hôtels particuliers en pierre ont remplacé ces belles demeures à détails gothiques, par trop inflammables. Les villes étant souvent closes par des murailles, il fallait aussi construire en hauteur pour trouver de la place. Apparurent alors des bâtiments classiques aux lignes plus sévères, mais qui ont toutefois su conférer un cachet élégant aux grandes villes de l'Ouest.

Malouinières

À la fin du 17e s. et au 18e s., les armateurs de St-Malo s'étant considérablement enrichis *(voir la partie « Histoire », sur la course et le commerce p. 416)*, des gentilhommières fleurirent dans cette campagne que l'on nomme le « Clos-Poulet », au sud-est de la ville. Bien qu'elles ne soient pas toutes de mêmes dimensions, elles présentent une architecture homogène : cheminées élancées, toits à pente raide percés de lucarnes, façades crépies de blanc, parements de granit. À ne pas manquer si l'on visite la cité des corsaires *(voir p. 89)*.

FORTERESSES ET CHÂTEAUX

Le granit breton est un matériau sévère qui ne vieillit pas. Sans les lignes générales et le mode de construction qui permettent de les différencier, il ne serait guère possible de donner un âge aux monuments. Si l'on excepte les forteresses *(voir encadré ci-dessus)*, on trouve peu de châteaux importants en Bretagne, contrairement aux édifices religieux. Cette répartition traduit parfaitement le caractère des Bretons dont tous les efforts artistiques furent dédiés à la religion.
On peut néanmoins encore admirer aujourd'hui de beaux exemples de fortifications et de châteaux.
St-Malo a conservé la totalité de la ceinture de pierre qui les enserrait. Parmi les plus importantes

forteresses, celles de **Fougères** et de **Vitré** sont particulièrement bien préservées. **Dinan** et **Combourg** ont leurs châteaux forts encore debout, tandis que **Tonquédec** offre des ruines imposantes. La sentinelle avancée du fort **La Latte** occupe un site magnifique. Et si les édifices mi-forteresses mi-palais, tel **Kerjean**, n'abondent pas, c'est que la noblesse bretonne était pauvre. On le voit, la diversité est au rendez-vous, à laquelle viennent s'ajouter les innombrables manoirs-fermes des gentilshommes campagnards qui, sans renoncer à leur rang, n'hésitaient pas à cultiver leurs terres comme des paysans.

ARCHITECTURE TECHNIQUE

Moulins à marée

Les moulins à marée existent au moins depuis le 12e s. Ils sont particulièrement abondants en Bretagne, notamment le long des rias et des fleuves soumis à de très forts marnages comme l'estuaire de la Rance. Leur nom l'indique, ces moulins ne pouvaient fonctionner sans les marées. Accolés à une digue, ils accumulaient de l'eau dans une réserve pendant les phases montantes de la marée. Au reflux, le retrait d'une simple vanne permettait d'actionner la roue et de moudre le grain. En période de mortes-eaux, les marées ne suffisaient pas à donner du travail à temps plein au minotier, qui construisait alors, sur une butte proche, un moulin traditionnel. D'allure austère et massive, les moulins à marée, aussi appelés moulins à eau bleue, constituent un superbe exemple d'architecture fonctionnelle bretonne.

Comme pour leurs homologues à vent, c'est l'arrivée du chemin de fer, de l'automobile et de la mécanisation qui a eu raison de leur activité. Les derniers ont tourné jusque dans les années 1960.

Certains moulins à marée sont encore en état de fonctionnement, comme le moulin du Prat dans la vallée de la Rance *(voir p. 133)*.

Phares

La Bretagne compte 50 phares (soit le tiers des phares français).

Les premiers critères de construction sont d'abord techniques. La portée géographique est induite par la rotondité de la terre. Plus un phare est haut, plus la rencontre du faisceau lumineux avec l'horizon est éloignée : le marin aperçoit le feu de plus loin. La portée lumineuse dépend avant tout de la puissance de la lampe, mais aussi de la composition de l'atmosphère qui se dégrade de nuit ou par temps pluvieux ou brumeux. Si la hauteur d'un phare est donc déterminée en fonction de la portée voulue (3 m de haut = 3,6 milles, 30 m = 11,5 milles, 100 m = 21 milles), sa forme l'est par l'endroit où il se trouve.

Sur terre, les phares sont presque toujours de forme carrée. En mer, ils sont systématiquement de forme cylindrique, de manière à subir le moins possible la pression que leur infligent les vagues et le vent. Pour admirer certains des plus beaux phares français, nous vous recommandons la Route des phares et le Chemin des phares, qui empruntent les routes et les sentiers côtiers de Brest à Brignogan *(se renseigner dans les offices de tourisme de Brignogan-Plages et de Brest)*. En 2017, 22 phares sont classés Monuments historiques, dont 16 en Bretagne Nord : le phare du Grand Jardin à St-Malo, en Ille-et-Vilaine ; le phare des Héaux-de-Bréhat à Pleubian, le phare du cap Fréhel, le phare des Roches-Douvres à Bréhat et le phare des Triagoz, dans les Côtes-d'Armor ; le phare de Pontusval à Brignogan-Plages, les phares du

Créac'h, du Stiff, de la Jument et de Nividic à Ouessant, le phare de l'île Vierge à Plouguerneau, le phare de St-Mathieu à Plougonvelin, le phare de l'île de Batz, le phare de Kéréon à Molène, le phare des Pierres Noires au Conquet, le phare du Four à Porspoder, dans le Finistère.
Pour un panorama complet de l'histoire des phares, rendez-vous à Ouessant au musée des Phares et Balises *(voir p. 304)*.

Art religieux et enclos paroissiaux

Non loin des plages et des sites géographiques les plus prisés, les villes et les campagnes protègent pieusement les témoignages artistiques de l'histoire bretonne. Profondément religieux, l'art a ici laissé des traces matérielles à la fois monumentales et originales, presque toujours taillées dans ce granit qui fait à la fois l'orgueil et la particularité de la Bretagne. Prendre le temps de s'intéresser à ces vestiges, c'est se donner toutes les chances de mieux comprendre cette « péninsule du bout du monde ».

UNE ARCHITECTURE MYSTIQUE

Neuf cathédrales, une vingtaine de sanctuaires importants, des milliers d'églises et de chapelles rurales forment un imposant ensemble de monuments religieux. La richesse et le réalisme de leurs détails traduisent encore toute la force de la foi qui animait le peuple breton.

Cathédrales

Elles sont inspirées des grands édifices de Normandie ou d'Île-de-France, mais ne peuvent rivaliser, ni par les dimensions ni par l'ornementation, avec leurs modèles. Les ressources des bâtisseurs étaient limitées, et le granit local est une pierre dense et difficile à travailler. En outre, les difficultés de trésorerie ont prolongé les travaux de trois à cinq siècles, ce qui nous permet de repérer toutes les étapes du gothique, depuis l'arc dépouillé des débuts jusqu'à la folle exubérance du flamboyant. Enfin, la Renaissance est venue placer sa dernière touche au cœur de ces édifices dont les plus intéressants sont ceux de St-Pol-de-Léon *(voir p. 317)*, Tréguier *(voir p. 207)*, Dol *(voir p. 150)* ainsi que Quimper et Nantes.

Églises et chapelles rurales

À l'époque romane (11e et 12e s.), la Bretagne n'était pas florissante. Les sanctuaires furent donc rares, et souvent transformés aux siècles suivants. Du 12e au 17e s., le territoire se couvrit d'églises et de chapelles gothiques et Renaissance.
Jusqu'au 16e s., le plan général est un rectangle, parfois un plan en « T ». La nef est souvent sans bas-côtés et sans fenêtres, et aboutit à un chœur flanqué de chapelles, dont il est séparé par un arc de pierre.
Le chevet est plat et percé d'ouvertures. La voûte de pierre est très rare : on lui préfère une charpente lambrissée, souvent peinte et dont les entraits, les sablières et les têtes de blochets

UNE CURIOSITÉ
Les nombreuses statues qui ornent les églises bretonnes sont de véritables portraits et des documents de premier ordre pour l'histoire du costume. Le groupe trinitaire de sainte Anne, la Vierge et l'Enfant se retrouve assez fréquemment en Bretagne. Cette figuration, assez courante en Europe centrale, est relativement rare en France.

L'enclos paroissial de Guimiliau (Finistère).
j-wildman/i Stock

sont fréquemment sculptés. À partir du 16e s. est adopté le plan en forme de croix latine, avec un transept dont la présence efface l'arc central. Le chevet devient à trois pans et des fenêtres percent les bas-côtés.

On est surpris aujourd'hui de découvrir, dans des solitudes désolées, des chapelles qui feraient l'orgueil de localités importantes. Des édifices comme celui de N.-D.-du-Folgoët *(voir p. 281)* illustrent bien la foi des petits pays bretons de l'époque. Cependant, il est malheureusement assez courant de voir des chapelles modestes plus ou moins à l'abandon.

Clochers

Ces bâtiments symbolisaient à la fois la vie religieuse et la vie municipale. Les populations y plaçaient toute leur fierté, et c'était un châtiment terrible de voir un souverain mécontent les abattre.

Le type le plus fréquent est le clocher-pignon, plus léger et moins coûteux que le clocher classique.

On y accède par des marches extérieures ou par des escaliers logés dans les tourelles qui le flanquent.

Porches

Dans les églises bretonnes, un porche important s'ouvre sur le côté sud. Il a fréquemment servi de lieu de réunion pour les notables de la paroisse qui prenaient place sur les bancs de pierre garnissant les murs. Souvent, une double rangée d'apôtres le décore. On les reconnaît à leurs attributs : saint Pierre tient la clef du paradis ; saint Paul, un livre ou une épée ; saint Jean, un calice ; saint Thomas, une équerre ; saint Jacques le Majeur, un bâton de pèlerin ; saint Matthieu, une hachette ; saint Simon, une scie ; saint André, une croix ; saint Barthélemy, un couteau.

LE MOBILIER RELIGIEUX

Du 15e au 18e s., une armée de sculpteurs bretons a fourni aux églises divers éléments : chaires, stalles, buffets d'orgues, baptistères, clôtures de chœur, jubés, poutres de gloire, retables, niches à volets, confessionnaux, saints sépulcres et statues… On ne s'étonnera pas de constater au cours des visites que ces œuvres présentent un caractère plus abouti que les figures des calvaires. Il est en effet beaucoup plus aisé de travailler le chêne, le châtaignier ou l'albâtre que le granit.

Jubés et poutres de gloire

Nombreux dans les églises bretonnes, les jubés sont souvent d'une richesse inouïe. Quelques-uns sont sculptés dans le granit, mais la plupart, et c'est une des originalités de la Bretagne, sont en bois. Variée, la décoration diffère sur leurs deux faces, car le jubé sépare le chœur de la partie de l'église réservée aux fidèles et complète les clôtures latérales du chœur. Par ailleurs, le jubé sert à la prédication et à la lecture des prières, qui sont faites du haut de sa galerie supérieure. En général, il est surmonté d'un crucifix, entouré des statues de la Vierge et de saint Jean, qui font face à la foule. La poutre de gloire, ou tref, est à l'origine du jubé. Afin de l'empêcher de fléchir, on fut amené à la soutenir par des supports qui firent place à une clôture plus ou moins ouvragée. Décorée habituellement de scènes de la Passion (elle porte toujours le groupe du Christ entouré de la Vierge et de saint Jean), on la trouve surtout dans les petites églises et les chapelles.

Retables

Nombreuses, surchargées, les œuvres Renaissance se retrouvent dans les fonts baptismaux et les chaires à prêcher, transformés en vrais petits monuments. Mais le cas le plus intéressant est celui des retables. À l'origine, l'autel primitif n'est qu'une table. Petit à petit, il va perdre en simplicité et atteindre des dimensions étonnantes. Du 12e au 14e s., les autels s'ornent d'un gradin peu élevé, le retable est de même longueur que l'autel, puis la sculpture s'en empare et on voit apparaître des scènes extraites de la Passion. À partir du 15e s., l'autel est envahi de colonnes torses, de frontons et de niches ornées de statues et de panneaux sculptés, qui trouvent leur plein épanouissement au 17e s.

Le retable, dont le sujet principal s'est perdu parmi les angelots et les guirlandes, en arrive à occuper la totalité de la chapelle réservée à l'autel. Le paroxysme ornemental est même atteint lorsque, ne faisant qu'un avec les retables des autels voisins, il orne toute la muraille du chevet : c'est le cas à **Ste-Marie-du-Ménez-Hom** dans le Finistère Sud. Citons aussi ceux de Guimiliau *(voir p. 343)*, Lampaul-Guimiliau *(voir p. 344)* et Commana *(voir p. 348)*.

La dévotion au Rosaire, que l'on doit au dominicain breton Alain de La Roche (15e s.), donna lieu, à partir de 1640, à l'érection de maints retables dans lesquels la Vierge est représentée remettant le chapelet à saint Dominique et à sainte Catherine de Sienne.

Arbre de Jessé et Mise au tombeau

Un grand nombre de niches à volets renferment un Arbre de Jessé. Jessé, qui appartenait à la tribu de Juda, eut un fils, David, de qui descend la Vierge Marie. Il est généralement représenté couché. Dans ses entrailles plongent les racines de l'arbre dont les rameaux portent, dans l'ordre chronologique, les rois et les prophètes, ancêtres du Christ. La Vierge, au centre, figure la tige qui porte la fleur : Jésus. Voyez l'arbre de La Trinité-Porhoët, non loin de Ploërmel.

La Mise au tombeau, ou Saint-Sépulcre, groupe souvent sept personnages autour du Christ mort. Si elle est souvent traitée sur les calvaires, elle est rarement présente dans les églises, sauf à

Lampaul-Guimiliau *(voir p. 344)* et à Saint-Thégonnec *(voir p. 341)*, où elles sont remarquables.

Vitraux

Si les peintures et les fresques sont rares, les verrières sont en revanche assez nombreuses. Souvent inspirées par l'art italien ou flamand, elles se caractérisent toujours par une facture bretonne. La cathédrale de **Dol** en possède une très belle du 13e s. Les plus beaux exemples datent des 14e, 15e et 16e s., et sortent des ateliers de Rennes, Tréguier et Quimper ; on peut en voir à N.-D.-du-Crann et à St-Fiacre du Faouët.

Au 20e s., la restauration ou la création de nombreuses églises et chapelles a permis de parer ces édifices de nouveaux vitraux éclatants, souvent non figuratifs.

Une myriade de fontaines

Les fontaines liées au culte de l'eau sont innombrables en Basse-Bretagne. La plupart d'entre elles sont des **fontaines guérisseuses comme** celle de Pendréo *(voir p. 240)*. Presque tous les lieux de pardons possèdent une fontaine où vont boire les fidèles, comme celle de la basilique du Folgoët *(voir p. 281)*.

Elle est placée sous la protection d'un saint ou de la Vierge, dont les statues s'abritent dans de petits sanctuaires, tantôt frustes, tantôt ornés. Dans les lieux de pèlerinage importants, comme **Ste-Anne-d'Auray**, la fontaine a été aménagée de façon moderne, avec vasques, bassins et escaliers.

ENCLOS PAROISSIAUX

Une particularité bretonne : l'enclos paroissial est l'ensemble monumental le plus typique que l'on rencontre dans les bourgs. Il s'ouvre habituellement par une porte triomphale donnant accès à l'église, au calvaire et à l'ossuaire ; il permettait à la vie paroissiale de rester étroitement attachée à la communauté des morts, puisque l'enclos avait le cimetière pour centre. Souvent édifiée à proximité d'une source, une fontaine accompagne couramment l'ensemble architectural.

À l'heure où la Bretagne s'enrichit notamment grâce au commerce maritime, une émulation entre villages voisins explique la richesse des enclos qui ont surgi en Basse-Bretagne à la Renaissance et au 17e s.

Portes triomphales et ossuaires

La porte monumentale ou porte des Morts, généralement très décorée, est traitée en arc de triomphe pour symboliser l'entrée du Juste dans l'immortalité.

Les portes latérales voient leur passage barré par une pierre haute, l'échalier ; cette clôture est symbolique, car elle n'en empêche pas le franchissement.

Dans les petits cimetières bretons d'autrefois, les corps étaient exhumés pour laisser la place aux nouveaux défunts. On entassait les ossements dans des réduits que l'on élevait contre l'église ou le mur du cimetière. Ces ossuaires sont devenus des bâtiments isolés, et

UNE HISTOIRE ÉDIFIANTE

Sur plusieurs calvaires (Plougastel-Daoulas, Guimiliau) figure l'histoire de **Katell-Gollet** (Catherine la Perdue). Cette jeune servante avait dissimulé en confession ses écarts de conduite, puis avait dérobé une hostie consacrée pour la donner au diable, qui avait pris les apparences de son amoureux. Elle fut donc condamnée aux flammes éternelles…

leur exécution devint plus soignée. Ils ont pris la forme de reliquaires et ont servi de chapelles funéraires.

Les calvaires

Ces petits monuments de granit regroupent autour du Christ en croix des épisodes de la Passion. Nombre d'entre eux furent érigés pour conjurer la peste de 1598 ou, après sa disparition, en tant qu'Action de grâces. Ils servaient à l'instruction religieuse : tout en prêchant, le prêtre désignait les scènes qu'il racontait. Le plus ancien des calvaires existants est celui de Tronoën (fin 15e s.) ; les plus célèbres sont ceux de Guimiliau, avec 200 personnages *(voir p. 343)*, Plougastel-Daoulas *(voir p. 352)* et Pleyben.

Si la sculpture est généralement fruste et naïve, c'est qu'il s'agit essentiellement d'un art de tailleurs de pierre villageois. Mais quel sens admirable de l'observation avaient ces artistes anonymes ! L'expression de la vie y est souvent saisissante. Ils choisissaient les scènes au gré de leur inspiration, sans les grouper de façon chronologique. Certaines se reconnaissent facilement, d'autres sont traitées plus sommairement.

Les calvaires ont eu pour prédécesseurs les croix de chemin. Elles étaient très nombreuses, mais beaucoup ont été détruites.

Peinture et artisanat d'art

Dès le 19e s., les artistes ont trouvé en Bretagne une source d'inspiration inépuisable. Peintres et graveurs ont sillonné le littoral, de la baie du Mont-St-Michel au golfe du Morbihan, à la recherche des secrets de la lumière et des couleurs, tandis que faïenciers et céramistes se sont plutôt tournés vers les sujets ethniques et culturels.

ÉCOLE DE PONT-AVEN

« Un petit trou pas cher », c'est ainsi qu'un ami peintre décrit le bourg de Pont-Aven à **Paul Gauguin**. En 1886, ce dernier a alors 38 ans et décide de troquer la vie bourgeoise contre la vie de bohème que lui promet la peinture. Construite au bord de l'Aven, la petite ville est connue pour ses moulins et l'activité portuaire induite par les minoteries. Les alentours, riches en églises, en champs couverts de meules jaunes ou de mégalithes épars, attirent déjà un cortège de peintres académiques, attirés par l'exotisme régional.

Gauguin, bientôt suivi par un large groupe d'amis, fait exploser leur vision stricte de l'art pictural. Leur courant, bientôt baptisé d'école de Pont-Aven, porte d'abord le nom de « synthétisme ». Les couleurs sont vives, couchées en aplats, les contours et les formes sont simplifiés et les visages souvent dépourvus de traits : le style de Pont-Aven s'affirme comme une nouvelle vision artistique de la nature. Émile Bernard et Paul Gauguin, les fondateurs, sont bientôt rejoints par le jeune Sérusier, Maurice Denis, Armand Seguin et par des peintres étrangers informés par la critique parisienne saluant la naissance du mouvement.

Le groupe, dont la tranquillité est perturbée par l'affluence de curieux, s'installe au Pouldu. Gauguin, lui, part dans le Pacifique chercher d'autres voies picturales. Il fait son dernier séjour breton en 1894. Pont-Aven jouit toujours de la renommée acquise grâce au peintre.

Bien plus tard, **Yves Tanguy** (1900-1955) qui a en partie grandi à Locronan et à Plestin-les-Grèves, deviendra le plus grand peintre surréaliste français, et ses toiles doivent beaucoup aux paysages chaotiques de la Bretagne.

ART CONTEMPORAIN

Le **Frac Bretagne** (Fonds régional d'art contemporain), situé à Rennes, a rassemblé depuis 1981 plus de 4000 œuvres, qui sont exposées régulièrement dans les quatre départements bretons et, depuis 2013, dans son propre espace *(voir p. 39)*. Doté d'un centre de documentation et d'un service éducatif destiné à familiariser les plus jeunes à l'art, il publie aussi régulièrement des monographies d'artistes régionaux et des catalogues collectifs.
En outre, la région compte 2 centres d'art contemporain labellisés – **La Criée** à Rennes, **La Passerelle** à Brest – et un lieu privé, le **Fonds Hélène et Édouard Leclerc pour la culture**, à Landerneau.
Notez que toutes les grandes villes bretonnes possèdent des centres d'art contemporain. Le musée des Beaux-Arts de Rennes ouvre ainsi régulièrement ses portes à des plasticiens locaux, alors que La Passerelle, à Brest, est un centre d'art plus ouvert sur la danse, la musique et la poésie.
Si vous êtes amateur de sculptures, ne repartez pas sans avoir visité l'atelier du sculpteur Pierre Manoli, installé sur la rive gauche de la Rance, à La Richardais *(voir p. 136)*.
Enfin, certains lieux de cultes désacralisés accueillent des expositions temporaires d'œuvres contemporaines. C'est le cas notamment de diverses chapelles du Léon, dans le cadre de la manifestation annuelle intitulée « Art contemporain et patrimoine religieux dans les chapelles du Léon » *(voir p. 296)*.
La mer aussi contribue au renouveau artistique régional grâce à une nouvelle utilisation des bois d'épaves. S'ils sont recherchés depuis des siècles par les Bretons du littoral pour la manufacture de mobilier, les bois flottés rejetés sur la laisse de mer (accumulation des détritus naturels rejetés par la mer) sont désormais récoltés et retravaillés par des artistes du cru.

LES ARTS DÉCORATIFS

Le mobilier

Pendant des siècles, les artisans bretons ont exécuté lits clos, buffets, vaisseliers, armoires et gaines d'horloges selon des modèles identiques, ne différant d'une pièce à une autre que par de petits détails d'ornementation. Ce caractère répétitif les a portés à une grande maîtrise de leur art.
Le **lit clos**, pièce essentielle du mobilier breton, permettait de se protéger du froid, mais aussi de s'isoler dans la grande pièce commune. Le lit est généralement fermé par deux portes coulissantes ; par une seule grande porte dans le Léon, par d'épais rideaux dans la région d'Audierne ou le Morbihan. Il se complète toujours d'un banc-coffre où l'on rangeait le linge.
Une riche ornementation les décore : des fuseaux, des guirlandes, des motifs religieux dont le monogramme du Christ ou le cœur chouan (cœur surmonté d'une croix), des figures géométriques, juxtaposées ou entrelacées, appelées décorations « au compas ». Ces motifs se retrouvent aussi sur les **armoires**, souvent coiffées d'une corniche plate débordante, ou parfois à double cintre comme dans le bassin de Rennes. Le **coffre** a également joué un rôle important : il abritait le linge ou le grain destiné à l'usage ménager.

La faïence

Relevant davantage de l'art décoratif que du mobilier, la faïence en était pourtant un accessoire indissociable. La faïence de Quimper, la plus renommée, s'est enrichie au fil des siècles de nombreux apports qui ont à diverses reprises relancé cette production, marquant son évolution et témoignant de sa créativité. Un savoir-faire transmis de siècle en siècle aux « peinteurs » quimpérois a fait de cette ville le foyer d'une production dont l'originalité réside dans la diversité des styles.

C'est aux environs de 1840 qu'apparaissent les faïences à sujets bretons (avec notamment le fameux « petit Breton », personnage caricatural qui va détrôner les décors traditionnels), et que débute leur industrialisation. Créées par Alfred Beau (1829-1907), la série des « scènes bretonnes » inspirées de contes et de gravures, et, plus tard, celle des « légendes bretonnes » connaîtront un vif succès.

L'orfèvrerie

C'est aux 14e et 15e s. que l'orfèvrerie bretonne a connu ses périodes les plus fastes. Les commandes étaient alors surtout religieuses, avec des pièces magnifiques, notamment les reliquaires. Nombre d'entre elles ont été fondues pour financer des guerres. Malgré ces pertes, la Bretagne recèle encore de très belles pièces dues à des artistes locaux, notamment du côté de Morlaix et de Vannes, où elles ont été jalousement mises à l'abri des convoitises. On en verra toutefois à Carantec, à St-Jean-du-Doigt, à Paimpont, etc.

La broderie

La broderie apparaît en Bretagne après la Révolution française. Avant, les matériaux (fil de soie, perles, velours…) étaient si chers que seuls les plus riches pouvaient se les offrir. Au 19e s., les costumes régionaux connaissent un développement extraordinaire : on n'en comptait pas moins de 1 200 différents en Bretagne !

Les ornements brodés, tant sur les costumes que sur les coiffes, étaient propres à chaque pays et permettaient de les identifier grâce aux points et aux motifs (floraux pour le pays de l'Aven, broderies orange et jaune pour le pays bigouden…). Presque disparue avec les confréries de brodeurs dans l'Entre-deux-guerres, l'activité perdure aujourd'hui de manière artisanale et connaît même un regain d'intérêt lié à l'essor de la culture celtique.

Légendes et littérature

D'est en ouest et du nord au sud, la Bretagne regorge de récits merveilleux. Croyances, rituels et contes ont ainsi créé au fil des siècles tout un univers, folklorique pour les uns, mystérieux pour les autres. Les légendes ont surtout su conserver la fraîcheur de mythes très anciens qui n'ont pas été sans imprégner la vie littéraire bretonne, du Moyen Âge à nos jours.

UNE TERRE DE LÉGENDES

La Table ronde

Après la mort du Christ, Joseph d'Arimathie, un de ses disciples, quitte la Palestine en emportant quelques gouttes du sang divin dans la coupe où le Rédempteur a bu lors de la Cène. Il débarque en Bretagne, séjourne en forêt de Brocéliande, l'actuelle forêt de Paimpont, puis disparaît sans laisser de traces.

Au 6e s., le roi Arthur et 50 chevaliers entreprennent de retrouver la précieuse coupe. Elle constitue à leurs yeux le **Saint-Graal**, que seul pourra conquérir un guerrier au cœur pur.

Cet homme idéal est Perceval (devenu le Parsifal de Wagner).

La recherche du Graal a donné naissance à d'inépuisables récits d'aventures médiévaux qui forment le cycle de la Table ronde. Ronde

La légende arthurienne illustrée dans l'église de Tréhorenteuc (peinture de K. Rezabeck).
B. Rieger/hemis.fr

parce qu'Arthur et ses chevaliers s'assemblaient autour d'une table qui, par sa forme, supprimait toute préséance.

Merlin et Viviane

L'un des compagnons du roi Arthur, Merlin l'Enchanteur, vient en forêt de Brocéliande. Dans sa retraite, il rencontre la fée Viviane et en tombe amoureux ! Pour garder plus sûrement Merlin, Viviane lui soutire un à un ses secrets et l'enferme dans un cercle magique. Il pourrait certes se libérer, mais il accepte avec joie, et pour l'éternité, cette captivité amoureuse.

Tristan et Iseult

Tristan, prince de Léonois envoyé par son oncle Mark, roi de Cornouaille, ramène d'Irlande Iseult, que Mark va épouser. Sur le navire, Tristan et Iseult boivent par erreur le philtre destiné à lier d'un amour inaltérable Iseult à son époux. La passion éclate dans les deux cœurs. Les récits font varier les dénouements : tantôt Tristan est tué par Mark, ulcéré de sa trahison; tantôt il se marie et meurt dans son château de Bretagne.
À chaque fois, Iseult le suit invariablement dans la tombe. L'opéra de Wagner et le livre de Joseph Bédier ont célébré ce drame de l'amour.

La ville d'Ys

Au temps du bon roi **Gradlon**, vers le 6e s., Ys est la capitale de la Cornouaille : les baies des Trépassés et de Douarnenez en revendiquent les vestiges. La ville est protégée de la mer par une digue, et le roi garde toujours sur lui la clef d'or qui ouvre les écluses. Sa fille, la belle Dahut, appelée encore Ahès, mène une vie de débauche et rencontre le diable sous la forme d'un séduisant jeune homme. Comme preuve d'amour, celui-ci lui demande d'ouvrir les portes des écluses. Dahut dérobe la clef durant le sommeil de son père et bientôt la mer se rue dans la ville. Gradlon fuit à cheval, sa fille en croupe. Mais les vagues s'apprêtent à l'engloutir quand une voix céleste lui ordonne, s'il veut être sauvé, de jeter à l'eau le démon accroché à lui. Le cœur serré, le roi abandonne sa fille aux flots qui se retirent aussitôt.

Mais Ys est détruite.
Gradlon, qui choisit Quimper comme nouvelle capitale, finira ses jours en odeur de sainteté, guidé par saint Corentin. Quant à Dahut, changée en sirène, elle est devenue Marie-Morgane et entraîne depuis lors au fond de la mer les marins attirés par sa beauté. Il en sera ainsi jusqu'au vendredi de la Croix où la messe du rachat sera célébrée dans la cité engloutie. Alors Ys cessera d'être maudite et Marie-Morgane reprendra sa forme initiale.

VIE LITTÉRAIRE

Moyen Âge et Renaissance

Aucune œuvre rédigée en vieux breton n'ayant été conservée, seuls ont traversé les siècles des ouvrages en latin, le plus souvent sur l'histoire de l'Église ou de la Bretagne, la morale et la vie des saints.
D'un côté, la littérature bretonne disparue a inspiré le cycle arthurien ; de l'autre, il nous reste des écrits de moines.
La grande figure médiévale est **Pierre Abélard** (1079-1142), brillant philosophe, natif du Pallet, près de Nantes, abbé de St-Gildas-de-Rhuys. Il y reçut la correspondance passionnée de la jeune Héloïse, épousée secrètement, et relata l'histoire de ses malheurs. On peut citer aussi **Guillaume Le Breton** (1165-1226), poète et historiographe de Philippe Auguste, auteur de douze volumes de *Philippide* où il exalte les événements du règne.
Ce n'est qu'aux 15e et 16e s. que l'on cerne une véritable école d'historiens et de poètes, née après la création de l'université de Nantes au 15e s.

Aux 17e et 18e siècles

Bretonne par alliance, **Mme de Sévigné** (1626-1696) a, de son château des Rochers-Sévigné, daté maintes lettres décrivant Rennes, Vitré, Vannes et Port-Louis où elle a fait « le plus joli voyage du monde ».
Alain René Lesage (1668-1747), spirituel auteur de *Gil Blas*, connut le succès avec ses œuvres réalistes où il narra les souvenirs de son Vannetais natal. **Élie Fréron** s'est illustré à travers ses démêlés avec Voltaire, et fut le brillant directeur du périodique parisien, *L'Année littéraire*.

Du romantisme aux romans du terroir

« Il inventa la mélancolie et la passion moderne. » Cette opinion de Théophile Gautier souligne à quel point **François René de Chateaubriand** (1768-1848) a eu un rayonnement immense.
Sa sensibilité, son éloquence passionnée, servies par un talent et un style brillants, expliquent l'influence qu'il exerça sur ses contemporains. Ses *Mémoires d'outre-tombe* évoquent son enfance à St-Malo et sa jeunesse au château de Combourg. Royaliste et théocrate, **Lamennais** (1782-1854) devint un démocrate convaincu. L'évolution de sa philosophie se reflète dans ses œuvres, de l'*Essai sur l'indifférence* au *Livre du peuple* paru en 1837. Philologue, historien et philosophe, **Ernest Renan** (1823-1892) fut un esprit critique professant une foi absolue dans la science. Parmi ses nombreux ouvrages, *Souvenirs d'enfance et de jeunesse* rappellent sa Bretagne natale. La jeunesse et la famille ont aussi été les thèmes de prédilection de **Zénaïde Fleuriot** (1829-1890), dont les romans ont été publiés dans la seconde moitié du 19e s.
Moins puissants, mais fidèles interprètes du terroir, quelques auteurs ont bien traduit la pensée bretonne : **Auguste Brizeux** (1803-1858), auteur des poésies *Telen Arvor ;* le conteur **Émile Souvestre** (1806-1854) qui écrivit *Les Derniers Bretons ;* Théodore **Hersart de La Villemarqué** (1815-1895) et ses recueils poétiques de chants

populaires, *Barzaz Breiz* et *Myrdhin ou l'Enchanteur Merlin* ; le chantre du cidre **Frédéric Le Guyader** (1847-1926) ; le folkloriste et poète **Anatole Le Braz** (1859-1926) avec *Les Légendes de la mort ;* le romancier **Charles Le Goffic** (1863-1932), également poète avec *L'Amour breton ;* le chansonnier **Théodore Botrel** (1868-1925) qui célébra *Les Chansons de chez nous* et *Les Chants du bivouac.*

Quelques auteurs célèbres des 19e et 20e s.

Parmi les nombreux auteurs, citons ici les romanciers Paul Féval (1816-1887), auteur du *Bossu*, et **Jules Verne** (1828-1905), précurseur des découvertes modernes et traduit dans le monde entier, ainsi que les poètes symbolistes **Villiers de L'Isle-Adam** (1838-1889) et **Tristan Corbière** (1845-1875). **Pierre Loti** (1850-1923) doit également être mentionné pour *Mon frère Yves* et *Pêcheur d'Islande* qui a Paimpol pour cadre. **Jean Guéhenno**, né à Fougères (1890-1978) a raconté son enfance dans *Changer la vie* ; le romancier et nouvelliste **Jakes Riou** (1899-1937), auteur de *Nominoé* qui écrivait en breton ; le journaliste, essayiste et écrivain **Louis Guilloux** (1899-1980), originaire de St-Brieuc (ville qui apparaît souvent en filigrane dans *Le Sang noir, Le Pain des rêves* et *Le Jeu de la patience*) ; le poète **Eugène Guillevic**, né à Carnac (1907-1997), prix Goncourt de la poésie en 1988, entre autres, et le poète **René-Guy Cadou** (1920-1951) qui chanta sa Brière natale.

Littératures d'aujourd'hui

Romans, polars, essais, contes et récits, BD : les auteurs bretons publient chaque année de nombreux ouvrages, dont beaucoup sont aussi édités en langue bretonne. Le dynamisme littéraire breton se mesure au succès du festival **Les Étonnants Voyageurs,** de St-Malo.

À **Bécherel, Cité du livre**, les événements abondent avec en point d'orgue sa Fête du livre.

Henri Queffélec (1910-1992) est un des auteurs ayant le plus célébré la Bretagne. Son roman le plus populaire, *Un recteur de l'île de Sein*, a été adapté au cinéma (*Dieu a besoin des hommes,* d'Yves Delannoy, 1950). Son fils **Yann** a pris la relève avec brio et reçu le prix Goncourt en 1985 pour *Les Noces barbares.*

Pierre Jakez Hélias (1914-1995) a dédié toute son œuvre à la Bretagne, avec plus de 60 ouvrages, dont *Le Cheval d'orgueil*, publié en breton sous le titre *Marh al Lohr.*

Glenmor (1931-1996), de son vrai nom Émile Le Scanff ou Milig ar Scanv, fut un inlassable défenseur de la culture bretonne. Ce chanteur a laissé nombre de disques et recueils de poèmes. Avec son ami Léonard **Xavier Grall** (1930-1981), poète et écrivain, et **Alain Guel**, ils participeront à la création des éditions Kelenn.

Mona Ozouf, née à Lannilis en 1931, auteure du bouleversant et superbe ouvrage *Composition française : retour sur une enfance bretonne.*

Irène Frain, née en 1950 à Lorient, romancière et historienne a reçu le Grand Prix du roman historique en 2009 pour *Les Naufragés de l'île Tromelin.*

Claire Bretécher, née en 1940, dessinatrice de BD célèbre pour *Agrippine* ou *Les Frustrés.*

Emmanuel Lepage, né en 1966 à St-Brieuc, dessinateur, scénariste et coloriste de BD, dont l'œuvre a été saluée au festival « Quai des bulles » (Grand prix de l'Affiche 2012).

Tanguy Viel, né en 1973 à Brest, écrivain brillant et prolifique (déjà 12 romans) dont il faut lire *Paris-Brest* et *L'Absolue Perfection du crime*, s'il fallait choisir…

Olivier Adam, né en 1974 à Draveil, a choisi St-Malo et la Côte-Nord comme décor de sa vie et de ses livres (*Vents Contraires, Les Lisières*).

ABC d'architecture

Les dessins présentés dans les planches qui suivent offrent un aperçu visuel de l'histoire de l'architecture dans la région et de ses particularités. Les définitions des termes d'art permettent de se familiariser avec un vocabulaire spécifique et de profiter au mieux des visites des monuments religieux, militaires ou civils.

ST-BRIEUC – Plan de la cathédrale St-Étienne (13e et 14e s.)

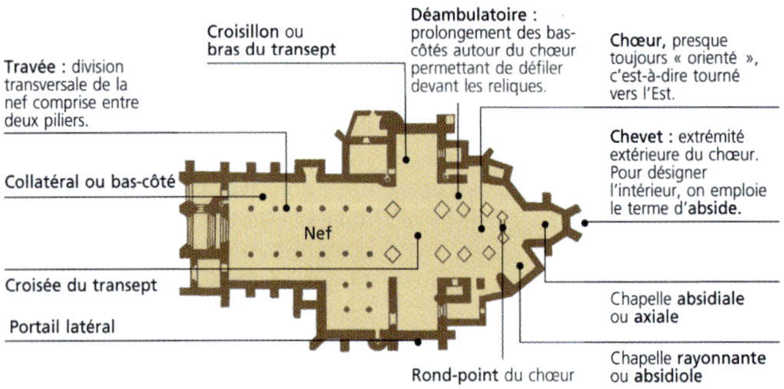

ST-POL-DE-LÉON – Élévation des deux premières travées Nord de la nef de l'ancienne cathédrale (13e et 14e s.)

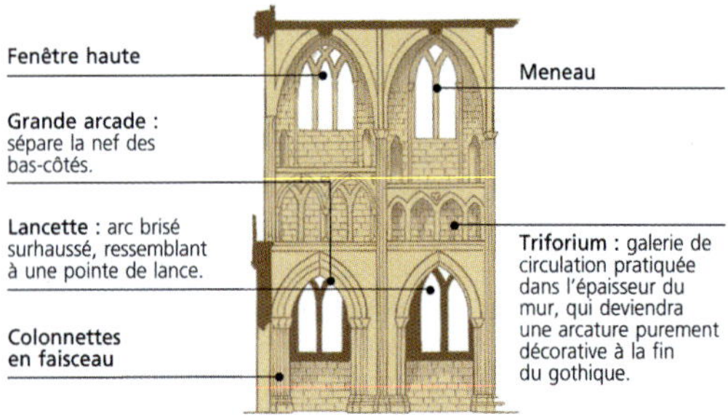

DINAN – Porche à trois arcs de la basilique St-Sauveur (12e s.)

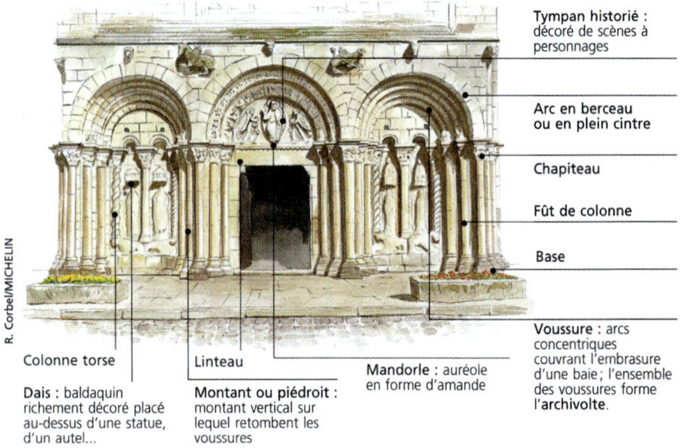

QUIMPER – Cathédrale St-Corentin (13e au 19e s.)

COMMANA – Retable Ste-Anne (1682-1691) dans l'église St-Derrien

Placé derrière l'autel et le surmontant verticalement, le retable de Commana est un véritable joyau de l'art baroque en Bretagne.

R. Corbel/MICHELIN

PLOUGASTEL-DAOULAS – Calvaire (17e s.)

Véritables pages d'évangile figées dans la pierre, les scènes de la vie de Jésus, sculptées sur le calvaire, permettaient au prédicateur d'illustrer son propos.

ST-THÉGONNEC – Porte triomphale de l'enclos paroissial (17e s.)

La « porte des morts », porte cochère très ouvragée marquant la frontière entre la vie profane et le monde spirituel, était réservée aux processions religieuses ou aux convois funèbres.

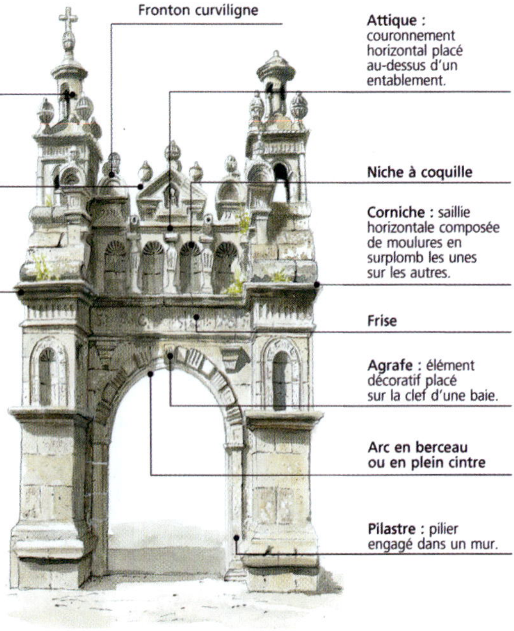

FORT LA LATTE – Château fort (14e s.)

Dominant la mer de plus de 60 m, ce fort du 14e s. remanié au 17e s. et restauré au 20e s. a conservé un aspect médiéval.

BELLE-ÎLE-EN-MER – Citadelle Vauban (17e s.)

Construite au 16e s., la citadelle de Belle-Île fut entièrement remaniée par Vauban au 17e s. Particulièrement bien conservée, elle est un témoin remarquable de l'architecture militaire classique.

JOSSELIN – Façade intérieure du château (1490-1510)

Élevée tout au début du 16e s., cette magnifique façade sur cour montre l'exubérance, la fantaisie et la richesse des lucarnes sculptées à la mode de la Renaissance.

RENNES – Hôtel de ville (1730-1742)

Construit par l'architecte Jacques Gabriel ; le creusement central au niveau du beffroi produit un effet de mise en scène théâtral, typiquement baroque.

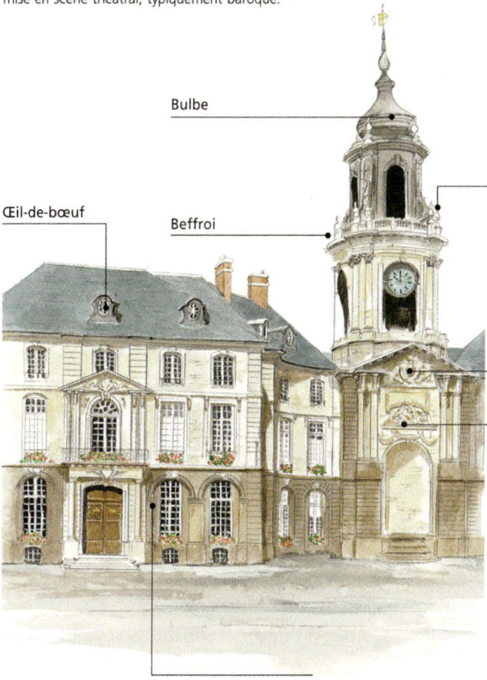

JOSSELIN – Maison « Lovys Piechel » (1624)

R. Corbel/MICHELIN

Une Bretagne de mégalithes

Ces monuments de pierre brute ont été à la source d'une inépuisable série de légendes et d'interprétations. La potion magique de nos irréductibles Gaulois n'est néanmoins pas responsable de toutes ces pierres levées qui ne cessent de nous intriguer par leur aspect colossal.

UNE CONSTELLATION DE PIERRES LEVÉES

On dénombre en Bretagne quelque 6 000 menhirs et plus de 1 000 dolmens, sans compter les cairns, comme celui de Barnenez dans la baie de Morlaix *(voir p. 328)*. Les cairns sont apparus au néolithique ancien (vers 5 000 av. J.-C.). Géographiquement cantonnés au littoral, ces assemblages de dolmens prennent des formes variées, tantôt agencés en coude, en transept, en V ou en simple couloir comme à Gavrinis. Au cours du néolithique moyen (vers 4 000 av. J.-C.), les **chambres funéraires** se sont allongées et ont progressivement changé de type architectural tout en se dotant d'un art pariétal très riche. À la fin du néolithique, elles évoluèrent en allées couvertes comme celle de la Roche-aux-Fées *(voir p. 67)* parallèlement à l'apparition de sépultures à entrée latérale. À la différence des cairns, menhirs et dolmens, les allées couvertes se répartissent sur l'ensemble de la Bretagne.

Les constructeurs

L'homme est présent en Bretagne depuis environ 600 000 ans. À l'*Homo erectus* qui domestique le feu vers 450 000 av. J.-C. succède, vers 35 000 av. J.-C., l'homme « moderne », chasseur-cueilleur nomade qui se sédentarise progressivement. Vers 7 000 av. J.-C., les agriculteurs du Proche-Orient colonisent l'Europe. Vers 5 000 av. J.-C., l'océan Atlantique stoppe net leur progression. Arrivés à la fin de la terre (Finistère), ils vont remplacer les communautés locales et prendre possession du sol. Et voici que, pour enterrer leurs morts, ils élèvent des mégalithes, des « grandes pierres ». Quelques-uns sont visibles à Trébeurden sur la Côte de Granit rose *(voir p. 234)*.

Leur masse, leur aspect cyclopéen sont très impressionnants. En effet, un mégalithe peut peser plus de 300 t. Le déplacer nécessitait donc le concours de plusieurs centaines de personnes. Soit on faisait rouler la pierre sur des rondins (jusqu'à 10 km), soit on la plaçait sur un radeau pour descendre la rivière ou traverser la baie. Pour la dresser, on la faisait glisser dans une fosse sur une rampe inclinée, puis on la stabilisait avec de la terre et des cailloux.

RELIGION ET SOCIÉTÉ

Il va de soi que seul un pouvoir politiquement fort avait la faculté d'« inviter » ses sujets à construire des tombes gigantesques pour une petite élite.

Les mégalithes avaient une fonction funéraire et de prestige. Placés sur des hauteurs, taillés dans des roches nobles, ils étaient visibles de loin. Ces **symboles des divinités** tutélaires veillaient sur les villages et structuraient le territoire. Les alignements paraissent orientés en fonction des équinoxes ou des solstices, mais il faut rester prudent quant à cette hypothèse. On peut supposer que, dans une société d'agriculteurs, les travaux étaient rythmés par des cérémonies, comme ce fut le cas chez nous jusque dans les années 1950.

Survivances et folklore

Nombre de légendes se sont attachées à expliquer les mégalithes, de même qu'une myriade d'interprétations romantiques. Les unes et les autres ont engendré fées et farfadets sur un lit de superstitions. La réalité est plus simple. Au 2e millénaire, à l'âge du bronze, le mégalithisme est progressivement abandonné. À l'âge du fer, certains mégalithes sont démolis et réincorporés dans d'autres ensembles. Les Bretons ont cependant toujours éprouvé du respect pour ces grandes pierres, d'où un culte païen qui a survécu à tous les efforts d'une Église oscillant sans cesse entre destruction et tentative de récupération; de nombreux menhirs sont ainsi christianisés comme en témoignent les croix élevées à leur sommet, tels ceux de Brignogan-Plages par exemple. De nos jours, le site de la vallée des Saints à Carnoët *(voir p. 242)* n'est pas sans faire référence, par sa démesure, aux grands alignements des Bretons d'autrefois… Des légendes pittoresques sont nées au cours des siècles. Ne dit-on pas que le soir de Noël, les menhirs de Carnac vont boire sur la grève de Saint-Colomban ?

FOUILLES ET CONSERVATION

Depuis quelques années, les sites mégalithiques de Bretagne sont victimes de leur succès. Le meilleur exemple en est **Carnac**. Du fait d'une forte fréquentation, des allées ont commencé à se creuser entre les blocs, déchaussant ces derniers. Pour la sécurité du public et la préservation des alignements, le site a donc été clôturé. Son devenir et son mode d'exploitation sont au cœur du débat, sachant que la décision servira sans doute de modèle à d'autres sites confrontés aux mêmes problématiques. Comme pour tous les grands sites, la question se pose de l'équilibre à maintenir entre l'ouverture au public et la préservation du patrimoine.

Dominant la baie de Térénez, le grand cairn de Barnenez impressionne.
Ph. Clément/ArTerra Picture Library/age fotostock

Histoire

Dans l'imaginaire populaire français, la Bretagne druidique occupe une place de choix, au point d'avoir donné naissance au sympathique personnage d'Astérix qui résiste encore et toujours à l'envahisseur. Les sources manquent, il est vrai, sur ces premiers âges, permettant ainsi la libre interprétation. Et les impressionnants mégalithes, menhirs et autres, dressés sur les terres bretonnes bien avant l'arrivée des Celtes, ne font qu'ajouter au mystère... Ce n'est vraiment qu'à partir du Moyen Âge que les chroniqueurs commencent à relater en détail l'histoire bretonne, enrichie des heures de gloire de Du Guesclin et d'Anne de Bretagne, reine d'un duché encore distinct de la couronne de France. Plus tard, du 17e s. au 19e s., les armateurs, les corsaires et les pêcheurs succèdent à ces figures historiques, construisant à leur tour la légende et liant indéfectiblement la Bretagne à la mer.

Des origines à nos jours

L'ANTIQUE ARMOR

L'homme manifeste sa présence en Bretagne il y a près de 600 000 ans. Quelque 150 000 ans plus tard, voici qu'un *Homo erectus* y taille des galets, puis, vers 35 000 av. J.-C., passe un chasseur-cueilleur nomade, qui se sédentarise au mésolithique, soit vers 7 000 av. J.-C.

Avant l'ère chrétienne

- **6e s. av. J.-C.** – Les Celtes arrivent dans la péninsule, pour eux *Armor* (pays au voisinage de la mer). Ils succèdent à un peuple mal connu, dresseur de mégalithes.
- **56 av. J.-C.** – César détruit la flotte des Vénètes, le peuple le plus puissant d'Armorique, et conquiert tout le pays.

Des Romains aux Francs

Pendant quatre siècles, jusqu'aux invasions barbares, la civilisation romaine accomplit son œuvre.

- **460** – Arrivée des Celtes de Grande-Bretagne (dénommée alors Bretagne, *Britannia*). Ils évangélisent l'Armorique, qu'ils nomment Petite Bretagne. L'État reste anarchique.
- **799** – Charlemagne soumet toute la Bretagne.

LE DUCHÉ DE BRETAGNE

En 826, Louis le Pieux fait duc de Bretagne un seigneur vannetais, Nominoé, qui se libère de la suzeraineté franque. Il rassemble toute la Bretagne sous son autorité et ouvre une dynastie royale indépendante. En 952 meurt le dernier roi de Bretagne, Alain. Suit alors, jusqu'à la fin du 14e s., une période de désordre et de misère.

- **1341** – La guerre de Succession s'ouvre à la mort du duc Jean III. Sa nièce, Jeanne de Penthièvre, femme de Charles de Blois, que soutiennent les Français, et son frère Jean de Montfort, allié des Anglais, se disputent le duché.
- **1364** – Charles de Blois est battu et tué à Auray, malgré l'aide de Du Guesclin *(voir p. 126)*. Cette

Anne de Bretagne en prière présentée par trois saintes, *Grandes Heures de Bretagne*.
Image Asset Managemen/World History Archive/age fotostock

guerre ruine la Bretagne. Jean de Montfort devient le duc **Jean IV**.

RÉUNION DE LA BRETAGNE À LA FRANCE

De 1364 à 1468, les ducs de la maison de Montfort relèvent la Bretagne. C'est la période la plus éclatante de son histoire. Les ducs, véritables souverains, ne rendent qu'un hommage théorique au roi de France.

En 1488, le duc François II, entré dans la coalition féodale dirigée contre la régente de France, Anne de Beaujeu, est battu à St-Aubin-du-Cormier et meurt. Sa fille, Anne de Bretagne, lui succède.

- **1491** – Anne de Bretagne épouse le roi de France Charles VIII, mais reste duchesse et souveraine de Bretagne.
- **1498** – Charles VIII meurt accidentellement, Anne retourne dans son duché.
- **1499** – Anne redevient reine de France en se mariant avec Louis XII. Le duché reste distinct de la Couronne.
- **1514** – Anne de Bretagne meurt. Sa fille, Claude de France, hérite du duché. Elle épouse François d'Angoulême, futur François Ier.
- **1532** – François Ier fait ratifier l'union définitive de la Bretagne et de la France par le parlement de Vannes *(voir ci-dessous)*.

LES RAPPORTS AVEC LE POUVOIR CENTRAL

En août 1532, sous François Ier, les États de Bretagne, réunis à Vannes, proclament l'« union perpétuelle du pays et duché de Bretagne avec le royaume et couronne de France ». La Bretagne devient ainsi une province française. Mais certains droits et privilèges du duché sont néanmoins maintenus : les impôts doivent être consentis par les États ; le parlement de Bretagne garde la souveraineté juridique ; une armée bretonne peut être entretenue aux frais de la province.

LOYALISME ET RÉVOLTES

La découverte du Canada par le navigateur malouin Jacques Cartier en 1534 donne l'impulsion aux voyages lointains et aux grandes heures du négoce international. Entre 1550 et 1700, la Bretagne se retrouve en effet au cœur des principales routes maritimes commerciales, et St-Malo devient le premier port français, avec 3000 bateaux. Des grandes pêches au large de Terre-Neuve, les marins bretons rapportent la morue, qu'ils échangent en Espagne et en Italie contre des agrumes, de l'huile d'olive ou l'alun de Rome, matière indispensable à l'industrie textile. L'agriculture se développe grâce aux nouvelles cultures du blé noir et du sarrasin, bien adaptées aux sols bretons. Le lin et le chanvre sont utilisés pour les voiles des bateaux ou la confection de toiles plus fines. Des forges s'implantent, tandis que les ateliers de Nantes et de Rennes frappent 35 % de la monnaie française. Pendant cet **« âge d'or »**, la région se couvre d'églises, de chapelles et d'enclos.
La Bretagne est administrée par un gouverneur nommé par le roi. La vie politique est calme jusqu'à ce que le duc de Mercœur, gouverneur en 1588, s'oppose à la propagation de la religion protestante en Bretagne et refuse l'arrivée sur le trône du protestant Henri de Navarre. Il fait appel au roi d'Espagne Philippe II. Des troupes espagnoles occupent Port-Louis. Après de multiples tractations, Mercœur se soumet au roi en mars 1598. Quelques semaines après, la signature de l'Édit de Nantes met fin aux luttes religieuses.
- **1664** – Création à Lorient, par Colbert, de la première Compagnie des Indes orientales.
- **1675** – Révolte dite du « papier timbré » ou des « Bonnets Rouges », qui dégénère en jacquerie.

À cette occasion sont rédigés des « codes paysans » très proches des futurs cahiers de doléances de la Révolution.
- **1720** – La tentative du marquis de Pont-Callec d'établir une République bretonne échoue.
- **1764** – Le parlement de Rennes et son procureur général La Chalotais s'opposent au gouverneur d'Aiguillon, le représentant de Louis XV. Le prestige de l'autorité royale est entamé. La Révolution s'annonce.
- **1765** – De nombreux réfugiés acadiens (Canadiens) s'installent à Belle-Île.
- **1773** – Surcouf naît à St-Malo.

LA RÉVOLUTION

- **1789** – Les Bretons accueillent la Révolution avec enthousiasme. Dès la session des États de Bretagne de janvier 1789, la bourgeoisie régionale se heurte à la noblesse. Le conflit qui s'ensuit fait notamment 3 morts à Rennes. La Révolution passe, mais les paysans bretons, qui représentent près de 90 % de la population, se méfient de plus en plus d'une bourgeoisie dont ils perçoivent mal les desseins. L'exécution de Louis XVI, la persécution des prêtres et la campagne de conscription nationale (300000 hommes doivent être enrôlés dans l'armée) finissent de les convaincre de rejoindre l'insurrection royaliste.
- **1793** – Noyades en série à Nantes commandées par Jean-Baptiste Carrier, un des acteurs de la Terreur. Les prisons étant saturées, et la guillotine jugée trop lente, il ordonne que l'on fasse couler des bateaux entiers chargés d'hommes et de femmes.

LA CHOUANNERIE

- **1793-1804** – La chouannerie est le nom donné à l'insurrection royaliste dont les artisans avaient

adopté le hululement du chat-huant comme signe de ralliement. Parallèlement au soulèvement de la Vendée, les chouans mènent leur propre mouvement dès l'automne 1793. Ils ne sont qu'une **poignée d'hommes** sans expérience, sans équipements et sans réel espoir de succès qui se contentent de harceler l'armée républicaine. Le **renfort** d'effectifs de l'armée vendéenne, défaite à Savenay, et le ralliement de nobles exilés leur permettent de s'organiser et d'obtenir des promesses de soutien des Anglais. Dans le même temps, les républicains négocient la paix en leur promettant liberté de culte et amnistie. Le traité signé au château de **la Jaunaye** le 17 février 1795 est rapidement dénoncé par Charette. Les chouans doivent soutenir un important débarquement d'émigrés à **Quiberon** en juin de cette même année. Les troupes royalistes remportent quelques succès, mais les rivalités entre les chefs provoquent de grosses erreurs stratégiques. Repoussées dans la presqu'île, elles sont défaites et massacrées par les troupes du général Hoche.
La reprise des persécutions religieuses en 1797 marque le début du troisième mouvement chouan qui s'achève en 1804 par l'exécution de **Cadoudal**. Ce dernier, fils d'un cultivateur des environs d'Auray, était l'un des principaux chefs de la chouannerie bretonne avec le **marquis de La Rouërie**, né à Fougères.

- **1832** – Échec d'une tentative de révolte, organisée par la duchesse de Berry, à Nantes. C'est le dernier soubresaut.

LE 20e S. ET L'ESSOR D'UNE GRANDE RÉGION

- **1909** – La grève des soudeurs des conserveries concarnoises dégénère en émeute.
- **1914-1918** – La Bretagne paie un lourd tribut en vies humaines à la Grande Guerre (plus de 250 000 victimes).

Après les mesures de débretonnisation de la IIIe République, la région voit briller le flambeau du nationalisme breton.

- **1918** – Fondation du parti nationaliste breton *Breiz Atao* (Bretagne toujours) qui donnera naissance au PAB (Parti autonomiste breton) en 1927 et au PNB (Parti nationaliste breton) en 1932.
- **1927-1928** – L'aviateur morbihanais Le Brix effectue, avec Costes, le premier tour du monde aérien.
- **1940** – Les habitants de l'île de Sein sont les premiers à rallier le général de Gaulle.
- **1941** – Le gouvernement de Vichy décide de redessiner le paysage régional français. Nantes et la Loire-Atlantique (alors Loire-Inférieure) sont séparées de la Bretagne. Ce découpage est repris sous la IVe République, et la Loire-Atlantique est rattachée aux Pays de la Loire (1956).
- **1942** – Audacieux coup de main anglo-canadien contre la base de St-Nazaire. Il porte le nom d'opération « Chariot ».
- **1944-1945** – La fin de l'occupation nazie en Bretagne voit se multiplier les destructions, notamment à Brest, Lorient, St-Malo et St-Nazaire.
- **1951** – La formation du Comité d'études et de liaison des intérêts bretons (Celib) prélude au renouveau économique de la Bretagne.
- **1962** – Première liaison de télévision par satellite réalisée à Pleumeur-Bodou.
- **1965** – La langue bretonne est admise parmi les épreuves du bac.
- **1966** – Mise en service de l'usine marémotrice de la Rance et de la centrale nucléaire des monts

d'Arrée. La centrale est aujourd'hui en cours de démantèlement.

- **1967** – En mars, le naufrage du pétrolier *Torrey Canyon*, au large des côtes anglaises, engendre la première « marée noire » en Bretagne.
- **1969** – Création du Parc naturel régional d'Armorique.
- **1970** – Création du Parc naturel régional de Brière.
- **1975** – Premiers forages pétroliers entrepris en mer d'Iroise.
- **1977** – Naissance de l'école *Diwan*, dont les cours sont dispensés en breton.
- **1978** – Institution de la Charte culturelle et du Conseil culturel de Bretagne.
Échouage de l'*Amoco Cadiz* devant Portsall. Près de 80 communes refusent les indemnités et se portent partie civile contre le pétrolier.
- **1985** – Mise en place d'une signalisation routière en français et en breton.
- **1990** – Les Côtes-du-Nord deviennent les Côtes-d'Armor.
- **1992** – Indemnisation des communes sinistrées par l'*Amoco Cadiz*.
- **1994** – Grand incendie du parlement de Bretagne à Rennes.
- **2004** – « Brest 2004 » sacre la Fête de la voile dans une Bretagne plus que jamais maritime.
- **2012** – « Tonnerres de Brest », le grand rassemblement de vieux gréements, fête ses 20 ans.
Le *fest-noz* est inscrit par l'Unesco au patrimoine culturel immatériel de l'humanité.
- **2013** – Importantes manifestations anti-écotaxe dans toute la région, en réaction à la crise qui touche durement le secteur agroalimentaire breton.
En décembre, le gouvernement engage un plan de soutien à la région sur plusieurs années, le Pacte d'avenir pour la Bretagne.
- **2015** – Dans le cadre de la nouvelle organisation territoriale, la région Bretagne conserve le périmètre existant, avec Rennes comme capitale.
- **2017** – Arrivée de la Ligne Grande Vitesse. Rennes est à 1h27 de Paris, St-Malo et St-Brieuc à 2h15, et Brest à 3h25.

Course et commerce

L'univers corsaire fascine volontiers, car il mêle tout à la fois l'esprit d'aventure du combat naval et la légitimité découlant de privilèges royaux. Indissociable du commerce maritime, la course connaît ses heures de gloire entre la fin du 17e s. et le début du 19e s., et s'éteint à chaque traité de paix.

L'ÂGE D'OR DES CORSAIRES

Contrairement à la piraterie, avec laquelle on la confond parfois, la **course** est extrêmement **codifiée**. Elle consiste à confier, en temps de guerre et, le plus souvent, à des armements privés, la mission d'entraver le commerce ennemi grâce à la capture de ses bateaux. Le capitaine corsaire, muni d'une lettre de marque, sillonnait les routes commerciales en harcelant les navires ennemis.

Si l'histoire a retenu volontiers les noms de corsaires célèbres comme **René Duguay-Trouin** (1673-1736) ou **Robert Surcouf** (1773-1827), cette pratique était très répandue dans les ports français, les deux principaux étant Dunkerque et St-Malo. Tenu pour le port corsaire entre tous sous Louis XIV, St-Malo a armé quelque 900 bâtiments qui ont capturé plus de 1 000 navires, sans compter ceux qui ont sombré.

Une source de richesse

Face à de tels chiffres, il est utile de préciser que la course n'attirait pas seulement les marins épris d'aventure et de fortune ; c'était

Le succès des rassemblements brestois a largement dépassé les frontières de la Bretagne.
F. Guiziou/hemis.fr

une activité connexe des armateurs de commerce. En effet, soucieux de protéger leurs marchandises, ces derniers armaient leur bateau de plusieurs canons et sollicitaient une « commission de guerre et de marchandises » qui les autorisait à attaquer les navires ennemis et à s'emparer de leur cargaison. Le butin était ensuite partagé entre l'armateur, l'amirauté et les marins.

Durant son âge d'or, la course a eu d'énormes avantages pour la nation française. Le premier était sans aucun doute la contribution financière énorme des butins accumulés pour une économie qui peinait à financer les guerres successives. Le deuxième était d'obtenir un harcèlement constant du négoce ennemi, qui isolait un peu plus les îles britanniques. Le dernier intérêt, et non des moindres, était d'offrir une économie de substitution aux marins et armateurs qui se consacraient en temps de paix à la pêche ou au commerce.

La situation géographique de la Bretagne, son ouverture sur la Manche et sa position de sentinelle surveillant les principales routes maritimes anglaises passant au large de la Cornouaille, lui ont conféré une importance stratégique primordiale, à laquelle se sont ajoutées la qualité des marins et celle des chantiers navals locaux.

LA COMPAGNIE DES INDES

Au milieu du 17e s., la France raffolait de produits exotiques – épices, fruits et légumes, porcelaine, soies et cotons, thé et café… – introduits par la découverte des Amériques et par l'ouverture des grandes routes maritimes vers l'Asie. L'essentiel de ces produits, notamment les épices, était acheté à prix d'or aux Anglais et aux Hollandais qui maîtrisaient les mers et se procuraient ces denrées à bon compte dans leurs colonies d'Inde et de l'archipel de la Sonde (Indonésie). L'un des meilleurs moyens de s'enrichir était de faire commerce d'épices.

La prospérité de Lorient

La **Compagnie des Indes orientales** est créée à la demande de Colbert en 1664. Son siège est établi à **Port-Louis**. Les bateaux font escale sur l'île de Gorée (la Compagnie des Indes reçoit dès 1635 le monopole de l'approvisionnement des îles françaises en esclaves), avant de contourner l'Afrique, traverser l'océan Indien, relâcher en Arabie pour charger du moka, et rejoindre Pondichéry, le principal comptoir de la Compagnie. Ce commerce fait vite la fortune des armateurs et favorise le développement de la ville de **Lorient**, qui doit son nom au principal navire des débuts, le *Soleil d'Orient* (dit *L'Orient*).

Les guerres de Succession d'Espagne (1702-1714) et de la ligue d'Augsbourg (1688-1697) mettent à mal la rentabilité du commerce maritime, et la Compagnie des Indes fait une première fois faillite. En 1719, sous la houlette de John Law, elle conquiert de nouveaux marchés grâce au monopole des échanges commerciaux entre la France, les colonies des Antilles, la Louisiane, et les comptoirs d'Afrique et d'Asie. C'est le temps du commerce triangulaire et de l'incroyable l'essor de Lorient, devenue le centre du commerce maritime français. En 1763, la perte des colonies des Antilles, due à l'occupation britannique, signe le déclin de la Compagnie des Indes, dont la dernière faillite remonte à 1769.

Voir St-Malo et l'hôtel Magon de la Lande *(p. 92)* qui retrace l'histoire des armateurs.

NAUFRAGEURS OU SAUVETEURS ?

La mythologie populaire prête aux anciens Bretons la fâcheuse habitude de provoquer des naufrages, en installant notamment d'improbables feux pour attirer les navires sur les falaises et autres écueils rocheux.

Aucun élément n'a jamais étayé ces hypothèses. Ce qui est en revanche certain, c'est que le littoral breton est hérissé de brisants et balayé par des courants aussi violents que capricieux. Difficile dans ces conditions d'accoster sereinement, qui plus est de nuit, dans la brume ou par grand vent. Si l'on ajoute à cela l'emploi pendant des siècles d'instruments de navigation rudimentaires, on comprend mieux les risques encourus à caboter le long des côtes bretonnes. L'apparition des phares et autres balises a heureusement simplifié le pilotage sans pour autant en supprimer les dangers.

Ces conditions de navigation parfois difficiles expliquent la tradition avérée du **sauvetage** en Bretagne – dès qu'un naufrage était signalé, les habitants du lieu se rapprochaient des côtes pour porter secours aux éventuels survivants. Le sauvetage en 1896 du *Drummond Castle* est à ce titre emblématique.

Solidarité d'aujourd'hui

Cet exemple illustre bien la traditionnelle solidarité des gens de mer, qui a d'ailleurs présidé à la création de la **Société nationale de sauvetage en mer** (SNSM) en 1967. Cette dernière naît du rapprochement de deux associations créées au 19e s., dont celle des Hospitaliers sauveteurs bretons (1873). La SNSM dispose d'environ 3 500 sauveteurs permanents, tous bénévoles et disponibles, quelle que soit la météo. Ils répondent dans les 15 mn aux appels reçus par les CROSS (Centre régional opérationnel de surveillance et de sauvetage), qui, en plus des missions de recherche et de sauvetage, s'occupent de la surveillance du trafic, des pêches et des alertes à la pollution. Parmi les cinq centres que compte la France, deux sont implantés en Bretagne, l'un à Corsen, dans les abers, et l'autre à Étel, en Bretagne Sud.

Nature et paysages

Quatre cinquièmes des contours bretons sont baignés par la Manche et l'océan Atlantique. La formation géologique de la Bretagne, unique en Europe, a pourtant façonné une extraordinaire diversité de paysages. Dunes, vasières, tourbières, landes, forêts, rivières et torrents... la Bretagne se métamorphose après chaque virage. Grâce à l'effort de protection des milieux et à l'action combinée des autorités (européennes, nationales et régionales) et des populations, la Bretagne n'est pas seulement un immense conservatoire naturel, elle est devenue une destination nature par excellence.

Un des plus anciens massifs d'Europe

L'âge du Massif armoricain est estimé à 2 milliards d'années. C'est l'ancêtre des massifs français et aussi l'une des plus anciennes formations géologiques d'Europe de l'Ouest.

LA GENÈSE

Le soubassement de la Bretagne actuelle, qui semble étrangement calqué sur ses frontières, s'est formé à des profondeurs comprises entre 20 et 30 km. À de telles distances, le jeu des plaques tectoniques soumet les roches à des pressions et des températures si importantes qu'il en modifie la composition : elles deviennent alors métamorphiques. L'essentiel des sous-sols de la région se compose de ce type de roches (schistes, gneiss…).
La chaîne montagneuse originelle a subi l'érosion océanique, puis une nouvelle chaîne, dite « cadomienne », s'est formée il y a environ 650 millions d'années (c'est à cette période que naissent la plupart des granits, lors du refroidissement du magma).
Érodée à son tour, elle est plissée au carbonifère (il y a environ 300 millions d'années) par la pression des continents voisins. En effet, à cette époque, les terres émergées, qui formaient auparavant un immense et unique continent baptisé **Pangée**, étaient en phase de séparation. Pour prendre leur place actuelle, elles se sont poussées les unes les autres, entraînant des changements importants dans la géographie du globe : séismes, éruptions volcaniques, brusques changements climatiques, plissements… L'un d'entre eux a conduit à la création de la **chaîne hercynienne**, qui est le socle de toute l'Europe, Bretagne comprise.

L'ÉROSION

Après ces bouleversements de l'ère primaire, le Massif armoricain émerge d'un territoire « français » noyé. Il est alors fréquenté par les dinosaures, sous un climat tropical. Par la suite, au tertiaire et au quaternaire, tous les reliefs sont chamboulés par une mer qui se livre à d'incessants va-et-vient sur l'ensemble de l'Europe. Ces masses d'eau en érodent la moindre éminence et, en se retirant, déposent d'immenses quantités de sédiments.

De la géologie aux paysages

Le territoire breton, en tant que massif, est une entité géologique cohérente, qui subit depuis plusieurs centaines de millions d'années une érosion lente mais certaine. Tous les paysages actuels en découlent.

UN RELIEF CONTRASTÉ

La Bretagne est une immense presqu'île de 27 200 km^2 dont le relief est modeste, voire à peu près nul. C'est à l'ouest que vous verrez les paysages les plus tourmentés, notamment grâce aux Montagnes Noires et aux monts d'Arrée, qui culminent à 384 m au roc Trévezel. Dans tout le Finistère et dans les Côtes-d'Armor, ces reliefs sont souvent profondément entaillés par un nombre incalculable de cours d'eau, le plus imposant étant sans doute l'Aulne, qui semble pousser vers le large la presqu'île de Crozon. Au centre et à l'est, seules quelques buttes rehaussent les paysages. En se rapprochant du Bassin parisien, les reliefs se font de plus en plus doux et se terminent en vastes plaines et en forêts. Pour schématiser, on pourrait dire que la Bretagne est une immense table dont les reliefs s'estompent à mesure qu'elle s'incline vers l'est.

LE SPECTACLE DU LITTORAL

Mer et climat ont modelé ces roches et produit de véritables tableaux naturels. Pour en juger, rendez-vous sur le littoral, car les côtes de la région présentent un intérêt géologique et paysager unique.
Pour voir des granits roses en Finistère, montez jusqu'à Morlaix et, de là, à la pointe de Primel-Trégastel. Un sentier des douaniers permet d'approcher au plus près ces falaises de 50 m de haut, dont la moindre entaille abrite des cristaux de sel qui fendront bientôt

KERSANTITE OU LOGONNA

Granits, schistes, grès… toutes les roches de Bretagne sont appréciées des bâtisseurs, qui ont su les marier pour construire des édifices aussi variés que solides. Parmi ces minéraux, il s'en trouve deux particulièrement prisés, la **kersantite** et la **pierre de Logonna** (ou de Daoulas). Les deux doivent leur nom aux villages du Finistère (Kersanton et Logonna-Daoulas) dans lesquels leurs gisements affleurent. La première, et la plus rare, est une roche magmatique (comme les granits et les basaltes). Elle s'est formée à de très grandes profondeurs et est remontée lentement à la surface dans des filons de schistes. Sa couleur varie du gris clair au plus foncé et sa texture très fine en fait un matériau de choix pour les sculpteurs. La pierre de Logonna, également née dans un magma, est un microgranit de couleur jaune, utilisé depuis des siècles pour le soubassement des monuments religieux et des grands bâtiments publics et privés. Ces deux pierres, aujourd'hui très rares, ont été assemblées notamment pour la construction du calvaire de Plougastel-Daoulas, édifié à partir du début du 17e s. pour conjurer la peste. Toutes les sculptures en kersantite reposent sur un socle en pierre de Logonna.

la roche. Ne manquez pas non plus le sentier des douaniers proche de Ploumanach. Surplombant les falaises de Trestraou, il découvre de spectaculaires exemples d'érosion avant d'aboutir à Porz Rolland par un chemin ombragé de pins maritimes.

Beaucoup plus à l'est, le cap Fréhel, avec ses falaises de grès, offre un spectacle aussi impressionnant. Ici, la base des falaises est une succession de couches horizontales qui évoquent des gradins. Les rouges et les ocres du grès se marient à merveille avec les bleus changeants qui irisent la Manche à cet endroit.

Les falaises du cap Sizun sont également à ce titre emblématiques. Toute la partie nord, de la pointe du Raz à Douarnenez, est une succession ininterrompue de falaises et d'escarpements dont les granits sombres changent de couleur selon la météo. Au sud du même cap, le socle de granit s'est adouci grâce à l'érosion, et la côte recèle dunes et plages.

LE MYSTÈRE DE L'ARRIÈRE-PAYS

La géologie bretonne est également riche de paysages moins spectaculaires que les falaises, mais tout aussi merveilleux. Citons la forêt de Paimpont (la mythique forêt de Brocéliande), qui montre à son échelle des richesses minéralogiques locales. Son sol, composé de schistes rouges et verts, vieux de seulement quelques centaines de millions d'années, laisse affleurer par endroits des filons de minerai de fer qui furent exploités jusqu'à la fin du 19e s. En surface, vous contemplerez ainsi des ruisseaux aux eaux rouillées par le minerai, mais aussi des étangs, des tourbières et des landes, dans une forêt dominée par les chênes et les hêtres.

En parcourant la Bretagne et en vous intéressant à ses richesses géologiques, vous découvrirez bien plus que des panoramas : vous apprendrez une méthode pour lire et comprendre la formation des paysages.

Bon à savoir – Avant d'aller admirer les roches bretonnes in situ, faites un détour par les Champs Libres, à Rennes *(voir p. 38)*. L'espace dédié aux sciences retrace dans la salle de la Terre l'histoire géologique du Massif armoricain.

L'Armor et les îles

Les quatre cinquièmes du pourtour breton sont baignés par les flots. Les Gaulois appelaient cette zone « Armor », ou plus rarement « Arvor », ce qui signifie « pays au voisinage de la mer », par opposition à l'Argoat, le « pays de l'intérieur ».

LA CÔTE BRETONNE

Extraordinairement découpée, elle totalise 2 700 km ; elle n'en mesurerait que six cents si elle s'était contentée d'être rectiligne. Cette longue dentelle rocheuse se décline sous la forme de criques et de grève à Ouessant, d'îles, d'écueils et de larges baies à Morlaix, d'amas granitiques à Ploumanach, de promontoires escarpés à Fréhel et de rias dans les abers. En Bretagne Sud, elle s'apparente aux hautes falaises de Quiberon, aux caps déchiquetés de la pointe du Raz ou encore aux golfes comme celui du Morbihan *(voir* Le Guide Vert Bretagne Sud). Tous ces panoramas sont rythmés par le va-et-vient régulier des **marées** *(voir p. 424)*, qui sont les deuxièmes plus fortes marées du monde, et le ballet incessant des bateaux. Cette merveilleuse diversité fait toute l'originalité de la côte bretonne.

Alors, au gré des promenades, on remarquera que la végétation est brûlée par le vent salin là où la côte est exposée, qu'elle est exubérante là où le rivage est abrité et qu'y poussent sans effort mimosas, palmiers, eucalyptus, lauriers roses et autres plantes emblématiques des climats méridionaux.

LES ÎLES

Les côtes bretonnes sont les plus riches de France en îles, îlots et archipels. On en compte plus de cent vingt, dont une petite vingtaine est habitée. La plus vaste, 86 km^2, est **Belle-Île**, suivie de loin par **Ouessant** (18 km^2) et **Groix** (15 km^2). Toutes les autres n'excèdent pas 3 km^2, la plupart n'atteignant pas le kilomètre carré.

Toutes les îles bretonnes appartiennent au Massif armoricain, qui, loin de se limiter aux terres visibles, se prolonge sous la mer. Au large du Léon et du Trégor, le massif court sur plusieurs kilomètres, et repousse ses limites jusqu'à 50 km dans les zones du golfe normando-breton et le long du Morbihan. Le littoral de Bretagne Sud, justement, est longé par une dorsale rocheuse qui supporte Belle-Île, Groix, **Hœdic** et les **Glénan**. Au nord et à l'ouest, les fonds marins sont composés de dépôts grossiers de graviers qui soutiennent des myriades d'affleurements rocheux (les **Sept-Îles**, **Bréhat**, **Callot**, **Batz**, **Cézembre**, etc.).

Quelle que soit leur taille, les milieux insulaires, même à un jet de pierre du continent, sont d'une importance écologique primordiale. Isolés et faiblement bâtis, ils constituent des sites de préservation exceptionnels de la faune et de la flore.

Les oiseaux sont les premiers à apprécier les îles, qui sont des sites de nidification et d'élevage privilégiés grâce à l'absence de prédateur naturel. Certaines îles ont bien été colonisées par des rats échappés de navires ou négligemment importés par l'homme, mais le Conservatoire du littoral et d'autres associations s'attachent à restaurer ces écosystèmes en faisant disparaître les prédateurs gourmands en œufs frais. C'est notamment le cas dans

Une crique paradisiaque sur la presqu'île de Crozon.
O. Leclercq/hemis.fr

l'archipel des Sept-Îles au large de Perros-Guirec, et particulièrement de l'île **Rouzic** qui accueille 38 000 fous de Bassan *(voir p. 227)*.

LA FLORE

L'autre grande richesse des littoraux est la flore, dont les conditions de vie fluctuent énormément au rythme des marées et du climat. Certaines plantes sont baignées plusieurs heures par jour par l'eau salée, comme la **soude maritime** ou l'**aster.** D'autres sont fouettées jour et nuit par les embruns. D'autres encore sont immergées dans des vasières (**spergulaires**), s'épanouissent dans les dunes (**oyats et liserons des dunes**) ou dans les baies (**salicornes**). Toutes font preuve d'une extraordinaire capacité d'adaptation en créant des stratégies de croissance et de reproduction en synergie avec leur milieu, si dur soit-il.

LA FAUNE MARINE

La situation géographique de la Bretagne, lieu de transition entre la Manche et l'océan Atlantique, favorise le passage de nombreuses espèces migratrices et offre un cadre de vie d'exception à une infinie variété de mammifères, de poissons et de coquillages.

Oiseaux

Le **goéland argenté** est l'oiseau le plus commun du littoral breton ; il repousse même son habitat jusqu'au cœur des villes. Il se reconnaît au gris clair qui recouvre ses ailes (1,40 m d'envergure) et à ses pattes roses. La **mouette tridactyle**, que l'on confond souvent avec le goéland argenté, est nettement plus petite (1 m) et l'extrémité de ses ailes est noire, ainsi que ses pattes. Avec 1,70 m d'un bout de l'aile à l'autre, le **fou de Bassan** est le plus imposant des oiseaux de mer. Sa tête jaunâtre achève son long cou et domine de grandes ailes dont la pointe est teintée de noir. Légèrement plus petit (1,50 m), le **grand cormoran** se distingue de son cousin huppé par sa taille et son corps plus imposants. Tous deux de noir vêtus, ils arborent un bec

La vie marine

DES MARÉES EXCEPTIONNELLES

Les côtes bretonnes sont continuellement frappées par les vagues, qu'éloignent ou rapprochent les marées. Les **vagues**, ou, comme disent les marins, les lames, sont un mouvement ondulatoire produit par le vent. Même lorsque la brise ne souffle plus, l'ébranlement se propage à de grandes distances : c'est la **houle**. Par une illusion d'optique, l'eau semble se déplacer, mais il suffit de regarder flotter un bouchon pour constater qu'il reste immobile. Près du rivage, le mouvement ondulatoire des vagues est freiné par le fond : un déséquilibre se produit et la crête de la lame s'écroule en longs rouleaux d'écume avec un bruit sourd et rythmé, c'est le **ressac**. Quand la vague atteint un obstacle abrupt, rocher ou falaise, elle est soulevée, lance des embruns, puis retombe de tout son poids. Les jours de tempête, le spectacle peut être prodigieux.

Curieux phénomène que celui des **marées**. Il est causé par l'attraction de la Lune et, dans une moindre mesure, par celle du Soleil. Lorsque la Lune est au-dessus de la mer, elle attire l'eau vers elle, le niveau de la mer s'élève : c'est la marée haute. Six heures plus tard, la Lune n'est plus au-dessus de l'eau, l'attraction n'opère plus : c'est la marée basse. Lorsque le Soleil et la Lune sont à peu près alignés par rapport à la Terre, l'attraction est plus forte : c'est la marée de vive-eau ou **grande marée**. Ce phénomène a lieu tous les quinze jours, lors de la pleine lune ou de la nouvelle lune. En Bretagne, les plus importantes se produisent en mars et septembre, lors des équinoxes. L'amplitude des marées varie selon les zones littorales qu'elles concernent. Elle est particulièrement importante en Bretagne Nord. Dans la baie du Mont-St-Michel, elle atteint un record avec 14 m de **marnage**. En allant vers l'ouest, ce dernier diminue peu à peu jusqu'à se limiter à 6 m à Brest. En Bretagne Sud comme dans tout le golfe de Gascogne, l'amplitude moyenne des marées est de 5 m.

Quelle que soit son importance, la marée soumet la faune et la flore à de fortes turbulences *(voir les estrans ci-après)*. Leur régime provoque aussi la formation de courants plus ou moins puissants selon la morphologie des côtes. Dans les baies (comme St-Brieuc, Douarnenez, Mont-St-Michel, Morlaix, etc.), ils sont relativement faibles et excèdent rarement 1 nœud, alors qu'ils atteignent facilement 3 nœuds sur le littoral nord. Dans les passages très étroits, comme les raz de Sein et d'Ouessant, ils peuvent monter jusqu'à 9 nœuds, soit 4,50 m/s. Dans tous les cas, la transformation des paysages littoraux au fil des heures – et les effets de lumière qui l'accompagnent – est superbe!

LA PÊCHE À PIED

La pêche sur les **estrans**, les surfaces de rochers ou de sable découvertes à marée basse, est toujours très pratiquée, en particulier sur les archipels de Molène, de Glénan ou dans le golfe du Morbihan, où la zone d'estran est particulièrement étendue. Les jours de grande marée, chacun arpente la grève à la recherche de coquillages et de crustacés ou même de poissons tels que la sole, que l'on pique avec un gros harpon (foëne).

Sur les **estrans rocheux**, pour pêcher les **petits crustacés** (bouquets, étrilles) ou les **coquillages** (bigorneaux, patelles), munissez-vous de chaussures en caoutchouc ou d'une paire de tennis, d'un coupe-vent ou d'un ciré, d'un gant épais, d'un panier en bandoulière, d'une épuisette, d'un crochet métallique et d'un couteau.

Sur les **estrans sableux**, les grandes étendues délaissées momentanément par la mer laissent apparaître les silhouettes des pêcheurs accroupis près de leur panier, fouillant méthodiquement le sable à la recherche de coques, donaces, palourdes, pétoncles ou praires.
Les **couteaux** se pêchent à la ruse en déposant un peu de sel sur le petit trou en forme de serrure laissé par le bivalve quand il s'enfouit dans le sable. Croyant que la marée remonte, l'animal ressort : il suffit de bien le tenir par la coquille en le laissant se fatiguer jusqu'au moment où l'on peut le sortir. La pêche au filet permet de piéger les **crevettes**, roses ou grises.

Réglementation et sécurité

La pêche à pied ne demande aucune autorisation particulière, sauf pour l'usage des filets qui nécessite une autorisation délivrée par les Affaires maritimes (contact régional : ✆ 02 99 33 47 60). Elle est cependant formellement interdite dans certaines zones ostréicoles et à proximité des écluses à poissons. Pour certaines espèces, il existe un calendrier très précis des jours ouverts à la pêche et des quantités maximales de prise. C'est le cas, par exemple, du pouce-pieds. Avant toute partie de pêche, renseignez-vous sur la **réglementation en vigueur** (interdiction sanitaire ou restrictions locales éventuelles) et prenez connaissance des horaires et coefficients des marées *(voir p. 446)*. La plus grande prudence est nécessaire lors du retour de marée. Pour ne pas se laisser surprendre, il est préférable de ne pas rester seul sur le rivage et de remonter aussitôt que les autres pêcheurs quittent l'estran.

Écotourisme

Pour sauvegarder les espèces, il est recommandé de ne prélever que la quantité nécessaire à sa consommation personnelle. De même, les coquillages et les crustacés se ramassent à la saison autorisée et à la dimension voulue. Les femelles porteuses d'œufs sont relâchées et les cailloux replacés *in situ*, souvent camouflés par le goémon. Le fruit de la pêche se couvre d'algues coupées et non arrachées, afin de permettre leur repousse. Ces gestes évitent un microcataclysme écologique.

Pêche à pied à St-Malo lors d'une marée d'équinoxe.
Ch. Courteau/Biosphoto

en forme de spatule de couleur jaune. La plupart des **sternes** ont le dessus de la tête couronné de noir et n'excèdent pas 90 cm d'envergure (pour la sterne caugek). Leurs ailes et leur queue pointues permettent de les identifier à coup sûr. Le **fulmar boréal** est assez proche des goélands par la taille, mais il se distingue par la rigidité de son vol plané et par les deux narines tubulaires qui dépassent de sa mandibule. Le fulmar boréal partage cette singularité avec les **puffins**, les **océanites tempête** et les **albatros**, autres espèces de la même famille. L'océanite tempête, justement, est le plus petit volatile à fréquenter les côtes bretonnes. Ses 25 g pour 40 cm d'envergure, ses plumes brun-noir et ses mœurs nocturnes en font aussi le plus difficile à observer.

Le **macareux moine**, rare, est nettement plus reconnaissable grâce à son bec tricolore et son œil cerclé de rouge. C'est un oiseau pélagique, c'est-à-dire qu'il passe le plus clair de son temps en mer, mais on peut l'observer facilement sur l'île Rouzic, dans l'archipel des Sept-Îles *(voir Perros-Guirec p. 227)*.

Coquillages, mollusques et crustacés

À marée basse, la mer laisse derrière elle planctons, microalgues et autres nutriments qui favorisent la colonisation de l'estran par les coquillages et autres mollusques. Ces derniers font à leur tour le délice des oiseaux, des poissons… et des pêcheurs à pied *(voir p. 424)*.

Poissons et autres nageurs

Les pêcheurs constatent des phénomènes sans doute liés aux jeux des courants et aux conséquences du réchauffement climatique. On a ainsi vu au printemps 2017, des milliers d'araignées de mer s'échouer sur une plage des Côtes-d'Armor après une période de canicule. Depuis 2016, la langouste est de retour sur la côte Nord et les homards pullulent alors que les bancs de maquereaux se font plus rares…

Vous avez peu de chance de vous retrouver face à face avec une **lotte**, ou baudroie. Ce poisson impressionnant – son énorme tête représente la moitié du corps – vit dans les fonds vaseux et peut atteindre 50 kg.

Sa chair charnue ne ressemble à aucun autre poisson. Le **lieu jaune**, à ne pas confondre avec le lieu noir qui fréquente les eaux écossaises, est un poisson très prisé des amateurs ; il mesure jusqu'à 1,30 m. Le **bar**, poisson très combatif apprécié des pêcheurs pour sa sportivité, est également recherché par les gourmands. Pouvant peser 8 kg, il se rencontre dans les eaux agitées et se reconnaît à ses deux nageoires dorsales de même taille et à sa grande tache noire proche de l'ouïe.

Ces vingt dernières années, pas moins de 25 espèces de mammifères marins ont été observées le long des côtes bretonnes. **Phoques** gris et veaux marins les fréquentent assidûment, tout comme les **dauphins** (bleu et blanc, grand dauphin) qui résident à l'année en Bretagne. Vous pourrez en apercevoir en cabotant dans le Parc naturel marin de la mer d'Iroise ou encore au large de l'île de Sein. Le **rorqual** à museau pointu se laisse aussi régulièrement apercevoir, alors que le rorqual commun est rare.

Du côté des cétacés de grande taille, on observe au large la visite de quelques spécimens de **baleines** à bosse et de cachalots.

L'Argoat

Longtemps enclavé par un relief tourmenté et des conditions de vie plus rudes que sur la côte, l'Argoat, ou « pays au voisinage de la forêt », a toujours été moins peuplé que l'Armor. Il garde ainsi un côté « sauvage » et préservé qui ne manque pas de charme : un pays de vallons et de prairies, avec un avant-goût de montagne.

LA FORÊT

Autrefois, la Bretagne possédait d'immenses forêts de chênes rouvres et de hêtres (*faou* en breton), aux sous-bois de houx et de fougères. Les études menées sur des fossiles trouvés dans des tourbières ont prouvé que la quasi-totalité de la région en était recouverte il y a 5 000 ans.
Les générations qui se sont succédé depuis les Romains ont porté la hache dans ces massifs. Il n'en reste plus que des tronçons épars, dont la forêt de **Paimpont** *(voir p. 69)* ou de **Quénécan** *(voir p. 253)*. Sur les 330 000 ha boisés que compte la Bretagne (dont 90 % privés), seule une dizaine de massifs dépassent 2 000 ha. Ce sont des bois accidentés, coupés de gorges, de ravins, de chaos de rochers, dont **Huelgoat** est l'exemple accompli.
Le domaine forestier breton évoque donc un ensemble de confettis reliés çà et là par des haies bocagères qui favorisent la circulation d'une faune spécifique. Rapaces, pics, chevreuils, cerfs et sangliers se partagent les espaces boisés. On trouve même des espèces rarissimes et menacées comme l'escargot de Quimper, qui ne fréquente que les sous-bois de la Cornouaille, ou le carabe à reflets d'or, un insecte que vous ne verrez que dans les forêts humides de la région, telles Huelgoat, le Cranou ou Clohars-Carnoët.

LA LANDE

Des landes au départ non cultivées ont remplacé les forêts. Hors des sommets, elles ont presque partout cédé devant l'effort paysan et sont devenues des terrains de culture, comme les landes de Lanvaux qui recouvrent le pays vannetais, par exemple. Aujourd'hui, la plupart des landes bretonnes font l'objet d'une protection spécifique, en zones spéciales de conservation ou sites Natura 2000 *(voir p. 430)*.
En fonction de leur proximité avec le littoral, de leur altitude ou de la qualité de leur milieu (sec, humide, etc.), les landes sont fréquentées par une faune très variée. Les oiseaux en composent l'essentiel, et beaucoup bénéficient d'une protection nationale.
C'est le cas du courlis cendré, du busard St-Martin ou de la linote mélodieuse. Dans les pelouses ou les mares des landes, l'avifaune vient se régaler de lézard vivipare, de triton marbré ou de rainette.

LES TOURBIÈRES

L'humidité et une acidité extrêmes des tourbières favorisent le développement d'une faune et d'une flore exceptionnelles. C'est probablement leur richesse en matières organiques qui permet l'épanouissement d'un si grand nombre d'espèces.
Les papillons y pullulent, comme la noctuelle de la myrtille et le damier de la Succise. On y trouve aussi une belle variété de criquets, de libellules et de grillons qui font le délice des batraciens et des reptiles, dont la couleuvre à collier et la vipère péliade. Tout ce beau monde attire naturellement une pléiade d'oiseaux, migrateurs ou sédentaires (courlis cendré et bécassine des marais), souvent rejoints par des putois, des loutres, des chevreuils et autres mammifères terrestres.
Disséminés un peu partout en Bretagne intérieure, et notamment dans les **monts d'Arrée**, ces milieux

si spécifiques sont désormais préservés et étudiés.

LES DUNES

Si les dunes sont désormais systématiquement protégées (du piétinement et de la cueillette sauvage), ce n'est pas pour retenir le sable des plages, mais parce que le massif dunaire accueille 20 % de la flore menacée de Bretagne.
Celle-ci se répartit en fonction de l'étagement de la dune, lui-même déterminé par le degré d'humidité du sable. Au plus près de la base, humide et salée, on trouve des plantes halonitrophiles (qui aiment l'eau). Plus on monte vers le sommet, très sec, plus les plantes grandissent. Les oyats, liserons et autres fétuques laissent alors la place à des arbrisseaux. On admire aussi chardons bleus, giroflées rosées des dunes, pavots cornus, alysses maritimes à la douce odeur de miel et chatons soyeux qui ondoient au gré du vent.
Cette végétation si particulière et ce sol sableux accueillent principalement des insectes (grande nébrie des sables et puce de mer). Les oiseaux ne marchent dans les dunes qu'à l'heure de se nourrir. Les dunes sont présentes tout le long du littoral sableux, les plus notables en Bretagne Nord étant celles de la Côte de Granit rose, de Crozon, de Guisseny et de Keremma *(voir p. 298)*.

L'environnement

Pauvre en énergies fossiles et longtemps isolée, la Bretagne est restée à l'écart de l'industrialisation massive des 19e et 20e s. En outre, elle a farouchement refusé le nucléaire (en 1980, de violents conflits éclatent à Plogoff. Les Bretons obtiennent gain de cause : il n'y aura pas de centrale nucléaire sur leurs terres). La région doit faire face à des défis environnementaux liés à ses besoins énergétiques, son agriculture et son succès touristique.

L'ÉNERGIE

La Bretagne est une des régions les plus dépendantes en énergie. La production d'électricité, assurée pour plus de la moitié par la seule **usine marémotrice de la Rance**, couvre à peine 5 % des besoins annuels. L'enjeu est donc de taille. Depuis la ratification par la France du protocole de Kyoto (2002), la région privilégie dans ses recherches les énergies renouvelables, bois-énergie et éolienne en tête.
La filière bois s'est fortement développée dans la région : en 2014, 59 % de l'énergie renouvelable provenait du bois. Des chaufferies au bois ont été installées pour alimenter des équipements collectifs (hôpitaux, piscines, lycées…) et les secteurs industriel et agricole (usines, serres, élevages…). Fin 2014, 379 chaufferies bois fonctionnaient, de 2010 à 2014, la puissance cumulée a été multipliée par 8 et la production par 10.
L'**énergie éolienne** connaît un réel essor, la Bretagne est une

UNE MINE D'INFORMATIONS

www.bretagne-environnement.org est un site spécialisé sur l'environnement. Ce portail rassemble tous ceux qui interviennent sur la question : biologistes, industriels, élus, citoyens et associations. Vous y trouverez de très nombreuses informations sur la faune et la flore, la géologie et les différents types de paysages bretons, ainsi que plusieurs articles sur l'eau, l'énergie et toutes les problématiques liées à la nature et à sa protection.

Ferme d'éoliennes au cap Sizun.
J.-L. & F. Ziegler/Biosphoto

pionnière en la matière. 148 parcs sont en activité avec 534 éoliennes, réparties sur 126 communes.
Leur implantation fait néanmoins polémique, du fait de l'impact sur le paysage et du bruit provoqué par les pales. Aussi, une ferme-pilote de quatre éoliennes flottantes entre Groix et Belle-Île va être mise en place d'ici 2020. Cette prouesse technologique devra servir d'étude pour d'autres projets au large de Bréhat, entre autres. Des projets d'éoliennes *offshore* sont étudiés, notamment à quelques miles d'Erquy et de St-Malo, mais là encore les impacts sur l'environnement maritime seront passés à la loupe. En 2014, l'éolien a fourni 60 % de la production d'électricité régionale.
La diffusion des **applications solaires thermiques** comme le système combiné de production d'eau chaude sanitaire et de chauffage, ou encore le chauffe-eau solaire individuel progresse.
Également d'origine solaire, le **photovoltaïque** comptait en 2014 17 757 sites, soit 8 % de l'électricité renouvelable produite dans la région, et éclaire déjà les phares et les balises.
Au total, en 2014, 10 % de l'énergie consommée dans la région était d'origine renouvelable.

L'EAU, RICHESSE EN PÉRIL

Le Massif armoricain présente des reliefs peu fracturés et relativement imperméables, ce qui ne favorise pas vraiment la formation de grands bassins d'eau potable comme les nappes phréatiques. L'essentiel de l'eau potable consommée en Bretagne (70 %) provient donc de la captation d'eaux de surface (cours d'eau et retenues naturelles ou artificielles).
L'activité agricole est responsable de la dégradation générale des eaux de surface, altérées notamment par la présence d'engrais (phosphore, nitrates) et autres produits phytosanitaires (pesticides). Ces rejets massifs ont provoqué une forte pollution, qui se manifeste par la présence d'**algues vertes** dans les estuaires et certaines baies comme celles de Lannion, St-Brieuc et Morlaix,

mais aussi de Douarnenez en Bretagne Sud.
Conscientes de la rareté des ressources et de leur fragilité, les autorités ont mis en place des mesures, dont le **traitement des eaux usées** qui a permis la réduction sensible des nitrates. La mesure la plus radicale est l'obligation faite aux communes non reliées à un système d'assainissement collectif de contraindre maisons et immeubles à se doter de systèmes individuels. De leur côté, les industriels doivent désormais limiter les rejets d'eaux non assainies.
L'eau potable et les eaux de baignade (classement annuel) font ainsi l'objet d'une **surveillance constante**. L'objectif est de vérifier le travail d'amélioration des eaux de rivière et des plages du littoral, et ainsi s'assurer de la restauration des milieux aquatiques bretons.
Depuis janvier 2018, la Bretagne est la région animatrice et coordinatrice en matière de politiques de l'eau, à la suite de la loi qui a remis la gestion de l'eau et des milieux aquatiques dans les mains des communautés de communes et d'agglomération.

LA PROTECTION DU LITTORAL

Le littoral breton représente le tiers du linéaire côtier métropolitain. Au large du Finistère, particulièrement dans le rail d'Ouessant (passage maritime éloigné et modifié après la marée noire causée par l'*Amoco Cadix* en 1978 et dont les Bretons pansent encore les plaies, *voir p. 288*), la Bretagne voit de plus passer 25 % du trafic maritime hexagonal. C'est dire si les sources de pollution ou les risques industriels venus de la mer sont élevés. La surveillance et la protection d'une telle frange côtière posent bien sûr de vrais problèmes. En mer, les choses se sont plutôt améliorées grâce à la mise en place de mesures juridiques et de nouveaux moyens de répression. Il faut mentionner à cet égard la création des CROSS, centres régionaux opérationnels de surveillance et de sauvetage *(voir aussi p. 418)*. Dès qu'une nappe d'hydrocarbure est repérée, ils ont toute autorité pour arraisonner les navires. Aujourd'hui, les amendes pour dégazage peuvent atteindre plusieurs centaines de milliers d'euros.
Sur terre, la problématique est différente. Le tourisme étant surtout balnéaire, la nécessité de protéger de larges portions de côte est devenue une priorité pour les autorités et les associations. Le but est de conserver les nombreux écosystèmes fragiles du littoral et de réfréner l'ardeur immobilière des stations en pleine expansion.
Les sites majeurs font ainsi l'objet d'une protection spécifique, certains depuis plusieurs décennies, telle la pointe du Raz. Devenue grand site national, celle-ci est désormais interdite à la circulation (et au caravaning) : une nécessité, vu le million de personnes qui la visitent chaque année.

Sites Natura 2000

Le plan **Natura 2000** rassemble à l'échelle européenne des sites naturels pour la fragilité ou la rareté de leurs espèces végétales et animales. Il privilégie une gestion équilibrée et durable des milieux, tout en prenant en compte les facteurs économiques et sociaux. En mai 2017, cela concernait 88 sites en Bretagne dont 35 dans le Finistère parmi lesquels les abers, Ouessant ou encore la baie de Morlaix, 18 dans les Côtes-d'Armor dont la Côte de Granit rose et l'estuaire de la Rance, ainsi qu'une dizaine en Ille-et-Vilaine. Certains de ces sites sont classés en zones spéciales de conservation

(ZSC) pour l'habitat et en zones de protections spéciales (ZPS) pour répondre à la directive « oiseaux ». La plupart des îlots et des îles sont ainsi protégés, de même que l'estuaire du Trieux ou la baie du Mont-St-Michel.

Autres sites protégés

Le **Parc naturel régional d'Armorique**, créé en 1969, est centré essentiellement sur les monts d'Arrée, tandis que le **Parc naturel marin d'Iroise**, créé en 2007, est dédié à la préservation des zones maritimes et notamment la Réserve internationale de la biosphère d'Iroise (îles d'Ouessant et de Molène). Un troisième PNR, Rance-Émeraude, verra le jour en 2019.

Au-delà des sites d'exception, le littoral breton recèle des richesses naturelles d'un intérêt écologique certain. C'est là qu'intervient le **Conservatoire de l'espace littoral et des rivages lacustres**. Cet organisme possède ou gère 125 sites en Bretagne, qui est ainsi la région française la plus protégée (le Conservatoire édite une carte des sites enrichie de la faune et de la flore littorales).

Enfin, le panorama de la protection du littoral breton ne serait pas complet sans l'évocation de l'association loi de 1901 **Bretagne vivante**. Créée en 1958 par une poignée de naturalistes passionnés, elle gère de nombreux espaces protégés, tant le long des côtes que dans les terres, et reste un interlocuteur privilégié entre les structures publiques et les citoyens épris de nature.

Bon à savoir – L'association Bretagne vivante publie *Bretagne vivante*, *Penn ar Bed* et *L'Hermine vagabonde*.

www.bretagne-vivante.org

ÉCOTOURISME

La Bretagne s'est engagée, en termes de développement touristique, dans l'aide aux projets adoptant une démarche de développement durable. Ainsi, après la constitution du réseau Bretagne Tourisme Responsable, qui sélectionne les acteurs autour de trois critères (qualité d'accueil, politique économique et sociale responsable, respect de l'environnement), et la sortie du guide *TAO Bretagne*, miniguide pour voyager autrement (www.viatao.com), le Comité régional du tourisme lance le premier site régional entièrement dédié au tourisme durable.

http://voyagez-responsable.tourismebretagne.com

ORGANISER SON VOYAGE

Tréflez, randonnée le long des dunes de Keremma.
E. Berthier/hemis.fr

Venir en Bretagne

Par la route

LES GRANDS AXES

L'autoroute **A 11** est le principal axe routier menant en Bretagne depuis Paris. Au Mans, elle continue sa route vers Angers puis Nantes, tandis que l'**A 81**, qui devient l'**E 50**, file à l'ouest vers Rennes et poursuit son chemin jusqu'à Brest *via* St-Brieuc et Guingamp. De Paris, on peut aussi rejoindre Rennes *via* Caen et l'**A 13** puis l'**A 84** (autoroute des estuaires), mais la route est sensiblement plus longue.

Bon à savoir – Il n'y a pas d'autoroute payante en Bretagne ; les voies express sont gratuites.

Informations autoroutières – www.autoroutes.fr

LES CARTES MICHELIN

Cartes Départements 308 (Finistère, Morbihan) et **309** (Côtes-d'Armor, Ille-et-Vilaine).
Carte Région 512 (Bretagne).
Carte de France n° 721.
En ligne : calcul d'itinéraires sur **www.ViaMichelin.fr**

En train

LE RÉSEAU GRANDES LIGNES

Le TGV relie **Paris-Montparnasse** aux principales villes de l'Ouest : **Rennes** (1h27), **Nantes** (2h), **St-Malo et St-Brieuc** (2h15), **Brest** (3h25) *via* Rennes, Lamballe, St-Brieuc, Guingamp, Plouaret-Trégor, Morlaix et Landerneau, et enfin **Quimper** (3h30) *via* Rennes, Redon, Vannes, Auray, Lorient, Quimperlé et Rosporden. Des villes régionales sont reliées directement à la Bretagne par le TGV : Marseille à Rennes, Lille à Nantes, Rennes et Quimper, Lyon à Nantes et Rennes, Strasbourg à Rennes, etc.

Informations et réservations – ✆ 36 35 (0,34 €/mn) - www.voyages-sncf.com - réserver un voyage : ✆ 0 899 500 500. (0,34 €/mn) - suivre sa commande : ✆ 09 70 60 99 60.

DISTANCES	Bordeaux	Lille	Lyon	Marseille	Paris	Strasbourg
Brest	631	762	1 012	1 285	594	1 072
Lorient	504	724	837	1 158	504	981
Morlaix	631	705	955	1 230	537	1 014
Nantes	334	602	666	970	385	863
Quimper	566	785	899	1 220	565	1 043
Rennes	450	574	719	1 043	350	828
Saint-Brieuc	545	619	869	1 144	451	929
Saint-Malo	520	560	838	1 113	405	897
Vannes	449	684	780	1 085	464	942

LES TRAINS EXPRESS RÉGIONAUX

En correspondance à Nantes, Rennes et Vannes, les **trains express régionaux** (TER) desservent la quasi-totalité des localités bretonnes. Au bout de ces lignes, des bus, voire des bateaux vous emmèneront dans les lieux inaccessibles en train.

Informations et réservations sur le réseau régional – TER Bretagne ✆ 0 800 880 562 (appel gratuit depuis un poste fixe) - www.ter.sncf.com/bretagne *Voir aussi « Transports en commun » p. 437.*

En avion

LES COMPAGNIES AÉRIENNES

Air France KLM – ✆ 36 54 (0,34 €/mn depuis un poste fixe) - www.airfrance.fr. La compagnie dessert l'aéroport de Rennes depuis Paris-CDG ; celui de Nantes depuis Ajaccio, Nice et Paris-CDG. Elle assure également des liaisons journalières entre l'aéroport de Brest et ceux de Paris-CDG et Orly.

Hop ! – ✆ 0892 70 22 22 (0,34 €/mn depuis un poste fixe) - www.hop.com. La petite compagnie bretonne Brit Air est devenue Hop ! après sa fusion en 2013 avec d'autres compagnies régionales. Toujours sous l'égide d'Air France, elle dessert notamment les villes suivantes :

Brest – depuis Lyon et Marseille ;
Nantes – depuis Bordeaux, Calvi, Figari, Lille, Lyon, Montpellier et Strasbourg ;
Quimper – depuis Paris (Orly) ;
Rennes – depuis Lyon, Paris (Orly), Nice, Toulouse et Figari.

Ryanair – ✆ 0 892 562 150 (0,34 €/mn) - www.ryanair.com/fr. Liaisons vers Brest et Nantes au départ de Marseille.

Vueling – www.vueling.com. Vols entre Rennes ou Brest et Barcelone.

Iberia – ✆ 0 825 800 965 (n° surtaxé) - www.iberia.com. Liaisons quotidiennes vers Nantes depuis Madrid et Barcelone.

Chalair Aviation – ✆ 0 892 700 499 (0,40 €/mn + prix de l'appel) - www.chalair.eu. Liaisons vers Brest au départ de Bordeaux.

Volotea – ✆ 02 98 84 64 87 - www.volotea.com. Liaisons vers Brest au départ de Montpellier, Ajaccio et Bastia.

Jet Air – ✆ 0 899 190 043 (n° surtaxé) - www.jetairfly.com/fr. Liaisons vers Brest au départ de Toulon.

EasyJet – ✆ 0 820 420 315 (0,34 €/mn) - www.easyjet.com. Liaisons vers Brest au départ de Lyon.

Finist'Air – ✆ 02 98 84 64 87 - www.finistair.fr. Liaisons entre le continent et l'île d'Ouessant.

LES AÉROPORTS DE LA RÉGION

Aéroport de Rennes Saint-Jacques – BP 29155 - 35091 Rennes Cedex 9 - ✆ 02 99 29 60 00 - www.rennes.aeroport.fr

Aéroport de Lorient Bretagne Sud – 56270 Ploemeur - ✆ 02 97 87 21 50 - www.lorient.aeroport.fr. Liaisons quotidiennes de/vers Paris (Orly) et Lyon.

Aéroport de Lannion – Côte de Granit rose– Rte de Trégastel - 22300 Lannion - ✆ 02 96 05 82 22 - www.lannion.aeroport.fr

Aéroport international de Brest-Bretagne – Situé à 9 km au nord-est de Brest - 29490 Guipavas - ✆ 02 98 32 86 00 - www.brest.aeroport.fr. Plusieurs vols quotidiens de Paris-Roissy CDG ou Orly opérés par Air France.

Aéroport de Quimper-Cornouaille – 29700 Pluguffan, 5,5 km au sud-ouest - ✆ 02 98 94 30 30 - www.quimper.aeroport.fr. Desserte quotidienne de Paris-Orly et vol saisonnier (juin-sept. le sam.) pour Figari assuré par Hop !

Avant de partir

Le bon moment pour partir

MÉTÉO

Météo France : www.meteofrance.com ou ✆ 32 50 ou ✆ 08 99 71 02 suivi du numéro du département (2,90 €/appel + prix d'appel).

Été

Les températures clémentes et rarement caniculaires, en tout cas sur les côtes, et la brise marine rafraîchissent constamment le littoral. Les terres intérieures, en revanche, peuvent subir d'importantes vagues de chaleur.

Printemps et automne

C'est l'époque des **grandes marées**, toujours spectaculaires, mais qui permettent d'éviter au mauvais temps de s'installer trop durablement. Les éclaircies subliment alors l'arrière-pays : la lande se couvre de mauve, de rose et de bleu au printemps, et les forêts rougissent en automne. Seul inconvénient ponctuel : le brouillard.

Hiver

Tempêtes sur les côtes, brouillard sur les terres : le tableau n'incite pas au tourisme. Pourtant, c'est l'époque où la Bretagne vit à son rythme. L'atmosphère très particulière de ses paysages sous la pluie ou en proie à la fureur des éléments reste une expérience à vivre que les amoureux de nature ne manqueront sous aucun prétexte.

Adresses utiles

LES INSTITUTIONS

Comité régional de tourisme de Bretagne

1 r. Raoul-Ponchon - 35069 Rennes Cedex - ✆ 02 99 28 44 30 - www.tourismebretagne.com

Comités départementaux de tourisme

Haute-Bretagne Ille-et-Vilaine – Rennes - ✆ 02 99 78 47 47 - www.bretagne35.com

Côtes-d'Armor Développement – St-Brieuc - ✆ 02 96 58 06 58 - www.cotesdarmor.com et www.cad22.com

Finistère 360°, tourisme nautisme et territoire – Quimper - www.finisteretourisme.com

Les bons plans

Les **comités départementaux de tourisme** proposent régulièrement sur leurs sites Internet des bons plans et des idées séjours, avec possibilité de réserver en ligne. Pour les visites, diverses formules sont proposées, comme le passeport Finistère *(voir p. 451)* qui permet de découvrir 32 musées et sites culturels à tarif réduit *(http://passeport.culturel.finistere.fr)*. Le CDT du Finistère édite aussi des documents thématiques : les ports, les phares, les enclos paroissiaux, les peintres, etc.

Offices de tourisme

Les adresses des offices de tourisme se trouvent dans la rubrique « S'informer » de chaque ville ou site dans la partie « Découvrir ». On trouve par ailleurs une mine d'informations touristiques sur **www.rendezvousenfrance.com,** et sur **www tourismebretagne. com**, le site officiel du tourisme en Bretagne.

Autre adresse

Maison de la Bretagne – 8 r. de l'Arrivée - 75015 Paris - ✆ 01 53 63 11 50 - www.bretagne.bzh - ouvert au public lun.-vend. 9h30-18h.

Sites Internet

Outre les sites Internet des comités régionaux et départementaux de tourisme, voici quelques adresses utiles :
www.eclats-de-bretagne.com
www.iles-du-ponant.com
www.bretagne.com
www.sellor.com
www.bretagne-environnement.org
www.bretania.bzh

TRANSPORTS EN COMMUN

Le site **www.breizhgo.com** répertorie l'ensemble des transports en commun de la région. Pour connaître itinéraires, tarifs et horaires des réseaux de transports interurbains départementaux, consultez les sites Internet :
Pour l'Ille-et-Vilaine : www.illenoo-services.fr
Pour les Côtes-d'Armor : www. tibus.fr
Pour le Finistère : www.viaoo29.fr

PERSONNES À MOBILITÉ RÉDUITE

Dans ce guide, les sites et les établissements qui peuvent accueillir des personnes à mobilité réduite sont signalés par le symbole ♿. Vous trouverez des renseignements (hébergements, activités adaptées, transports accessibles) pour préparer votre séjour, ainsi que la liste des sites labellisés Tourisme et Handicaps, sur les sites des comités départementaux du tourisme (*voir ci-contre*, mot-clé « Handicap » dans le moteur de recherche).

Accessibilité des infrastructures touristiques

Par ailleurs, des sites spécifiques recensent toute l'offre proposée pour les personnes en situation de handicap :
http://handi.tourismebretagne. com/ : transports, hébergements, sites accessibles, prestataires pour louer joëlette ou handbike, etc. : une mine de renseignements !
http://www.finistere-accessible. com : la pointe de la Bretagne pour les personnes handicapées
www.handiplage.fr : liste des plages adaptées et de leurs équipements.

Accessibilité de Rennes

Rennes est une ville aux infrastructures peu adaptée aux personnes à mobilité réduite : le centre historique est pavé, les trottoirs sont étroits et la plupart des commerces et des restaurants ont une ou plusieurs grosses marches à l'entrée.

Transports

SNCF Accès Plus – www.accessibilite.sncf.fr : liste des gares équipées.
Avion – Air France propose le service d'assistance Saphir, ✆ 09 69 36 72 77 - www.airfrance.fr

Se loger

Retrouvez notre sélection d'hébergements dans « Nos adresses à… » situées en fin de description des principaux sites de la partie « Découvrir ».

NOTRE SÉLECTION

Hôtel, chambre d'hôte ou camping, à vous de choisir ! Pour vous aider dans vos choix, nous vous fournissons une **fourchette de prix** *(voir tableau p. 438)* : pour l'hébergement, les prix communiqués correspondent aux tarifs minimum et maximum d'une chambre double, en **haute saison**.

NOS CATÉGORIES DE PRIX				
	Hébergement		Restauration	
	Petites agglomérations	Grandes agglomérations & stations balnéaires	Petites agglomérations	Grandes agglomérations & stations balnéaires
Premier prix	jusqu'à 60 €	jusqu'à 80 €	jusqu'à 14 €	jusqu'à 20 €
Budget moyen	de 60 € à 80 €	de 80 € à 120 €	de 14 € à 25 €	de 20 € à 35 €
Pour se faire plaisir	de 80 € à 120 €	de 120 € à 150 €	de 25 € à 40 €	de 35 € à 50 €
Une folie	plus de 120 €	plus de 150 €	plus de 40 €	plus de 50 €

Bon à savoir – Pour compléter, reportez-vous aux autres publications Michelin : **Guide Michelin France**, **Guide Camping & Hôtellerie de plein air France**, **Guide camping-car France**.

L'hôtellerie de plein air

Du camping traditionnel aux yourtes, tipis ou cabanes dans les arbres, l'hôtellerie de plein air bretonne ne manque pas d'initiatives.

Camping Plus Bretagne – www.campingplus.fr. Ce site propose une sélection de campings 3 et 4 étoiles en Bretagne.

Bretagne Tourisme – www.tourismebretagne.com. Le comité régional de tourisme met en ligne une liste détaillée de campings et d'hébergements insolites.

Clic & Camp 29 – www.clicetcamp29.com. Ce réseau d'une vingtaine de campings finistériens propose une solution « prêt à camper » : location d'une tente déjà montée, avec tout son équipement (capacité 4 pers., à partir de 29 €/nuit, 199 €/sem.) en basse saison, 299/349 €/sem. en haute saison).

L'« écotourisme »

Bretagne Tourisme Responsable – http://voyagez-responsable-touismebretagne.com. Ce réseau recense des hébergeurs écolabellisés pour leur engagement en termes de qualité d'accueil, de politique économique et sociale responsable et de respect de l'environnement.

L'hébergement rural

Maison des Gîtes de France et du Tourisme vert – 40 av. de Flandre - 75019 Paris - ✆ 01 49 70 75 75 - www.gites-de-france.com

Fédération des Stations vertes de vacances et Villages de neige – BP 71698 - 21016 Dijon Cedex - ✆ 03 80 54 10 50 - www.stationverte.com

Bienvenue à la ferme – Le guide *Bienvenue à la ferme*, édité par l'Assemblée permanente des chambres d'agriculture *(service Agriculture et Tourisme - 9 av. George-V - 75008 Paris - ✆ 01 53 57 10 10)*, est aussi en vente en librairie, sur www.bienvenue-a-la-ferme.com ou sur iPhone.

Bon à savoir – Vous pourrez obtenir le guide sur la Bretagne auprès de la section régionale - ✆ 02 23 48 27 73 - www.bretagnealaferme.com

Fédération régionale Accueil Paysan Bretagne – ✆ 02 99 77 09 54 et 02 96 95 18 49. Les plaquettes d'informations sur la Bretagne sont téléchargeables gratuitement sur le site www.accueil-paysan-bretagne.com

Maisons d'hôte

Créée à l'automne 2012, l'association « Charme Bretagne » réunit environ 50 propriétaires des plus belles maisons d'hôte et gîtes de charme sur toute la région. Le site **www.charme-bretagne.com** permet de visualiser ces maisons, de les sélectionner selon différents critères (localisation, environnement, activités proches) et de réserver en ligne.

L'hébergement pour randonneurs

De nombreux gîtes, campings et petits hôtels accueillent les randonneurs. Pour réserver l'adresse la plus proche de votre itinéraire, consultez les organismes :

Rando-Accueil Bretagne – 7C r. Pierre-Texier - 35760 Montgermont - ✆ 02 99 26 13 50 - www.rando-accueil.com. Cette association bretonne des relais et itinéraires recense et labellise quatre types d'hébergements spécifiques pour randonneurs : Rando Plume, Rando Gîtes, Rando Toile et Rand'hôtel.

Guide et site Internet – Les randonneurs peuvent consulter le guide *Gîtes d'étape et refuges* de A. et S. Mouraret (Rando Éditions La Cadole - 74 r. A.-Perdreaux - 78140 Vélizy - ✆ 01 34 65 11 89) et le site www.gites-refuges.com

Les locations saisonnières

Pour les séjours plus longs, la Bretagne dispose aussi de nombreuses offres de locations saisonnières en maison ou en gîte. Certains sites des comités départementaux de tourisme *(voir p. 436)* proposent une belle sélection. Vous pouvez également consulter les offres de la Maison des gîtes de France sur **www.gites-de-france-bretagne.com**

Les auberges de jeunesse

Ligue française pour les auberges de jeunesse – 67 r. Vergniaud - Bâtiment K - 75013 Paris - ✆ 01 44 16 78 78 - www.auberges-de-jeunesse.com

Fédération unie des auberges de jeunesse – Centre national - 27 r. Pajol - 75018 Paris - ✆ 01 44 89 87 27 - www.fuaj.org

En Bretagne Nord, vous trouverez des auberges de jeunesse affiliées dans les villes et sites suivants : île de Batz, Brest, Camaret, Cancale, Dinan, Lannion, Ouessant, Pleine-Fougères, Rennes, St-Brieuc, St-Malo et Trébeurden.

Les services de réservation

Fédération nationale Clévacances – 54 bd de l'Embouchure - BP 52166 - 31022 Toulouse Cedex - ✆ 05 32 10 82 30 - www.clevacances.com

POUR DÉPANNER

Centrales de réservation des principales chaînes hôtelières :

B & B – ✆ 0 892 78 29 29 (0,35 €/mn) - www.hotel-bb.com

Campanile – ✆ 0892 23 48 12 (0,35 €/mn) - www.campanile.fr

Kyriad – ✆ 0 825 23 48 13 (0,35 €/mn) - www.kyriad.com

Ibis Hôtels – ✆ 0 825 882 222 (0,18 €/mn + prix d'appel) - www.ibis.com

Brit Hôtel – ✆ 0 825 000 460 (n° surtaxé) - www.brithotel.fr

Se restaurer

Retrouvez notre sélection de restaurants dans « Nos adresses à… » de la partie « Découvrir ». Pour repérer facilement ces adresses sur nos plans, nous leur avons attribué des pastilles numérotées.

NOTRE SÉLECTION

Pour répondre à toutes les envies, nous avons sélectionné des **restaurants** régionaux, bien sûr, mais aussi des établissements classiques, exotiques ou à thème… et des lieux plus simples, où vous

pourrez manger sur le pouce.
Pour vous aider, nous vous communiquons une **fourchette de prix** *(voir tableau p. 438)* : pour la restauration, les prix mentionnés correspondent aux tarifs minimum et maximum des menus proposés sur place. Les mentions « **Astuce prix** » et « **bc** » signalent : pour la première, les formules repas à prix attractif, servies en général au déjeuner par certains établissements de standing ; pour la seconde, les menus avec boisson comprise (verre de vin ou eau minérale au choix).
Les prix que nous indiquons sont ceux pratiqués en **haute saison**.
Voir aussi **Le Guide Michelin France** et le réseau des **fermes-auberges** *(www.bienvenue-a-la-ferme.com)*.

LES LABELS

Sites remarquables du goût

En Bretagne Nord, un site bénéficie de ce label : **Cancale** (huître). En ligne : www.sitesremarquablesdugout.com

Autres labels

Le label **Tables et Saveurs de Bretagne** rassemble une quarantaine de restaurants bretons qui participent chaque année au concours « Arts et Saveurs » - www.tablesetsaveursdebretagne.com
Le label **Restaurant du Terroir** a pour objectif de faire découvrir et de promouvoir le patrimoine culinaire breton de manière originale, à travers une démarche qualité valorisant le travail des produits régionaux - www.restaurantduterroir.fr
Le label **Crêperie Gourmande** distingue les spécialistes de la crêpe, disposant à ce titre d'un véritable savoir-faire et privilégiant les produits régionaux.
Pour ces trois labels, liste disponible dans la rubrique Séjourner/restaurants-gastronomie/labels du site www.tourismebretagne.com

Les crêpes bretonnes.
Taillard/SoFood/Photononstop

Sur place de A à Z

Les **comités départementaux** et **comités régionaux** de tourisme *(voir p. 436)* mettent à votre disposition de nombreuses documentations.

Pour trouver d'autres adresses de prestataires, reportez-vous aux rubriques « Visite » et « Activités » dans « Nos adresses à… » de la partie « Découvrir ».

Gastronomie

COURS DE CUISINE

Le Cercle culinaire de Rennes – 8 r. du 7e-Régt-d'Artillerie - 35012 Rennes Cedex - ✆ 02 99 31 45 45 - www.cercleculinaire.com. Ce cercle propose des stages et des ateliers de une à huit heures, accessibles à tous et toute l'année. Vous y aborderez l'art des crêpes et des galettes, la cuisine aux algues, le menu gourmand d'un chef régional, les tables et les saveurs de Bretagne ou de plats beaucoup plus exotiques. Un atelier (« Délices des Lices ») est axé sur les produits du marché de la place des Lices ! Certains cours sont également proposés à Dinard et à La Guerche-de-Bretagne.

École EMC² – Zone Atalante Champeaux - 8 r. Jules-Maillard-de-la-Gournerie - 35000 Rennes - ✆ 02 99 34 86 76 - www.ecole-maitre-crepier.fr. Les inconditionnels des **crêpes et des galettes** ne pourront échapper à la célèbre école qui forme les maîtres crêpiers. Au moins un samedi par mois pendant l'année *(voir le calendrier sur le site Internet)*, l'école ouvre ses portes à tous les gourmands pour un stage d'une journée de 9h à 17h ; dégustation entre 13h et 14h *(90 €/pers., repas inclus)*.

ROUTES GASTRONOMIQUES

La Bretagne Nord est riche de spécialités gastronomiques. Ainsi vous pourrez suivre la **Route du chouchen** qui serpente entre Finistère et Côtes-d'Armor ; la **Route touristique Prince de Bretagne** qui propose un circuit de visites gastronomiques (agriculteurs, restaurateurs, chambres d'hôtes…) entre Brest et St-Malo ; la **Route des algues et des goémoniers** dans les abers, avec l'écomusée de Plouguerneau, le port du Vill à Landéda et celui de Lanildut ; ou encore la **Route de la fraise** qui sillonne la presqu'île de Plougastel.

CRIÉES

Les ventes des produits de la mer ont lieu, en général, tous les jours de la semaine, une demi-heure après le retour des chalutiers, et durent à peu près deux heures. Erquy, Roscoff et St-Quay-Portrieux sont les plus importantes.

Consultez aussi « Nos adresses à… » de la partie « Découvrir ».

LABELS

Les labels

Produits AOC et AOP – Pommeau de Bretagne, eaux-de-vie de cidre de Bretagne, coco de Paimpol, prés-salés (agneaux) du Mont-St-Michel, moules de bouchot de la baie du Mont-St-Michel ou oignons rosés de Roscoff.

Produits label Rouge de la Bretagne Nord – Les principaux sont les **porcs fermiers d'Argoat**, les **volailles fermières d'Argoat**, les **agneaux de Brocéliande**… Pour certains produits, comme les **coquilles Saint-Jacques** ou les

Ma route des vacances

18 cartes des Régions de France

J.D Sudres / hemis.fr

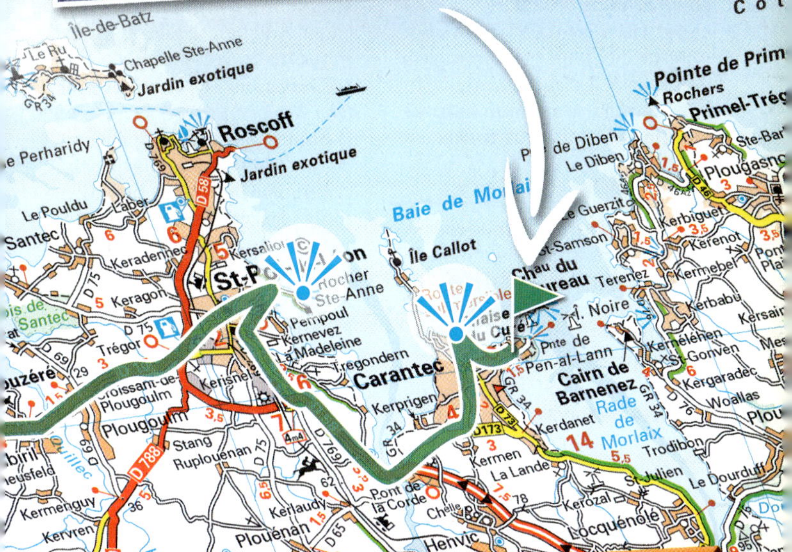

512 REGIONAL France INDÉCHIRABLE 512

MICHELIN

Bretagne

LES MARCHÉS DE BRETAGNE	
Lundi	Combourg, Guerlesquin, Moncontour, Pontrieux, Saint-Quay-Portrieux, Trégastel, Vitré.
Mardi	Dinard, Fougères, Paimpol, Pléneuf, Quintin, Rostrenen, Saint-Malo, Saint-Pol-de-Léon, Trébeurden.
Mercredi	Roscoff, Saint-Brieuc, Tréguier.
Jeudi	Châteaugiron, Dinan, Dinard, Guingamp, Lamballe, Lannion.
Vendredi	Guingamp, Jugon-les-Lacs, Landerneau, Mûr-de-Bretagne, Perros-Guirec, Saint-Cast-le-Guildo, Saint-Malo, Le Val-André.
Samedi	Bécherel, Dinard, Dol-de-Bretagne, Fougères, Guingamp, Morlaix, Rennes, Saint-Brieuc, Saint-Renan, Vitré...

sardines, le label Rouge se double parfois d'une **IGP** (indication géographique protégée).
Label AB – Cette filière regroupe 1 848 producteurs et concerne les **légumes** et les **fruits**, ainsi que le **lait**, les **œufs**, le **saumon naturel ou fumé** et les filets de **truite**.

MARCHÉS

Toutes les villes et presque tous les bourgs possèdent leur marché. Le tableau *(voir ci-dessus)* n'est qu'indicatif et précise les jours de gros marché de quelques places importantes.
Certains sortent du lot. Le marché des Lices à Rennes est un des plus grands de France ; celui de Dinard du samedi matin rassemble les meilleurs produits de la côte.

SPÉCIALITÉS

Une soirée sardines ? – Implantées dans le centre de la plupart des villes de la région (Cancale, St-Malo, Paimpol, Roscoff, Dinan, Dinard, etc.), les boutiques de la marque La Belle-Iloise – la fameuse conserverie quiberonnaise – proposent des dégustations et de superbes coffrets cadeaux de conserves.
Les gourmandises – **Crêpes** de froment et **galettes** de sarrasin, **fars** aux pruneaux parfumés à la cannelle, ***kouign-amann***, **gavottes** de Dinan, **pain plié** du Trégor, **madeleines** des Côtes-d'Armor, **craquelins**, **brise-lames** (crème de caramel au beurre salé) et **œufs de mouette** de St-Malo (chocolats).
Les boissons – Le **cidre fermier** *(voir Pleudihen-sur-Rance, p. 133)* ; le **pommeau**, le **lambig** ou fine de Bretagne (eau-de-vie de cidre) ; la **cervoise** ; le **whisky** breton distillé du côté de Lannion, sans oublier l'eau minérale de Plancoët.
Pour plus d'informations sur la gastronomie bretonne, voir « Comprendre la Bretagne » *p. 385*.

Nature

BAIGNADE

En mer

Les belles plages de sable fin ne manquent pas en Bretagne, qu'elles soient confidentielles ou étendues à perte de vue. Les premières sont l'apanage des côtes sauvages et découpées (le Finistère et les îles en comptent beaucoup) ; les secondes font le bonheur de certaines stations réputées de la Côte d'Émeraude, St-Malo en tête.
Pour connaître le résultat des contrôles de qualité des eaux de baignade, effectués chaque mois de juin pour toutes les plages du littoral, consultez le site Internet **http://baignades.sante.gouv.fr**

Bon à savoir – Les plages sont classées en quatre catégories, de A (bonne qualité) à D…

En lac et en rivière

La baignade sur les rives du lac de Guerlédan *(voir p. 251)* est autorisée en certains points. Rivières et plans d'eau sont aussi accessibles à la baignade, mais renseignez-vous au préalable. La qualité de leurs eaux est contrôlée par la direction des Affaires sanitaires et sociales de Bretagne et l'Observatoire de l'eau en Bretagne.

En ligne : www.observatoire-eau-bretagne.fr

CALÈCHE OU ROULOTTE

Pour découvrir la Bretagne à un autre rythme.

Attelages du Kreiz Breiz – *Voir p. 250.*

CANOË-KAYAK

Rivières, canaux et mer : la Bretagne ne manque pas de lieux où pratiquer ces deux activités.

Comité régional de Bretagne de Canoë-kayak (CRBCK) – Base nautique Plaine-de-Baud - 35 r. J.-M.-Huchet - 35000 Rennes - ✆ 02 23 20 30 14 - www.canoe-kayak-bretagne.fr

Voir aussi « Nos adresses à… » de la partie « Découvrir ».

CROISIÈRES FLUVIALES

Rivières et canaux de Bretagne constituent un réseau de plus de 600 km de voies navigables.

Une liaison Manche-Océan emprunte le **canal d'Ille-et-Rance**, puis la Vilaine, en passant par Dinan, Rennes et Redon.

Le **canal de Nantes-à-Brest**, ouvrage exceptionnel de 360 km, constitue un moyen agréable d'appréhender la Bretagne intérieure. Partant de Lorient, la croisière sur le Blavet, le tronçon oriental du canal de Nantes-à-Brest et l'Erdre, permet de voir Josselin et Redon avant de gagner Nantes.

Du fond de la rade de Brest, la remontée de l'Aulne et de la partie occidentale du canal de Nantes-à-Brest conduit à Châteaulin et Carhaix-Plouguer.

Les principales compagnies de tourisme fluvial en Bretagne Nord sont installées à La Chapelle-aux-Filtzméens et Dinan.

Canaux de Bretagne – 1 r. Raoul-Ponchon - 35000 Rennes - ✆ 02 23 47 02 09 - www.canauxdebretagne.org. Cette association propose une riche documentation (liste des loueurs, hébergements…) et diffuse le *Guide des canaux de Bretagne* (informations sur la navigation, la randonnée avec une présentation des escales).

GOLF

Ligue de Bretagne de golf – 104 r. Eugène-Pottier - 35000 Rennes - ✆ 02 99 31 68 80 - www.liguebretagnegolf.org. Liste des golfs, détail des parcours et des tarifs.

ÎLES

Pour des excursions à la journée ou un séjour plus long. Attention, certaines liaisons sont moins fréquentes hors saison. Sur place, visites à pied ou à vélo, les voitures n'étant pas autorisées sauf pour les îliens. Se reporter à la rubrique « Nos adresses à… » des îles concernées.

Voir le tableau pratique pour la desserte des îles p. 450.

Voir aussi www.iles-du-ponant.com

MARÉES

Horaires

On les trouve généralement dans les offices de tourisme, à

la capitainerie du port, et dans la presse locale. Par téléphone, au 0 899 71 08 08, ou sur les sites http://maree.info et www.nature-planete.fr. Avec les horaires sont donnés les coefficients de marée, importants pour vos parties de pêche à pied, et le calendrier des grandes marées.

Coefficients

Coefficients de marée : proportionnels à l'amplitude de la marée, ils s'expriment en centièmes.	
Coef. 120	Marée exceptionnelle de vive-eau
Coef. 95	Marée moyenne de vive-eau
Coef. 70	Marée moyenne
Coef. 45	Marée moyenne de morte-eau
Coef. 20	Marée la plus faible de morte-eau

PÊCHE

En eau douce

Quels que soient l'endroit et le type de pêche, il convient d'observer la réglementation nationale et locale ; de s'affilier pour l'année en cours, dans le département de son choix, à une association de pêche agréée par la préfecture ; d'acquitter les taxes afférentes au mode de pêche pratiqué ; d'obtenir, pour pêcher dans des eaux du domaine privé, l'autorisation du propriétaire riverain.

Fédération nationale pour la pêche et la protection du milieu aquatique – 17 r. Bergère - 75009 Paris - ☏ 01 48 24 96 00 - www.federationpeche.fr. On peut se procurer des cartes et informations locales auprès des fédérations départementales pour la pêche et la protection du milieu aquatique.

À pied

Voir p. 424-425.

En mer

De petits patrons de pêche accueillent à leur bord des touristes attirés par la sportivité de la pêche en mer. Rappelons que la plupart de ces sorties ont lieu sur des bateaux de petite taille et dans des mers parfois agitées.

Bon à savoir – Les plaisanciers peuvent pratiquer la pêche en mer à partir de leur navire ou la chasse sous-marine, à titre d'agrément exclusivement.

La liste des engins de pêche autorisés figure sur leur titre de navigation. La chasse sous-marine est quant à elle soumise à une réglementation stricte et il convient de s'informer, préalablement à toute pratique, auprès du service des Affaires maritimes.

Fédération française des pêcheurs en mer – 135 av. Clot Bey - 13008 Marseille - ☏ 04 91 85 19 67 - www.ffpm-national.com

PLAISANCE

Il existe près de 50 ports de plaisance en Bretagne. Les principaux en Bretagne Nord sont : St-Malo, Paimpol, Perros-Guirec, Aber-Wrac'h et Brest.

www.nautismebretagne.fr – Fournit la liste complète des ports de plaisance ainsi que des informations sur le nautisme.

Bon à savoir – Pensez à réserver vos anneaux bien en avance, car les ports affichent souvent complet.

PLONGÉE SOUS-MARINE

Elle est très pratiquée en Bretagne. Les amateurs de chasse sous-marine ou de paysages sous-marins trouvent des criques limpides, poissonneuses et riches en algues.

Comité interrégional Bretagne-Pays de Loire de la Fédération

SPORTS ET LOISIRS NAUTIQUES				
Chapitre du guide	**Loisirs**	**Sports**	**Balades en bateau**	**Plaisance**
Les abers et l'Iroise	Plages	Voile à l'Aber-Wrac'h, plongée à Plougonvelin		Port de l'Aber Wrac'h
Île de Bréhat	Plage de Guerzido	Voile, planche à voile et plongée	Tour de l'île en bateau	
Brest		Planche à voile, kayak, voile à la station nautique	Balade en mer sur *La Recouvrance*, croisière dans la rade	Ports du château et du Moulin-Blanc
Brignogan-Plages	Plages	Plongée, randonnées subaquatiques		
Cancale	Plages	Voile, planche à voile, kayak de mer	Sortie en mer en trimaran et à bord d'une bisquine	
Presqu'île de Crozon	Plages (Camaret, Morgat)	Kayak et paddle à Morgat	Vieux gréement à Camaret	Port de plaisance
Dinard	Plages (en ville et sur la côte), thalasso	Voile, planche à voile, kayak de mer	Croisières sur la Rance, cap Fréhel	Port de St-Cast-le-Guildo
Côte de Granit rose	Plages	Plongée, voile (Trébeurden)	Sorties en mer sur goémonier	Port de Trébeurden
Lannion			Kayak sur la baie	
Baie de Morlaix	Plages (Carantec)	Voile (Carantec)	Croisière dans la baie	Ports de Morlaix et Carantec
Île d'Ouessant		Voile, kayak de mer (Lampaul, Molène)		Port de Roscoff-Bloscon
Paimpol			Balade vers Bréhat à bord d'un sardinier	Port de plaisance
Perros-Guirec	Plage de Trestraou, thermes marins	Plongée, sports de glisse, voile	Excursions aux Sept-Îles	Port de plaisance
Presqu'île de Plougastel		Centre nautique de Lauberlac'h		
Roscoff	Plages (Batz), thalasso	Sports de glisse, kayak (Santec)		Port de Roscoff-Bloscon
Saint-Brieuc	Plages de la baie, baignade à l'Aquabaie de Ploufragan	Voile, planche à voile, kayak		Port du Légué

SPORTS ET LOISIRS NAUTIQUES				
Saint-Malo	Plages (St-Servan, Paramé, Rothéneuf), thalasso	Kayak de mer, longe-côte, surf	Navire corsaire, croisières dans la baie et côte d'Émeraude	Port (sous les remparts)
Saint-Pol-de-Léon	Plage			
Saint-Quay-Portrieux	Plages (St Quay, Binic), piscine		Balade sur vieux gréement	Ports de St-Quay et Binic
Trégastel-Plage	Plages, Forum de Trégastel			
Le Val-André	Plages (Val-André, Erquy), Spa marin	Planche et char à voile, voile, kayak de mer (Erquy)	Vedettes d'Erquy, sortie en mer sur le lougre de Dahouët	Port de Dahouët

française d'études et de sports sous-marins – 39 r. de la Villeneuve - 56100 Lorient - ✆ 02 97 37 51 51 - www.ffessm.fr

RANDONNÉES ÉQUESTRES

Un superbe circuit, **Equibreizh**, fait le tour de la Bretagne (environ 2 500 km) en reliant les principaux sites. Avec votre monture, ou encadré par un centre de tourisme équestre, vous pouvez choisir votre parcours et vos étapes.
À tenter notamment la boucle de Brocéliande ou encore celle qui part de Bécherel (230 km).

Comité régional de tourisme équestre en Bretagne – ✆ 02 97 84 44 00 -www.equibreizh.com ou www.bretagne-equitation.com

Bon à savoir – Pour les passionnés, un détour au haras de Lamballe (*voir p. 259*) s'impose.

Comités départementaux de tourisme équestre

CDTE des Côtes-d'Armor – Association des cavaliers d'extérieur des Côtes-d'Armor (ACECA) - 39 r. de la Mer - 22190 Plérin - ✆ 02 96 74 68 05 ou 02 96 73 12 38 - www.aceca22.fr

CDTE du Finistère – Château de Quimarc'h - 29380 Bannalec - ✆ 06 69 41 29 29 - www.cdte29.fr

CDTE de l'Ille-et-Vilaine – Maison Départementale des Sports - 13 bis av. de Cucillé - 35065 Rennes Cedex - ✆ 02 99 85 66 21 - www.cdte35.com - cdte35@orange.fr

RANDONNÉES PÉDESTRES

Le GR 34 (sentier des douaniers) suit la côte tandis que les GR 37, 341 et 380 sillonnent l'intérieur des terres. Les chemins de halage du canal de Nantes-à-Brest et les voies vertes *(voir ci-contre)* sont également très appréciés.

Fédération française de la randonnée pédestre – 64 r. du Dessous-des-Berges - 75013 Paris - ✆ 01 44 89 93 90 - www.ffrandonnee.fr. La Fédération donne le tracé détaillé des GR, GRP et PR (topoguides) ainsi que des conseils utiles. 21 topoguides disponibles sur la Bretagne.

Comité régional de la randonnée pédestre de Bretagne –9 r. des Charmilles - 35510 Cesson-Sévigné - ✆ 02 23 30 07 56 - http://bretagne.ffrandonnee.fr

Le site **rando.tourismebretagne.com** est idéal pour préparer ses randonnées en Bretagne. Vous y trouverez la description des sites et des itinéraires (GR, GRP, véloroutes et voies vertes) ainsi qu'un guide complet des hébergements à proximité des sentiers.

France Randonnée – 9 r. des Portes-Mordelaises - 35000 Rennes - ✆ 02 99 67 42 21 - www.france-randonnee.fr. Elle propose des séjours et organise des randonnées à pied, à vélo, à cheval avec ou sans accompagnateur.

Conservatoire du littoral, ONF, parcs naturels régionaux... – Ces organismes proposent des randonnées ou de la documentation bien utile pour découvrir la région. Les syndicats d'initiative et les offices de tourisme offrent également des dépliants de balades et de randonnées.

Notez que le CDT d'Ille-et-Vilaine propose une sélection des 40 plus belles balades et randonnées (à pied comme à vélo) dans le département sur le site **balades.bretagne35.com**

Pour les Côtes-d'Armor, consultez le site **rando.cotesdarmor.com** et www.cotesdarmor.com/les-plus-belles-rando/a-pied

Pour le Finistère, consultez le site **www.finistere-rando.com**

VÉLO

Les monts d'Arrée comme le lac de Guerlédan sont appréciés des amateurs de VTT, et les voies vertes (*voir ci-dessous*) offrent des parcours pour « toutes les jambes ». Sur place, les offices de tourisme et syndicats d'initiative fournissent généralement la liste des loueurs de cycles. Certaines gares SNCF proposent aussi des bicyclettes, que l'on peut restituer dans une gare différente - www.velo.sncf.com

Le site **rando.tourismebretagne.com** recense les principaux sites de balades à vélo.

Ligue Bretagne de cyclotourisme – BP 6 - 22400 St-Alban - www.ffct-bretagne.org. Pour découvrir les **sorties week-end** ou **les circuits** « **découverte** » avec des guides organisés par les clubs cyclotouristes de la région.

Voies vertes

D'anciennes voies ferrées, des chemins forestiers ou de halage ont été réhabilités pour accueillir les sportifs, les familles et les personnes à mobilité réduite, en toute sécurité.

www.voiesvertes.com

En Bretagne Nord, les principales voies vertes sont les suivantes :

De Saint-Malo à Rennes – Il est possible de relier St-Malo-Dinard à Rennes en continu sur les 110 km de voie verte aménagés le long de la liaison Manche-Océan. Tout au long de votre périple, vous êtes guidé par une signalétique. Vous pouvez faire halte pour découvrir le patrimoine à votre rythme. De nombreux hébergements à la nuitée jalonnent la voie.

Voir aussi p. 111.

Baie du Mont-Saint-Michel – Cette voie verte tracée sur une digue au milieu des polders longe la baie sur 12 km environ. Elle peut être parcourue par des randonneurs à pied ou à cheval, mais le sol bien stabilisé est assez roulant pour les VTT et VTC. Au départ de Cherrueix, on traverse Roz-sur-Couesnon avant d'arriver sur la rive de l'anse de Moidray, à 4 km environ du Mont. Variante possible en effectuant une boucle de 20 km environ dans le « marais de Dol ».

De Roscoff à Carhaix – Une route côtière vallonnée conduit de Roscoff à Morlaix, en passant par St-Pol-de-Léon. Après avoir longé par le sud les monts d'Arrée en empruntant une ancienne voie

D'ÎLE EN ÎLE			
Île	**Point d'embarquement**	**Hébergement**	**À voir/à faire**
Batz	Roscoff	Hôtels, chambres d'hôtes	Montée au phare, jardin Delaselle/ Balades à vélo, baignades
Bréhat	Pointe de l'Arcouest (près de Paimpol) Saint-Quay-Portrieux (de mai à sept.)	Hôtels, chambres d'hôtes	Verrerie de la Citadelle/Balades, baignades, activités nautiques
Molène	Brest ou Le Conquet	Hôtel	Balade sur le sentier côtier
Ouessant	Brest ou Le Conquet	Hôtels, chambres d'hôtes	Écomusée de l'île, visite de Lampaul, musée des Phares et Balises, découverte de la Côte sauvage
Les Sept-Îles	Perros-Guirec (le Trestraou, avr.-sept.)	non	Observation des oiseaux, balade sur l'île au Moine

ferrée, l'itinéraire de 121 km se prolonge jusqu'à Carhaix.

De Carhaix à Saint-Méen-le-Grand – L'ancienne voie ferrée traverse des paysages de landes et de campagnes vallonnées, notamment entre les monts d'Arrée et le lac de Guerlédan. La section de Gouarec à St-Caradec réserve une trentaine de kilomètres, faciles, qui se conjuguent aisément avec les multiples activités nautiques proposées autour du lac.

Ces deux derniers parcours sont désormais intégrés dans le grand itinéraire **Vélodyssée®**, qui traverse la Bretagne (de Roscoff à Nantes) puis longe l'Atlantique jusqu'à la côte basque.

www.lavelodyssee.com

Tour de Manche

Cet itinéraire de 1 200 km suit le littoral breton à partir de Roscoff, traverse une partie de la Normandie avant de rejoindre, en bateau, le Dorset et le Devon, au sud-ouest de l'Angleterre - www.tourdemanche.com

VOILE ET VIEUX GRÉEMENTS

Fédération française de voile – 17 r. Henri-Bocquillon - 75015 Paris - ✆ 01 40 60 37 00 - www.ffvoile.org

France Station Nautique – 17 r. Henri-Bocquillon - 75015 Paris - ✆ 01 44 05 96 55 - www.station-nautique.com

Les stations de Bretagne Nord sont : St-Malo, St-Cast-le-Guildo, Pléneuf-Val-André, Perros-Guirec, la rade de Brest et Crozon-Morgat.

Naviguer sur les « vieux gréements »

Il est possible d'embarquer pour une demi-journée, une journée, un week-end ou le temps d'une longue croisière sur l'un de ces merveilleux voiliers restaurés. Tout au long de ce guide, « Nos adresses à… » vous renseignent sur les vieux bateaux sur lesquels naviguer.

Voir aussi tableau p. 447.

Patrimoine

ARCHÉOLOGIE

DRAC Bretagne – Hôtel de Blossac - 6 r. du Chapitre - 35044 Rennes - ✆ 02 99 29 67 67 - www.culturecommunication.gouv.fr/regions/Drac-Bretagne.

Cerapar - Centre de recherches archéologiques du pays de Rennes – Maison de l'archéologie - La Métairie - 35740 Pacé - ✆ 02 99 68 74 56 - http://cerapar.free.fr

Société d'histoire et d'archéologie de Bretagne – 1 r. Jacques-Léonard - 35000 Rennes - ✆ 02 99 02 40 00 - www.shabretagne.com

BONS PLANS

Passeport Finistère – 32 musées et sites culturels du département proposent, dès la deuxième visite, un tarif privilégié sur présentation du passeport *(gratuit)*; 4e, 8e et 12e visites offertes. Validité 3 ans. http://passeport.culturel.finistere.fr

ROUTES HISTORIQUES

En Bretagne Nord, vous ne pourrez parcourir qu'une seule Route historique, mais de taille, celle de Chateaubriand, qui relie 17 sites dont 13 châteaux dans les départements d'Ille-et-Vilaine et des Côtes-d'Armor :

Château de Bourbansais - 35720 Pleugueneuc - ✆ 02 99 69 40 07 - www.chateaux-france.com/route-chateaubriand

ROUTES THÉMATIQUES

Route des phares et balises, Route du lin *(voir encadré p. 255)*, itinéraire des enclos paroissiaux, des phares, des ports d'intérêt patrimonial, des peintres ou encore Circuit des villes d'art : la Bretagne voit naître chaque année de nouvelles routes thématiques.

Évocateurs du patrimoine breton, architectural, naturel ou humain, ces itinéraires sont mis en place par des associations, des offices de tourisme et autres organismes, et bénéficient souvent d'une brochure explicative disponible dans les offices de tourisme.

Voir aussi « Routes gastronomiques », *p. 442.*

VISITES GUIDÉES

Elles sont organisées toute l'année dans les grandes villes ou seulement en saison dans les plus petites. Dans tous les cas, informez-vous du programme à l'office de tourisme et pensez à vous inscrire.

Reportez-vous aussi à « Nos adresses à… », dans la partie « Découvrir », où nous citons les visites guidées qui ont retenu notre attention sous la rubrique « Visite ».

Petites Cités de Caractère

L'Association des Petites Cités de Caractère de Bretagne *(www.cites-art.com)* rassemble 22 villages ou petites communes de moins de 5 000 habitants. Chacune se doit de présenter un ensemble urbain homogène et préservé. La charte de ces cités prévoit en sus la disparition des antennes de télévision et le contrôle de la pertinence et de l'esthétique des enseignes commerciales. Si l'on ajoute à cela la volonté de développer les circuits piétons et l'information touristique, les petites cités de caractère sont particulièrement attrayantes pour les visiteurs.

Les petites cités de caractère de Bretagne Nord sont : Bazouges-la-Pérouse, Bécherel, Châteaugiron, Châtelaudren, Combourg, Le Faou, Guerlesquin, Jugon-les-Lacs, Léhon, Moncontour, Pontrieux, Quintin, La Roche-Derrien, Roscoff et Tréguier.

www.tourismebretagne.com ou **www.cites-art.com** – Pour commander une brochure spécifique aux cités d'art.

Villes et Pays d'art et d'histoire

Ce réseau propose des visites générales ou insolites (1h30 ou plus), conduites par des guides-conférenciers et des animateurs du patrimoine agréés par le ministère. Visites-découvertes et ateliers du patrimoine pour les enfants (merc., sam. et vac. scol.).
Les villes de Bretagne Nord concernées sont : Brest, Dinan, Dinard, Fougères, Morlaix, Rennes et Vitré.
Renseignements auprès des offices de tourisme des villes ou sur le site **www.vpah.culture.fr**
Voir aussi « En famille », *p. 454*.

Visites commentées des ports et criées

Une immersion dans l'ambiance du port d'Erquy ou de St-Quay-Port d'Armor permet d'assister au débarquement du poisson et de découvrir les bateaux, le matériel et les différentes techniques de pêche, dont celle de la coquille Saint-Jacques, spécialité locale.
Renseignements auprès des offices de tourisme des villes concernées.
Consultez « Nos adresses à St-Quay-Portrieux », « Nos adresses au Val-André » et « Nos adresses à Roscoff » dans la partie « Découvrir ».

Pour compléter

LUTTE

D'origine celte, le **gouren,** technique de lutte traditionnelle, s'est développé dans la région en conservant des valeurs (loyauté, fair-play) exprimées dans un serment. Pratiqué en clubs, le gouren donne lieu à de passionnantes compétitions (en salle l'hiver, mais aussi en plein air, l'été, dans des fêtes traditionnelles). Vous pourrez notamment assister à un tournoi de gouren à Rostrenen dans le cadre du festival Fisel qui se déroule tous les ans en août *(voir « Nos adresses à Rostrenen » p. 250).*
Ti ar Gouren, la Maison de la lutte et des jeux bretons – Le Poullic - 29690 Berrien - ✆ 02 98 99 03 80 - www.tiargouren.fr
Comité national de gouren de la Fédération française de lutte – ZA St-Ernel - 29800 Landerneau - ✆ 02 98 85 40 48 - www.gouren.com

SOUVENIRS

Les adresses de boutiques ou d'artisans que nous avons retenues se trouvent dans la rubrique « Achats » dans « Nos adresses à… » de la partie « Découvrir ».
Les **vêtements de marins** sont incontournables, tels le **pull marin** bleu marine ou blanc ligné de bleu, les **bonnets** et **casquettes** bleus, l'inimitable **vareuse**, sans oublier le traditionnel **ciré** jaune, ni bien entendu le **kabic** de Paimpol, manteau en laine imperméable.
Les **sabots**, portés par les paysans jusqu'après guerre, restent un produit artisanal vendu dans les villages campagnards.
Plus tendance, les tee-shirts aux marques bretonnes de jeunes créateurs – comme Stered, À l'aise Breizh ou Emsaver – ont le vent en poupe.
Une association d'entreprises bretonnes valorise les produits alimentaires, culturels et industriels conçus et fabriqués dans la région grâce à la marque **« Produit en Bretagne »**. Catalogue et informations sur le site www.produitenbretagne.bzh
Voir aussi « Spécialités », *p. 444*.

THALASSOTHÉRAPIE ET BALNÉOTHÉRAPIE

Vous trouverez les coordonnées des centres accompagnées d'un bref descriptif dans « Nos adresses à… » de la partie « Découvrir ».

www.thalasso-bretagne.fr – Ce site, mis en place par le Comité régional du tourisme, associe les 14 centres de thalasso de Bretagne et permet de composer des séjours sur mesure.

Voir Dinard, Le Val-André, Perros-Guirec, Roscoff et St-Malo.

France Thalasso – www.france-thalasso.com. Syndicat officiel de la thalassothérapie en France.

URGENCES

Police Secours – ✆ 17.
Pompiers – ✆ 18 ou 112.
SAMU – ✆ 15.
SOS Médecins – ✆ 36 24 (0,12 €/mn).
Centre antipoison – ✆ 02 99 59 22 22 (Rennes).

Perte ou vol de carte bancaire ou de chéquier

En cas de perte ou de vol, déposez immédiatement plainte auprès de la police et faites opposition :
Chéquiers volés – ✆ 0 892 68 32 08 (0,34 €/mn).
Carte Visa – ✆ 0 892 705 705 (0,34 €/mn).
American Express – ✆ 01 47 77 72 00.
Mastercard – ✆ 0 800 90 13 87.

Téléphone portable

Orange – ✆ 0 800 100 740 (n° gratuit depuis un fixe).
Bouygues Télécom – ✆ 0 800 29 10 00 (n° gratuit depuis un fixe).
SFR – ✆ 06 10 00 19 63 (depuis un fixe)/963 depuis un mobile SFR).
Free – ✆ 32 44.

VU DU CIEL

Vous trouverez également quelques adresses dans « Nos adresses à… » des villes et sites décrits.

Aéroclub de la Côte de Granit rose – R. du Cdt-Coadou - 22300 Lannion - ✆ 02 96 48 47 42 - www.accg.asso.fr. Pour la région du Trégor.

Air Nature Ballon – Château de Bogard - 22120 Quessoy - ✆ 06 20 28 76 12 - fin avr.-fin oct. - 240 €/pers. pour un vol d'env. 1h.

Pour obtenir la liste, mise à à jour, des centres de vol libre et des lieux de pratique :

Fédération française de vol libre (deltaplane et parapente) – 4 r. de Suisse - 06000 Nice - ✆ 04 97 03 82 82 - http://federation.ffvl.fr

Fédération française d'ULM – 96 bis r. Marc-Sangnier - BP 341 - 94709 Maisons-Alfort Cedex - ✆ 01 49 81 74 43 - www.ffplum.info

Planeurs de Brocéliande – Aérodrome de Ploërmel-Loyat - 56800 Loyat - ✆ 02 97 93 00 80 - www.planeurs- broceliande.fr

Bon à savoir – N'oubliez pas de consulter la météo avant de partir en vol *(voir p. 436)*.

En famille

La Bretagne sait accueillir les familles. Sur les plages, vous trouverez clubs de voile et/ou activités accessibles dès 3 ans. Le réseau **Sensation Bretagne** regroupe ainsi 21 communes du littoral autour d'une charte de qualité d'accueil ; 16 d'entre elles se trouvent dans ce guide : Binic, Cancale, Camaret-sur-Mer, Carantec, Dinard, Erquy, Locquirec, Perros-Guirec, Pléneuf-Val-André, Plougasnou, Plouescat, Plougonvelin, St-Cast-Le-Guildo, St-Quay-Portrieux, Roscoff et Trébeurden. **www.sensation-bretagne.com**

Pour les amateurs de sports nautiques, le **Spot nautique** regroupe 54 centres bretons labélisés par la Ligue Bretagne de Voile et par la Fédération française de voile : location de planche à voile, dériveurs, catamarans, kayaks, etc., balades accompagnées sur l'eau, cours individuels ou collectifs. http://le-spot-nautique.bzh

Dans les terres, l'accent est davantage porté sur les activités nature grâce à des sorties guidées. Nous avons sélectionné divers sites intéressants pour les enfants *(voir le tableau ci-après)*. Vous les repérerez dans la partie « Découvrir » grâce au pictogramme.

LES LABELS

Famille Plus

Ce label distingue les communes ayant une démarche globale en faveur de l'accueil des familles (hébergement, équipements, animations…). Huit stations du littoral nord breton portent ce label : Binic, Carantec, Le Conquet, Pléneuf-Val-André, Plougonvelin, Roscoff, St-Pol-de-Léon et St-Quay-Portrieux. **www.familleplus.fr**

Villes et Pays d'art et d'histoire

Le réseau des Villes et Pays d'art et d'histoire *(voir « Visites guidées », p. 451)* propose des visites-découvertes et des ateliers enfants dédiés au patrimoine *(merc., sam., ou vac. scol.)*. Munis de livrets-jeux et d'outils pédagogiques adaptés à leur âge, les enfants s'initient ainsi à l'histoire et à l'architecture, puis participent à la découverte de la ville. En atelier, ils s'expriment à partir de supports variés, au contact d'architectes, tailleurs de pierre, conteurs, comédiens…

Bon à savoir – En juillet-août, dans le cadre de l'opération « L'Été des 6-12 ans », ces activités sont également proposées pendant la visite des adultes.

SITES OU ACTIVITÉS À FAIRE EN FAMILLE

Chapitre du guide	Nature	Musées	Loisirs
Les abers et l'Iroise		Maison de l'algue	Château de Kergroadez
Bécherel			Vélorail de Médréac
Belle-Isle-en-Terre	Balades à thèmes, sentier de découverte dans la vallée du Léguer		
Île de Bréhat	Le tour de Bréhat en bateau		Balades sur l'île

SITES OU ACTIVITÉS À FAIRE EN FAMILLE			
Chapitre du guide	**Nature**	**Musées**	**Loisirs**
Brest	Activités nautiques	Musée de la Marine	Océanopolis, La Récré des 3 Curés
Cancale		Ferme marine	
Combourg			Cobac Parc et Aqua'Fun Park, Récrénature
Presqu'île de Crozon	Grottes de Morgat	Musée de l'ancienne abbaye de Landévennec, musée des Vieux Métiers vivants à Argol	Parc de jeux bretons à Argol
Dinan	Croisière sur la Rance	Musée de la Pomme et du Cidre, moulin du Prat, Maison de la Rance, musée du Rail	Parc zoologique du château de la Bourbansais
Dinard	Bords de Rance à vélo		
Dol-de-Bretagne		Musée de la Paysannerie, Cathédraloscope	
Les Enclos paroissiaux	Maison de la rivière	Écomusée des Monts d'Arrée	
Fougères	Maison Pierres et Nature, Parc botanique de Haute-Bretagne	Château de Fougères, musée de l'Horlogerie	Ferme de Chênedet
Cap Fréhel	Sorties-découvertes du cap	Visite du phare, fort La Latte	
Côte de Granit rose	Station ornithologique d'Île Grande	La Cité des Télécoms	Planétarium, Village gaulois
Guingamp			Armoripark
Lac de Guerlédan	Canoë-kayak et autres sports nautiques	Site sidérurgique des Forges-des-Salles, Maison des toiles	Baignade, pédalo
Lamballe	Maison pêche et nature de Jugon-les-Lacs	La Ferme d'antan, le château de la Hunaudaye	Haras national
Lannion		Château de Tonquédec	
Mont-Saint-Michel	Découverte de la baie et de la culture des moules en mytili-mobile		
Baie de Morlaix		Musée du Loup, écomusée de Plouigneau	Excursions au château du Taureau

SITES OU ACTIVITÉS À FAIRE EN FAMILLE			
Chapitre du guide	**Nature**	**Musées**	**Loisirs**
Île d'Ouessant		Écomusée de l'île, musée des Phares et Balises	
Paimpont	Scénovision « La Porte des secrets »	Château de Comper, Menhirs de Monteneuf - Archéosite de Brocéliande	Domaine de Trémelin
Rennes	Parc ornithologique de Bretagne	Les Champs Libres, musée des Transmissions, Écomusée du Pays de Rennes	Parc des Gayeulles, les jardins de Brocéliande
Roscoff		Visite de la criée	Circuit « Sur les traces de Balidar »
Rostrenen		Musée rural de l'Éducation	
Saint-Brieuc		Maison de la baie, la Briqueterie de Langueux	Le zoo de Trégomeur
Saint-Malo		L'Hôtel Magon de la Lande	Le Grand Aquarium, Étoile du Roy
Saint-Pol-de-Léon			Chasse au trésor au château de Kerjean
Saint-Quay-Portrieux			Centre aquatique Goëlys
Trégastel-Plage		Aquarium marin	Piscine Forum
Tréguier		Château de la Roche-Jagu	

LISBONNE DANS LA POCHE
SE RESTAURER
FAIRE UNE PAUSE
SHOPPING
SORTIR
MICHELIN
SÉVILLE
LISBONNE
BRUXELLES
PORTO
LES GRANDES VILLES FORMAT POCKET
LISBONNE . BRUXELLES . PORTO . BERLIN . AMSTERDAM . LONDRES .
NEW YORK . VENISE . ROME . BARCELONE . PARIS . MARSEILLE.
SÉVILLE . MADRID . FLORENCE . MILAN
MICHELIN

Mémo

Agenda

Voici une sélection parmi les principaux festivals, fêtes, foires et marchés ainsi qu'une liste des **pardons** traditionnels.

Retrouvez ces manifestations plus détaillées ainsi que d'autres de moindre importance, dans la rubrique « Agenda » de « Nos adresses à… » dans la partie « Découvrir ».

FESTIVALS

MAI/JUIN

St-Malo – Festival « Étonnants Voyageurs » : littérature internationale (w.-end de la Pentecôte) - ✆ 02 99 31 05 74 - www.etonnants-voyageurs.com

St-Brieuc – Festival « Art Rock » : musique, théâtre, danse, arts plastiques - ✆ 02 96 68 18 40 - www.artrock.org

JUILLET

Brest – Les Jeudis du port – de *mi-juil. à mi-août*. Animations et concerts gratuits sur le port de commerce - www.brest.fr

Rennes – Festival « Les Tombées de la Nuit » (1re sem.) - ✆ 02 99 32 56 56 - www.lestombeesdelanuit.com

Guer-Coëtquidan – Triomphe des Écoles de St-Cyr-Coëtquidan (3e ou 4e sam.) - ✆ 02 97 70 72 57.

AOÛT

Paimpol – Festival du chant de marin (années impaires ; 1re quinz.) - ✆ 02 96 55 12 77 - www.paimpol-festival.fr

Guingamp – Festival de la St-Loup (sem. du 15) - ✆ 02 96 43 73 89 - www.dansebretonne.com

Abbaye de Bon-Repos – Spectacle son et lumière - ✆ 02 96 24 85 28 - www.bonrepos.fr

Presqu'île de Crozon – Festival du Bout du Monde - ✆ 02 98 27 00 32 - wwfestivalduboutdumonde.com

Rennes – Transat en ville - se rens. à l'office de tourisme ; rendez-vous place du Parlement (mi-juillet-août, 22h30) - www.rendez-vous-parlement.com

St-Malo – « La Route du Rock » (mi-août) - ✆ 02 99 54 01 11 - www.laroutedurock.com

OCTOBRE

Dinard – Festival du film britannique - ✆ 02 99 88 19 04 - www.festivaldufilm-dinard.com

St-Malo – Quai des Bulles : festival de la bande dessinée et de l'image projetée (dernière sem.) - ✆ 02 99 40 39 63 - www.quaidesbulles.com

DÉCEMBRE

Rennes – « Trans Musicales » (1re sem.) - ✆ 02 99 31 12 10 - http://lestrans.com

FÊTES, FOIRES ET MARCHÉS

AVRIL

Bécherel – La Fête du livre (w.-end de Pâques) - ✆ 02 99 66 75 23.

St-Quay-Portrieux, Erquy et Loguivy-de-la-Mer – Fête de la coquille Saint-Jacques (dernier w.-end, chaque année, à tour de rôle dans l'un des trois ports coquilliers) - www.saintquayportrieux.com

JUILLET

Dinan – Fête des remparts (les années paires, les 23 et 24) - ✆ 02 96 87 94 94 - www.fete-remparts-dinan.com
Vitré – Les jeudis de l'été « Terroir et traditions » – Jeu. en juil.-août - www.ot-vitre.fr

AOÛT

Bécherel – « Nuit du livre » (1er sam.) - ✆ 02 99 66 83 73 - http://becherel.com
Moncontour – Fête médiévale (déb. août, années impaires) - ✆ 02 96 73 49 57 - www.moncontour-medievale.com
Roscoff – Fête de l'oignon rosé - www.roscoff-tourisme.com

PARDONS

MAI

Quintin – Pardon de N.-D.-de-Délivrance (2e w.-end) - ✆ 02 96 74 92 17.
Minihy-Tréguier – Pardon de St-Yves ou « pardon des pauvres » (3e dim.) - ✆ 02 96 92 30 19.

JUIN

Moncontour – Pardon de la St-Mathurin (w.-end de Pentecôte) - ✆ 02 96 73 49 57.
St-Jean-du-Doigt – Pardon de la St-Jean (dim. suivant la Saint-Jean) - ✆ 02 98 67 34 07.

JUILLET

Lampaul-Guimiliau – Pardon de la chapelle Ste-Anne à Lampaul (1er dim.) - ✆ 02 98 68 76 67.
Guingamp – Pardon de N.-D.-de-Bon-Secours (1er sam.; procession de nuit) - ✆ 02 96 43 73 59 - http://paroisse-guingamp.catholique.fr
Carantec – Pardon de St-Carantec (3e dim.) - ✆ 02 98 67 02 72.
Le Vieux-Marché – Pèlerinage islamo-chrétien à la chapelle des Sept-Saints (3e dim.) - ✆ 02 96 38 91 73.

AOÛT

Bécherel – La troménie de Haute-Bretagne (le 15) - ✆ 02 99 66 75 23.
Perros-Guirec – Pardon de N.-D.-de-la-Clarté (13, 14 et 15).
Plouguerneau – Pardon de la St-Pierre-et-St-Paul (le 15) - ✆ 02 98 04 71 02.
Plounéour-Ménez – Pardon de N.-D.-du-Relecq (le 15) - ✆ 02 98 78 43 86.
Carantec – Pardon de N.-D.-de-Callot (1er dim. après le 15) - ✆ 02 98 67 07 88.

SEPTEMBRE

Le Folgoët – Grand pardon de Notre-Dame (1er w.-end).
Lamballe – Pardon de N.-D.-de-Grande-Puissance (1er dim.) - ✆ 02 96 31 92 06.
Le Mont-St-Michel – Fête de l'archange St-Michel : messe dans l'église abbatiale, présidée par les évêques de Coutances et de Bayeux (4e dim.) - ✆ 02 33 60 14 05.

Bibliographie

PRESSE

Quotidiens

Ouest-France, quotidien - www.ouest-france.fr
Le Télégramme, quotidien - www.letelegramme.com

Autres

ArMen, bimensuel - https://armen.bzh
Bretagne magazine, trimestriel - www.bretagnemagazine.com
Le Chasse-Marée, 9 numéros par an, pour les passionnés de voile et de bateaux - www.chasse-maree.com
Bretons, mensuel dédié à la culture - http://culture- bretons.bzh

OUVRAGES GÉNÉRAUX - ALBUMS

Atlas de Bretagne, M. Bodlore-Penlaez, D. Kervalla, Coop Breizh, 2011.
Bretagne, Y. Le Gallo, Le Télégramme, 2003.
Bretagne, S. Recouvrance, J.-P. Gisserot, 1999.
La Bretagne, images et histoire, dirigée par A. Croix, Apogée, 1999.
Dictionnaire amoureux de la Bretagne, Y. Queffélec, Plon-Fayard, 2013.
Les Éditions Bordessoules publient une collection traitant de l'histoire des départements bretons : *Les Côtes-d'Armor de la préhistoire à nos jours*, *Le Finistère*…, *L'Ille-et-Vilaine*…
Guide de la géologie en France, sous la direction de C. Sabouraud, Belin-Société géologique de France, 2004.

Histoire/Ethnographie

Anatole Le Braz et la Légende de la mort, D. Besançon, Terre de Brume, 1996.
Anne de Bretagne, P. Tourault, Tempus Perrin, 2014.
Contes et légendes de Bretagne, Y. Pinguilly et F. Roca, Nathan, 2011.
Histoire de Bretagne, H. Poisson et J.-P. Le Mat, Coop Breizh, 2000.
Histoire illustrée de la Bretagne et des Bretons, J. Cornette, Seuil, 2015.
La Bretagne, entre histoire et identité, A. Croix, Découvertes Gallimard, 2008.
Lieux Mystérieux en Bretagne, D. Roger et B. Colliot, Ouest-France, 2014.
Le Cheval d'orgueil, P. J. Hélias, Terre Humaine, Plon, 1999.
Le Voyage en Bretagne, A. Lavalou (dir.), Bouquins Robert Laffont, 2012. Une anthologie de récits de voyage en Bretagne par les plus grands auteurs.
Un hiver en Bretagne, M. Le Bris, Seuil, 1997.
La Mer pour mémoire, M. L'Hour, É. Veyrat, Somogy - Éditions d'art, 2005.
Dictionnaire de la tradition bretonne, G. Le Scouëzec, Éditions du Félin, 1999.
Encyclopédie de l'imaginaire celtique, T. Jigourel, Fetjaine, 2012. Une bonne synthèse par un spécialiste du sujet.
L'Institut culturel de Bretagne *(Skol-Uhel ar Vro)* édite différentes collections : *Cahiers de l'Institut culturel de Bretagne*, *Histoire de Bretagne*, *Architecture et identité régionale*…

Art/Architecture

La Bretagne au fil de ses couleurs, H. Jaouen et B. Louviot, Ouest-France, 1996.
Les Éditions du Patrimoine et la Caisse nationale des monuments historiques et des sites coproduisent des collections thématiques très documentées : « Cahiers de l'inventaire » : *Le Manoir en Bretagne* ; « Itinéraires du patrimoine » : *Églises d'Ille-et-Vilaine*, *Bretagne d'or et d'argent*… ; « Images du patrimoine » : *Les Malouinières*, *Les Orgues en Bretagne*… ; « Parcours du patrimoine » : petits circuits de tourisme culturel.
Malouinières - Demeures d'exception, O. Chereil de La Rivière et H. Ronné, Éditions Ouest-France, 2017.

Marine

La Bretagne entre ciel & mer, A. Cauquetoux et P. Plisson, La Martinière, 2014.
De mémoire de phares, J. Guichard, Ouest-France, 2012. Témoignages des derniers gardiens de phare en mer d'Iroise.
Les Gens de mer, insolite et quotidien, N. Cazeils, Ouest-France, 1999.
Un photographe en mer d'Iroise, C. Courteau, Ouest France, 2005.
Quand les Bretons peuplaient les mers, I. Frain, Fayard, 1988.
À Éric, J. Tabarly et D. Gilles, Éditions du Chêne, 1999.
La Rade de Brest et l'Aulne maritime, collectif dir. E. Berthou, Locus Solus, 2015.

Romans

Gens de Bretagne, par six auteurs : P. Féval : *La Fée des grèves* ; P. Loti : *Pêcheur d'Islande* ; A. Le Braz : *Le Sang de la sirène* et *Les Noces noires de Guernaham* ; R. Vercel : *Remorques* ; Pollès : *Sophie de Tréguier* ; P. J. Hélias : *L'Herbe d'or*, Omnibus/Presses de la Cité.
Pêcheur d'Islande, P. Loti, Le Livre de Poche.
Le Sang noir, L. Guilloux, Folio.
Changer la vie, mon enfance et ma jeunesse, J. Guéhenno, coll. Cahiers Rouges, Grasset.
Ces messieurs de Saint-Malo (3 vol.), B. Simiot, Albin Michel.
Nouvelles de Bretagne, collectif, Magellan & Cie, 2017. Six nouvelles d'écrivains bretons.
À noter également les policiers régionaux : collections « Enquêtes et Suspense » et « POL'Art », Éditions Alain Bargain ; collection « Breizh Noir », Éditions Astoure.

Divers

Ar-Men, E. Lepage, Futuropolis, 2017. Une bande-dessinée somptueuse narrant l'histoire du plus mythique des phares bretons.
La Bretagne par les voies vertes, M. Bonduelle, Ouest-France, 2008.
Cuisine des châteaux de Bretagne, G. et B. du Pontavice, Ouest-France, 2010.
Les Chemins du Tro Breiz, A. Guigny, Itinéraires et découvertes, Ouest-France, 1996.
Sentiers des douaniers de Bretagne, D. Dantec, Itinéraires et découvertes, Ouest-France, 2007.
Phares Ouest, Carnet de bord d'un pêcheur d'images, P. Plisson, Éditions du Chêne, 2009.
Jardins publics et jardins privés en Côtes-d'Armor, D. Lenclud et H. Guillaume, Le Lou du Lac éditeurs, 2007.
Fars bretons et kig-ha-farz, P. Hervé, Éditions Skol Vreizh, 2014.
Le musée vivant des bords de mer, S. Dourlot, Delachaux et Niestlé, 2015.

Le Festival du chant de marin.
Hervé Cohonner/Festival du Chant de Marin

Les pneus s'usent plus vite sur les petits trajets en ville...

VRAI !

La fréquence des freinages et des accélérations en ville use davantage vos pneus ! Dans les embouteillages, armez-vous de patience et conduisez en douceur.

La pression des pneus agit uniquement sur la sécurité...

FAUX !

Au-delà de la tenue de route et de la consommation de carburant, une sous pression de 0,5 Bar diminue de 8 000 km la durée de vie de vos pneus. Pensez à vérifier la pression environ une fois par mois, surtout avant un départ en vacances ou un long trajet.

Si vous êtes confrontés à des **conditions hivernales occasionnelles**, allant de la pluie soudaine, aux chutes de neige ou au verglas, vous pouvez opter pour **un seul type de pneu.**
?
VRAI !
Le pneu révolutionnaire ***MICHELIN CrossClimate*** vous garantit mobilité et praticité quels que soient les aléas climatiques. C'est le tout premier pneu été avec une certification hiver !

Équiper ma voiture avec **2 pneus hiver** me garantit une sécurité maximum...
?
FAUX !
En hiver, en dessous de 7°C notamment, pour une meilleure tenue de route, vos quatre pneus doivent être identiques et changés en même temps.
2 PNEUS HIVER SEULEMENT = la tenue de route de votre véhicule n'est pas optimale.
4 PNEUS HIVER = c'est le choix d'une **meilleure sécurité** dans les virages, en descente et en cas de freinage.
Si vous êtes régulièrement confrontés à la pluie, à la neige ou au verglas, optez pour un pneu de la gamme ***MICHELIN Alpin***. Cette gamme vous offre confort et précision de conduite pour affronter les obstacles de l'hiver.
MICHELIN

MICHELIN S'ENGAGE

MICHELIN EST LE **N°1 MONDIAL DES PNEUS ÉCONOMES EN ÉNERGIE** POUR LES VÉHICULES LÉGERS.

POUR **SENSIBILISER LES PLUS JEUNES À LA SÉCURITÉ ROUTIÈRE,** MÊME EN DEUX-ROUES : DES ACTIONS DE TERRAIN ONT ÉTÉ ORGANISÉES DANS **16 PAYS** EN 2015.

QUIZZ

1 POURQUOI BIBENDUM, LE BONHOMME MICHELIN, EST BLANC ALORS QUE LE PNEU EST NOIR ?

Le personnage de Bibendum a été imaginé à partir d'une pile de pneus, en 1898, à une époque où le pneu était fabriqué avec du caoutchouc naturel, du coton et du soufre et où il est donc de couleur claire. Ce n'est qu'après la Première guerre mondiale que sa composition se complexifie et qu'apparaît le noir de carbone. Mais Bibendum, lui, restera blanc !

2 SAVEZ-VOUS DEPUIS QUAND LE GUIDE MICHELIN ACCOMPAGNE LES VOYAGEURS ?

Depuis 1900, il était dit alors que cet ouvrage paraissait avec le siècle, et qu'il durerait autant que lui. Et il fait encore référence aujourd'hui, avec de nouvelles éditions et la sélection sur le site MICHELIN Restaurants dans quelques pays.

3 DE QUAND DATE « BIB GOURMAND » DANS LE GUIDE MICHELIN ?

Cette appellation apparaît en 1997 mais dès 1954 le Guide MICHELIN signale les « repas soignés à prix modérés ». Aujourd'hui, on le retrouve sur le site et dans l'application mobile MICHELIN Restaurants.

MICHELIN

Si vous voulez en savoir plus sur Michelin en vous amusant, visitez l'Aventure Michelin et sa boutique à Clermont-Ferrand, France :

www.laventuremichelin.com

MICHELIN

Une meilleure façon d'avancer

Notes

Notes

Saint-Malo : villes, curiosités et régions touristiques.
Du Guesclin, Bertrand : noms historiques ou termes faisant l'objet d'une explication.
Les sites isolés (châteaux, abbayes, grottes, etc.) sont répertoriés à leur propre nom.
Nous indiquons par son numéro, entre parenthèses, le département auquel appartient chaque ville ou site. Pour rappel :
22 : Côtes-d'Armor
29 : Finistère
35 : Ille-et-Vilaine
50 : Manche

A

B

INDEX GÉNÉRAL

D

E

F

G

N

O-P

S

T

U-V

W

Y

Z

CARTES ET PLANS

CARTE GÉNÉRALE

Premier rabat de couverture

CARTES DES RÉGIONS

PLANS DE VILLE

PLANS DE MONUMENTS

CARTES THÉMATIQUES

CARTES DES CIRCUITS

NOTE AU LECTEUR

Michelin a apporté le plus grand soin à la rédaction de ce guide et à sa vérification. Toutefois, les informations pratiques (formalités administratives, prix, adresses, numéros de téléphone, adresses Internet, etc.) doivent être considérées comme des indications du fait de l'évolution constante de ces données.
Il n'est pas totalement exclu que certaines d'entre elles ne soient plus, à la date de parution du guide, tout à fait exactes ou exhaustives. N'hésitez pas à nous signaler toute omission ou inexactitude que vous pourriez constater, ainsi qu'à nous faire part de vos avis et suggestions sur les adresses contenues dans ce guide.
Avant d'entamer toute démarche, formalités administratives ou douanières notamment, vous êtes invité à vous renseigner auprès des organismes officiels. Ces informations ne sauraient, de ce fait, engager notre responsabilité.

Collection sous la direction de Philippe Orain

Responsable d'édition et rédacteur en chef du guide : Catherine Guégan

Secrétaire d'édition : Valérie Ferrer

Rédaction : Gautier Battistella, Michel Bonduelle, Aymar de la Bretesche, Béatrice Brillion, Thérèse de Chérisey, Marylène Duteil, Pierrick Jegu, Aulde Moreau, Véronique Moulin, Philippe Orain, Pierre Plantier, Morgane Soularue, Emmanuelle Souty, Thierry Théault, Magali Triano

Remerciements : CDT d'Ille-et Vilaine (Yolaine Provost-Gautier) et du Finistère (Jean-Luc Jourdain) ; Maison du Tourisme Baie de Morlaix Monts d'Arrée (Claire André)

Ont contribué à ce guide : Thierry Lemasson, Alain Robert, Teodor Cepraga (**Cartographie**), Véronique Aissani, Carole Diascorn (**Couverture**), Maria Gaspar, Marie Simonet, Sophie Roques (**Iconographie**), Bénédicte Lathes, Isabelle Foucault, Marion Desvignes-Canonne, Vanessa Besnard (**Données objectives**), Bogdan Gheorghiu, Cristian Catona, Hervé Dubois, Pascal Grougon (**Prépresse**), Dominique Auclair (**Pilotage**)

Conception graphique
Christelle Le Déan, Sandro Borel (maquette intérieure)
Laurent Muller (couverture)

Régie publicitaire et partenariats
business-solutions@tp.michelin.com
Le contenu des pages de publicité insérées dans ce guide n'engage que la responsabilité des annonceurs.

Contacts
Michelin
Guides Touristiques
27 cours de l'Ile Seguin, 92100 Boulogne Billancourt
Service consommateurs : tourisme@tp.michelin.com

Parution 2018

Michelin Travel Partner
Société par actions simplifiée au capital de 11 288 880 EUR
27 Cours de l'Ile Seguin -
92100 Boulogne Billancourt (France)
R.C.S. Nanterre 433 677 721

Dépôt légal : 02-2018 – ISSN 0293-9436
Compograveur : Michelin Travel Partner, Ilfov (Roumanie)
Imprimeur : Lego Print, Lavis (Italie)
Imprimé en Italie : 02-2018

Usine certifiée 14001
Sur du papier issu de forêts gérées durablement (100 % PEFC)